Originally published in English Language by HarperCollins Publishers Ltd. under the title:
THE CULTURE OF THE EUROPEANS © Donald Sassoon, 2006
All rights reserved

Translation © 2012 PURIWA IPARI Publishing Co.
translated under licence from HarperCollins Publishers Ltd.

Korean translation rights arranged with HarperCollins Publishers Ltd.
through EYA(Eric Yang Agency).

이 책의 한국어판 저작권은 EYA(Eric Yang Agency)를 통해
HarperCollins Publishers Ltd와 맺은 독점계약에 따라
도서출판 뿌리와이파리가 갖습니다.
저작권법에 의해 한국 내에서 보호를 받는 저작물이므로
무단전재와 복제를 금합니다.

도널드 서순
유럽 문화사
V
1960~2000

대중매체

THE CULTURE OF THE EUROPEANS

도널드 서순 지음 | 오숙은 · 이은진 · 정영목 · 한경희 옮김

뿌리와
이파리

── V ──

1960~2000
대중매체

제56장 텔레비전: 보편적 매체 11
진짜 삶 | 가정과 텔레비전 | 시청자 | 텔레비전의 발명 | 텔레비전에 대한 공포와 혐오

제57장 텔레비전 장르의 흐름 46
텔레비전 장르 | 생방송 | 리얼리티 | 토크쇼 | 오락물 | 픽션과 미국의 패권 | 진지한 텔레비전: 뉴스, 다큐멘터리, 시사 프로그램 | 다큐멘터리

제58장 텔레비전의 분화 108
다채널 | 규제완화와 분화 | 수준의 저하?

제59장 외출: 영화관과 극장 126
들어가며 | 영화관의 운명 | 누가 영화를 만드는가? | 영화 속의 섹스 | 극장

제60장 '다른' 유럽의 문화: 공산주의 168
동쪽과 서쪽 | 풍성한 문화 | 몰락 | 독일민주공화국

제61장 독자들의 세계 221
책은 좋다 | 베스트셀러 | 번역 | 마케팅 | 대중용 페이퍼백 | 일간지의 유통 | 잡지

제62장 **폭발하는 팝** 293
소리, 디스크, 라디오 | 스튜디오 기술과 실황 공연 | 산업과 가수 | 앙글로색슨 흉내내기 | 고전음악의 세계

결론 **월드와이드웹** 349
유일무이한 것을 찾아서 | 집안의 스크린

감사의 말 377
옮긴이의 말 381
제5부 후주 389
참고문헌 412
찾아보기 530

I

1800~1830
서막

머리말

제1장 문화 팽창의 근원

제2장 승리한 언어들

제3장 출판

제4장 행상문학

제5장 근본을 찾는 이야기들

제6장 동화

제7장 소설

제8장 선구자들

제9장 '밝은 광채 속'의 월터 스콧

제10장 문화적 패권

제11장 이것은 픽션이 아니다

제12장 뉴스와 이미지

제13장 음악시장

제14장 청중과 공연자

제15장 오페라

제16장 연극

　　　　제1부 후주

II

1830~1880
부르주아 문화

제17장 민중을 위한 책

제18장 신문과 잡지, 그리고 삽화

제19장 중요한 건 돈이다

제20장 연재소설

제21장 문화의 억압

제22장 사랑받은 작가들

제23장 위대한 장르들

제24장 여성과 소설

제25장 후발주자들의 도전

제26장 자기계발

제27장 음악, 작곡가, 비르투오소

제28장 오페라의 대성공

제29장 연극

　　　　제2부 후주

III
1880~1920
혁명

제30장 통신혁명
제31장 노동자, 유대인, 여성
제32장 소설의 국제화
제33장 졸라: 돈, 명성 그리고 양심
제34장 범죄 이야기와 과학소설
제35장 남녀노소를 위한 대중소설
제36장 대중언론
제37장 쇼
제38장 음악
제39장 기록된 소리
제40장 움직이는 이미지
제41장 영화: 유럽 영화와 미국 영화
제42장 문화적 공황
　　　　제3부 후주

IV
1920~1960
국가

제43장 국가와 시장
제44장 문화와 공산주의
제45장 파시즘
제46장 대중문화: 미국의 도전
제47장 전간기의 영화
제48장 제2차 세계대전 이후의 영화
제49장 더 많은 책들
제50장 대중적 장르: 범죄와 미래
제51장 언론
제52장 만화
제53장 실황 공연
제54장 노래의 승리
제55장 라디오
　　　　제4부 후주

V
1960~2000
대중매체

일러두기

1. 한글 전용을 원칙으로 하고, 필요한 경우에 원어나 한자를 병기했다. 고유명사의 원어는 제5부에 실린 찾아보기에 병기했다.
2. 인명, 작품명, 정기간행물 제호, 지명 등은 국립국어원의 외래어 표기법을 따랐지만, 관례로 굳어진 경우는 예외를 두었다.
3. 단행본, 장편소설, 희곡, 정기간행물, 신문, 음반에는 겹낫표(『』), 단편소설, 시, 기사, 논문에는 홑낫표(「」), 오페라, 연극, 쇼, 영화, 드라마, 텔레비전 프로그램, 라디오 프로그램, 노래, 만화, 그림에는 홑꺾쇠(〈 〉)를 사용했다.
4. 원문에서 이탤릭체로 강조한 부분은 굵은 글씨로 표기했다.
5. ( ) 안의 내용은 저자가 쓴 것이고, 〔 〕 안의 내용은 옮긴이가 보충한 것이다.
6. 고유명사에 붙은 정관사(예를 들어 영어의 the, 프랑스어의 la, 이탈리아어의 il 등)는 한글 표기에 넣지 않았다. 다만 『르몽드』, 〈라트라비아타〉처럼 관례로 굳어진 경우는 예외를 두었다.
7. 도판은 독자들의 이해를 돕기 위해 뿌리와이파리 편집부에서 넣었다. 퍼블릭 도메인을 중심으로 저작권을 침해하지 않는 도판을 썼지만, 혹시라도 저작권을 침해한 것이 있다면 알려주기 바란다.

제56장

텔레비전: 보편적 매체

진짜 삶

1960년대 초 서유럽의 어느 곳. 전형적인 핵가족이 긴 소파에 앉아 있다. 조명은 어둑어둑하다. 그들 맞은편, 중심을 이루는 자리에 커다란 상자가 있다. 누군가 스위치를 켠다. 상자는 예열이 되고, 이윽고 흑백 영상이 깜빡이기 시작한다. 전송된 일련의 영상신호가 스크린 위의 아주 작은 화소들을 통해 재현된 화상이다. 소리가 함께 나오는 이 움직이는 영상은 전송망 덕분에 다른 집들도 동시에 보고 있다. 소리만 전송하는 라디오를 듣는 것도 이와 비슷했지만, 텔레비전이 등장하면서 라디오는 가정에서 그 일차적 지위를 잃었다―물론 여전히 아침 청중은 많았지만, 라디오는 혼자 듣는 청취자를 위한 도구가 되었다. 텔레비전의 또 다른 선구자인 영화는 처음에는 영상밖에 없었다. 하지만 텔레비전은 처음부터 소리와 영상이 함께 나왔다. 영상만 방송한다는 것은 상업적으로 생각도 할 수 없는 일이었다.

텔레비전은 언론, 영화, 라디오, 극장, 축음기가 주던 것을 주면서도, 사람들이 집에서 힘 안 들이고 직접 누릴 수 있게 해주었다. 예전에는 큰 부자, 제후, 권력자만이 자신의 살롱이라는 사적인 공간에서 오락을 즐길 수 있었다. 그러나 문화는 자본주의 시대에 텔레비전으로 민주화를 완성했다. 그 결과 텔레비전은 열광의 대상이 되고, 당혹감과 도덕적 공황을 낳았다.

1939년에는, 영국에는 텔레비전 수상기가 2만 대뿐이었다. 그러나 1963년에는 영국에 1,250만 대, 독일에 800만 대, 프랑스에 300만 대, 이탈리아에 100만 대가 있었다. 그리스에는 텔레비전이 한 대도 없었다. 그리스에 텔레비전이 들어온 것은 1969년으로, 1950년대 초에 들어온 베네수엘라보다도 한참 늦었다. 1960년에 스페인에서 텔레비전을 가진 사

1995년의 인구 1,000명당 라디오와 텔레비전 대수	라디오	텔레비전
미국	2,093	805
영국	1,433	448
오스트레일리아	1,304	495
핀란드	1,008	519
독일	944	554
일본	916	684
프랑스	895	587
스위스	851	419
이탈리아	822	446
폴란드	454	311
그리스	430	220
루마니아	211	220
나이지리아	197	55
부르키나파소	28	5.7

출처: UNESCO, *World culture Report*, 1998.

람은 인구의 1퍼센트에 지나지 않았다. 그러나 15년 뒤에는 비율이 87퍼센트로 늘어났다. 텔레비전 보급의 불균형은 여전히 심했다. 1981년에 북아메리카에는 인구 1,000명당 텔레비전이 618대 있었지만, 유럽(소련을 포함한)에는 309대밖에 없었다. 그때의 세계 평균은 1,000명당 152대였지만, 사하라 사막 이남의 아프리카에서는 10대밖에 안 되었다. 1990년에는 이탈리아에 1,700만 대, 프랑스에 1,900만 대, 영국에 2,200만 대, 독일에 2,300만 대가 있었다. 텔레비전은 서구를 정복했다. 처음에는 사치품이었지만, 곧 필수품이 되었다. 그러나 모든 곳에서 그랬던 것은 아니다.

부유한 나라들에서는 이미 1970년에 텔레비전이 예사롭게 여겨졌다. 사람들은 퇴근해서 집에 돌아오면 자동으로 텔레비전을 켰다. 텔레비전은 늘 그곳에 버티고 앉아 소리를 지르며 누군가가 봐주기를 기다렸다. 1993년에 독일에서 계산한 바에 따르면, 가정에서 하루 평균 286분 동안 텔레비전을 켜두지만, 보는 시간은 168분에 지나지 않았다.[1] 이 무렵에는 여러 채널이 나오는 텔레비전이 일반화되었다. 삐걱거리는 집안에서는 이렇게 넓어진 선택의 폭이 새로운 갈등의 불씨가 되었다. 순조롭게 굴러가는 가정에서는 암묵적인 텔레비전 시청 규칙이 자연스럽게 만들어졌다. 뭔가 규칙이 필요하긴 했다. 리모컨(원격조정기) 시대로 들어서면서, 채널을 빠르게 바꾸는 것은 혼자 또는 기껏해야 둘이서 시청할 때나 가능한 특권이 되었기 때문이다. 채널을 빠르게 바꾸려면 곧바로 결정을 내려야 하므로, 보는 사람이 늘어날수록 바꾸기가 어려워진다. 시청자가 많으면(이를테면 서너 명) 긴 협상(1, 2분 동안 지속되는)을 피할 수가 없어서 빠른 채널 변경이 불가능해진다. 알다시피, 민주주의는 의사결정의 속도를 늦춘다. 리모컨과 비디오카세트 녹화는 시청자와 텔레비전의 관계를 바꾸어놓았다. VCR(비디오카세트녹화기) 덕분에 텔레비전 편성표의 압제에서 벗어나 원할 때 원하는 것을 볼 수 있게 되었고, 두 프로그램 사이에서 고민할 필요가 없어졌다—물론 가족 가운데 VCR을 다룰 줄 아는 사람이 있어야 한다. 한편으로는 시청자들이 VCR로 프로그램을 녹화해서 광고를 휘리릭 돌려버리고 보는 바람에 상업 텔레비전의 자금원이 불안정해지기도 했다.

가정에서는 새로운 권력관계가 나타났다. 가족 각자가 앉을 자리가 바닥인지, 일인용 안락의자인지, 소파인지에 관해서는 대체로 자발적인 합의가 이루어졌다. 언제 시청을 중단할 수 있는가, 최고의 권력도구, 곧 리모컨을 누가 손에 쥘 것인가에 대한 합의도 이루어졌다. 리모컨이 생기기 전에는 가족 가운데 가장 약하고 유순한 구성원을 살살 달래서, 자리에서 일어나 텔레비전까지 가서 채널을 바꾼 다음 자리로 돌아오게 해야 했다. 그래도 비디오카세트녹화기를 다루는 일만큼은 남자 몫인 경우가 많았다.[2]

텔레비전을 보는 것은 파트너나 자녀들과 가까워지는 방법이 될 수도 있다. 경험을 공유하기 위해 그 사람이 좋아하는 프로그램을 볼 수 있기 때문이다. 거꾸로 집에 들어오자마자 텔레비전을 켜는 것은 누구하고도 이야기를 나누고 싶지 않다는 선언일 수도 있다. 책을 보는 게 '이건 내 시간이고, 내 공간이다. 나는 누구하고도 얘기하고 싶지 않다'라는 신호일 수 있는 것과 마찬가지다. 가족 구성원 가운데 몇몇에게는 '그들만의' 프로그램이 있다. 그들이 가장 좋아해서, 선취권을 획득한 프로그램이다. 여기서는 축구경기는 남자들만 보고 연속극은 여자들만 본다는 식의 성별 정형화를 피할 수 없다.[3]

어떤 프로그램은 일종의 다기능성을 얻었다. 이탈리아에서는 1950년

잉글랜드의 앰벌리 박물관에 전시된 구식 텔레비전, VCR, 라디오. 텔레비전이란 소리가 나는 동영상을 흑백이나 컬러로 송수신하기 위한 원거리통신 매체를 말하며, 텔레비전 수상기를 가리키기도 한다.

대와 1960년대 내내, 텔레비전 광고가 허용되긴 했지만 엄격한 규칙에 따라야 했다. 각각의 광고는 2분 15초 동안 이어져야 했는데, 이 시간 동안 실제로 제품을 광고하는 시간은 35초를 넘을 수 없었다. 그래서 광고주들은 영상을 최대한 아껴가며 마지막 핵심을 향해 나아가는 짧은 이야기나 촌극을 만들어야 했다.[4] 모든 광고가 텔레비전 뉴스가 끝나는 시각(오후 8시 50분)과 주요 저녁 프로그램이 시작하는 시각(오후 9시) 사이에 낀, 카로셀로[회전목마]라고 불린 10분 동안에 다 나와야 했다. 이 시간이 시청률이 제일 높은 시간이었기에 광고주들은 불만이 없었다. 광고방송은 아주 훌륭해서 누구나 지켜보고 광고문구나 음악을 외웠다. 또 카로셀로가 끝나는 시간이 아이들이 잠잘 시간과 딱 맞아서, 카로셀로가 끝나면 침대로 가는 것이 전국의 모든 아이들의 공통경험이 되었다.

사람들은 텔레비전을 얼마나 볼까? 알기도 어렵고, 비교하기도 어렵

1997년의 나라별 하루 텔레비전 시청시간(단위: 분)

국가	시간	국가	시간
일본	240	홍콩	174
멕시코	239	브라질(상파울루)	169
미국	238	포르투갈	165
러시아	224	남한	165
터키	222	벨기에(플랑드르)	161
헝가리	221	뉴질랜드	160
인도네시아	216	아랍에미레이트	159
영국	215	스위스(이탈리아어권)	157
그리스	212	덴마크	155
스페인	209	네덜란드	151
이탈리아	207	핀란드	150
체코 공화국	203	브라질(리우데자네이루)	149
푸에르토리코	203	노르웨이	144
폴란드	202	말레이시아	144
벨기에(왈롱 지역)	193	스위스(프랑스어권)	143
오스트레일리아	193	스웨덴	141
캐나다	188	남아프리카공화국	141
아르헨티나	187	대만	132
독일	183	스위스(독일어권)	127
페루	183	칠레	127
아일랜드	182	필리핀	126
프랑스	180	싱가포르	126
베네수엘라	176	태국	126
콜롬비아	175		

출처: Delphine Martin, '1997, une année de télévision dans le monde' in *Audience: Le Journal de médiamétrie*, No. 19(1998. 6)에 실린 *Eurodata*와 여러 나라의 파트너들.

다. 대부분의 통계는 표본조사에 의존하지만, 통계를 내는 방법이 달라 국제적으로 비교하기가 쉽지 않다. 게다가 텔레비전을 보는 시간과 켜놓는 시간을 구별하지 않는 조사도 더러 있다. 그러나 텔레비전 시청이 대다수 사람들의 주된 문화활동이라는 데에는 의심의 여지가 없다. 시청시간은 나이와 소득에 따라 아주 다르다. 적당한 수입이 있는 나이 든 사람이나 어린 자녀를 둔 부부가 아이가 없는 젊은 중간계급 중역보다 텔레비전을 훨씬 많이 볼 것은 뻔하다. 그렇다고 부와 시청시간 사이에 동질성이나 관련성이 있는 건 아니다(서구에서 자녀가 없는 중간계급 상층은 텔레비전을 거의 보지 않는 경향이 있긴 하지만). 1997년 통계에 따르면, 인도네시아인들은 하루에 텔레비전을 세 시간 반 동안 보았고, 이웃 필리핀인들은 잘사는 싱가포르인들과 마찬가지로 두 시간밖에 보지 않았다. 칠레 사람들은 하루에 두 시간쯤, 멕시코인들은 미국인들과 똑같이 네 시간을 보았고, 캐나다인들은 세 시간 동안 보았다. 같은 스위스라 해도 이탈리아어권은 독일어권보다 하루에 30분씩 더 텔레비전 앞에 앉아 있었다.

가정과 텔레비전

텔레비전은 책이나 음반, 영화보다 인간관계를 훨씬 철저하게 바꾸어놓았다. 그전에는 가족이 함께 하는 일이 뭐가 있었을까? 물론 라디오가 있었다. 영화가 있었다. 그러나 영화는 주로 동류집단(친구, 연인이나 부부)을 위한 장르가 되었다. 19세기에는 낭독을 하는 가족도 있었지만, 독서는 대부분 혼자 했다. 그렇다면 식탁에 함께 둘러앉고 교회에 가는 것 말고 달리 함께할 일이 무엇이 있었을까? 사실 역사적으로 말해, 텔레비전은 그 이전에 가족이 한자리에 모이던 두 가지 제도적 방식, 곧 공동의 식사와 교회예배를 계승했다고 할 수도 있다. 요즘은 기도를 하는 이가 거의 없고, 한다 해도 대개 혼자, 또는 낯선 이들과 함께 한다. 또 가족 식사는 흔히 텔레비전 앞에서 이루어진다. 개인들은 교회에 가지 않음으로써 스스로 공동체경험과 단절하며, 그런 경험을 지루한 부담으로 여기는 이도 많다. 어떤 이들은 텔레비전 앞에서 식사를 함으로써 배우자나 자녀들과의 대화를 피한다. 결국 텔레비전은 가장 흔한 여가활동이 되었다.

텔레비전을 보는 가족은 이제 세계 각지에서 오는 영상과 소리와 마주한다. 여기에는 선례가 있다. 한정된 땅에서 벗어나지 못하고 살아가던 이들은 사진과 그림, 화폐와 판화를 보고 다른 사람들이나 다른 풍경의 모습을 익혔다. 노래와 이야기는 먼 땅이나 먼 시대의 이야기와 음악을 실어날랐다. 그러나 텔레비전은 영상과 소리로 '진짜 삶'을 전달한다. 물론 이것은, 늘 그렇듯이, 진짜 삶의 환영幻影이다. 카메라는 영상을 고르고, 편집하여 빼버리고, 각도와 초점을 선택하고, 한 영상을 붙들고 있다가 다음 영상으로 옮겨간다. 하지만 우리도 '진짜 삶'에서 똑같은 일을 한다. 우리는 흘긋거리고, 잠깐 멈추었다가, 다시 흘긋거린다. 눈길을 돌리거나, 멍하니 보거나, 보면서도 아무것도 빨아들이지도 이해하지도 않거나 반대로 다른 건 하나도 보지 못하고 뭔가 한 가지만 빨아들인다. 혼자서 텔레비전을 볼 수는 있지만, 그것은 소파에서 웅크리고 책을 읽는 것과는 달리 고립된 경험이 아니다. 텔레비전을 실제로 함께 보는 이들은 우리 주변 사람들로 한정될지 모르지만, 언제 무엇을 보건, 우리는 자신이 수백만 명의 시청자로 이루어진 넓은 공동체의 일원이라는 걸 의식한다. 우리는 그들을 모르지만, 같은 영상을 보고 있다는 이유로 그들을 가깝게 느낄 수도 있다. 일찍이 1935년에 루돌프 아른하임이 주목했듯이, 텔레비전 시청자는 "오랜 세월에 걸친 발전의 최종 산물로, 이 발전은 모닥불, 장터, 원형경기장에서 오늘날 혼자서 구경거리를 소비하는 사람에까지 이르렀다."[5)]

텔레비전을 가족이 함께 보는 것만은 아니었다. 텔레비전 수상기가 비쌌을 때는(몇몇 나라에서는 지금도 비싸지만) 바, 카페 같은 공공장소에서 공동시청이 이루어졌다. 귄터 그라스의 자전적 소설 『나의 세기』에서 '1952년'이라는 제목이 붙은 장에는 군델(그의 약혼녀)이 그라스 아버지의 여인숙에 텔레비전을 사다놓는 이야기가 나온다. 군델이 텔레비전을 사다놓자, "사람들이 각지에서 모여들었다. 거의가 텔레비전을 살 여유가 없어서였는데, 그 뒤로도 오랫동안 마찬가지였다."[6)] 나중에 텔레비전은 공항 휴게실, 심지어는 세탁방에서도 볼 수 있게 된다. 그러나 미국에서도 처음에는 집보다 바에서 텔레비전을 보는 일이 많았다.[7)] 1950년대 말의 이탈리아에서는, 텔레비전을 들여놓은 카페와 바는 목요일 저녁마다 미국의 〈64,000달러짜리 문제〉(1955)를 번안한 퀴즈게임 〈포기냐 두 배냐〉라는 인기 프로그램을 보려는 이들로 만원이었다. 미국 프로그램은 30분짜리 쇼였지만, 이탈리아에서는 프로그램의 인기가 더 좋아 훨씬 길게 방송되었다. 심지어 어떤 영화관에서는 영화를 중단하고 그 쇼를 보여주었다.[8)] 밀라노 교외의 노동계급 거주지역으로 남부에서 이주한 이가 꽤 많았던 코마시나에서는 1950년대에 공동시청이 일반적이었다. 그러나 1962년에는 이 지역 가정 가운데 90퍼센트(이탈리아 평균보다 훨씬 많았다)가 텔레비전을 갖고 있었고, 이로써 바에서 텔레비전을 보던 시대는 적어도 코마시나에서는 거의 끝났다.[9)]

변화의 속도는, 페렌티노(1960년에는 인구 1만 6,000명의 소도시였다)에서 몇 킬로미터, 그리고 로마에서도 겨우 70킬로미터 거리에 있는, 이

〈포기냐 두 배냐〉의 진행자 마이크 본조르노(왼쪽)와 도전자. 1955~59년에 RAI에서 매주 방송되어 대단한 인기를 끌었고, 출연한 도전자는 하룻밤 새에 유명인이 되어 언론의 집중적인 조명을 받곤 했다.

탈리아의 자그마한 시골공동체 토레 노베라나의 텔레비전 발전사에 요약되어 있다.[10] 1950년대에 토레 노베라나는 75가구가 사는 가난한 농업공동체였다. 그러나 공동체생활은 활발했다. 교회는 일요일마다 가득 찼고, 날씨가 좋은 저녁이면 다들 밖으로 나와 둘러앉아 이야기를 나누었다. 1950년에는 마을에 전기가 들어오면서 라디오도 들어왔다.[11] 이탈리아에서 텔레비전 방송이 시작되고 6년 뒤인 1960년에, 마을의 최고 부잣집이 처음으로 텔레비전을 들여놓았다. 로마 올림픽을 볼 수 있다는 데에 자극받은 구매였다. 한편으로는 이 가족의 젊은이들과 여자들의 압력도 있었다. 하지만 늙은 할아버지는 반대를 했고, 죽는 날까지 텔레비전을 보려 하지 않았다. 텔레비전을 가진 운 좋은 가족과 친척인 다른 열 가족도 자주 텔레비전을 함께 보았다. 이 가족은 자신들이 '첫 번째'가 된 특권에는 마을의 다른 이들에게도 텔레비전을 보여준다는 도덕적이고 사회적인 의무가 포함되어 있다고 생각했다. 그래서 날씨 좋은 토요일 저녁이면 텔레비전을 수레에 싣고 거리로 나가 공동체의 더 많은 이들이 볼 수 있게 해주었다.[12] 10년 뒤에는, 전체 가구 가운데 3분의 1이 텔레비전을 가지고 있었고, 라디오는 거의 모두가 한 대씩 갖고 있었다.[13]

토레 노베라나 사람들에게 텔레비전은 다른 주요한 변화들과 맞물려 들어왔다. 로마의 공공사업계획과 부동산시장 활황에 이끌려 지역 노동자들이 로마로 나갔던 것이다.[14] 1958~62년은 특히 이탈리아에서는 전례 없는 경제성장과 꽤 활발한 사회변동의 시기였다. 따라서 텔레비전의 구체적인 영향만을 따로 떼어 따져보기는 어렵다. 그러나 공용어의 발달에는 텔레비전이 가장 큰 역할을 했다. 1960년에 토레 노베라나 주민은 그 지역 방언만 썼다. 이탈리아어는 젊은 세대가 학교에서 배운 언어였고, 공무원을 상대할 때나 힘겹게 구사하는 언어였다. 그러나 텔레비전에서는 전혀 방언을 쓰지 않았기에, 주민들은 거의 매일 저녁 줄기차게 쏟아지는 이탈리아어에 노출되었다. 이탈리아가 통일된 것은 1861년 일이었지만, 언어의 통일은 1960년대에 가서야, 주로 텔레비전 덕분에 완성되었다. 1951년에는 이탈리아인 가운데 540만 명(대부분이 문맹이었다)이 이탈리아어를 말하지 못했고, 2,600만 명은 친구나 친척하고는 방언으로 얘기했으며, 겨우 780만 명만이 일상적으로 이탈리아어를 썼다.[15]

상대적으로 고립된 마을이었음에도, 토레 노베라나 사람들이 텔레비전에서 즐겨보는 프로그램은 이탈리아 다른 지역과 그리 다를 게 없었다. 1970년에 그들은 농부를 겨냥한 프로그램들은 거의 보지 않았다. 아마도 그 프로그램들이 이 지역에 전형적이었던 소규모 담배 농사가 아니라 훨씬 기술적으로 발전된 농업을 전제하고 제작되어서였을 것이다. 어떤 프로그램은 헬리콥터를 이용한 파종법을 알려주기도 했는데, 그 마을의 어느 주민은 그 프로그램이 "우리를 놀린다"고 느꼈다. 교양 프로그램을 보는 이도 거의 없었지만, 뉴스 〈텔레조르날레〉는 모두 보았다. 문자해득률이 낮은 데다가 신문이 모두 이탈리아어로 발행되었으므로, 그때까지 토레 노베라나 주민들은 라디오나 페렌티노에 있는 극장의 뉴스릴을 통해서만 세상 돌아가는 소식을 들을 수 있었다. 〈텔레조르날레〉는 시야를 넓게 열어주었고, 모두가 이 프로그램을 보았다. 실제로 이 프로그램은 줄곧 RAI에서 가장 인기 있는 프로그램으로 꼽혔다. 게다가 이탈리아에는 대중적인 언론이 없었기에 〈텔레조르날레〉가 이 나라에서 유일한 '대중신문'이나 마찬가지였다.16) 그러나 정치적으로 통제되는 국영 텔레비전 체제에서 이러한 뉴스 중독은 마을에 널리 퍼져 있었던 정보를 순순히 수용하는 태도를 부추기기는커녕, 정보에 관한 냉소주의를 강화하는 결과를 낳았다(그리하여 마을사람 모두가 1969년 7월에 아폴로 11호의 달 착륙을 보았지만, 다수가 그것을 속임수라고 생각했다).17)

텔레비전 소유가 거의 보편화되고 나서도, 운동경기 같은 몇몇 프로그램은 모여서 함께 본다. 이런 프로그램은 시청자의 감성적인 참여를 요구한다. 그래서 많은 남자들이 차분하게 맑은 정신으로 가족과 함께 보기보다는 남성 친구들과 함께, 또는 술집에서 보면서 좋아하는 팀을 응원하는 쪽을 선호한다.

가족에 초점을 맞추는 문화매체는 기회와 위험을 동시에 제공한다. 교황 피우스 12세는 이 점을 잘 알고 있었다(바티칸이 1920년대 이래로 라디오를 대해온 것을 고려하면 놀랄 일도 아니다). 교황은 1954년 1월 1일의 「텔레비전에 관한 서한」에서, 새로운 매체를 환영하면서도 이렇게 경고했다.

우리 앞에는 영화의 불온하고 악한 힘이 만들어낸 참담한 결과물이 놓여 있습니다. 수많은 영화관에서 사람들을 둘러싸는 물질주의, 무분별, 쾌락주의라는 유독한 분위기를 텔레비전이 가정 안으로 실어나를 가능성을 앞에 두고, 우리가 어찌 공포에 사로잡히지 않을 수 있겠습니까?[18]

단기적으로 볼 때, 교황의 공포는 근거가 없었다. 적어도 이탈리아에서는 텔레비전 관계자 다수가 집권당인 기독교민주당을 지지하는 가톨릭교도였으니까. 인습적인 도덕성이 사람들을 지배했다. 가족은 안전했다. 아니, 전보다도 더 안전했다. 유럽 전역에서 텔레비전이 선술집, 펍, 바, 카페에 드나들던 남자들을 집으로 불러들였기 때문이다.

시청자

텔레비전 시청자는 진지한 연구의 대상이다. 이제까지 이루어진 다양한 연구를 살펴보면, 문화적으로 서로 다른 나라에 사는 이들은 똑같은 것을 보지도 않고 똑같은 방식으로 해석을 하지도 않을 텐데도, 행동유형이 비슷하다는 사실을 알 수 있다. 이를테면 인도의 도시지역에서는 1980년대(텔레비전이 대중의 물건이 되기 전)에 텔레비전이 응접실 한가운데에 놓였고, 아이들은 하인들과 함께 바닥에서 텔레비전을 보았으며, 어른들은 위계에 따라 편안한 의자나 소파에 자리를 잡고 보았다. 프로그램을 선택할 최종 권한은 가장에게 있었지만, 어머니가 결정적인 발언권을 갖는 경우도 많았고, 아이들의 투정도 가끔 프로그램 선택에 결정적인 영향을 미쳤다. 서구와 똑같다. 이런 것을 보면 '지구촌'이라는 상투적인 말에도 어느 만큼은 진실이 담겨 있는 듯하다.[19]

텔레비전 시청자는 새로운 매체에 감탄하지 않았다. 누군가가 이 마법상자에 놀랐다는 이야기는 없다. 텔레비전이 유럽의 외딴 지역에 이르렀을 때, 글을 겨우 읽고 영화관에는 거의 가본 적이 없는 나이 든 이들도 그것을 악마의 발명품이라고는 생각하지 않았다. 그들은 마치 평생 해온 일이라도 하는 것처럼 텔레비전 앞에 앉아 화면에서 나오는 프로그램을 보았다. 영화관이, 그리고 무엇보다도 텔레비전을 강력하게 예고했던 라디오가 어느 만큼 길을 닦아놓기는 했다. 그러나 1930년대 세대가 영화관에 갔던 것을 유쾌하고 가끔은 대담했던 일로 회고하는 반면—그런 회고에는 상실감이 묻어난다—1950년대 세대는 텔레비전의 도래를 그런 낭만적인 감정으로 회상하지 않는다.[20]

우리는 텔레비전을 차분하게 보고, 끌 때도 마찬가지로 차분하게 끈다. 이 경험에는 특별한 의식이 따르지 않는다. 극장, 영화관, 연주회장에서처럼 함께 공감할 군중도 없다. 텔레비전을 볼 때 우리는 우리 집에서, 우리 자신의 벽들 사이에서, 혼자 또는 가장 가깝고 소중한 이들과 함께 완벽하게 안전하다. 우리는 경외감이나 존경심 없이 텔레비전을 본다. 우리 감정을 큰 소리로 이야기한다. 뜨거운 음료를 준비해 마신다. 화장실에 간다. 어떤 이들은 섹스를 한다. 어떤 이들은 음식을 먹는다. 아이들은 숙제를 한다. 어떤 이들은 다리미질을 하다가 이따금씩 화면을 흘끔거린다. 우리의 관심은 간헐적이다. 2002년에 미국에서 열흘에 걸쳐 조사한 바에 따르면, 사람들은 텔레비전 스위치를 켜놓은 시간의 46퍼센트를 다른 일에 썼다. 독일에서는 집중해서 보지 않는 시청자의 비율이 67퍼센트로 미국보다 훨씬 높았다. 그나마 가장 주의 깊게 보는 시청자는 노인들이었다.[21] 인내심 없이 보는 것이 텔레비전의 특질이다. 어쩌면 공짜라서 기다리고 싶은 마음이 덜 생기는 건지도 모른다. 표정 없는 얼굴이 몇 분만 나와도 대다수 시청자가 채널을 돌려버린다. 반면 우리는 다른 상황에서는, 이를테면 영화관에서는 지루해도 조금 더 참는다.

영화는 스위치로 끌 수 없고, 돈과 시간의 손실을 인정하며 밖으로 나와서 집으로 가야 하기 때문이다.[22]

텔레비전은 형식만 다를 뿐 우리가 이미 갖고 있던 것을 주었다. 텔레비전은 뉴스를 주었지만, 우리는 그것을 라디오, 신문, 포토저널리즘 르포르타주에서 얻고 있었다. 텔레비전은 픽션을 주었지만, 우리는 이미 소설에서, 극장이나 영화관에서 그런 이야기를 읽거나 보고 있었다. 텔레비전은 탐정 이야기나 서부물이나 시대극을 새로 발명하지 않았다. 시트콤을 주었지만, 우리에게는 이미 보드빌이 있었다. 연속극과 연속물을 주었지만, 우리에게는 연재소설이 있었다. 게임과 퀴즈쇼를 주었지만, 경연과 마상 창시합은 책보다도 훨씬 오래된 것이었다. 텔레비전은 우리에게 운동경기를 보여주었지만, 그것은 고대 그리스인에게도 있었다. 토크쇼를 주었지만, 우리에게는 대화와 토론이 있었다. 다큐멘터리 프로그램을 주었지만, 그보다 앞서 인쇄된 에세이, 도해를 활용한 강연, 다큐멘터리 영화가 있었다. 텔레비전은 우리에게 '실황'으로 사건을 보여주었지만, 그런 사건은…… 실황으로 직접 볼 수 있었다. 그럼에도, 이 모든 것이 텔레비전에 의해 근본적으로 바뀌었다. 게다가 텔레비전 이전에 문화산물을 접하려면 대개는 독서 같은 기술이나 여행을 할 수 있는 여유, 적지 않은 돈, 그리고 어떤 경우에든 어느 만큼의 노력이 필요했다. 그러나 텔레비전이 생기면서 이 모든 것을 집이라는 사적인 공간에서 단추 하나만 눌러 곧바로 이용할 수 있게 되었다. 직접 경험하지 않고도 '진짜 삶'을 볼 수 있다. 그중에서도 가장 좋은 것은, 자본주의와 시장세력이 승리한 시대에 우리가 시청하는 모든 프로그램이 완전히 공짜라는 것이다. 일단 텔레비전 수상기를 사고 세금이나 케이블방송 시청료를 내면, 무엇을 얼마나 볼 것이냐를 결정할 때 더는 경제적인 계산을 하지 않는다. 전화로 대화를 나눌 때는, 적어도 유럽에서는, 이야기를 많이 할수록 돈도 많이 낸다. 텔레비전을 볼 때 유일한 문제는 우리가 어떤 프로그램을 좋아하느냐, 그것을 볼 시간이 있느냐 하는 것이다. 텔레비전은 공공도서관이고, 열린 박물관이고, 개인 영화관이고, 무료 신문인 셈이다.

텔레비전의 발명

영화처럼, 텔레비전도 명확한 발명가가 없다. 영화와는 달리, 공식적으로 인정받은 출생일도 없다. 첫 방송을 찍은 멋진 사진도 없다. 많은 기술의 약진 사례와 마찬가지로, 부모가 여럿이다. 그래서 활자를 최초로 사용한 유럽인인 구텐베르크의 이름을 들어본 이는 많지만, 흔히 텔레비전의 발명가로 일컬어지는 존 로지 베어드의 이름을 들어본 이는 거의 없다. 그렇지만 그는 30선 시스템을 고안해서 1926년 1월 27일에 런던에서 공개시범을 보인 이다. 1929년 9월 30일에 런던 롱에이커에서 이루어진 시험방송에서는 240선 시스템이 쓰였다. 이 단계에 이르는 데에는 1817년의 스웨덴 화학자 옌스 야코브 베르셀리우스의 셀레늄 발견에서부터 영국 과학자 마이클 패러데이(1791~1867)의 전자기 연구와 스코틀랜드 물리학자 존 커의 광학 연구(1877)에 이르기까지 다양한 발견과 발명이 있어야 했다. 1884년에 독일 엔지니어 파울 닙코는 천공 디스크를 통해 하나의 이미지를 기계적으로 화소로 바꾸어 주사하는 방법으로 '마스터 텔레비전 특허'를 따냈다.[23] 고에너지 전자선을 형광 스크린에 집중시켜 빛을 내는 진공관인 음극선관도 19세기에 개발되었고, 1907년에는 러시아 과학자 보리스 로징이 이것을 개량한 관을 내놓았다.[24] 미국으로 이주한 로징의 제자 블라디미르 코즈마 즈보리킨은 이 관을 더 발전시켰

1926년 9월, 런던 과학박물관에서 자신이 개발한 텔레비전 장치 송신부를 선보이는 베어드. BBC는 1929년에 그의 기계식 텔레비전으로 시험방송을 시작했지만, 1936년의 정규방송에는 전자식을 채택했다.

고, 미국에서 필로 판즈워스는 1927년에 전자카메라관 특허를 얻고 카메라와 수신기를 전자적으로 동조시키는 방법을 연구했다.

그러나 영화와 똑같이, 중요한 것은 발명이 아니라 발명품의 이용과 그것을 보는 관객이다. 텔레비전이 존재한다고 말하는 것은 대규모의 관객이 있을 때만 의미가 있는데, 이런 조건이 갖추어진 것은 1950년대의 일이었다. 첫 정규 텔레비전 서비스는 1936년 11월에 BBC가 시작했는데, 이때는 EMI와 마르코니가 발명한 405선 전자 시스템(베어드의 240선 시스템이 아니라)을 썼다. 1936년 11월 3일자 『타임스』는 이 새로운 공공 서비스가 개가를 올렸다고 찬양하면서, 거기에 어울리는 국가적 자부심을 드러냈다. "이 나라에 전국적 방송체계를 확보한 선견지명 덕분에 텔레비전 방송도 빠른 출발을 보장받았다. 이 시점에서 영국의 텔레비전 서비스는 의심할 바 없이 세계의 선두에 있다. 이 선두 자리를 오랫동안 지키기를." 하지만 선두 자리는 오래가지 않았다. 1939년에 전쟁 탓에 방송이 중단되었다. 『BBC 편람』에서 말한 대로라면, "보통사람들이 일주일에 몇 실링만 내면 자기 집에서 그것을 볼 수 있다는 사실을 깨닫기 시작하던" 시점에 벌어진 일이었다.[25] 그러나 2만 명에 지나지 않았던 극소수의 시청자를 '보통사람들'로 보기는 어려웠다.

미국은 1939년에 텔레비전 방송을 시작했지만, 영국과 마찬가지로 제2차 세계대전 참전과 함께 중단했다. 미국 텔레비전은 전후에야 화려한 비상을 시작했다. 지배적인 세 회사 NBC, CBS, ABC(['미국방송회사'] 정부가 RCA에게 전국 라디오망 두 개 가운데 하나를 포기하라고 강요한 1943년에 창립되었다)는 이미 라디오 방송에서 최대의 복합기업이었으므로, 텔레비전 산업을 지배할 채비 또한 갖추고 있었다. 1948년에는 미국인 가운데 3퍼센트만이 텔레비전 수상기를 가지고 있었다(연초에는 18만 5,000대였지만, 연말에는 100만 대를 넘어섰다). 1953년에 프랑스에는 텔레비전 수상기가 6만 대밖에 없었다.[26] 1954년에 유럽에서 텔레비전 방송이 본격적으로 시작되었을 때, 미국에는 이미 3,050만 대의 텔레비전이 있었다. 1955년에는 미국 가구의 67퍼센트가 텔레비전(약 4,500만 대)을 가지고 있었고, 컬러방송이 시작되었다. 같은 해에 이탈리아의 시청자는 10만 명이 되지 않았고, 1973년에도 프랑스 시청자 가운데 컬러텔레비전을 가진 이는 6퍼센트에 지나지 않았다.[27] 미국의 소비가 이런 엄청난 규모로 유럽을 앞지른 기록은 지금까지도 유례가 없다. 이후의 기술발전에서는 이런 일이 벌어지지 않았기 때문이다—휴대용 (트랜지스터) 라디오, 하이파이, 카세트녹음기, CD플레이어, 비디오녹화기, 휴대전화, 컴퓨터 따위는 유럽인도 미국인이 소유한 직후에 곧바로 가질 수 있었다.

그러나 텔레비전에서는 유럽이 뒤처졌다. 큰 문제는, 늘 그렇듯이,

경제력과 언어의 분열이었다. 작은 나라들조차 더러 언어가 나뉘어 있었다. 벨기에의 텔레비전 수상기 소유자는 1953년까지는 네덜란드나 프랑스의 방송을 보았다. 네덜란드 텔레비전 방송국은 1953년에 이 나라에 있는 1만 대의 수상기에 일주일에 세 시간밖에 방송을 내보내지 못했다. 덴마크는 1953년에야 첫 프로그램을 방송했고, BBC가 대부분의 재료를 공급했다. 스웨덴과 노르웨이는 1953년까지 시험방송밖에 하지 못했다. 이 두 나라는 영토는 넓지만 인구가 적어서 1956년까지는 정규 텔레비전 방송을 할 여력이 없었다. 거의 어디서나 대부분의 재료를 미국에서 수입했다.[28] 그렇지만 텔레비전 방송체계에는 모든 유럽 라디오 방송체계(룩셈부르크만 예외였다)의 토대를 이루었던 공공서비스 정신이 그대로 적용되었다. 보통은 시청료로 자금을 조달하고, 모자라는 부분을 광고로 보완했다. 이탈리아의 RAI는 개국 때부터, 프랑스 국영방송은 1968년부터 그랬다. 아니면 스페인 공영방송 TVE〔텔레비시온 에스파뇰라〕처럼 거의 전적으로 광고에 의존하기도 했다. 서독의 방송체계는 나라가 연방국가로 재편성되면서 그 직접적인 영향을 받았다. 이 나라의 텔레비전 방송은 1952년부터는 각 주 정부에서 관할하여, 1955년에는 쾰른의 WDR(서독일방송), 함부르크의 NDR(북독일방송), 뮌헨의 BR(바이에른방송)을 비롯한 9개 지역 방송사가 공존했다. 프로그램의 조정은 ARD(독일연방공화국 공영방송사업연맹)를 통해 이루어졌다. 1959년, 콘라트 아데나우어 총리는 국채를 발행하여 재정을 충당하고 중앙정부의 통제를 받는 제2의 상업 채널을 만들려고 했다. 헌법재판소는 이 안에 대해 위헌 판결을 내렸지만, 두 번째 텔레비전 채널 ZDF(제2독일텔레비전)를 주 정부들의 감독하에 설립할 수 있다는 데에는 동의했고, 그 결과 이 채널은 실질적으로 정당들의 '식민지'가 되었다. ARD 방송사들

의 정치권과의 연계는 훨씬 더 악명 높다.[29]

텔레비전의 확산을 가로막은 두 번째 장애는 전후 유럽인의 낮은 구매력이었다. 전자산업이 아예 없거나 프랑스처럼 미약한 나라에서는 음극관이나 다른 부품을 비싼 값에 수입해올 수밖에 없었다. 텔레비전을 현금으로 살 여유가 있는 이가 거의 없었기에, 지불유예(할부구입) 제도가 거의 보편적으로 채택되었다. 특히 영국 같은 몇몇 나라에서는 텔레비전을 정기적으로 빌려서 보았다―임대 방식은 1980년대 들어서도 한참이나 유지되었다.

라디오와 마찬가지로 텔레비전에서도, 기술적인 이유 때문에 생방송이 녹화방송보다 먼저였다. 생방송을 위해 텔레비전은 드라마 방송만이 아니라 스포츠를 포함해 실황을 방송하는 인기 높은 프로그램에서도 영화에는 쓰이지 않는 기법들을 개발해야 했다. 수많은 기술적 문제를 해결해야 했고, 실제로 해결했다. 그리하여 1952년 7월에는, 영국인과 프랑스인이 서로를 더 잘 알아가자는 '영국-프랑스 주간'의 일환으로, 프로그램들이 일주일 내내 파리에서 런던으로 중계되었다. 열일곱 군데에서 진행되는 생방송 프로그램들을 전송한 것이었다.[30]

스포츠(특히 축구, 테니스, 골프, 권투)는 처음부터 텔레비전에서 결정적인 위치를 차지했고, 지금까지 줄곧 세계의 텔레비전을 지배해왔다. 크리켓, 축구, 사이클, 테니스를 비롯한 모든 스포츠의 주요 행사가 텔레비전 초창기부터 방영되었다. 소수가 즐기던 몇몇 스포츠(프랑스의 레슬링, 영국의 다트)는 텔레비전 덕분에 널리 확산되었다. 1957년에 프랑스에서는 픽션(126시간)보다 스포츠(200시간)에 할애하는 시간이 많았고, 일찍이 1950년대 후반부터 스포츠는 유로비전 방송의 절반 이상을 차지했다.[31]

생중계는 텔레비전 판매를 촉진했다. 텔레비전이 없으면 프로그램만이 아니라 역사까지 놓치게 되었다. 1952년 10월에는 프랑스와 독일의 축구시합을 앞둔 며칠 동안에 1,000대가 팔려나갔다. 1953년 6월에는 엘리자베스 2세의 대관식 방송을 앞둔 주에 프랑스에서만 5,000대가 팔렸다.32) 하지만 아무도 이것을 놀라운 일로 생각하지는 않았을 것이다. 라디오의 초창기에도 1924년 4월의 조지 5세의 첫 라디오 방송, 그리고 1937년 5월의 조지 6세의 대관식이 라디오 판매에 큰 영향을 미친 적이 있었으니까.33)

1946년에는 생중계 말고는 대안이 없었다. 영상을 녹화할 방법이 없는 거나 마찬가지였기 때문이다. 독일은 오디오 녹음의 발전수준이 높았지만, 미국과 영국은 전후에야 이 기술을 쓸 수 있었다.34) 그때는 영국군 방송부대 소속이었던 젊은 음향기사 맬컴 스튜어트는 전후에 함부르크에서 독일의 기술을 보고 깜짝 놀랄 수밖에 없었다.

> 내가 도착해서 녹음실을 맡았을 때, 장비는 모두 독일군에서 징발한 것이었다. 디스크 녹음기는…… BBC에 있는 것과 비슷했지만, 자기테이프 녹음은 우리 것보다 기술적으로 훨씬 앞섰다는 걸 알 수 있었다. 믿을 수가 없었다. 우리가 썼던 자기녹음기는 아주 원시적이었지만, 독일은 이미 1/4인치 자기테이프를 개발해놓고 있었고…… 품질이 우리 것보다 훨씬 우수했다.35)

1948년 말에 이르면, 미국의 주요 방송망 3사는 많은 프로그램을 녹화하고 있었다. 1950년의 옥스퍼드-케임브리지 보트경주는 생방송과 동시에 녹화되어 그날 저녁에 다시 방영되었다.36)

엘리자베스 2세의 대관식은 유럽 여러 나라로 생중계된 초기의 행사 가운데 하나였다. 웨스트민스터 대성당 안에는 영국인 아나운서 두 명과 (프랑스어를 쓰는 캐나다인 시청자를 염두에 둔) 프랑스인 아나운서 한 명이 있었다. 미국인 아나운서는 입장이 허락되지 않았다.[37] 프랑스에서는 100만 명이 대관식을 보았다. 32개 방송사(유럽의 16개 사를 비롯하여 일본과 미국을 포함한 비유럽 방송사들)가 이 행사를 촬영했다.[38] 녹화필름은 비행기로 캐나다로 실어갔고, 캐나다 몬트리올과 미국 버펄로를 연결하는 임시 텔레비전 링크를 통해 NBC와 ABC가 이 필름을 틀어주었다. 장차 영국 역사상 손꼽을 만큼 오랫동안 통치하게 될 여왕의 대관식은 미국인들이 보기에는 광고 없이 방송할 만큼 엄숙한 행사가 아니었기에, 중간중간 방송을 끊고 탈취제 같은 제품의 광고를 틀었다. 성찬식 중간에 NBC의 〈투데이〉는 바나나를 먹는 침팬지 'J. 프레드 머그스'의 '인터뷰'를 내보냈다.[39] 이를 계기로 영국 권력의 상업 텔레비전에 대한 의구심이 더욱 강해졌다.

바깥의 군중은 간간이 세차게 쏟아진 소나기에 흠뻑 젖었지만, 텔레비전을 본 이들은 안전하고 안락하게 대관식을 지켜보았다. 1953년 6월 3일자 『타임스』는 이렇게 썼다. "그들은 참회왕이 지은 대성당 안에서 타오르는 듯한 다채로운 색깔은 보지 못했지만, 그래도 특권을 누리던 화려한 옷차림의 회중 7,000명과 함께 그곳에서 이루어지는 모든 일의 엄청난 의미를 공유할 수 있었다. 사실 초대를 받아 대성당의 하늘빛 관람석에 모인 정부와 제국, 외국의 고위인사들보다 집에 있는 시청자들이 그 행사의 많은 부분을 더 자세하고 확실하게 볼 수 있었다."

대성당 한가운데로 천천히 다가가는 행렬 장면부터 캔터베리 대주교가 커다란 성 에드워드 왕관을 들어 젊은 군주(여성이고, 매력적이고, 연약해 보인다는 점 덕분에 더 폭넓은 인기를 얻을 수 있었다)의 머리에 올려놓는

1953년 6월 2일에 치러진 영국 여왕 엘리자베스 2세와 에든버러 공작의 대관식 사진. 앞에 보이는 것은 영연방 나라들을 상징하는 여러 식물의 무늬를 수놓은 5.5미터 길이의 트레인으로, 대관식 때는 시녀 여섯 명이 받쳐 들었다. 엘리자베스 2세의 아버지는 조지 6세, 미국인 심프슨 부인과 결혼하기 위해 왕위에서 물러난 에드워드 8세(윈저 공)의 동생이자 조지 5세의 차남이다.

장엄한 순간에 이르기까지, 이 특별한 구경거리는 군주제와 매체 양쪽의 역사에서 전환점이었다. 텔레비전과 함께 태어난 영국 군주와 그녀의 가문은 줄곧 카메라의 조명을 받으며 살아갈 운명이었다.

아직은 행사들이 텔레비전에 맞추어 진행되지는 않았지만, 곧 그리되었다. 시청자들이 텔레비전 카메라 덕분에 어쩌다 행사에 입장한 불청객이 아니라, 행사가 초점을 맞추어야 할 '진짜' 관객이라는 것을 깨달았기 때문이다.

정치인들도 이 점을 곧 알아차렸다. 1959년에 샤를 드골은 텔레비전에 딱 두 번 나왔는데, 모두 기자회견이었다—텔레비전 시청자들은 이제까지 자신들을 배제해온 행사에 귀를 기울였다. 1년 뒤, 드골은 텔레비전을 통해 프랑스 국민에게 직접 연설을 했다.[40] 드골은 빨리 배웠다. 첫 번째 방송에서는 그는 안경을 끼고 고개를 숙인 채 메모를 조심스럽게 읽

제56장 · 텔레비전: 보편적 매체

어나갔다. 이 방송이 참담한 실패작이라는 똑똑한 친구들의 말에 자극을 받은 그는 다음번에는 연설문을 외우고, 안경을 벗고, 머리를 꼿꼿하게 든 채 카메라를 바라보기로 결심했다.41) 구식 장군은 새로운 매체에 맞게 단장하고 텔레비전에서 대성공을 거두었다. 그는 회고록에서 아무런 거리낌없이, "내 이미지에 맞도록" 시청자들의 "눈을 보면서, 원고 없이, 또 안경 없이" 연설해야 했다고 말했다. 자기가 하는 모든 말이 분석되고 논평을 받을 것임을 알았기 때문에 "이 일흔 살의 노인은, 책상 뒤에 혼자 앉아서, 무자비한 조명을 받으며, 시청자의 관심을 끌고 붙들어두기 위해 활발하고 자연스러운 모습을 보여주어야 했다."42)

야심 있는 정치인은 '텔레비전에 잘 나와야' 했다. 그들은 어떤 역할('진정한 지도자', '우리와 똑같은 사람', '지혜로운 노인', '믿을 수 있는 사람', '철의 여인', '젊은 혁신가', '노련한 키잡이' 따위)을 택해야 했다. 닐 포스트먼이 말했듯이, 형편없는 대중연설에 "턱이 여러 겹에, 몸무게가 135킬로그램이나 나가는" 미국의 제27대 대통령(1909~13) 윌리엄 하워드 태프트 같은 이는 1980년대라면 대통령 출마를 꿈도 꿀 수 없었을 것이다.43)

정치인들은 또 특정한 여과체계를 활용하여 다양한 뉴스거리를 걸러내는 법과 '가장 공중의 관심을 끌 만한 소재를 골라내는' 법을 배워야 했다.44) 텔레비전에서 좋게 보이기란 간단한 일이 아니다. 또박또박 말하면서도 거만해 보이지 않아야 하고, 마음을 끌면서도 물리지 않아야 하고, 긍정적인 이미지를 발산하면서도 믿음직해 보여야 하고, 단순하게 말하면서도 얕보는 투로 말하지 말아야 하고, 무엇보다도 약속을 할 때 신뢰할 만한 사람으로 보여야 한다. 텔레비전 시대에 접어들어 이런 자질들이 곧 정치지도자 선거의 핵심이 되었다. 예전에는 정당 지도자들은 활동가들에게 복잡한 메시지를 전달할 수 있었고, 그러면 거기서 활력을 얻은 활동가들이 그 메시지를 단순화된 형태로 친구, 동료, 친척들에게 전달했다. 그러나 텔레비전과 함께 의사소통은 더욱 직접적으로 바뀌고, 복잡성이라는 요소가 사라졌다.

텔레비전에 자주 등장한다는 단순한 사실만으로도 영향력 있는 정치인들은 힘과 매력이 늘어났다. 그런 정치인은 그의(흔하지는 않지만 때로는 그녀의) 정당의 상징이 되었고, 텔레비전 이전 시대에는 상상도 못했을 만큼 얼굴을 널리 알렸다. 물론 여기에는 1930년대의 포토저널리즘과 영화관의 뉴스릴 같은 선례가 있었다. 머지않아 모두가, 텔레비전에 자주 등장하면 누구나 유명인사가 될 수 있다는 사실을 깨달았다. 뉴스 진행자는 이름을 모르는 집이 없었다. 보통 우아한 이브닝드레스를 입고 나와서 미소를 지으며 몇 마디 말로 다음 프로그램을 소개하는 매력적인 여성들인 프로그램 아나운서들도 이름을 날렸다. 그들의 인생 이야기, 연애, 기호가 대중언론에 자주 등장했다. 텔레비전 탄생기에는 이것이 여성에게 열려 있는 가장 중요한 역할이었다.

텔레비전에 대한 공포와 혐오

텔레비전의 영향은 끊임없는 논란거리였다. 텔레비전이 문학, 언론, 영화보다 훨씬 해로울까? 정말로 아이의 주의력 지속시간을 줄이고, 방송 내용을 생각 없이 받아들이게 만들까? 사람을 수동적 수용자로 바꿀까? 텔레비전이 아이들에게 미치는 영향에 대한 영국의 초기 연구는 부정적 효과는 거의 없다는 결론을 내렸다. 이 연구는 텔레비전을 가진 이가 아직 소수이고 이 매체도 아직 어렸을 때인 1958년 것이지만, 아이들이 관련된 일이면 늘 그렇듯이, 이때도 불안은 이미 팽배했다.[45]

텔레비전은 사회에서 일어나는 불쾌한 일이라면 뭐든지 보도하기에 (범죄는 보도하지만 범죄가 없는 사건은 보도하지 않고, 훌리건의 행동은 보도하지만 대다수 축구 팬의 조용한 관전태도는 보도하지 않으며, 취한 상태는 보도하지만 멀쩡한 상태는 보도하지 않는다), 불쾌한 것은 뭐든지 텔레비전의 나쁜 영향 탓으로 돌릴 수 있다. 공황을 조장하는 문헌은 엄청나게 쏟아졌다.[46] 많은 연구자들이 '텔레비전 시청자들'이란 인위적인 구성물이고, 현실에서 시청자는 매우 다양하고, 각각의 계층은 다양한 메시지에 다양하게 반응하며(또는 전혀 반응하지 않으며), 텔레비전이 보내는 메시지 또한 분화된다고 지적해도 소용이 없었다.

텔레비전의 픽션에는 (모든 픽션에서 그렇듯이) 꽤 많은 폭력이 등장하지만, 그 폭력은 대부분 '보답'을 받지 못한다. 범죄는 득이 되지 않는다는 건 여전히 유효한 원칙이다. 폭력이 늘어나는 것은 수많은 요인들 탓일 수 있고, 텔레비전 시청의 구체적인 영향을 다른 요인들과 분리한다는 건 불가능하므로, 이 매체에 책임을 지우는 행위는 강력한 증거로 뒷받침되는 행위라기보다는 채택할 수 있는 선택지 가운데 하나일 뿐인 것 같다. 텔레비전이 분쟁을 해결하는 방법으로 폭력을 용인하는 경향이 있다는 생각 또한 마찬가지로 논란의 여지가 있다.

사회·정치적 논란에는 으레 도덕적 공황이 따른다. 텔레비전은 이전의 모든 문화확산 수단과는 달리 보편적이므로 도덕적 공황과 사회적 압력에 매우 민감하게 반응한다. 텔레비전 탓에 불쾌감을 느끼거나 마음이 상할 위험이 있는 이는 언제든 다른 뭔가를 보거나 아니면 텔레비전을 끌 수 있다는 권고는 절대로 진지하게 받아들여지지 않는다. 텔레비전은 신문, 영화, 책과는 달리 집 안에 있고, 무료로 이용할 수 있으며, 피하는 것이 불가능하거나 어렵기 때문이다.

텔레비전 보도의 가장 의미심장한 영향 가운데 하나는 이로 인해 정치인, 활동가, 압력단체가 매체용 사건을 만들려는 유혹을 받는다는 것이다. 자신의 대의로 사람들의 이목을 모으려면 어떤 '구경거리가 될 만한', 곧 텔레비전에 알맞은 형태의 행동에 관여할 필요가 있다. 탄원서에 서명을 해서 총리 관저에 전달하는 것으로는 저녁뉴스의 관심을 끌 가능성이 작다. 하지만 벌거벗은 사람 스무 명이 전달한다면 관심을 끌지도 모른다. 어떤 행동을 해서 텔레비전에 보도되는 것은 정보를 전달하는 아주 빠른 방법이기도 하다. 한 동네에서 일어난 세금 반대 폭동이 보도되면, 성향이 비슷한 다른 이들이 자기만 세금에 불만이 있는 게 아님을 확인하고, 자신들도 폭동을 일으켜서 더 폭넓은 운동에 합세하려고 시도할 수도 있다. 이것은 테러리즘의 영역에도 분명히 영향을 줄 수 있다. 그러나 설사 텔레비전이 테러활동을 무시하는 것이 앞으로 테러가 일어날 가능성을 줄이는 방법이라고 하더라도, 민주사회에서 텔레비전이 그런 행동을 무시하기란 어렵다.

텔레비전이 시청자에 미치는 영향을 검토하는 것이 이런 점들을 고려해서만은 결코 아니다. 시청자를 연구하는 것은 텔레비전 사업의 한 부분이기도 하다. 텔레비전과 시장의 독특한 관계(프로그램은 책과 달리 소비자에게 직접 판매되지 않고, 시청자가 광고주에게 '판매'된다)는 새로운 연구 분야를 낳았다. 바로 시청자들을 분석하고 그 크기를 추정하는 분야다. 누가 무엇을 보는가, 언제 그것을 보는가, 그들은 어떤 사회계급이나 성에 속하는가 따위가 아주 중요한 문제가 되었다. 이런 문제에 몰두한다는 것도 이해는 간다. 책은 일부만 읽고, 오페라는 그보다 훨씬 적은 소수만이 보러 가지만, 텔레비전은 모두가 본다. 시청자를 아는 게 중요하다. 미래에 어떤 프로그램을 만드느냐 하는 문제만이 아니라, 많은 이들의 출세, 그리고 명성과 일자리가 시청자에 달려 있기 때문이다.

　1940년대에 미국의 닐슨 같은 회사들은 라디오 프로그램의 청취 순위를 명확하게 파악하기 위해 청취자에 대한 조사를 시작했다. 전후에는 텔레비전 시청을 측정하는 방법이 개발되었다. 시청자를 조사하는 한 가지 방법은 무작위로 표본을 뽑아 전화를 걸어서 무엇을 듣거나 보고 있는지 묻는 것이었다. 물론 동시에 많은 이에게 전화를 걸어야 했다. 또 한 가지 방법은 표본에게 3주 동안 15분마다 시청일기를 쓰게 하는 것이었다. 이보다 비인격적인, 따라서 더 객관적이라고 주장하는 프로그램도 개발되었는데, 이것은 탐지기를 텔레비전 안에 설치해 언제 텔레비전을 켜는지, 어떤 채널을 얼마나 오래 보는지를 알아내는 것이었다(하지만 실제로 누군가가 텔레비전을 보는지 켜져만 있는지는 알기가 어려웠다). 나중에는 무작위로 고른 시청자들에게 컴퓨터를 통해 물어보는 질문에 응답하도록 권유하게 되었다. 그후로 텔레비전에 카메라를 다는 방법을 포함해 훨씬 강력한 방법들이 개발되어, 실제로 텔레비전을 보는지 여부는 물론이고 얼마나 관심을 보이는지까지도 탐지해낼 수 있게 되었다.

　프로그램 편성 담당자들은 교묘하고 기발하게 편성표를 짜서 어떤 프로그램의 시청률을 높일 수 있다. 다른 조건이 모두 같다면, 심야에 방영하는 프로그램이 황금시간대에 내보내는 프로그램보다 시청률이 낮은 건 당연하다. 다른 채널의 인기 프로그램과 같은 시간에 배치하면 잠재적 시청자 수가 떨어지는 것도 당연하다. 이탈리아 국영방송사 RAI는 1967년에 시간과 노력을 꽤나 기울여서 만초니의 소설 『약혼자』를 연속극으로 제작한 뒤, 민속음악이나 기악처럼 매력이 떨어지는 프로그램과 같은 시간대에 방영했다. 그랬으니 그 많은 시청자(1,800만 명)가 꼭 이탈리아 초등학생이라면 누구나 아는 이야기에 끌려서 본 것만은 아니었다.[47]

텔레비전은 시청자를 광고주에게 팔기에 시청률이 모든 것을 좌우하고, 시청률 조사방법은 끊임없이 진화해왔다. 그림은 닐슨 사의 시청일기와 오늘날 널리 쓰이는 피플미터 TVM5의 구성요소들이다.

 그러나 이런 문제들은 무척이나 복잡하다. 더 과감한 프로그램을 환영하는 의미 있는 소수는 인기 프로그램들을 대체로 배척하기 때문이다. 편성 기술은 불가해하고 복잡하며, 내부자들에게는 그런 문제를 책임지는 이들이 텔레비전 업계의 진짜 권력자로 보인다. 광고가 중요한 경우에는, 제작비가 적게 들어간 프로그램을 황금시간대를 피해 편성하는 것이 경제적으로 합리적일 수도 있다. 비용 대비 시청률이 황금시간대(경쟁이 치열한)에 방영하는 고비용 프로그램보다 높을 수도 있기 때문이다.

 물론 광고업자들은 시청자가 진짜로 광고를 보고 있는지 어쩐지를 절대로 확신할 수 없다. 좋은 프로그램에서 광고시간은 곧 음료를 만들거나 화장실에 갈 시간이기 때문이다. 하지만 그들은 시청자에게는 관심이 없다. 그들은 오직 회사들에게 광고가 필요하다는 것, 광고가 경쟁력을 높여주고 진입비용을 끌어올려 다른 회사가 시장에 진입하는 것을 막아준다는 확신을 심어주는 데에만 관심이 있다. 광고업자들은 리모컨 때문에 고민이 더 늘었는데, 시청자들은 프로그램이 나올 때보다 광고가 나올 때 훨씬 더 채널을 휙휙 돌리기 때문이다. 마지막으로, 비디오 녹화가 등장하면서 시청자는 녹화된 프로그램에서 광고를 건너뛸 수 있게 되었다. 디지털 (개인) 비디오녹화기 덕분에 이 일은 더욱 쉬워졌다. 이런 상황에서 도대체 어떻게 광고가 '먹히는가' 하는 것은 현대 생활의 많은 수수께끼 가운데 하나다.

그 모든 연구에도 불구하고, 우리가 아는 것은 사람들이 어떤 장르를 유난히 좋아한다는 것뿐이다. 한 장르에서 특정한 표본을 다른 표본들보다 좋아하는 이유는 모른다. 문화시장의 다른 모든 것과 마찬가지로, 사실 그런 것은 아무도 모른다. 『프라임타임』(1983)의 저자 토드 기틀린은 CBS 부사장에게 이런 이야기를 들었다.

> 시청자가 아주 많고…… 시청자의 취향이 아주 다양하게 퍼져 있기 때문에 추측할 수밖에 없다. 전에 텔레비전에서 뭐가 먹혔는가에 관한 선례에서 출발을 해볼 수는 있다. 여러 정보원으로부터 모은 사회학적 정보를 훑어보는 데에서 출발을 해볼 수도 있다. …… 하지만 진짜로 알 수는 없다.[48]

CBS의 또 다른 부사장 아널드 베커는 오직 한 가지에만 관심을 가졌다. "나는 문화에는 관심이 없다. 나는 친사회적 가치에는 관심이 없다. 나는 오직 한 가지에만 관심이 있다. 사람들이 그 프로그램을 보느냐 안 보느냐. 그것이 선에 대한 내 정의다. 그것이 악에 대한 내 정의다."[49]

텔레비전에 대한 공포 가운데 몇 가지는 유럽의 미국화에 대한 오랜 공포의 표현이었다. 곧 젊은 세대가 성장하면서 미국의 가치와 문화를 흡수하여 정체성을 잃어버릴 거라는 공포였다. 미국 청년문화가 어디에나 있다는 걸 부정할 이는 없겠지만, 사실 가장 인기 있는 텔레비전 프로그램은 미국 것이 아니고, 미국 프로그램이 황금시간대를 지배하지도 않는다. 게다가 전반적으로 미국 프로그램은 관습적인 도덕성을 존중하는 쪽이다.

1990년대 말에 텔레비전 프로그램의 품질 저하를 불평하던 이들은 '리얼리티 TV'를 비판의 대상으로 삼았다.[50] 그럼에도 이 장르는 이제 화면을 지배하고 있다. 영국 문화부장관 테사 조웰은 2003년 5월에 시청자들이 리얼리티쇼 탓에 텔레비전의 질이 계속 떨어지는 데에 실망감을 드러내기를 바랐지만, 1년 뒤에는 〈빅 브러더〉 같은 프로그램이 공공서비스의 '폭 넓은 관할' 안에 들어와 있는 현실을 인정했다.[51]

텔레비전을 지나치게 많이 보는 사람들은 흔히 업신여김을 당하는 반면에, 책을 많이 읽는 이들은 찬사를 받고, 극장이나 영화관에 규칙적으로 가는 이들은 지식인이나 영화애호가로 간주된다. 텔레비전을 좋아하는 사람들은 '카우치 포테이토'[하루종일 소파에 앉아 감자칩을 먹으며 텔레비전만 보는 사람]라고 불리고, 독일에서 텔레비전은 '바보상자'로 폄하당한다. 텔레비전을 보는 이들은 주의력 지속시간이 짧다고 비난을 받는다―일정한 시간 동안 채널을 바꾸는 횟수를 계산한 결과에서 나온 가정이다. 그러나 이 가정에는 확실한 근거가 없다. 시청자가 어떤 프로그램을 보다가 15분마다 프로그램이 끊기고 광고가 나오는 그 시간에 채널을 15번 바꾸면, 여러 프로그램을 1분씩만 본 것으로 간주될 것이기 때문이다.

지식인 엘리트들은 대개 텔레비전을 무조건 비난한다―사실 그들은 대중문화에서 무엇이 발달하든 그런 반응을 보여왔다. 그러나 공공부문 텔레비전(유럽의 지배적인 모델)이 지식의 확산에서 가장 중요한 요인이었다는 사실은 의심할 수 없을 터이다. 유럽 전역에서 라디오와 텔레비전을 책임지고 있었던 이들은 여러 집단의 기대를 충족시켜야 한다는 것을 알았다. 그들은 신문보다 균형 잡힌 관점을 제공해 정치인들의 비위를 맞추어야 했다. 교육적 내용이 담긴 프로그램을 제공해 인텔리겐치아와 자신을 계발하려는(제26장에서 살펴보았듯이, 이것은 변함없는 경향이다) 이들의 비위를 맞추어야 했다. 마지막으로 오락을 제공해 모두의 비위를 맞추어야 했다. 텔레비전 책임자들은 소수를 빼고는 대부분 사업 세계보다는 교육과 공공서비스 세계에 가까웠고, 텔레비전의 상업화에 대항하여 교양 텔레비전이라는 이상을 위해 노력했다.

그 결과 유럽 국영방송 프로그램의 교육수준은 상대적으로 높았다. 이를테면 프랑스에서는 1953~78년에 프로그램들이 총 11만 9,163시간 방영되었는데, 이 가운데 역사물(픽션과 논픽션)이 4퍼센트를 차지해, 많은 비난을 받은 버라이어티쇼(1974년에는 6.4퍼센트, 1977년에는 4.2퍼센트)보다 비중이 그리 작지 않았다. 하지만 1975년 이후로는 프랑스방송협회ORTF가 분화되고 채널이 늘어나면서 역사 프로그램들의 비중이 줄어들었고, 다수는 황금시간대에서 밀려났다.[52]

텔레비전 보급률이 높아지면서 교육받지 못한 시청자의 비율도 (불가피하게) 높아졌고, 따라서 프로그램들도 더 낮은 수준에 맞추어져야 했다. 그러나 텔레비전은 기준을 '낮추'기는커녕 국민의 교육수준을 점차 높이는 데에 일조했다. RAI의 조사에 따르면, 1964년에 이탈리아 국민의 45퍼센트는 '의회'가 정확히 무슨 뜻인지 몰랐고, 21퍼센트는 '전기에너지의 국유화'(조사 당시 가장 뜨거운 쟁점이었다)가 무슨 의미인지 몰랐고, 29퍼센트는 통화通貨가 무슨 말인지 몰랐으며, 74퍼센트는 당시 바티칸이 로마가톨릭 교회의 현대화 계획을 뜻하는 말로 널리 사용하던 '현대화'라는 말이 무슨 뜻인지 몰랐다. 1969년에는 65퍼센트가 인플레이션의 의미를 몰랐다.[53] 물론 몇 년 뒤에는 너무나 잘 알게 되었지만.

어쩌면 텔레비전 이전 시대에 보통교육의 수준이 낮았다는 사실을 알고 있었기에 비평가들이 텔레비전에 대한 불평을 줄기차게 퍼부어온 것인지도 모른다. 사실 그런 불평은 텔레비전이 출범하자마자 시작되었다. 「텔레비전: 질의 저하」는 영화평론가 앙드레 바쟁이 1956년에 『프랑스-옵세르바퇴르』에 기고한 글의 강렬한 제목이다.[54] 그 뒤로도 불평은 수그러들지 않았다.

영국 텔레비전이 널리 존경받는 것은(이탈리아상 같은 방송상을 단연 가장 많이 탔다) 대체로 여러 조건이 독특하게 결합한 결과다. 우선 라디오와 텔레비전 종사자들의 선구적인 공공서비스 윤리가 있는데, 이것은 꽤 많은 부분이 과거(그리고 지금도) 공무원 조직의 특징인 윤리적 정신―제국 건설에 기초한 세계관을 포함하여―에서 유래한 것이다. 또 하나는 BBC가 정치체제로부터 자율적이라는 점으로, 이런 자율성 덕분에 그들은 (유럽 대부분의 방송국들과는 달리) 정치인들에게 머리를 조아리지 않을 수 있었다. 상업적 세력에 의존하지 않는 점도 또 하나의 조건이며, 그 덕분에 (미국과는 달리) 상업적 후원자들을 만족시킬 필요가 전혀 없었다. 영국에서는 상업 텔레비전이 일찍 출범했고(텔레비전이라는 매체가 확산되기 시작한 무렵인 1955년에) 이를 둘러싼 논쟁과 대립이 있었던 까닭에, 상업 텔레비전은 늘 BBC를 모델로 삼아야 했고, BBC와 치열하게 경쟁하면서 높은 품질의 대중적 프로그램을 제작해야 했다(다른 나라에서는 공중을 만족시키지 못한 공영방송체계에 대한 반작용으로 상업 텔레비전이 생겼다). 이런 조건들 가운데 일부는 다른 나라에도 있었다. 예를 들어 네

런던 남부의 수정궁의 짝인 '민중의 궁전'으로 1873년 북부에 건립된 알렉산드라 궁전. 1936년 11월 2일, BBC는 이곳에서 인접한 지역 시청자 수백 명을 상대로 세계 최초의 텔레비전 정규방송을 시작했다.

덜란드의 사회주의 텔레비전 방송망 VARA[노동자라디오아마추어협회]는 BBC의 사장이었던 존 리스의 철학과 공통점이 많았다.[55] 그러나 BBC에는 또 다른 이점이 있었다. 커다란 언어시장이 있어서 제작물을 세계 각지에 팔 수 있었던 것이다. 2004년에는 재정의 26퍼센트를 프로그램을 외국에 팔아서 충당했다. 이것은 유럽의 다른 방송사들보다 높은, 훨씬 높은 비율이다.[56]

1999년 4월, 영국 정부의 의뢰를 받은 조사에서 영국 방송사들이 해외 구매자들에게 '그릇된 유형'의 프로그램들을 제작하고 있다는 보고서가 제출되었다. 프로그램들이 너무 영국적이고, '너무 어둡고', '너무 느리고', 또 어쩌면 품질이 너무 높다는 것이었다. 그러나 역시 정부의 의뢰를 받은 다른 조사의 보고서는 영국 방송사들이 가장 근접한 경쟁자들(프랑스와 오스트레일리아)보다 여섯 배나 많이 수출할 뿐만 아니라, 세계 방송시장에서 점유하는 비율이 영국이 세계무역에서 점유하는 비율(4퍼센트)보다 높은 9퍼센트라고 지적했다.[57] 텔레비전업계가 의뢰한 2005년 조사의 보고서 『통행권: 세계시장에서의 영국 텔레비전』도 1999년 보고서에 이의를 제기했다. 영국은 여전히 세계 텔레비전시장에서 10퍼센트를 점유하는 큰 나라로서 미국(70퍼센트라는 어마어마한 비율)에만 못 미칠 뿐, 캐나다(3.9퍼센트), 독일(3.5퍼센트), 프랑스(2.1퍼센트), 오스트레일리아(2.1퍼센트), 일본(1.4퍼센트)을 앞서고 있었다.[58]

이 세계시장에서 영국을 판매하는 데에 BBC는 핵심적인 역할을 수행했다. 이것은 공영 조직으로서는 주목할 만한 상업적 성취였다. 조직의 구조에서는 유럽의 다른 공영방송 조직 대다수—이사회는 정부가 임명하고, 수입은 정부가 통제한다—와 다를 것이 없지만, BBC는 사기업이나 국가에 신세지지 않는 방송사로 보이는 데에 대체로 성공했다. BBC는 수십 년에 걸쳐서 특별한 느낌, 곧 국민과 하나라는 느낌을 주어왔다. 정부의 BBC 비판, 특히 2003년의 이라크 전쟁을 전후한 몇 달 동안의 비판은 오히려 BBC가 독립적이라는 느낌을 강화해줄 뿐이었다. 사방에서 비판을 받는다는 사실은 BBC가 이해당사자들 위에 우뚝 솟아 있음을 보여주는 증거로 이용된다. BBC는 기성체제와 대립하지만, 그럼에도 기성체제를 대변한다. 대개는 중간계급이 만족할 만한 태도를 보이지만, 또 한편으로는 대중영합주의적으로 '수준을 낮춘' 프로그램을 적절하게 배치하여 중간계급의 비위를 거스른다. 지금까지는 이런 곡예가 효과가 있었고, 덕분에 BBC는 탁월한 영국 문화조직의 자리를 유지할 수 있었다.

제57장

텔레비전 장르의 흐름

텔레비전 장르

텔레비전은 중간중간 관습적으로 멈췄다가 다시 이어지는 하나의 끊임없는 흐름으로 스스로를 제시한다. 크레디트는 한 프로그램의 끝을 알리고, 하나의 곡조나 사회자의 말은 다른 프로그램의 시작을 알린다. 지금은 표준이 된 다채널 체계 속에서 우리는 여러 프로그램으로 자기 나름의 조각보를 만든다. 책이나 연극과는 달리, 텔레비전에서 제공하는 것은 "단일한 차원에서 단일한 조작으로 얻을 수 있는" 하나의 연속물이다.[1] 텔레비전 시청은 시간을 상당히 잡아먹지만, 그럼에도 각각의 영상은 덧없는 경험, 본질적으로 근대적인 경험을 제시한다. 보들레르의 말을 빌려 쓴다면, 그 경험은 일시적이고 덧없고 우연적이다.[2] 망각은 텔레비전에서 본질적인 부분이다. 정치인들은 이 특성을 의식하고, 광고업자들처럼 똑같은 행동을 계속 반복한다. 늘 있는 몇몇 예외를 빼고는, 프로그램들은 거의 곧바로 우리 기억에서 지워지거나 잠재의식에서만 기억된다. "미디어가 곧 메시지다"라는 마셜 맥루언의 말이 텔레비전에 관한 가장 유명한 경구가 된 데에는 다 이유가 있다.

이 매체에는 사실상 역사가 없다. 텔레비전의 역사는 제도, 정책, 정부와의 관계는 다루지만, 프로그램의 역사는 거의 다루지 않는다. 그저 성공적인 프로그램이나 장르만 언급할 뿐으로, 마치 문학사와 영화사가 책과 영화를 좀처럼 언급하지 않는 것과 마찬가지다. 라디오와 텔레비전 콘텐츠의 역사를 연구하려고 한다면 심각한 문제에 부딪힐 것이다. 양이 엄청나기 때문이다. 5개 지상파 채널이 하루에 15시간씩만 방송한다고 쳐도, 1년이면 2만 7,000시간이 넘는 콘텐츠를 생산한다. 발리우드에서 1년에 3시간짜리 영화를 1,000편씩 쏟아낸다 해도 해마다 총 3,000시간밖에 안 되는 것과 비교하면 감이 올 것이다. 문학에는 기억되는 정전이 있는 반면 나머지는 잊힌다. 텔레비전에는 정전 대신에 컬트 프로그램이 있다. 다종다양한 19세기 신문들이 도서관에 조심스럽게 보관되어 있는 반면에, 라디오와 텔레비전의 콘텐츠는 방송 초기의 조잡한 보존기술, 관심 부족, 기록되지 않은 수많은 생방송 탓에 제대로 보관되어 있지 않다. 텔레비전 업계의 역사적 기억상실증은 심지어는 현장 작업자들 사이에도 만연해 있다. BBC는 1990년대 중반에 디킨스의 『마틴 처즐위트』를 새롭게 텔레비전용으로 각색했는데, 이 작업에 참여한 이 가운데 그 누구도 처음에는 이미 1964년에 이 소설이 각색된 적이 있다는 사실을 알지 못했고, 그 자료가 보존되어 있지 않았으니 누구도 그걸 볼 수 없었다.[3] 텔레비전은 결코 '고급'문화사를 가진 적이 없는데도, 있지도 않았던 황금시대를 그리워하며 문학과 영화처럼 현실을 한탄하곤 한다.

텔레비전 채널이 한두 개뿐일 때는 실험을 할 수 있었다—경쟁이 없는 상황의 이점이다. 경쟁 상황에서는 성공적인 혁신(새롭고 대중적인 무언가를 발견하는 것)이 아주 큰 보상을 받지만, 그 보상은 그다지 오래가지 않는다. 초기의 이점을 모방이 갉아먹기 때문이다. 그래서 안전하게 가는 것이 이익이다. 실험은 남에게 맡기고 그 아이디어를 훔치면 되는 것이다.

모든 문화산물은 텔레비전용으로 각색할 수 있다. 연극은 텔레비전 연극이 되고, 소극은 시추에이션 코미디(시트콤)가 된다. 멜로드라마는 연속극이 되고, 연재소설은 텔레비전 연속물이 되고, 연재만화는 텔레비전 만화, 저널리즘은 뉴스, 요리책은 요리 프로그램이 된다. 심지어는 잡지보다 텔레비전이 장르를 혼합하기가 훨씬 쉽다. 텔레비전 쇼는 무용수들의 춤으로 시작해서 한 가수의 노래를 내보낸 다음 그 가수를 인터뷰하고, 이어서 신작을 홍보하는 작가와 그 가수가 만나는 영상을 보여줄 수 있다. 그런 식으로 버라이어티쇼가 노래 프로그램이 되고 문학품평회로 바뀐다. 텔레비전 장르는 완전히 분리되는 법이 없다. 몇몇 방송망, 이를테면 이탈리아의 국영방송사 RAI는 일요일 오후에 몇 시간 동안 이어지는 이른바 '프로그람마 콘테니토레'〔콘테이너 프로그램〕를 개발했다. 초대손님들을 소개하고 음악을 홍보하는 〈알트라 도메니카〉(또 다른 일요일, 1976)에는 희극 연기와 스포츠도 덧붙여지고, 진행자 렌초 아르보레가 이것들을 하나로 엮었다. 이 프로그램은 모든 것이 조금씩 들어 있었던 구식 버라이어티쇼와 비슷했다. 시청자들은 내킬 때 잠깐씩 볼 수도 있었고, 오후 내내 아르보레와 그 친구들을 보며 즐거운 시간을 보낼 수도 있었다. '프로그람마 콘테니토레'는 그 자체로 하나의 장르가 되었다. 〈도메니카 인〉 같은 후속판은 낮 12시 30분부터 700만 명이 넘는 시청자와 함께 시작했고, 시청자는 최저 480만 명에서 저녁 8~9시의 최고치 1,090만 명 사이에서 오르내렸다.[4]

텔레비전은 대규모 시청자공동체를 만들어냄으로써 그 나름의 자기 참조적 세계를 창조한다. 이 세계는 뉴스 진행자, 사회자, 토크쇼 진행자, 코미디언, 배우들로 가득하다. 이 매체의 초창기에 배우들은 텔레비전을

이탈리아 '콘테이너 프로그램'의 하나인 〈알트라 도메니카〉(1976~79)를 진행했던 렌초 아르보레의 1995년 모습. 가수, 클라리넷 연주자, 영화감독이기도 했던 그는, 라디오 진행자로 이름을 얻은 뒤 1969년에 텔레비전에 진출해 〈쿠엘리 델라 노테〉, 〈인디에트로 투타!〉 같은 프로그램을 진행하여 대성공을 거두었다.

영화나 연극으로 진출하는 디딤돌로 생각했다. 진정한 명성과 위신은 영화와 연극에서 얻을 수 있었다. 그러나 곧 텔레비전 연속극을 보는 시청자가 엄청나게 많아서 역할이 작은 연기자도 유명인사의 지위를 얻는다는 사실이 곧 분명해졌다. "미래에는 모두가 15분 동안은 유명해질 것이다"라는 앤디 워홀의 유명한 예언은 텔레비전이 없었다면 당치않은 말이었을 터이다. 게임쇼에서는 하다못해 성서를 외는 이도 유명해질 수 있었다. 그 극치는 리얼리티 TV가 보여주었는데, 여기에 출연하면 아무런 기술도 없고 훈련이나 준비가 안 된 사람도 유명인이 될 수 있었다.[5]

장르가 혼합되면 만들어진 이미지와 현실의 구분선이 흐릿해진다. 모든 이미지가 선택과 편집을 거치며 '만들어지'기 때문이다. 19세기 연재소설 독자들이 그랬듯이, 시청자들은 허구인 등장인물을 현실의 인물만큼이나 (또는 그보다 더) 좋아한다. 그런 허구가 현실에 직접 영향을 주기도 한다. 브라질 최고 인기 방송사인 글로보 TV의 '텔레노벨라' 〈사랑에 빠진 여인들〉은 널리 수출되었고, 3,500만 브라질인이 정기적으로 시청했다. 2003년, 고급매춘부 출신의 여주인공 페르난다가 죽을 것이 확실해지자, 리우데자네이루 관광업 대표는 이 도시가 위험한 곳이라는 부정적인 이미지가 더해질 테니 여주인공을 죽이지 말아달라고 프로듀서들에게 애원했다.[6] 리우데자네이루에서는 빗나간 총알을 맞고 죽는 일이 심심치 않게 일어나는데, 결국 페르난다도 그렇게 죽었다. 다른 연속물들처럼 이 프로그램도 꼭 진지하게 받아들여지는 것은 아닌, 아내를 때리는 남편, 알코올중독자 교사, 하녀의 딸을 임신시킨 부잣집 도련님, 남편과 성적인 문제를 겪다가 하녀의 남자친구와 사귀기 시작하는 아내 같은 사회적이고 개인적인 문제를 제기했다.[7] 연속극에 흔한 그런 문제들은 19세기 멜로드라마에서 곧바로 이어받은 것일 수도 있다. 그러나 텔레비전 연속물과 연재소설에는 중대한 차이가 있다. 연재소설은 전체가 묶여 출간될 수 있고 '정식' 소설로 읽힐 수 있다—실제로 대부분이 그렇다. 그러나 아무리 연속물 장르를 좋아하는 이라도 〈댈러스〉 같은 50시간짜리 연속물을 한꺼번에 보기는 힘들다. 그렇게 보면 연속물에서 일정한 기능을 하는 반복이 짜증스럽게 느껴질 것이다.[8] 연재소설은 소설을 유통하는 데에 따르는 비용과 난점 탓에 강요된 필연적인 형식이었다. 텔레비전 연속물은 그 자체가 하나의 장르다.

생방송

텔레비전은 라디오로부터 국민정체성 형성에서 가장 중요한 도구라는 기능을 건네받았다. 텔레비전은 그 기능을 강화하고 재규정하고 확정했다. 텔레비전이 만들어낸 시청자공동체는 본질적으로 국민공동체였다. 물론 이런 성격은 채널이 몇 개 없었던 텔레비전 초기 수십 년 동안에 훨씬 강했다. 국경이 없는 확실한 '지구촌'은 미래에 채널 수가 늘어나면서 등장할 테지만, 그렇더라도 초국적 이해관계를 공유하는 사회집단(학계나 사업망 같은)이 이따금씩만 시청할 가능성이 크다. 올림픽 대회 같은 몇몇 행사들은 전 지구적 방송이 가능하다. 그러나 대부분의 사람들은 자기 나라 팀을 응원한다. 1998년에 가장 많이 시청한 스포츠 행사는 월드컵 축구대회였지만, 나라별로 가장 많이 시청한 경기는 자국 팀이 나오는 경기였다(폴란드, 포르투갈, 그리스는 예외여서, 이 나라들에서 최고 시청률을 기록한 경기는 당연히 프랑스와 브라질의 결승전이었다). 1998년 미국에서 최고 행사는 슈퍼볼이었고, 오스트레일리아 멜버른에서는 크리켓 경기, 시드니에서는 럭비 리그였다.[9] 대체로 미국의 픽션인 몇몇 프로그램은 예외적으로 폭넓은 국제 청중을 확보하고 있다. 나머지 게임쇼나 리얼리티 TV 따위는 원형을 들여다가 자기 나라에 맞게 번안하는 일이 많다. 그러나 세계의 일반적 균질화라는 의미에서 지구촌의 형성을 상상하기에는 아직 시기상조인 것 같다.

이탈리아는 초기에 〈페리 메이슨〉과 〈보난자〉를 시작으로 미국 텔레비전 픽션을 대거 수입했다. 그러나 1960년 이후 40년 동안에 최고 시청률을 기록한 것은 〈칸초니시마〉 결선(공중이 직접 좋아하는 노래에 투표하게 했다)과 산레모 가요제(올해 '최고'의 노래를 뽑았다) 같은 지역 생방송 프로그램이었다. 거의 전적으로 이탈리아 대중가요만 나오는 이런 오락 프로그램은 1963년과 1964년에는 1,300만~1,400만 명이 시청했고, 1969년에는 2,000만 명 이상이 시청했다. 축구경기는 이보다도 높은 수치를 기록했다. 1970년 월드컵에서 이탈리아 대 브라질 경기의 시청자는 2,820만 명이었다. 그러나 이것도 1982년 월드컵에서 이탈리아 대 독일 경기를 시청한 3,670만 명에 비할 바는 아니었다. 1960년 이후 40년 동안 이탈리아 텔레비전에서 최고의 시청률은 대개 이탈리아 버라이어티쇼나 축구경기 몫이었다. 심지어는 이탈리아 대 불가리아의 축구경기(1994)도 무려 2,580만 명이 시청했다.[10] 이와는 대조적으로, 1982년의 최고 인기 시리즈인 미국의 〈형사 콜롬보〉는 950만 명을 기록해 네로 울프 탐정 이야기를 각색한 '최고'의 이탈리아 시리즈(440만 명)를 두 배 이상 앞질렀다. 그러나 이 둘도 텔레비전에서 방영된 주류 영화들에는 한참 뒤졌다. 〈뜨거운 양철지붕 위의 고양이〉(테네시 윌리엄스의 희곡을 각색해 엘리자베스 테일러와 폴 뉴먼이 주연한 영화)는 1,570만 명이, 기억에서 잊힐 만하고 실제로 잊힌 〈대도적 페넬로페〉—아서 힐러가 감독하고 나탈리 우드가 도벽이 있는 은행가의 아내 역을 맡은 1966년 영화 〈퍼넬러피〉의 더빙판—는 1,070만 명이 시청했다.[11]

생방송은 하나의 장르가 아니다. 엄밀한 의미에서 프로그램 다수는 결코 '생'방송이 아니고 사전에 녹화한 것이다. 대부분의 토크쇼에서는 사전녹화가 일상적인 제작방식이다. 시청자들은 자신이 보는 것이 실황이라는 인상을 받는다. 우리의 목표에는 바로 이것이 중요하다. 뉴스 진행자가 레바논의 베이루트에 있는 '우리 기자'를 부르고, 그 기자가 방금 목격한 사건과 방금 수집한 인상을 보도할 때, 그 방송이 조금 전에 녹화되었다는 사실은 별로 문제되지 않는다. 이 방식은 프로그램 제작자와 시청자가 맺은 명문화되지 않은 협정, 곧 지금 방송되고 있는 영상이 '현실에서 일어나고 있는 것처럼' 보여야 한다는 협정을 준수한다. 따라서 존 F. 케네디 암살을 실황으로 본 이는 비교적 적었지만, 머지않아 수백만 명이 그 영상을 보면서 역사가 펼쳐지고 있다는 인상을 받았다.

실황 사건을 방송함으로써 텔레비전은 '특별'한 매체가 된다. 이것은 집에서 영화를 보는 것과는 무척이나 다르다. 과거에는 실황 사건이란 어쨌거나 일어났을 사건이었다. 그런 사건이 우연히 카메라에 잡혔을 뿐이다. 그러나 실황 사건은 곧 텔레비전을 위한 것이 되었다. 변화의 속도는 놀라웠다. 1952년 2월의 영국 왕 조지 6세의 장례식에서 텔레비전 카메라는 웨스트민스터 홀의 문 앞에서 정중하게 멈추었다. 1년 뒤, 엘리자베스 2세의 대관식에서 카메라는 그 대성당 안으로 들어갔다. 그리하여 영국 국민의 56퍼센트가 그 행사를 볼 수 있었다. 780만 명은 집에서, 1,040만 명은 친구 집에서, 150만 명은 공공장소에서 지켜보았다.[12]

이 대관식(31~33쪽 참조)은 수많은 왕실 의전 가운데 최초로, 텔레비전의 힘을 빌려 영국 공중이 공유하는 기억을 만들어냈다. 이후 여왕의 의회 개회선언식, 1976년의 즉위 25주년 기념식, 1981년의 찰스 왕세자와 다이애나 비의 결혼식, 1997년의 다이애나 왕세자비의 장례식 따위도 그랬다. 텔레비전으로 중계된 이런 사건들이 왕실에 대한 애정을 키우는 데에 도움이 되었는지는 확실하지 않다. 다만 더 널리 알려진다는 의미에서 텔레비전 중계를 통해 왕실이 전보다 '대중적'이게 된 것은 틀림없다. 그러나 모두가 알다시피, 익숙해지면 경멸까지는 아니더라도 적어도 비판적으로 보게 되기 마련이다. 거리를 둠으로써 생기는 막연한 존경심은 여왕과 대통령을 비롯한 유명인사들을 시청자들이 거실에서 날마다 보게 되자 급속히 무너져갔다. 1987년에 인기 텔레비전 게임쇼 〈이츠 어 녹아웃〉(프랑스의 〈국경 없는 게임〉의 영국판)의 '왕실' 편에 앤 공주, 에드워드 왕자, 요크 공작과 공작부인(간단히 '퍼기'로 알려진 이)이 출연한 것은 왕실 대중영합주의의 절정(또는 보는 관점에 따라선 바닥)이었다.

다니엘 다얀과 엘리우 카츠가 이름 붙인 '의전' 텔레비전에는 특유

갑작스러운 교통사고로 사망한 다이애나 왕세자비의 장례 행렬을 시작한 켄싱턴 궁전 앞에 쌓인 꽃다발. 1997년 9월 6일 웨스트민스터 대성당에서 치른 장례식에는 조문객과 구경꾼 약 300만 명이 운집했다.

의 특징이 있다.[13] 그것은 보통을 넘는 수준의 관심을 요구한다. 대개 실시간으로 방송되기에 뉴스 프로그램보다 훨씬 느긋한 리듬을 따른다(대관식 중계는 8시간 동안 이어진다). 그리고 정규 프로그램을 대체해 그 행사의 중요성을 더욱 강조한다. 방송은 대체로 예고된다(올림픽 대회의 개막식, 1977년의 이집트 대통령 안와르 사다트의 이스라엘 방문, 2005년의 교황 요한 바오로 2세의 장례식). 무엇보다도 합의에 근거한다. 다시 말해 모두가 그 행사에 관해 같은 감정을 공유한다고 가정한다. 이 장르의 필요조건은 균형 잡힌 관점을 허락하지 않는다.[14] 다이애나의 장례식은 국가적으로, 그리고 사실 국제적으로도 슬픈 순간이었다. 사다트의 방문은 중동의 평화에 관한 것이었고, 교황 바오로 2세의 장례식은 많은 사랑을 받은 훌륭한 사람에 관한 것이었다.

이런 감정을 공유하지 않은 이들은 일반적인 감정과는 다른 감정을 느꼈겠지만, 사실상 입을 다물었다. 찰스와 다이애나의 결혼을 앞두고 '하지 마, 다이애나!'라는 경고문(지나고 나서 보니 놀라운 선견지명이 담긴 충고였다)이 쓰인 단추를 달고 다녔던 페미니스트들 정도가 해롭지는 않은 괴짜들로 언급되었다. 텔레비전 해설자들은 분위기를 연출한다. 그들은 신중하게 꾸미고 계산된 말을 정중하게 말한다. 대개 화면에 나타나지 않는 그들은 '일반적'인 감정을 연기한다(결혼식에는 기쁨을, 장례식에는 침울함을, 종교적인 행사에는 경건함을). 그들은 해설의 일부다. 거리두기는 아예 없다. 발언이 '허락된' 이들은 전문가, 친구, 지지자, 군중 성원이다(각자가 그 공동체의 분파를 대표한다). 그들 모두 일반적으로 합의된 메시지를 따르도록 사전에 선별된 이들이다. 비평가들을 인터뷰할 때는, 그들은 압도적인 다수에 동의하지 않는 반대 목소리로 소개된다. 반대의견을 고수하는 이들은 나머지 사람들이 자기들 의견에 동의할 거라 생각하지 않는 한 견해를 표현하지 않는다. 텔레비전이 반대자들을 방송하지 않으면, 그들은 계속 자신의 견해를 고수하면서도 목소리를 내지는 않을 것이다—엘리자베트 노엘레 노이만은 이것을 '침묵의 나선'이라고 불렀다.[15] 그런 식으로 이데올로기적인 행사가 마치 이데올로기가 전혀 없는 행사처럼 방송된다. 그렇게 연출된 의례의 당파적 성격은 1976년의 중국의 [국가 주석 겸 중국공산당 중앙위원회 주석] 마오쩌둥 장례식이나 10월혁명 기념일에 모스크바 붉은광장에서 열리는 적군 행진의 (서구의) 생방송에서 나타나는 비현실성을 생각해보면 알 수 있다. 예외적으로 한 국가의 행사에 국제적 의의가 부여되기도 한다. 1965년에 처칠이 세상을 떠났을 때 프랑스인들은 모든 텔레비전 프로그램을 취소하고 고전음악과 영화 〈콰이 강의 다리〉(!) 사운드트랙으로 대체했다.[16] 말할 것도 없이, 1970년에 드골이 사망했을 때는 영국이 보답했다.

의전 생방송과 관련해서는 터무니없는 주장이 나오기도 한다. "전 세계가 지켜보고 있다"는 말은 다이애나 왕세자비의 장례식 때 서구인들의 공통된 생각이었다. 물론 이해는 가지만, 그건 사실이 아니었다. 중국인 절대다수는 다이애나가 죽었을 때 그녀가 누구인지도 몰랐다. 하지만 규모를 크게 줄여서 이를테면 '불과' 5억 명이 지켜봤다고 해도, 그것은 역사상 가장 많은 사람이 지켜본 사건으로 꼽혔을 것이다.

텔레비전 방송국들은 점차 생방송에 자료필름을 섞는 법을 배워나갔다. 중간중간 도움이 되는 몇 분짜리 배경 '다큐멘터리'를 제공해 그 의례를 역사적 맥락(과거의 장례식이나 결혼식) 안에 집어넣음으로써 기나긴 의례의 지겨움을 덜어줄 수 있었다. BBC와 ITV(인디펜던트 텔레비전)가 모두 찰스와 다이애나의 결혼식을 방송했을 때처럼 경쟁이 붙으면, 약간의 차별화가 나타난다. BBC는 거의 당연하게 전통주의를 지향해 잔뜩 점잔을 뺐던 반면, 상업방송인 ITV는 살짝 현대적인 느낌을 불어넣었다.[17] 말할 필요도 없이, 국가적 행사의 생방송에 관한 한 매번 BBC가 승리했다.

텔레비전에서 방송되는 대규모 행사의 '기적'은 마치 수많은 시청자가 비교적 균질하다는 듯이 극도로 많은 공중에게 말을 건다는 것이다. 이것이 가능하려면 이야기를 단순화하고 단순한 의미를 표현해야만 한다. 그렇지 않다면 어떻게 교황의 장례식을 불가지론자와 가톨릭 반대자는 물론 다른 종교 신도들까지 포함하는 청중에게 '팔' 수 있겠는가? 요한 바오로 2세의 특정한 신학 문제에 대한 보수적 입장, 이라크 전쟁 비난, 피임기구 사용 금지 조치, 소비사회에 대한 반감 따위를 강조해선 안 된다. 그의 카리스마, 여행, 포괄적 신앙, 인격의 힘을 모두에게 되새겨야 한다. 그렇다고 모두가 이런 대접을 받을 수 있는 건 아니다. 아돌프 히틀러를 다루면서 그의 카리스마, 어린이와 동물에 대한 배려, 채식주의에 초점을 맞춘 텔레비전 프로그램을 상상해보라.

리얼리티

초기 텔레비전은 영화관의 뉴스릴이나 포토저널리즘처럼, 특별한 일을 하고 있는 이들을 보여주었다. 그러다가 새로운 장르가 등장했다. '리얼리티 TV'였다. 이 장르는 평범한 이들이 '평범한' 일을 하는 모습을 보여주었다—생판 모르는 이들과 지내면서 하루 24시간 촬영당하는 것을 '평범하다'고 볼 수 있다면 말이다. 모든 게 새로운 건 아니었다. 이전 프로그램들도 '평범한' 사람들을 패널 게임의 경쟁자로, 또는 짓궂은 장난의 대상(1948년에 시작해 수많은 모방 프로그램을 낳은 미국 프로그램 〈캔디드 카메라〉)으로, 실황 방송 참가자로, 〈아메리칸 패밀리〉 같은 '벽에 붙은 파리'〔영화나 텔레비전에서 쓰는 다큐멘터리 제작 방식으로, '벽에 붙은 파리'가 지켜보는 것처럼 될 수 있으면 사건에 끼어들지 않고 있는 그대로 촬영하는 방식〕 다큐멘터리의 대상으로 보여주었다. 〈아메리칸 패밀리〉는 1973년에 공영 텔레비전에서 처음 방송된 12부작 시리즈다. 이 시리즈는 "관찰 영화의 촬영기법과 이야기를 전달하는 매체로서의 텔레비전의 특징"을 결합하고 적절한 배경음악까지 집어넣어 한 편의 내러티브 영화처럼 구성되었다.[18] 이 프로그램은 캘리포니아 샌타바버라에 사는 팻과 빌 라우드 부부와 다섯 아이를 유명인으로 바꾸어놓았다. 빌의 잦은 외도가 탄로나고 큰아들의 동성애가 드러나면서 스크린에서 팻과 빌의 부부관계는 '진짜' 연속극에서처럼 악화되었다. 1974년에는 영국 레딩에 사는 윌킨스 가족이 비슷한 처지에 놓였다. 그 뒤로 미국인들은 범죄자를 추격해 체포하는 경찰관들을 촬영한 폭스 사의 〈캅스〉(1989년에 방송이 시작되었다)를 즐겼다. 부부문제로 인한 개인적인 불행을 기꺼이 수백만 명에게 이야기하려는 실제 부부를 중재하기 위해 판사와 상담사가 나오는 프로그램도 있었다(〈이혼 법정〉 같은 프로그램은 유럽에서 널리 모방되었다). 사람들은 오프라 윈프리의 유명한 '고백' 토크쇼(1984~)에서 과거의 잘못을 인정하거나, 대개 성과 관련된 자신의 문제를 의논하거나, 학대받은 유년을 폭로하곤 했고, 〈제리 스프링거 쇼〉에서처럼 해를 입혔거나 모욕했던 사람들과 대면하게 되어 서로 분노를 표출하라고 부추기는 청중을 즐겁게 해주기도 했다. 한 출연자에게 모든 사람이 그녀의 사사로운 문제를 알게 되면 꺼림칙하지 않느냐고 물었을 때, 그녀는 자기네 마을은 작아서 어차피 마을 사람 모두가 그 일을 안다고 대답했다.[19] 타인의 불행에 대한 가학의 즐거움과 진짜 관심의 혼합이 이런 쇼의 특징이다. 〈제리 스프링거 쇼〉는 현대판 검투사 경기다. 우리는 사람들이 서로 어떻게 맞서는지 (비록 사전에 녹화된 쇼이지만 '실황'으로) 지켜보고, 이제는 공개되어버린 사적인 언쟁에 공감하려고 애쓴다. 이런 쇼들이 '공론장'을 넓힌다는 주장은 설득력이 약해 보인다.[20] 여기서는 모두가 나름의 역할을 맡는다. 청중은 분개하고, 참가자는 치료를 경험하는 척한다.

    리얼리티 TV의 발전은 자신이 남들과 얼마나 다른지를 많은 이들이 알아야 한다는 명백한 자아도취 욕구, 그리고 기꺼이 자신을 노출하려는 수많은 사람들에 크게 의존하고 있다. 1996년 4월, 미국인 학생 제니퍼 케이 링글리는 자기 집에 설치한 비디오카메라에 인터넷을 연결해 전 세계가 자신의 24시간을 볼 수 있게 했다. 그리고 거의 8년 뒤인 2004년 1월 1일에 스스로 연결을 끊을 때까지 '온라인'에서 살았다. 링글리는 전 세계

2007년에 에모리 대학에서 강연하는 제리 스프링거. 『TV 가이드』가 '역사상 최악의 텔레비전 쇼'로 선정한 것을 자랑스레 뽐내는 〈제리 스프링거 쇼〉는 '쓰레기 텔레비전 토크쇼'의 전형이다. 초대손님들은 만나자마자 달려들어 몸싸움을 벌이고, 대기 중인 보안요원들이 그들을 떼어놓는다. 미국 연방통신위원회의 검열 때문에 '삐~' 소리로 처리되는 외설과 욕설이 많은 것 또한 이 쇼의 특징이다.

에서 전자우편을 받았는데, 그 가운데에는 "그런 자세로 자면 허리에 문제가 생긴다" 같은 쓸모있는 충고도 있었다.

한때 사람들은 자기 이웃을 관찰하고 다른 이들과 뒷말을 해야 했다. 이제는 텔레비전을 켜면 된다. 이런 프로그램은 인기가 있고 제작비도 적게 들어서 제작 편수가 급증했다. 2005년에 『타임스』는 영국에서 방영될 예정인 리얼리티 프로그램이 〈극한 건강 농장〉과 〈가르칠 수 있다고요?〉를 포함해 176개라고 발표했다.[21] 참가자들은 팝그룹의 일원이 되기 위해 오디션을 보고(〈팝스타스〉), 성공한 기업가에게 자신이 뽑을 만한 가치가 있음을 설득하고(〈어프렌티스〉), 마구 소리를 질러대는 성마른 유명 조리장에게 요리법을 배우고, 무인도에 고립되어 함께 지내야 한다(〈서바이버〉). 때로는 그리 유명하지 않은 유명인이 '밀림'에 '남겨지'거나(〈나 유명인사야, 여기서 꺼내줘〉), '평범한' 사람들이 밀폐된 집에서 같이 지내기도 한다(《빅 브러더》). 이런 프로그램에서는 대개 참가자들이 심사위원이나 시청자, 또는 나머지 참가자들에 의해 차례차례 제거된다. 어떤 프로그램에서는 과체중 참가자가 체중 감량을 시작해 매주 검사를 받고 질책당하거나 축하받는다. 패션감각이 전혀(또는 거의) 없는 이가 '전문가들'의 도움을 받아 '변신'을 하고(《입지 말아야 할 것》), 집안 정리를 못하는 이(《당신 집은 얼마나 깨끗한가요?》), 아이를 돌볼 줄 모르는 이(《슈퍼내니》), 삶과 정면대결하지 못하는 이에게는 잘생기고 말쑥한 '전문가들'이 해법을 보여준다. 집안을 새로 꾸미고, 얼굴에 화장을 하고, 문제를 해결한다. 〈와이프 스와프〉라는 솔깃한 제목의 어느 쇼에서는 두 가정의 아내가 2주 동안 집을 바꿔 생활한다(지금까지 이 프로그램에서 섹스는 없었다). 또 다른 쇼에서는 한 여성이 장래가 유망한 여러 구혼자 가운데 아주 부자라고 생각하는(또는 자기가 그렇게 생각하는 척하면서) 한 명을 골라야 한다(《마조람과 백만장자들》, 프랑스, 2003~4). 매혹적으로 차려입은 젊은 여자들이 한 남자의 마음에 들기 위해 경쟁하는 쇼도 있다(《총각》, 2002). 이런 쇼 가운데 더 오래된 〈블라인드 데이트〉(1985)에서는 참가자가 보이지 않는(시청자에게만 보인다) 구혼자들에게 여러 질문을 한 뒤에 한 명을 선택하고, 이국적인 장소에서 상대방과 (그리고 텔레비전 제작진과) 함께 데이트를 한다—그런 다음 데이트가 어땠는지를 보고한다.

유럽에서 가장 인기를 끈 리얼리티 프로그램은 '계속적인 감시' 모델을 바탕으로 한 〈빅 브러더〉였다. 이 프로그램은 한 스웨덴인의 아이디어를 바탕으로 욘 데 몰이 소유한 네덜란드 텔레비전 방송국 엔데몰에서 1999년에 시작되었다. 2004년까지 〈빅 브러더〉는 40개국에서 다양한 이름으로 번안되었지만, 미국에서는 큰 성공을 거두지 못했다. 영국의 다섯 번째 시리즈(2004) 때는 참가자를 탈락시키는 투표에 1,400만 명이 참가했다―그해 있었던 유럽의회 선거의 투표자 수(1,700만 명)에 크게 뒤지지 않는 수였다.

이런 프로그램들의 성공은 대체로 참가자 선발에 달려 있다(석 달쯤 직장과 가족을 떠나 있을 수 있고, 젊고 건강하며, 강한 정치·종교적 견해를 내세우거나 하루종일 책을 읽는 따위의 지루한 성향이 없는 이들). 또한 카메라의 위치(다행히도 지금까지는 참가자가 배변은 카메라 없는 곳에서 편안하게 할 수 있다), 줌의 선택과 편집도 중요하다. 24시간 촬영분 가운데 30분밖에 방송되지 않으므로, 편집의 비중이 아주 크다(몇몇 케이블방송이나 위성방송에서는 무편집 실황 버전을 볼 수 있다). 리얼리티 TV는 아마추어 배우가 등장해서 마음껏 원하는 인물을 연기하는 연속극으로 볼 수도 있다. 그들은 드라마와 다큐멘터리의 이야기 전개 관례를 따르는 '등장인물'이 된다.[22] 중대한 혁신은 공중의 직접참여다(텔레비전 시청률 측정과 라디오 전화연결을 통한 간접참여는 이미 있었다). 기쁨과 절망의 외침이 터지는 가운데, 시청자들은 참가자를 한 명씩 제거해나갔다. 애거서 크리스티의 『그리고 아무도 없었다』와 비슷한 상황이지만, 여기서는 공중이 살인자라는 점이 다르다.[23] 〈빅 브러더〉는 공중과 쇼를 과거 어느 때보다 폭넓게 결합했다. 실제로 줄거리 자체의 흐름을 결정하는 공중은, 작가까지는 아니더라도, 적어도 공동참가자가 되었다.[24]

이 프로그램의 국제적인 성공에는 지역 조건에 대한 이해와 더불어 우연 또한 꽤 많이 작용했다. 이를테면 프랑스 채널 M6(메트로폴 시스)은 애당초 미국 리얼리티쇼 〈서바이버〉를 들여오려고 했다. 하지만 그 경쟁에서 지고 말았고, M6는 〈빅 브러더〉를 사다가 〈서바이버〉의 성공을 훼방놓기로 했다. M6는 처음에는 자신이 승자라는 사실을 몰랐다. 미국에서는 성공했지만, 〈서바이버〉는 유럽 대부분의 나라에서, 그리고 프랑스에서도 참패했다. 〈빅 브러더〉를 사들여온 프랑스인들은 제목의 부정적인 함의를 없애기 위해 〈로프트 스토리〉로 바꾸었다. 그들은 또 지식인 엘리트들의 반응을 두려워해 참가자들의 충돌 수위를 낮추었다(지식인들은 이미 외국판을 비난한 바 있었고, 그들의 판단이 M6가 방송면허를 갱신하는 데에 부정적으로 작용할 수 있었다). 다른 나라에서는 지식인들의 관점이 거의 문제되지 않지만, 프랑스에서는 지식인들이 여전히 세속의 성직자 같은 기능을 한다.[25]

1998년의 영화 〈트루먼 쇼〉에서 오스트레일리아인 피터 위어 감독은 트루먼 버뱅크가 주인공으로 나오는 텔레비전 쇼를 담았다. 숨겨 놓은 카메라들이 트루먼의 전 생애를 촬영하고 수백만 명이 그의 삶을 시청하지만, 정작 트루먼 본인은 그걸 모른다. 인생은 예술을 뒤따른다. 2005년, 영국의 한 회사(셰드 프로덕션)는 열 가족이 생활하는 모습을 촬영할 집 열 채를 구했다고 선언했다. 그 가족들은 직장에 갔다가 저녁에 퇴근해서, 어쩌면 텔레비전에 나오는 자기를 지켜보는 모습을 촬영당할 것이다. 시청자들은 마음에 들지 않는 가족을 투표로 탈락시킴으로써 신 노릇을 할 수 있을 것이다. 참가자 선택은 캐스팅의 한 형태다. 서로 소리를 지르는 가족은 그냥 앉아서 뚱하니 책을 읽는 가족보다 프로그램에 알맞다. 참가자를 구하는 광고문구는 이렇다. "여러분의 가족이 〈이스트엔더스〉[런던 이스트엔드 사람들의 삶을 다룬 연속극으로, 25년 넘게 방송되고 있다]보다 파란만장한가요? 우리는 다채로운 가족을 찾고 있습니다."

토크쇼

'리얼리티' TV 가운데 확고하게 자리잡은 변형이 토크쇼다. 사회자는 유명한 초대손님을 환대하고 대화를 나눈다. 이런 형식에는 이점이 꽤 많다. 먼저 제작비가 싸다. 게스트는 자신이 '좋아 보이게' 나오리라고, 자신의 명분, 자신의 생산물과 자신, 또는 둘 중 하나를 홍보할 수 있으리라 기대하고 무료로, 또는 얼마 안 되는 돈만 받고 출연하기 때문이다. 또한 대단히 융통성이 있다. 이런 쇼는 낮이든 밤이든 시간에 구애받지 않고 사실상 모든 주제를 다룰 수 있고, 특정한 청중(청년, 여성, 정치에 관심 있는 사람 따위)에게 맞출 수도 있기 때문이다. 사회자는 중심인물이자 민중의 소리vox populi다. 쇼 제목은 대개 사회자 이름을 따서 짓는다. 치켜세우기와 유도성 질문을 섞어놓는 사회자에게 이끌려가는 게스트는 자신에게 할당된 역할을 수행한다. 아첨은 다른 유명한 초대손님들이 다음 번 쇼의 출연에 동의할 확률을 높인다. 대화는 대체로 빤하다. "영화감독 XY와 작업하면서 즐거우셨나요?" "XY는 훌륭한 감독입니다, 정말 천재예요." 그러면서도 초대손님의 눈물을 짜내거나 뭔가 당혹스러운 발언을 하게 유도해서 쇼를 더 널리 광고할 가능성이 항상 숨어 있다. 이 장르 역시 대부분의 성공적인 원형의 고향인 미국에서 개척되었다. 〈투나잇 쇼〉는 1954년부터 계속 방송되고 있고, 30년 동안(1962~92) 사회를 본 조니 카슨과 따로 떼어 생각할 수 없다.

이 장르가 텔레비전 방송사들에게 누리는 인기는 의심의 여지가 없다. 이탈리아에서는 매일 밤, 흔히 황금시간대나 그 언저리에 토크쇼가 방송된다. 정치인, 지도자, 작가, 그리고 이른바 전문가들이 끝없이 등장해서 이야기하고, 때로는 이해할 수 없는 이유로 반쯤 벌거벗은 젊은 여자들에게 둘러싸인다. 이런 쇼는 영국 텔레비전에 더 흔하지만, 영국에

조니 카슨의 〈투나잇 쇼〉 진행 13주년을 기념하는 1975년의 사진. 1954년에 스티브 앨런의 사회로 시작한 NBC의 〈투나잇 쇼〉는 2012년 현재 방송 중인 정규 오락 프로그램 가운데 최장수 프로그램이다.

서는 황금시간대에 방송되는 일은 드물다. 이를테면 2000년 3월 6일 월요일에, 영국의 여러 지상파 채널에서는 〈킬로이, 트리샤, 에스더〉와 미국 수입물인 〈로잔느 쇼〉, 〈오프라 윈프리 쇼〉, 〈몬텔 윌리엄스〉를 볼 수 있었지만, 방송시간은 모두 오후 5시 이전이었다.[26] 이런 프로그램은 대부분 사적인 것과 공적인 것을 뒤섞을 수 있는 사회적 행사로 구성된다. 역설적이지만, 방청객들과 초대손님 가운데 다수는 그렇게 명백히 공적인 단상에서, 사생활에서 자기 친구나 친척에게 말할 때보다도 기꺼이 사적인 이야기를 한다.[27]

이런 쇼 가운데 다수는 청중에게 꽤 적극적인 참여를 요구하고, 사회자는 보통 '전문가', 대변자, 정치인에 맞서서 청중 편을 든다. 정치인과 방송진행자―서로 의존하는―의 대립구도는 많은 부분이 마치 경쟁이라도 하듯이 자신이 사람들을 '대변'한다는 그들의 주장에 기인한다.

토크쇼에는 대개 논쟁 요소가 들어 있다. 토크쇼는 강한 당파적 입장을 가진 초대손님들을 골라 싸움을 붙인다. 이런 구도는 치고받는 논쟁이 최대한 일어나게 하면서 정치나 고급문화 같은 더 고상한 주제에 재미를 더해준다. 이와 함께 텔레비전은 토론을 위한 공론장을 제공하는 중립적인 매체로 인식된다.

명사들과의 인터뷰는 토크쇼의 여러 요소를 이용한다(몇몇 쇼는 사실상 일련의 인터뷰로 구성된다). 〈필름 팡파르〉, 〈픽처 퍼레이드〉 같은 1950년대 영국의 선구적인 영화 프로그램들에서 선보인 영화 스타들과의 텔레비전 인터뷰는 전후관계의 비공식성, 인터뷰어와 스타의 우정을 강조하는 한편, 스타의 아우라를 유지하기 위해 공을 들였다.[28] 텔레비전 인터뷰에서 두드러지는 점은 초대손님이 전문가로 활동하는 영역을 논의할 뿐 아니라(스타는 영화, 축구선수는 스포츠 따위) 정치인, 배우, 운동선수가 자신의 사생활에 관한 무언가를 드러내도록 유도하면서 그 이면의 '진짜' 사람을 찾아내려 한다는 것이다. 인기 있는 인터뷰는 사적 공간을 줄여나간다.[29] 전문가들은 다른 분야에서 그들의 관점을 옹호해줄 청중을 얻는 데에 자기 분야에서 축적한 자본과 호의를 써먹는다. 19세기 말에 발명된 공적(실천적) 지식인(제3부 132~38쪽 참조)은 이제 공적 유명인사가 되었다. 배우와 팝스타는 그들의 정치관에 관한 질문을 받는다. 텔레비전 유명인사들은 주기적으로 자선사업에 동원되는데, 그것은 그들의 프로그램을 좋아하는 이들은 그들의 생각도 좋아할 거라고 가정하기 때문이다. 자신의 의도와 동기와는 무관하게, 공적 인물들은 자신 때문에 불쾌해하는 사람이 되도록 적어야 한다는 필요성에 구속당한다. 따라서 팝스타는 세계 기아나 지구온난화에 대한 캠페인을 벌일지언정, 누진 수입세 인상 같은 인기없는 목적을 위한 캠페인에는 나서지 않는다.

오락물

텔레비전 장르 대부분이 그렇듯이, 텔레비전 게임쇼도 미국에서 개척되었다. 〈64,000달러짜리 문제〉는 영국에서는 〈돈을 두 배로 불려라〉(1955~68)가, 프랑스와 이탈리아에서는 〈포기냐 두 배냐〉가 되었다. 〈이 노래의 제목은?〉(1954)은 이탈리아에서 〈음악가들〉(1957)이 되었다.

제작비는 싸게 먹히고 인기는 높았으므로, 이런 쇼는 1960년대부터 줄곧 대량으로 만들어졌다. 가족 성원들이 스튜디오의 청중 앞에서 다양한 과제를 수행하면서 점수를 따는 〈세대 게임〉(1972~81, 1990~2002), 참가자들이 특정한 물품의 가치를 짐작해야 하는 〈값이 얼마일까요〉(1984~88), 참가자들이 일반상식을 겨루는 〈매스터마인드〉(1972~99, 2003~) 따위가 대표적이었고, 참가자들이 청중과 친구들의 제한된 도움을 받아 15개의 일반상식 문제에 정확히 대답하면 100만 파운드를 획득할 기회를 얻는 〈백만장자 되고 싶은 사람?〉(1998~)은 40개 나라에서 채택되었다. 이 프로그램의 독일판은 일주일에 3회 방영되었고, 그 가운데 11편이 2001년의 최고 시청률 프로그램 상위 20편에 올랐다.[30] 실격제 일반상식 퀴즈 프로그램 〈가장 약한 고리〉는 2000년에 시작되었는데, 2005년까지 거의 100개국에서 채택되어 BBC의 가장 성공적인 수출품 가운데 하나가 되었다. 참가자들은 문제에 답하면서 결국 마지막 한 명이 남을 때까지 가장 '약한' 상대를 제거해나간다. 진행자 앤 로빈슨의 싸늘한 시선과 빈정대는 말투는 시청자의 가학성을 잔뜩 부추기는데, 그녀는 "당신이 가장 약한 고리입니다, 안녕히 가세요!"라는 말과 함께, 한 술 더 떠서 "꽤나 명석해 보이는데 멍하군요"라는 식의 치밀하게 계산된 혹평을 덧붙여가며 탈락자를 퇴장시킨다. 온정과 공감이 없는 진행자는 기획의 일부였다. 로빈슨은 그 역할을 무척이나 잘해내서(그리고 미국인들은 호감 가지 않는 역할을 무척 꺼리기에) 2001년의 미국판도 진행해달라는 제안을 받았다〔그녀는 제안을 받아들여, 2002년 7월에 폐지될 때까지 진행을 맡았다〕. 이때쯤 아이디어의 흐름은 대서양을 가로지르며 쌍방향으로 이루어지고 있었다. '쓰레기 TV'의 비법들은 배우기 쉬웠고, 유럽인들은 자신들이 미국인들만큼이나 '쓰레기'에 능하다는 것을 입증했다. 〈가장 약한 고리〉도 〈빅 브러더〉도 유럽에서 만들어낸 것이었다. 영국의 〈팝 아이돌〉(2001)은 오스트레일리아 태생의 루퍼트 머독이 소유한 미국의 애국적 방송망 폭스에 의해 〈아메리칸 아이돌〉로 번안되었다.

이런 프로그램들은 현지 상황에 맞게 번안해야 하기에 원래 국적은 중요하지 않다. 프랑스에서는 매우 쉽다고 여겨지는 질문(『잃어버린 시간을 찾아서』를 누가 썼습니까?)도 미국 아이다호 주에서는 조금은 어려운 질문이다. 이런 쇼가 성공하는 데에는 비단 공식만이 아니라 사회자의 성격, 신중하게 선택한 참가자들의 성격도 큰 몫을 한다.

픽션과 미국의 패권

처음에 텔레비전 픽션은 연극과 영화를 텔레비전으로 방영하는 것이었다. 그렇지만 이내 텔레비전이 두 가지 인기 장르, 연재소설(텔레비전 연속물 또는 연속극)과, 주요 등장인물들이 똑같은 연작소설(텔레비전 시리즈)의 부활에 이상적인 매체라는 사실이 드러났다. 여기서 하위장르, 같은 등장인물들이 같은 공간(보통은 거실)에 모여 희극을 연기하는 시트콤이 탄생했다. 영국 시트콤들, 이를테면 〈스텝토 부자〉(1962), 〈잘나가는 녀석들〉(1964), 〈죽음이 우리를 갈라놓을 때까지〉(1965), 〈마지막 섬머 와인〉(1973), 엄청난 성공을 거둔 〈바보들과 말들뿐〉(1981, 이 프로그램의 한 에피소드는 2,100만 명이 시청해 2001년의 최고 프로그램이 되었다), 겉보기에는 '정치적으로 올바르지 못한' 〈행실 나쁜 남자들〉(1992) 같은 프로그램은 16세기에 재발명된 아리스토텔레스의 고전적 3일치, 곧 시간의 일치, 장소의 일치, 행위의 일치를 존중했다(플롯은 단 하루 동안, 한 곳에서 펼쳐진다). 이런 프로그램들은 본질적으로 영국적이었고 BBC의 라디오 시트콤 경험을 토대로 만들어졌지만(그리하여 이 분야에서는 BBC가 탁월한 능력을 가지고 있었지만), 미국인들은 이 장르에서 전문성을 꽤 높은 수준으로 끌어올려 — 〈잭 베니 프로그램〉(1950~65)에서 〈코스비 쇼〉(1984~92)까지 — 서유럽 전역에 시트콤을 수출함으로써 대륙적인 형태의 시트콤이 등장할 가능성을 사실상 봉쇄해버렸다.

시트콤은 내러티브 토대가 빈약하다. 그러나 초보적인 플롯만으로도 희극적인 효과를 낼 수 있는 상황을 창조한다. 시트콤은 보이지 않는 청중, 대개는 미리 녹음된 왁자지껄한 웃음소리로 '존재'를 알리는 청중을 둔 유일한 허구적 장르다. 이 '제4의 벽'은 시트콤에 경험의 연극성을 더해준다. 시트콤에서는 스탠드업 코미디언이 연기하는 버라이어티쇼와 픽션의 구분이 희미해진다.[31] 시트콤은 보통 30분으로 길이가 짧고, 6~12개의 에피소드가 한 묶음으로 제작된다. 그리고 늘 좋게 끝난다. 시트콤은 첫 방영이 황금시간대에 이루어고, 그 뒤로 몇 년 동안 재방송된다.[32] 위성 채널이 크게 늘어나면서 가장 오래되고 가장 덜 성공한 시트콤들을 위한 시장마저 생겨났다.

시트콤은 고정관념의 본산이다. 영국에서 노동계급 남성은 흔히 '건방진 녀석'이거나 편견을 가진 바보이고, 주부는 욕구불만이고, 상층계급은 맥 빠진 속물이고, 예쁜 소녀들은 어리석고, 시골사람은 실수투성이이고, 대령은 무뚝뚝하고 늙었고 하는 식으로 유형이 정해져 있다. 영국

전직 대통령 해리 트루먼과 함께 연주하는 1959년의 잭 베니. 베니는 미국 코미디계의 대부, 보드빌 공연자, 라디오와 텔레비전 진행자, 영화배우, 바이올린 연주자다. 실제 나이와 무관하게 영원히 서른아홉 살로 머물러 있겠다고 고집한 잭 베니는 쩨쩨한 구두쇠 역할과 자신을 낮추는 개그, 우스꽝스러운 바이올린 연주로 1930년대부터 1960년대까지 엄청난 인기를 얻었으며, 미국 시트콤에 지대한 영향을 미쳤다.

시트콤은 (연속물처럼) 주로 노동계급의 환경을 배경으로 삼는다. 〈버스에서〉(1969~73), 〈스텝토 부자〉(1962~74), 〈잘나가는 녀석들〉(1964~66), 〈죽음이 우리를 갈라놓을 때까지〉(1965~75) 따위가 그 예다. 상층계급이 등장하는 시트콤은 대체로 그들을 '하루아침에 몰락한 사람'으로 보여준다. 〈상류사회〉에서 그들은 공동주택에서 적응하려고 애쓰는 모습으로 나온다. 〈영주 저택에서 태어나〉(1979)에서 상층계급 과부인 오드리 포브스 해밀턴은 체면치레가 버거울 만큼 몰락해서 예전 자기 영지에 있는 오두막에서 사는데, 바로 옆에는 그녀 가문의 저택을 사들인 부유한 (그리고 투박한) 사업가가 산다. 대륙에서는 하층계급들에게 계급적인 특성보다는 지역적인 특성이 부여된다. 미국에서 방영되는 대부분의 시트콤에는 계급이 딱 두 개만 등장하는 것 같다—잘사는 중간계급, 그리고 부자.

통틀어 보면, 텔레비전 픽션이 국제 프로그램 교역에서 큰 비중을 차지하고, 각 나라에서는 프로그램들 가운데 픽션이, 특히 황금시간대에 큰 비중을 차지한다. 그러나 영화와 연극이 거의 픽션만을 생산하는 기계인 데에 반해, 텔레비전 픽션은 프로그램을 지배할 정도까지는 아니다. 1980년대의 프랑스 텔레비전에서 픽션은 뉴스와 시사 프로그램(약 20퍼센트)보다는 비중이 컸지만, 전체 생산물의 4분의 1이 채 되지 않았다.[33] 텔레비전 픽션을 대부분 미국에서 수입한 이탈리아에서는 1960년 이후 40년 동안 연간 상위 10위 안에 든 텔레비전 픽션이 딱 두 편뿐이었다. 1976년의 〈산도칸〉('이탈리아의 쥘 베른'이라고 불린 에밀리오 살가리의 소설을 각색한 것, 제3부 189~92쪽 참조)은 2,730만 명이 시청했고, 프랑코 체피렐리의 〈나사렛 예수〉(앤서니 버지스의 소설을 각색한 것)는 2,670만 명이 시청했다.[34] 이탈리아 텔레비전의 초기 10년 동안, 픽션은 문학작품 각색물, 영화, 연속물, 연속극, 텔레비전 영화 따위를 포함해 총 5,486시간 방영되었다. 이 가운데 꽤 많은(그러나 절반에는 훨씬 못 미치는) 프로그램이 미국 것이었는데, 미국은 1시간짜리 픽션을 제작비보다도 훨씬 싼 값인 편당 500~1,500달러에 팔 수 있었다. 그러나 이탈리아에서 뉴스, 시사, 스포츠, 다큐멘터리가 방영된 시간은 픽션보다 훨씬 많은 8,577시간이었다.[35]

사실상 유럽 전역에서, 픽션 세계를 침범한 초기 텔레비전 프로그램들은 의도적으로 고급문화를 대중화하려 했다. 보통은 연극을 각색해 촬영한 프로그램이 대부분이었다. 프랑스 최초의 텔레비전 각색물 가운데 하나는 G. 브루노의 유명한 어린이책 『두 꼬마의 프랑스 일주』(제3부 444~46쪽 참조)의 각색물이었다. 이 프로그램은 프랑스계 캐나다 제작물이었기에, 꼬마들은 알자스가 아니라 캐나다에서 출발해 한 번도 만

나지 못한 삼촌을 찾아나선다.[36]

1954년에 방송을 시작한 이탈리아에서는 카를로 골도니의 작품을 시작으로 매주 금요일마다 연극을 방영했다. 4월 23일에는 로시니의 〈세비야의 이발사〉가 오페라로는 처음으로 방영되었다.

유럽에서 유일하게 전쟁 전에 텔레비전 방송체계를 갖추었던 영국은 3년 앞선 우위를 좋은 목적에 썼다. 1936~39년에 BBC 텔레비전은 주로 무대 연극을 300편 넘게 방영했다. 최초의 텔레비전 연속물로 런던의 남녀 사이에 싹트는 사랑을 그린 〈앤과 해럴드〉는 1938년에 방영되었다. 전쟁이 계속되면서 방송을 중단해야 할 때쯤, 2만 명의 시청자들은 거의 하루에 연극 한 편꼴로 방대한 양의 가정 픽션을 접하고 있었다.[37] 전쟁이 끝난 뒤 BBC는 당대 최고의 인기 극작가 존 B. 프리스틀리 같은 작가들에게 의뢰해 연극을 제공하기 시작했다. 이런 '텔레비전 연극'은 클로즈업, 줌, 점프 커팅, 크레인 숏 같은 영화제작의 기법과 관습을 쓰기 시작하면서 어쩔 수 없이 영화와 비슷해져갔다. 1960년대 초까지는 실질적인 편집이 거의 없었지만, 감독은 계속 돌아가는 카메라 두세 대 가운데 어느 것을 쓸지를 선택함으로써 연기가 이루어지는 동안에 편집을 할 수 있었다.

ITV의 〈안락의자 극장〉(1956~74)과 BBC의 정규 프로그램 〈수요 연극〉(1964~70), 그 뒤를 이은 〈오늘의 연극〉(1970~84)은 완전히 새로운 세대의 배우와 작가들을 키우고 고용했고, 그리하여 무대 연극의 생존과 발전에 이바지했다. 해럴드 핀터(〈밤나들이〉, 1960), 앨런 오언(〈레나, 나의 레나〉, 1960), 데이비드 머서(〈그 발들이 걸어다녔는가?〉, 1965), 넬 던(〈환승역으로〉, 1965), 데니스 포터(〈나이절 바턴에게 투표, 투표, 투표하시오〉, 1965) 같은 작가들은 웨스트엔드 극장들의 웬만한 상업연극보다 훨씬 파격적이고 과감한 텔레비전용 현대극을 제작했다. 핀터의 〈생일파티〉(1958)는 보수적인 연극비평가들에 의해 웨스트엔드 무대에서 사실상 쫓겨났지만, ITV가 곧 되살려냈다.[38] 핀터 자신의 계산에 따르면, 그의 텔레비전 연극 〈밤나들이〉를 본 시청자 638만 명에 맞먹는 관객을 확보하려면 무대 연극 〈관리인〉을 30년 동안 상연해야 할 터였다.[39] 한편 집 없는 젊은 어머니와 그녀의 아이들을 다룬 켄 로치의 다큐드라마(동시대의 사건을 이야기 형식으로 허구화한 것을 일컫게 된 용어) 〈캐시 컴 홈〉은 사회문제에 공중의 관심을 끄는 데에는 신문이나 연극보다 텔레비전이 훨씬 강력할 수 있다는 것을 보여주었다.

　프랑스인들은 뒤처졌지만, 한동안 무대 연극을 방영한 뒤에는 역시 텔레비전 연극을 쓰고 제작하기 시작했다. 영화와 비교하면, 텔레비전용으로 제작되는 픽션의 양은 어마어마했다. 이유는 분명하다. 이야기에 대한 막대한 수요와 텔레비전에서 자기네 영화를 방영하는 것을 내켜하지 않은 영화사들 탓에, 텔레비전은 자신들의 '내러티브'를 만들 수밖에 없었다. 프랑스 최초의 프로듀서 가운데 한 명인 마르셀 블뤼발은 1950년대 중반에는 배우들이 무대 연극을 하듯이 전체 연극의 리허설을 단번에 끝내곤 했다고 설명했다. 그러나 실제 공연에서는 관객이 없는 대신에, 마치 영화를 찍듯이 네 대의 카메라가 배우들과 일종의 발레를 했다—다만 그 영화가 '실황'으로 중계된다는 게 달랐다.[40] 영화에서와 같은 별개의 '테이크'는 없었고, 최종 편집과정을 통해 필요한 연속성을 만들어냈다. 그래서 텔레비전 프로듀서 한 명이 한 해에 연극 네다섯 편을 제작하는 일도 드물지 않았는데, 보통의 주류 영화감독이라면 누구도 그런 일을 원하지 않았을 것이다. 이 개척자들은 〈당신의 양심에 맹세코〉 같은 법률드라마와 〈마지막 5분〉 같은 수사 연속물을 제작했다. 텔레비전은 이야

1966년에 BBC에서 방영된 〈캐시 컴 홈〉의 한 장면. 그 시절의 대중매체에서는 좀처럼 논하지 않았던 무주택, 실업, 어머니의 양육권 따위를 실화를 바탕으로 묘사해서 영국 사회에 큰 충격을 던져주었다.

기를 쏟아내는 강력한 기계가 되었다—대중문화에서 내러티브의 역할을 고려하면 놀랄 일도 아니다. 인기 연속물 가운데 다수는 확고하게 19세기와 20세기 초의 연재문학에 기반을 둔 것으로, 〈로캉볼〉(1964), 〈벨파고〉(1965), 〈비도크〉(1967), 〈반항아 자쿠〉(1969) 같은 작품과 디킨스, 엑토르 말로, 쥘 베른, 세귀르 백작부인 같은 작가들의 인기 높은 어린이 고전(역시 19세기 작품들)을 각색한 것이었다. 각색을 하든 영감을 얻든, 모든 것을 재활용할 수 있었다.

할리우드가 전성기에 연간 300여 편의 영화—픽션 500시간에 맞먹는 분량—를 찍어낼 수 있었던 데에 비하면, 텔레비전의 식욕은 그보다 훨씬 왕성했다. 그리고 제작하는 쪽보다 수입하는 쪽이 돈이 덜 들었기에, 유럽 각국은 사실상 울며 겨자 먹기로 더 앞선 나라, 미국의 생산물을 사와야 했다. 19세기에 다들 프랑스와 영국 소설을 번역했던 것과 다를 게 없었다. 그러나 자국의 국민문학 텍스트를 각색할 기회를 놓친 나라는 별로 없었다. 앞에서도 얘기했듯이, 19세기에는 인기 서사를 거의 갖지 못했던 이탈리아인들조차 텔레비전을 이용해 도스토옙스키의 〈백치〉(1959년 방송) 같은 국제적 고전은 물론 자국 소설들까지 대중화했다. 만초니의 『약혼자』(1967)도 텔레비전을 탔지만, 그 가운데 다수는 안토니오 포가차로의 『옛날의 작은 세계』(1896년, 방영은 1957년), 이폴리토 니에보의 『어느 이탈리아인의 고백』(1857~58년, 〈피사의 여인〉으로 1960년에 방영), 에밀리오 데 마르키의 『데메트리오 피아넬리』(1888~90년, 방영은 1963년), 조반니 베르가의 『마스트로 돈 제수알도』(1889년, 방영은 1964년)처럼 원래는 이탈리아 안에서도 잘 알려져 있지 않았던 소설이었다. 탐정소설 같은 인기 장르 픽션의 경우, RAI는 유명한 〈브라운 신부〉(길버트 키스 체스터턴 원작)나 심농의 〈매그레 반장〉 같은 외국의 유명 작품을 각색하거나 자신들 나름의 탐정을 만들어냈다―〈셰리던 중위〉(시청자가 살인자의 정체를 추측해야 했다)에서처럼 배경은 어쩔 수 없이 외국(특히 미국을 선호했다)으로 설정하긴 했지만.

정전 텍스트를 각색하는 데에는 이점이 있었다. 먼저, 기성 문단에서 텔레비전을 합법화하는 데에 이바지했다. 현지 배우와 작가에게도 도움이 되었다. 또한 교육과 오락이라는 방송의 공공서비스 의무를 완수하는 데에도 쓸모가 많았다. 그렇지만 각색물은 비용이 많이 들었고, 외국에 팔기 힘들었으며, 새로운 매체가 제공하는 거대한 공간을 채울 수도 없었다. 그래서 대중영화의 본고장이자 이미 1958년에 텔레비전을 보유한 4,000만 가구―유럽 전체를 합친 것보다 많았다―를 위해 막대한 양의 픽션을 제작했던 미국에서 픽션을 수입할 필요가 있었다. 그래서 미국 연속물과 시리즈가 눈사태처럼 유럽의 텔레비전 화면으로 밀려들어,

〈매버릭〉, 〈건스모크〉, 〈해브 건 윌 트래블〉, 〈보난자〉(1962, 초기의 감독은 로버트 올트먼), 〈래시〉, 〈왈가닥 루시〉, 〈페리 메이슨〉, 〈닥터 킬데어〉, 〈언터처블〉, 〈집행자〉(그때는 무명이었던 스티브 매퀸이 출연했다) 같은 프로그램이 방영되었다. 이에 자극받은 프랑스인들은 나름의 픽션을 기획해서 동시대 등장인물들이 나오는 연속극 〈사랑스러운 자니크〉(1963), 역사 연속물 〈투석기 티에리〉(1963~66), 〈붉은 집의 기사〉(1961~63) 같은 프로그램을 제작했다.[41]

유럽의 시리즈가 다른 나라에서 성공을 거두려면 '컬트' 시리즈라는 틈새시장을 노려야 했다. 곧 지식인들에게 사랑받고, 매너리즘이나 대화와 소품 같은 그 쇼의 몇몇 측면이 플롯보다 중요하게 여겨지는 인기 시리즈를 만들어야 했다. 그런 시리즈에는 대개 초현실적인 요소나 마법적인 요소가 있었다.[42] 영국인들이 특히 '컬트'에 능했다. 〈어벤저스〉(1961)는 미국에 진출했고, 프랑스에서는 〈중산모자와 가죽부츠〉로, 이탈리아에서는 〈특수요원들〉로, 아르헨티나에서는 〈복수자들〉로 방영되었다. 〈프리즈너〉(1967)와 〈세인트〉(1962, 로저 무어 주연)는 유럽 대륙과 북아메리카에서 컬트 시리즈가 되었다. 때로는 1960년대의 미국의 〈고인돌 가족 플린스톤〉과 이보다 더 인기를 끌며 1980년대 후반에 방영된 맷 그레이닝의 풍자적인 〈심슨 가족〉 같은 애니메이션 시리즈가 컬트의 대상이 되어 황금시간대에 방영되기도 했다. 비교적 최근의 〈ER〉[응급실], 〈섹스 앤드 더 시티〉, 〈프레이저〉, 〈웨스트 윙〉, 〈소프라노스〉와 국제적으로 인기를 끈 〈프렌즈〉 같은 몇몇 미국 시리즈와 연속물은 고학력자층을 포함한 폭넓은 유럽 공중의 사랑을 받았다. '액션' 텔레비전 연속물 분야에서도 영화에서와 마찬가지로 미국이 패권을 유지해, 〈A 특공대〉(1983~87), 〈미션 임파서블〉(1966~73, 1988~89) 같은 작품이 인기를

1976년 나사의 엔터프라이즈 호 견본 앞에 선 〈스타트렉〉 출연진. 왼쪽부터 나사의 제임스 플레처 박사, 드포리스트 켈리, 조지 타케이, 제임스 두언, 니셸 니콜스, 레너드 니모이, 진 로덴버리, 월터 케이니그.

끝었다. 더러 비평가들보다는 팬들에 힘입어 '컬트' 지위에 오른 시리즈도 있었다. 이를테면 1966년에 처음 방영된 〈스타트렉〉은 비평가들에게는 아무런 찬사도 받지 못한 반면, SF 팬들한테는 열광적인 환영을 받았다. 폐지될 위기에 처한 이 시리즈를 구제한 것은 몇 차례에 걸친 편지쓰기 캠페인, 그리고 그 결과물인 총 40만 통의 편지였다. 1972년에 뉴욕에서 열린 팬 모임에는 SF 행사로는 이례적으로 많은 여성들을 포함해 3,000명이 모였다. 모두 78회의 시리즈가 미국 전역에 동시에 배급되었고, 서유럽의 대다수 나라에 팔렸다. 미국 정부는 최초의 우주왕복선 가운데 하나에 〈스타트렉〉에 나오는 USS 엔터프라이즈 호라는 이름을 붙이는 데에 동의했다. 이어서 텔레비전 만화 〈스타트렉〉 시리즈가 등장했다. 그후 1987년에는 새로운 텔레비전 시리즈(〈스타트렉: 넥스트 제너레이션〉)가 시작되면서 새로운 등장인물들이 나왔고, 뒤이어 총 500회분이 훌쩍 넘는 시리즈들이 제작되었다. 〈스타트렉〉은 새로운 유형의 미국식 자유주의를 대표했다. 귀가 뾰족한 외계인 벌칸족인 스팍은 깨끗하고 정직한 미국인 커크 선장과 함께 모두가 좋아하는 등장인물이 되었다. 승무원들은 다민족(미국 흑인, 러시아인, 스코틀랜드인까지)으로 구성되었고, 여성도 몇 명 포함되었다(그러나 모두 매력적이고, 지도적인 역할을 하는 여성은 한 명도 없다—자유주의에도 한계는 있는 법). 커크와 스팍은 동성애자일지도 모르지만, 둘 다 '커밍아웃'하지는 않을 것이다. 승무원들은 다른 문화에 대한 일체의 개입을 금하는 '제1명령'을 지켜야 한다.[43]

이 주제를 다룬 수많은 문헌에서, 미국 픽션이 최고의 우위를 점했다는 데에 대한 반박이 나온 적은 없다—한탄하는 이들은 있었지만.[44] 사실은 명백하다. 세계 모든 국가는 다른 어느 나라보다 미국에서 픽션을 많이 수입한다.

1994년에 유럽연합의 텔레비전에서 방영된 수입 픽션의 생산국(단위는 방송시간)

	독일	프랑스	영국	이탈리아	미국
독일		1,167	1,706	966	28,059
프랑스	814		1,649	548	13,643
영국		85	246	98	26,691
이탈리아	544	538	1,045		18,515

출처: *Statistical Yearbook 1996*, European Audiovisual Observatory, p. 162.

모든 프로그램을 통틀어 보아도, 미국의 우위는 의심의 여지가 없다(다음쪽 표 참조).

심지어는 아랍 국가들도 프로그램을 아랍 세계를 포함한 세계의 다른 어느 지역보다도 미국에서 더 많이 수입했다. 1983년에 아랍에서 방

1983년에 서유럽의 텔레비전에서 방영된 수입 프로그램의 생산국	미국	44
	영국	16
	독일	7
	프랑스	5
	나머지 서유럽 나라들	8
	동유럽과 소련	3
	유로비전	7
	공동제작	4
	기타	6
	비율	100

출처: La Circulation internationale des émissions de télévision, UNESCO No. 100, 1986 (ed. Tapio Varis).

송된 프로그램의 32퍼센트가 미국 것이었고, 13퍼센트는 프랑스 것, 7퍼센트는 영국 것이었던 반면, 나머지 아랍과 중동 국가들의 프로그램은 모두 합쳐서 30퍼센트쯤이었다.[45]

미국의 정치력과 경제력 때문에, 국제적 매체인 텔레비전은 다른 나라들의 사안보다는 미국의 사안으로 도배되다시피 했다. 그 결과로, 주기적으로 뉴스를 보는 유럽인들은 자국을 뺀 다른 어느 나라 정치보다 미국 정치를 훨씬 잘 아는 반면에, 미국인들은 자국의 이해관계가 걸린 일을 빼고는 다른 나라에 관해 아는 바가 거의 없다─하지만 문화적 우월성 때문에 문화적 비용을 치르는 또 다른 경우다. 그 수치는 깜짝 놀랄 정도다. 미국은 세계 나머지 지역의 텔레비전과 거의 차단되어 있다. 다른 나라에서 제작된 프로그램이 황금시간대에 방영되는 경우는 전혀 없고, 시간에 상관없이 방영되는 일 자체가 극히 드물다(오른쪽 표 참조).

아르헨티나, 오스트리아, 덴마크, 캐나다, 이집트 같은 나라에서 수입 프로그램 비율이 높은 것은 이 나라들이 더 넓은 언어권과 문화권에

속해 있다는 사실로 설명할 수 있다. 미국에서는, 황금시간대가 아닌 시간에 방송한 2퍼센트의 수입물조차도 미국 국민과 언어가 가까운 지역의 프로그램으로, 25퍼센트는 영국에서, 54퍼센트는 라틴아메리카에서 수입한 것이다. 유럽연합과 미국의 프로그램 무역에서는 늘 미국의 압도적인 수출초과 현상이 나타났다. 1995년에 미국 텔레비전 회사들은 53억 달러어치의 시청각 프로그램을 유럽연합 국가들에 팔았다. 유럽연합 국

1983년에 각국의 텔레비전에서 방영된 수입 프로그램의 비율		전체 방영분	황금시간대 방영분
	캐나다	38	31
	미국	2	0
	인도(델리)	11	10
	아르헨티나	49	53
	쿠바	24	9
	오스트리아	43	61
	벨기에	28.5	약 30
	덴마크	46	32
	스페인	33	32
	프랑스	17	17
	이탈리아	18	19
	네덜란드	25	24
	독일(ZDF)	23	23
	영국(BBC)	15	21
	영국(ITV)	14	20
	영국(C4)	26	15
	이집트	35	41

출처: La Circulation internationale des émissions de télévision, UNESCO No. 100, 1986 (ed. Tapio Varis).

가들은 미국에 고작 5억 1,800만 달러어치를 팔았다. 2000년에는, 미국은 90억 달러어치를 수출하고, 겨우 8억 2,700만 달러어치를 (주로 영국에서) 수입했다.[46] 영국은 텔레비전 프로그램을 미국에 수출하는 데에 어느 정도 성공했지만, 그중 다수는 좀더 교양 있는 시청자들을 위한 프로그램이었다. 이를테면 26회분으로 구성된 연속물 〈포사이트 가 이야기〉(1967)는 영국에서 엄청난 인기를 끌었고 소련, 루마니아, 체코슬로바키아를 비롯한 50개 나라에서 방영되었지만, 미국에서 이 프로그램에 관심을 보인 방송국은 NET(전국교육텔레비전)뿐이었다.[47] 문화적 차이는 문화생산물을 번안해서 메울 수 있다. 영국의 〈죽음이 우리를 갈라놓을 때까지〉는 1971년 〈올 인 더 패밀리〉가 되었다. 대영제국의 종말을 못내 아쉬워하는 이스트런던의 노동계급 인종차별주의자 앨프 가넷과 그 식구들의 희극적 갈등은 한층 엷어졌다. 앨프 가넷의 미국판 등장인물 아치 벙커는 노동계급이 아니라 중간계급이다. 벙커 가족이 백인 앵글로색슨계 신교도로, 사위는 폴란드 출신 가톨릭교도(영국판 사위는 리버풀 출신의 노동당 지지자였다)로 설정되면서 원작의 계급·정치문제는 (소수)민족문제로 바뀌었다.[48] 〈올 인 더 패밀리〉는 미국에서 큰 인기를 끌어 매주 5,000만 명이 시청했다.

 서유럽에서 미국의 침공을 가장 덜 받은 텔레비전 방송체계를 갖추고 있었던 영국은 텔레비전 방송이 가장 일찍 출범한 곳이자, 유럽 국가들보다 경쟁이 일찍 발달한 곳이었다. 비록 영국 텔레비전에서 방송되는 픽션의 절반이 미국 수입물이지만, 수입물은 확실하게 황금시간대가 아닌 시간대로 '추방'된다. 2004년 크리스마스의 시청률은 영국 국내 생산물의 지배력을 보여준다(오른쪽 표 참조).

 2001년의 영국 인기 프로그램(시청률 기준) 상위 25편 안에 미국이

영국의 2004년 크리스마스의 최고 인기 프로그램
(시청자 수의 단위는 100만 명)

	장르	시청자 수	방송망/채널
〈이스트엔더스〉	연속극	12.3	BBC1
〈디블리의 목사〉	시트콤	11.8	BBC1
〈코로네이션 스트리트〉	연속극	11.3	ITV1
〈뉴스〉	뉴스	10.3	BBC
〈해리 포터와 마법사의 돌〉	영화	7.9	BBC1
〈에머데일〉	연속극	7.5	ITV1
〈뉴스〉	뉴스	7.1	ITV
〈앱솔루틀리 패뷸러스〉	시트콤	6.6	BBC1
〈미드소머 머더스〉	시리즈(범죄)	6.3	BBC1
〈백만장자 되고 싶은 사람?〉	게임쇼	6.2	ITV1

출처: *Guardian*, 27 December 2004.

제작한 텔레비전 프로그램은 단 한 편도 들지 못했다(그러나 미국 영화 세 편, 곧 〈미라〉와 '인디애나 존스' 시리즈 두 편이 각각 16위, 19위, 20위를 기록했다).[49] 비평가들에게 인정받은 〈X 파일〉, 〈웨스트 윙〉, 〈소프라노스〉, 〈섹스 앤드 더 시티〉 같은 미국 픽션 시리즈와 연속물 가운데 어느 것도 원작드라마 제작물 인기순위 25위 안에 들지 못했다―황금시간대에 방영되지 않아서이기도 했다.

영국 텔레비전은 미국 생산물로부터 스스로를 보호하는 데에서 프랑스를 포함한 서유럽 나머지 나라보다 성공했지만, 프랑스 역시 대체로 '국산'으로 황금시간대를 지키는 데에 성공했다. 그러나 프랑스는 자국에서 생산하는 것보다 많은 연속물을 미국에서 수입했다. 1990년대 초까지 프랑스는 354편의 연속물, 시리즈, 시트콤을 생산했지만, 같은 기간에 396편을 미국에서 수입했다. 영국 수입물이 89편(〈알로 알로〉와 〈폴티 타워스〉를 포함해)으로 그 뒤를 이었고, 독일 수입물은 30편이었다.[50]

많은 나라에 국내 픽션을 일정 분량 방송해야 한다는 법적인 요구가 있었는데도, 미국 픽션은 처음부터 서유럽의 텔레비전 화면을 지배해오고 있다. 그 이유는 어렵지 않게 알아챌 수 있다. 미국 영화들은 유럽 전역에서 미국 생산물에 대한 대중적 취향을 형성했다. 할리우드의 생산량은 방대했다. 그 가운데 다수는 단단히 자리잡은 장르(서부물, SF, 갱스터 영화나 멜로드라마)의 B급 영화였다. 텔레비전은 그런 영화들을 담을 이상적인 그릇이 되었다. B급 영화는 값싸게 살 수 있었고, 평균적인 시청자의 취향을 만족시켰다. 심지어는 텔레비전용으로 제작된 픽션에서도 미국은 꽤 큰 이점을 누렸다. 새로운 시리즈를 만드느니 미국 시리즈를 구입하는 쪽이 돈이 덜 들었던 것이다. 유럽인들은 황금시간대에 방송할 픽션 제작에 집중했고, 흔히 미국 생산물을 방송시간 '때우기'용으로 취급했다. 그러나 이것도 지역마다 사정이 달랐다. 플랑드르어권 벨기에 (플랑드르)에서는 현지 생산물이 황금시간대에도 미국 수입물보다 적게 방송되었지만, 프랑스어권(왈론)에서는 프랑스 생산물이나 벨기에-프랑스 공동생산물이 황금시간대를 지배했다. 영국, 독일, 프랑스의 시청자들은 황금시간대에 자기네 픽션을 본다. 그러나 이탈리아는 자기네 시리즈를 거의 생산하지 않는다(플랑드르보다 적은 10퍼센트쯤이다). 놀랄 일도 아니지만, 일찍이 1971년에 이탈리아 어린이들을 상대로 조사한 결과, 인기 프로그램 상위 5편 모두가 수입물─프랑스의 〈투석기 티에리〉, 미국의 〈린 틴 틴〉, 〈로럴과 하디〉(이탈리아에서는 〈스탠리오와 올리오〉로 방영되었다), 〈래시〉, 〈애벗과 코스텔로 쇼〉(〈잔니와 피노토〉)─이었다.[51] 그러나 이탈리아는 그 무렵 유럽 대부분의 나라보다 영화를 많이 제작하면서 영화산업의 번영기를 누리고 있었다. 반면에 이탈리아가 만든 연속물은 편수도 매우 적고 소박해서, 텔레비전 황금시간대에도 미국 수입물에 자리를 내주었다. 이를테면 〈위기의 주부들〉은 영국에서 밤 10시나 그보다도 더 늦게 방송되지만, 이탈리아에서는 (2005년 9월 현재) RAI의 제2채널에서 아주 중요한 시간대인 밤 9시에 방영된다.

민영 채널이 성장하면서 미국 픽션의 비중이 크게 높아졌다. 새로운 채널들은 방영시간을 신속하게 채워야 하는데, 미국 수입물로 때우는 게 가장 효율적이기 때문이다. 벨기에, 네덜란드, 영국, 독일, 프랑스, 이탈리아 등지에서 픽션에 할당된 방영시간 비율은 공공부문보다 상업부문에서 훨씬 높았다. 픽션은 텔레비전 방영시간에서 평균 37.4퍼센트를 차지하는데, 공공부문 평균은 이보다 훨씬 낮고(22퍼센트), 상업부문 평균은 훨씬 높다(48.9퍼센트).[52] 독일 최초의 민영 방송망 SAT1(1985)은 외국에서 개척된 게임쇼를 각색한 프로그램들과 함께 〈스타트렉〉, 〈어벤저스〉, 〈보난자〉를 방영했다.

유럽 나라들은 다른 유럽 나라의 픽션을 얼마나 수입할까? 유럽 국가 가운데 국내 생산물의 꽤 많은 부분을 자기네 언어권 바깥으로 수출할 수 있는 나라는 없다. 몇몇 중요하고 특이한 예외가 있긴 하다. 독일의 수사 시리즈 〈데리크〉(25년 동안 방영되었다)와 오스트리아의 〈수사견 렉스〉, 프랑스의 연속극 〈태양 아래서〉 같은 프로그램은 널리 팔렸다. 유럽 최대의 텔레비전 픽션 생산국인 독일은 실제로 프랑스 시장에서도 성공했는데, 아마도 프랑스 생산물이 드문 데다가 반미 쿼터제와 편견의 덕을 보았을 것이다.[53] 영국에서는 유럽 픽션을 거의 수입하지 않는다(BBC에서는 2.2퍼센트, 상업 방송망에서는 7.2퍼센트의 비율을 차지한다).[54] 이것은 대체로 더빙에 대한 영국인들의 적대감 탓이다. 자막은 현실적인

〈보난자〉의 중심인 카트라이트 가문의 네 사람, 위에서부터 론 그린, 댄 블로커, 마이클 랜던, 퍼넬 로버츠. NBC에서 1959년부터 1973년까지 방영된 이 시리즈는 〈건스모크〉(1955~75) 다음으로 장수한 텔레비전 서부물이다. '보난자'는 광부들이 귀금속 광맥을 일컫는 말로, 일반적으로는 네바다 주의 '컴스톡 광맥'을 가리킨다.

대안이 아니다. 자막은 '예술'과 '문화'생산물의 자동적인 기표[시니피앙]이기 때문이다—시청자 입장에서는 죽음의 키스다.

확실히 유럽인들은 자국 픽션을 선호한다. 프랑스에서 1997년의 인기 연속물 상위 8편은 모두 프랑스 것이었다(1위는 900만 명이 본 〈쥘리 레스코〉). 〈ER〉(미국)은 560만 명으로 9위, 영국의 〈미스터 빈〉은 510만 명으로 14위, 독일의 〈데리크〉는 470만 명으로 20위였다.[55] 덴마크 공영방송에서는 1998년에 미국 픽션을 564시간 방영했지만 덴마크 픽션은 그보다 적은 313시간 방영했고, 영국 픽션은 174시간(덴마크에 방송된 유럽 픽션의 80퍼센트를 차지했다)으로 3위였다.[56] 독일에서는 〈범행현장〉(수사물)과 〈꿈의 배〉(미국 연속극 〈러브 보트〉의 번안물) 같은 독일 픽션(또는 독일어로 말하는 오스트리아와 스위스 픽션)이 민영, 공영을 막론하고 모든 방송망에서 미국 픽션을 쉽게 앞질렀다.[57] 심지어는 미국 픽션이 지배하는 이탈리아에서도, 2002년에 가장 인기를 끈 텔레비전 픽션 상위 10편 가운데 국내에서 제작된 픽션이 9편이었고, 1위는 교황 요한 23세의 일대기를 다룬 영화에 돌아갔다.[58] 그리고 1980년대의 스웨덴 어린이들은 아스트리드 린드그렌의 『삐삐 롱스타킹』을 각색한 40여 편의 이야기를 미국 프로그램보다 많이 보았다.[59] 1999년에 독일 텔레비전에서 방영된 시청률 상위 영화 10편 가운데 9편이 독일 영화였다.[60] 그러므로 유럽이 미국 내러티브에 의해 통합되었다는 주장은 과장이다.

　미국화에 대한 도덕적 공황은 1920년대 이래 유럽의 문화 경관에서 흔한 특징이었다. 이 공황은 1980년대 초에 연속극 〈댈러스〉가 국제적으로 인기를 얻으면서 더욱 고조되었다. 이 미국 연속물이 국제적으로 성공한 이유에 대한 조리 있는 설명은 찾기 어렵다—그전 대부분의 연속극과는 달리 〈댈러스〉가 남성 시청자를 많이 확보했다는 사실을 빼고는 말이다. 이야기는 확실히 흥미로웠고, 연기는 그럭저럭 괜찮았으며, 댈러스 근처의 호화로운 목장 저택에서 함께 사는, 석유로 부자가 된 유잉 일가를 다룬 전통적인 가족사였기에 플롯을 이해하기도 쉬웠다. 그러나 미국의 다른 연속물도 배우, 대사, 플롯은 훌륭하다. 〈댈러스〉에 쓰인 내러티브 장치는 전형적인 19세기 연재소설의 장치다. 이 연속극은 하위 이야기마다 시작, 중간, 끝이 있는 끝없는 이야기여서, 새로운 시청자가 언제부터 보기 시작하더라도 내용을 쉽사리 따라잡을 수 있다. 〈댈러스〉에는 뚜렷한 남녀 악당 한 쌍이 있었다. 'J. R.' 유잉과 오랫동안 알코올중독에 시달린 그의 아내였다. 제작비는 회당 70만 달러로, 미국에서는 보통이었지만 시장이 작은 나라에서는 엄청난 돈이었다. 이 프로그램을 사면(회당 몇천 달러인 경우도 있었다) 스스로는 제작할 수 없는 값비싼 생산물을 손에 넣을 수 있었다. 영국에서 〈댈러스〉는 인기가 아주 좋았지만,

그래도 〈코로네이션 스트리트〉나 이후의 〈이스트엔더스〉 같은 국내 제작 연속극(둘 다 영국 노동계급의 생활에 너무 깊이 뿌리박고 있었던 탓에 외국 시청자들에게는 다가가지 못했다)이 기록한 예외적으로 높은 시청률을 따라잡지는 못했다. 브라질에서도 〈댈러스〉는 국내 제작 연속극(〈코로네이션 스트리트〉와 달리 널리 수출되었다)의 자리를 뺏는 데에 성공하지 못했다—브라질 최대 방송망인 글로보는 세계 최대의 텔레비전 픽션 생산자 가운데 하나다.

〈댈러스〉의 국제적인 청중은 이미 미국 영화와 텔레비전 픽션의 관습에 익숙한 이들이었다. 이엔 앙이 설명했듯이, "금세기 초부터 할리우드에서 시네마토그래피의 철칙들이 발전해(연속편집, 고전적 몽타주 따위) 내러티브의 자연발생성을 암시하기에 이르렀다. 그러나 우리는 더 이상 이런 규칙을 규칙으로 경험하지 않는다. 지배적인 미국 영화의 언어에 너무 익숙해져서 더는 그것을 언어로 인식하지도 않기 때문이다".[61] 〈댈러스〉에는 복잡한 아이러니나 거리두기 장치가 전혀 없고, 특이한 카메라 워크도 없고 실험도 없다. 일어나는 모든 사건이 내러티브의 일부다. 장소는 몇 개로 한정되었고(주로 사우스포크의 목장), 거의 모든 장면이 대화로 구성되었다. 물론 이 연속극은 미국인이 미국인을 위해 미국을 배경으로 만든 것이다. 그리스의 텔레비전 연속극 역시 대부호, 부패한 정치인, 근친끼리의 연애로 가득 차 있지만, 외국 텔레비전 방송사가 그리스 연속극을 사다가 더빙할 확률은 줄곧 낮았다.

〈댈러스〉가 성공을 거둔 또 다른 이유는, 많은 시청자의 관심을 끌 거라는 자기실현적 가정을 근거로 대부분의 나라에서 황금시간대에 방송되었다는 데에 있다. 1982년 봄, 네덜란드 시청자의 절반이 매주 이 연속극을 보았다.[62] 이스라엘에서 〈댈러스〉는 동유럽과 모로코 출신 유대인 정착민들 사이에서만큼이나 팔레스타인인들에게도 인기가 있었다. 그러나 일본에서는 여섯 달 만에 종영했는데, 덜 일차원적인 인물들이 등장하는 일본 연속극들과는 경쟁이 되지 않았기 때문이다. 어쨌든 일본인들은 〈댈러스〉보다는 〈초원의 집〉 같은 괜찮은 미국 '호무 도라마'를 선호했다.[63] 이 '홈 드라마'는 〈코로네이션 스트리트〉 같은 지역공동체 기반의 영국 연속극, 그리고 〈댈러스〉, 〈다이너스티〉 같은 부유한 가문 중심의 미국 연속극과 명확하게 스스로를 구분했다.[64] 사실 일본 대중문화는 일본이 수출하는 몇몇 애니메이션 영화에서 보이는 것만큼 서구화되어 있지 않다. 10대를 위한 연속극 플롯과 〈아키라〉 같은 사이버펑크 영화는 일본의 민간전승을 활용한 것이었다.[65] 그 밖의 많은 제3세계 나라에서 〈댈러스〉가 인기를 끈 이유에 관해서는 정설이 아닌 추정들이 나와 있을 뿐이다.[66]

〈댈러스〉의 '위협'이라 여겨진 것에 모방으로 대응하려는 빈약한 시도가 더러 있었다. 대표적인 것이 프랑스의 〈샤토발롱〉이었는데, 그것은 그저 텍사스의 도시를 프랑스의 소도시로, 석유 가문을 번지르르한 출판 왕가로 바꾸어놓은 데에 지나지 않았다. 독일인들은 〈굴덴부르크 가의 유산〉과 〈경주로의 경쟁자들〉처럼 거대한 저택에서 부자들이 몹시 거들먹거리는 이야기로 〈댈러스〉의 진출에 맞섰다. 영국 연속극을 모방하는 일에서는 더 성공적이었다. 〈린덴슈트라세〉(1985)는 〈코로네이션 스트리트〉를 섹스와 폭력으로 양념한 독일 번안물로 시작했다.[67] 〈린덴슈트라세〉는 원작의 노동계급 색채를 대폭 덜어냈고, 그리스인 레스토랑 주인, 베트남 출신 망명자, 프랑스 여인, 이탈리아계 유대인, 10대 장애인, 두 명의 동성애자, 폴란드 이민자들과 입양된 멕시코 소년 같은 다양한 배경의 등장인물들을 포함시킴으로써 모든 독일인의 향수를 자극하는 고향에 대한 암시를 억제했다.[68] 〈슈바르츠발트 병원〉(1985)은 많이 등장했던 배경인 병원을 사용했다(더 오래된 영국의 〈종합병원〉과 〈응급실 10병동〉처럼).

미국의 침투에 맞설 최고의 무기—만약 무기가 필요했다면—는 나름의 연속물을 갖는 것, 그것을 국민정신에 깊이 뿌리내리게 함으로써 난공불락의 요새로 만드는 것이었다. 영국인들이 〈코로네이션 스트리트〉(1960년에 시작해 2006년에도 여전히 어마어마한 인기를 누리고 있다)와 BBC의 경쟁작—더 남쪽의, 아마도 더 젊은 청중을 겨냥한—〈이스트엔더스〉(1985~)로 해낸 일이 바로 이것이다. 이 두 연속물은 전례 없는 시청률을 기록했다.

1997년의 유럽 연속극 시청자 수

		시청률(%)	시청자 수(100만)
독일	〈린덴슈트라세〉	11.8	8.2
독일	〈좋은 날, 궂은 날〉	5.5	3.9
네덜란드	〈좋은 날, 궂은 날〉	12.3	1.7
영국	〈코로네이션 스트리트〉	31	16.5
영국	〈이스트엔더스〉	32	17.0

출처: Tamar Liebes and Sonia Livingstone, 'European Soap Operas: The Diversification of a Genre', in *European Journal of Communication*, Vol. 13, No. 2, June 1998, p. 158.

〈코로네이션 스트리트〉—영국 상업 텔레비전의 생산물이자, 영국 방송사상 가장 중요한 텔레비전 시리즈임이 거의 확실한[69]—는 본질적으로 사회주의적 사실주의 연속극이다. 소련은 결코 이 위업을 재연하지 못했다. 본격 연속극과 연재소설이 다 그렇듯이, 〈코로네이션 스트리트〉는 플롯보다 노동계급 등장인물들에 의존한다. 등장인물들은 연속성을 제공한다(그리고 배우들은 장기고용되므로, 등장인물을 연기하면서 시청자들과 함께 나이를 먹는다). 새로운 시청자는 곧바로 이 연속물에 빠져들지 않을지도 모른다. 몇 번 시청해가지고는 등장인물들에 흥미가 생기지 않을 수도 있기 때문이다. 그러나 일단 빠져들면 아주 오랫동안 애청자로 남을 확률이 높다. 배경은 명시되지 않은 북부의 어느 도시다(하지만 제작사 그라나다가 있는 맨체스터가 분명하다). 이 시리즈는 처음부터 전통적인 멜로드라마를 피하고 당시 연극에서 유행하던 사회주의적 사실주의 경향을 선호했다.[70] 대본은 영국 텔레비전에서 가장 유능한 잭 로젠탈 같은 이들이 썼다. 처음에는 일주일에 두 번 방영되었지만, 곧 일주일에 세 번 방영하는 연속극으로 자리를 잡았다. 등장인물들은 지역 억양으로 말하고, 북부 노동계급의 소박하다 못해 남루하기까지 한 옷을 입고, 타블로이드 신문을 읽고, 펍(1960~84년에 잭 워커가 운영한 로버스 리턴)에 가고, 빙고 게임을 하고, 축구를 보는 따위의 계급의식적인 행동을 한다. 그러나 등장인물 가운데 공장 프롤레타리아는 별로 없다. 그렇게 되면 그 '스트리트'에서 너무 멀리 떨어진 곳까지 가야 하기 때문이다. '노동계급이라는 것'은 직업과는 거의 관련이 없고, 모든 것이 문화적 태도와 관련되어 있다. 주요 등장인물인 켄 발로는 장학금을 받던 소년 시절을 지나 마침내 대학원생이 되고 (베트남전 반전활동가가 되고) 교사가 되지만, 그의 아버지 프랭크는 우편집배원이고 어머니 아이다는 큰 호텔 주방에서 일한다. 마이크 볼드윈은 데님 공장 사주이자 사장으로, 런던 토박이 말씨를 쓴다. 레그 홀즈워스는 슈퍼마켓을 운영한다(1989~94). 나머지 인물들은 쓰레기 수거 같은 서비스 직종에 종사한다. 버트 틸즐리는 그 지역 제강공장에서 일하지만, 야간근무만 하기에 낮에는 돌아다닐 수 있다.[71] 초기의 핵심 인물 가운데 한 명인 에나 샤플스는 전통적 도덕성의 옹호

1960년에 시작된 영국 ITV의 〈코로네이션 스트리트〉 세트에서 펍 '로버스 리턴'을 구경하는 관광객들. 미국 CBS의 〈애즈 더 월드 턴스〉(1956~2010)가 종영한 뒤로 세계 최장수 텔레비전 연속극이 되었다.

자이자 복음전도회 관리인이었다. 〈코로네이션 스트리트〉가 지닌 노동계급의 영국적 전형성은 이 작품의 성공(지금까지 5,000여 회가 방송되었고, 관련도서도 30권이 나왔다)을 이끌어낸 주요한 요소였다. 동시에 그것은 외국에서의 성공을 가로막은 최대의 걸림돌이었다.

이와는 전혀 다르게, 1996년부터 프랑스의 TF1〔텔레비지옹 프랑수아 1〕에서 방영된 연속극 〈태양 아래서〉(유명한 지명을 활용해서 외국에는 〈생트로페〉로 팔렸다)는 국제적으로 폭넓은 인기를 끌었다. 특정한 문화에 덜 갇힌 덕분이었을 것이다. 제작사인 마라통의 설명을 인용하자면, 이 연속극은

> 심리 드라마이자 로맨틱 코미디로, 직업적 열정과 낭만적 정열의 삶을 가로막는 모든 장애물과 싸우는 세 여인 로르, 카롤린, 제시카의 감동적인 운명을 그리고 있다. 회당 1시간 분량으로 360회가 제작된 〈생트로페〉는 시청자

들이 동일시할 수 있는 등장인물들로 구성된 한 가족을 창조해냈다. 우리는 현대의 삶(불임, 입양, 이혼, 육아, 의료 및 심리 문제, 사랑하는 사람의 상실)을 그린 감성적 드라마를 경험하고, 여주인공들이 겪는 도덕·직업적 딜레마를 공유하게 된다. 이 시리즈는 생트로페를 배경으로 촬영되었다. 햇볕 따사롭고 아름다운 그곳에서 우리의 등장인물들은 웃음과 눈물을 섞고, 사랑과 우정의 기쁨을 불확실한 운명에 대한 두려움과 결합한다.

토요일 오후에 방송되는 〈태양 아래서〉는 35세 미만 여성의 3분의 1 이상이 시청하고, 평균 25퍼센트가 넘는 시청률을 기록하고 있다.[72] 프랑스 연속극으로서는 특이할 만큼 널리 팔렸지만, 미국의 주요 방송국에는 팔리지 않았고, 영국에서는 'BBC 지식 채널'만이 언어학습 프로그램의 일환으로 사들였다.

픽션에서 미국의 패권에 맞선 중대한 도전은 유럽이 아닌 라틴아메리카에서 나온다. 멕시코와 브라질의 텔레노벨라는 미국에서 가장 사랑받는 외국 장르다(히스패닉 인구가 많은 것이 큰 요인이다). 텔레노벨라는 스페인과 포르투갈을 포함한 남부 유럽의 여러 나라에도 수출된다. 포르투갈의 민영 방송망 SIC(독립커뮤니케이션회사)는 황금시간대의 꽤 많은 부분을 브라질의 거대 텔레비전 방송사 글로보에서 사들인 연속극들에 할애한다. 스페인 역시 미국에서 수입한 픽션을 황금시간대를 피해 편성하면서, 황금시간대는 국내 픽션과 텔레노벨라를 위해 남겨둔다. 〈댈러스〉와 〈다이너스티〉처럼(그리고 대부분의 영국 장르와는 달리), 라틴아메리카의 연속극은 매우 부유한 이들이 생활하면서 겪는 '문제'를 다룬다. 실제로 멕시코의 한 초기 텔레노벨라의 제목은 〈부자들도 운다〉였다.[73] 이것이 [소련 붕괴 후의] 러시아 국영 텔레비전에서 방송되었을 때는 어찌나 인기가 좋았던지, 교대근무 노동자들을 모두 만족시키기 위해 하루 두 번 방송해야 했다.[74] 학습이 이루어지고, 러시아화된 텔레노벨라가 대량으로 생산되기 시작했다. 심지어는 미국 픽션이 방송 전파를 지배하는 폴란드에서도, 인기 연속극은 대체로 국내물(공영 텔레비전에서)이거나 라틴아메리카 수입물(민영 텔레비전에서)이다.[75] 멕시코와 브라질 연속극은 중국에서도 큰 성공을 거두었지만, 1990년 11월에 난징에서 처음 방영된 〈갈망〉 같은 중국 연속극도 많은 인기를 끌었다.[76]

시리즈는 무엇보다도 배경이 좋아야 한다. 경찰서, 병원, 거리, 학교(그런데 왜 대학교는 아닐까?), 친구들끼리 만나는 펍이나 바, 공동주택(또래집단을 위한), 신문사, 가족 따위가 좋은 배경이다. 다시 말해 몇몇 작가들이 권력구조라고 부르는 것, 남녀관계를 위한 사교현장이 필요하다.[77] 〈코로네이션 스트리트〉에서 사람들은 펍이나 차고, 가게-모두 공공장소-에서 만난다. 이런 연속극들 덕분에 시청자들이 일종의 카타르시스를 느끼고, 권태와 외로움을 덜고, 조언을 얻고(남자 다루는 법), 대리 가족생활과 교우관계를 갖고 있다는 환상에 빠진다는, 그리고 다른 사람의 삶을 간접경험할 수 있다는 주장이 곧잘 제기된다.[78] 다시 말해 사람들이 19세기 멜로드라마에서 얻었던 모든 것을 연속극에서 훨씬 더 생생하게, 더 적은 노력으로 얻는다는 얘기다.

픽션 가운데 가장 많이 각색된 장르는 범죄 이야기인데, 그중에서도 특히 경찰 시리즈라는 현대 텔레비전의 형식으로 각색되었다. 이탈리아인들은 〈마레스치알로 로카〉에서처럼 온화한 카라비니에레〔국방부 소속의 특수경찰〕나 〈피오브라〉에서처럼 강직한 마피아 수사관들을 내세웠다. 〈피오브라〉의 수사관들은 보통 각 시리즈의 마지막회에서 마피아에게 죽임을 당하는데, 미국 연속물에서라면 일어나지 않을 일이다. 필름 누아르와 추리소설에 대한 애정이 확고한 프랑스인들은 이른바 '폴라르'〔추리물〕를 꾸준히 생산해왔다. 영국인들은 '순찰경관'을 찬양하는 시리즈를 내놓아 프랑스인들을 앞질렀다—경찰이 사랑스럽게 나오는 네오리얼리즘 수사물 〈도크 그린의 딕슨〉(1955~76), 불쾌한 현실을 있는 그대로 보여주는 사실주의 드라마 〈Z카〉(1962~78), 경찰이 무지막지한 수단을 동원하고, 그러다가 어차피 '세상은 밀림이다'라는 걸 보여주는 폭력적인 드라마 〈스위니〉(1975~78), 그리고 옥스퍼드에 근거를 둔 〈모스 경감〉(1987~2000)과 애거서 크리스티의 소설로 유명해진, 범죄가 많이 일어나는 가상의 마을을 배경으로 한 〈미드소머 머더스〉(1997~) 같은 다양한 수사물이 등장했다.

최근에 프랑스를 제외한 유럽 국가들에서는 국내 픽션 생산량이 눈에 띄게 늘었다.

국내 픽션 방송시간	1996	2001
독일	1,690	1,800
영국	1,059	1,463
프랑스	691	553
스페인	459	1,306
이탈리아	221	761

출처: Eurofiction, Milly Buonanno (ed.), *Eurofiction 2002. Sesto Rapporto sulla fiction televisiva in Europa*, VQPT-RAI No. 191, Rome 2003, p. 37에서 인용.

스페인과 이탈리아의 국내 생산량이 엄청나게 증가했는데, 아마도 시청자들이 국내 픽션을 선호한다는 걸 깨달은 덕일 것이다. 1996년에 이탈리아는 상위 5개국의 픽션 생산량 가운데 고작 5퍼센트만 생산했다. 하지만 2001년에는 프랑스가 9퍼센트로 떨어진 데 반해 이탈리아는

13퍼센트로 늘어났다. 이렇게 늘어난 주요 요인은 현지 연속극의 발전이었다—〈댈러스〉의 성공이 낳은 부수효과 가운데 하나일 것이다. 〈태양 아래서〉의 발전과 성공은 그때까지 뒤처져 있던 프랑스인들의 날카로운 반격이었다. 그러나 프랑스는 2001년에는 국내 연속물을 한 편도 생산하지 못했고, 그 대가를 치렀다. 이탈리아는 1996년 자신들의 연속극을 생산하기 시작했는데, 그 결과는 주목할 만했다. 그럼에도, 2001년에 RAI와 민영 방송망 메디아세트를 통틀어 이탈리아에서 방영된 픽션의 71퍼센트는 미국과 라틴아메리카(메디아세트가 주요 수입자였다)의 것이었다.[79]

진지한 텔레비전: 뉴스, 다큐멘터리, 시사 프로그램

텔레비전과 라디오는 모든 유럽 국가에서 최고의 뉴스공급원이다. 그것은 신문구독률이 높은 영국에서도 마찬가지다.[80]

 텔레비전 뉴스 진행자의 조상은 영화관의 뉴스릴이 아니라 라디오 저널리즘이다—사실 1950년대 말까지는 뉴스 단신 대부분이 통신사에서 구한 사진 몇 장을 보여주면서 그냥 읽는 것이었다. 사람들은 가끔 텔레비전 뉴스에 대해 그것은 모두 이미지라든가 모두 영상이라고 말한다. 그러나 진실을 말하자면, 그것은 결코 이미지나 영상이 아니다. 그것은 언제나 말, 이미지를 동반하는 친근한 말이다. 동시에 그것은 이미지들을 선택한 다음 '뉴스'라고 불리는 조각이불로 꿰매는 보이지 않는 손이다. 영화관을 울리는 뉴스릴의 목소리는 신과 같은 권위를 갖고 있었다. 그 목소리는 우리더러 감탄하라고 강권했다. 텔레비전에서 뉴스 진행자나 리포터는 상황이 어떤지를 무미건조하게 말한다. 영상은 그들이 하는 말을 강조하기 위해, 늘 그런 건 아니지만 자주, 거의 삽화처럼 곁들이는 것이다.

매체 전문가들은, 사실상 똑같은 영상을 이용해 똑같은 사건에 대해 전혀 다르게 주장하는 다큐멘터리의 예(1968년에 일어난 소련의 체코 침공에 관해 체코 망명자가 제작한 다큐멘터리와, 소련의 개입을 지지하는, 소련에서 제작한 다큐멘터리)를 즐겨 인용한다.[81] 매체 기록보관소는 글로 쓰인 이야기에 어울리는 이미지의 사용을 표준화할 수 있다. 아프리카의 좋은 이야기에는 모두가 흥겹게 춤추는 모습을 보여주고, 나쁜 이야기에는 모두가 굶주리는 모습을 보여주는 식이다.

신문처럼 텔레비전 뉴스도 먼 곳의 이야기를 보도하기 위해 일일이 취재팀을 보내지 않아도 되지만(통신사 영상을 쓸 수 있다), 주요한 전쟁(서구에서 중요하게 여기는)이 일어나면 분쟁지역에 특파원을 보내야 한다. 실제로 위험하거나 위험해 보이는 상황에 특파원을 노출시키는 주된 이유는, 직접 촬영한 독점 뉴스를 시청자에게 전달하기 위해 성실하게 노력하고 있다는 인상을 주기 위해서일 터이다. 그러나 분석작업은 대부분 본사에서 이루어지고, 여기서 기자는 특파원보다 폭넓은 정보에 접근할 수 있다. 2003년의 이라크 점령을 보도하기 위해 파견된 수백 명의 특파원 대부분은 엇비슷한 영상을 보내왔고, 본국에서 주요 통신사에 소속된 몇몇 기자들이 보내온 영상을 바탕으로 내놓을 수 있었던 것과 비슷한 분석을 내놓았다. 그러나 그 무엇도, 분쟁지역에서 포성을 뚫고 친숙한 말로 전하는 친숙한 얼굴을 찍은 흥미로운 볼거리를 능가하지 못한다. 특파원이 참신한 정보를 전달하는 경우란 거의 없다. 상황을 이해하기 위해 공식 성명과 확인하기 힘든 일화에 의존해야 하기 때문이다. 2003년에 미국이 침공한 뒤의 이라크처럼 매우 위험한 곳에 파견된 서구의 언론인들은 대개는 안전한 호텔에 머물면서 이라크 통신원이 촬영한 화면을 가져다가 목소리만 입힐 뿐이다.

텔레비전 뉴스 진행자와 리포터는 이중의 역할을 수행한다. 이들은 정보전달자이자 중재자이다. 이들은 '그들'이 아닌 '우리'로 행세한다. 이들은 이렇게 말하는 듯하다. 바깥세상은 차마 입에 올리기 어려운 것을 입에 올려야만 하는 공포―전쟁, 기아, 비극, 만행―가 가득한 지옥이다. 하지만 우리를 보고 있는 당신은 안전하다. 우리가 하는 이야기에 겁먹지는 마시라. 우리 영상을 보는 것으로 당신은 인류의 고통을 공유했고 당신의 관심을 보여주었으니까. 이제 안심하고 나머지 프로그램을 즐기시고, 좋은 저녁시간 보내시라.

몇몇 시사 프로그램은 권위를 얻었다. 1960년대와 1970년대에 리처드 딤블비가 진행한 BBC의 〈파노라마〉는 특정한 사안과 관련된 기성 사회조직을 대신해 그 사안에 똑같이 관심을 가진 청중에게 말한다는 느낌을 주었다. 프랑스에서는 피에르 라자레프가 똑같이 권위를 지닌 〈생크 콜론 아 라 윈〉(1959)에서 그 기능을 수행했다. 라자레프는 영국과 미국 시사 프로그램의 명망은 활자매체로부터 수많은 기자들을 끌어들이는 능력 덕분이라는 것을 알아차렸다. 그러나 텔레비전 프로그램은 엘리트 신문과는 달리 최대한 많은 청중에게 말하려고 애써야 한다. 텔레비전에는 진정한 '고급문화'가 없다―여러 부류의 대중문화만 있다. 〈생크 콜론 아 라 윈〉과 〈파노라마〉는 고상한 프로그램임에도 수백만 명의 시청자가 있지만, 『르몽드』와 『가디언』 같은 신문은 40만 부도 못 판다. 1960년대 초에는 서유럽 반숙련노동자의 40퍼센트가 텔레비전을 갖고 있었다.[82] 그들이 시사 프로그램을 보았을 확률은 매우 높지만, 『가디언』이나 『르몽드』를 구독했을 확률은 매우 낮다. 미국 텔레비전은 긴 시간을 들여 정치, 사회, 역사 문제를 분석하는 〈생크 콜론 아 라 윈〉이나 〈파노라마〉 같은 프로그램을 제대로 발전시키지 못했다―유럽 텔레비전에서도 어쨌든 이런 프로그램은 점점 줄어들고 있다.

뉴스를 진행하는 이는 남성 한 명이었는데, 어떤 사람들에게는 아버지, 심지어는 할아버지 같았고(1970년대 미국 CBS의 월터 크롱카이트가 유명하다), 어떤 사람들에게는 섹시하거나, 진지하고 지적이거나, 사근사근하고 편안했다. 뉴스 진행자는 우리를 똑바로, 노골적으로 쳐다본다(그러나 사실 그는 자기 앞에 떠 지나가는 글을 읽고 있다). 그가 인터뷰하는 사람은 우리가 아닌 그에게 말한다. 세계에서 벌어지고 있는 일을 우리에게 말해주는 이 '거실의 친구'는 옛날에는 모두가 남자였다. 결국 여성도 그 자리에 앉게 되었지만, 그녀는 반드시 매력적이어야 했고, 어머니나 우두머리 같아서는 안 되었으며, 너무 지적이어도 안 되었다. 머지않아 나이가 든 여성도 진행할 수 있게 되었다. 미국의 예를 따라 남성과 여성이 데스크에 같이 앉아 진행하면서 이따금 서로 시시덕거리는 척하고, 미소와 가벼운 농담으로 끝내는 경우가 늘어났다. 초보적인 연기술도 더러 필요하다(실생활에서 그러듯이). 슬픈 소식에는 슬픈 표정을 짓고, 기쁜 소식에는 미소를 띠며, 시청자들 사이에 합의가 전혀 이루어지지 않는 사안에는 엄격하게 중립을 지켜야 한다. 뉴스 진행자의 옷차림은 말쑥하다. 남성은 짙은 색깔의 정장(화려한 넥타이는 허락된다), 여성은 세련된 평상복을 입는다. 비교적 최근에 발전한 아침뉴스에서는 좀더 편안한 태도가 허락된다. 더러는 스웨터 차림의 남자가 뉴스를 진행하는 방송국도 있다. 몇몇 나라, 특히 미국과 영국에서 인터뷰에 응하는 이는 진행자를 성이 아닌 이름으로, 이를테면 '존'이나 '수'로 부른다. 겸양과는 거리가 먼 이런 관습은 진행자의 특수한 위치를 부각시킨다. 다시 말해 진행자는 인터뷰 손님인 정치인과는 달리 모든 사람의 친구다. 인터뷰할 때는 엄격한 형식을 지키는데, 가혹한 질문을 할 때도 그렇다. "국무장관님, 장관

1962년부터 1981년까지 〈CBS 이브닝 뉴스〉를 진행했던 월터 크롱카이트의 2004년 사진. 아폴로 11호의 달 착륙, 베트남 전쟁, 워터게이트 사건, 이란 인질 사태, 존 F. 케네디 대통령과 마틴 루터 킹 목사 암살 같은 미국 현대사의 굵직한 사건을 객관적으로 보도해 1960년대와 1970년대 여론조사에서 곧잘 '가장 신뢰받는 미국인'으로 뽑혔다.

님이 고의로 속였다고 비난하는 사람들이 있습니다. 그에 대해 하실 말씀이 있습니까?" "제러미, 그런 질문을 해주시니 기쁩니다. 덕분에 오해를 풀 기회가 생겼네요……." 그 중심에 진짜 갈등이 깔린 경우도 있다. 정치인은 자신의 메시지를 전달하고 자기 이미지를 높여야 한다. 그러나 인터뷰어 역시 정체성을 전달하고, 사람들에게 자신이 그들의 옹호자임을 알리고, 신경에 거슬리는 말투로 상대를 실험하려 들 수 있다. 그러나 이런 경우는 매우 드물고, 있더라도 대개는 BBC에서, 이른 아침의 라디오나 늦은 밤의 텔레비전에서 벌어진다.

뉴스는 간결하고 명쾌하게, 거만 떨지 않는 문장으로 전해진다. 활자매체의 기자들이 마치 학자라도 되는 것처럼(가끔은 진짜 학자다) 복잡한 문장을 쓰곤 하는 이탈리아, 스페인, 프랑스에서도 이것은 마찬가지다. 텔레비전의 규칙도 라디오처럼 간단하다. 배경이 아무리 복잡할지라도 뉴스 한 꼭지를 1~2분 안에, 때로는 몇십 초 안에 전달해야 한다. 모두가 규칙을 받아들인다. 복잡하게 얽힌 중동의 정치나 일본의 선거를 해독하면서 평생을 연구해온 전문가들이 오늘날 지적 축성祝聖의 샘으로 여겨지는 텔레비전에 출연하기 위해 모든 것을 기꺼이 요약해준다. 요약을 못하거나 안 하는 전문가는 다시는 출연요청을 받지 못한다. 지식인들은 세상의 모든 일을 2분 내로 설명할 수는 없다고 믿겠지만, 그들은 텔레비전에 출연함으로써 반대로, 그럴 수 있다고 인정한다. 상충하는 명분들을 옹호하는 이들은 자기가 맡은 역할을 수행한다. 공개적으로 충돌함으로써 텔레비전 뉴스의 균형 잡힌 성격과 뉴스 진행자의 중재자 역할을 확인해주는 것이다. 전문가는 뉴스 진행자가 (아마도 전문가에게 의견을 물은 뒤에) 말할 수 없는 것은 그 어떤 것도 말하지 않는다. 그러나 '전문가'라는 꼬리표가 붙은 이가 말하는 쪽이 보기도 더 좋고 듣기도 더 좋다. 그것은 진실에 도달하기 위해, 또는 다양한 의견을 제시하기 위해 노력했다는 것을 보여준다. 전문가끼리의 대립 역시 그 두 입장을 정당화한다는 목적이 있다. 둘 다 타당하고, 둘 다 표현될 수 있으며, 둘 다 상식적인 범위 안에 있다는 것이다—반면에 친나치와 반나치 '역사학자들' 사이의 텔레비전 논쟁을 보게 될 가능성은 없다. 전문가는 무엇을 말할지를, 어떻게 말할지를 미리 알려준다. 텔레비전 방송 초기처럼 단일한 목소리로 끊김 없이 진행하는 데에서 비롯되는 단조로움은 인터뷰가 없애준다. 뉴스는 실생활에 관한 것일지 몰라도, 실생활에 관한 설명이 다 그렇듯이, 내러티브 법칙이 확립되어야 하고, 역할은 분담되어야 한다.

 어떤 종류의 뉴스가 뉴스가 될까? 대체로 뉴스는 힘 있는 자의 관점을 보도한다. 힘 없는 자의 관점보다 힘 있는 자의 말이 더 중요하기 때문이다. 그다음에는 나쁜 뉴스를 보도한다. 좋은 뉴스는 나쁜 뉴스의 행복한 결말('실종 어린이 구출', '연쇄살인범 잡히다')이 아닌 이상, 일반적인 규범이거나 지루하기 때문이다. '나쁜 뉴스'는 정치적 의제를 결정하기 때문에, 어떤 뉴스를 선택할지가 아주 중요하다. 어느 사회에서나 주기적으로 일어나는 강력범죄를 자주 보도한다면 경찰력이 강화되거나 중형이 늘어나는 결과를 불러올 수 있다. 역시 주기적으로 일어나는 의료사고에 대한 보도가 잦으면 의료인력 훈련과정을 개선하라거나 예산지원을 늘리라는 요구를 촉발할 수 있다. 둘 다 흥미롭지만, 둘 다 '표준적'인 나쁜 뉴스다. 정치인, 압력단체, 기업, 노조, 그리고 그 밖의 조직은 모두 이 사실을 잘 알고, 텔레비전에 보도될 만한 사건을 만들려고 한다.

기술은 한 사건이 일어나서 방송되기까지 걸리는 시간을 줄여주었다. 1970년대 중반에는 거의 모두를 먼저 16밀리미터 필름으로 촬영했다. 그다음에 필름을 현상실로 보내 현상해서 편집에 들어갔다. 필름으로 찍으려면 촬영기사 한 명, 녹음기사 한 명에, 때로는 조명전문가도 한 명이 있어야 했다. 그러다가 처음 나왔을 때 ENG(전자식뉴스취재기)라고 불린 비디오카메라가 뉴스를 지배하게 되었다. 현상이 필요없게 되었다. 위성 덕분에 세계 어디에서든 자료를 스튜디오로 쉽게 쏘아보낼 수 있었다. 카메라는 점점 가벼워져서 재빨리 움직이는 기자들이 들고다닐 수 있을 정도가 되었다. 마침내 폰카메라가 더 빨리 반응할 수 있게 해주었다. 이를테면 베를린 장벽이 무너졌을 때, 지도적인 정치인들은 모두 자기 입장을 담은 성명서를 발표해야 했고, 그 성명서는 간결한 문장으로 요약되어 있어야 했다. 정신의 분석능력이 기술의 발전과 같은 속도로 발달하지는 않기에, 심사숙고를 거치지 않은 반응이 점점 많아진다. 정책은 흔히 그것이 공중에게 불러일으킬 감정을 고려해 순간적으로 결정된다.

텔레비전 뉴스는 정치인에게 가장 중요한 문제인데, 그 이유는 명확하다. 국영 텔레비전은 유럽 전역에서 줄곧 명령하는 위치였으므로, 사람들은 텔레비전 뉴스가 정치적으로 통제당하거나 편향되어 있다고 생각했을 것이다. 공공부문 텔레비전 뉴스는 1950년대에 서유럽 거의 전역에서 보수 정권(독일, 이탈리아, 영국, 프랑스)의 비호를 받으며 발전해 갔다. 그러나 통제는 간접적이었고, 편향은 활자매체에서만큼 뚜렷하게 드러나지는 않았다. 뉴스는 포괄적인 보수적 가치를 반영해오긴 했지만, 한 당의 입장만을 반영하는 일은 흔하지 않았다. 편향은, 1960년대까지 공산주의 정치인이 거의 텔레비전에 모습을 보일 수가 없었던 이탈리아와 프랑스에서처럼 야당을 배제하는 식으로 나타난다.

 뉴스와 시사 프로그램이 비교적 균형을 잃지 않도록 해준 것은, 민주주의 체제에서는 텔레비전이 시청자들의 폭넓은 가치를 반영하는 '민중의 매체'로 굳건하게 서 있어야 한다는 깨달음이었다. 이 과제는, 정당과 정책을 뛰어넘어 시청자 편에 서서 두려움 없이 진실을 추적하는 뉴스 진행자의 이미지를 만들어냄으로써 더욱 효과적으로 달성할 수 있었다. 독재 체제에서는 불가능한 일이었다. 보통은 매체 전체가 국가의 목소리로 여겨졌고, 흔히 의혹의 눈길이 쏟아졌기 때문이다. 그러나 민주주의 체제에서도 텔레비전 뉴스가 막강한 여당 정치인들의 심기를 건드리는 걸 꺼린다는 믿음은 널리 퍼져 있었다.

 텔레비전 뉴스를 책임지는 이들이 뉴스를 조작할 여지는 사실 그리 많지 않다. 그들이 실험을 감행할 가능성도 별로 없다. 예산은 한정되어 있다(특파원들은 이미 뉴스거리가 생길 만한 곳에 가 있다). 게다가 체제의 압력을 염두에 두어야 한다. 그들이 '안전'한 존재로 여겨지지 않았다면 지금의 자리에 이르지 못했을 터이다.[83]

 공공부문 텔레비전이 궁극적으로는 민주적으로 선출된 정부의 통제를 받았다는 사실은 서유럽 많은 나라에 만연한 정치적 편견을 은밀하게 정당화하는 역할을 했다. 대표적으로 프랑스에서, 특히 드골 집권기에 그랬고, 이탈리아에서는 기독교민주당 시절과 사회당의 베티노 크락시 시절에 그랬고, 실비오 베를루스코니 총리 시절에는 더더욱 그랬으며, 그리스의 사회당 시절도 마찬가지였다. 나머지 영국 같은 나라들에서는 집권당이 교체되고 공공서비스 윤리가 확산되면서 텔레비전의 자율성이 강화되었다. 편향은 대개는 감지하기가 어렵다. 사전에 선택해둔 의제에 알맞지 않은 뉴스를 삭제하는 것도 편향이기 때문이다. 정의상, '전체 이야기'(또는 더 많은 이야기)를 모르는 이는 균형이 깨졌다는 것을 감지하는 데에 필요한 정보가 없는 이다. 뉴스의 선택은 대체로 그 정치체제에서 우세한 가치, 정부나 주요 정당처럼 권력을 쥔 세력이 중요하고 의미있다고 여기는 것을 기준으로 해서 이루어진다.

텔레비전의 보편적 성격 덕분에 뉴스 프로그램은 자기 관점을 공공연하게 편파적으로 선전할 수 있었던 활자매체보다는 그럭저럭 균형과 객관성을 유지했다. 이것은 민영화와 탈규제의 시기에 들어서도 마찬가지였다. 영국의 ITV 뉴스는 BBC 뉴스를 본보기로 삼았고, 정치적 편견을 눈에 띌 만큼 더 심하게 드러내지는 않았다. 루퍼트 머독의 세계적 매체제국의 일원인 '스카이 뉴스'는 같은 그룹(또는 그의 미국 거점인 폭스 뉴스)에 속한 신문보다 훨씬 균형을 유지하고 있다. 프랑스 최대의 유료 채널인 카날 플뤼의 뉴스는 흔히 공익 채널의 뉴스보다 당파성이 덜하다고 여겨진다. 그러나 예외도 있어서, 이탈리아의 레테4는 터무니없고 오히려 역효과를 내는 친베를루스코니 뉴스를 전하곤 한다(반면에 그의 카날레5의 뉴스는 주로 교통사고와 살인사건에 편중되어 있다).

당연히, 엄밀하게 상업적 관점에서 보면, 텔레비전이 더 분할될 때까지는 당파성을 드러내지 않는 것이 수지맞는 일이다. 시청자와 광고주의

심기를 불편하게 할 그런 위험한 방법은 최소한으로 유지된다. 텔레비전에 어떤 편향이 있다고 하더라도, 그것은 논쟁을 회피하는 방식으로 존재한다. 텔레비전은 기분 상하게 하는 일을 꺼린다. 논쟁적인 지식인들은 텔레비전에 출연할 수가 없었다. 버트런드 러셀은 1940년대에는 라디오에 자주 출연했지만, 명백하게 반전 및 반미 행동주의를 드러낸 뒤에는 영국 텔레비전에 거의 출연하지 못했다. 장 폴 사르트르는 1960년대와 1970년대에 프랑스 텔레비전에서 거의 배제되었던 반면, 확실히 사진이 잘 받는(그러면서도 유력한 관점과 더 잘 화합하는) 베르나르 앙리 레비는 20년 동안 화면에서 떠난 적이 거의 없는 듯이 보였다. 논쟁적인 베스트셀러 저자 놈 촘스키에게는 덜 논쟁적인 권위자를 선호하는 미국의 주류 방송망에 접근할 기회가 거의 주어지지 않는다.

    텔레비전 뉴스의 효과라는 해묵은 쟁점이자 영원한 쟁점 탓에 정치인에게 미치는 텔레비전 뉴스의 영향이라는 더욱 흥미로운 문제가 곧잘 감춰진다. 정치인에게는 줄곧 텔레비전이 유권자들에게 다가가는 주요 통로였으므로, 그들은 많은 시간과 전문기술을 동원해 텔레비전에 좋게 비치고, 설득력 있게 자신을 표현하고, 긍정적인 이미지를 만드는 방법을 고안한다. 이 모든 일을 엄격하게 제한된 시간 안에 해내야 한다. 정치인은 길게, 또는 어쨌거나 원하는 만큼 길게 말할 수 없기에, 간결하면서도 핵심을 찌르는 뉴스 진행자와 광고업자의 방식을 채택할 수밖에 없다. 모호하게 말하는 방법도 쓰지만, 그것도 짧게 써야 한다. 정치인은 인간으로, 민중의 아들딸로 비쳐야 하지만, 동시에 지성과 지도력, 결단력의 분위기를 풍겨야 한다. 과거의 군주들은 존경심을 얻고 신호를 보내기 위해 상징적인 몸짓과 특별한 의상을 활용했다. 오늘날에는 그런 신호를 훨씬 폭넓은 청중에게 방송해야 한다. 그래서 지미 카터와 빌 클린턴 같은 미국 대통령은 조깅하는 모습을 보여주고, 조지 W. 부시는 골프를 치다가 기자들과 농담을 하거나 전투적인 가죽재킷을 입고 '이라크에서의 승리'를 선언하고, 블라디미르 푸틴은 첫 번째 각료회의에 브이넥 스웨터를 입은 모습―법령대로 모두 헐렁한 잿빛 바지를 입은 장관들과는 달리―을 슬쩍 보여주는 것이다.

다큐멘터리

섹스, 죽음, 폭력은 다큐멘터리의 3대 하위장르다. 그리고 다른 동물을 잡아먹는 동물들과 그들의 짝짓기 습성을 주로 다루는 자연사 다큐멘터리, 검은 피부의 원주민들과 그들의 '이상한' 제의를 중심으로 한 민족지 다큐멘터리가 있다. 역사 다큐멘터리는 양차 세계대전과 나치 독일, 홀로코스트에 관한 내용이 압도적으로 많지만, 미술사 또한 만만치 않은데, 그것은 텔레비전의 시각적 속성을 고려하면 당연한 일이다.

　이것들을 좋아하는 건 놀랄 일이 아니다. 현대의 역사가 가장 큰 몫을 차지하는 까닭은 그것이 시청자 대부분의 경험 및 지식과 더 가까워서일 뿐만 아니라, 괜찮은 이미지들을 가지고 있어서이기도 하다. 이것이 주제의 범위를 한정한다. 이를테면 이탈리아는 무솔리니와 마피아 때문에 흥미롭고, 스페인은 프랑코와 내전 때문에, 러시아는 공산주의 때문에 흥미롭다. 20세기의 프랑스는 프랑스인들에게 말고는 상대적으로 재미가 덜하다. 독재자나 내전, 대량학살이 없으니까. 하지만 제1차 세계대전에서 벌어진 참호전에서의 패배, 제2차 세계대전 기간의 부역과 레지스탕스를 겪은 프랑스는 대체로 중립적이고 평화로웠던 북유럽 나라들과는 달리 흥미로운 주제가 된다. 독일은 줄곧 좋은 역사 다큐멘터

〈슬픔과 연민〉에서 반유대주의 선전문을 읽는 프랑스인들. 독일군 장교, 나치 부역자, 레지스탕스와 인터뷰해 나치 점령기의 진실을 집요하게 파헤친 이 다큐멘터리는 1981년에야 프랑스에서 방영되었다.

리의 재료가 되어왔고, 그래서 제2차 세계대전 이후의 독일의 전체 역사는 흔히 (독일 바깥에서는) 순전히 과거의 관점에서 다루어진다. 그리고 늘 이런 의문이 제기된다. 독일이 과거에서 교훈을 배웠을까? 그들은 진정 반성하고 있을까?[84]

어디서든 역사 프로그램은 국가의 역사와 국가적 선입견을 강조하면서, 책과 학교에서 가르치는 역사에 이미 널리 퍼져 있는 편견을 강화한다.[85] 그러나 국가의 역사에서 논쟁적인 측면들은 흔히 아무 말 없이 지나가버린다. 프랑스인들이 나치 점령군에게 얼마나 협력했는지를 폭로한 마르셀 오퓔스의 유명한 다큐멘터리 〈슬픔과 연민〉(1969)은 원래 텔레비전용으로 제작한 것이지만, 프랑스 텔레비전에서는 오랫동안 방영되지 못했다. 알제리 전쟁 역시 프랑스 레지스탕스와는 달리 주기적으로 다루어지지 않았다. 영국에서 반식민 투쟁에 대한 영국의 탄압은, 제2차 세계대전 중에 영국이 누린 '최고의 시간'과는 달리 거의 언급되지 않았다. 그리고 이탈리아인 대부분은 지금도 자신들이 에티오피아에서 '좋은' 식민지 점령자였다고 확신한다.

과거의 어떤 측면은 다른 측면들보다 훨씬 인기가 있다. 고대 이집트는 고대 중국과는 달리 (또는 20세기 이전 중국의 어떤 측면과도 달리) 끊임없이 인기를 끈다. 공룡은 마르지 않는 흥미의 원천인데, 아마도 공룡이 아주 거대했기 때문일 것이다.

BBC는 탁월한 다큐멘터리 시리즈의 선두 자리를 지켜왔다. BBC 다큐멘터리 시리즈는 국내에서 주목할 만한 성공을 거두고, 전 세계로 확산되었다. 최초의 블록버스터는 미술을 통해 서구 사회의 진화를 설명한 미술사학자 케네스 클라크를 내세운 〈문명〉(1969)이었다. 또 다른 학자 제이콥 브로노스키가 과학중심적 관점을 제시한 〈인간 등정의 발자취〉(1973)가 그 뒤를 이었다. 더욱 큰 성공을 거둔 것은 데이비드 애튼버러의 〈지구상의 생명〉(1979)일 것이다. 13부작의 이 시리즈는 세계적인 성공작이자 자연 다큐멘터리의 본보기가 되었다. 영국의 상업부문도 거의 똑같이 다큐멘터리를 활발히 제작했는데, 그중에서도 제2차 세계대전을 다룬 템스 텔레비전의 26부작 시리즈 〈전쟁 중인 세계〉(1974)는 (2000년에 영국영화협회가 실시한 투표에서) 영국 매체전문가들이 뽑은 사상 '최고'의 프로그램 19위에 올랐다. 다른 어느 나라의 어떤 텔레비전 네트워크도 여기에 조금이라도 견줄 만한 업적을 내놓지 못했다—모두가 텔레비전 분화의 시대에는 다시 이루지 못할 대단한 업적이었다.

텔레비전은 또한, 어려운 주제를 대중화한다고 주장할 수 있을 때면 진지한 문제를 '가벼운' 방식으로 다루었다. 이를테면 홀로코스트는 일종의 연속극이 되어 수백만 명의 주의를 끌었는데, 이는 전문 역사학자로는 불가능한 일이었다. 1979년에 서독 텔레비전은 미국이 제작한 〈홀로코스트〉 연속물을 나흘 저녁 연속으로 틀었다. 수백만 시청자가 깊은 감동을 받았다. 그후로 합당한 찬사를 받은 에드가 라이츠의 〈고향〉(1984)을 비롯한 나치 시기를 다룬 영화들이 독일에서 속속 제작되었다.

텔레비전 다큐멘터리 〈홀로코스트〉를 충분히 받아들일 만한 토대가 이미 마련되어 있었다. 학교는 수많은 정보를 제공받았다. 프로그램이 방영된 뒤에는 제기된 문제들을 논의할 전문가 패널을 섭외할 수 있었다. 시청자 전화참여 프로그램이 방영되었고, 신문에서는 충분한 논쟁이 이루어졌다. 그런 다큐멘터리들이 집단학살을 사소한 일로 보이게 했다거나 죽임을 당한 비유대인들도 많았다는 사실을 언급하지 않음으로써 과거를 왜곡했다는 비판도 있었지만, 전반적인 효과가 긍정적이라는 지적으로 그런 비판을 쉽게 물리칠 수 있었다. 사상 처음으로, 평범한 독일인들이 유대인들의 고통에 공감하게 되었다.[86]

진지한 프로그램은 비교적 경쟁이 적을 때 인기를 끈다. 텔레비전 채널이 한두 개밖에 없었을 때는, 20개 또는 그 이상의 채널을 볼 수 있는 상황에선 난해하게 보일 프로그램도 높은 시청률을 보장받았다. 새로운 매체 기술을 활용해 엘리트들이 '문화'라고 여기는 것을 국민 전체가 기본적으로 이해하고 감상할 수 있게 한다는 꿈이 실현된 것 같았다. 적어도 채널이 늘어나기 전까지는, 실제로 그 꿈은 현실이 되었다. 엘리트들은 다시 한 번 시장의 힘에 밀려났다.

제58장

텔레비전의 분화

다채널

옛날에는 텔레비전 채널이 몇 개밖에 없었고, 그마저도 하루에 몇 시간만 방송했다. 오늘날에는 잠재적으로 채널 수에 제한이 없고, 많은 채널이 하루 24시간 방송한다.

한때 텔레비전은 과거의 인쇄된 텍스트보다 효율적으로 국민공동체를 감싸안았다. 대부분의 유럽 나라에서 텔레비전 채널은 공공의 소유였다. 그것은 명백히 '국가의' 텔레비전이었다. 강제로 걷는 세금 덕에 자금이 비교적 넉넉했고, 자금을 보완할 광고도 얼마든지 유치할 수 있었다.

그러다가 채널이 많아졌고 국가부문이 줄어들기 시작했다. 상업화 과정은 시간이 오래 걸렸다. 민간부문은 처음에는 위험을 무릅쓰고 새로운 벤처사업에 투자하기를 꺼렸다. 그러나 이제는 시장이 있었고, 시장은 민간부문의 진입을 허용하라고 요구했다. 미국에서는 처음부터 민간부문이 지배했지만, 유럽에서 국가독점이라는 요새에 처음으로 틈새가 생긴 것은 1955년이었다. 이 해에 영국에서 지역을 거점으로 하는 독립 방송사들의 네트워크인 ITV(인디펜던트 텔레비전)가 창설되었다. 이 방송사들은 오락과 교육을 적절히 섞은 질 높은 프로그램을 제공하겠다고 약속해야 했다. 공공감시단체인 독립텔레비전공사ITA(나중에 독립방송공사 IBA로 재편되었다)가 정기적으로 이들의 실적을 평가하고 방송면허 갱신 여부를 결정하는 역할을 맡았다. ITV는 사실상 공영 텔레비전을 모델로 삼아야 했고, 실제로 그렇게 되었다. 영국의 상업 텔레비전은 자기 몫의 버라이어티쇼, 연속극을 비롯해 시청자 대다수를 즐겁게 해주는 여러 프로그램을 생산했지만, 한편으로는 진지한 시사 프로그램, 주요 작가들의 희곡, 비평가와 청중에게 찬사를 받은 지적인 다큐멘터리도 생산했다. 그리고 곧 압도적인 시청률을 올렸다.

원칙적으로 BBC는 자금 확보와 시청률이 무관했기에, 정치계급들의 호의만 잃지 않으면 그만이었다(광고에 기대는 ITV와는 달랐다). 그러나 사실 시청률은 누구에게나 중요했다. 아무리 냉소적인 프로듀서라도 자기 작품을 되도록 많은 이가 보아주기를 바라기 때문이기도 했지만, 무엇보다 BBC의 자금원인 수신료(방송세)의 합법성이 시청자가 많아야만 유지될 수 있었기 때문이다. BBC는 새로운 경쟁환경을 맞아 대중에 영합하고 인기를 얻는 식으로 대응할 수밖에 없었다. 채널이 한정되어 있었던 시기에는 모든 공급자가 얼마간은 시장의 법칙을 따라야 했다. 전체 시청자 수를 최대한 늘리기 위해 여러 프로그램을 섞어서 제공해야 했다는 말이다.

1960년대에 많은 유럽 나라에서 공영방송사가 새로운 채널을 도입했다. 영국의 세 번째 채널 BBC2가 1964년에 출범했고, 독일에서도 세 번째 채널이 출범했다. 프랑스의 두 번째 채널 역시 1964년에, 세 번째 채널은 1972년에 출범했다. 돌이켜보면 BBC2는 BBC가 잘하던 일, 곧 13부작 다큐멘터리 〈인간 등정의 발자취〉 같은 프로그램을 가지고 고급

문화를 대중화하는 일을 했다. 초현실적인 코미디쇼 〈몬티 파이튼의 플라잉 서커스〉(1969~74)는 BBC에서도 방영되었는데, 특히 '영국적'인 엉뚱한 유머감각을 보여주면서 국제적으로 유명해졌다. "전적으로 텔레비전의 관점"에서 생각하면 "그것은 문화와 텔레비전 내용뿐 아니라⋯⋯ '문법' 자체, 곧 그 매체의 형식, 규범, 관례까지⋯⋯ 농담의 주재료로 사용했다."[1] 이 코미디쇼는 텔레비전 장르들(게임쇼, 토크쇼 따위)을 흉내내었으므로 그런 장르에 친숙한 시청자들이 쉽게 이해할 수 있었다.[2]

유럽의 텔레비전은 변하고 있었다. 1980년대까지 민영 텔레비전 방송망을 가진 나라는 영국, 룩셈부르크, 네덜란드, 핀란드뿐이었다. 고매했던 네덜란드 방송체계는 1960년대 말에 등장한 새로운 방송조직 TROS〔텔레비전라디오방송연맹〕로 인해 산산조각이 났다. 원래 '해적' 방송이었던 TROS는 뻔뻔한 대중영합주의로 큰 성공을 거두어, 금세 시청자의 3분의 1을 확보했다. 곧이어 룩셈부르크에서 운영하는 네덜란드어 상업 텔레비전 방송국들이 위성을 통해 오락 프로그램을 방송했다.[3] 한때 공공독점이었던 네덜란드 방송체계는 20년 뒤에는 유럽에서 경쟁이 가장 치열한 방송체계로 변모했다. 1990년대 말이 되자 공영 채널 3개와 상업 채널 6개가 있었다. 10년 전만 해도 채널은 3개에 지나지 않았던 터였다.[4]

그러나 극단적인 규제완화의 선구자는 이탈리아였다. 헌법재판소는 1976년에 RAI의 방송 독점은 전국 방송에 국한된다는 판결로 지역 방송의 길을 터주었고, 그 결과 민영 지역 라디오 방송국과 텔레비전 방송국이 폭발적으로 늘어났다. 1980년대 초에 로마 같은 주요 도시에서는 거의 30개 채널을 볼 수 있었다. 방송세 탈세율은 텔레비전 보유자의 19.4퍼센트까지 늘어나 유럽 최고를 기록했다(핀란드가 가장 낮은 4퍼센트로 추산되었고, 영국은 7.7퍼센트였다).[5] 막강한 정치인들의 보호를 받으면서, 실비오 베를루스코니 소유의 복합기업 피닌베스트(현재의 메디아세트)는 주요 민영 채널 3개는 물론이고 이탈리아의 주요 광고대행사, 이탈리아 최대의 출판사 몬다도리, 그리고 몇 개의 신문에 대해 거의 완전한 통제권을 획득했다.

그처럼 다양한 매체에 대한 그처럼 압도적이고 독점이나 다름없는 통제권은 미국이나 영국 같은 다른 시장경제에서는 불법이었을 터이다. 베를루스코니는 성공적으로 정계에 진출해(1994년과 2001~06년(그리고 다시 2008~11년)에 총리를 지냈다), 민영방송 통제권에 더해 총리로서 공영 텔레비전에 행사할 수 있는 막강한 영향력까지 확보했다—이런 상황은 미국을 비롯해 서유럽 대부분의 나라에서는 법적으로 불가능하다. 베를루스코니는 루퍼트 머독이나 프랑스의 로베르 에르상, 독일의 악셀 슈프링거 같은 신문왕이 결코 아니었다. 그가 매체권력으로 부상하는 데에는 기존 정계의 후원이 필요했다. 이 정계가 무너졌을 때, 특히 그의 '대부'인 사회당 지도자 베티노 크락시가 탄젠토폴리('뇌물도시') 부패 추문으로 휘청거렸을 때, 그는 자신의 매체제국을 지키기 위해 직접 정계에 들어가는 것 말고는 달리 도리가 없었다.[6] 그리고 그는 성공을 거두었다. 2002년 4월에 그의 메디아세트 네크워크의 시청률은 RAI의 43.9퍼센트보다 높은 45.3퍼센트를 기록했다.[7]

이보다 느리기는 했지만, 변화는 다른 곳에서도 일어나고 있었다. 1970년대의 프랑스에서는 모든 것이 국가의 손에 있었지만 프로그램 제작은 외부에 의뢰할 수 있었다. 공영 텔레비전 ORTF(프랑스방송협회)는 1974년에 일곱 개 회사로 분리되었다(공공부문에 남은 채로). 1980년대에는 상황이 급변했다. 우파, 곧 드골주의자들과 그 동맹세력은 '프랑스 국민'이라는 이념을 내세워 공공부문을 지켜냈다. 게다가 ORTF는 '그들의 것'이었고, 신문과는 달리 그들의 정치적 통제를 받고 있었다. 이것이 1981년에 권력을 잡은 사회주의자들이 방송의 자유화 과정을 시작한 역설을 설명해준다.⁸⁾ 사회주의자들은 1984년에 카날 플뤼(유료 채널)의 설립을 허가했고, 1985년에는 생크[5]와 TV6을 허가했다. 1986년에 프랑수아 미테랑이 아직 대통령직에 있을 때 (우파인 공화국연합당RPR의) 자크 시라크가 총리가 되었지만, 그도 민영 텔레비전의 발전을 이어가는 것 말고는 선택의 여지가 거의 없었다.⁹⁾

텔레비전 세계에 늦게 뛰어든 그리스에서도 PASOK(범그리스사회주의운동당)가 국가독점을 폐지했는데, 그 최초의 추진력은 아테네와 다른 두 주요 도시의 (보수파) 시장들이 1987년에 '자유' 라디오를 시작하면서 나온 것이었다.¹⁰⁾ 1989년 총선거에서 PASOK가 패배한 뒤의 혼란스러운 상황에서 수십 개의 텔레비전과 라디오 방송국이 난립했다. 국영 헬레닉방송공사ERT의 광고수익이 극적으로 감소했고, 시청률은 10퍼센트 아래로 떨어졌다.¹¹⁾

스페인에서는 카탈루냐 지역의 카탈루냐 라디오 같은 (1978년 헌법으로) 새롭게 확립된 자치지방의 라디오 방송과 함께 자유화 과정이 시작되었지만, 1989년에 텔레비전을 시장에 개방한 것은 다름아닌 펠리페 곤살레스의 사회노동당 정부였다.

서독에서 민영방송의 발전은 1985년 니더작센 주를 시작으로 각 주 정부가 주도했다. 헌법재판소는 1986년과 1987년의 판결에서, 공영방송사가 더 높은 기준을 달성한다는 것을 전제로, 민영방송사가 기준을 낮출 수 있도록 허용했다¹²⁾—민영매체보다 공영매체를 더 강하게 규제하는 이상한 방식이었다. 통일 이후 옛 동독의 새로운 주들은 저마다 텔레비전 방송사를 세웠다.¹³⁾ 1984년에 룩셈부르크에서 출범한 민영방송사

RTL(라디오텔레비전룩셈부르크)는 1987년에 쾰른으로 옮겨갔다. 이 방송사는 다른 방송사들이 감히 엄두를 내지 못한 영역으로 진출해, 〈에마뉘엘〉 같은 조금 에로틱한 영화들과 〈플레이보이 레이트 나이트 쇼〉에 더해 이탈리아의 〈콜포 그로소〉를 본딴 성적인 게임쇼를 내보냈다. 이 게임쇼에서는 출연자들(한 남자와 한 여자)이 옷가지를 하나씩 벗어야 한다(홀딱 벗기 직전에 중단된다). 민영 텔레비전의 발전에 힘입어 이탈리아 방송은 유럽에서 가장 딱딱한 방송에서 가장 관용적인 방송으로 바뀌었다. 이를테면 텔레토리노 인터내셔널은 1977~78년에 15분간의 명성을 위해 남편과 아버지의 응원을 받으면서 아마추어 스트립쇼를 하는 가정주부들의 모습을 보여주었다.[14]

민영 텔레비전의 첫 번째 폭발과 함께 성의 발견이 이루어졌지만, 그것은 애초에 기대하거나 두려워했던 것보다 훨씬 흥미가 덜한 상품이라는 사실이 드러났다. 황금시간대에 성을 보여주는 것은 아예 불가능했으므로 성적인 쇼들은 심야시간대로 밀려났고, 처음의 신선한 충격이 사라지자 시청자들은 전부터 좋아했던 게임쇼, 로맨틱 코미디, 시트콤, 폭력적인 액션영화 따위로 돌아갔다. 텔레비전은 가족오락으로 남아 있어야 더 큰 수익을 낸다는 것이 입증되었다.

하지만 텔레비전 채널의 다원화는 아직까지는 라디오 방송국의 다원화와 똑같은 결과를 낳았다. 채널이 많아졌다고 시청자들까지 심하게 분화되지는 않아서, 대부분의 시청자는 대여섯 개의 채널에 몰려 있었다. 이를테면 1993년 말에 독일인의 3분의 2는 16개 채널을 볼 수 있었지만, 5개 채널이 시청자의 4분의 3을 차지하고 있었다.[15] 1998년에 프랑스인의 96.6퍼센트가 적어도 일주일에 한 번은 라디오를 들었지만, 13퍼센트는 단 한 방송국에 채널을 맞추었다.[16] 2002년에 네덜란드에서는 상위

1987~91년에 이탈리아7에서 방영된 〈콜포 그로소〉의 광고. 카지노처럼 꾸민 세트에서 참가자들이 게임의 승패에 따라 옷을 벗었는데, 비평가들의 온갖 비난에도 굴하지 않고 최대 200만 명이 시청했다.

10개의 텔레비전 채널이 시청자의 86퍼센트를 차지했다.[17] 기술적으로 100개의 채널을 수신할 수 있다고 해서 시청자들이 그 모든 채널에 골고루 나뉘는 건 아니라는 뜻이다.

채널의 다원화는 텔레비전의 상업화와 나란히 진행되었다. 그러나 공영방송과 민영방송, 둘 중의 하나를 골라야만 하는 건 아니었다. 가장 참신한 발전 가운데 하나는 이번에도 영국에서 이루어졌다. 1970년대에 ITV 방송사들은 채널을 두 개 가지고 있었던 BBC와 균형을 맞출 수 있게 두 번째 채널을 갖고 싶어했다. 그러자 기득권층이 반발했다. 한때 〈파노라마〉의 프로듀서를 지냈고 뒷날 매그덜린 칼리지(옥스퍼드 대학) 학장이 된 앤서니 스미스는 1972년에, 네 번째 텔레비전 채널은 비영리 전자출판사로 계획되어야 한다고 주장했다. 1977년, 애넌 경(한때 케임브리지 킹스 칼리지의 학장, 유니버시티 칼리지 런던의 학장을 지냈다)이 의장으로 있었던 한 위원회는 새로운 텔레비전 공사 설립제안서에 이 생각을 포함시켰다.[18] 독립방송공사IBA는 새 채널에 ITV에서 방영하는 부류의 프로그램들을 되풀이해서는 안 되고 독립제작사들에게 방송물을 의뢰해야 한다는 단서를 붙였다. ITV 방송사들은 새로운 채널에 자금을 대는 대가로 그 채널의 광고시간을 팔 권한을 얻기로 했다. 그렇게 해서 1982년에 채널4가 탄생했다. 이 새 채널은 세간에서 '좌익'으로 여겨졌다―그 무렵 대처 총리가 이끌었던 정부의 환심을 살 별칭은 아니었다. 사실 채널4는 민관협력이라는 표현이 아직 생기기도 전에 그 본보기를 제공했다. 그러나 1980년대에 대규모 규제완화와 상업화를 겪고 있었던 나머지 유럽에서는 이 모델을 따르지 않았다.

유럽 어디에서도 규제완화나 텔레비전 민영화를 요구하는 강력한 대중적 압력은 없었지만, 일단 그런 일이 현실이 되고 나서는 상황을 뒤집기가 어려웠을 것이다. 공중에게 의견을 묻는 구조는 없었다(텔레비전 시청시간이 일주일에 24시간이라는 것은, 텔레비전 시청이 일하고 자는 것을 뺀 그 어떤 활동보다도 시간을 많이 잡아먹는다는 뜻이었는데도). 시청자 공중을 대신해 다른 이들이 행동에 나섰다. 정치인, 프로듀서, 노동조합원이 그들이었다. 문화와 종교 엘리트들은 상업화에 저항했지만, 기업계와 상업계는 지지했다. 심지어는 이런 일반화에도 상황에 대한 설명이 필요하다. 상업 텔레비전이 광고를 끌어들이면 신문이 타격을 입을 수 있었기에, 언론그룹들의 입장은 양면적이었다. 그들은 자기가 방송망 소유를 허가받지 못하면 상업 텔레비전을 반대했지만, 허가를 받은 뒤에는 열렬한 지지자가 되었다. 유럽의 주요 출판그룹들은 모두 민영 텔레비전에서 지분을 획득했다. '대안적'인 '반문화' 집단들 역시 양면적이었다. 그들은 원칙으로는 대기업과 국영 텔레비전에 반대하는 경향이 있었지만, 동시에 일자리와 새로운 출구를 원했다. 그들은 처음에 민영 라디오 방송의 확산을 환영했다. 민영 라디오를 RAI와 그 정치적 후원 체계의 대안으로 보았던 이탈리아에서 특히 그랬다. 그러나 몇몇을 빼고는 대부분의 '민영' 라디오가 팝 음악과 저급한 지역 뉴스를 조달하는 조직으로 급속히 바뀌어간 반면에, RAI는 라디오 뉴스의 주요 공급원으로, 특히 유럽 어디서나 청취율이 가장 높은 시간대가 된 이른 아침에 라디오 뉴스를 제공하는 방송으로 남았다.[19]

정치적 후원자들이 국영 텔레비전을 경쟁에서 보호해줄 거라고 생각한 이들도 있었을 것이다. RAI는 1972년에 1만 2,000명의 직원을 고용하고, 이탈리아의 명망 있는 지식인 거의 전부를 포함한 무려 2만 명의 외부 '자문위원'들에게 보수와 자문료를 지불하고 있었다.[20] 그러므로 RAI 방송망은, 헌법재판소가 국가의 방송 독점이 전국 방송에 국한된다는 판결을 내림으로써 민간부문에 개방된 새로운, 잘 정돈된 새로운 방송체계로 몰려갈 수도 있었을 꽤 많은 사람들을 자신의 보호자로 아우르고 있는 셈이었다. 그러나 이탈리아 기득권층은 한덩어리가 아니었다. 그들은 끊임없는 정치적 내분으로 분열되었다. 실비오 베를루스코니 같은 기업가들은 그에 따른 제도적 마비 상황을 한껏 활용했다.[21] 베를루스코니가 민간부문에 대한 거의 완전한 통제권을 확립한 뒤에야 가까스로 규제가 가해졌고, 그 결과는 막강해진 그의 제국이었다.

규제완화와 분화

규제완화의 과정은 순탄하지 않았다. 독일에서는 1976년에 연방통신위원회가 케이블 전송 실험을 제안했다. 11개 주 지도자(각 주의 총리)들도,

1982년 10월의 선거에서 승리를 거둔 집권 기독교민주당/기독교사회당 연합도 그 계획을 지지했다. 케이블망은 상업방송을 앞장서 옹호한 기독교민주당 소속 신임 우편통신부 장관 덕분에 대규모로 팽창했다.[22] 기독교민주당이 권력을 잡고 있는 주들이 주도권을 행사했고, 사회민주당은 1984년에 '새로운 현실'을 받아들이는 수밖에 없었다.[23] 1986년에는 헌법재판소가 '이원 방송체계'에 유리한 판결을 내렸다. 국가의 공영방송과 함께 지역별 상업방송체계가 공존하게 된 것이다.

공중은 냉담했고, 민간부문도 처음에는 별 관심이 없었다. 마침내 1985년에, 10개 언론그룹이 연합하여 첫 번째 방송망 SAT1을 설립했다.[24] 방송의 규제는 여전히 각 주 정부의 관할이었으므로, 연방공화국 전역에 공통된 방송체계는 등장하지 않았다. 1989년에 공영방송의 시청률이 극적으로 하락했다.[25] 1991~93년에는 슈프링거와 베텔스만 같은 거대 언론그룹이 방송계의 지분 과반을 확보했다.[26]

1990년대 중반까지, 공영방송의 황금시간대 텔레비전 시청률은 서유럽 거의 전역에서 50퍼센트 아래로 떨어졌다(다음쪽 표 참조).

시청자들이 더욱 분화되면서 1997년에는 시청률 30퍼센트 이상을 기록한 채널도 별로 없었다. 프랑스의 TF1, 핀란드의 MTV3(광고텔레비전 3), 체코 공화국의 노바 TV(그리고 브라질의 글로보)만이 예외였다. 앞으로의 패턴은 어떤 방송망도 시청률 20퍼센트 이상을 기록하지 못하는 미국이나 캐나다의 상황을 되풀이할 것으로 보인다.[27]

텔레비전이 라디오처럼 수신기만 사면 어떤 프로그램이든 공짜로 접하게 해주는 길을 갔다면 광고가 유일한 수입원으로 남았을 것이다. '직접 가정까지'(DTH: direct to home) 신호를 보내기 위해서는 요금을 부과할 방법을 찾아야 했다. 한 가지 방법이 '직접 위성방송'(DBS: direct

지상파 공영 텔레비전의 황금시간대 시청률	국가	채널	시청률
	오스트리아	ORF1, ORF2	58.5
	벨기에(왈론)	RTBF	21.7
	벨기에(플랑드르)	TV-1, Canvas	37.7
	덴마크	DR, TV-2	78.5
	핀란드	TV-1, TV-2	44.7
	프랑스	프랑스 2, 3, 5	40.7
	독일	ZDF, ARD, 제3채널들	46.0
	그리스	ET-1, NET	11.2
	아일랜드	RTE	46.9
	이탈리아	RAI	45.6
	네덜란드	네덜란드 1, 2, 3	37.6
	포르투갈	RTP	24.7
	스페인	TVE, 지역 방송들	51.7
	스웨덴	SVT	50.0
	영국	BBC	38.9

출처: Iosifidis, Steemers and Wheeler, *European Television Industries*, p. 20에서 수정.

by satellite)이었는데, 이 방송을 수신하려면 접시 모양의 특수 안테나와 특수 디코더를 사야 했다. 이 방법으로 새로운 방송망들은 고객에게 프로그램 패키지에 대한 요금을 부과할 수 있었다. 예전에는 케이블을 통해 이것이 가능했다―케이블방송은 1960년대부터 미국에 있었던 방송체계로, 처음에는 원거리방송을 위한 수단으로 쓰였다. 유럽에서 처음 케이블을 이용한 나라는 시장이 작고 이웃나라들과 같은 언어를 공유했던 스위스와 벨기에였다. 1990년 1월까지 독일 가구의 4분의 1에 케이블이 연결되었다.[28] 위성과 케이블은 상업 텔레비전이 전적으로 광고에 의존하지 않아도 되게끔 해준 두 가지 기술적 무기였다. 가입자들은 이제 매달, 보통은 국가가 부과하는 세금 외에 추가로 수신료를 내야 했다. 그러나 이제 시청자에게는 선택권이 있었다. 물론, 새로운 DBS와 DTH 채널들이 매력적인 프로그램을 제공하지 못했다면, 이 선택권을 행사할 일도 없었을 터이다―이것은 새로운 '무료' 상업 채널들이 직면했던 문제이기도 하다(시청자가 없다면 어떤 광고도 얻지 못할 테니까). 그러나 그들이 어떻게 공영방송이 섭외할 수 있는 수많은 재주꾼들과 경쟁한단 말인가? 어떻게 새롭고 흥미롭고 독창적인 픽션에 투자하고, 실패할 위험을 무릅쓴단 말인가? 그들에게는 성공적인 프로그램을 만들 능력도 그럴 의향도 없었기에, 방법은 세 가지밖에 없었다. 하나는 가장 인기 있는 방송을 독점으로 방영할 권리를 사는 것이었다―유럽에서 이것은 축구를 뜻했고, 그 덕에 축구 스타들은 전보다 훨씬 더 부자가 되었다. 이를테면 독일의 복합기업 키르히는 2002년과 2006년 월드컵 축구대회 방송권을 23억 6,000만 달러에 사들였다. 영국에서는 BSkyB가 2001~04년에 국내 프리미어리그를 생방송하는 데에 11억 파운드를 지불했다(그 기업 총 프로그램 예산의 3분의 1이었다).[29)] 두 번째 전략은 미국 픽션을 체계적으로 사다가 공영방송과 직접 경쟁하는 것이었다. 세 번째 전략은 할리우드의 주요 스튜디오들이 가지고 있는 영화 및 옛날의 텔레비전 픽션을 무더기로 구입하는 것이었다. 세 방법이 모두 시도되었고, 결과는 아주 좋았다. 대체로 새로운 상업부문에서 방송한 프로그램들은 대부분 '자체제작'이 아니었다.

　1990년대 말부터 케이블 방송체계의 디지털화가 실현되면서 수백 개의 채널 수신은 물론 페이퍼뷰(과거 프로그램의 비디오를 포함해 시청하는 프로그램마다 요금을 지불하는 방식) 서비스까지 가능해졌다. 그전의 주요한 기술혁신인 위성 수신(결과적으로 한정된 주파수대역이라는 장애를 제거했다)은 미 항공우주국과 AT&T가 공동으로 개발한 최초의 통신위성 텔스타가 1962년 7월에 발사되면서 가능해진 것이었다. 사상 처음으로 텔레비전 영상이 대서양을 건너 전송될 수 있었다. 아직 지구상에 라디오 방송이나 전기도 없는 지역이 많았음에도, 이 일이 일어나자마자 몇 년 안에 전 지구적인 텔레비전 방송체계가 등장하리라고 예측되었다. 말할 것도 없이, 방송사들은 줄곧 국내 방송에 충실했다. 세계를 바꾸려면 기술만으로는 모자란다. 처음에는 '중대한' 사건들만 국제적으로 방송되었다. 1968년의 멕시코 올림픽, 1969년 7월의 아폴로 11호의 달 착륙과, 닐 암스트롱과 에드윈 '버즈' 올드린이 달에서 뗀 첫걸음 따위가 그런 예였다. 머지않아 위성방송망은 세계 어디에서든, 세계 어디까지라도 소리와 영상을 전송할 수 있게 해주었고, 무료 전송의 한계를 극복했다.

    기술의 발전은 어쩌면 멸종의 길을 걸었을 라디오를 구하는 데에 결정적 역할을 했다. 1950년대에 무선 진공관이 고체소자, 곧 주로 실리콘인 아주 작은 반도체 조각으로 만들어지는 트랜지스터로 대체되면서, 휴대용 라디오 수신기가 발전했다. 이제 가족 한 사람 한 사람이 자기 라디오를 가지게 되었고, 화장실을 포함해 방마다, 그리고 자동차마다 라디오를 놔둘 수 있게 되었다. 이렇게 라디오가 어디에나 있었다는 것은, 사람들이 뭔가 다른 일을 하면서 라디오를 들었다는 뜻이다. 라디오 프로그램들은 더 짧아지고 더 산만해진 청취자들의 주의력 지속시간에 적응해야 했다. 그 결과는 하루 24시간 동안 끝없이 되풀이되는 뉴스와 토크쇼와 음악 프로그램이었다. 따라서 라디오 방송국이 크게 늘어났다고 해서 프로그램 공급까지 달라지지는 않았다. 어쨌든 대부분의 사람들이 규칙적으로 들은 방송은 한두 개뿐이었다. 오직 국영방송, 특히 BBC만이 진정

벨 전화연구소에서 최초의 상업적 통신위성 '텔스타'을 조립하는 모습. 1962년 7월 10일 델타 로켓에 실려 발사된 텔스타1은 텔레비전 영상, 전화통화, 팩스 이미지를 대서양 너머로 성공적으로 전송했다.

다양한 프로그램을 공급하는 데에 성공해, 음악과 뉴스뿐만 아니라 시사문제, 연속극, 연극, 낭독, 게임쇼, 풍자와 코미디, 논쟁과 토크쇼 따위를 방송했다. 그래서 2001년에, 물론 어디까지나 영국 국내 이야기였지만, 청취자의 절반은 여전히 BBC를 고집하고 있었다. 멀찌감치 떨어져서 그 뒤를 따른 것은 고전음악만을 방송하는 클래식 FM으로, 청취율 4퍼센트를 기록했다. 나머지는 지역의 상업방송들이 조금씩 나누어가졌다.[30]

수준의 저하?

텔레비전 채널이 늘어나서 프로그램의 평균적인 문화수준이 떨어졌을까? 명백히 그럴 수밖에 없었던 이유―'질'을 어떻게 정의하느냐와 무관하게―는 쉽게 설명할 수 있다. 새로 생긴 채널은 광고를 끌어들이기 위해 시장점유율을 빠르게 높여야 한다. 그래서 값싼 프로그램을 사는데, 중요한 것은 시청률 대비 광고의 비율이기 때문이다. 광고수익의 풀은 유한하고 경쟁은 치열하므로, 많은 시청자를 끌어들일 '질 좋은' 프로그램을 만드는 데에 지출할 돈이 줄어든다. 광고는 라디오와 텔레비전은 물론 신문과 영화에도 자금을 제공하기 때문에 그 영향이 문화산업 전반에 미친다. 이탈리아가 그랬다.

이탈리아의 광고비에서 각 매체가 차지하는 비율		1970	1990
	텔레비전	12.4	50.4
	영화	6.4	0.3
	일간지	30	23.3

출처: Antonio Pilati, 'La Pubblicità dei mezzi di comunicazione' in Valerio Castronovo and Nicola Tranfaglia (eds), *La Stampa italiana nell'età della TV*, Laterza 1994.

물론 광고수익이 영원히 증가하는 시나리오나, 여러 새 프로그램이 대규모 '선행'투자를 받을 가능성을 상상해볼 수야 있겠지만, 그런 일은 좀처럼 일어나지 않을 것이다. 아니면 규제 당국이 새로 진입한 채널에 양질의 프로그램을 일정 비율 이상 제작하도록 강제할 수도 있겠지만, 그 비율을 지나치게 높게 정하면 진입 자체가 가로막힐 것이다. 또는 채널들이 종합화하는 대신 전문화할 수도 있을 것이다. 미국의 CNN(케이블뉴스 네트워크)은 '롤링 뉴스' 채널(24시간 동안 뉴스를 방송하는 채널)이 성공적인 아이디어일 수 있다는 사실을 보여주었다. 그러나 CNN 같은 채널 여러 개가 운영에 필요한 시장점유율과 광고수익을 확보할 가망은 없기 때문에, 결국에는 특파원망을 갖추고 전 세계를 취재할 수 있는 능력을 갖춘 뉴스 채널은 한두 개만 남을 것이다—지금보다도 적다. 오히려 나머지 문화산업 부문들에도 똑같이 적용되는 '고급문화'/'저급문화'의 기준에 따라 시청자들이 분화될 가능성이 더 크다. 물론 그런 분화는 종합편성 채널 안에서도 일어났으며, 심지어는 옛 공공부문 방송체계 안에도 더 묵직하고 까다로운 프로그램을 약속하고 가끔은 실제로도 방송한 채널들이 있었고, 지금도 있다. 이탈리아의 RAI3, 프랑스와 독일의 극도로 지적인 ARTE, 영국의 BBC2가 그런 예다. 그러나 장르와 수준에 따른 분화는, 시청자들이 자신이 좋아하는 장르를 찾는 데에 그리 큰 힘을 들이지 않아도 되게 해줄 뿐, 그 자체로 더 높은 수준을 보장하지는 않는다. 게다가 각 채널 프로그램의 흐름이 종합에서 전문으로 바뀌는 변화가 새로운 장르를 시도하는 데에는 심리적 장애가 될 수도 있다. 역설적이지만, 리모컨이 등장하기 전에는 소파에서 일어나 채널을 돌리러 가지도 못할 만큼 늘어져 있었던 '카우치 포테이토' 시청자들의 전설적인 게으름이야말로 오히려 막강한 교육도구였다. 그들은 시트콤 〈의사와 간호사〉 제213화를 보고 나서 다음 프로그램, 이를테면 '초기 렘브란트의 덜 알려진 소묘'에 관한 다큐멘터리에도 흠뻑 빠졌을 터이기 때문이다. 이런 프로그램이 그들을 더 나은 인간으로 바꿔놓지는 못했겠지만, 어느 만큼은 새로운 지평을 열어주고 생활에서 더 많은 여가선택권을 주었을 것이다.

다채널 텔레비전은 또한 내부의 '자체제작' 프로그램을 외부의 독립제작사들에게 넘겨주었다. 이런 독립제작사들이 살아가는 환경은 예전에 프로듀서들이 비교적 후한 대접과 노조의 보호를 받으면서 작업했던 공공부문의 환경과는 현격하게 다르다. '독립'제작사들은 프리랜서 노동자들처럼 '독립적'이다. 다시 말해, 모든 것에 휘둘린다. 그들은 빠듯한 예산으로 근근이 작업하고, 기술자도 더 적게 고용하며, 일정도 빡빡하다. 소규모 제작(대부분의 제작사는 고용하는 인원이 10명 미만이다)이 다 그렇듯이, 사업은 위험부담이 매우 크다. 아마도 수천 개의 제작사가 있겠지만(수많은 화가와 배우가 있듯이), 활발히 작업하는 곳은 몇 안 된다. 프랑스에는 제작사가 약 1,100개 있지만, 60개 정도만이 제대로 활동하고 있고, 그 가운데 16개 제작사가 전체 제작물의 50퍼센트를 생산한다. 생산된 프로그램은 대부분 재방송 없이 딱 한 번 방송되고, 수출될 가능성도 거의 없다.[31] 게다가 프로그램 제작자들은, 방송 스케줄과 다른 채널들에 무엇을 팔지를 결정하는 이들의 손에 좌지우지된다. 황금시간대가 아닌 시간대에 나갈 픽션 대부분은 싼값에(원래 제작비보다도 낮은 가격에) 사올 수 있는 미국 제작물로 손쉽게 채워지기에, 소규모 독립제작사들은 심야 시청자들을 나누어갖는 것으로 만족하거나, 포화상태인 데다가 매우 치열한 시장인 황금시간대에서 한몫을 차지하기 위해 경쟁을 벌인다.

경쟁이 별로 없었던 시절에는 지적으로 부담스럽게 여겨질 만한 프로그램들도 제법 시청자를 확보했다. 이를테면 1969년에 채널이 두 개밖에 없었던 이탈리아에서 그해(시청자가 겨우 2,000만 명을 넘겼을 때다)의 최고 인기 프로그램들은 시청자가 자신이 좋아하는 노래를 선택할 수 있었던 〈칸초니시마〉나 산레모 가요제 같은 버라이어티쇼였고, 그다음이 달 착륙 중계방송이었다. 그러나 셰익스피어의 『오셀로』를 텔레비전전용으로 각색한 프로그램도 1,000만 명이 넘게 시청했고, 푸치니의 〈투란도트〉도 500만 명을 끌어들였다.[32] 심지어는 1982년 1월에도, 밤 10시에 방영된 다빈치의 〈최후의 만찬〉 복원에 관한 다큐멘터리가 430만 시청자를 끌어들이는 데에 성공했다. RAI의 인기 연속물 〈마르코 폴로〉는 2,610만 명이 시청했고, 입센의 〈인형의 집〉은 680만 명, 황금시간대에 방송된 〈말괄량이 길들이기〉는 매우 영광스럽게도 610만 명이 시청했다.[33]

1974년의 〈칸초니시마〉 결선. RAI가 1956~75년에 방영한 이 프로그램은 코미디언과 쇼걸의 공연과 촌극도 보여주었지만, 무엇보다도 시청자가 우편엽서를 보내서 투표하는 노래 경연으로 인기를 끌었다.

그렇지만 이런 시기는 막을 내린 것 같다. 텔레비전 방송은 20년 남짓한 기간에 국민공동체를 창조했다. 거의 매일 저녁마다 '전 국민'이 각자의 텔레비전 앞에 앉아서 똑같은 프로그램을 보면서 공동의 지식과 기억을 쌓아나갔다. 이제 더 이상 그런 일은 일어나지 않는다. 엘리후 카츠는 이런 상황을 이렇게 적절하게 표현했다. "우리는 모든 것을 가졌지만, 국민을 정치적으로 통합하는 매체 텔레비전을 잃었다."[34] 텔레비전은 더는 국민이 하나로 뭉치는 공공의 장소가 아니다. 다시 문화적 분화가 진행되어 고급문화/저급문화 구분선을 따라서 공중이 재배치될 가능성이 크다. 앞으로도 수준 높은 프로그램들이 제작되겠지만, 더 적은 돈을 들여서 더 적은 수의 고립된 청중을 겨냥해 만들어질 것이다. 영국 같은 나라의 정부는 앞으로도 그들의 목표가 "BBC가 영국의 가장 중요한 문화제도로서 국민의 삶에서 계속 중심적인 역할을 해나가도록 보장"하는 것이라고 선언할 것이다.[35] 하지만, 그들이 그럴 능력과 의지가 있는지는 불확실하다.

제59장

외출: 영화관과 극장

들어가며

텔레비전은 영화관의 자극적인 유혹에 시들해진 우리를 다시 집으로 불러들였다. 사실 우리가 집 밖에 나가 있었던 시간은 길지 않았다. 축음기 음반, 라디오, 싸구려 책의 유혹은 수십 년 동안 우리와 함께 있었다. 텔레비전이(그리고 컴퓨터와 인터넷이) 익숙한 매체가 되기 오래 전에는, 재미와 즐거움을 맛보고 싶다면, 그리고 혹시라도 교육을 받고 싶다면, 집에 앉아서 무언가를 읽거나 들어야 했다. 사적 영역은 예전과 똑같이 사적으로 보였을지 몰라도, 실은 외부의 영향에 활짝 열려 있었다. 오직 교회와 학교만이 부모의 통제에 도전하던 시절이 있었지만, 지금은 부모가 조금이라도 자녀를 통제할 수 있는지 의심하는 이가 많다.

가정으로 불러들이는 유인이 있었음에도, 집 밖의 오락은 급속하게 발전했다. 외식은 더는 부자의 특권이거나 외로운 이들의 몫이 아니었다. 바와 식당이 늘어났다. 노동계급도 휴가 때 해외여행을 떠날 수 있게 되었다. 자동차를 모는 이가 많아지자, 시골에서 하루를 보내거나 주말여행을 즐길 수 있는 사람도 많아졌다. 1960년 이후 전화기를 가진 이가 점차 늘어나면서, 거의 모든 사람이 친구나 친척과 자주 연락하고 함께 오락을 계획할 수 있게 되었다. 한때는 상층계급만 누리던 특권을 이제 서구인 대다수가 누리게 되었다. 더 오래된 집 밖의 오락 형태들은 살아남았다. 음악회 같은 몇몇 형태들은 계속 번창했다. 버라이어티쇼 같은 나머지 형태들은 침체되거나 인기가 떨어졌다. 앞으로 살펴보겠지만, 극장은 텔레비전 시대에 들어 과거보다도 큰 인기를 끌었다. 쫄딱 망한 건 영화관이었다.

영화관의 운명

1960년에는 텔레비전이 있는 사람이 적었다. 2000년에는 거의 모든 사람이 텔레비전을 갖고 있었다. 그리고 비디오녹화기를 가진 이도 많았다. 몇몇은 DVD〔디지털 비디오 디스크〕 플레이어를 갖고 있었다. 영화를 컴퓨터에 내려받는 이도 더러 있었다. 그리하여 1960년 이후로 보통사람이 구해볼 수 있는 영화 수가 기하급수적으로 늘어났다. 텔레비전 덕분에 가정에서도, 과거에 만들어진 영화를, 원래 시간때우기용이나 B급 영화로 만들어진 것까지 포함해서 많이 접할 수 있었다. 텔레비전 다채널 시대에 들어서자 비축된 영화들은 금광이 되었다. 1985년에 머독이 20세기 폭스 사를 사들이고 1991년에 일본의 소니가 컬럼비아 영화사를 매입한 것처럼, 할리우드 스튜디오를 사들인 새로운 소유주들은 손에 넣은 수천 편의 영화를 자신의 텔레비전 방송망에서 보여줄 수 있었다. 독일에서는 ARD와 ZDF가 미국에서 막대한 양의 영화를 사들였다. 마찬가지로 이탈리아에서는 매체거물 실비오 베를루스코니가, 프랑스에서는 로베르 에르상이, 독일에서는 악셀 슈프링거와 레오 키르히가 영화를 사들였다

(1973~75년에 ZDF에서 방영한 영화 가운데 거의 절반이 키르히에게서 사들인 것으로, 그가 보유한 영화는 1만~1만 5,000편이었다).[1] 할리우드는 계속 영화를 만들고 있었지만, 1990년대 초에는 할리우드 최대 영화사들(파라마운트, 20세기 폭스, 워너, 유니버설, 디즈니, 컬럼비아, MGM/유나이티드아티스츠)이 텔레비전 황금시간대에 방영되는 픽션의 절반을 생산했다.[2]

텔레비전 시청자들은 겨우 한두 해 전에 개봉한 영화, 때로는 반 년 전에 개봉한 영화까지 볼 수 있었다. 또 국내에서는 개봉되지 않았지만 다른 나라에서는 개봉했던 영화, 원래 영화관 배급용이 아니라 텔레비전용으로 만든 영화, 개봉에 실패한 영화, 좀더 최근에는 비디오카세트와 DVD 시장을 겨냥해 만든 영화까지 볼 수 있었다. 1996년에 유럽연합의 평균적인 시청자는 집에서 1년 동안 영화를 50편 보았지만, 영화관에서는 딱 두 편을 관람했다. 영화관에서 배급된 양보다 텔레비전에서만 방영된 양이 압도적으로 많았다. 1999년에는 이탈리아에서만 영화 6,757편이 텔레비전에서 방영되었다—2,344편은 국영방송 RAI에서, 2,848편은 베를루스코니 소유의 메디아세트에서, 1,565편은 소규모 방송망 TMC〔텔레몬테카를로〕에서 방영되었다.

프랑스 정부의 통계에 따르면, 2000년에 평균적인 프랑스인은 텔레비전이나 비디오녹화기로 영화를 무려 250편이나 본 반면에, 영화관에서는 단 세 편을 보는 데에 그쳤다.[3] 고전영화 문화의 주요 원천이 텔레비전과 비디오카세트로 바뀐 것이다(오른쪽 표 참조).

공공장소에서 대형 영사막으로 영화를 보기보다는 집에서 텔레비전으로 보는 경향은 인터넷을 통한 영화 내려받기와 DVD 대여에 힘입어 더욱 널리 확산될 것이다. 그 선구자는 물론 미국이었다. 1980년대에 미국에서 HBO(홈박스오피스) 같은 회원제 케이블방송은, 자신들이 직접 제

프랑스에서 2000년에 영화관에서,
그리고 텔레비전으로 고전영화를 본 사람의 비율

제목	영화관	텔레비전/비디오	합계
〈바람과 함께 사라지다〉	19	59	78
〈웨스트사이드 스토리〉	16	39	55
〈위대한 환상〉	11	36	47
〈천국의 아이들〉	10	32	42
〈뜨거운 것이 좋아〉	7	26	33
〈카사블랑카〉	8	24	32
〈전함 포템킨〉	9	24	33
〈달콤한 인생〉	9	18	27
〈시민 케인〉	6	18	24

출처: Ministry of Culture, *Développement culturel* No. 135, Septempter 2000, 'La Culture cinématographique des Français.'

작해서 상까지 받은 〈소프라노스〉 같은 연속물과 영화는 물론, 영화관에서 상영 중인 영화까지도 방영하기 시작했다. 1972~82년에 미국에서 케이블방송에 가입한 가구는 650만에서 2,900만으로 껑충 뛰었고, 1980년대가 끝나기 전에 비디오카세트 배급으로 벌어들이는 수익이 영화 흥행 수익을 넘어섰다.[4]

영화관의 위기는 있을지 몰라도, 영화의 위기는 없다. 우리는 영화관에 가는 대신 집에서 영화를 본다. 영화관에서 그럭저럭 성공한 마이크 리의 〈네이키드〉(1993) 같은 영화는 텔레비전에서 방영되자 20배나 많은 사람이 시청했다.[5] 이것은 새삼스러운 일이 아니었다. 영화 관객들은 텔레비전 시청자들과 똑같은 부류가 아니다. 영국에서 〈바람과 함께 사라지다〉가 영화표 3,000만 장을 파는 데에는 50년이 넘게 걸렸지만, 2004년 11월에 방송된 (다른 많은 쇼와 경쟁하던 리얼리티 TV 쇼) 〈나 유명인사야,

여기서 꺼내줘〉 시즌 4의 첫회는 시청자 수가 900만 명이었다.

영화관과 집에서 같은 작품을 볼 수도 있지만, 그것을 보는 경험은 매우 다르다. 어둠 속에서, 생판 모르는 이들과, 강력한 음향시설이 갖춰진 커다란 영사막으로 영화를 보는 것은 대형 평면 고화질 텔레비전으로도 재현할 수 없는 감각을 제공한다. 그러나 그 감각을 경험하려면 돈과 시간이 많이 든다. 영화산업에게도 그 경험은 비용이 많이 드는 일이었다. 생산물을 유통하는 데에 필요한 강력한 배급망, 다시 말해 좋은 입지의 대규모 조직망이 필요했기 때문이다. 텔레비전은 소비자가 수상기를 구입함으로써 유통비용을 대부분 부담한다.

외출은 소비자에게도 돈이 많이 드는 일이다. 2005년의 런던에서, 어린 자녀들을 둔 부부의 평범한 저녁 외출은 값비싼 행사가 될 수 있다. 영화표 두 장을 사는 데에 17파운드, 아이 봐주는 이에게 20파운드(4시간 동안), 피자 두 판, 샐러드, (작은) 맥주 두 잔에 30파운드를 쓰면, 합계가 67파운드다. 놀랄 일이 아니지만, 영화관 관객은 1955년에서 1977년 사이에 급격히 줄어들었고, 1990년대에도 그 속도와 낙폭이 달라지긴 했지만 꾸준히 감소했다. 이 글을 쓰는 동안에는 근소하게 늘어났다.

관객의 감소는 1955~77년의 영국과 1990년대에 옛 공산주의 나라들에서 특히 두드러졌다. 미국에서는 1950년대부터 줄어들기 시작했다. 1984년의 서독에서는 평균적인 시민의 영화 관람 횟수가 연간 1.8회로 유럽 평균과 엇비슷했지만, 독일인 가운데 3분의 2는 1년 동안 영화관에 한 번도 가지 않았다. 또한 결혼한 부부 가운데 90퍼센트는 더 이상 영화관에 가지 않는다고 말했다. 영화관에 가는 이들은 청년층이었고, 66퍼센트가 14~24세 연령대였다.[6] 프랑스에서도 연령대와 저녁 외출 사이에 거의 똑같은 상관관계가 나타났다.[7] 1970년대에 이르러서는 미국의

1955~95년의 일인당 연평균 영화 관람 횟수

	1955	1977	1990~95
미국	15	7.2	3.9
브라질	5	1.9	(자료 없음)
아르헨티나	4	2.6	0.5
일본	10	1.5	1.1
프랑스	10	3.2	2.2
이탈리아	17	6.6	1.6
노르웨이	10	4.2	2.7
네덜란드	6	1.9	1.0
영국	23	1.9	2.0
불가리아	7	12.9	0.6
폴란드	8	4.0	0.4
소련	13	15.8	(해당 없음)

출처: UNESCO, *Statistics on Film And Cinema 1955~1977*, Statistical Reports and Studies No. 25, Paris 1981. 1990-95: UNESCO, *World Culture Report*, 1998.

영화 관객 가운데 75퍼센트가 29세 미만이었다. 곧이어 국제 영화산업의 운명은 팝콘을 우적거리는 미국 10대에 좌우되었다.[8] 놀랄 것도 없이, '올디스'(마흔 살이 넘은 이들)는 집에 머물며 텔레비전을 보았다.

이후 1990년대에 서유럽에서는 영화 관객 수가 상대적으로 안정되었다—몇몇 나라에서는 부흥이라고까지 할 수 있었다. 대형 영화관들이 멀티스크린 상영관으로 바뀌면서 은막이 늘어났고, 그 덕에 더 규모가 작고 더 젊고 더 부유한 관객들에게 더 폭넓은 선택권을 제공했기 때문이다. 영화산업의 성공을 판가름하는 데에는 은막의 수보다 밀도(주민 1인당 은막 수)가 중요하다. 이쪽으로는 미국이 최고로, 1990년대 중반에 100만 명당 100개의 은막을 보유하고 있었다(프랑스는 80개, 영국은 34개였다).⁹⁾ 1994년까지 프랑스의 은막은 4,414개, 독일은 3,763개, 영국은 1,969개로 늘어났다.¹⁰⁾ 1997년에 이탈리아의 은막은 1938년(4,013개)과 거의 같은 수준인 4,206개였다(최고치를 기록한 1950년대 후반에는 1만 개가 넘었다). 그러나 1938년에는 영화관이 훨씬 컸다. 1938년에 4,013개의 은막은 한 해 동안 3억 4,385만 1,000명(은막당 8만 5,684명)의 관객을 끌어들였다. 하지만 1997년에는 4,206개의 은막이 1억 278만 2,000명(은막당 2만 4,436명)의 관객을 끌어들이는 데에 그쳤다.¹¹⁾

유럽에서는(동유럽과 서유럽을 합쳐서) 1986년에 영화를 1,026편 생산했지만, 1994년에는 겨우 630편을 생산했다—그래도 미국보다는 많았다.¹²⁾ 이렇게 크게 줄어든 건 동유럽 영화의 몰락 탓이었다. 1975년에 동유럽은 주민 1,000명당 좌석 수가 그 어떤 지역보다도 많았을 뿐만 아니라(동유럽은 65.6개였는데, 미국은 50.8개, 서유럽은 40개였다) 영화 관람

1986~94년의 동유럽과 중유럽의 국민 일인당 연평균 영화 관람 횟수		1986	1994
	리투아니아	13.26	0.38
	러시아	12.28	2.62
	에스토니아	11.88	0.91
	불가리아	10.55	1.44
	루마니아	6.97	1.10
	헝가리	6.45	1.55
	체코슬로바키아	4.92	1.25 (체코 공화국)
	동독	4.26	1.63 (독일 전체)
	슬로베니아	3.97	1.41
	슬로바키아	3.60	(자료 없음)
	유럽 평균	2.01	1.83

출처: *Statistical Yearbook 1996*, European Audiovisual Observatory.

횟수도 가장 많았다(1인당 14.3편으로, 북아메리카 5.7편과 서유럽 4.3편의 두 세 배를 기록했다).[13] 그런 문화적 이점은 공산주의와 함께 사라졌고, 영화 관람 횟수도 유럽 평균 이하로 크게 떨어졌다.

그 직접적 수혜자는 미국 영화산업이었다.

1986~94년에 동유럽과 중유럽에 배급된 미국 영화 수

	1986		1994	
	전체	미국 영화	전체	미국 영화
불가리아	170	7	147	123
체코 공화국	180	26	151	113
헝가리	195	25	176	106
폴란드	152	15	160	98
슬로베니아	231	65	151	114
슬로바키아	241	10	162	112

출처: *Statistical Yearbook 1996*, European Audiovisual Observatory.

누가 영화를 만드는가?

텔레비전이 부상하면서 영화관용 영화 제작 편수가 줄어드는 것은 피할 길이 없었지만, 텔레비전은 또 한편으로 영화 제작비를 지원함으로써 영화를 구제하기도 했다. 가장 중요하고 또 비평가들의 찬사를 받은 유럽 영화 가운데 몇몇은 BBC, 채널4(영국), RAI(이탈리아), 카날 플뤼(프랑스) 같은 텔레비전 방송망의 재정지원을 받았다. 독일에서는 ARD, ZDF가 폴커 슐뢴도르프, 알렉산더 클루게, 라이너 베르너 파스빈더, 베르너 헤어초크, 빔 벤더스 같은 이들의 영화에 자금을 지원함으로써 이른바 '뉴 저먼 시네마'의 발전에 이바지했다. 독일 공중은 대부분 미국 영화나 볼프강 페테르젠의 〈특전 유보트〉(1981) 같은 스펙터클한 독일 영화를 계속 선호했다. 독일 영화는 적어도 잠시 동안은 관객을 다시 끌어들였지만, 그래도 바이마르 시대의 명성이나 스타일은 결코 되찾지 못했다.[14]

미국 영화의 지배는 1960년 이후에 가속이 붙었다. 1960년대 초의 유럽에서는, 미국이 수입 영화의 주요 원천이긴 했지만, 여전히 국내에서 영화를 꽤 생산했고 프랑스와 이탈리아, 영국 같은 유럽의 주요 생산국에서 수입하는 영화 또한 상당한 양에 이르렀다.

1962~63년의 몇몇 나라의 영화 제작 편수와 수입 편수

국가	국내 영화	수입 영화 제작국			
		미국	프랑스	영국	이탈리아
스웨덴	19	109	32	54	40
영국	71	117	46		33
벨기에	4	124	106	34	31
이탈리아	245	166	35	34	
프랑스	139	91		20	53
스페인	119	103	24	22	28
체코슬로바키아	28	36	16	12	12
독일	58	120	80	n/a	38
소련	90	80	18	16	18
네덜란드	5	118	72	73	64
이집트	50	172	41	26	35
미국	145		55	53	70
인도	310	135	0	35	22
일본	357	146	46	18	38

출처: Bulletin d'Information Centre National de la Cinématographie, Le Film français, Variety를 이용해 Lo Spettacolo, Vol. 14, No. 2, April-June 1964가 수집한 자료.

1970년대 초에도 유럽은 여전히 미국 영화산업의 외화外貨수입에서 꽤 큰 비중을 차지하고 있었다. 미국은 외화수입의 30퍼센트 이상을 영국(10.4퍼센트), 이탈리아(9.3퍼센트), 프랑스(6.9퍼센트), 독일(5.2퍼센트) 이렇게 딱 네 나라에서 벌어들였다. 1994년에 이르자, 적어도 유럽에서는 미국의 지배가 더욱 굳건해졌다. 유럽에서 영화산업이 가장 탄탄했던 프랑스에서도 판매된 전체 영화표의 60.4퍼센트는 미국 영화에 돌아갔다. 다른 나라에서는 미국의 시장점유율이 더 높아서, 이탈리아에서는 61.1퍼센트, 스페인에서는 72.3퍼센트, 독일에서는 81.6퍼센트, 영국에서는 90퍼센트였다.[15] 그 결과 미국 영화산업의 수출의존도가 높아졌다. 미국 영화협회 회장 잭 밸런티는 1991년에 미국 상원에서 영화산업 수입의 40퍼센트를 해외에서 벌어들인다고 밝혔다(그중 절반을 유럽에서 벌었다). 오락산업은 미국에서 항공기제조업 다음으로 수출액이 많은 산업이었다.[16] 이는 수많은 영화를 시장에 쏟아부어 이룬 성과가 아니라, 세계시장에서 관심을 끄는 영화를 만들어서 이룬 성과였다. 나머지 나라들도 오랫동안 미국보다 영화를 많이 만들었지만, 대부분 자국시장을 겨냥한 영화였다(다음쪽 표 참조).

1960년대의 그리스만 해도 연평균 100편의 영화를 제작했다.[17] 이는 1990년대 할리우드의 연평균 제작 편수와 맞먹는다. 2005년에 인도에서는 800편의 영화가 제작되었고(100편 정도가 뭄바이, 곧 '발리우드'에서 제작되었다), 날마다 1,000만 명이 영화관을 찾았다―전 세계 영화관 관객의 절반에 해당했다.[18] 인도에서 영화표가 한 해에 '겨우' 14억 장 팔렸던 1962년과 비교하면 굉장한 변화다.[19]

21세기 초에 이르러, 미라 나이르의 〈몬순 웨딩〉(2001) 같은 몇몇 인도 영화가 국제 영화계에 진입했다. 이것은 인도 영화산업이 서구시장을

지역별 영화 제작 편수 (추정치)		1955	1977
	북아메리카	310	180
	라틴아메리카	170	220
	아시아(아랍 국가 제외)	1,430	1,940
	서유럽	680	820
	소련과 동유럽	170	320
	오세아니아	미미함	40
	아랍 국가들(주로 이집트)	60	70
	아프리카(아랍 국가 제외)	미미함	미미함
	세계 전체	2,800	3,600

출처: UNESCO, *Statistics on Film and Cinema 1955~1977*, Statistical Reports and Studies No. 25, 1981.

겨냥해 채택한 의도적 전략의 일환이었다. 중국도 똑같은 전략을 채택해 대만 출신 리안李安 감독의 〈와호장룡〉(2000)과 장이머우張藝謀의 영화(유명한 예가 충격적인 영화 〈홍등〉, 1991), 첸카이거陳凱歌의 영화(〈패왕별희〉, 1993)처럼 국제적인 성공을 거둔 영화를 많이 생산해냈다.[20] 그러나 이 가운데 어떤 영화도―적어도 한동안은―미국의 세계적 패권을 흔들지는 못했다. 아시아가 반격하고 있었지만, 월트 디즈니 같은 미국 기업에게 아시아는 성장하는 또 하나의 시장이기도 했다. 2003년에 월트 디즈니는 수입의 20퍼센트를 아시아에서 벌어들였다.[21]

미국 영화는 라틴아메리카에서 최고 자리를 차지했는데, 브라질에서는 흥행수익 상위 영화 10편 가운데 9편이, 멕시코에서는 10편 가운데 5편이, 베네수엘라에서는 10편 가운데 7편이, 콜롬비아에서는 10편 가운데 10편 모두가 미국 영화였다(1986년 통계).[22] 1986~95년 10년 동안 최고의 국제 흥행작은 주로 할리우드 영화였다. 물론 〈네 번의 결혼식과

한 번의 장례식〉(1994, 영국), 〈완다라는 이름의 물고기〉(1988, 영국), 〈크로커다일 던디〉(1986, 오스트레일리아), 〈마지막 황제〉(1987, 이탈리아) 같은 예외도 있었다.[23] 그러나 이 가운데 처음 세 영화는 미국 배우가 주연을 맡았고, 미국과 구 유럽(아니면 오스트레일리아 오지의 원시성)의 대비라는 많이 써먹은 주제를 다루었다. 출연진 가운데 영국 배우가 대다수인 영국 영화 〈네 번의 결혼식과 한 번의 장례식〉은 영국에서 '아메리카 넘버원 대히트 코미디!'라고 광고되었다.[24] 〈마지막 황제〉는 할리우드 양식의 영화였고, 실제로 오스카상 9개 부문을 휩쓸었다―그러나 감독 베르나르도 베르톨루치는 이탈리아인이었고, 제작자는 영국인이었고, 자금은 국제적이었다. 영국 영화사를 통틀어 국제적으로 대단한 상업적 성공을 거둔 〈미스터 빈〉(1997)―30분짜리 텔레비전 코미디쇼 시리즈를 영화화한―조차도 배경은 로스앤젤레스였고, 영화의 중심을 차지한 것은 제임스 맥닐 휘슬러의 유명한 미국 그림 〈회색과 검은색의 편곡 제1번: 화가의 어머니〉였다.[25]

　미국이 전보다 영화를 적게 만들지는 몰라도, 전보다 제작비를 많이 들이고 전략적으로 세계시장을 겨냥한다. 인도나 이집트 영화는 말할 것도 없고 유럽 영화까지도 과거 수십 년 동안과 마찬가지로 미국 시장을 뚫기가 거의 불가능했다. 미국 '독립'영화와 '예술'영화도 같은 어려움을 겪었다(확실히 미국보다 유럽에서 더 인기였던 우디 앨런의 영화처럼). 유럽 예술영화들은 뉴욕 같은 곳에서 틈새시장을 발견할 수 있었지만, 장애가 만만치 않았다. 뉴욕에서 영화를 광고하려면 비용이 적잖이 들었다. 게다가 뉴욕에서 호평을 받지 못하면 다른 지역에서 배급하기가 더욱 어려워졌고, 어쨌거나 뉴욕이나 주요 대학도시들을 벗어나면 이름 있는 스타가 나오지 않는 영화는 배급업자를 찾을 기회조차 거의 없었다. 유럽 예술영

〈회색과 검은색의 편곡 제1번: 화가의 어머니〉(1871). 영화 〈미스터 빈〉에서 영국 왕립미술관 직원인 빈은 이 그림에 재채기를 하고는 황급히 분비물을 닦다가 유화물감까지 닦아내는 사고를 치고 마는데…….

화들은 미국 영화들보다 성적으로 더 노골적인 경향이 있었기 때문에 (폭력적인 영화에도 좀처럼 부여하지 않는) X등급을 받는 경우가 많았다. 과거에 성인영화로 간주되었던 X등급은 점차 '외국' 영화의 표지로 인식되었고, 배급업자들은 그것을 수익성이 없는 영화로 해석했다—게다가 날로 거세지는 도덕론자들의 로비까지 가세하곤 했다(오른쪽 표 참조).26)

제48장에서도 살펴보았듯이, 이것은 새로운 상황이 아니다. 미국에서 인기를 끄는 영화들은 미국 영화다. 1972년에 발표된, 영화 한 편당 수익(판매된 좌석 수보다 중요하다)에 대한 조사 결과는 이 사실을 확인해준다.

엄밀하게 말해, 이 영화들은 모두 미국 영화다. 그러나 앞에서도 살펴보았듯이(제4부 208~9쪽 참조), 한 영화의 국적을 정의하기란 어려운 일이라는 사실을 기억해야 한다. 〈닥터 지바고〉의 감독 데이비드 린은

1972년까지의 미국 내 영화 수익 상위 10편 (단위: 100만 달러)	연도	수익
〈바람과 함께 사라지다〉	1939	74.2
〈사운드 오브 뮤직〉	1965	72
〈러브 스토리〉	1970	50
〈에어포트〉	1970	44.5
〈졸업〉	1968	43.1
〈닥터 지바고〉	1965	43.0
〈벤허〉	1959	40.7
〈십계〉	1957	40.0
〈마이 페어 레이디〉	1964	32.0
〈메리 포핀스〉	1964	31.0

출처: Variety, 5 January 1972.

영국인이었고, 시나리오 작가 로버트 볼트도 영국인이었다. 원작은 보리스 파스테르나크의 러시아 소설이다. 주연배우는 영국인(줄리 크리스티)과 이집트인(오마 샤리프)이었다. 또한 알렉 기네스와 랠프 리처드슨부터 톰 커트니와 리타 터싱엄에 이르기까지 유명한 영국 연극배우들이 줄줄이 나온다. 오스카상을 수상한 영화음악은(〈라라의 테마〉를 포함해) 프랑스 작곡가 모리스 자르의 작품이다. 제럴딘 채플린과 로드 스타이거(둘 다 '유럽계' 미국 배우) 정도가 미국인이라 할 만하다. 마지막으로, 이 영화는 유럽이 배경인 역사영화 속 배우들은 영국식 억양을 써야 한다는 미국 영화의 오랜 규칙을 따랐다. 위의 영화 목록에서 유일하게 제2차 세계대전 이전에 만들어진 〈바람과 함께 사라지다〉는 뚜렷하게 미국 역사에 바탕을 둔 유일한 영화이기도 하다. 나머지 영화 가운데 미국이 배경인 것은 〈러브 스토리〉, 〈에어포트〉, 〈졸업〉 세 편뿐이다. 〈벤허〉(독일 출신 감독인 윌리엄 와일러가 만들었다)와 〈십계〉는 고대가 배경이다. 〈마이 페어 레이디〉와 〈메리 포핀스〉는 영국을 배경으로 해서 영국적인 정취를 활용했다. 〈메리 포핀스〉에서는 영국인 가수 겸 배우(줄리 앤드루스)가 주연인 신비로운 유모 역을 맡았고, 원작은 오스트레일리아 태생인 패멀러 린든 트래버스가 1934년에 쓴 책이었다. 〈마이 페어 레이디〉는 영국 배우(렉스 해리슨)와 네덜란드 태생의 여배우 오드리 헵번―그러나 흔히 미국인으로 여겨진다―이 주연을 맡았고, 아일랜드 태생의 영국 작가 조지 버나드 쇼의 희곡 『피그말리온』을 각색한 뮤지컬을 다시 각색한 영화였다. 마리아 폰 트라프의 자서전을 각색한 〈사운드 오브 뮤직〉은 1930년대에 나치의 지배를 받았던 오스트리아가 배경이었고, 영국인 스타(이번에도 줄리 앤드루스)가 주연을 맡았다.

 미국인이 자금을 댄 몇몇 유럽 영화는 미국 스타들을 이용해 대서양 건너편 관객을 끌어들이는 데에 그럭저럭 성공했다. 베르톨루치의 〈파리에서의 마지막 탱고〉에는 말론 브랜도가 나오고, 비스콘티의 〈레오파드〉에서는 버트 랭커스터가 파브리치오 살리나 대공 역을 맡았다. 그러나 미국 영화들이 줄곧 다른 나라 영화들보다 국제적이었다. 미국 회사인 미라맥스가 제작한 〈콜드 마운틴〉(2003)을 예로 들어보자. 영화의 배경은 남북전쟁 시대의 미국이다. 미국 베스트셀러 소설―호메로스의 『오디세이아』의 영향이 희미하게 느껴지는―을 각색한 영화로, 길고 잔혹했던 전쟁이 끝나고 아내가 있는 집으로 돌아가는 한 병사의 모험을 따라간다. 감독 앤서니 밍겔라는 영국으로 이주한 이탈리아인의 후손이므로(영국 와이트 섬에서 태어났다) 사실 영국인이었다. 주인공 인만 역을 맡은 배우 주드 로는 런던 남부의 루이섬에서 태어났다. 여주인공 아이다를 연기한 니콜 키드먼은 미국 호놀룰루에서 태어났지만, 오스트레일리아에서 오스트레일리아인 부모 밑에서 자랐다. 임만을 구하는 마녀 같은 존재인 매디 역을 맡은 에일린 앳킨스는 런던 동부의 클랩턴에서 태어난 존경받는 영국 여배우다. 병사들에게 강간당하기 직전에 임만에게 구출되는 관능적인 여인 사라 역은 이스라엘 태생의 나탈리 포트먼이 맡았다. 르네 젤위거(루비 역)는 텍사스 사람이지만, 그녀의 아버지로 분한 배우는 아일랜드인 브렌던 글리슨이었다. 영화음악을 작곡한 가브리엘 야레는 귀화한 프랑스인으로 베이루트에서 태어났다. 남북전쟁 시대의 병사들을 연기한 엑스트라들은 루마니아군 징집병들이었다(그리고 전쟁 장면은 모두 루마니아에서 촬영했다).

미국 영화들의 보편성을 유럽 영화들은 결코 따라잡을 수 없었다(유럽 영화들의 주요 방어선은 지극히 '국가적'인 영화를 만들어서 국내시장 점유율을 지키는 것이었다). 미국인들은 쇼의 『피그말리온』에 재현된 계급문제와 같은 '전형적'인 유럽식 주제를 재구성하고, 다양한 형식(뮤지컬이나 연재만화)으로 시험하고, 대중시장에 맞게 포장해 유럽에 되파는 능력이 있었다. 텔레비전과의 경쟁이 점점 치열해짐에 따라, 커다란 은막을 통해 텔레비전으로는 불가능한 종류의 경험을 제공함으로써 많은 관객을 확보하는 영화들이 가장 성공하는 영화가 되었다. 유럽인들이 선호한 더 내밀한(그리고 제작비가 더 적게 드는) 이야기는, 수천 명이 출연하는 값비싼 전차 경주 장면이 나오고, 특수효과를 써서 이집트의 열 가지 재앙과 홍해가 갈라지는 장관을 보여주는 성서 블록버스터 영화와는 도무지 경쟁이 안 되었다. 18세기 챕북에서 전형적으로 나타난, 민중의 독실한 신앙이라는 전통과 19세기의 종교적인 이미지들은 서출인 할리우드의 성서 영화와 고대 로마 영화가 계승했다. 물론 이런 영화들은 이탈리아의 〈카비리아〉처럼 유럽인들이 다져놓은 토대 위에서 제작되었다. 〈카비리아〉는 일찍이 1914년에 로마 함대가 불타고 한니발이 알프스를 넘는 장면(제3부 401쪽 참조)을 보여주었다. 그리고 영국은 특히 스탠리 큐브릭이 〈2001 스페이스 오디세이〉(1968)를 만든 이후 특수효과에서 독보적인 인재들의 기지가 되었지만,[27] 돈을 대고 특수효과를 쓰는 것은 미국 영화의 특권으로 남았다.

1970년대와 1980년대에 미국인들은 자기네 연재만화, 과학소설, 모험 이야기 전통(앞에서도 살펴보았듯이, 이것들도 주로 유럽에서 유래했다)을 이용해서 〈스타워즈〉, 〈슈퍼맨〉, 〈조스〉 같은 시리즈 영화를, 1997년에는 〈타이타닉〉을, 그리고 좀더 최근에는 영국 책을 각색한 〈반지의 제왕〉과 해리 포터 시리즈 같은 세계적인 성공작들을 내놓았다. 이런 새로운 미국 영화에서 타의 추종을 불허하는 최고의 대가는 스티븐 스필버그였는데, 다양한 장르를 넘나드는 그의 다재다능함은 참으로 놀랄 만하다(오른쪽 표 참조).

이 영화들 대부분은 유럽 감독이라면 할리우드에 가지 않고는 꿈도 꾸지 못할 엄청난 상업적 성공을 거두었다. 감독이나 배우가 꼭 미국인일 필요는 없었다. 미국적인 것이란 이야기를 말하는 방식과 영화의 양식을 뜻했다―그래도 스필버그와 그의 동료 '영화판의 악동들'(마틴 스콜세지, 프랜시스 포드 코폴라, 브라이언 드 팔마 같은 이들)은 언제나 유럽의 노장이든 신예든 유럽의 거장들에게 빚지고 있다는 사실을 인정했다.

고비용 미국 영화들은 성공을 기대하고 광고에 많은 비용을 들였다. 홍보예산이 영화 제작비와 맞먹는 경우도 있었다―〈쥐라기 공원〉이 그 예로 자주 언급된다. 그리고 항상은 아니라도 자주 성공이 따라왔다. 영화의 상업적 운명은 갈수록 배급업자들의 예측과 배급망의 가동방식에 의존하고 있다. 영국에서는 영화 배급의 독과점 구조 때문에 성공이 예측

스티븐 스필버그의 주요 필모그래피

제목	제작년도	장르/설명
〈결투〉	1971	텔레비전 영화. 스릴러, 배우 한 명과 트럭 한 대
〈슈가랜드 특급〉	1974	로드무비
〈조스〉	1975	스릴러, 특수효과
〈미지와의 조우〉	1977	SF, 선한 외계인
〈레이더스〉	1981	만화책 스타일의 모험
〈인디애나 존스: 미궁의 사원〉	1984	
〈인디애나 존스: 최후의 성전〉	1989	
〈이티〉	1982	SF, 선한 외계인
〈컬러 퍼플〉	1985	인종차별
〈태양의 제국〉	1987	제2차 세계대전 중에 일본에 점령당한 상하이에서 살아남은 소년 이야기
〈후크〉	1991	『피터 팬』을 각색한 영화
〈쥐라기 공원〉	1993	SF-특수효과, 공룡
〈쉰들러 리스트〉	1993	홀로코스트 영화, 흑백영화
〈아미스타드〉	1997	1839년의 노예 반란
〈라이언 일병 구하기〉	1999	제2차 세계대전
〈에이아이〉	2001	SF
〈마이너리티 리포트〉	2002	SF
〈터미널〉	2004	공항에 갇힌 이민자
〈우주 전쟁〉	2005	SF, 나쁜 외계인

된 영화들만이 실제로 성공한다. 2002년에 영국 배급사들은 〈해리 포터와 비밀의 방〉이 아주 잘나갈 것이라고 예측했고, 실제로 그랬다. 그러나 그건 영화를 524개 상영관에서 개봉했기 때문이기도 했다. 이런 예측이 늘 맞아떨어지는 건 아니다. 한 텔레비전 코미디의 속편으로 제작된 영화

〈못 말리는 알리〉(2002)는 396개의 은막에서 개봉했지만, 큰 성공을 거두지는 못했다. 그러나 평단에서 인정받은 〈막달레나 시스터즈〉(2003)는 겨우 31개 은막으로 개봉하는 바람에, 노골적으로 웃기는 저비용(500만 파운드) 영화 〈못 말리는 알리〉만큼의 수익을 바랄 수 없었다.[28]

유럽에서 가장 인기를 끈 유럽 영화 상위 10편 가운데 절반에는 강한 미국적 요소가 배어 있었다.

2002년에 유럽에서 배급된 유럽 영화 상위 10편(판매된 좌석 수 기준)

제목	제작국	좌석 수(100만)
〈해리 포터와 비밀의 방〉	영국/미국	39.7
〈아스테릭스: 미션 클레오파트라〉	프랑스/독일	19.7
〈어나더 데이〉(제임스 본드 시리즈)	영국/미국	18.6
〈어바웃 어 보이〉	영국/미국/독일/프랑스	8.7
〈해리 포터와 마법사의 돌〉	영국/미국	8.1
〈8명의 여인들〉	프랑스/이탈리아	5.8
〈그녀에게〉	스페인	4.9
〈고스포드 파크〉	영국/미국/독일/이탈리아	5.8
〈피노키오〉	이탈리아/프랑스/독일	4.5
〈레지던트 이블〉	영국/독일/프랑스	3.5

출처: BFI Film & Television Handbook 2004.

그리고 미국은 유럽에서 가장 인기를 끈 영화 순위를 지배했다. 다만 상위 세 편은 문화적으로는 영국 영화였다(오른쪽 표 참조).

진짜 수익은 엄청난 제작비를 들여 전 세계 관객에게 호소할 수 있는 특수효과를 많이 쓴 영화—오래전부터 할리우드가 전문화해온 부류의 영화—에서 나왔다. 3,000명을 고용한 〈반지의 제왕: 반지 원정대〉의

2001년에 유럽에서 가장 인기를 끈 영화 10편(판매된 좌석 수 기준)

제목	좌석 수	제작국
〈해리 포터와 마법사의 돌〉	42,942,206	미국/영국
〈브리짓 존스의 일기〉	26,439,136	미국/영국
〈반지의 제왕: 반지 원정대〉	21,104,825	미국/뉴질랜드
〈슈렉〉	20,971,755	미국
〈왓 위민 원트〉	20,685,021	미국
〈한니발〉	18,060,768	미국
〈아메리칸 파이〉	17,549,403	미국
〈미라 2〉	17,366,868	미국
〈진주만〉	16,967,801	미국
〈캐스트어웨이〉	16,879,650	미국

출처: *Observatoire Européen de l'audiovisuel 2002.*

예산은 9,000만 달러가 넘었지만, 미국에서 개봉 첫 주에(2001년 크리스마스) 3,359개 상영관에서 총 6,600만 달러를 벌어들였다.[29] 이런 영화들은 상영이 끝난 뒤에도 수명이 길었다. VHS[비디오홈시스템]나 DVD 형태로 판매되거나 대여되고, 케이블과 지상파 텔레비전에서 방영되고, 장난감, 음반, 사운드트랙, 책, 컴퓨터게임, 포스터, 티셔츠, 색칠놀이 책 같은 관련상품으로 만들어져 막대한 수익을 창출했다. 펩시 사는 20억 달러를 주고 2005년까지 〈스타워즈〉 이미지를 쓸 권리를 얻었다. 1977년에 개봉한 〈스타워즈 에피소드 4〉(나중에 붙은 제목이다)부터 2005년까지, 여섯 편의 〈스타워즈〉 영화들이 올린 수익은 200억 달러로 추산되는데, 이는 불가리아나 레바논, 또는 석유가 풍부한 리비아의 국내총생산보다 많은 금액이다.[30]

첫 번째 〈스타워즈〉에 영감의 주요한 원천이 된 것은 〈벅 로저스〉와

〈플래시 고든〉 같은 모험만화였다―전형적인 소년의 모험 이야기다. 이 영화에서 여성 등장인물은 레아 공주(캐리 피셔가 연기했는데, 딱히 할 일이 없었다)뿐이었고, 플롯의 핵심 동력은 두 남자, 한 솔로(해리슨 포드 분)와 루크 스카이워커(마크 해밀 분)의 우정, 오비완 케노비(알렉 기네스 분)와 루크 스카이워커의 사제관계, 그리고 로봇 C-3PO와 R2-D2의 익살스러운 행동이었다―이 모두가 문학과 영화에서 오랫동안 충분히 검증된 수사법이었다. 이런 영화에는 비평가의 호평이 필요없다. 꽤 많은 관객이 같은 영화를 보고 또 보는 것을 즐기는 어린이들이기 때문이다(언젠가 그들의 자녀들도 그럴 것이다). 루이스 메넌드의 말처럼, 〈스타워즈〉 감독이자 제작자인 조지 루커스는 "진정한 반동주의자처럼…… 자기가 반드시 고안해야 하는 것 이상을 고안할 필요가 없었다. 그는 그저 과거를 약탈했을 뿐이었다."[31] 그러나 이제까지 살펴보았듯이, 과거를 약탈하는 것은 문화 게임의 일부다. 루커스는 그것을 어떻게 하면 되는지를 잘 알아서, 옛날 영화들을 근사하게 암시하고 패러디했다.

특수효과를 바탕으로 한 블록버스터 영화들은 계속해서 많은 관객을 끌어들였지만, 그것은 다양한 장르의 미국 영화들도 마찬가지였다. 이를테면 1981년부터 1985년 중반까지 서독에서 100만 명 이상이 관람한 영화는 (1,800편 가운데) 127편뿐이었는데, 그런 행운을 누린 영화 가운데 72편이 미국 영화였고 독일 영화는 19편에 지나지 않았다. 1985년에는 7편의 영화가 전체 수익의 25퍼센트를 차지했다. 물론 다섯 편은 미국 영화였고(체코인 감독 밀로스 포먼의 〈아마데우스〉, 그리고 〈람보〉, 〈비버리힐스 캅〉, 〈고스트버스터즈〉, 〈폴리스 아카데미 2〉), 한 편은 영국 영화(제임스 본드 영화), 그리고 딱 한 편이 독일 영화였다(인기 코미디언 오토 발케스가 나오는 시리즈의 첫 편인 〈영화 오토〉).[32]

독일보다 영화산업이 막강했던 이탈리아에서는 최고 인기 영화 가운데에 더러 이탈리아 영화가 있었지만, 가장 많이 사랑받은 외국 영화들은 앵글로아메리칸 영화였다. 아래의 표는 2002년에 최고의 수익을 올린 영화 7편이다.

2002년에 이탈리아에서 최고 수익을 올린 영화들	
〈나일 강의 크리스마스〉	이탈리아 코미디
〈피노키오〉	이탈리아 코미디
〈알, 존, 잭의 전설〉	이탈리아 코미디
〈해리 포터와 비밀의 방〉	
〈반지의 제왕: 두 개의 탑〉	
〈매트릭스 2: 리로디드〉	미국 SF
〈나의 그리스식 웨딩〉	미국 코미디

출처: *La Repubblica*, 5 August 2003.

텔레비전이 보편화되기 전이고 이탈리아 영화산업이 아직 위기에 빠지지 않았던 1960년대 이래로, 상황이 달라졌다. 1962~64년에 가장 인기 있었던 영화들은 루키노 비스콘티의 〈레오파드〉, 프란체스코 로시의 〈살바토레 줄리아노〉와 〈보카치오 70〉—페데리코 펠리니, 비스콘티, 비토리오 데 시카가 연출한 옴니버스영화—이었다. 1960년대 말에는 코미디와 모험 장르가 인기였지만, 루이스 부뉴엘과 미켈란젤로 안토니오니의 영화 같은 예술영화도 성공을 거두었다(다음쪽 표 참조).

1959~75년에는, 출중한 이탈리아 감독들이 훌륭한 영화를 많이 생산했다. 현대인의 삶의 소외를 다룬 '어려운' 영화(안토니오니의 1960년작 〈정사〉와 1961년작 〈밤〉)에서 로베르토 로셀리니의 〈로베레의 장군〉, 마리

1967~69년에 이탈리아에서 가장 인기를 끈 영화 10편

	장르	판매된 좌석 수
〈남자 대 남자로〉	이탈리아 서부물	3,645,000
〈세브린느〉	프랑스(부뉴엘)	3,549,000
〈석양의 무법자〉	이탈리아 서부물	3,180,000
〈죽이고 돌아오마〉	이탈리아 서부물	3,057,000
〈엘도라도〉	미국 서부물(하워드 호크스)	2,692,000
〈증오를 위한 증오〉	이탈리아 서부물	2,432,000
〈워 웨건〉	미국 서부물(존 웨인)	2,378,000
〈욕망〉	(미켈란젤로 안토니오니)	2,085,000
〈어글리 닥스훈트〉	미국 코미디(디즈니)	2,024,000
〈가장〉	이탈리아 코미디	1,924,000

출처: Lo Spettacolo, Vol. 20, No. 1 January~March 1970.

오 모니첼리의 〈위대한 전쟁〉—두 영화 모두 1959년 베니스 영화제 수상작이다—같은 후기 네오리얼리즘 영화, 엘리오 페트리와 프란체스코 로시의 정치영화에 이르는 영화들이 모두 이 시기에 만들어졌다. 또한 이 기간에 '이탈리아풍 코미디'로 알려진 코믹 장르와 스파게티 웨스턴(150여 편), 잘 짜인 이탈리아 공포영화(다리오 아르젠토의 1970년작 〈수정 깃털의 새〉)가 정립되었고, 베르나르도 베르톨루치, 타비아니 형제, 에토레 스콜라, 마르코 페레리 같은 중요한 인재들이 등장했다. 물론 펠리니, 볼로니니, 비스콘티, 데 시카 같은 연륜 있는 기성 감독들도 여전히 생애 최고의 영화들을 만들어내고 있었다.[33]

다른 대다수 나라들의 영화들과 비교해 매우 두드러진 이 영화들은 굉장한 대중적 성공을 거두었다. 1970년대에 적어도 이탈리아에서만큼은 작품성과 대중성이 함께 갈 수 있을 것처럼 보였다. 1969~70년에 최고의

거장 페데리코 펠리니의 1965년 모습. 그는 현실에 깊이 뿌리박은 네오리얼리즘 영화부터 환상적인 영화까지 다양한 영상언어를 구사하여, '펠리니적'이라는 수식어가 붙을 만큼 독보적인 위치에 올랐다.

흥행수익을 거둔 작품 2위는 비스콘티의 〈저주받은 자들〉, 5위는 펠리니의 〈사티리콘〉이었고, 1971~72년에는 파솔리니의 〈데카메론〉이 2위를, 1972~73년에는 베르톨루치의 〈파리에서의 마지막 탱고〉가 2위를 차지했다(1위는 〈대부〉였다).[34] 1975년까지 이탈리아인들은 영화관으로 떼를 지어 달려갔다. 그리고 이 번창하던 시장에서 가장 큰 몫은 이탈리아 영화들이 가져갔다. 대중문학이나 대중언론을 만드는 데에는 실패했던 나라가 이제 지식인들이 꿈꾸던 상황, 곧 높은 질과 상업적 성공을 결합한 예술을 만드는 데에 성공한 것이다. 영국이나 미국에서는 영화광들이 즐겨 찾는 예술영화 전용관에서나 볼 수 있었던 영화들을 이탈리아에서는 지역 영화관에서 '보통'사람, 술집 여종업원, 변호사, 매춘부, 교수가 함께 즐길 수 있었다. 그다지 바람직하지는 않은 가설이지만, 1970년대 초에 영화에서 섹스를 보여주는 가장 확실한 방법은 그것을 고급예술로 포장하는 것이었다. 그래도 〈파리에서의 마지막 탱고〉는 결국, 이탈리아에서 모든 사람이 영화를 본 뒤였지만, 상영이 금지되었다. 사실 익살스러우면서도 선정적인 영화들도 있었는데, 호들갑스럽고 거의 번역이 불가능한 제목을 달아 고급문화를 패러디한 경우가 많았다(이를테면 대략 '아주 뜨겁고 아주 홀딱 벗은 위대한 엉덩이, 우발다'로 옮길 수 있는 1972년작 〈Quel gran pezzo dell'Ubalda tutta nuda e tutta calda〉처럼). 그러나 이런 영화들에는 성적 자극이 전혀 없었다(아마도 우스꽝스럽게 외설적이어서 그럴 것이다). 1970년대 후반에 이르자, 상황이 또 급격하게 바뀌었다. 이제는 파솔리니의 영화를 참을성을 발휘해가며 보는 대신에, 지역 영화관과 텔레비전에서 편안하게 소프트포르노 영화를 볼 수 있었다.

1970년대 후반에는 미국 영화와 값싼 이탈리아 코미디가 인기를 끌었지만, 이탈리아 관객은 그 10년 사이에 50퍼센트나 줄어들었다.[35] 1976년에 내려진, 텔레비전 방송의 국가독점은 전국 방송에 국한된다는 이탈리아 헌법재판소의 판결에 뒤이은 텔레비전 방송의 자유화와 채널 다양화가 결정타였다. 이탈리아인들은 이제 영화를 향한 뜨거운 갈망을 집에서 채울 수 있었다. 이탈리아 영화산업은 야심 찬 영화의 제작 편수를 줄였고, 2000년에 이르면 이탈리아는 유럽 시장의 흥행수익 가운데 1퍼센트도 벌어들이지 못했다.[36]

미국만이 고예산 영화를 만들 수 있었지만, 이런 영화들은 위험부담이 컸다. 영화 한 편에 의존하다가는 스튜디오가 파산할 수 있었다. 바로 유나이티드 아티스츠가 그랬다. 이 영화사는 상영시간 세 시간을 훌쩍 넘기면서 예산을 지나치게 초과한 마이클 치미노의 〈천국의 문〉(1980) 때문에 사실상 파산하고 말았다. 그래서 영화사들은, 성공작이 나오면 흔히 속편—다는 아니지만 대개는 원작보다 덜 성공적인—을 제작했고, 더 값싼 감독과 무명배우들을 고용해 속편의 속편까지 만들어가면서 그 시리즈로 뽑아낼 수 있는 마지막 한 개의 동전까지 수단과 방법을 다해 쥐어짜냈다. 이를테면 1980년에 공포영화 시리즈 〈13일의 금요일〉에서 살인행각을 시작한 제이슨 부히스는 2002년까지 적어도 아홉 편의 속편에서 다양하게 환생해서 살인을 계속 저질러갔다.

〈13일의 금요일〉 시리즈	〈13일의 금요일〉	1980
	〈13일의 금요일 2〉	1981
	〈13일의 금요일 3: 3D〉	1982
	〈13일의 금요일: 파이널 챕터〉	1984
	〈13일의 금요일: 새로운 시작〉	1985
	〈13일의 금요일 6: 제이슨 살아 있다〉	1986
	〈13일의 금요일 7: 새로운 살인〉	1988
	〈13일의 금요일 8: 맨해튼에 나타난 제이슨〉	1989
	〈제이슨 지옥에 가다: 최후의 금요일〉	1993
	〈제이슨 X〉	2002

배우, 감독, 장르는 여전히 영화의 중요한 판매소구점이었고, 그중에서도 특히 배우가 중요했다. 특급 출연료를 받는 슈퍼스타들은 영화산업의 방향을 가를 수 있었다. 1930년대의 슈퍼스타들은 거액을 받는 대신 스튜디오에서 요구하는 대로 해야 했다. 하지만 이제는 스타들이 요구했다.[37] 그리고 몇몇 예외는 있었지만 세계적 스타들은 계속 미국인이었고, 절대다수가 남성이었다. 로버트 드니로, 알 파치노, 잭 니콜슨, 톰 행크스, 마이클 더글러스, 워렌 비티, 해리슨 포드, 톰 크루즈 같은 배우가 그렇다. 또한 한동안 제인 폰다, 메릴 스트립, 다이앤 키튼이 그랬던 것처럼, 지금은 줄리아 로버츠(2000년의 미국 오락산업에서 가장 막강한 인

물 3위)[38], 니콜 키드먼도 이 슈퍼리그에 들어가 있다. 영화 제작에 참여하는 나머지 사람들은 여전히 일반 공중에게는 알려지지 않는다. 시나리오 작가 같은 몇몇 사람은 적어도 미국에서는 높은 보수를 받지만, 유명 오페라의 리브레토 작가들이 그랬듯이 그 존재는 눈에 띄지 않는다. 오스카상 후보에 오른 〈킬링필드〉(1984)의 시나리오 작가이자 컬트영화 〈위드네일과 나〉(1987)의 작가 겸 감독인 브루스 로빈슨의 한탄이 상황을 전형적으로 보여준다.

> 시나리오 작가로 산다는 것이 얼마나 끔찍한 일인지 그들은 전혀 알지 못한다. 사람들은 어쨌든 화려한 직업일 거라고 생각하지만, 실은 그게 아니다. 시나리오를 쓴다는 것은 영혼을 파괴하는 일일 수도 있다. 아무 시나리오 작가나 붙잡고 물어보라, 모두 똑같은 얘기를 할 것이다. …… 이 업계에서 시나리오 작가는 먼지 같은 존재다. …… 작가는…… 여전히 개똥 취급을 받는다. 화가가 아무리 삼류 피카소일지언정 이래라저래라 간섭하거나 "오, 여기 배경에 있는 나무들이 파란색이군요. 초록색으로 해야겠는데요!"라고 말하는 건 꿈도 못 꿀 일이다. 그런데 시나리오 작가에게는 믿을 수 없을 만큼 제멋대로 행동한다.[39]

영화 속의 섹스

지나치게 까다로운 헤이스 규약은 연령별 등급을 지지하는 할리우드에 의해 1968년에 폐지되었다. 서구 어디에나 검열은 줄곧 있었고, 검열은 주로 성에 관한 묘사를 겨냥했다. 그럼에도 영화에 섹스 장면이 더 많다는 것은 수십 년 동안 영화관이 텔레비전보다 유리한 점 가운데 하나였다. 텔레비전은 자제해야 했고, 그 작은 화면으로 영화를 방영할 때는 대개 노출 장면을 편집했다. 스크린에서 벌어지는 가상의 성행위를 보려면 영화관에 가야 했다. 1960년대부터, 섹스 장면이 이야기 전개에 꼭 필요할 때만, 또는 막간의 기능으로만 나오는 극히 점잖은 영화들과 나란히, 불법 '하드코어' 포르노그래피와 성애를 다룬 주류 영화 사이의 회색지대에서 '섹스플로이테이션sexploitation'이라는 별명이 붙은 장르가 성장했다. 관습적인 도덕관이 끊임없이, 그리고 급속하게 달라지기에, 명확하게 분류한다는 것은 불가능하다. 1950년대 후반에는, 영국 영화관의 은막에서는 섹스에 대한 언급이라곤 하나도 없는 '나체주의자'에 관한 다큐멘터리에서 말고는 발가벗은 여성을 볼 수가 없었다—이탈리아는 물론이고 프랑스에서도 그렇지는 않았다. 1970년대 후반에는 상황이 바뀌어, 영국 영화의 5분의 1쯤이 '섹스' 영화로 분류되었다. 〈창문닦이의 고백〉, 〈계속할 수 있어, 잭?〉 같은 제목이 붙은 이런 영화들 다수는 뮤직홀 공연이나 (왜소한 남성과 가슴 큰 여성이 그려진) '우스꽝스러운' 해변엽서처럼 섹스를 희극적인 행위로 다룸으로써 섹스의 극적 효과를 완화했다.[40] 그러나 이것이 영국만의 장르는 아니었다. 이탈리아도 1970년대에 〈여학생〉, 〈여교사〉, 〈여경찰〉 같은 제목의 성적인 희극영화를 수십 편씩 만들어냈다.

미국은 서구에서 가장 중요한 기독교부흥운동의 본거지이기도 하지만, 세계 최대 섹스산업의 본거지이기도 하다. 플로리다 주 올랜도 근처의 페어빌라 메가스토어 같은 상점이 있는 나라는 미국밖에 없다. 1,300평방미터 면적의 이 상점은 수천 개의 성애 비디오와 DVD, 바이브레이터, 섹스토이, 정력제, '카마수트라 제품', 마사지 로션, '커플을 위한 게임', '총각파티 준비용품', 윤활제 따위를 (온라인으로도) 판다.

섹스플로이테이션 영화인 러스 메이어 감독의 〈로나〉(1964) 포스터. 섹스플로이테이션 영화란 1960년대에 검열을 피해서 적나라하지 않은 성적 상황과 알몸을 보여주기 위해 제작한 일군의 저예산 영화를 말한다. 일반 영화의 수익 하락을 우려한 미국영화협회와 종교단체들의 견제를 받았고, 1970년대에 들어서 하드코어 포르노그래피가 성장하면서 급속히 쇠락해갔다.

포르노 영화는 제작비가 싸다. 세트는 침실이니 가구만 계속 재배치하면 되고, 출연진 대부분이 아주 적은 보수를 받고, 감독은 촬영기사보다 덜 중요하다. 등장인물은 서너 명까지 줄일 수 있고, 엑스트라는 거의 없으며, 흔히 대엿새면 영화가 만들어진다. 이 분야의 전문가인 프랑스 감독 에릭 드 윈터의 설명에 따르면, 포르노 영화는 예산이 물 한 방울 샐 틈도 없을 만큼 빡빡하고, 스튜디오를 미리 정해진 시간만큼만 빌린다. 그리고 아주 엄격하게 설정된 최저수준 이상으로 영화의 질을 향상시키는 것을 돈 낭비이자 시간 낭비로 여긴다. 그렇게 한다고 관객이 느는 게 아니니까.[41]

영화의 관점에서 볼 때, 이런 영화에서 최대의 난관은 섹스 장면들 사이사이의 공간을 채울 내러티브를 찾는 일이다. 관객 대부분은 섹스 장면으로만 이루어진 영화를 지루해하기 때문이다. 포르노 영화는 제작비가 적게 들지만, 대부분은 버는 돈도 적다. 물론 예외는 있다. 1972년에 만들어진 〈목구멍 깊숙이〉는 제작비가 겨우 2만 5,000달러였지만, 개봉 첫 주에만 3만 3,000달러의 수익을 올렸다. 그리고 1973년 1월까지 미국 전역 70개 도시에서 상영되어 총 320만 달러를 벌어들였다.[42] 1982년에 프랑스에서 개봉된 제라르 키코인의 프랑스 포르노 영화 〈부르주아이자…… 창녀!〉는 관객 14만 3,000명이 전부였지만, 〈할로윈 2〉(6만 1,000명)나 〈그리스 2〉(5만 4,000명)에는 크게 앞섰고, 16만 3,366명이 관람한 〈마음의 저편〉(프랜시스 포드 코폴라, 미국, 1982, 촬영은 거장 비토리오 스토라로)에도 그리 뒤지지 않았다.[43] 수준 높은 기술로 촬영된 소프트코어 영화인 쥐스트 재캥의 〈에마뉘엘〉(1974)은 상업적으로 볼 때 프랑스 영화사상 가장 성공한 영화가 되었다. 앞에서 언급한 1972년작 〈아주 뜨겁고 아주 홀딱 벗은 위대한 엉덩이, 우발다〉는 제작비 6,000만 리라(10만 달러)를 들여 그 열 배를 거둬들였다.[44]

　포르노 영화 산업의 총수익은 할리우드의 흥행수익에 뒤지지 않고, NBC, CBS, ABC의 수익을 모두 합한 것보다 많다고 추산된다.[45] 그러나 이 통계치는 특히나 미덥지 못하다. 섹스가 잘 팔리는 건 사실이지만, 대개는 더 폭넓은 이야기로 포장해야 한다. 지난 20년 동안 가장 인기 있었던 영화들에는 섹스 장면이 거의 없다. 기껏해야 키스 몇 번 정도다. 게다가 영화관에 가는 것은 비교적 공적인 행위다. 많은 남자들은 섹스 영화를 보러 가는 모습을 들키고 싶어하지 않는다. 포르노그래피 소비자라는 이미지는 부정적이다. 포르노 영화 관객 하면, 사고방식이 자유롭고 여자친구가 많은 매력적인 남자와는 거리가 먼, 혼자 자위하는 이의 이미지가 떠오른다. 그리고 많은 사람들이 한 번쯤은 자위를 하지만, 누구도 자위가 자신의 성적 만족의 주요 원천인 것처럼 보이고 싶어하지는 않는다. 케이블 텔레비전에서, 기록된 매체로, 또는 인터넷에서 포르노 영화를 접하게 되면서, 영화관을 겨냥한 섹스 영화들의 수익성은 뚝 떨어졌다. 모든 형태의 문화상품과 더불어 노출 상품의 거래량도 늘어났지만, 그렇게도 많이들 두려워했던 포르노그래피의 범람은 일어나지 않았다.

그리고 결국 영화관을 구한 것은 '더러운' 영화들이 아니라, 달콤한 사랑, 마법, 미래, 공룡, 침몰하는 배, 재난, 잘생긴 영웅과 상냥한 외계인을 이야기하는, 젊은이들과 마음이 젊은 이들을 위한 작품들이었다.

극장

지금까지 살펴보았듯이, 영화를 집에서 보는 것과 영화관에 가서 보는 것은 다르다. 그러나 이 둘의 차이는, 연극을 극장에 가서 보는 것과 녹화된 연극(클로즈업이 없는)을 텔레비전으로 보는 것의 차이에 비하면 아무것도 아니다. 영화는 영화관용이든 텔레비전용이든 편집되고 녹화된다. 연극은 실황 공연이다. 그리고 연주와 더불어 가장 오래 살아남은 문화형식이다.

영화관도 텔레비전도 극장을 없애지는 못했다. 오히려 많은 나라에서는 극장이 20세기 초보다 말에 더 많았다. 그러나 극장은 수익을 내는 일이 드물다. 유럽 어디서든 명망 있는 극장들은 과거의 모습, 그리고 다른 극장들과 차별화되는 특별한 분위기를 보존하고, 훌륭한 새 작품들을 장려하는 것을 목표로 삼는 교육기관이자 사회기관으로 간주되었다. 19세기에는 귀족에 이어 부자들이 극장을 후원했다. 20세기에 이르러서는 지역과 중앙 당국이 상업외적 자금의 주요 원천이 되었다. 공공보조금(또는 자선 기부)이 없었다면, 유럽 대륙에서 살아남은 극장은 몇 개 없었을 것이다. 40여 개의 극장이 있는 런던 웨스트엔드는 대체로 상업적 운영을 하는 곳으로 남았지만, 나머지 유럽에는 이곳에 상응하는 데가 거의 없다. 그래도 독일(서독)에서는 1972~73년에 1,000편이 넘는 연극, 오페라, 오페레타, 발레가 2,200만 명에 이르는 관객 앞에서 공연되었다.[46] 1996~97년에도 독일에 등록된 극장은 809개였고, 좌석은 총 27만 6,000석이었다.[47] 이 수치는 독일 극장들이 받은 막대한 보조금―1973년에는, 연극표를 팔아가지고는 극장 총예산의 18.5퍼센트밖에 감당하지 못했다[48]―과 싼 입장료, 인기를 끈 시즌 패키지 제도의 직접적인 결과다. 그럼에도 독일에서는 카바레를 포함한 모든 형태의 공연이 계속 번창하고 있다. 이를테면 쾰른이 본거지인 여성 순회극단 '마마 그라파'는 1981년부터 독일 전역에서 관객들의 사랑을 받으며 공연을 이어가고 있고, 쿠르트 바일이 브레히트의 가사에 곡을 붙인 노래들을 현존 가수로는 가장 훌륭하게 해석한다는 우테 렘퍼는 국제적으로 명성을 날리고 있다.

최고라고 평가받던 과거 작품들을 보존하려면 보조금이 필요했다. 이 작품들이 민간 시장에 맡겨졌다면, 아마 살아남지 못했을 것이다―적어도 몇몇 지역에서는 사라지고 말았을 것이다. 스페인이 전형적인 예다. 스페인 내전 기간에 프랑코의 승리가 굳어질 무렵, 프랑코는 공화파가 국유화했던 극장들을 민영으로 돌려놓았다. 그러나 고급문화의 수준을 유지하고 싶어했던 정권의 바람과는 달리, 관객 대다수는 감상적인 코미디를 선호했다. 그래서 정권은 1940년에 국가가 통제하는 극장 두 개(에스파뇰 극장, 마리아 게레로 극장)를 설립하기로 결정했다.[49]

유럽의 다른 나라들도 대부분 스페인과 마찬가지였다. 민영극장이 상업적 연극을 공연하는 동안, 보조금을 받는 극장이 과거의 연극과 새로운 아방가르드 연극이 주는 영광을 독차지했다. 주요 '국립'극장은 유럽 각지에 오래전부터 있었다. 프랑스에서는 1680년에 코메디프랑세즈가 설립되었고(이후 몇 세기 동안 여섯 개가 더 생겼다), 덴마크(왕립극장, 1772), 헝가리(1840), 루마니아(1854), 세르비아(1869), 오스트리아(부르크 극장, 1776), 스웨덴(왕립드라마극장, 1788), 네덜란드(1870), 불가리아(1907), 그리스(1930), 벨기에(1945)에도 국립극장이 있었다. 영국은 오랫동안 예외였지만, 마침내 1963년에 국립극장이 설립되었다.

극장 레퍼토리는 오페라 레퍼토리처럼 고정되지도 않았고, 그렇다고 영화관 레퍼토리처럼 끊임없이 바뀌지도 않았다. 현재의 레퍼토리는 전해지는 그리스 고전극 대부분, 정선한 16세기와 17세기 연극(셰익스피어, 로페 데 베가, 칼데론 데 라 바르카, 몰리에르, 라신), 소수의 18세기 작품(골도니 같은), 낭만주의 시대 작가들(괴테, 뮈세, 실러, 위고)의 작품, 마지막으로 19세기 후반과 20세기 주요 극작가(입센, 체홉, 와일드, 쇼, 오닐, 스트린드베리, 피란델로, 브레히트)의 작품으로 이루어져 있다. 여기에 더 최근 작가인 장 아누이, 아서 밀러, 테네시 윌리엄스, 사뮈엘 베케트, 외젠 이오네스코, 막스 프리쉬, 프리드리히 뒤렌마트, 에두아르도 데 필리포를 더할 수 있고, 더욱 최근으로 오면 페터 바이스, 다리오 포, 해럴드 핀터, 존 오스본, 앨런 에이크번, 마이클 프레인, 톰 스토파드를 추가할 수 있을 것이다.

이런 작품들이 현대의 대중적인 연극 및 뮤지컬과 경쟁하고 있다. 이를테면 서독에서 1973~74년 시즌에 가장 많은 작품이 상연된 작가는 브레히트, 셰익스피어, 몰리에르 순이었지만, 실러는 현대 코미디에 밀려 5위였다.[50] 중장기적으로 보면, 고전극이 이긴다. 독일에서 1964년에서

1974년 사이에 가장 많이 공연된 극작가는 셰익스피어, 브레히트, 몰리에르, 실러 순이었다.[51]

실황 공연에서는 레퍼토리가 거의 고정되려 할 때마다, 공연 책임자가 혁신을 일으킬 특권을 갖는다. 고전 기악과 오페라 음악에서는 연주자와 지휘자가 혁신을 일으켰고, 연극에서는 연출가가 핵심적인 혁신가가 되었다. 1960년 이후의 유럽 엘리트 연극의 특징은—19세기 말의 엘리트 연극과 마찬가지로—카리스마 있는 연출가가 급증했다는 것이었다. 그들은 옛 연극들을 완전히 새로운 방식으로 무대에 올렸고, 자신의 직권으로 기존 레퍼토리에 새로운 연극들을 도입했다.

몇몇 연출가는 기존의 고전을 개작하거나 서로 이질적인 여러 작품에서 빌려온 줄거리를 재구성함으로써 사실상 자기 자신의 연극을 창작했다. 폴란드 도시 제슈프 토박이인 예지 그로토프스키의 경력을 예로 들 수 있다. 그는 1957년에 폴란드 최초로 외젠 이오네스코의 아방가르드 작품 『의자들』을 무대에 올렸고, 그 뒤로도 남다른 경력을 쌓으며 크라쿠프의 스타리 극장에서 체홉의 희곡들을 연출했으며, 바이런의 『카인』, 인도 고전 이야기 『샤쿤탈라』, 괴테의 『파우스트』, 아담 미츠키에비치의 『지아디』, 크리스토퍼 말로의 『파우스트 박사의 비극』, 셰익스피어를 '모방한' 『햄릿 연구』 같은 작품들을 무대에 올렸다—그러면서 새로운 형식의 연기 훈련법을 개발했다. 그로토프스키는 브로츠와프에 있는 자신의 실험극장에서 조명과 배경 같은 비본질적인 요소들을 빼고 배우가 연극의 중심임을 강조하는 연극('가난한 연극') 개념을 도입했다. 이런 연극에서 배우의 임무는 "촬영기사, 의상 담당자, 무대 디자이너, 메이크업 담당자 뒤에 숨지 않고 자기를 드러내면서 관객과 친밀하게 만나는" 것이었다.[52] 그러나 배우는 "창조적 활동에 전념하는 누군가의 안내를 받을 수밖에 없다".53) 작품을 '재창조'한다는 발상은 많은 연출가에게 열렬히 환영받았다. 영국과 나중에는 프랑스에서 활동한 피터 브룩, 이탈리아의 조르조 스트렐러, 스웨덴의 잉마르 베리만, 러시아의 유리 류비모프, 서독의 페터 슈타인, 동독의 루트 베르크하우스 같은 이가 그런 연출가였다. 그들이 무대에 올린 희곡들의 진정한 저자는 흔히 그들 자신이었다.

어떤 희곡이든 무대에 올리면 설령 원작을 크게 바꾸지 않더라도 완전히 다른 의미로 받아들여질 수 있다. 셰익스피어의 『베니스의 상인』을 예로 들어보자. 제2차 세계대전과 홀로코스트가 일어나기 전에는, 이 작품은 유대인의, 적어도 특정한 유대인 샤일록의 부정적인 초상을 보여주는 희곡으로 여겨졌다. 이것은 '천재'의 상징인 셰익스피어의 지위를 손상했다. 그 지위는 전통적으로 셰익스피어의 희곡들이 영원한 진리를 담고 있다는 지적으로 정당화된 것이었다. 하지만 반유대주의는 명백히, '영원한 진리'가 아니라 역사적으로 만들어진 편견이다. 셰익스피어의 다른 '문제작'『말괄량이 길들이기』도 페미니즘 시대에 비슷한 문제들을 야기한다.

1945년 이후의 이 문제에 대한 '해결책'은 『베니스의 상인』의 특정한 측면을 부각하고, 특히 아래의 유명한 구절을 강조함으로써 샤일록을 영웅으로 만드는 것이었다.

> 유대인은 눈도 없는 줄 아시오? 손도, 오장육부도, 사지도, 감각도, 희로애락도 없는 줄 아시오? 우리도 당신네 예수쟁이들처럼 같은 음식을 먹고, 칼에 베이면 같은 피가 나고, 같은 병에 걸리면 같은 약을 먹어야 하고, 겨울에는 춥고, 여름에는 덥소. 우리는 뭐 찔러도 피 한 방울 안 나오는 그런 족속

1970년 조녀선 밀러가 연출한 〈베니스의 상인〉에서 샤일록을 연기하는 로렌스 올리비에. 이 연극에서 샤일록은 에드워드 시대의 세련된 은행가로 나오는데, 그것은 샤일록을 되도록 호의적으로 표현하기 위한 설정이었다. 셰익스피어 시대인 1596년 무렵에 대금업은 유대인 사이에 아주 흔한 직업이었고, 문학 작품에서 유대인은 흔히 돈밖에 모르는 교활하고 잔인한 인간으로 묘사되었다.

인 줄 아시오? 당신들이 간지럼을 태워도 우리 유대인들은 웃지도 않고, 독약을 먹여도 죽지 않을 줄 아시오? 당신들이 우리에게 어떤 부당한 짓을 해도 우리가 복수하지 않을 것으로 아시오?

이 구절들을 강조함으로써 관객에게 유대인과 비유대인이 똑같이 공유하는 평범한 인간성뿐만 아니라, 유대인에게도 공식적인 법적 평등권―이 권리를 믿지 않는 이에게는 부조리이고, 근대적 정의관을 받아들이는 이에게는 최소한의 요구다―이 있다는 샤일록의 기대 또한 환기시킨다. 그 효과는 샤일록 역을 로렌스 올리비에 같은 '영웅적'인 배우에게 맡김으로써 한층 더 강력해졌다. 홀로코스트가 없었다면, 샤일록 캐릭터를 그런 식으로 다시 쓰는 일은 없었을 것이다. 1950년대에 이 작품이 이스라엘에서 상연되었을 때는, 현지 배우들 가운데 가장 영웅스럽게 생긴 아하론 메스킨이 샤일록 역을 맡았고, 모든 사람이 그를 자신과 동일시했다. 모름지기 정설이란 아무리 최근 것이라도 수정되기 마련이다. 하지만 모든 사람이 수정할 권한을 얻는 것은 아니다. 그래서, 1970년에 샤일록을 다시 탐욕스러운 고리대금업자로 돌려놓은 이는 이스라엘의 젊은 연출가 요세프 예즈라엘리였다. 그러나 예즈라엘리의 샤일록은 영웅적이거나 고결하지는 않았지만 존중받아 마땅한 권리를 가진 이였다—칭찬할 만한 생각이지만, 엘리자베스 시대의 관념과는 조금 거리가 있다.[54]

연극은 1960년 이래로, 텔레비전이 있음에도(아니면 텔레비전 덕분에?), 과거 어느 때보다 번창하고 있다. 텔레비전과 광고에서 연기 일자리가 급증하면서 배우들의 전망도 넓어져서, 몇몇 배우는 다른 분야에서 벌이가 더 좋은 일을 해서 무대 일을 보조할 수 있게 되었다. 배우 대다수는 항상 실업자다. 그나마 무대에서 연기를 할 때도, 보수는 형편없다. 런던의 웨스트엔드(유럽 최고의 연극 공간이다)에서 노동조합이 설정한 최저임금은 2005년에 일주일 8회 공연에 358파운드였다. 1년 내내 휴일도 없이 일해도 연봉이 2만 파운드에 미치지 못한다는 얘기다—배관공 연봉의 절반도 안 된다. 그래도 아마추어 배관공(자기가 직접 고치는 이는 빼고)은 거의 없지만, 영국에만 아마추어 연극단과 오페라단이 5,000개가 넘는다. 게다가 2003년에는 극장이 541개 있었다.[55] 다른 나라 배우들은 영국 배우들보다 운이 나쁘다. 런던 무대는 이를테면 독일 무대보다 스타 위주이고, 영국 배우는 당연히 영어를 쓰기 때문에 미국 영화에 출연하는 꿈을 꿀 수도 있다. 그런 배우들 가운데 앤서니 홉킨스, 에마 톰슨, 피터 오툴, 리처드 버턴, 로렌스 올리비에 같은 이는 국제적 스타가 되었다.

그 결과 가운데 하나가 런던이 위대한 연극의 중심지로 남아 있다는 사실이다. 2003년 1월 한 달 동안에만 새로운 작품 38편이 런던에서 초연되었다(그 가운데 번역 작품은 사실상 딱 한 편뿐으로, 데이비드 파가 도스토옙스키의 『죄와 벌』을 각색해 이스트런던 댈스턴의 공장을 개조한 극장인 아콜라 극장에서 상연했다).[56] 같은 해 4월 23일부터 5월 9일까지 2주 동안, 신작 25편이 초연되었다.[57] 독일에서는 1970년대 초에 수백 개의 극장에서 정기적으로 연극이 제작되어, 거의 5만 회의 공연이 이루어졌다.[58] 1963년에 이탈리아에는 극장이 456개 있었다는 통계가 있는데, 이것은 '공식적으로' 극장으로 등록된 공연장만을 계산한 수치다.[59]

연극을 관람하는 비용이 실황 공연이 아닌 다른 오락을 즐기는 비용보다 훨씬 비싸다는 점에서, 연극은 여전히 엘리트 장르다. 유럽과 북아메리카의 연극 관객들은 전문직 종사자에 수입이 평균 이상일 가능성이 크다.[60] 그러나 이런 엘리트가 예전보다 훨씬 많아졌다. 공연장이 세 개 있는 런던 국립극장은 2003~04년에 총 1,000회를 공연해 73만 1,000장의 표를 팔았는데(1999년에는 59만 3,000장이었다), 이 가운데 10만 명이 이 극장을 처음 찾은 이였다.[61]

연극이 검열을 가장 심하게 받는—19세기에 그랬듯이—문화형식에서 가장 약하게 받는 문화형식으로 바뀐 까닭은 연극을 접하는 이의 수가 한정되었다는 데에 있다. 이를테면 공산주의 나라 유고슬라비아에서는 1950년대에 아서 밀러의 『어느 세일즈맨의 죽음』, 『시련』, 『다리 위에서 바라본 풍경』과 테네시 윌리엄스의 『유리 동물원』, 『뜨거운 양철지붕 위의 고양이』, 존 오스본의 『성난 얼굴로 돌아보라』를 무대에서 볼 수 있었다. 사뮈엘 베케트의 『고도를 기다리며』는 1955년에 상연이 금지되었지만, 빗발친 항의 덕분에 이듬해에, 비록 작은 실험극장(베오그라드의 아틀리에 212)에서이긴 했지만, 다시 공연되었다.[62] 그러나 베케트는 '자유주의' 영국에서도 난관에 부딪혔다.『고도를 기다리며』는 1955년 8월, 런던의 민영극장 아츠 극장에서 초연되었다. 그때 스물네 살이었던 피터 홀이 연출을 맡았는데, 존 길구드, 알렉 기네스를 포함한 가장 유명한 영국 배우들은 출연을 고사했다.『타임스』도 인물들에 "보편성이 없어서 근본적으로 믿음이 가지 않는 허구의 산물"처럼 느껴져서 별다른 감명을 받지 못했다. 이 희곡은 체임벌린 경(검열관)이 '발기' 같은 단어를 삭제하는 식의 몇 가지 수정을 거쳐서 이듬해에 크라이티어리언 극장으로 옮겨갔다.[63] 베케트는 1950년대 내내 영국 검열관 탓에 골치를 썩였다. 그는 두 번째 희곡『막판』도 '불알', '엉덩이', '오줌' 같은 단어는 물론이고 검열관이 외설적이라고 판단한 그 밖의 대목들을 삭제하고 1958년에야 무대에 올릴 수 있었다.[64]

명망 있는 연극들 옆에는 줄곧 번창하는 상업적 연극들이 있었다. 19세기에 유행했던 멜로드라마와 소극은 1960년대부터는 더는 지배적인 장르가 아니었다―텔레비전 연속물과 30분짜리 코미디는 무시무시한 경쟁자였다. 연극은 뮤지컬처럼 아주 색다른 경험을 제공해야 했다. 뮤지컬에서 미국은 오래도록 압도적인 패권을 유지해왔다(제4부 417~19쪽 참조). 그러나 1960년 이후로 그 패권은 흔들리기 시작했다. 1956년에 프랑스 뮤지컬〈당신에게 오늘밤을〉[원제는〈달콤한 이르마〉]이 파리에서 초연되었다. 푸치니의〈라보엠〉(1897)에 영감을 준, 뮈르제의『보헤미안의 생활 정경』(1848)에 나오는 관습적인 파리 풍경을 이용한 뮤지컬이었다. 여주인공 이르마의 파리는, 미미와 뮤제타(〈라보엠〉의 여성들)의 파리와 마찬가지로 실패한 예술가들, 성욕 강한 부자 늙은이들, 마음이 고결한 매춘부들(특히 이르마 자신), 매력적인 기둥서방들의 세계였다. 음악은 에디트 피아프의 노래들을 주로 작곡한 마르게리트 모노가 맡았다. 대사는 물론 프랑스어였다. 〈당신에게 오늘밤을〉은 영어로 번역되어 브로드웨이와 런던 웨스트엔드에서 큰 성공을 거두고 나서야 비로소 국제적인 인기를 얻었다.[65] 이 작품의 성공으로 영국과 프랑스 뮤지컬이 미국 뮤지컬에 도전할 길이 열렸다.

그런 도전이 한결 쉬워진 것은 1930년대부터 브로드웨이 무대를 지배해왔던 미국의 작곡가와 작사가 세대가 1960년 이후 죽거나 활동을 접었기 때문이었다. 오스카 해머스타인은 1960년에, 콜 포터는 1964년에 죽었다. 프랭크 로서는 1969년에 죽었지만, 이미 〈노력하지 않고 출세하는 법〉(1961) 이후로는 작품을 거의 쓰지 않고 있었다―그의 마지막 대히트작은 〈아가씨와 건달들〉(1950)이었다. 1988년에 죽은 프레더릭 로우 또한 〈캐멀롯〉(1960)과 뮤지컬 영화 〈지지〉(1958) 이후로는 쓴 곡이 거의 없었다.

그래도 미국인들은 히트작들을 생산해냈다. 골트 맥더멋이 작곡하고 제롬 래그니와 제임스 라도가 가사를 쓴 혁신적인 록뮤지컬 〈헤어〉(1967)가 대표적이다. 그러나 미국인들의 패권은 이제 견고하지 않았다. 라이어넬 바트와 데이비드 헤네커는 〈딸들을 가두어라〉(1959)와 〈올리버〉(1960)로 '영국' 뮤지컬이 등장할 길을 닦았다. 런던이 세계적으로 중요한 연극 중심지가 아니었더라면, 그 언어가 영어가 아니었더라면, 웨스트엔드가 수많은 미국인 관광객이 '구 유럽'을 방문하러 가는 길에 거의 반드시 들르는 명소가 아니었더라면, 이런 일은 결코 일어날 수 없었을 것이다. 앤드루 로이드 웨버의 성공적인 영국 뮤지컬들이 등장한 데에는 이런 배경이 있었다. 웨버는 일종의 칸타타인 〈요셉과 놀라운 색동옷〉(1968)으로 시작해, 음악적으로 〈헤어〉에서 영감을 받은 〈지저스 크라

1986년 10월 9일 〈오페라의 유령〉이 초연된 웨스트엔드의 허매저스티스 극장. 리처드 스틸고와 찰스 하트가 작사를, 질리언 린이 안무를 맡은 이 뮤지컬은 2010년 10월에 런던에서만 1만 회 공연을 넘겼다.

이스트 슈퍼스타〉(1971), 이어서 에바 페론의 삶을 다룬 〈에비타〉(1976), 그리고 T. S. 엘리엇의 시들을 토대로 눈에 띄는 플롯이 없음에도, 또는 그 덕분에 놀라운 성공을 거둔 〈캣츠〉(1981)를 작곡했다. 그런 다음에는 〈스타라이트 익스프레스〉(1984, 18년 동안 7,406회 공연되었다), 가스통 르루의 1911년 소설을 각색한 작품으로 경이로운 성공을 거둔 〈오페라의 유령〉(1986)을 내놓았다. 이것은 뮤지컬시장의 '전 지구적' 성격을 보여주는 징표였다. 베르디나 푸치니의 많은 오페라에 특별히 이탈리아적인 주제가 없었던 것처럼, 이 작품들 가운데에도 특별히 '영국적'인 것은 별로 없었다.

뮤지컬은 국제적인 장르, 더 정확히는 영국과 프랑스의 장르가 되었다. 1980년대와 1990년대의 대히트작 가운데 〈레미제라블〉이 있다. 〈레미제라블〉은 인기 작곡가 클로드 미셸 쇤베르크와 작사가 알랭 부빌,

장 마르크 나텔이 모두 프랑스인이고, 빅토르 위고의 유명한 걸작(제2부 206~9쪽 참조)을 각색한 작품이라는 점에서 '프랑스' 뮤지컬이었다. 이 뮤지컬은 1980년 파리 무대에서 초연되었으나 호평을 받지 못했다. 런던의 제작자 캐머런 매킨토시(〈캣츠〉 제작자)의 눈에 띄지 않았다면 아마도 잊히고 말았을 것이다. 이 작품은 1985년에 런던 무대를 위해 영어로 번역되었다. 그리고 프랑스에서는 어린 학생도 알 만큼 친숙하지만 다른 곳에서는 아무도 모르는 캐릭터인 거리의 아이 가브로슈를 없애고 새로운 인물들을 추가해 프랑스 색깔을 덜어냈다. 사실 위고가 쓴 이 위대한 소설의 플롯은 프랑스 바깥에는 거의 알려져 있지 않았다. 음악적으로 말해 〈레미제라블〉은 〈헤어〉와 〈지저스 크라이스트 슈퍼스타〉를 본뜬 록오페라 양식이지만, 코제트 부분에는 거의 오페라 소프라노 목소리가 어울렸다.[66] 2000년까지 〈레미제라블〉은 27개국에서 공연되고, 16개 언어로 번역되었다. 프랑스인들은 자기네와 전혀 연관이 없는 이야기로 두 번째 행운을 노렸다. 푸치니의 〈나비부인〉을 베트남전 막바지의 사이공을 배경으로 해서 개작한 〈미스 사이공〉(1989)이었다. 이 작품은 영국에서 가장 성공한 뮤지컬 가운데 하나가 되었고, 이어서 브로드웨이를 정복하고 다른 18개 나라에서도 공연되었다.

극장은 이렇게 영화관과 마찬가지로 스스로를 쇄신하고, 전문화하고, 집에서 텔레비전 화면으로는 얻을 수 없는 경험을 관객들에게 제공하면서, 텔레비전의 맹공격을 견디어냈다.

제60장

'다른' 유럽의 문화: 공산주의

동쪽과 서쪽

유럽의 자본주의 쪽에는, 소비가 있었다. 패션이 있었다. 오락이 있었다. 양식과 크기, 색깔이 저마다 다른 자동차들이 나왔다. 음악은 사랑과 성을 찬양했다. 로맨스나 폭력이 그득한 싸구려 페이퍼백이 있었다. 영화, 텔레비전 프로그램, 음악, 책 따위에는 미국 문화가 넘쳐났다―모두 미국 문화의 존재 자체를, 근대성을 칭송했다. 추문을 퍼뜨리는 신문과 뻔뻔스러운 잡지, 그리고 정보를 주는 일간지가 있었다. 일간지는 스스로가 대기업이므로 대부분 당연히 대기업 편에 섰지만, 비판적인 신문도 있었다.

동쪽에서는, 모든 것이 단조롭고 따분했다. 옷은 볼품없었고, 패션이란 개념 자체가 없었다. 자동차는 구할 수 없거나 성능이 형편없었다. 책, 음반, 축음기, 라디오를 비롯해 모든 것이 배급되었다. 방송과 신문 뉴스는 정부의 바람을 반영했다. 책은 검열받았고, 영화와 희곡도 그랬다. 세상에서 가장 재미있는 미국 문화는 접할 수가 없었다.

서쪽은 알록달록 다채로웠다. 동쪽은 잿빛이었다. 베를린 장벽은 이런 대조를 가장 생생하게 보여주었다. 베를린 장벽의 동쪽 담벼락은 잿빛 제복을 입은 침울한 표정의 경비병들이 지키고 있었고, 원래 벽 그대로 휑했다. 서쪽 담벼락은 그래피티 예술가들이 온갖 빛깔로 장식해놓아 화려했다. 이 풍경은 현실을 묘사한 풍자화처럼 보였고 사실이 그랬지만, 어디까지나 현실의 단면일 뿐이었다.

우리는 동유럽과 중유럽(공산주의자들의 표현으로는 '사회주의 진영')의 공산주의가 어디서나 똑같은 모습이었다고 가정하지 않도록 조심해야 한다. 소련에서 금지된 것이 반드시 다른 공산주의 나라에서도 금지되지는 않았다. 미국의 어린이용 텔레비전 프로그램 〈세서미 스트리트〉는 소련에서는 문화적 제국주의의 사례로 여겨졌지만, 헝가리와 동독 텔레비전에서는 주기적으로 방영되었다. 폴란드의 한 잡지는 1957년에 조지 오웰의 『1984』—소련에서는 금기시되던 텍스트—발췌문까지 실었다.[1]

어떠한 검열체계도, 꽤나 강력한 지지나 어마어마한 공포 없이는 쉽사리 강제하지 못한다. 심지어는 공포마저도 늘 효과를 보는 건 아니다. 1980년대 루마니아의 예를 살펴보자. 니콜라에 차우셰스쿠가 서구에 진 국채를 갚기 위해 긴축정책을 실시했던 이 시기에는 영화관을 비롯한 대부분의 오락장소가 밤 9시에는 문을 닫아야 했다. 물론 사람들은 집에서 텔레비전을 볼 수는 있었지만, 이것 역시 제한되었다. 채널 두 개 가운데 하나는 방송이 일시중단되었고, 남은 하나도 일주일에 15시간만 방송을 내보냈다. 그렇지만 루마니아는 소련, 유고슬라비아, 헝가리, 불가리아와 국경을 맞대고 있었으므로, 특수 안테나만 있으면 이웃나라 방송을 수신할 수 있었다. 곧이어 안테나 암시장이 생겼고, 대가를 치르더라도 기꺼이 건물 지붕에 안테나를 세우려는 이들의 그물망이 급성장했다. 급증하는 그 안테나가 무시무시한 세쿠리타테(국가보안부)의 눈에 뜨지 않았을 리 없지만, 당국은 눈을 감아주었다. 아마도 단속을 해서 반감을 불러

그래피티로 장식된 왼쪽 벽면과 잿빛 그대로인 오른쪽 벽면이 극명히 대비되는 1986년의 베를린 장벽. 1961~89년에 약 5,000명이 담을 넘어 서베를린으로 갔고, 100~200명이 월담을 시도하다가 죽었다.

일으키느니 다른 공산주의 국가의 뉴스를 보도록 그냥 놔두는 편이 낫다고 여겼을 것이다. 루마니아의 수도 부쿠레슈티에서 잡히는 불가리아 텔레비전 채널은 하나뿐이었고, 그나마도 루마니아어(라틴계 언어)와는 매우 다른 슬라브어 방송이었다. 그러나 사람들은 어떻게든 그 방송을 시청했고, 불가리아어 어학과정에 대한 수요가 눈에 띄게 늘어났다.[2]

검열은 자신이 끔찍이도 소중하게 여기는 믿음의 일부가 반체제 작가들에게 공격받는다고 느낀 평범한 이들의 지지를 받기도 했다. 『닥터 지바고』가 외국에서 처음으로 출간된 뒤인 1958~59년에 보리스 파스테르나크 반대 캠페인이 벌어졌을 때 독자들이 신문사에 보낸 편지를 조사한 연구에 따르면, 독자편지의 대다수는 위로부터의 입김에 영향을 받아서가 아니라 『닥터 지바고』가 러시아 혁명을 공격한다는 말에 진심으로 분개한 이들이 보낸 것이었다.[3]

검열은 폭넓은 지지를 받을 때 제대로 '기능'한다. 심지어 정치권력에 의존할 필요도 없다. 미국의 거대 슈퍼마켓 월마트―책, DVD, CD의 최대 판매상―는 가족의 가치에 대한 자사의 입장에 반하는 것은 일체 들여놓지 않는다. 이 슈퍼마켓에서 금지당하지 않기 위해, 몇몇 출판업자들은 출간 전에 미리 책의 내용을 월마트에 보여준다. 몇몇 팝송의 외설적인 가사는 삐— 소리로 지워버린다.[4] 그러나 미국에서는 다른 공급자를 통하면 이런 책이나 음반을 합법적으로 살 수 있다. 공산주의 국가에서는, 대안은 암시장뿐이었다.

풍성한 문화

검열이 제한하는 것은 범위이지 양이 아니다. 공산주의 시대에 동유럽과 중유럽 시민들은 서구 시민들만큼 소비재를 많이 갖고 있지는 않았지만, 문화는 풍성하게 누렸다. 예를 들어, 동서로 나누어 각국의 실황 공연 관객 수를 비교해보자.

1980년에서 85년 사이의, 몇몇 나라의 인구 1,000명당 연간 공연예술 관객 수

헝가리	664	알바니아	321
루마니아	649	네덜란드	235
폴란드	609	이탈리아	229
덴마크	547	그리스	205
핀란드	545	벨기에	144
독일	503	포르투갈	61
캐나다	385		

출처: UNESCO, *World Culture Report*, 1998(영국, 미국, 프랑스의 자료는 없음).

동유럽의 수치는 나쁘지 않다. 알바니아처럼 가난한 나라가 네덜란드나 이탈리아보다 높다. 물론 여기서 초점은 양적인 자료다(그리고 자료는 각 나라가 직접 제출한 것이다). 제공된 공연물은 끊임없이 쏟아지는 민속춤, 제2차 세계대전 기간의 알바니아 저항군을 찬양하는 연극, 그리고 1940년대부터 1985년에 죽을 때까지 알바니아를 통치한 엔버 호자의 현명한 지도력을 찬양하는 연극이었을 것이다. 그러나 저항군을 찬양하던 작가들 전부가 정당 일꾼은 아니었다. 쇠찌꺼기 가운데에 황금이 있었다(서구에서도 그랬다). 오늘날에는 영어권에서도 발견되어 찬양받는 이스마일 카다레는 『죽은 군대의 장군』(1964)과 『위대한 겨울』(1977)을 포함한 소설들로 1960년대와 1970년대에 그의 조국 알바니아에서 높이 떠받들어졌다.[5] 그의 작품은 1990년대 들어서야 영어로 번역되었다(프랑스어에서 중역한 몇몇 작품과 알바니아에서 후원받아 번역한 작품을 빼면). 공산주의가 무너지기 전에 그는 반체제 작가로 여겨진 적이 없었으므로, 영국과 미국에서는 그의 시장성을 높이 보지 않았다(그러나 프랑스와 독일에서는 그의 책이 널리 보급되었다).

시장 메커니즘이 없다고 꼭 경쟁이 없는 건 아니다. 대부분의 영화감독은 성공적인 영화, 많은 관객을 끌어들일 영화를 만들고 싶어한다. 그들은 또 자신이 선택한 영화를 만들고 싶어한다. 관객의 욕구에 자신의 욕구를 맞추는 건 대다수 감독에게 중요한 문제다. 1970년대와 1980년대에 모든 나라의 영화감독이 직면한 곤란한 문제는 정치적 검열보다는 텔레비전이 잠재관객의 많은 부분을 집에 붙들어두고 있다는 사실이었다. '어려운' 소비에트 영화를 만들던 감독들은 할리우드에서는 자금줄을 구하기가 훨씬 더 어렵다는 것을 알아차렸을 것이다―공산주의가 무너진 뒤에 대가를 치르고 깨달은 것처럼. 명백한 증거가 있다. 1980년대 후반에 소련은 연간 약 150편의 영화를 생산했다(대략 할리우드와 같은 수치였다). 최악의 전환기가 지나간 것처럼 보이던 1996년, 영화생산량은 20편으로 떨어졌다.[6] 검열은 이미 폐지되고 없었지만, 영화감독 카렌 샤흐나자로프는 1991년에 이렇게 잘라말했다. "우리에겐 검열할 영화가 없다."[7] 사실 문제는 그전에 시작되었는데, 1980년대 후반의 미하일 고르바초프의 페레스트로이카(개혁) 시절에 제작자들은 소비에트 생활의 어두운 면을 비추는 비판적인 영화를 만들면서도 공공자금을 받을 수 있었기 때문이다. 그러나 청중은 그런 영화를 좋아하지 않았다. 반면에 서구의 비평가들은 좋아했는데, 그런 영화가 자신들이 생각하는 영화의 지향점과 일치했기 때문이다. 그런 영화는 마약중독, 매매춘, 청소년 비행과 그 밖의 사회적 병폐들을 솔직하고 사실적으로 그리고 있었다―달리 말하면, 사회주의적 사실주의의 관습들이 너무나 자주 퍼뜨렸던 이미지와는 정반대였다.[8]

소련에서 언론은 입을 틀어막혔지만, 소련 안에서 쓰이는 수십 개 언어로 인쇄되는 신문이 수천 종 있었다. 1960년대 말에 『프라우다』는 900만 부, 『이즈베스티야』는 850만 부를 찍었다. 잡지는 5,000종이 있었다.[9] 엘리트 월간지 『노비 미르』(신세계)―알렉산드르 솔제니친의 수용소 경험을 다룬 소설 『이반 데니소비치의 하루』(1962) 연재를 비롯해, 가장 과감한 문학작품들이 이 잡지를 통해 발표되었다―는 1960년대 초에 발행부수가 15만 부, 1985년에는 43만 부였다. 물론 이 가운데 많은 부수가 팔리지 않았지만, 많은 독자가 이 잡지를 사고 아마도 애독했을 것이다. 하지만 1999년에는 발행부수가 1만 4,215부로 곤두박질쳤다.

소련에서는 책값이 쌌고, 도서관도 35만 개가 있었다. 정치는 방송을 장악하지 않았다. 1970년 2월 4일의 모스크바1(수도 모스크바의 주요한 라디오 방송국)의 연속방송 20시간 가운데 노골적인 정치선전으로

1953년, 소련의 노동수용소 '굴락'에서 풀려난 직후의 솔제니친. 그는 1945년에 친구에게 스탈린에 대한 불만을 토로한 편지를 보냈다가 체포되어 1953년까지 굴락에 갇혀 있었고, 복권된 뒤 『암병동』과 『수용소 군도』 같은 작품을 국외에서 출판했으며, 1970년에는 노벨상을 받았지만, 1974년에 추방당해 20년 동안 추방생활을 했다.

분류할 만한 프로그램(레닌의 가르침에 관한 프로그램이었다)의 방송시간은 불과 1시간 5분이었다. 여기에 덧붙여 뉴스, 정치 논평, 신문 비평이 140분이었다. 나머지는 가치 있고 고상한 프로그램이었다. 민요, 발랄라이카(우크라이나의 민속악기)에 관한 대담, 키플링의 이야기를 어린이용으로 각색한 극, 프랑스어를 배우는 어린 학생들을 위한 프로그램, 그리고 다량의 고전음악(한 달에 연주회가 2,000회였다)이 방송되었다.[10]

역사 연구 분야에서는, 진정 학문적인 업적을 이루고 싶다면 중세나 먼 과거, 또는 외국에 집중해서, 아주 조심스럽게 연구하는 편이 나았다. 역설적이게도, 모스크바와 레닌그라드에서 멀리 떨어져 있는 학자가 더 자유로웠다. 다른 공산주의 나라들은 편차가 꽤 컸다. 폴란드에서는 1970년대와 1980년대에 상황이 많이 완화되었지만, 루마니아에서는 불행히도 역사에 관심이 많았던 당국 때문에 역사학에 헌신한 학자들이 곤경을 치렀다. 루마니아는 20내기 내내 국경이 불안정했고 국경을 둘러싸고 헝가리, 소련과 분쟁을 겪고 있었기에, 역사학자가 무엇을 언급하고 무엇을 빼느냐가 정치적인 쟁점이 될 수 있었다(우파 민족주의 체제였다 해도 사정은 마찬가지였을 것이다). 순응할 의사만 있다면, 역사학자들은 공공자금을—루마니아에서는(그리고 어느 나라에서도) 극히 드물게도—넉넉하게 받을 수 있었다.[11]

소비에트 텔레비전의 뉴스는 엄격한 통제를 받았지만, 뉴스의 중요도에 대한 감각이나 좋은 이야기를 만드는 요소에 대한 이해가 전혀 없었다. 정치인들에게 복종한다는 것은 당 지도자들이 연설하는 모습을 연설의 중요도와 무관하게, 또는 협동농장을 개장하는 모습을 그것이 아무리 사소한 일이건 상관없이 보여준다는 것을 뜻했다. 외국 사절단이 소련을 방문하면 마치 그것이 중요한 사건이라는 듯이, 비행기 착륙과 의장대의 사열, 어린 소녀의 꽃다발 증정, 국가 연주, 크렘린으로 향하는 리무진을 모든 채널에서 보여주곤 했다.[12] 1960년대 이탈리아의 RAI 같은 서구 방송망도 이따금 이런 영상을 내보냈지만, 소비에트 텔레비전만큼 한결같지는 않았다. 소비에트 텔레비전의 존재이유는 국가에, 더 정확히는 국가를 통제하는 이들에 봉사하는 것이었다.

1970년대와 1980년대에는 소비에트 텔레비전에서 외국 텔레비전 프로그램들이 주기적으로 방송되었는데, 절반 이상이 서유럽 것이었다. 1970년대 초의 소비에트 시청자들은 BBC에서 1967년에 방영했던 총 26편의 획기적인 연속물 〈포사이트 가 이야기〉를 볼 수 있었다. 프로그램이 시작할 때 나오는 해설은 이 연속물의 주제가 영국 지배층인 부르주아지의 몰락이라고 설명했다—재미는 없지만, 타당한 설명이다. 이 프로그램은 더빙 대신 아나운서 한 명이 러시아어 번역 대본을 읽는 동안 원작 사운드트랙의 음량을 낮추는 방식으로 방송되었음에도 대단한 인기를 끌었다.[13] 소련에서 방송된 서구 프로그램들은 중부와 동부 유럽의 모든 나라에서도 합법화되었다. 폴란드에서는 〈포사이트 가 이야기〉가 두 번 방송되었는데, 한 번은 영어 사운드트랙에 폴란드어 음성을 입혀서, 두 번째는 원작 그대로 방송되었다.

그러나 동유럽권 나라들은 소련의 복제판이 아니었다. 폴란드 공산주의자들은 자신들이 인기가 없다는 걸 알아채고, 재미있는 텔레비전 프로그램에 대한 공중의 요구를 들어주려고 애썼다. 폴란드 텔레비전은 미국에서 〈닥터 킬데어〉, 〈보난자〉, 〈페리 메이슨〉 같은 시리즈를 수입했을 뿐만 아니라, 〈닥터 킬데어〉에서 영감을 받아 시골에서 일하기 위해 도시를 떠나는 여의사에 관한 연속물을 제작하기도 했다.[14]

서구에서는 동부와 중부 유럽의 텔레비전을 대체로 선전용으로 여겼다. 하지만 그것은 부분적으로만 진실이었다. 방송 당국은 텔레비전을 국민의 문화수준을 끌어올리는 도구로서 온정주의적으로 활용하는 데에 초점을 맞추었다. 이런 관점이 워낙 팽배해서, 출판업자들은 자신들의 일이 "사람들이 원하는 책이 아니라, 사람들에게 진정으로 필요한" 책을 생산하는 것이라는 선언을 이상하게 여기지 않았다.[15] 그러나 독자들은 자기 의견을 말하고 자기가 읽은 책이 무엇이 좋고 무엇이 나쁜지를 글로 설명하라는 끊임없는 독려를 받았다. 작가들이 저마다 '단점'을 고쳐서 더 나은 책을 쓰는 데에 '도움'을 주기 위해서였다.[16]

경쟁이 없는 상황에서 텔레비전 방송국들이 시청률을 최대한 높이려고 애쓰게 할 동인은 전혀 없었다. 경쟁이 전혀 없으니 어쨌거나 시청률은 높았기 때문이다—그때까지는 서구의 많은 지역도 비슷했다. 고상한 문화관이 그 무렵의 지배적인 정서였다. 이를테면 헝가리 라디오는

1965년에 단테 알리기에리 탄생 700주년을 기념하여 『신곡』을 삼부작 각색물로 제작했다. 이어서 1969년에는 호메로스의 『일리아스』를 육부작으로 각색했다. 그러나 폴란드의 〈마티시아크 가家〉와 헝가리의 〈사보 가家〉 같은 연속극도 있었다. 〈사보 가〉는 독학한 공산주의자인 사보 삼촌과 신심 깊고 마음씨 고운 사보 부인, 그리고 그들의 두 자녀―한 명은 부자가 되고 싶어하고, 또 한 명은 제멋대로인 대학생―에 관한 이야기다. 이런 시리즈들은 엄청난 성공을 거두었고, 시청자들에게서 수많은 편지를 받았다.[17]

민중의 문화적 습관을 '개선'하는 것이 당국의 임무였지만, 그 취지는 소비자를 만족시켜야 한다는 요구 때문에 끊임없이 손상을 입었다. 독재 체제는 사람들이 특정한 책을 읽지 못하게 막을 수는 있지만, 체제가 원하는 책을 강제로 읽힐 수는 없다. 더욱이 기술 발전에 힘입어 소비자의 힘이 강해질 수도 있다(인터넷이 보여준 바와 같이). 이를테면 축음기를 산 이는 자신이 듣고 싶은 음악을 들을 수 있었다. 소비에트 당국은 고전음악이라는 이상을 적극 장려했다. 값싼 연주회와 라디오로 방송된 수많은 고전음악은 대규모 청중을 양산했다. 그러나 축음기를 산 노동자가 갈수록 많아졌고, 그들은 갈수록 고전음악을 덜 들었다. 결국 국영음반사였음에도 일종의 상업적 성공을 거두어야 했던 멜로디아는 고전음악을 희생해가며 대중음악을 점점 더 많이 생산하기 시작했다.[18] 늦어도 1970년대에는 몇몇 시장요소들이 나타나기 시작했다.

문화의 확산에 직면하여, 거의 문화의 억압만큼이나 중요했던 문제가, 특히 소련에서 더 넓은 경제 전반의 기능장애를 그대로 보여주었던 만성적인 혼란상이었다. 중앙정부의 당국은 목표치를 정했다. 생산과정의 각 부문마다 나름의 성과지표가 있었다. 출판업자들은 정해진 만큼 아주 많은 책을 출간해야 했고, 인쇄업자들은 정해진 만큼 인쇄해야 했으며, 서점들은 정해진 만큼 들여놓아야 했다. 저마다 그저 자기 목표량을 채우는 것만 걱정했다. 출간부수는 러시아서적보급연맹이 결정했다. 출판업자와 인쇄업자는 원하는 것을 인쇄할 자유는 없었지만, 특정한 종류의 책은 인쇄를 거부할 수 있었다(누구나 중앙계획의 결함을 알고 있었으므로, 한동안 실랑이를 벌이는 건 어쩔 수 없는 일로 여겼다). 목표량을 채워야 했던 인쇄업자는, 인쇄하는 데에 시간이 더 걸리는 삽화가 많은 책이나 다루기 힘든 크기의 책은 곧잘 인쇄를 거부했다. 서점은 팔리지 않을 거라고 판단되는 책을 거절할 수 있었다(재고의 회전을 방해하니까). 그러나 출판업자는 팔리든 말든 상관없이 그런 책을 출간할 수 있었다. 출판업자, 인쇄업자, 서적상 사이에 협의—서구에서는 일종의 가격 메커니즘과 약간의 어림짐작으로 이뤄진다(그렇더라도 팔리지 않은 재고품이 주기적으로 파기되는 것까지 막지는 못한다)—가 이뤄지지 않아, 체계는 거의 무정부 상태로 전락했다.[19] 소련에 있는 300개의 출판사는 모두 국가, 또는 노조, 공산주의청년동맹, 학술원 같은 중앙조직에 소속되어 예산을 보장받았기에, 이윤을 걱정할 필요가 없었다. 현대화와 효율화를 꾀하고 더 많은 책을 팔거나 새 저자를 구하는 게 아무런 의미도 없었다.

 공산주의의 문제는 모든 것이 계획되었다는 데에 있는 게 아니라, 계획을 세울 수 있는 가능성이 전혀 없었다는 데에 있었다. 이를테면 출판업자들은 고전의 재출간이 유리하다는 것을 깨달았다. 당국을 노엽게 할 위험이 전혀 없고, 오래전에 죽은 저자와 대립할 일도 없으며, 원고를 편집할 필요도 전혀 없었으니 생산비가 훨씬 싸게 먹혔다. 그리하여 푸시킨은 1948년에서 1988년 사이에 1,999번 출간되어 총 3억 3,970만 부가 인쇄되었다(아마 그 40년 동안에 새로 글을 깨우친 인구보다도 많을 것이다).

소련의 독서 장려 포스터. '어둠에서 빛으로, 전투에서 책으로, 슬픔에서 행복으로'라는 표어가 적혀 있다. 표어는 그 밖에도 '여행과 노동의 친구인 책을 소중히', '독서는 인간의 의무' 같은 것이 있었다.

고리키는 2,000번 이상(총 1억 9,760만 부), 체홉은 1,120번(총 1억 7,640만 부) 출간되었고, 톨스토이는 2,191번에 걸쳐서 무려 4억 880만 부가 인쇄되었다.[20] 그런데, 이 책들이 다 읽혔을까? 모른다. 하지만 서구에서 100만 부가 팔린 스티븐 호킹의 『시간의 역사』(1988)를 실제로 읽은 독자가 얼마나 되는지도, 모르기는 매한가지다.

　서구에서는 진짜로 돈이 되는 건 베스트셀러이기에, 노다지를 찾는 심정으로 새로운 작품을 출간할 유인이 있다. 소련에는 그런 유인이 전혀 없었고, 그런 이유로 전능한 편집장들이 원고 하나를 서너 해씩 붙들고 있곤 했다.[21] 그리고 출판업자가 설사 눈 밝은 독자들이 곧바로 집어가는 새 책, 특히 외국 번역물로 성공을 거두었다 하더라도, 꼭 재쇄를 찍는 건 아니었을 터이다. 인쇄부수의 규모는 이미 정해져 있어서 쉽게 바꿀 수가 없었으니까.

북클럽 회원이 되면 특정한 책을 먼저 살 수 있는 권리가 따라왔다. 그래서 회원신청을 받을 때면 사람들이 밤새 길게 늘어섰다. 적절한 인물하고 안면이 있으면 도움이 되었다. 소련의 급여가 서구보다 낮긴 했지만, 문제는 돈 부족이 아니라 상품 부족이었다. 공산주의는 법으로 모든 사람이 책을 구해 볼 수 있어야 한다고 규정하고 있었으므로, 책값이 싸야 했다. 소련에는 세계에서 가장 큰 도서시장이 있었고 서점마다 책이 가득했지만, 진정 책을 원하는 공중에게는 공급량이 모자랐다.

공산주의가 이룩한 가장 중요한 성과 가운데 하나가 바로 높은 교육 수준을 달성했다는 것이다. 옛 소비에트 공화국들이 달성했던 문자해득 수준을 이웃나라들과 비교하면 차이가 뚜렷하다.

1995년의 성인(15세 이상) 문자해득률(%)	옛 소비에트 공화국들	아르메니아	100
		투르크메니스탄	100
		우즈베키스탄	100
		타지키스탄	100
		아제르바이잔	98
		카자흐스탄	98
		그루지야	98
		키르기스스탄	97
	이웃나라들	터키	82
		이란	69
		인도	52
		이라크	51
		방글라데시	38
		파키스탄	38

출처: UNESCO, *World Culture Report*, 1998.

물론, 모든 공산주의 나라에서 소련처럼 기능장애를 일으키는 계획경제가 시행된 것은 아니었다. 크기가 작고 뛰어난 교육체계를 갖춘 나라는 사정이 나았다. 사회주의 아래에서 어떤 형태의 시장 메커니즘을 도입한 곳에서는 사정이 더욱 좋았다. 그런 곳이었던 슬로베니아에서는, 유럽의 다른 어느 나라보다도 1인당 책 보유량이 많았다.[22]

소비에트 독자들에게, 문제는 그들이 원하지 않는(또는 이미 읽은) 책은 너무 많고, 읽고 싶은 책은 충분하지 않다는 것이었다. 그렇다면 그들은 어떤 책을 원했을까? 베스트셀러 목록은 없었거나, 믿을 만하지 못했다. 인쇄부수는 결코 인기의 잣대가 아니었다—브레즈네프 선집이 베스트셀러였다는 사실을 기꺼이 받아들일 생각이 아니라면. 이 선집의 책들이 대개 (판매부수가 아니라) 인쇄부수 목록에서 최상위에 올랐다. 그렇지만 독자들이 그 책들을 사리라고 기대한 이는 거의 없었다. 1974년에 출간된 첫 네 권은 눈길을 끄는 멋진 상자에 쑥 들어가는 판형에 아주 작은 활자로 인쇄되었는데, 그것은 명백히 당 행사에서 증정하기에 알맞은 선물용으로 기획되었다는 뜻이었다.[23]

그렇지만 어떤 책이 인기를 끌었는지는 1970년대 말에 특별한 상품권제도에 참여한 이들이 보여준 선호도 조사를 통해 헤아려볼 수 있다. 이 제도는 1974년에 석유값이 오르자 소비에트 시민들에게 신문용지 재활용을 장려하기 위해 시행되었다. 소비에트 시민들에게는 아무런 대가 없이 재활용을 하는 서구 시민들의 사회적 집산주의 정신이 부족하다고 가정했기 때문에, 재활용 종이 20킬로그램마다 공인 목록에 오른 책과 교환할 수 있는 상품권을 시민들에게 주어 재활용을 유도했다. 이런 유인이 효력을 발휘하려면 목록의 책들이 인기 있는 것이어야 했다.[24] 이 제도(이 제도의 이름 마쿨라투라는 재생지라는 뜻과 펄프픽션이라는 뜻을 함께

가지고 있다)는 처음에는 10개 도시에서 시행되다가 나중에 50개 도시로 확대되었다. 곧 소련에서 전체 재생지의 25퍼센트는 전체 인구의 14퍼센트인 1,000만 가구가 참여한 이 제도를 통해 수집되었다.25)

공인 목록에는 어린이책—주로 러시아 책이었지만, 키플링의 『정글북』 같은 고전도 들어 있었다—과 러시아인들이 좋아하는 책—쥘 베른, H. G. 웰스, 코넌 도일, 윌키 콜린스, 디킨스, 뒤마, 발자크, 스탕달, 모리스 드뤼옹의 대하소설『저주받은 왕들』—외에도 러시아 고전과 A. K.〔아나톨리 코르넬리예비치〕비노그라도프가 써서 엄청난 인기를 끈 파가니니의 생애 같은 전기물 따위가 들어 있었다.26) 러시아 독자들의 취향은 그 통치자들이 그랬듯이 견고하고 관습적이었다. 그들에겐 선택의 여지가 없었다. 외국의 범죄소설과 과학소설을 구입할 자유가 있었지만, 번역된 것은 '우량' 작가들, 곧 조르주 심농, 아이작 아시모프, 아서 C. 클라크, 레이 브래드버리, 애거서 크리스티 같은 작가의 작품이나, 에드거 앨런 포, G. K. 체스터턴 같은 작가의 고전뿐이었다. 말할 것도 없이 미키 스필레인, 제임스 해들리 체이스는 구할 수 없었던 반면, 완고한 우파인 심농은 그 중심에—판결에 따르면—사회주의적 사실주의 전통이 요구하는 인간애가 있었기에 구할 수가 있었다.27)

범죄 이야기는 러시아인들에게 오랫동안 사랑받았다. 이 장르는 쉽게 체제의 비위를 맞출 수 있었다. 결국 범죄자들이란 집단의 이해관계보다 사리사욕을 우선해서 물건을 훔치고 사람을 죽이는 이기적인 개인들이었다. 경찰관들은 사회를 위해 정직한 일을 하는 이들이었다. 그들은 찬양받고 도움받아 마땅했다. 텔레비전은 이런 이야기를 끝없이 각색했다(서구에서 그랬듯이). 소비에트 텔레비전에서 가장 오랫동안 방영된 시리즈 〈수사는 전문가들이 한다〉(1971~89)는 실제 사건을 바탕으로

제작해 엄청난 인기를 끌었다.[28]

소비에트 텔레비전에서 가장 사랑받은 시리즈 가운데 하나가 〈봄의 열일곱 순간〉이었는데, 1972~73년에 타티야나 리오즈노바가 제작한 이 시리즈는 하루에 두 번 방송되었고, 계속해서 재방송되었다. 이것은 제2차 세계대전 기간에 나치 친위대에 잠입하는 데에 성공한 소비에트 스파이 스티를리츠 이야기다. 그의 임무는 독일군 고위사령부 안에서 미국인들과 비밀협상을 벌이고 있는 사람이 누구인지를 알아내는 것이다. 그러나 인간적인 '사적' 요소도 들어 있어서, 스티를리츠는 게슈타포에게 잡혀간 아내 카챠를 구하려 한다.[29] 스티를리츠 시리즈는 곧잘 제임스 본드 시리즈와 비교되어왔는데, 둘의 차이는 적지 않다. 스티를리츠는 훌륭한 유부남이고, 본드는 여자를 밝힌다. 본드는 주기적으로 사람을 죽이지만, 스티를리츠는 거의 죽이지 않는다. 본드의 취미는 '남성적'인 반면, 스티를리츠의 취미는 요리와 정원 가꾸기다. 그러나 몇 가지 비슷한 점이 있다. 본드 영화에서 적은 어쩌다 한 번씩만 소련이고, 대개는 불한당이나 초악당이다. 스티를리츠의 주적은 냉전 이전이다. 본드는 뻔뻔스러울 만큼 '부르주아' 취향이고(좋은 와인, 최고의 담배 따위에 대해 잘 안다), 스티를리츠도 마찬가지여서 프랑스 코냑을 좋아하고 서구식 커피를 만든다.[30]

이 시리즈들은 모든 면에서 성공적이었다. 일반 공중에게 사랑받고 당국을 만족시켰다. 텔레비전 당국은 물론 출판업자들도 체제가 기대하는 바를 잘 알고 있었다. 신중해서 손해볼 것은 없었다. 몇몇 유명한 사건이 있기는 했지만, 1960년 이후로 검열은 단조로운 사무가 되었고 체제는 더욱 관대해졌다. 반대의견의 한계는 모두에게 분명했다. 흐루시초프가 1956년에 스탈린을 비난한 적이 있긴 했지만, 1960년대 중반까지는

〈봄의 열일곱 순간〉에서 나치 장교를 공격하는 스티를리츠. 1960년대 말에 소련 국가보안위원회 의장 유리 안드로포프는 공중의 눈에 비친 KGB의 이미지를 제고하기 위해 KGB 요원을 미화하는 일련의 소설, 노래, 영화의 제작을 장려했고, 〈봄의 열일곱 순간〉도 그 일환으로 제작되었다. 이 시리즈는 방영되자마자 선풍을 일으켜 5,000만~8,000만 명이 시청했다.

스탈린의 숙청을 언급하는 건 경솔한 짓이었다. 그래서 안드레이 시냡스키는 자신의 '이단적'인 글을 아브람 테르츠라는 필명으로 외국에서 발표했다. 소비에트 조국에 그런 '비방'을 했다는 이유로 시냡스키와 그의 동료 반체제 작가 율리 다니엘은 1966년에 중노동을 선고받았다.

몇몇 책은 전문직 조직이나 노동조합에 소속된 신임받는 회원들만 구할 수 있었다. 그런 책은 일반 서점에 들여놓지 않았고, '알아야 할' 사람들―특정한 텍스트를 빼앗기면 분개하거나 소란을 피울 가능성이 있는―을 위해 당 조직이 구매하곤 했다. 그러다가 1970년대에 사미즈다트(지하출판)가 나타났는데, 지하출판물은 대부분 묵인되었고 신임받는 이들은 이따금 구해볼 수도 있었다.[31] 심지어는 1968년 프라하의 봄 이후 탄압 국면의 체코슬로바키아에도 반체제 문학이 풍부했다―『크리티츠키 스보르니크』, 『옵사흐』, 『히스토리츠케 스투디에』, 『레볼베르 레부에』,『보크노』같은 '불법' 잡지들과 에디체 페틀리체, 크바르트, 에디체 엑스페디체를 비롯한 무려 70개의 '지하'출판사들이 있었고, 망명 출판사들도 취리히(콘프론타체), 쾰른(인덱스), 런던(로즘루비), 뮌헨(포에지에 미모 도모프) 등지에서 활동하고 있었다.[32]

검열에는 정치적 검열뿐만 아니라 도덕적 검열, 미학적 검열도 있었다. '쓰레기' 문학은 단념시키거나 심하면 곧바로 금지했다. 대중문학은 있었지만, 거기에는 뭔가 결점을 보완하는 측면이 들어 있어야 했다. 곧 그 자체가 목적인 섹스와 폭력이 없어야 했고, 속어를 피해야 했으며, 인도주의, 애국주의, 공산주의(착취당하는 사람과 착취하는 사람이 없고, 계급이 없는 미래사회로 규정된)를 장려해야 했다.

스페인의 프랑코 정권 같은 몇몇 우파 권위주의 정권도 1960년대에는 검열을 엇비슷하게 완화했다. 물론 스페인에는 검열 완화의 압력이 더욱 컸다. 주기적으로 관광객들이 몰려 들어오면서 외국의 영향을 차단하기가 힘들었고, 스페인 이주노동자들이 다른 나라에서 구할 수 있는 것들을 알게 되었으며, 텔레비전 보유자 수가 늘어나면서 텔레비전 프로그램 전체를 국내에서 생산하기가 힘들었기 때문이다. 미국은 스페인의 주요 동맹국이었지만, 록 음악, 섹스, 광고, 청년문화가 중심을 이루는 미국 문화는 스페인 정권이 기대했던 엄격한 가톨릭 문화를 흔들었다. 결국 1966년에 사전검열을 폐지하는 새로운 언론법이 도입되었다.[33]

공산주의 진영의 기성 지식인들은 용인할 수 있는 사람과 그렇지 않은 사람을 가르는 결정권을 얻었다. 1960년대와 1970년대의 소련에서 조이스와 카프카가 금지된 까닭은 이들이 '반소비에트'로 해석될 수 있어서가 아니라, 기성 지식인 가운데 정치적 권력을 가진 이들이 애지중지하던 사실주의 개념을 훼손했기 때문이었다.

점잖게 포장만 한다면, 심지어 풍자조차도 용인될 수 있었다. 1970년대의 인기 소비에트 영화 가운데 하나가 엘다르 랴자노프의 〈운명의 아이러니〉(1975)였다. 주인공은 어느 파티에서 술에 취해, 레닌그라드행 야간열차에 잘못 올라타고 만다. 술이 덜 깬 채로 레닌그라드에 도착한 주인공은 한 번도 본 적이 없는 여자의 아파트로 들어간다. 그 아파트는 모스크바에 있는 그의 아파트와 똑같은 호수이고, 겉보기에 비슷한 데다가, 비슷하게 생긴 거리의 비슷하게 생긴 건물 안에 있다. 물론 두 사람은 사랑에 빠지고 해피엔딩으로 끝난다. 많은 이가 이 영화를, 재미있는 로맨틱 코미디의 탈을 쓰고 러시아인의 삶의 단조로운 획일성을 용감하게 묘사한 사회비평으로 해석했다.[34] 서구에서도 교외의 풍경을 배경으로, 인간을 소외시키는 후기 자본주의의 무자비한 획일성이 사람들의 '자연스러운' 개인주의를 억압한다는 설정으로—또는 그런 식의 공식화된 설정으로—비슷한 로맨틱 코미디를 쉽게 만들 수 있을 것이다.

비판적인 영화도 공공지출로 제작될 수 있었고, 비판적인 책도 국영 출판사에서 출간되었다. 때로는 비판적인 게 득이었다. 몇몇 책은 내용이 따분해도 비판적이라는 것 때문에 인기를 얻었다. 비판적이라는 이유로 지식인 집단에서 명망을 얻은 작가들도 있었다. 몇몇 작가의 작품은 심지어 서구에서도 출간되었는데, 서구에서는 1970년대 말까지 '반체제' 딱지가 붙지 않은 소비에트 작가는 사실상 거의 팔리지 않았다. 일군의 정교한 비공식적 규정들이 반소비에트·반공산주의적인 작품과 '비판적'인 작품을 구분해주었다. 이를테면 예브게니 옙투셴코는, 작품 일부가 당국의 비판을 받기는 했지만, 결코 반체제 작가로 여겨지지 않았다. 그는 작품을 규칙적으로 출간했고, 많은 청중을 상대로 시 낭송회를 열었고, 외국여행을 자주 허락받았으며, 거의 국가의 자원으로 (그리고 공식적 관용의 증거로) 여겨졌다. 하지만 나치가 저지른 우크라이나 유대인 3만 명 대학살 사건을 읊은 그의 시 「바비 야르」(1961)는 당국의 눈살을 찌푸리게 했다—학살당한 이들은 다른 무엇보다도 우크라이나인이었지, 그들이 유대인인 것과 학살은 무관했다는 것이 당의 공식 노선이었다. 그러나 옙투셴코가 겨냥한 것은 명백히 나치즘이 아니라 러시아 반유대주의였고, 그는 "진정한 러시아인"이라면 모두 그것에 맞서서 투쟁해야 한다고 생각했다. 이 시에는 유명해진 다음 구절이 들어 있다.

> 내 피에 유대의 피는 한 방울도 없지만,
> 모든 반유대주의자가 지독하게 가혹하게
> 나를 미워한다
> 마치 내가 유대인이라는 듯. 지금껏
> 나는 러시아인이다.

이보다는 덜 유명한 '체제 내'의 반체제 작품의 예가 1980년에 『노비 미르』지에 발표된 친기스 아이트마토프의 소설 『백 년보다 긴 하루』다. 무슬림이 많은 중앙아시아 키르키스스탄 출신인 아이트마토프는 이 소설을, 육체노동자인 주인공이 하나의 과제—댐을 건설하고, 목표를 달성하고, 적을 몰아내는 따위의—를 완수해야 하는데 그 과정에서 정치적으로 성숙해간다는 사회주의적 사실주의 규범에 맞추어 구성했다. 하지만, 이 소설의 주인공 부란니 예디게이가 철도노동자인 건 틀림없지만, 그의 과제는 오랜 친구이자 동료 노동자이고 마을의 족장인 카잔가프를 카자흐족에게 예로부터 전해 내려오는 무슬림 제의에 따라 묻어주는 것이다.[35] 과학소설적 요소(운이 다한 우주문명과 접촉하려는 소비에트-미국의

키르키스스탄을 대표하는 작가 친기스 아이트마토프. 아홉 살 때 공산당 간부였던 아버지가 '부르주아 민족주의'라는 죄목으로 처형당한 뒤, 어린 시절부터 조수, 짐꾼, 세금징수원 같은 일을 했다. 원래는 낙농을 공부했지만 문학으로 진로를 바꾸었고, 당 기관지 『프라우다』에서도 8년 동안 일했다. 키르키스스탄의 민담과 서사시를 사회주의적 사실주의와 결합한 작품을 주로 썼다.

공동 우주탐사 계획에서 소비에트 우주선이 발사되는 기지 근처에 친구를 매장한다)를 활용한 이 소설은 널리 찬사를 받았고, 소비에트 연방의 많은 언어로는 물론 영어(1983)로도 번역되었다. 아이트마토프의 초기 소설 『자밀랴』(1958) 역시 '전복적'이었다. 남편이 전투병으로 집을 비운 사이 다른 남자와 사랑에 빠지는 여성 이야기였기 때문이다. 결국 두 연인은 전통적 윤리에 저항해 마을을 떠난다. 아이트마토프는 '진짜' 반체제 작가가 아니어서, 거의 모든 곳에서 무시당했다. 예외적으로 프랑스에서는 저명한 공산주의 시인 루이 아라공이 1959년에 『자밀랴』를 번역했지만, 소비에트의 후원을 받아 영어로 번역된 작품은 미국에서도 영국에서도 무시를 당했다.

러시아인들은 나름대로 좋아하는 작품이 있었다. 그리고 러시아 독자들도 서구 독자들과 다를 바 없었기에, 그들이 많이 읽은 책은 과거의 위대한 고전도 아니고 반체제적이거나 비판적인 문학도 아니었다. 1983년에 러시아에서 실시된 어느 조사에 따르면, 이들이 좋아했던 것은 미하일 알렉세예프, 알렉세이 체르카소프, 표도르 아브라모프, 이반 스타드뉴크, 표트르 프로스쿠린, 세묜 바바옙스키의 소설이었다―사실상 모두 서구에는 알려지지 않은 작가다. 전후에 가장 성공한 소비에트 작가는 아나톨리 이바노프였다. 그의 성공작인 가족소설 『영원한 외침』 (1970)은 1998년의 설문조사(독자들에게 좋아하는 책의 제목을 보내라고 요청했다)에서 20세기 작품 가운데 숄로호프의 『고요한 돈 강』에 이어 2위에 올랐다.[36]

늘 그렇듯이 격전지인 회색지대가 있었고, 여기서 대담한 작가들은 시대에 역행하는 사람들과 끝까지 싸움을 벌였다. 서구에서 '반체제' 딱지가 붙은 이 대담한 작가들을 당국은 위험한 존재로 여겼다. 이들이 계속 뜻을 굽히지 않았던 이유는 조만간 정세가 바뀌리라 기대했기 때문이었다―이런 기대는 과거에는 출판을 금지당했던 많은 작가가 '집행유예'되었다는 사실로 더욱 단단해졌다. 이들의 적은 무능한 관료들만이 아니었다. 대부분의 경우, 애초에 출판금지를 지지했던 까닭에 금지 철회에 동의하기를 꺼리던 동료 작가들 역시 적이었다. 집행유예가 풀리려면 대체로 글라스노스트(개방)가 실시된 1980년대 후반까지 기다려야 했다. 이를테면 안나 아흐마토바가 1930년대 말에 쓴 위대한 시 「진혼곡」은 1987년에야 공식 출간되었고, 보리스 파스테르나크의 노벨상 수상작 『닥터 지바고』와 솔제니친, 오시프 만델스탐(미망인 나데즈다 만델스탐이 쓴 회고록은 1970년에 출간되었다), 조지프 브로드스키(1972년에 망명했다)의 작품도 그 무렵에 함께 출간되었다.

용기 있는 소수의 반체제 작가들과, 비겁하거나 기회주의적인 대다수 작가들을 구별하는 이분법은 서구의 매체에서 널리 애용되었지만, 소련에서 문화생산자들의 세계를 구성하던 복잡한 갈래들을 그렇게 구별할 수는 없었다. 스탈린 체제와 브레즈네프 체제가 확연히 달랐음에도, 스탈린 시대의 공포는 이후 40년 동안이나 그 그림자를 드리웠다. 스몰렌스크 공문서(1941년에 독일군에게 넘어갔다가 전쟁 막바지에 미국으로 보내졌다)에 따르면, 전쟁 전에 "소비에트 체제에 반하는 선전"으로 간주된 것은 그게 무엇이든 검열의 대상이었다—검열 대상에는 민족주의를 고무하는 것, 친종교적인 것, 포르노그래피, 신비주의, 그리고 전염병과 범죄자, 소요 따위에 관한 것으로 분류된 정보가 포함되었다. 스탈린이 죽고 나자, 꼭대기부터 밑바닥까지 두루 적용되는 이런 검열은 덜 중요해졌다. 당국은 적절한 이들을 임명해서 자기검열의 조건을 구축하는 것이 더 효율적이고 더 감내할 만하다는 것을 깨달았다.[37]

검열이 한층 완화된 1960년대부터 러시아 독자들은 알렉산드르 그린(본명은 그리넵스키) 같은 1920년대의 몇몇 인기 작가들의 작품을 다시 볼 수 있었다. 그린은 차르 체제 러시아에서 혁명운동에 가담한 적이 있었지만, 반체제 공산주의자도 아니고, 아방가르드 문인도 아니고, '소비에트' 작가도 아니었다.[38] 그는 스탈린보다 1년 늦은 1880년에 태어나 일생의 많은 시간을 페니모어 쿠퍼식의 '서부물'과 에드거 앨런 포류의 '불온한' 이야기, 쥘 베른식의 모험과 환상 이야기—서구에서 대표적으로 그린을 옹호했던 니콜라스 루커에 따르면, 철학적 깊이가 있는 이야기—를 쓰면서 보냈다.[39] 서구에서는 사실상 무명이었고, 러시아 문학사에서도 좀처럼 언급되지 않은 그린은 프랑스의 베른, 독일의 카를 마이, 이탈리아의 에밀리오 살가리와 마찬가지로 정전 바깥에 있었고, 그들과 마찬가지로 수많은 독자에게 사랑받았다. 러시아 혁명은 그의 양식에 영향을 미치지 않았다. 그린은 그저 자기 책을 계속 써나갔고, 작가를 사랑하던 독자들은 계속 그의 책을 읽었다. 그러나 전투적인 러시아프롤레타리아작가동맹RAPP은 더욱 막강해진 영향력을 행사해 그린이 1년에 소설 한 편만 쓸 수 있도록 제한했고, 이전에 출간된 모든 작품의 재출간을 일절 금지했다.⁴⁰⁾ 그린은 RAPP가 해산된 직후인 1932년에 죽었다. 스탈린주의의 문화 탄압이 한창이었던 1940년대 말과 1950년대에 그린의 작품은 출간을 금지당했다. 언론은 더는 그를 언급하지 않았다. 그의 소설들은 도서관에서 치워졌다. 그러나 그린은 잊히지 않았고, 1970년대 중반에는 다시 한 번 소련에서 가장 인기 있는 작가 대열에 들어갔다.⁴¹⁾

1970년대와 1980년대에는 대중문학(과학소설, 연애소설, 탐정소설과 스파이소설, 다채로운 서사시적 블록버스터)이 점점 더 용인되고 점점 더 인기를 끌었다. 작가들은 이중전략의 필요성을 이해했다. 곧 독자들이 계속 책장을 넘길 만큼 매력적이고 흥미진진한 이야기를 쓰면서, 동시에 용인될 만한 주제를 채택해(이를테면 주인공을 열심히 일하는 애국적인 소비에트 노동자로, 배경을 집단농장으로 설정하는 식으로) 당국의 지지를 확보하는 전략이었다. 이런 주제들은 스탈린 집권기인 1940년대에 '트랙터 소설'에서 전형적으로 쓰였다. 알렉산드르 트바르돕스키는 1951년(스탈린이 아직 살아 있을 때)에 쓴 어느 글에서 '트랙터 소설'의 표준적인 플롯을 이렇게 풍자했다—등장인물 가운데에는 원칙적이고 근대적인 콜호스〔집단농장〕 대표가 한 명, 세상물정 모르는 사람이 한 명, 갈랴라는 이름의 처녀가 한 명, 바냐라는 이름의 트랙터 운전사가 한 명 있었다.⁴²⁾ 소설은 바냐가 어떻게 갈랴의 마음을 얻는지, 근대화 역군들이 어떻게 승리하는지를 그리는 내용이 대부분이었고, 그런 이유로 정치 당국과 대다수 독자들을 만족시켰다.

이것을 이해했던 이들은 많은 판매량과 당국의 감사로 보상받았다. 블라디미르 멘쇼프의 성공적인 영화로 오스카 외국어영화상을 받은 〈모스크바는 눈물을 믿지 않는다〉를 예로 들어보자. 이 영화는 러시아 지방 출신인 젊은 여성 카챠 이야기인데, 그녀는 1950년대에 모스크바로 상경해 믿지 못할 평범한 남자(텔레비전 방송국에서 일하는 지식인)의 유혹에 넘어갔다가 버림받는다. 하지만 그녀는 그 일로 무너지지 않는다. 그녀는 승진해서 공장장이 되고, 20년 뒤에 선반공인 이상형의 품에서 진정한 사랑을 찾는다. 영화는 엄청난 대중적 성공을 거두었다. 등장인물들이 매력적이었고, 플롯이 따라가기 쉬웠으며, 과거의 어려웠던 시절(1950년대 초)에 대한 묘사가 향수를 자아냈고, 그 뒤에 이어진 좋은 나날이 미래에 대한 희망을 안겨주었기 때문이다. 이 영화는 낙관적이었다—할리우드 멜로드라마처럼. 브레즈네프는 이 영화에 감동받아 눈물을 흘렸다고 한다.[43] 미국 문인들이 할리우드의 성공작을 폄하하듯이, 오직 모스크바와 레닌그라드의 문학집단들만이 이 영화를 깔보았다. 비평가들은 멘쇼프가 몸을 팔았다고 생각했다. 대중의 취향에 영합한 것은(그리고 심지어는 카챠를 유혹하는 남자를 지식인으로 설정한 것도) 정치적 굴종이었다.

문학과 영화는 똑같은 길을 걸었다. 몇몇 러시아 블록버스터 소설의 구조와 낙관론은 미국의 블록버스터 소설에도 있었다. 1971년에 소련의 『이노스트란나야 리테라투라』에 번역되어 실린 아서 헤일리의 소설 『에어포트』는 대단한 성공을 거두었다. 그러나 『에어포트』보다 일찍 출간된 러시아 소설인 갈리나 니콜라예바의 『싸움은 끝없이』(1957)도 플롯은 비슷했다. 두 소설의 주인공은 모두 근대화 계획을 거부하는 막강한 상사들과 맞서 싸우면서 자신이 일하는 조직을 개혁하려고 한다. 둘 다 아내가 아닌 여성에게 도움을 받고, 그 여성과 사랑에 빠진다.[44] 두 주인공이 모두 성공을 이루어가는 동안에, 독자들은 플롯에 푹 빠진 상태에서 조직들이 어떻게 돌아가는지에 관한 수많은 정보를 얻게 된다. 사실 '학습은 재미있을 수 있다'는 교육적인 태도와 낙관론은 소비에트 대중소설뿐만 아니라 서구 대중소설에도 스며들어 있다. 헤일리의 다른 소설 『바퀴』와 『호텔』이 그 예다.[45]

몰락

1989~90년의 공산주의 몰락은 옛 공산주의 진영 전역에서 경제위기와 소비 붕괴를 불러왔다. 그럼에도, 그동안 수요가 억눌려왔다는 것은 곧 예전에는 구할 수 없었던 책들이 이제는 공개적으로 팔린다는 것을 뜻했다. 러시아에서는 출판사가 크게 늘어나, 1993년에 6,000개였던 것이 1998년에는 1만 1,000개가 되었다. 이 새로운 출판사들 가운데 다수, 아마 절반쯤은 이름만 걸어놓았을 것이다. 출판사 등록 허가를 받기가 쉬워졌고, 많은 신참 기업가들이 그저 도서시장에 진출할 경우에 대비해 허가를 받아두었기 때문이다. 이제 반체제 작가들의 작품을 얼마든지 펴낼 수 있었지만, 그 작품들이 썩 많이 팔리지는 않았다. 가장 많이 팔리는 장르는 여전히 탐정소설과 여성 연애소설이었다. 공산주의 시대에 비현실적으로 많았던 인쇄부수는 사라졌다. 구할 수 있는 책의 종수는 늘었지만 책의 양은 줄었다. 1988년에 인쇄된 책은 18억 부였지만, 1996년에는 겨우 4억 2,000만 부로 줄어들었다.[46]

옛 공산주의 진영의 다른 나라들도 사정은 마찬가지였다. 1990년에는 독일민주공화국 독자들이 구할 수 있는 책의 수가 두 배로 늘어났다.

공공도서관 수가 줄어든 대신, 서점 수가 늘었다. 정신적 충격이 컸던 탈공산주의 초기 몇 년 동안, 일부 주민은 주변에 책이 더 많아졌음에도 전보다 덜 읽었다. 새롭게 통일 독일로 통합된 주들에서는 책을 한 권도 읽지 않는 이의 비율이 8퍼센트에서 21퍼센트로 급증했다. 그러나 여전히 책을 읽었던 독자들은 과거 어느 때보다도 많이 읽었다.[47] 과거 동독의 독자들 가운데 꽤 많은 수는 더 나은 대안이 없었기에 책을 읽었으리라는 추측도 가능할 것이다. 이제 그들은 더 많이 여행할 수 있고, 더 많은 상품을 살 수 있었다. 그들에게 독서는 차선이었다. 1988년에 루마니아에서는 4,097종의 정기간행물, 잡지, 신문을 모두 합쳐서 약 5,900만 부가 발행되었다. 10년 뒤인 1998년에는, 종수는 6,231종으로 늘었지만 총 발행부수는 4,000만 부로 대폭 줄어들었다.[48] 공산주의 시대에도 잡지가 발행되었지만, 실제로 사는 이는 거의 없었다. 이를테면 헝가리의 명망 있는 '고급문화' 주간지 『엘레트 에시 이로덜롬』('삶과 문학', 이 잡지에는 삶도 문학도 빠져 있다고 주장한 이들은 이 잡지를 '에시'〔과〕라고 불렀다)은 거의 6만 부가 발행되었지만, 얼마나 많은 독자가 이 잡지를 구입했는지는 확인이 불가능하다. 1990년대에는 외딴 창고들에서 구간 잡지와 책이 수백만 부 발견되었다.[49] 공산주의 시대에는 보조금을 후하게 받았던 책은 이제 실질가격이 훨씬 비싸져서, 헝가리에서는 1980년대 중반부터 2001년 사이에 책의 평균 실질가격이 두 배 반이나 올랐다.[50] 물론 공산주의 치하의 헝가리에서는 책값이 매우 쌌고, 출판사들은 국영 배급사들에 책을 직접 '팔았다'. 작가의 인세는 판매부수가 아닌 인쇄부수(출판업자와 배급업자의 협상을 거쳐서)에 따라 지급되었고, 출판사의 손실분은 모두 국가가 보상해주었다.[51] 이제 더는, 이런 세계는 없다.

새로운 탈공산주의 세계 러시아에서, '어려운' 작품들은 이제 서구

1989년 2월 6일부터 4월 4일까지 열린 '폴란드 원탁회의'. 바웬사의 자유노조 '연대'와 당, 정부, 지식인 등 55인이 모인 이 회의는 결과적으로 동유럽 사회주의 블록이 도미노처럼 무너지는 계기가 되었다.

에서와 마찬가지로 몇천 부씩만 출간되었다. 2001년에 러시아에서 출간된 책 종수의 3분의 1은 한 번에 500부 이하로 인쇄되었고, 그해에 출간된 모든 책 가운데 한꺼번에 10만 부 이상 인쇄된 책은 0.7퍼센트에 지나지 않았다.[52] 외국 소설은 잘 팔렸다. 처음에는 따라잡을 여지가 꽤 많았다—1992년에 전체 소설 가운데 78퍼센트가 외국 작품이었는데, 1996년에도 이 수치는 아직 47퍼센트였다. 지적인 '두꺼운 잡지'들을 대표하던 『노비 미르』의 독자는 대폭 줄어든 반면, 새로운 잡지 『바비 돌 매거진』은 1996년에 호당 100만 부가 팔렸다.[53] 두꺼운 잡지가 많이 사라진 반면, 『플레이보이』, 『엘르』, 『코스모폴리탄』의 러시아판은 번성했다—러시아 작가들에게 높은 원고료를 지급할 수 있었던 게 성공요인 가운데 하나였다. 주요 신문들의 발행부수는 곤두박질쳤고, 신문용지는 값이 치솟았다. 『프라우다』의 구독자 수는 1985년의 1,050만 명에서 1993년의

33만 7,000명으로 급감했다(훨씬 읽기 쉽게 바뀌었지만, 별 효과가 없었다). 1990년에 3,300만 명이었던 주간지 『아르구멘티 이 팍티』의 구독자는 1994년에는 550만 명으로 떨어졌다. 일간지 『이즈베스티야』는 1988년의 1,040만 명에서 1994년의 43만 5,000명으로, 자유주의적인 『콤소몰스카야 프라우다』는 1990년의 2,200만 명에서 1994년의 87만 1,000명으로 추락했다.[54] 언론의 소유권은 대체로 러시아인 수중에 남아 있었고, 새로운 민영 텔레비전 방송국들도 러시아인 소유였다. 이 소유주들은 보리스 옐친과 결탁해 러시아의 방대한 천연자원 통제권을 손에 넣은 신흥 백만장자들이기도 했다.[55] 이들의 몰락은 주로 정치 엘리트들에게 득이 될 가능성이 크다. 옛 소비에트 진영의 나머지 지역(특히 체코 공화국, 폴란드, 헝가리)에서는 언론과 출판의 꽤 많은 부분이 독일에서 들어온 외국 자본의 수중으로 들어갔다.[56]

불가리아에서도 1999년과 2000년에 발행부수가 급감한 반면(주된 이유는 종잇값 상승이었다), 영어 번역물의 비중은 급증했다(1985년에는 출간된 책 전체의 8퍼센트였지만, 1995년에는 66퍼센트였다). 물론 러시아어 번역물은 급감했다.[57] 헝가리는 이 나라 지식인들이(그리고 다른 나라 지식인들도) 미국 '쓰레기' 소설로 여기던 것의 침략을 받았다. 캐나다에 본사를 두고 여성 연애소설을 펴내는 국제적인 출판사 할리퀸은 1997년에 폴란드에서 가장 큰 출판사가 되어 1,000만 부에 조금 못 미치는 판매고를 기록했다. 체코 공화국에서도 대니얼 스틸의 소설이나 할리퀸 책들이 그때까지 연애소설을 빼앗겨온 독자들의 마음을 얻었다. 신생 출판사 하브란의 편집장 이반 베라네크 같은 출판업자는 2001년에 "지금은" 독자적인 체코 문학을 출간할 계획이 없다고 말했다. "그것이 정말 칭찬받을 만한 사업이 되리라는 걸 알지만, 위험부담이 너무 크다. 무제한의 자본을 기대할 수 없는 신생 출판사는 더욱 그렇다. 그리고 솔직히 말해서, 성공적인 신인 작가가 조만간 나타날 가능성이 거의 없어 보이기 때문에 더더욱 그렇다."

문화의 상업화를 경고하는 외침이 사방에서 터져나왔다. 페레스트로이카 시절의 러시아 독자들은 블라디미르 나보코프, 니체, 쇼펜하우어, 키르케고르, 프로이트처럼 예전에는 구할 수 없었거나 구하기가 매우 힘들었던 저자들의 책을 구할 수 있었다.[58] 공산주의가 확연히 몰락하면서, 자유와 함께 '쓰레기 문학'을 구입할 자유도 생겼다. 『플레이보이』의 러시아판인 『안드레이』, 『섹스 카탈로그』를 사보고, 섹스클럽에 가고, 머리를 뾰족뾰족하게 꾸미고, 몸을 문신으로 뒤덮고, 젊은이를 위한 트렌드 잡지 『프티우치』를 읽는 일이 마침내 가능해졌다.[59]

소비에트 사회에서 여성은 아들을 위해 기꺼이 자신을 희생하는 성스러운 어머니로 묘사되곤 했다. 이제 '어머니 러시아'는 (서구에서 동정녀 마리아가 그랬듯이) 대규모로 생산되는 포르노그래피와 경쟁해야 했다. 러시아인들이 섹스를 발견한 것이다.[60] 그것은 문화 엘리트나 공산당의 기준으로 보면 '문화'가 아니었을지 모르지만, 러시아는 이제 세련된 자기성찰과 포르노그래피가 공존할 수 있는 문화라는 멋진 신세계에 진입했다.

공산주의의 몰락이 작가와 문화생산자에게 순전히 축복만은 아니었다. 그전에도 진정으로 인기 있었던 표트르 프로스쿠린 같은 몇몇 작가는 공산주의 몰락 후에 오히려 더 인기를 끌었다. 공산주의 시대에는 경찰소설의 주인공이 비열한 서구 자본가들과 그 대리인들이 저지르는 범죄를 멋지게 해결하는 KGB[국가보안위원회] 요원이었다. 이제는 주인공이 러시아 마피아에 맞서 싸웠다. 알렉산드라 마리니나—오늘날의 대표적인 베스트셀러 작가—같은 '형사' 작가는 러시아의 과거에 도전하기는커녕, 삶이 안전하고 확실했던 잃어버린 시절에 대한 향수를 이해할 만큼 표현한다. 마리니나의 주인공 아나스타샤 카멘스카야는 경찰 중령(마리니나 자신도 전직 경찰 중령이다)으로, 많은 소비에트 소설의 등장인물들이 그랬듯이, 정직하고, 정의를 추구한다. 그녀는 공산주의 건설을 위해 애쓰지는 않지만 오늘날의 러시아 사회의 불안한 치안과 위험에 몹시 심란해한다—필립 말로(레이먼드 챈들러의 1940년대와 1950년대 소설의 주인공)가 부유하고 혐오스러운 고객들과 달리 진리와 정의에 관심을 기울이는 것과 매우 비슷하다. 그녀는 기계 같은 정확한 논리로 복잡한 범죄를 해결하지만, 전통적인 여성의 일에는 무능하고 유행에도 별 관심이 없다.[61] 무엇보다도 그녀는 여성 경찰이다. 옛 소비에트 범죄소설이 그랬듯이, 새로운 러시아의 범죄소설에도 사실상 사립탐정이 없기 때문이다.[62] 주인공들은 국가의 요원이며, 협동정신이 몸에 배어 있고, 과거의 영웅들처럼 억세고, 존 웨인처럼 단단하다.

    시장 원리의 도입과 검열의 폐지는 진정으로 환대받았다. 일부 분야에서 국내 모방작들은 외국 상품과의 경쟁에 밀려 적어도 한동안은 모습을 감추었다. 동유럽과 러시아의 록 음악은 역사의 뒤안길로 빠르게 사라지는 것처럼 보였다.[63] 공산주의 시대 헝가리의 국영음반사였던 훈거로톤은 록 음악 생산으로 번영을 누렸다. 공산주의가 몰락한 이후 이 회사는 어떻게든 살아남아 보려고 애썼지만, 끝내는 시장점유율의 90퍼센트를 잃고 파산에 이르러 1995년에 민영화되었다. 직원들은 EMI 같은 외국 회사들에 고용되었다. 지역 형식의 록 음악, 이를테면 결혼식 같은 행사에서 연주되던 오락 음악과 전자적으로 합성된 디스코 음악을 결합한 '러코덜머시 록'(결혼 록) 역시 오래가지 못했다.[64] 동유럽에서 가장 발달했던 유고슬라비아 록 음악도 산산조각이 났는데, 그것은 시장의 힘이 급속히 밀려들어서라기보다는 종족적 민족주의ethno-nationalism가 대두하면서 과거에 다민족 장르였던 록을 무너뜨렸기 때문이었다.[65] 공산주의 치하에서 록의 확산에 가장 큰 걸림돌이 된 것은 정치적 요인보다는 경제적 요인이었다. 공산주의의 경제적 보호주의는 록이 발달하는 데에 도움이 되었지만, 록 음악 장비는 값이 비쌌고, 수입해야 했거나 질이 낮았으며, 10대의 구매력은 낮았고, 주말의 댄스 콘서트에서 나오는 수익으로는 주요한 록 무대를 유지하기가 어려웠다.[66]

탈공산주의로의 이행은 모든 것을 바꾸어놓았다―대규모 경제위기 때문만은 아니었다. 사고방식을 바꿔야 했다. 출판업자는 시장에 발 빠르게 반응해야 했다. 자기 작품이 인쇄되고 또다시 인쇄되는 상황에 익숙했던 작가는 실업자가 된 자신을 발견했다. 외국 영화와 외국 책이 문화시장에 넘쳐났다. 공산주의에 비판적 입장을 견지해온 이들까지 포함해서 지식인들은 아연실색했다. 어느새 그들은 공산당 독재에서 진정한 '프롤레타리아 독재', 곧 소비자 자본주의로 옮겨갔던 것이다.

지역적인 장르 역시 번성했다. 폴란드에서는 탈공산주의 초기에 정기간행물 문학이 꽃을 피웠지만, 1995~96년에는 『티고드니크 리테라츠키』, 『노비 누르트』, 『비아도모시치 쿨투랄네』 같은 대표적인 잡지가 폐간을 면하지 못했다. 새로운 잡지들이 등장했고, 더러는 성공했다. SF 잡지 『노바 판타스티카』는 발행부수가 급증했는데, 이 장르는 공산주의 이전과 공산주의 치하 폴란드에서도 오랫동안 인기를 끌어왔으니 놀랄 일은 아니었다. 그러나 가장 큰 성공을 거둔 것은 『트부이 스틸』(발행부수 43만 부), 『엘르』(18만 5,000부), 『코스모폴리탄』(13만 7,000부) 같은 여성지였다.[67]

과거의 공산주의 치하에서 지식인들은 많은 특혜를 누렸다. 그들은 대부분의 시민들보다 더 좋은 집에 살았고, 더 나은 휴가를 즐겼다. 많은 지식인이 외국에 나갈 수 있었고, 자동차와 다차(별장)를 가진 이도 많았다. 다른 이들에게는 금지된 책도 그들은 구할 수 있었다. 몹시 가난했던 루마니아에서도 지식인들은 특혜를 누렸다. 그들은 급료와 함께 책 인세를 받았고, 요양소와 탁아소, 유치원, 특별식당을 이용했고, 추가 연금을 받았고, '창작 휴양지'에서의 휴가를 즐겼다.[68] 불가리아에서 작가동맹은 여러 식당, 카페, 사무실, 별장을 포함해 꽤 많은 부동산을 갖고 있었다.[69] 서구에서는 매체에 쉽게 접근했던 소수를 빼고는 결코 이런 식으로 지식인을 떠받들지 않았다.

공산주의 진영 대부분에서 후하게 수여되던 문학상들은, 스탈린 시절만큼의 순종은 아닐지라도, 적어도 수동적 형태의 동의를 규칙적으로 확보하는 역할을 했다. '껄끄러운' 지식인이라면 일자리와 한직마저 잃거나, 책이 출간되지 않거나, 출간되더라도 적은 부수만 인쇄되어 형편없이 유통되었다. 작가들이 작품 때문에 감옥에 갇히는 것은 아주 예외적인 경우뿐이었다. 심지어는 작가 대다수가 체제에 적대적이었던 폴란드에서도, 작가들은 책이 얼마나 팔리든 상관없이 급료를 받았다. 작가가 일단 치텔니크나 PIW〔국립출판연구소〕 같은 출판사와 계약을 맺으면, 문화부에서 작가가 쓴 원고량을 계산해서 급료를 지급했다.[70]

공산주의가 몰락하자 작가들의 사회적 지위는 대체로 낮아졌고, 이전의 체제에 관여했던 작가들은 더 그랬다. 서구에서처럼, 이제 한 개인에 대한 존경(과 두려움)은 그가 가진 부와 일치했다. 텔레비전에 출연하는 유명인사들은 위신이 크게 높아졌다. 텔레비전은 아메리카주의의 아우라를 얻었다. 다시 말해 전보다 제약을 덜 받았다. 머지않아 미국의

소비재를 구하기 위해 상점 앞에 늘어선 폴란드인들. 1970년대 중반부터 엄청난 외채와 무역수지 악화, 인플레이션으로 인해 경기 침체의 늪에 빠진 폴란드에서는 1980년대 말까지 이런 풍경이 흔했다.

지상파 텔레비전(갈수록 청교도적으로 변해가던)보다도 덜 받게 되었다. 2003년의 러시아 텔레비전에서 최고의 팝 가수는 레나 카티나와 율리아 볼코바의 10대 듀오 타투였다. 이들은 노래를 부르면서, 때로는 몸을 가린 듯 만 듯한 교복을 걸치고, 도발적인 성적 자세로 춤을 추었고, 동성애를 하듯이 서로 추파를 던졌다―이들의 노래 〈그녀가 말한 모든 것〉은 러시아 노래로는 처음으로 영국의 인기가요 순위 1위에 올랐다. 이제 텔레비전 뉴스의 진행자는 매우 매력적인 마리아 키셀레바였다. 그녀는 검은색 가죽옷 차림으로 〈가장 약한 고리〉의 러시아판인 〈슬라보예 즈베노〉(2002)도 진행했다. 미국 게임쇼 〈휠 오브 포춘〉은 〈폴레 추데스〉(기적의 땅)로 번안되어 1997년에 러시아 최고의 시청률을 올렸다. 러시아인들은 〈백만장자 되고 싶은 사람〉도 즐길 수 있었다―두드러진 문화적 차이는 러시아 퀴즈가 서구 퀴즈보다 훨씬 '지적'이었고, 러시아 참가자들이 더 큰 위험을 기꺼이 감수했다는 것이었다. 그리고 〈서바이버〉를 번안한

〈러시안 익스트림〉과 〈오프라 윈프리 쇼〉의 러시아 번안물도 있었다. 오래전의 〈왈가닥 루시〉, 음란한 〈베니 힐 쇼〉, 〈심슨 가족〉, 〈X 파일〉, 〈제시카의 추리극장〉 같은 서구의 옛 프로그램과 새 프로그램들도 수입되었다.71) 국영 텔레비전은 제법 높은 시청률을 유지하긴 했지만, 그래도 시청률이 많이 낮아졌다. 정부가 이제 운영비의 일부만 대준 탓도 있었고, 대도시를 중심으로 민영 방송국이 급증한 탓도 있었다.72)

역설적이게도, 탈공산주의 시기의 패배자는 반체제 작가들과 더 고상한 지식인들이었다. 무기력하게 순응하기를 강요하는 공산주의 체제 아래에서 기를 펴지 못했던 그들은, 시장 상황에서도 활개를 치지 못했다. 그들은 대중을 상대로 쓰거나 말하지 않았고, 작품은 어렵고 복잡한 경우가 많았다. 공산주의 치하에서 그들의 책과 영화는 체제의 지배적 미학과 일치하지 않는다는 이유로 출간되지 않거나 제작되지 않았다. 그들의 책과 영화는 자본주의에도 맞지 않았다. 예전에 반체제 인사였던 시절에, 그들에게는 역할과 기능이 있었고, 서구는 그들을 추어올렸다. 그러나 이제, 서구는 더는 그들에게 신경을 쓰지 않았다.

독일민주공화국

공산주의가 몰락한 뒤, 동독 지역의 지식인들은 특히 심각한 상황에 처했다. 다른 동유럽 나라 지식인들은 특권을 상실한 대신 새로운 자유, 새로운 일자리, 새로운 전망을 얻어 부분적으로나마 보상을 받았다. 또한 지식인들은 정치권과 접할 기회가 일반인보다 많았기에, 지는 편과는 언제 어떻게 거리를 두어야 하는지, 스스로를 언제 어떻게 재활용해야 하는지도 알고 있었다(많은 공산주의자가 그랬듯이). 독일민주공화국에서는 이것이 불가능했다. 먼저, (전체로서) 동독 인텔리겐치아는 다른 나라의 인테리겐치아보다 친공산주의적이었다(또는 반체제 성향이 덜했다). 오랫동안 정부에 대한 경멸을 공공연히 드러낸 폴란드 인텔리겐치아는 말할 것도 없고, 헝가리 인텔리겐치아보다도 더했다. 동독의 많은 지식인은 비밀경찰인 슈타지에 서로를 밀고하면서 탈공산주의 사회로의 통합을 스스로 가로막았다. 게다가 동독의 붕괴는 다른 공산주의 국가들에서처럼 지도층만 바뀌는 제한된 전복을 뜻하지 않았다. 그것은 동독, 곧 독일민주공화국이 독일연방공화국에 의해 전복되었다는 뜻이었다. 베를린 장벽이 무너지자, 서독에서 텔레비전과 라디오 운영자, 대학 강사, 언론인, 극장 경영자가 몰려왔다. 그들의 임무는 옛 동독을 독일연방공화국에 통합하고, 다시 민주주의를 향한 길에 올려놓는 것이었다. 폴란드, 체코슬로바키아, 헝가리에서는 탈공산주의가 진화와 해방으로 보일 수 있었다. 국민들은 이제 자기가 원하는 일을 자유롭게 할 수 있었다. 그러나 많은 동독인에게 탈공산주의란 오랫동안 만나지 못한 친척, 곧 그동안 부유해져서 어느 만큼은 참을성을 가지고 어른의 삶에 수반되는 것들을 기꺼이 설명해줄 친척을 따라잡아야 한다는 뜻이었다.

동독 정권은 특히나 상상력이 부족한 마르크스주의 상표를 고수한다는 평판을 들어 마땅했다. 헝가리나 폴란드에서 간혹 볼 수 있었던 번뜩이는 독창성이 동독에는 없었다. 동독은 결국 완전히 인위적인 구성체였고, 그 미래는 소련의 호의에 달려 있었으며, 소련 없이는 존재할 수도 없었다. 동독은 늘 서독과 부정적으로 비교되었고, 수십 년 동안 서유럽의 가장 강력한 적이었다. 물론 동독 사람들도 냉장고와 세탁기 같은 가전제품을 갖고 있었다. 텔레비전 보유율은 동독이 서독에 뒤지긴 했지만, 그리 크게 뒤진 것도 아니었다―1964년에는 42퍼센트 대 50퍼센트였고,

1986년에는 94퍼센트 대 97퍼센트였다.[73] 그렇지만 사람은 늘 자기가 못 가진 것을 더 의식하는 법이다. 서독에서는 사실상 집집마다 전화기가 있었지만, 동독에서는 전체 가구의 9퍼센트만 전화기를 가지고 있었다. 서독에서는 모든 가구가 자동차 한 대를 소유했지만, 동독에서는 절반이 겨우 넘는 가구만 가지고 있었다.[74] 1961년에 세워진 베를린 장벽은 동독 사람들에게, 그들이 만약 러시아가 아닌 미국에 의해 해방되었다면 모두 독일연방공화국 시민이 되어 트라반트가 아닌 (그들 생각에) 메르세데스를 몰고 있을 것이라는 생각을 끊임없이 상기시켰다.[75]

그렇지만 동독에서는, 칙칙한 내핍생활의 분위기, 그리고 정치적 탄압과 일반화된 불안의 이면에서, 흥미로운 문화생활이 발전했다. 1950년대에는 한스 아이슬러의 오페라 리브레토 『요한 파우스투스』가 거부당할 만큼 정치적 통제가 심했다. 아이슬러가 동독 정착을 선택했고, 동독 국가 〈폐허에서 부활하여〉를 작곡한 열성적인 공산주의자였는데도 그랬다. 아이슬러는 아방가르드 성향이 너무 강했고, 지나치게 '후기 부르주아 데카당스'를 연상시켰다.[76] 역설적이게도, 베를린 장벽이 세워진 뒤인 1960년대에는 상황이 바뀌기 시작했다.

소련과 마찬가지로 동독은 부르주아 전통에 속하는 고전적 사실주의 작가들(디킨스, 졸라, 발자크 따위)과 독일의 대표적 작가들(실러, 괴테, 하이네 따위), 토마스 만을 비롯한 20세기 주요 작가들(토마스 만 전집은 동독에서 처음 출간되었다)을 사회주의 대의에 통합했다. 동독은 자기네 주요 작가들로도 자부심을 느낄 만했다. 그 가운데에서 가장 유명한 베르톨트 브레히트는 극단 베를리너 앙상블을 창립했지만, 1956년에 죽은 브레히트가 말년에 공산주의 체제에 갈수록 회의를 느꼈다는 사실을 알아챈 이는 별로 없었다. 안나 제거스(본명은 네티 라일링)는 훨씬 뒤인 1983년에

1989년 11월 18일에, 국경검문소가 철거된 보른홀머 거리를 통해 동베를린과 서베를린을 오가는 독일인들. 11월 9일에 내려진 정부의 해외여행 자유화 조치와 함께 베를린 장벽이 무너진 직후의 모습이다.

죽었지만, 작가연맹 의장으로 활동하는 내내(1952~78) 독일사회주의통일당SED, 곧 공산당에 변함없이 충성했다. 안나 제거스는 서구에서도 널리 인정받았지만, 비평가들은 늘 그녀의 최고 소설들은 그녀가 동독의 기둥이 되기 전에 쓰였다는 사실을 지적했다. 그녀는 때로는 동료 작가들을 위해 사적인 중재에 나서기도 했지만, 공적으로는 절대적인 공산주의 신봉자였다.[77]

그러나 정치적 규제도 크리스타 볼프의 『크리스타 T.에 대한 회상』 같은 중요한 소설의 탄생을 막지는 못했다. 이 작품은 먼저 서독에서 출간된(1970) 다음에 동독에서 출간되었다(1973). 『카산드라』(1982) 같은 그녀의 후기 작품은 모두 외국에서는 물론 동독에서도 출간되었고, 슈테판 하임과 울리히 플렌츠도르프의 작품들도 마찬가지였다. 가수이자 시인 볼프 비어만처럼 분명히 선을 넘은 이들은 시민권을 박탈당하고 추방되었다. 나머지는 자유의지에 따라 동독을 떠났다. 정권은 혁신할 능력이 없었고, 변화를 두려워했다. 하지만 그들은 비밀스럽고 극히 권위주의적이긴 했어도, 잔인하지는 않았다. 작가와 예술가는 죽임을 당하지 않았고, 임의로 체포되고 수감된 사람도 공산주의의 탄압 수준을 감안하면 상대적으로 적었다. 검열은 당국이 정한 한도 안에서 출판사 대표들이 맡았다. 이 때문에 불확실한 분위기가 조성되었다. 개방적인 출판업자들은 위험을 감수하면서 수용 가능한 범위를 넓히려고 시도했고, 발터 얀카 같은 몇몇 출판업자는 그 대가를 치렀다. 아우프바우 출판사 대표였던 얀카는 야심찬 문학 기획을 시작해 토마스 만 전집을 출간했을 뿐 아니라, 통화제한 조치를 우회해 서독 작가들에게 대가를 현물로(러시아산 밍크코트를 포함하여) 지불하면서 다종다양한 고급책을 출간하려고 노력했다. 얀카는 체제를 지지하는 주요 인사였음에도, 1957년에 반역죄 혐의로 기소되어 공개재판을 받고 1960년까지 감옥에 갇혀 있어야 했다. 신중한 출판업자들은 동독 정책의 일반 용어였던 마르크스-레닌주의 정전을 잘 아는 원고검토원을 고용했다. 그러나 일은 결코 생각했던 대로 돌아가지 않았다. 몇몇 검토원은 믿을 만했지만 몇몇은 그렇지 않았고, 아둔하기만 한(또는 그런 척하는) 검토원도 있었다.[78]

 1960년대 말에 이르면 동독에도 여유가 생겨서, 동독의 삶에 관한 크리스토프 하인의 솔직한 연대기(하인의 1990년 이후 작품은 지나치게 반자본주의적이어서 서독 비평가들의 심기를 불편하게 했다), 이름트라우트 모르그너와 잉게보르크 바흐만의 신랄한 페미니즘 소설, 플렌츠도르프가 '청춘의 언어'로 쓴 풍자적인 『젊은 베르테르의 새로운 슬픔』(1972) 같은 작품이 나왔다. 더러 출간되지 못한 소설도 있었고, 기계적인 관료들이 심사숙고하느라 출간이 오래도록 지연된 소설도 있었다. 그러나 많은 작품이 출간되어, 그 기다림과 타협이 그럴 만한 가치가 있었다는 것을 보여주었다. 타협을 거부하거나 공산주의 체제에 적대적이었던 이들 가운데에는 동독을 떠난 이도 많았다. 나머지, 슈테판 하임과 크리스타 볼프(죽을 때까지 당원이었다) 같은 작가는 끝까지 사회주의의 이상에 충실하면서도 끊임없이 민주적 개혁을 촉구했지만, 정권과는 껄끄러운 관계였다. 하임은 1956년에는 당의 비판을 받았지만, 1959년에는 훈장을 받았고, 1965년에는 다시 비판을 받았다. 하임의 작품은 러시아어, 폴란드어, 헝가리어, 체코어로 번역되었고, 1970년대에는 서구에서도 출간되었다. 1990년 이후 하임과 볼프는 과거의 충성과 불가피했던 타협의 대가로, 그런 딜레마를 겪지 않아도 되었던 젊은 비평가들에게 기회주의자라는 비난을 받았다.

  비판적인 작가들은 대체로 어려운 작가다. 그들은 다른 작가들보다 쉽게 용인된다. 비판적이라는 말의 정의가 비교적 소수를 상대로 글을 쓴다는 뜻이기 때문이다. 고된 하루 일과를 마치고 그다지 까다롭지 않은 책을 원하는 동독인들은 에르빈 슈트리트마터(1912~94)의 『가게』 같은 작품을 읽을 수 있었다. 1983~93년에 세 권으로 출간된 이 작품은 한 가게를 둘러싼 일종의 가게 대하소설이었다. 그게 아니라면 동독의 대학생활을 익살스럽게 묘사한 헤르만 칸트의 『대강당』(1965)을 읽을 수도 있었다.

  공산주의 세계에서 문화의 탄압은 흔한 일이지만, 때로는 거의 전적으로 고급문화와 유명 작가만 탄압을 받는다. 현실에서 문화풍토와 정치풍토의 변화는 대중문화, 특히 음악에 더 손쉽게 반영된다. 서구에서 로큰롤을 즐긴다는 것은 무엇보다 자신을 부모와 구분하고 젊음과 문화적 독립을 주장한다는 것을 뜻했다. 그것은 동독에서도 마찬가지였지만, 동독에서 록 음악은 동시에 '서구'와 미국, 현대 자본주의를 뜻하기도 했다.

  처음에 동독 정권은 낙관적이었다. 그들은 모든 면에서 서구를 능가할 수 있고, 결국에는 동독이 건전한 공산주의 대중문화를 생산할 수 있을 거라고 생각했다. 1959년에 독일사회주의통일당의 지도자 발터 울브리히트는 동독이 뭔가 더 나은 것을 제공할 수 없다면 엘비스 프레슬리를 비판하는 것은 아무 의미도 없다고 선언했다.[79]

엘비스보다 '나은' 것은 나타나지 않았다. 동독 록 음악의 역사는 서구의 우월성에 굴복한 한 예다. 타협이 끝없이 이어지면서, 적대감은 완화될 수밖에 없었다. 베를린 장벽이 세워지고 몇 주가 흐른 1961년 9월 21일, 독일사회주의통일당 중앙위원회 정치국은 당원들에게 비트 음악〔동독에서는 로큰롤, 블루스 같은 서구의 다양한 팝 음악 형식들을 구별하지 않고 모두 비트 음악이라고 불렀다〕이 아주 많은 동독 젊은이들에게 사랑받고 있으니 비트 음악에 관용과 이해를 보이라고 지시했다.[80] 이 지시를 허용 신호로 받아들인 젊은이들이 팝 밴드를 결성했고, 라디오 룩셈부르크 같은 외국 라디오 방송에서 흘러나오는 새로운 음악을 배우기 시작했다. 밀수한 음반을 사고파는 시장도 번성했다. 정권은 신중했다. 가혹한 대응이 역효과를 불러올지도 모르는 일이었다. 엘비스 프레슬리와 비틀스를 자본주의의 앞잡이로 비난하면 자본주의가 더 흥미진진한 것으로 보일 수도 있었다. 그러고 있는 동안에, 런던의 BBC는 비틀스의 〈삶의 하루〉와 〈다이아몬드 가득한 하늘의 루시〉를 약물 복용을 암시한다는 이유로 방송을 금지했다.

아마도 정권은 비트 음악이 더는 확산되지 않기를 바랐을 것이다. 현실은 그렇지 않았다. 비틀스 열기가 동독에도 도달했다. 비틀스의 몇몇 노래는 심지어 동독 라디오 방송에서도 들을 수 있었다. 많은 청년들이 외국 라디오 방송을 일과처럼 듣는 위험을 피하는 것이 최우선이었기 때문이다. 프랑케-에코-크빈테트, 스푸트니크, 뮤직 스트로머스 같은 현지 밴드들이 꽃을 피웠다. 이 동독 록의 선구자들에 이어서 쇼락스, 스트레인저스, 그린혼스, 블랙 데블스, 파이브 스톤스, 펠로스, 그링고스 같은 밴드들이 등장했다―영어식 이름은 자기들의 영감의 원천을 공공연히 드러내는 것이었다.[81]

예전에 믹 재거는 '퇴폐적'이라는 비난을 받았지만, 1965년 테오-슈만-콤보 밴드가 롤링 스톤스의 고전적인 노래 두 곡, 〈이건 사실일 리가 없어〉(원제는 〈지난번〉)과 〈만족〉을 독일어로 부를 수 있는 허가를 받았다. 그러나 이 노래들은 너무 대담했다. 당국은 생각을 바꾸었다. 이 두 노래에 대한 허가가 철회되고, 베를린 장벽이 무너질 때까지 금지되었다.[82]

1965년에는 과거로 돌아가려는 기미가 보였다. 관용 정책은 성과가 없었다. 당국은 팝 콘서트에 대한 경찰 보고에 화들짝 놀랐다. 콘서트장에서 주먹다짐, 음주, 성적 방종을 비롯한 '서구의 전형적인' 행태들이 나타났던 것이다. 국가보안부〔슈타지〕는 비트 음악과 청소년 범죄를 연결 지었다. 비트 음악은 '계급의 적들의 독'이었다. 비트 음악 팬들의 행태는 1920년대와 1930년대 나치 돌격대의 행태에 비유되었다.[83] 울브리히트는 경악했다(서구에도 그런 이들이 있었다). "동지들이여, '예, 예, 예'인지 뭔지 하는 이 단조로운 외침을 그만둘 때가 온 것 같습니다. …… 진정으로 우리가 서방의 쓰레기를 모방할 필요가 있겠습니까?"[84]

이렇게 덜 관용적인 새로운 분위기 탓에 많은 밴드가 이름을 바꾸어야 했다. 벨보이스는 젝스테트 라이프치히가, 블랙 스톤스는 슈바르체 슈타이네가, 스윙잉 기타스는 슈빙엔덴 기타렌이 되었다―그러나 음악은 달라지지 않았다. 몇몇 밴드가 해체되고, 새로운 밴드들이 결성되었다. 녹음실의 반半불법적인 자본주의는 계속되었다. 1967년에 당국은 다시 생각을 바꾸었다. 동독의 사회·경제 정책이 일부 성공하면서 분위기가 좀더 온화해졌다. 사람들은 전보다 적게 일하면서도 더 많은 보수와 더 긴 휴가를 얻었고, 그에 따라 여가에 쓸 돈과 시간도 더 많아졌다. 그러다가 체코슬로바키아에서 위기가 고조되면서 당국은 '미끄러운 비탈길'의 위험을 확신하게 되었다. 여기서 더 양보했다가는 상황이 악화되어 체제 전체가 심각한 도전에 직면할 것이라고 느꼈다. 만약 체코슬로바키아가 소련(그리고 동독)의 탱크 침공을 받기 전에 비트 음악의 침공을 받지 않았다면 어떻게 되었을까?[85] 알렉산드르 둡체크의 '인간의 얼굴을 한 공산주의'는 치명적인 타격을 입었다. 그러나 체코 위기 직후에 서독 총리 빌리 브란트와 그의 '동방정책' 덕분에 분위기가 나아졌다. 두 독일이 서로 긴장을 완화하고 개방하는 노선은 소련의 지지를 받았고, 대다수 독일인에게 인기가 있었다. 긴장 완화의 시대가 시작된 것이다.

1971년에 에리히 호네커가 발터 울브리히트의 자리를 물려받았다. 호네커는 엄격해야 할 때에는 엄격했지만 이제는 부드러워야 할 때였고, 호네커는 그에 맞게 부드러워졌다. 그러나 정책은 바뀌었는지 몰라도, 정권의 인사들은 바뀌지 않았다―결국, 똑같은 인물인 정치국원 쿠르트 하거가 1957년부터 1989년까지 계속 문화정책을 책임졌다(중앙위원회의 문화, 인민교육, 과학 담당 서기로서). 긴장 완화와 더불어 '소비자 사회주의'가 새롭게 강조되었다. 록 음악도 더 용인되었다. 정권은 밴드를 금지할 수 없는 이상 포섭하기로 결정했다. 록 페스티벌과 경연대회를 조직하고, 보조금을 지급하고, 새로운 인재를 발굴했다. 1985년에는 심지어 문화부가 록음악협회를 후원하기까지 했는데, 1989년에 이 협회의 회원 수는 570명이었다.[86] 정권이 묵인하는 사적인 팬조직망들도 있었는데, 완전히 합법은 아니었지만 그렇다고 불법도 아니었다. 당국은 공연장, 콘서트, 스튜디오, 100개의 전문 밴드와 2,000개의 비전문 밴드―대개는 서

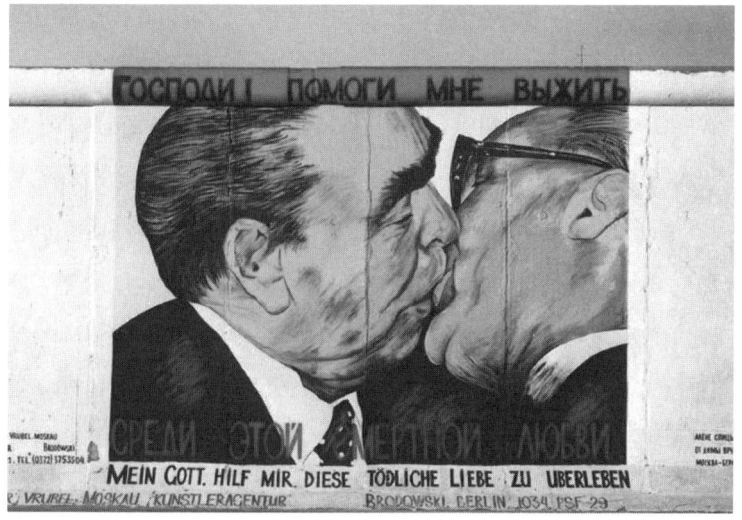

1979년 동독 수립 30주년 기념식에서 동독의 호네커와 소련의 브레즈네프는 사회주의 결속을 상징하는 진한 키스를 나누었다. 드미트리 브루벨은 베를린 장벽에 이 그림을 그려서 그들의 키스를 풍자했다.

독에서 불법으로 수입한 악기를 가지고 연주하는—로 이루어진 일종의 '록 자본주의'도 용인하는 등 이미 관계가 틀어진 젊은이들과 마찰을 피하기 위해서라면 무엇이든 다 했다.[87]

동독에서 법 규정의 무시는 피할 수 없는 일이었다. 동독은 도저히 그 전부를 준수하거나 집행할 수 없을 만큼 과다한 규칙과 규정으로 운영되는 나라였다. 이를테면, 가수로 인정받으려면 공인된 음악학교의 졸업장(엘비스나 지미 헨드릭스도 결코 가진 적 없는 서류다)을 갖고 있어야 했다. 아마추어 모임도 허가를 받아야 했다. 밴드들이 연주하는 음악 가운데 '비사회주의 진영'에서 유래한 음악은 60퍼센트를 넘지 않아야 했다.[88] 법을 무시하는 풍조가 만연하자, 당국은 1980년대에 결국 20개 내지 30개의 민영녹음실을 합법화하기로 결정했다. 1980년대 말에 이르자 이 녹음실들이 사실상 동독의 록 음악 대부분을 생산하고 있었다. 1970년대 이

제60장 · '다른' 유럽의 문화: 공산주의

래로 록 음악과 팝 음악은 『멜로디 운트 뤼트무스』, 『운터할퉁스쿤스트』 같은 정기간행물을 포함한 언론에서 정기적인 논평과 논의의 대상이 되었다. 음악과 인기곡 순위만을 다루는 라디오와 텔레비전 프로그램이 생겨났다. 1980년 무렵에는 외국 방송국이 아닌 동독 국영 라디오가 록 음악과 팝 음악 전파의 주요 원천이 되었다. 젊은이들을 위한 라디오 방송국인 DT64는 꾸준히 방송시간을 늘려나갔다(1987년에는 하루에 20시간 동안 방송했다).[89] 그 의도는 외국 팝 방송을 듣는 청취자들을 유인하는 것이었다. 좋든 싫든 정권은 경쟁을 피할 수 없었다. 시장은 어디에서나 고개를 쳐들고 있었다. DT64는 대단히 성공적이었다. 동독이 무너진 뒤에 미국이 운영하는 베를린 라디오 방송국에 DT64의 주파수들을 할당하려 했을 때는 젊은 청취자들의 거센 반발에 밀려 계획이 무산되었을 정도였다.[90] 서구에서도 비슷한 일이 일어난 적이 있었다. 1960년대의 영국에서는 근해의 '해적' 라디오 방송들이 젊은이들의 음악 취향을 형성했다. 노동당 정부는 그 방송들을 차단하려 애쓰는 한편, BBC에서 팝 음악 방송을 발전시키는 당근정책을 함께 썼다.

대부분의 동독 젊은이는 서독 젊은이와 마찬가지로 진실한 평화주의자였다. 그들은 히피 문화의 이상, 사랑과 평화, 우드스탁의 정신을 좋아했다.[91] 동독도 전적으로 평화를 원했다. 무엇보다 전쟁이란 곧 완전한 파멸이었기 때문이다. 이 점에서는 공산주의자 당국과 독일 젊은이들의 뜻이 완전히 같았다. 더욱 개방적인 문화가 장려되었다. 1973년에 동베를린에서 열린 제10회 세계청년학생축전에서는 200개가 넘는 동독 밴드가 쇼와 록 콘서트 공연을 벌였다. 동독에서도 록 스타들이 등장했고, 서방 세계의 음반보다 구하기 쉬웠던 이들의 음반이 제법 많이 팔리기 시작했다. 동독에서 록의 황금시대가 시작된 것이다.[92] 1989년 11월

베를린 장벽이 무너졌을 무렵, 동독 젊은이들은 선진 자본주의 문화의 기쁨에 꽤 친숙해져 있었다.

사실상 모든 형태의 오락에서 규제가 완화되었다. 이를테면 카바레는 공산주의 독일에서도 독특한 오락장소로 남았지만, 1950년대 동독의 카바레는 너무 도덕적이고 교육적이어서 청중을 잃었다. 1970년대에 규제가 완화되자 카바레가 부활해서, 1971년에 21만 5,000명이었던 청중이 1979년에는 58만 5,000명으로 늘었다.[93] 풍자잡지 『오일렌슈피겔』은 1973년에 35만 부였던 판매부수가 1985년에는 50만 부로 늘었다. 물론 정치인을 웃음거리로 만드는 일은 피해야 했지만, 이 잡지는 동독 삶의 다양한 측면에 대해—비정치적인 방식으로—불만을 토로하는 엄청난 양의 독자편지를 받아서 실었다. 이것이 이 잡지의 성공비결이었다.[94] 만화 분야에서도 비슷한 발전이 이루어졌다. 1950년대 동독의 주요 만화잡지 『모자이크』와 『아체』는 확고한 정치·교육적 목표를 가지고 있었다. 그러나 1964년 무렵 만화는 순수한 오락물이 되어 있었고, 일부는 이탈리아에서 수입하고 있었다(『아토미노』).

동독은 자기 나라가 '독서의 땅'이라고 자화자찬했다.[95] 그것은 물론 건전한 독서였다. 공식적으로는 어떤 저속한 문학도 없었다. 동독에는 공포물이나 성애물이 없었고, 서구에서 할리퀸이 펴내는 감성적인 여성 연애소설도 없었다는 얘기다. 그러나 범죄소설과 과학소설은 많았다. 과학소설은 승인받은 인기 장르로, 독일, 러시아, 폴란드의 작품과 서구의 모든 고전을 포함해 4,000종이 넘는 작품이 출간되었다.[96]

동독 당국은 정통 마르크스주의를 지키고 싶어했다. 많은 지도자가 나치의 박해와 전쟁의 궁핍을 이겨내며 단련된 이들이었다. 소련에서 망명생활을 하고, 가장 비타협적으로 체제에 충성함으로써 스탈린주의 시대를 살아남은 이들이 많았다. 건국 초기에 동독 정권은 힘이 약했다. 소련은 독일이 비동맹국으로 남기만 한다면 독일을 재통일시킬 각오를 하고 있었다. 1953년에는 배급제와 식량 부족으로 불만이 쌓인 노동자들이 [노르마 인상과 임금 동결에 항의해 6월 7일에] 일으킨 봉기까지 진압해야 했다. 그리고 동독을 떠나는 사람들의 행렬이 멈추지 않았다.

공산주의 진영의 다른 국가들과 달리 동독은 고립시키기가 어려운 나라였다. 불가리아인과 루마니아인과는 달리, 동독인은 서구의 사정을 아주 잘 알고 있었다. 1961년까지는 누구나 서구의 책과 신문을 쉽게 구할 수 있었고, 자유롭게 동독을 떠날 수도 있었다. 베를린 장벽이 세워지고 나서도 서독의 라디오와 텔레비전을 접할 수 있었다—동독 영토의 85퍼센트에서 서독의 텔레비전 방송을 수신할 수 있었다.⁹⁷⁾ 공용 안테나만 있으면 서독에서 방송하는 ARD와 ZDF 채널들을 수신할 수 있었다. 공산주의 지도자들은 동독 국민들이 DFF(독일텔레비전방송, 국영)를 보게 하려면 게임쇼와 버라이어티쇼를 제공해야 한다는 것을 곧 깨달았다.⁹⁸⁾ 헝가리나 불가리아, 소련에서는 텔레비전에서 방영되는 것이 마음에 들지 않으면 텔레비전을 끄는 수밖에 없었다. 하지만 동베를린에서는 서베를린 채널로 돌릴 수 있었다. DFF(1969년에 두 번째 채널이 도입되면서 DDR-FS, 곧 독일민주공화국텔레비전이 되었다)는 이탈리아나 프랑스 텔레비전과는 달리, 경쟁 상황에 놓인 자신을 발견했고, 그 결과 동유럽 최고의 텔레비전 방송이 되었다. 서독과 직접 경쟁한다는 것은, 정치색이 매우 강한 시사 프로그램을 가벼운 오락 프로그램 및 연속물로 상쇄해야 한다는 뜻이었다. 지루한 프로그램이 너무 많아서는 안 된다는 인식이 있었다. 1981~82년에는 '대안적 프로그램 편성'이라는 표어 아래, 황금시간대에 외국과 서독에서 수입한 현실도피적 프로그램들로 활기를 더

했다―동독 방송의 시청률 하락에 따른 직접적인 결과였다.[99]

이것은 동독 텔레비전이 교육적 임무를 포기했다는 의미가 아니라, 교육에 재미와 게임이라는 감미료를 더했다는 뜻이다. 다행히 서독의 ARD 역시 저속한 대중영합주의에는 관심이 없었다(ARD는 1951년의 시험 방송 기간에 괴테의 『파우스트』 구절들을 길게 방송한 바 있다). 유럽 전역에서 텔레비전은 시청자들이 연극과 문학의 걸작들에 익숙해지게 하는 데에 이용되었다. 동독에서도 연극 정전이나 유명한 소설을 각색한 연극이 주기적으로 방송되었는데, 거기에는 지금이라면 '정치적 올바름'이라 부를 만한 것을 지켜야 한다는 조건이 붙었다. 다시 말해 하인 같은 억압받는 계급 성원들은 그 주인보다 더 자연스러운 감정을 가진 더 나은 사람으로 비쳐야 했고, 같은 계급 성원들에게 피해를 주지 않으면서 자기 처지를 개선할 수 있어야 했다.[100] 이 때문에 작품의 범위가 제한되곤 했다.

1971~72년에 호네커가 직접 '건전한 오락'을 위한 운동을 개시했다.[101] 텔레비전은 대중에 호소하고 민중과 연대하는 쪽으로 더욱 뚜렷하게 이동했다.[102] 이런 움직임은 대부분 진짜로 대중적이었다. 동독 텔레비전은 틀에 박힌 정치선전만 주야장천 방송하지 않았다. 시대에 뒤진 이런 이미지는 서독과의 경쟁의 심각성을 고려하지 않은 것이다. 동독 시청자들은 서독(아니 사실상 모든 나라) 시청자들과 비슷했다. 그들은 휴식과 오락을 원했고, 보고 싶은 프로그램을 제공하는 채널을 시청했다. 1969년에, 서독의 송신기 가까이에 있는 동독인들은 선택의 여지가 무척 많았다. 영국이나 이탈리아 시청자들에게는 채널이 세 개밖에 없었던 반면에, 그들에게는 서독 채널 세 개, 동독 채널 두 개, 합해서 다섯 개 채널이 있었다.[103] 1980년대 초, 동독의 두 채널은 잠재적 시청자의 35~40퍼센트라는 꽤 적절한 몫을 보유했다. 그렇다고 나머지 60퍼센트가 '다른

편'을 시청했다는 뜻은 아니다. 교대제로 일하는 이, 일찍 자거나 아예 텔레비전을 보지 않는 이도 있었다. 서독 프로그램 시청자는 20~25퍼센트로 추정되었다.[104] 물론 마르크스-레닌주의연구소 직원 같은 충실한 당원들은 다른 편 프로그램의 시청을 자제할 것을 요구받았지만, 보통 사람들이 그런 명령을 진지하게 받아들이지 않는다는 건 누구나 알고 있었다.[105] 방송시간의 편성이 그 싸움에서 무기가 되었다. 서독에서 재미 있는 프로그램을 방영하면, 동독은 버라이어티쇼나 스릴러로 대응했다. 서독에서 동독 시청자들의 관심 밖인 프로그램을 방영할 때는 그 기회를 이용해 다큐멘터리나 시사 프로그램을 내보냈다.[106] 동독 편성 담당자들의 회의록을 보면 그들이 경쟁자들의 결정에 얼마나 신경을 곤두세웠는지를 알 수 있다. 예를 들어 서독에서 ARD와 ZDF가 경쟁을 벌이다가 수요일 저녁 황금시간대에는 양쪽 채널 모두 시사 프로그램을 방영하자는 합의에 도달하자, 동독 텔레비전도 그 시간대에 같은 종류의 프로그램을 방영했다.[107] 그래서 베를린 장벽 양쪽의 독일인들에게 수요일 밤은 영화 보러 가는 시간이었을 것이다.

동독 뉴스는 사람들을 안심시켜주었다. 재난, 강도를 비롯한 갖가지 범죄를 끊임없이 방영하는 대신, 평온하게 번영 일로에 있는 사회상(사실이었다)을 시청자에게 보여주었다. 반면에 서구 뉴스에는 마약과 폭력이 있었다(동독에서 상영된 서구 영화들이 이런 이미지를 확증해주었다). 문제는 시청자 대부분이 뉴스를 믿지 않는 데에 있었다.[108] 만약에 정치 당국이 좀더 안정적이거나 영리했다면 이따금 비판과 불만을 허용했을 것이고, 그랬다면 나머지 프로그램들이 좀더 진지하게 받아들여졌을 것이다.

그러나 동독에는 양질의 다큐멘터리가 있었다. 물론 주제는 신중하게 정해야 했다. 1970년대 중반에 포르투갈과 스페인에 민주주의가 도래했다든지, 나미비아의 반식민주의 투쟁, 미국의 인종차별, 서독의 나치즘 잔재, 미국의 베트남 공습, 살바도르 아옌데 정권을 전복시킨 칠레의 쿠데타 같은 좌파 주제들이 선택되었다. 다큐멘터리 제작자 발터 하이노프스키와 게르하르트 쇼이만은 25년 동안 70편이 넘는 다큐멘터리 영화를 제작해 국제적인 명성을 얻었다. 두 사람은 곧 자신들의 영화에 대한 총체적인 결정권을 손에 넣었고, 1969년에는 자율적인 회사인 스튜디오 H&S를 설립하고 그들의 영화의 해외저작권을 거래하는 것까지 허가받았다.[109] 두 사람은 원할 때면 언제든 외국으로 나갈 수 있었고, 그들의 다큐멘터리는 황금시간대에 방영되었다. 그러나 자신들의 성공으로 난공불락의 위치에 올랐다고 생각한 두 사람(모두 투철한 공산주의자였다)은 1982년에 동독의 매체정책을 비판하는 실수를 저질렀다. 그 실수는 치명적이었다. 그들은 특권을 상실했고, 스튜디오 H&S는 문을 닫았다. 다만 일반 국영방송사에서 계속 다큐멘터리를 만들 수는 있었다.[110] 그들은 서서히 지위를 회복했지만, 1982년 이전에 누렸던 자율권까지 회복하지는 못했다. 두 사람은 동독에서의 사회주의 달성을 축하하는, 동독 건국 40주년을 기념하는 영화를 준비했다. 하지만 그처럼 시기가 어긋나기도 어려울 것이다. 그 영화는 1989년 10월에, 공교롭게도 동독 시민 수천 명이 헝가리를 통해 사회주의에서 도망치던 바로 그때, 베를린 장벽이 무너지기 직전에 삼부작으로 방영되었다.[111]

 서독에 사는 서독 공산주의자 프란츠 되테를과 동독 언론인 자비네 카틴스가 또 하나의 범상치 않은 다큐멘터리 제작팀을 결성했다. 그들이 만든 영화들은 동독 텔레비전의 고정 프로그램이 되었다.[112] 자비네 카틴스의 〈서독 사람들은 동독을 어떻게 생각할까?〉(1974)는 두 독일에서 방영되었다. 『슈피겔』지는 카틴스 팀의 작품이 동독에서 "몇 안 되는

1968년 10월 18일에 열린 '사회주의 문화의 더한층의 발전을 위한 국가평의회 중요회의'에 참석한 하이노프스키(앞줄 오른쪽에서 두 번째)와 쇼이만(세 번째). 두 사람은 양질의 동독 다큐멘터리의 상징이었다.

희망의 저널리즘 빛줄기"라며 찬사를 보냈다. 신중하게도 두 사람은 동독 관련 주제는 절대로 다루지 않았다. 그들의 프로그램 〈서구의 일상〉은 1972~87년에 300편 가까이 제작되었다. 이 가운데 절반 이상이 서독에 관한 것으로, 서독인들이 동독에 관해 제작한 분량을 크게 초과하는 양이었다. 그들은 여러 국제 페스티벌에서 수많은 상을 받았다.[113]

동독은 양질의 다큐멘터리 제작에 뛰어났고, 그 주제가 사회주의나 소련처럼 민감한 주제와 거리가 멀 때는 더욱더 잘했다. 심지어는 실험적인 연극도 제작할 수 있었다. 정권은 지식인들이 좋아하는 것을 일부 제공하면서 그들을 달랬다. 경제적 효율성을 추구하지 않았기에, 동독의 몇몇 분야는 서구에서는 상상하기도 어려운 호사를 누렸다. 60여 개의 극장은 모두 국가 소유였고, 극장마다 직원들이 흘러넘쳤다. 배우와 제작자들은 리허설에 시간을 충분히 쓸 수 있었다. 스타 시스템이 없었으므로, 앙상블 연출에 중점을 두었다(서구에서 가장 혁신적인 극단들이 그랬듯이).114) 당국은 정전 목록에 있는 고전, '사회주의 진영'의 현대극, '비판적 사실주의' 연극(입센과 쇼 같은 기성 부르주아 연극), 반제국주의 연극, 서구와 제3세계 사회주의 연극을 장려했다. 실제로 공연이 금지된 것은 서구에서 대다수 관객을 끌어들이던 로맨틱 코미디와 멜로드라마였다. 그래서 동독과 서독 사이에는 약간의 공통점이 있었다. 서독에서도 역시 고전 정전은 물론이고, 현대 부르주아 정전과 최고의 사회주의 연극이 제법 많은 공적 후원과 공공지원금을 받았기 때문이다(특히 베르톨트 브레히트는 이탈리아에서, 밀라노에 있는 조르조 스트렐러의 유명한 피콜로 극장 덕을 보았다).

영국에서도 그랬듯이, 셰익스피어는 누구에게나 안전했다. 사회주의 진영의 이데올로기에 따르면, 위대한 예술은 사회주의와 '휴머니즘'의 궁극적 승리를 예시했다. 동독에서는 이 두 용어를 거의 바꿔쓸 수 있었으므로, 셰익스피어는 괜찮았다. 셰익스피어는 보편적이었고, 보편적이기에 원형적 사회주의자나 마찬가지였다. 자신들의 셰익스피어를 원했던 지식인들은 조금은 이상한 이런 식의 문화관을 애써 문제삼으려 하지 않았다. 몇몇 지식인은 다음과 같은 설명으로 공산주의 관료들을 기쁘게 해주려고까지 했다. 햄릿의 "대담한 인간관은 먼 미래에나 실현될 하나의 이상으로 유보되었지만······ 우리 시대에는 정신과 권력 사이의 모순이 해결되었다. 한때 셰익스피어에게는 갈망이었던 것이······ 오늘날의 관객에게는 삶의 근대적 목표로 다가온다."115) 정권을 비판하는 이들을 포함해 누구나 셰익스피어를 이용할 수 있었다. 1983년에 포츠담의 한스 오토 극장에서 피트 드레셔가 제작한 〈햄릿〉은 뻔뻔스러울 만큼 노골적으로 정치적이었다. 덴마크는 오웰식의 악몽으로 재현되었고, 폴로니우스가 햄릿에게 무엇을 읽고 있느냐고 물었을 때, 햄릿은 공산당 기관지를 바닥에 팽개치면서 유명한 대사 "말, 말, 말"을 성난 목소리로 외쳤다.[116] 객석은 만원이었다.

동독의 연극 관객들은 모더니즘과 아방가르드를 놓쳤다. 그들은 1987년까지 사뮈엘 베케트의 〈고도를 기다리며〉를 보지 못했다.[117] 국영 영화사인 DEFA〔독일영화사〕가 만든 영화 가운데 일부는 더 쉽게 접할 수 있었다. 여기에는 동독에서 '인디언 영화'로 불렸던 '서부영화'도 포함되었다. 엄청난 성공을 거둔 〈위대한 엄마 곰의 아들들〉(1965~66)은 미국의 몇몇 서부영화와 이탈리아의 '스파게티' 웨스턴처럼 일부는 유고슬라비아에서 촬영했다. 독일 대중문화에서 서부물에 대한 사랑—19세기에 카를 마이의 소설들이 성공한 것, 1960년대에 서독에서 그 소설들을 각색한 텔레비전 프로그램이 인기를 끈 것이 그 증거다—은 이 영화와, 그 뒤를 이은 동독의 서부물 시리즈에 도움이 되었다. 이 작품들에는 역마차의 매복 공격, 철도 습격, 반회전문을 열어젖히며 술집으로 걸어 들어가는 사람들, 선한 남자와 악한 남자 같은 할리우드 서부물의 표준적 요소들이 들어 있었다. 그러나 선한 남자들은 거의 언제나, 부패한 백인들에 대항해 싸우는 인디언들이었다.[118]

동독이 끝장나고 서쪽에서 '선한 남자들'이 동독을 구하러 왔을 때, 이상하게도 옛날을 그리워하는 태도(반어적으로 '동독에 대한 향수ostalgie'라고 불렀다)가 구세대 사이에 제법 널리 스며들었다. 그들은 감상에 젖어 옛날 영화와 옛날 텔레비전 프로그램 재방송을 시청했다. 아무도 울브리히트와 호네커를 애석하게 여기는 것 같지는 않았지만, 많은 동독인은 과거의 50년 세월이 그저 시간낭비이자 문화적 재앙이었다고 잘라 말하기를 꺼렸다.

제61장

독자들의 세계

책은 좋다

독자들의 세계에서 글을 읽을 수 없다는 것은 중대한 장애다. 그러나 글을 읽을 수 있다고 해서 반드시 책을 읽는 것은 아니다. 한때는 사람들에게 읽는 법을 가르치는 문맹퇴치 운동이 벌어졌다. 지금은 사람들에게 책을 읽으라고 촉구하는 캠페인이 벌어진다. 부모는 자식들이 책을 전혀 안 읽는다고 한탄하지만, 텔레비전을 너무 안 본다거나, 비디오게임을 거의 하지 않는다거나, 팝 음악을 잘 듣지 않는다고 한탄하지는 않는다. 독서계급은 책을 읽지 않는 이의 비율을 수치로 나타낸 조사를 보면 경악한다.

흔히 무슨 책이든 책을 읽는 것이 다른 어떤 문화활동보다도 '낫다'고 생각한다. 200년 동안 문화에서 기술혁명이 일어났음에도 이 기본적 믿음은 실질적으로 바뀌지 않았다. 한때는 글을 모른다는 것이 책을 읽지 않을 좋은 이유였다. 그러나 의무교육 시대에도 여전히 우리 사이에 책을 읽지 않는 이가 숨어 있다면, 그것은 집단 전체의 실패로 간주된다.

책을 읽지 않는 이의 비율을 조사하면 서로 상충하는 결과가 나온다. 하지만 조사마다 쓰는 방법과 정의가 다르니, 놀랄 일도 아니다. 1980년대 이탈리아에서 한 조사에서는, 전체 인구의 22퍼센트가 아무것도, 심지어는 신문도 읽지 않는다는 사실이 드러났다.[1] 그래도 이는 전보다는 나아진 상황이었을 것이다. 1962년에 이탈리아에서 책을 읽지 않는 이의 비율은 40퍼센트였기 때문이다. 책을 엄청나게 생산하는 헝가리나 네덜란드와 같은 비율이었다. 지식인들의 본거지 프랑스에서 책을 읽지 않는 사람의 비율은 훨씬 높은 53퍼센트였다.[2] 이것은 상황이 심각하게 악화되었다는 사실을 말해준다. 1955년에 이루어진 다른 조사에 따르면, 그 전해에 책을 한 권도 안 읽은 프랑스인의 비율은 38퍼센트에 '불과'했기 때문이다.[3] 1989~97년에는 적어도 프랑스에서는 상황이 나아져서, 책을 읽지 않는 사람의 비율은 이제 25퍼센트였다.[4] 그러나 이탈리아에서는 나쁜 소식이 들려왔다. 1986년에는 성인 인구 가운데 절반이 그전 6개월 동안 책을 한 권도 안 읽었다는 것이다.[5] ISTAT(이탈리아 통계청)의 1988년 수치는 실제로는 상황이 훨씬 더 나빴음을 보여준다. 62퍼센트가 그전 한 해 동안 책을 한 권도 안 읽었는데, 이탈리아인 1,900만 명은 서점이 없는 도시에 살고 있다는 것이 그 이유로 추정되었다.[6] 문제는 이탈리아에만 국한되지 않는다. 시장분석기관 유로모니터는 1980년에 유럽공동체를 조사한 결과 55퍼센트가 '현재 읽고 있는 책이 없다'는 것을 확인했다.[7] 그러나 2005년 7월, 출판사들이 주도한 이탈리아 통계 조사는 그전 1년 동안 책을 전혀 읽지 않은 이가 54퍼센트이고, 책을 산 사람은 35퍼센트에 지나지 않았다는 사실을 보여주었다. 그나마 2003년부터 나아진 상황이 이 정도였다.[8]

정확한 비율이 중요한 건 아니다. 책을 읽는 이들은, 인구 가운데

20퍼센트이든, 30퍼센트 또는 40퍼센트이든, 일정 비율의 사람들이 아무것도 읽지 않는 나라에 산다는 사실에 몸서리를 친다. 책을 읽지 않는 이들 또한 굴욕을 느낀다. 그들도 집에 책이 있는 것이 사회적 지위의 표시라는 것을 안다. 해명을 해보라고 하면, 그들은 회개하는 듯한 태도로 말한다. 시간이 없다고, 하루 일을 마치고 나면 너무 피곤하다고, 휴가 때는 꼭 읽을 거라고. 그들은 책을 여가활동으로 본다.[9] 그들이 틀린 게 아니다. 롤랑 바르트처럼 책이 즐거움을 줄 수 있다고 생각한다면, 책을 읽지 않는 것이 안타까운 이유는 영혼을 고상하게 하거나 시야를 넓히지 못해서가 아니라, 좋은 오락거리를 놓치기 때문이다.[10] 이상적인 세계에서는 모두가 책을 읽어야 한다. 그러나 책을 읽는 것이(어떤 책이라도?) 텔레비전을 보는 것보다(어떤 텔레비전 프로그램보다?) 낫다는 명백한 이유는 없다. 책을 전혀 안 읽는 게 뭐가 잘못되었는가? 흔히들 이야기하는 텔레비전을 보는 것과 책을 읽는 것의 대비는 극단적인 경우에만 사실이다. 곧 텔레비전을 아주 많이 보는 사람만 책을 많이 읽지 않고, 책을 아주 많이 읽는 이만 텔레비전을 많이 보지 않는 것이다.[11] 어쩌면 책을 읽는 사람은 텔레비전이 주는 즐거움을 누릴 기회를 놓치는 것인지도 모른다.

가장 많이 읽는 사람들은 놀랄 것도 없이 교육을 많이 받은 이들이다. 상위 20퍼센트의 부유층은 책을 많이 읽지만, 그들은 최신 텔레비전, DVD, 컴퓨터, 인터넷도 이용한다. 그들은 영화관, 극장, 오페라하우스에도 나머지 사람들보다 자주 간다. 책을 전혀 읽지 않는 이들 대부분은 역사를 통틀어 봐도 아무것도 읽은 적이 없는 이들, 곧 빈곤층에 속한다. 오늘날 책값이 싸다는 것, 공공도서관이 많다는 것은 사실이다. 그러나 가난하다는 것은 그저 현금이 넉넉하지 않다는 뜻만이 아니다. 가난으로 인해 자신의 시야를 넓히려는 성향, 의지, 호기심도 부족해질 수 있다. 책을 읽지 않는 것은 불평등이나 가난과 관계가 있다. 그렇지만 여자들은 사회에서 가장 특권을 누리는 집단은 아닌데도 남자들보다 책을 많이 읽는다. 2003년의 프랑스 정부의 통계는 남자들 가운데에서는 38퍼센트가, 그리고 여자들 가운데에서는 '겨우' 28퍼센트만이 조사 전 12개월 동안 책을 읽은 적이 없다는 것을 보여준다(물론 이 통계치는 같은 자료에서 나온 다른 통계치와 일치하지 않는다—위에서 조사마다 결과가 다르다고 말했듯이). 또 여자들은 고전음악도 더 자주 듣고, 극장, 발레 공연장, 화랑, 박물관에도 더 자주 갔다. 젊은이들, 곧 15~24살 연령층에서는 성별 차이가 더 두드러져서, 책을 안 읽는 남자는 33퍼센트인 데에 반해 여자는 13퍼센트에 지나지 않는다. 1973년에 비해, 책을 읽는 남자의 비율은 낮아졌고, 여자의 비율은 남자의 감소폭을 채우고도 남을 만큼 높아졌다. '열심히' 읽는 사람들—1년에 적어도 25권을 읽는 이들—의 비율은 1973년부터 낮아졌는데, 여자보다 남자 쪽이 훨씬 많이 낮아졌다.[12]

    대학교육을 받은 이들 가운데도 책을 전혀 안 읽는 사람이 의외로 많다. 이탈리아에서는 책을 읽지 않는 사람이 농민은 91퍼센트, 노동자는 71퍼센트이고, 대학 졸업자는 23퍼센트다.[13] 물론 대학 졸업자가 늘어나고 있으므로, 그들 가운데 책을 읽지 않는 사람이 많은 것도 놀랄 일은 아니다.

    밝은 면을 보고, 그동안 이루어진 진보에 주목할 수도 있다. 지금은 책을 읽는 게 정상이고, 읽지 않는 게 비정상이다. 19세기에는—심지어는 20세기 중반에도—그 반대였고, 세계의 많은 지역에서는 지금도 그렇다. 그러나 '선진'국에서는 해마다 인구보다 많은 책을 찍어낸다.

1991~94년의 몇몇 나라의 연간 인구 100명당 출간부수

벨라루스	775	스페인	261
불가리아	509	폴란드	256
이탈리아	507	일본	253
중국	489	루마니아	221
라트비아	433	아랍에미리트	213
한국(남한)	360	이스라엘	178
포르투갈	272		

출처: UNESCO, *World Culture Report*, 1998.

프랑스, 독일, 영국, 미국은 자료를 내지 않았지만, 어느 모로 보나 이 나라들 또한 벨라루스만은 못해도 상위에 자리잡을 게 분명하다.

출간된 책의 종수와 관련된 자료에는 좀더 많은 나라가 들어 있다.

1991~94년의 몇몇 나라의 10만 명당 출간도서 종수

핀란드	246	프랑스	78
네덜란드	221	불가리아	71
노르웨이	159	포르투갈	68
스웨덴	158	이탈리아	58
영국	148	폴란드	28
벨기에	138	루마니아	16
스페인	113	알바니아	12
헝가리	98	우크라이나	10
독일	86		

출처: UNESCO, *World Culture Report*, 1998.

다른 나라들은 어떨까? 예상할 수 있듯이, 작고 가난한 나라들은 성적이 별로 좋지 않다. 책만이 아니라 모든 게 그렇다. 책은 번영의 표시다. 책이 없는 나라에는 텔레비전이나 라디오나 영화관도 더 드물다. 가나(아프리카에서 가장 가난한 나라 축에 들지 않는)와 그리스(유럽에서 가장 부유한 나라 축에 들지 않는)의 격차는 현격하다. 1995년 가나는 인구 1,000명당 전화가 5대 있었고(그리스는 494대), 인구 10만 명당 출간된 책 종수가 0.1권이었고(그리스는 39권), 1,000명당 팔린 일간지 부수가 18부였고(그리스는 183부), 1,000명당 라디오 231대, 텔레비전 92대를 소유하고 있었다(그리스는 라디오 430대, 텔레비전 220대였다).

아프리카 작가들은 세계 독자들에게 읽히려면 이전 식민지 종주국의 언어로 써야 한다. 그들의 국내시장은 너무 좁고, 그들의 책이 번역될 가능성은 거의 없다. 게다가 방언이 400개인 나이지리아나 100개인 가나에서, 또는 인구 570만 명에 언어는 약 20개이고 문자해득률은 36퍼센트에 불과한 시에라리온에서 문학으로 성공을 거둔다는 건 쉬운 일이 아니다. 전 세계의 관점에서 보자면, 책의 세계는 부자들의 세계다.

베스트셀러

베스트셀러―그 자체로 하나의 문학장르인―에 대한 강박은 문화계의 특수한 현상이다. 해당 업계 종사자가 아니라면, 어느 것이 가장 많이 팔리는 와인인지, 쇠고기 부위인지, 샴푸인지 알려는 이는 거의 없다. 그러나 음반, 영화, 책은 다르다.

우리는 최근에야 (거의) 믿을 만한 베스트셀러 수치를 확보했지만, 오늘날에도 간혹 목록들 사이에 엄청난 차이가 나곤 한다. 영국 잡지 『북셀러』는 그 전주에 가장 많이 팔린 책들의 '북트랙' 목록을 발표한다. 북트랙은 1,500개 판매점에서 이 수치를 모은다. 경쟁사인 북워치는 628개 서점에서 자료를 모아 목록을 발표한다. 1997년 8월 16일로 끝난 주에 북트랙은 조너선 딤블비의 『최후의 총독: 크리스 패튼과 홍콩 이양』이 총 1,500부 팔렸다고 주장한 반면, 북워치는 5,478부가 팔렸다고 발표했다. 북워치는 헬렌 필딩의 『브리짓 존스의 일기』 페이퍼백이 1만 7,589부 팔렸다고 주장한 반면, 북트랙은 6,926부 팔렸다고 발표했다. 데이지 굿윈의 시선집 『영국인이 가장 좋아하는 사랑시』는 1997년 10월 마지막 주에, 『옵저버』(685개 서점에서 제공받은 자료)에 따르면 4,943부가 팔린 반면에 『선데이 타임스』(북워치 자료를 이용한다)에 따르면 1,483부밖에 팔리지 않았다. 『브리짓 존스의 일기』의 편차는 훨씬 심하다. 북트랙은 5,783부로 발표했고, 북워치는 1만 1,611부로 추정했고, 『옵저버』는 2만 434부라는 수치를 제시했다.[14]

책 판매부수를 엄격하게 비교하려면, 동일한 기간을 설정해 추적할 필요가 있을 것이다. 그러나 이렇게 하는 경우는 거의 없다. 사실 일부 교과서, 심지어 몇몇 과학책은 몇 년에 걸쳐서 보면 일시적인 베스트셀러보다 잘 팔린다. 1948년에 처음 출간된 폴 새뮤얼슨의 『경제학: 분석 입문』은 40개 이상의 언어로 번역되었고, 정기적으로 개정판이 나오면서(지금은 다른 저자들이 개정하고 있다), 지금까지 수백만 부가 팔렸다. 원저자의 이름이 제목에 들어가 있는 유명한 『그레이 해부학』(1858년에 처음 출간되었고, 지금도 팔리고 있다)도 마찬가지다.[15]

책은 큰 사업이 아니지만, 큰 베스트셀러는 큰 사업이다. 2004년 8월에서 2005년 8월 사이에 『다빈치 코드』로 이름을 얻은 댄 브라운과 조앤 K. 롤링의 책은 영국에서 팔린 책 전체의 6퍼센트를 차지했다.[16] 많이 팔리는 책 가운데에는 문학평론가들이 규정한 '품질' 검사를 통과한

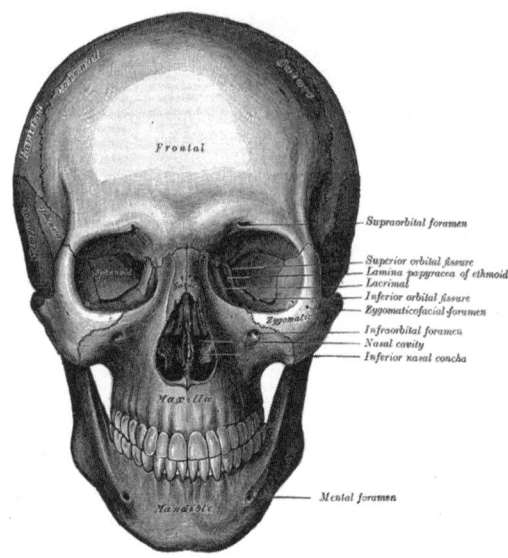

『그레이 해부학』 1918년판 삽화. 1858년의 초판 이래 해부학에 막대한 영향을 미친 이 교과서는 계속 개정되고 재간되어, 2008년에는 150주년을 기념하는 제40판이 나왔다. 촉망받는 의학자였던 저자 헨리 그레이가 1861년에 천연두로 갑작스레 죽는 바람에 이후에는 개정 작업을 다른 이들이 맡았다. 2005년에는 미국에서 이 책에서 이름을 딴 의학드라마 〈그레이 아나토미〉가 방영되었다.

책도 더러 포함된다. 5년에 걸쳐 50만 부 이상 팔린 책에 수여하는 '골드 북 상'(2001년에 시작되었고, 100만 부 이상 팔리면 플래티넘 상을 준다) 수상작 가운데에는 모니카 알리의 『브릭 레인』, 파울로 코엘료의 『연금술사』, 이언 매큐언의 『속죄』, 필립 풀먼의 『황금나침반』 삼부작, 자디 스미스의 『하얀 이』, 문장부호에 관한 재치 넘치는 책인 린 트러스의 『먹고, 쏘고, 튀다』 따위가 들어 있다.[17)]

누가 승자가 될지를 짚어내기란 소설뿐만 아니라 학술서에서도 어려운 일이다. 미셸 푸코의 『말과 사물』이 1966년에 출간되었을 때, 갈리마르 출판사 대표 피에르 노라는 기껏해야 1만 부 팔릴 거라고 생각했다. 그러나 1년 안에 여섯 번을 증쇄하면서 이 책은 논픽션 베스트셀러 목록 꼭대기까지 올라갔다. 노라의 회고에 따르면, 1969년까지 4만 부가 팔렸다.[18)] 이 책은 영어로 번역되어 엄청난 국제적 성공을 거두었다. 덕분에 푸코는 20세기 말의 구루가 되었고, 책 자체도 오랫동안 국제적 베스트셀러가 되었다.

푸코의 책은 진지한 논픽션의 몇 개 범주에 걸쳐 있었다.[19]

—소수의 전문가와 학술도서관이 구입하는 비싼 전문서: 유럽의 큰 나라에서도 1,000부 이상 팔릴 가능성이 적고, 암만 잘 팔려도 2,000부쯤이다. 마케팅은 거의 이루어지지 않고, 판매는 주로 전문 언론의 서평에 의존한다. 이런 책은 상대적으로 오랫동안 재고를 유지하지만, 다시 찍지는 않는다.

—비전문가 지식인들을 위한 책: 5,000부쯤 팔릴 수도 있다. 권위 있는 일간지나 주간지에서 서평을 받을 필요가 있다. 성공하면 고전적 텍스트가 된다.

—'구루' 책: 마케팅이 필수이고, 권위 있는 일간지와 주간지의 뒷받침과 매체 노출이 필요하다. 길이는 짧고, 값은 싸야 한다. 단순한 요점을 힘주어 강조하여, 언론인들이 얼른 이해할 수 있게 해야 한다. 이 책을 읽으면 이 시대의 주요 쟁점(테러리즘, 빈곤, 미래, 우리가 살고 있는 사회의 성격)을 이해할 수 있다는 인상을 주어야 한다. 1만 부 이상 판매를 목표로 한다.

—대학 교재: 페이퍼백이어야 하고, 주요 시장이 대학생이므로 학계의 추천이 필요하다. 성공작은 1만~3만 부가 팔린다. 몇몇은 20년 이상에 걸쳐 100만 부가 팔리기도 한다. 테리 이글턴의 『문학이론』(1983)이나, 첫해(1946년)에 24만 6,000부가 팔리고 1982년까지 1,800만 부가 팔린 에두아르와 오데트 블레드의 『철자법 강의』가 그런 예다.[20] 그러나 대부분은 실패한다.

—'고전': 몇몇 책은 저자가 죽은 뒤에도 오랫동안 팔린다. 프랑스처

럼 교과과정을 중앙정부가 결정하는 나라에서는 고전이 어떤 베스트셀러보다도 잘 팔릴 수 있다. 1964~66년에 엄청난 판매고를 기록한 죽은 작가로는 인기순으로 몰리에르, 라신, 발자크, 코르네유, 졸라, 베른, 위고 등이 있었다.[21]

이 순위는 프랑스의 전국 교과과정을 반영한다. 사람들은 라신이나 코르네유를 선택해서 읽지 않는다. 어쩔 수 없이 읽는다. 반면 발자크, 위고, 졸라의 작품 몇 편은 교과과정에 없더라도 사람들이 재미를 위해 사서 읽었을 것이다. 졸라의 작품은 생전에 177만 5,000부가 팔렸다(제3부 123쪽 참조). 졸라는 1902년에 죽었는데, 그로부터 60년이 지난 뒤에는 2년 만에 같은 부수를 팔았다. 에밀 가보리오, 외젠 쉬, 레티프 드 라 브르톤 같은 19세기 베스트셀러 작가 가운데 다수는 낙오했다. 1970년대 후반에 안 마리 티에스는 19세기 말에 태어난 프랑스인들과 인터뷰를 많이 했는데, 놀랍게도, 20세기 초반까지도 프랑스에서 널리 인기를 끈 것으로 여겨지는 소설인 아돌프 데느리의 『두 고아』(1887~89)와 자비에 드 몽테펭의 『빵 배달하는 여자』(1884)를 읽은 기억이 있는 이는 한 명도 없었다.[22]

교육 당국의 도움을 받지 않은 작가들 가운데에는 오직 뒤마와 베른만이 프랑스와 다른 곳에서 큰 영향력을 행사하고 있다.[23] 사드 후작도, 고등학교에서 가르치지 않는데도, 잘 팔렸다. 하지만 사드는 훌륭한 작가로 간주되어 많은 대학에서 연구했다. 덕분에 『쥐스틴』(1791)은 염가본으로 급속히 확산되었고, 사드를 고전적인 자위용 자료로 여기는 이들조차 아무런 부끄러움도 없이 들고 다니게 되었다.

책값이 낮아지고 페이퍼백 혁명이 일어나면서, 고급문화에 속하는 과거와 현대의 고전은 유리한 상황을 맞이했다. 1950~80년에 사르트르

(갈리마르에서 두 번 퇴짜를 맞았다)의 책은 247만 부가 팔렸고, 볼테르 책은 이보다 약간 적은 227만 6,949부, 위고 책은 사르트르 책보다 많은 416만 6,213부가 팔렸다. 1913년에 『스완네 집 쪽으로』를 자비출판했던 프루스트의 책은 같은 기간에 86만 5,000부가 팔렸다.[24]

1961년에 『뷜르탱 뒤 리브르』(도서 회보)는 프랑스의 '세기의 베스트셀러'에 관한 자료를 발표했다.[25] 이 잡지는 자료가 믿을 만하지 않다는 점은 인정했다. 마르셀 파뇰처럼 사랑을 많이 받은 작가 몇 명에 관한 수치가 아예 없었다. 그럼에도 이 목록은 개략적인 틀을 제공했다. 1900년에 출간된 책은 1960년에 출간된 책보다 60년의 판매기간이라는 이점이 있으므로, 『도해 라루스 소사전』 같은 참고서가 2,500만 부가 팔려 1위를 차지한 것도 놀랄 일은 아니다. 이보다 의미심장한 대목은 베스트셀러 소설들이 60년에 걸쳐 팔린 부수가 100만 부를 가까스로 넘는다는 사실이다. 이것은 지금의 몇몇 베스트셀러가 흔히 1년 만에 달성하는 목표치다. 1960년에 100만 부 고지를 넘은 책에는 생텍쥐페리의 『야간 비행』, 익살맞은 『톰슨 소령의 수첩』(피에르 다니노, 1954), 그때까지 출간된 19편의 '탱탱' 각권 따위가 포함된다. 100만 부에 살짝 못 미친 책들 가운데 번역서는 단 두 권으로, 하나는 마거릿 미첼의 『바람과 함께 사라지다』이고, 또 하나는 1955년에 베스트셀러 1위에 올랐던 이탈리아 작가 조반니 구아레스키의 『돈 카밀로의 작은 세상』이다.[26] 미국의 판매부수는 늘 이보다 높았는데, 이 점은 인구 차이를 감안해도 마찬가지다. 『퍼블리셔스 위클리』에 따르면, 1967년에 재클린 수전의 『인형의 계곡』은 720만 부가 팔렸다. 그 이후 미국에서 책의 판매부수는 계속 늘어났다.

예전 패권국가들은 마치 문화적으로 자급자족하는 것처럼 행동하는 일이 많다. 1989~90년에 프랑스에서는 베스트셀러 20위까지가 모두 프랑스 책이었다. 1975~80년의 6년 동안에도 거의 예외가 없었다—에리카 종의 『날기가 두렵다』가 그 예외였다.27)

영국은 언어에서 프랑스보다 더 고립된 섬처럼 보인다. 번역서 자체가 거의 없고, 번역서가 100위 안에 드는 일도 드물다. 물론 영국 바깥에서 영어로 쓰인 작품은 그런 난관을 겪지 않는다. 1994년의 베스트셀러 1위(페이퍼백)는 116만 5,700부가 팔린 존 그리섬의 『의뢰인』이었다.28) 그 뒤를 이은 것이 오스트레일리아 작가 토머스 케닐리의 『쉰들러의 방주』로, 원래는 1982년에 출간되어 그해에 부커 상을 탄 작품이다. 이 책이 1994년에 부활한 것은 스티븐 스필버그의 상을 많이 받은 영화 〈쉰들러 리스트〉 덕분이었다. 100위 안에 들어간 죽은 저자 두 명도 영화의 도움을 받았다. 메리 셸리의 『프랑켄슈타인』은 프랜시스 포드 코폴라의 〈메리 셸리의 프랑켄슈타인〉 덕을 보았고, W. H. 오든의 시 「사랑의 진실을 말해주오」는 영화 〈네 번의 결혼식과 한 번의 장례식〉에 나오면서 12만 부 이상 팔렸다. 질리 쿠퍼의 『남편들이 질투한 남자』의 뒤를 이어 5위를 차지한 것이 영어로 쓰는 중국인 작가 장융張戎의 『대륙의 딸』이고, 밑으로 내려가면 비크람 세스의 『신랑감』이 보인다. 100위권 목록은 소설이 지배하지만, 데이비드 제럴드 헤세이언의 『화목류 전문가』, 『온실 전문가』, 『꽃꽂이 전문가』나 아네카 라이스의 『즉석요리 100가지』, 로즈메리 콘리의 『뱃살빼기 계획』 같은 실용서나 자기계발서도 몇 종 있다. 이 목록에서 번역서는 덴마크어에서 번역한 페터 회의 『스밀라의 눈에 대한 감각』 딱 한 종뿐이다.

2004년에도 상황은 크게 달라지지 않았다.29) 100위권 안에 번역서는 브라질 작가 파울로 코엘료의 소설 『11분』 한 종뿐이다. 페이퍼백 베스트셀러 100종 가운데 89종이 소설이고, 그중 절반은 여성이 쓴 것이다.

1위는 이번에도 미국인 댄 브라운이 쓴 소설 『다빈치 코드』였다. 이 책은 1994년에 1위를 차지했던 그리섬의 책의 두 배가 팔렸다. 조앤 K. 롤링의 해리 포터 시리즈는 하드커버로 아주 많이 팔려서, 페이퍼백 순위에서는 1위에 오르는 일이 거의 없다. 목록 가운데 논픽션은 11종이었는데, 빌 브라이슨의 『거의 모든 것의 역사』(3위), 『식습관이 인생을 좌우한다』, 마이클 무어의 『이봐, 내 나라를 돌려줘!』 외에 전기나 회고록 7종이 있다.

장기적으로 보면, 논픽션이 더 잘 나간다. 1977년에 발표된 미국의 1895~1975년의 베스트셀러 목록에서는 스폭 박사의 『육아 상식』(1946) 같은 책이나, 710만 부가 팔린 자비에라 홀랜더의 『해피 후커』(1972) 같은 에로틱한 유사고백서가 강세를 보이면서, 630만 부가 팔린 『채털리 부인의 연인』(1932)을 제쳤다. 『남성의 성적 행동』(1948)과 『여성의 성적 행동』(1953) 두 권의 킨제이 보고서는, 당연한 일이지만, 같은 저자가 그전에 쓴 『미국 북동부의 식용 야생식물』(1943)보다 잘 팔렸다. 킨제이 보고서는 'J'가 쓴 『관능적인 여자』(1969, 880만 부)나 『늘 알고 싶었지만 물어보기 두려웠던 섹스에 관한 모든 것』(1969, 800만 부) 같은 덜 억제된 섹스 안내서의 시대를 열었다. 그러나 이런 성공작 가운데 일부는 오래가지 않았다. 이 분야에 책이 쏟아지면서 이런 책이 정상에 오르기가 더 어려워졌다. 『관능적인 여자』는 고전이 되지 못했다. 이보다는 810만 부가 팔린 조지 오웰의 『1984』 같은 읽기 쉬운 대학 고전이 서점 매대에 더 오랫동안 남는다. 몇몇 진지한 소설은 영화의 도움을 받았다. 보리스 파스테르나크의 『닥터 지바고』(1958)는 영화 덕에 100위 안에 든 유일한 번역서가 되었다(62위였다).[30]

이런 목록들은 책 대중시장이 얼마나 복잡한지를 보여주는 것 말고는 쓸모 있는 정보가 거의 없다. 1975년까지 배리 골드워터의 『한 보수주

『육아 상식』의 저자 벤저민 스폭의 1989년 모습. 아이를 엄하게 길러야 한다는 20세기 초의 육아 정설에 도전한 소아과 의사 스폭은 아이에게 애정을 더 많이 주면서 부드럽게 기르라고 조언했다. 『육아 상식』은 1946년에 초판이 나온 이래 52년 동안 성서 다음으로 많이 팔린 책이다. 그는 "당신이 생각하는 것보다 당신은 더 많이 안다"고 어머니들을 격려했다.

의자의 양심』(1960)이 이언 플레밍의 『카지노 로열』과 엇비슷하게 300만 부 팔렸다는 것을 알아봐야, 그 사실에서 연역할 수 있는 것은 별로 없다. 우리는 사람들이 조언서, 정치서, 수용 가능한 섹스책, 스릴러, 모험소설을 원한다는 것, 영화를 보면 그 원작 소설도 읽고 싶어한다는 것을 안다. 하지만 그런 것은 목록 없이도 알 수 있다. 목록은 출판업자에게 어떤 성애소설이나 자기계발서나 스파이 이야기가 승리를 거둘지, 어떤 책이 인쇄소에서 폐지공장으로 직행할지를 말해주지 않는다. 출판업에서 성공작은 알려져 있지만, 실패작은 감추어져 있다. 영국 에식스에는 출간된 전체 책의 거의 10퍼센트를 취급하는 회사가 있다. 이 회사가 하는 일은 그 책들을 폐지로 만드는 것이다. 죽을 운명인 책을 실은 트럭들이 날마다 줄을 이어 도착한다. 이곳은 사형집행이 유예될 가능성이 거의 없는 '책의 사형수 감옥'이다.[31]

실패작은 나라마다 다르다. 2003년에 영국과 미국에서 다이어트 분야의 대형 베스트셀러는 『앳킨스 다이어트』였다. 이 책은 수백만 부가 팔렸다. 그러나 지체없이 번역된 이 책은 프랑스에서는 2만 부도 채 팔리지 않았다.[32] 프랑스에서 다이어트 책은 미국에서보다 인기가 없고, 프랑스 사람들은 따로 계획하지 않고도 치즈, 쇠고기, 버터, 크림을 먹기에 어쨌거나 앳킨스 다이어트를 하고 있는 셈이다. 여러 언어로 번역된 국제적인 베스트셀러 스릴러 작가 켄 폴릿은 프랑스에서는 큰 성공을 거두지 못했다. 반면 이웃한 이탈리아와 독일에서는 대단한 성공을 거두었고, 독일에서 그의 걸작 『대지의 기둥』은 늘 사랑받는 책이다.

책을 꼭 살 필요는 없다. 앞에서 살펴보았듯이(제17장), 19세기에 사람들은 책을 빌렸다. 20세기 말까지 회원제 도서대여점은 거의 사라졌지만, 유럽 거의 어디에나 번창하는 공공도서관망이 있다.

대출에 관한 믿을 만한 비교통계는 없지만, '공공대여권'(이것을 토

1991~94년의 몇몇 나라들의 인구 1,000명당 공공도서관 장서 수			
우크라이나	772	네덜란드	271
핀란드	712	영국	223
불가리아	680	루마니아	204
스웨덴	513	독일	158
헝가리	489	프랑스	154
노르웨이	462	알바니아	127
폴란드	353	스페인	76
아일랜드	309	이탈리아	48
벨기에	294	포르투갈	39

출처: UNESCO, *World Culture Report*, 1998.

대로 저자에게 대출된 책에 대한 저작권료를 지급한다)이 도입된 영국에 관해서는 정확한 통계가 있다. 이 통계를 보면, 가장 많이 빌려가는 책은 어린이책(상위 100종 가운데 32종), 스릴러, 여성용 도서임을 알 수 있다. 2000~01년에 1위를 차지한 작가는 캐서린 쿡슨이고, 10위권에는 어디서나 찾아볼 수 있는 대니얼 스틸과 애거서 크리스티, 제2차 세계대전 스릴러로 이름을 얻은 잭 히긴스, 소녀들을 겨냥하는 재클린 윌슨, 범죄소설 작가 딕 프랜시스와 루스 렌들 같은 작가들이 들어 있다. 100위권에서 앵글로색슨이 아닌 작가는 아스테릭스(63위)를 만들어낸 고시니뿐이다. 또 100위권에 든 저자 가운데 학계 정전에 포함되거나 순문학 작가(이를테면 주요 문학상 수상자)로 간주될 이는 단 한 명도 없다.

2003년에, BBC는 영국인(또는 일부 라디오 청취자)이 가장 좋아하는 책을 알아보기 위해 '애독서The Big Read'라 불린 책 선호도 조사를 실시했다. 독일 텔레비전 ZDF도 이것을 흉내내어 '애독서Das Grosse Lesen'를 조사했다. 그 결과에는 여느 때처럼 영화의 영향이 반영되어 있었고, 이것이 양국에서 톨킨의 『반지의 제왕』이 성공한 이유를 부분적으로나마 설명해준다. 이 점을 빼면, 문학 정전에 속하는 책이 거의 없다는 것 말고는 양국에 공통점이 거의 없다.

BBC 목록에는 영국 책이 아홉 종, 미국 책이 한 종 있는 반면, ZDF 목록에는 독일 책이 두 종밖에 없다. 독일 목록에서는 가상의 '중간계'가 배경인 영국 책이 1위이고, 성서(BBC 목록에서는 배제되었다) 다음 순위에는 영국 작가 켄 폴릿이 쓴, 중세의 대성당 건축을 둘러싼 엄청난 분량의 소설이 자리잡고 있다. 5위에는 어린이용 프랑스 책, 8위에는 브라질 베스트셀러, 그 아래에는 영국이 어린이책 장르에서 100년에 걸쳐 흔들림 없이 세계를 지배하는 데에 힘을 보탠 또 하나의 성공작 해리 포터가 있다.

BBC와 ZDF에서 조사한 영국과 독일의 애독서

BBC: 'The Big Read'			ZDF: 'Das Grosse Lesen'	
『반지의 제왕』(J. R. R. 톨킨)	영국		『반지의 제왕』(J. R. R. 톨킨)	영국
『오만과 편견』(제인 오스틴)	영국		『성서』	
『황금나침반』(필립 풀먼)	영국		『대지의 기둥』(켄 폴릿)	영국
『은하수를 여행하는 히치하이커를 위한 안내서』(더글러스 애덤스)	영국		『향수』(파트리크 쥐스킨트)	독일
『해리 포터와 불의 잔』(J. K. 롤링)	영국		『어린 왕자』(앙투안 드 생텍쥐페리)	프랑스
『앵무새 죽이기』(하퍼 리)	미국		『부덴브로크 가의 사람들』(토마스 만)	독일
『곰돌이 푸』(A. A. 밀른)	영국		『의사』(노어 고든)	미국
『1984』(조지 오웰)	영국		『연금술사』(파울로 코엘료)	브라질
『나니아 연대기』(C. S. 루이스)	영국		『해리 포터와 마법사의 돌』(조앤 K. 롤링)	영국
『제인 에어』(샬럿 브론테)	영국		『여교황 조앤』(도너 크로스)	영국

    조앤 K. 롤링의 해리 포터 시리즈는 역사상 가장 많이 팔린 책이 되었다. 닐슨 북스캔의 집계에 따르면, 이 시리즈의 다섯 번째 책(『해리 포터와 불사조 기사단』)은 영국에서 출간 당일(2003년 6월 21일)에 180만 부가 팔렸다. 2005년 7월 16일에 여섯 번째 책 『해리 포터와 혼혈 왕자』가 나올 때까지 나머지 다섯 권은 62개 언어로 2억 7,000만 부가 팔렸다. 영화가 판매에 도움이 되었지만, 영화 개봉 전에도 이미 엄청나게 팔렸다. 늘 그렇듯이 얼마나 많은 사람, 특히 얼마나 많은 어린이가 실제로 이 책을 읽었는지는 알 수가 없다. 『해리 포터와 불사조 기사단』 같은 몇 권은 매우 길기 때문이다.

    해리 포터 시리즈를 비방하는 사람들은 배경의 관습성을 지적한다.

해리는 마법사들을 양성하는 학교에 다니는데, 사실 이 시리즈는 영국 사립학교에 다니는 소년의 이야기와 다를 게 없고, 이는 토머스 휴스의 『톰 브라운의 학창시절』(1857) 이후 인기를 누려온 장르다. 해리는 영웅이지만, 약하고 수줍어 보인다(안경을 쓴다). 해리의 후견인(세상을 떠난 해리의 친부모는 '뛰어나다'—동화에 흔한 장치다)과 그 아들인 끔찍한 더들리는 못된 언니들이 신데렐라를 대하듯이 우리의 주인공을 막 다룬다. 해리는 탐험을 시작하여 시련을 겪고 친구를 사귀고 악당에게 승리를 거둔다. 이 시리즈의 성공은 수백 년에 걸친 동화에 의지하고 있다. "서양 사회에서는 무엇이든 하나의 현상이 되려면 관습적이어야 한다"고 동화학자 잭 자이프스는 주장한다.[33] 그러나 관습적인 소설의 요소들은 롤링만이 아니라 어느 작가라도 써먹을 수 있기에, 왜 수많은 작가는 실패하고 그녀는 성공을 했는가 하는 문제는 아직 남아 있다. 실제로 대부분의 아동작가는 실패하기 때문이다. 영국 서점 워터스톤스가 의뢰해 어린이책 저자를 상대로 실시한 조사에 따르면, 7퍼센트(모두 여성이다)는 2004년에 글을 써서 한 푼도 벌지 못했고, 49퍼센트는 1만 5,000파운드, 26퍼센트는 1만 5,000~3만 파운드, 17퍼센트는 3만 파운드 이상을 벌었다.[34] 반면 조앤 K. 롤링은 영국에서 가장 부유한 여성으로 알려져 있다.

잭 자이프스는 해리 포터 '현상'을 더 넓은 맥락, 곧 저자와 작품을 둘러싼 맥락에서 보아야 한다고 주장했다. 해리의 모험은 저자인 조앤 K. 롤링의 모험이기도 하다. 그녀는 생활보조금을 받으며 홀로 아이를 키우면서 열심히 책을 썼고, 결국 성공을 거두었다(가난뱅이가 부자가 되는 이야기). 해리의 모험은 또 여러 출판사에서 거절당한 뒤에 '딱 맞는' 출판사를 만난 책의 모험이기도 하다. 이 시리즈는 기독교 근본주의자들의 분노를 자아내어 이교도 책이라는 비난을 받는 바람에 더 많이 팔렸다.[35]

2007년 7월 20일 오후 11시 56분, 캘리포니아의 한 서점에서 12시에 공식 출간되는 『해리 포터와 죽음의 성물』을 기다리는 손님들. 2011년 6월까지 해리 포터 시리즈 판매량은 4억 5,000만 부로 추산된다.

그처럼 우둔하지 않은 기독교도라면, 빛나는 갑옷을 두른 중세 기사와도 같은 진실성과 신사도를 갖춘 해리 포터에게 갈채를 보냈을 터이다. 해리 포터는 또 소설에 나오는 많은 소녀의 찬사와 갈채를 받는다—그러나 소녀들 대부분은 전통 동화의 숙녀들과 마찬가지로 그가 공을 세우는 과정에서 단순한 구경꾼에 지나지 않는다.

해리 포터의 옹호자들은 여전히 이 시리즈가 아이들이 책을 읽도록 자극한다고 확신한다. 많은 교사가 이 책을 귀중한 교육자료로 여기고, 교사의 84퍼센트가 이 책이 아이들의 독서기술을 향상시켰다고 말한다.[36] 그렇다 해도 아이들이 실제로 해리 포터 시리즈를 얼마나 읽었는지는 알 수 없다. 다만, 아이들이 더는 책을 안 읽는다는 견해에 경험적인 뒷받침이 좀더 필요하다는 점만은 분명해진 듯하다.

번역

패권국가들은 편협하고, 내향적이고, 자기도취적이었다. 2004~05년에 영국에서 팔린 책 중 61퍼센트는 영국 저자가 쓴 책이었다. 미국에서 그 수치는 91퍼센트였고, 독일은 24퍼센트였다. 흔히들 미국은 내향적인 정신상태에 빠져 있다고 비난한다. 그건 사실이다. 다만 그것은 미국인의 '성격'과는 전혀 관계없고, 주로 국내 생산과 관계있다. 없어도 상관없는 것을 수입할 필요는 없는 것이다. 게다가 이 경우에 수입이란 대개 번역을 뜻하는데, 번역은 불확실한 사업에 추가로 비용을 들이는 일이다.

미국만 그런 건 아니다. 스페인 출판업계가 총비용 가운데 1.1퍼센트를 번역에 지출하고, 이탈리아가 1퍼센트를 지출하는 반면, 프랑스는 0.5퍼센트, 독일은 0.3퍼센트, 영국은 고작 0.2퍼센트밖에 지출하지 않는다.[37] 영국 출판사와 미국 출판사 사이에는 번역을 의뢰할 필요도 없이 그냥 서로 책을 사면 그만이다. 영어로 구할 수 있는 책이 아주 많기에, 영국은 각종 번역 관련 통계에서 바닥에 깔려 있다. 영국인들이 '영국' 책만 읽는 건 아니지만, 그들은 거의 전적으로 원래 영어로 쓰인 책만 읽는다. 영국이 수입하는 책은 대부분 미국 책이고, 오스트레일리아와 캐나다에서도 수입하며, 인도인이나 아프리카인이 영어로 쓴 책도 많다. 그러니 바닥에 깔릴 수밖에 없다.

1991년의 몇몇 유럽 나라의 번역 현황

	프랑스	영국	이탈리아	스페인	독일	합계
총 출간 종수	24,909	63,867	33,893	42,207	61,015	225,891
번역서 종수	4,406	1,625	8,602	10,977	8,321	33,931
번역서 비율	17.6	2.5	25	26	14	15

출처: Ganne and Minon, 'Géographies de la traduction', BIPE, Whitakes, ISTAT, 스페인 문화부 자료를 이용.

그렇다고 영국이 특별히 문화적으로 궁핍한 건 아니다. 1990~91년에 영국은 유럽 어느 나라보다도 새 책을 많이 출간했는데, 그 수는 4만 9,900종으로 독일(48,879종)보다는 조금 많았고, 스페인(33,183종), 이탈리아(22,654종), 프랑스(16,578종)보다는 훨씬 많았다. 번역서 비율로 보면, 작고 부유한 나라들이 큰 나라들보다 번역을 많이 한다. 나라가 작아서 다양한 책을 낼 수는 없지만, 돈이 있으니 번역을 할 여유는 있는 것이다. 이를테면 네덜란드는 1989년에 출간된 책 가운데 종수로 24퍼센트가 번역서였고, 덴마크는 18.9퍼센트, 스웨덴은 60퍼센트였다.[38] 이탈리아는 인구는 프랑스와 비슷하지만 도서시장은 더 작다. 그러나 책을 사는 이들은 평균보다 부유하고, 흔히 외국 저자가 국내 저자보다 높이 평가받는다. 그래서 외국 책이 이탈리아 책보다 상대적으로 많이 팔린다.[39]

번역만 놓고 보면 공산주의 나라인 것이 도움이 될 수 있다. 한 예로 1965년에 알바니아(그 무렵 유럽에서 가장 고립된 나라로 간주되었는데, 그렇게 여겨질 만했다)는 번역서 비율이 23.3퍼센트로, 22.3퍼센트인 벨기에보다 높았다. 그러나 번역 현황 비교표 밑바닥에는 미국, 영국과 함께 소련도 있었다(비소비에트 언어에서 번역한 책들만 고려할 때).[40]

대표적인 '목표'언어들, 곧 외국 문헌을 '수입하는' 언어들을 그 비중에 따라 순서대로 말하자면, 독일어, 스페인어, 프랑스어, 영어, 일본어이고, 그다음이 네덜란드어, 포르투갈어, 러시아어, 덴마크어, 폴란드어다. 반대로 세계에서 단연 가장 많이 번역되는 언어는 영어다(다음쪽 표 참조).

패권을 쥔 언어들은 대중소설가들과 소수의 최고 고전을 수출한다. 이를테면 영어권 문학에서는 애거서 크리스티, 바버라 카틀랜드, 이니드 블라이턴이 셰익스피어를 앞서고, 프랑스와 벨기에의 만화작가 고시

가장 많이 번역되는 10개 언어	번역된 작품 수
영어	813,739
프랑스어	154,506
독일어	136,597
러시아어	88,637
이탈리아어	45,921
스페인어	35,241
스웨덴어	26,522
라틴어	14,111
덴마크어	13,650
그리스어(고대)	12,586

출처: UNESCO, *Index Translationum*, cumulative online, 2005년 5월 접속, http://database.unesco.org.

니와 우데르조(아스테릭스)와 에르제(탱탱)가 발자크와 공존한다. 그러나 독일어 수출 작품 10위권에는 '펄프' 작가가 단 한 명(콘잘리크)뿐이다. 나머지는 동화작가, 이론가, 위대한 작가(괴테), 구루 소설가(헤세), 소박한 구루(루돌프 슈타이너) 등이다. 이탈리아어 10위권에는 현대 소설가 세 명, 동화작가 두 명(로다리와 『피노키오』로 유명한 콜로디), 펄프 작가 한 명(살가리, 제3부 189~93쪽 참조), 고전 저자 세 명, 현대 신학자 한 명(카를로 마리아 마르티니 추기경)이 있다. 스페인어의 경우, 세계 대중문화에는 상대적으로 별다른 기여를 하지 않은 국제어답게 그 명단에 '고급문화'가 훨씬 많다. 드로잉과 회화를 가르치는 책들로 성공한 작가(파라몬), 고급 범죄소설 작가(몬탈반), 그리고 노벨상 수상자(네루다와 가르시아 마르케스)와 위대한 고전(세르반테스)을 포함해 높은 평가를 받는 일련의 문인들이 포함되어 있다. 스페인어 명단은 또한 스페인 작가 세 명, 칠레 작가

두 명, 페루 작가 한 명, 아르헨티나 작가 두 명, 콜롬비아 작가 한 명 등을 포함하는 가장 국제적인 명단이다.

다섯 개 언어에서 가장 많이 번역된 저자들

프랑스어	영어	독일어	스페인어	이탈리아어
쥘 베른	애거서 크리스티	야코프 그림	가브리엘 가르시아 마르케스	움베르토 에코
알렉상드르 뒤마	이니드 블라이턴	빌헬름 그림	이사벨 아옌데	이탈로 칼비노
조르주 심농	바버라 카틀랜드	카를 마르크스	호르헤 루이스 보르헤스	에밀리오 살가리
르네 고시니	윌리엄 셰익스피어	루돌프 슈타이너	마리오 바르가스 요사	알베르토 모라비아
발자크	대니얼 스틸	프리드리히 엥겔스	호세 마리아 파라몬	지아니 로다리
샤를 페로	스티븐 킹	헤르만 헤세	세르반테스	카를로 콜로디
알베르 카뮈	아이작 아시모프	프란츠 카프카	페데리코 가르시아 로르카	단테
에르제	마크 트웨인	프리드리히 니체	파블로 네루다	카를로 마리아 마르티니
앙투안 드 생텍쥐페리	잭 런던	괴테	훌리오 코르타사르	보카치오
우데르조	아서 코넌 도일	하인츠 G. 콘잘리크	마누엘 바스케스 몬탈반	마키아벨리

출처: UNESCO, *Index Translationum, cumulative online*, 2005년 5월 접속.

이런 목록은 아주 조심스럽게 해석해야 한다. 번역된 작품 수를 기준으로 순위를 정하므로, 100권을 써서 각각 10개 언어로 번역된 저자가 한 권을 써서 100개 언어로 번역된 저자보다 높은 순위에 올라가기가 쉽기 때문이다. 그래서 이니드 블라이턴이 셰익스피어를 '이기'지만, 셰익스피어가 더 널리 읽힐 수도 있다. 옛 소련의 수많은 언어 또한 수치를 왜곡하는 데에 한몫한다. 많은 책이 시장의 수요와 상관없이 다양한 언어로 거의 자동적으로 번역되었기 때문이다. 이것은 소련 공산당의 '저작'이 역대 가장 많이 번역된 작품 50위에 올라가는 까닭을 설명해준다. 1969년에 레닌이 309종으로 세계에서 가장 많이 번역된 저자가 된 이유 또한 여기에 있었다. 그다음으로는 베른이 135종, 심농이 131종, 셰익스피어 111종, 이니드 블라이턴 103종, 도스토옙스키 101종, 카를 마르크스 91종, 톨스토이 79종, 엥겔스 78종, 애거서 크리스티 77종 순이었다.[41]

 그래서 누계로 따져서 가장 많이 번역된 러시아 저자 10인 목록에는 정치인과 고전 작가가 뒤섞여 있다. 레닌이 1위이고, 도스토옙스키, 톨스토이, 체홉이 그 뒤를 따르며, '소련', '공산당', 미하일 고르바초프가 그다음이고, 이어서 푸시킨과 고리키가, 10위를 차지한 '저자'이지만 아무도 애도하지 않는 레오니트 브레즈네프를 가까스로 앞서고 있다. 이런 왜곡은 레닌이 전 세계에서 가장 많이 번역된 10대 저자에 끼고, 지그문트 프로이트는 50위권에도 들지 못하는 까닭도 설명해준다. 유네스코에 따르면 세계에서 가장 많이 번역된 '저자'는 월트 디즈니 사이지만, 이것은 단일 저자라기보다는 상표이기에 이 책에서는 역사상 전 세계에서 가장 많이 번역된 저자 목록에 넣지 않았다. 그러나 애거서 크리스티에게 2위로 밀린 성서는 남겨두었다. 다음 표는 그렇게 수정한 남자 다섯, 여자 넷, 그리고 신의 명단이다.

 이 누계 목록과 1948~54년에 가장 많이 번역된 저자 목록을 비교해보면 독서공중의 팽창이 확연히 드러난다. 2005년에 고급문화에 속하는 이름은 셰익스피어 한 명뿐이다. 1948~54년에 10위권에 든 이는 톨스토이, 디킨스, 발자크, 셰익스피어, 베른, 도스토옙스키, 한스 크리스티

가장 많이 번역된 10대 저자		번역물의 종수
	애거서 크리스티	5,649
	성서	4,930
	쥘 베른	3,688
	레닌	3,478
	바버라 카틀랜드	3,222
	이니드 블라이턴	3,221
	셰익스피어	2,971
	한스 크리스티안 안데르센	2,335
	대니얼 스틸	2,314
	야코프 그림	2,197

출처: UNESCO, *Index Translationum*, cumulative online, 2005년 5월 접속. http://database.unesco.org/xtrans.stat/xTransStat.a?VL1=A&top=50&lg=0.

안 안데르센, 잭 런던, 펄 벅, 로버트 루이스 스티븐슨이었다.[42] 걸출한 저자가 이렇게 많다는 것은 이 시기의 독서공중이 여전히 상대적으로 제한되어 있었다는 사실을 보여준다. 1932~34년으로 거슬러 올라가면, 에드거 월리스, P. G.(펠럼 그랜빌) 우드하우스, 존 골즈워디, 괴테, 잭 런던, 뒤마, 톨스토이, 슈테판 츠바이크, 베르길리우스, 호메로스가 10위권에 든다. 곧 '펄프' 작가는 한 명뿐이고, 나머지는 중간급과 고급 고전이 섞여 있는 막강한 명단이다.[43] 어떤 이들은 이것을 보고 수준이 낮아졌다고 추론할지도 모르지만, 도서시장의 엄청난 팽창—유네스코 통계가 정기적으로 파악하는—을 고려할 때 실제로는 새로운 독자들이 등장했다고 보는 것이 옳다. 곧 전에는 전혀 또는 거의 안 읽던 이들이 책을 읽게 되었다는 것이다. 물론 애거서 크리스티를 읽는 것이 아무것도 안 읽거나 산책하는 것보다 나은 일인지는 각자가 판단할 문제다.

이 목록들은 소설의 우위를 보여준다. 자기계발이나 논픽션도 중요한 위치를 차지하지만, 소설만큼의 지구력은 없다. 시는 우리 모두가 알다시피 '번역 과정에서 사라져버리기' 때문에 잘 확산되지 않는다. 하지만 시집은 소수의 예외를 빼면 출신지에서도 베스트셀러 목록에 끼는 경우가 거의 없다.

고전은 다작 작가들의 맹공격을 견디지 못한다. 호메로스는 결국 책을 겨우 두 권 '썼을' 뿐이지만, 바버라 카틀랜드는 수백 권을 썼다. 만약 가장 많이 번역된 작품들의 정확한 목록이 있다면, 카틀랜드 소설이 한 종이라도 정상권 근처에 갈 수 있을지 의문이다. 셰익스피어가 거의 모든 명단에 들어간다는 것은 그의 수많은 지지자들에게 조금은 위안이 될 것이다. 셰익스피어가 단테나 괴테 같은 경쟁자들보다 유리한 이유는 금방 늘어놓을 수 있다. 그는 다양한 장르에 걸쳐(희극, 비극, 사극) 37편의 희곡을 썼다. 그것들을 영어로 썼다. 짧아서 읽기 편하다. 읽을 뿐만 아니라 볼 수도 있는 희곡들이다. 영화, 뮤지컬, 다른 희곡으로 쉽게 바꿀 수 있다. 그가 묘사하는 갈등은 매우 보편적이다(선망, 질투, 야망, 욕정 따위).

이런 목록들은 학술서 저자들이 획득한 명성을 반영하지 못한다. 학술서는 상대적으로 적은 수의 언어로 번역되면서도 영향력이 크다고 널리 인정받는데, 이를테면 자크 데리다에서 미셸 푸코까지, 질 들뢰즈에서 클로드 레비 스트로스까지, 피에르 부르디외에서 장 보드리야르와 폴 리쾨르와 에마뉘엘 레비나스까지, 수많은 프랑스 사상가가 영어권에서 확고하게 자리를 잡았다.[44] 대체로 학계 엘리트들이 지배하는 이 '시장'도 이보다 위신이 떨어지는 책들과 마찬가지로 유행을 탄다. 종전 무렵부터 1958년까지 철학서 제목에 쓰인 단어의 빈도수를 살펴보면 '실존', '실존적', '실존주의'가 인기였음이 드러난다.[45] 그다음에는 '구조'와 '구

2000년에 아흔여덟 살로 세상을 떠나기까지 무려 723종을 출간한 '연애소설의 여왕' 바버라 카틀랜드. 그녀는 젊어서는 아름다움과 매력, 대담한 파티로 런던 사교계에서 이름을 날렸고, 특유의 분홍색 드레스를 입고서 텔레비전에 출연해 사랑과 건강, 사회적 쟁점을 논한 유명인사이기도 했다. 160여 편의 미출간 원고를 남겨서 사후에도 작품이 출간되고 있다.

조적'이 유행했다. 알지르다스 쥘리앙 그레마스는 출판사로부터 그가 새로 낼 책 『의미론』에 '구조'라는 말만 추가하면 1,000부는 더 팔릴 거라는 말을 들었다. 그레마스는 그 말을 따랐고, 그 결과 『구조의미론』은 핵심 텍스트가 되었다.[46] 1968년 이후에는 구조주의가 시들고, '포스트모던', '정체성'과 더불어 '담론'이 유행했다.

위대한 철학자들은 늘 위대하다. 그러나 시대에 따라 몇몇 철학자가 다른 철학자들보다 더 위대하게 부각된다. 1966~75년에는 적어도 프랑스에서는 마르크스, 엥겔스, 프로이트가 최상급이었다. 1976~85년에는 헤겔과 하이데거(그리고 성 토마스 아퀴나스)가 부활했다. 1986~94년에 프로이트는 최고 자리를 유지했지만, 마르크스와 엥겔스는 쇼펜하우어, 아리스토텔레스, 플라톤, 칸트, 스피노자 같은 '신참'들에게 밀려났다. 공산주의의 인기가 떨어지면서, 이탈리아에서는 그람시, 마르크스, 레닌의 판매량도 떨어졌다.

마케팅

책은 작가가 쓰지만, 그 책을 파는 것은 출판사다. 그래서 출판사는 몇몇 권리를 갖는다. 출판사는 최대한 많이 팔기 위해 책을 어떻게 마케팅할지를 선택한다. 출판사는 삭제와 변경을 제안한다. 때로는 제목을 제안하기도 한다. 그것이 좋은 제목일 때도 있다. 장 폴 사르트르는 자신의 첫 소설을 『멜랑콜리』라고 부르고 싶어했다. 그러나 가스통 갈리마르는 『구토』(1938)라는 제목을 제안했고, 사르트르도 동의했다.[47]

책은 어떻게 팔릴까? 가루비누나 은행이나 음료수나 컴퓨터, 심지어는 몇몇 영화와도 달리, 책은 대대적으로 광고하는 일이 드물다. 출판사는 입소문, 서평, 토론, 신문의 언급이나 발췌에 기댄다. 텔레비전 프로그램이나 영화로 각색되는 것보다 좋은 일은 없다. 1967년 이전에, 존 골즈워디의 『포사이트 가 이야기』(1922)는 1년에 2,000~2,500부가 팔렸다. 그러다가 1967년 1월에서 1970년 11월 사이에 이 소설 아홉 권은 총 190만 부가 팔렸다. 1967년 1월에서 7월 사이에 이 대하소설 전체가 텔레비전에서 26부작으로 방영되었고, 1968년 9월에서 1969년 3월 사이에 다시 방영되었기 때문이다. 이 프로그램은 1970년에 프랑스에서도 방영되었고, 그 결과 칼만 레비 출판사의 번역본은 40만 부가 팔렸다.[48]

한 분야에서 유명해진 사람은 누구나 자신이 어떻게 '유명해졌는지'를 설명하는 책으로 성공을 거둘 수 있다―가난뱅이에서 부자가 된 진짜 이야기를 쓰는 것이다. 직접 쓸 수 없다면, 다른 사람이 대신 써줄 터이다. 그리하여 가수, 방송인, 언론인, 운동선수, 영화배우 책―대개 자서전―이 늘어난다. 저자들은 잠재적 독자들과 접촉하려고 줄을 선다. 그들은 인터뷰를 하고, 쇼에 참가하고, 서점에 앉아 난처한 표정을 짓지 않으려고 애쓰면서 자기 책에 사인을 해준다.

코카콜라처럼 특이한 음료를 생산하는 회사들은 판촉에 엄청난 자원을 쏟아붓지만, 그들이 만드는 상품은 딱 하나다. 그 상품을 좋아하는 사람들은 똑같은 음료를 원하고 또 원한다. 책은 다르다. 켄 폴릿이 쓴 책이 마음에 든 독자는 같은 저자가 썼거나 같은 장르에 속하는 비슷한 책을 사서 똑같은 즐거움을 다시 맛보려 한다. 저자의 과제는 낡은 마법이 들어간 새 책을 구성하는 것이다.

출판사는 전에 잘 팔렸던 책이 앞으로도 잘 팔릴 것이고, 전에 팔리지 않은 책은 앞으로도 팔리지 않을 거라는 것을 알지만, 자신하진 못한다. 어떤 출판사는 1년에 1,000종을 펴낸다. 몇 종은 손해를 보고, 일부는 약간 수익을 내고, 어딘가에 나머지를 구해줄 베스트셀러가 숨어 있다는 것을 알기 때문이다. 생산물 대부분이 오래 살아남지 못하기에, 재고를 새로 채우려면 어느 정도 성공한 저자들에게 책을 더 쓰게 하거나 새 저자들을 발굴해야 한다. 출판사들은 각기 다른 전략을 채택하는데, 어떤 대가를 치르고라도 베스트셀러를 구하기도 하고, 책마다 평균적으로 '적절한' 이윤(10~15퍼센트)을 내기도 하고, 장기적 관점에서 보기도 한다. 명망 있는 출판사들은 마지막 방법을 택한다. 그들은 위험을 감수하면서 거액의 선인세를 줄 수 없으므로 장기간 팔릴 양질의 책을 찾는다. 이것이 프랑스의 위대한 출판업자 가스통 갈리마르(1881~1975)가 후계자들에게 전한 메시지였다. 새로운 인재들을 발굴해 성공이 불확실한 원고를 출간하라는 것이었다. 갈리마르는 출판업의 사명은 품질이라는 문학적 기금을 확립하고 늘리는 데에 있지, 장기적으로 미래가 없는 상업적 성공으로 신속하게 이윤을 확보하는 데에 있지 않다고 말했다. 물론 그러려면 계몽된 출판업자나 인내심 있는 주주들이 필요하다.[49] 하지만 지금은 둘 다 많이 남아 있지 않다.

급격히 늘어난 문학상은 독자들을 찾아낸다. 프랑스의 공쿠르 상, 영국의 맨 부커 상, 이탈리아의 비아레조 상 같은 가장 권위 있는 상들은 수상작이나 최종후보작의 판매에 큰 보탬이 된다. 나머지 상들은 그저 전문화된 독자들의 관심을 끌 뿐이다. 프랑스의『문학상 안내』(1972)에 정리된 상 목록은 유명한 상에서 전문화된 상에 이르기까지 모두 200쪽에 이른다. 전문화된 상에는 포도주에 관한 모든 책, 특히 생테밀리옹 포도주에 관한 책에 주는 생테밀리옹 포도주 문학상도 있는데, 수상자는 이 값비싼 보르도 포도주 한 통을 받는다.

오늘날에는 과거 어느 때보다 독자가 많지만, 작가 또한 마찬가지다. 처음에 작가는 명예를 구한다. 그러나 일단 책이 출간되고 나면 돈을 추구하는데, 인세로 먹고살 수 있는 작가는 거의 없다는 것—배우 대부분이 오지도 않을 연락을 의기소침한 채로 기다리는 실업자 신세인 것과 마찬가지다—을 희미하게나마 알고 있다. 새로운 기술과 늘어난 여가시간 덕분에 작가 지망생들은 편해졌다. 그들은 컴퓨터로 글을 쓰기에, 다시 많은 시간을 들여 타자를 치지 않고도 초고를 쉽게 고칠 수 있다. 복사본도 더 쉽게 만들 수 있다. 그 바람에 출판사에는 원고가 흘러넘친다. 어떤 출판사는 '산더미' 같은 이런 원고들을 선별하기 위해 원고검토원을 둔다. 이 가운데 출간에까지 이르는 것은 극소수다. 영국과 미국에서는 문학 에이전트들이 원고선별 과정에서 중요한 역할을 한다. 몇몇 출판사—특히 프랑스의 경우—는 두 겹의 원고검토원 제도를 운영한다. 하급 검토원들은 아예 가망없는 원고를 추려낸다. 이 작업은 몇 분 만에 끝나곤 한다.[50] 그들은 나쁜 책은 대부분 첫 문장부터 나쁘다고 말한다. 기적을 바라는 것은 쓸모없는 일이다.

대단한 성공을 거둔 책, 특히 어린이책은 다른 시장에서도 판매를 자극할 수 있다. 19세기에는 거의 알려지지 않았던 이른바 상품화계획이 지금은 출판의 중요한 부분이다. 인간의 얼굴을 가진 기관차 '토머스 기관차'는 부유한 교구목사로 장수 끝에 1997년에 세상을 떠난 윌버트 오드리가 1942년에 창조했다. 오드리의 책은 1984년 이후에 전보다 큰 성공을 거두었는데, 그것은 링고 스타 같은 이가 내레이션을 담당하고 121개국에서 방영된 텔레비전 만화영화 시리즈 〈토머스와 친구들〉덕분이었다. 1982년에 빈틈없는 여성 사업가이자 텔레비전 프로듀서인 브릿 올크로프트는 일정 기간의 토머스 기관차 세계 판권을 샀다. 곧 토머스 기관차 컵, 도시락통, 연필, 필통, 기차장난감, 비디오가 등장했다. 1998년 영국에서는 토머스 기관차가 그려진 삼각형 치즈가 매주 20톤씩 소비되었고, 장난감이 줄줄이 시장에 쏟아져나왔으며, 일본에서는 토머스 기관차 테마파크가 문을 열었다. 1996년에는 브릿 올크로프트 사가 증권거래소에 상장되었다.[51]

팔리는 모든 책이 읽히는 건 아니다. 참고서, 편람, 백과사전 따위는 참고하려고 산다. 이런 책은 집을 장식하다가 간혹 아이들이 읽고 숙제하는 데에 도움을 준다(구글이 등장하기 전까지의 이야기이지만). 가죽이나 모조가죽으로 아름답게 장정한 여러 권짜리 유명 고전은 특히 이탈리아, 그리스, 스페인처럼 비독서인구가 많은 나라에서 명백히 장식용으로 팔린다. 이탈리아에서는 매주 신문가판대에서 별도의 잡지로 팔리다가 장정되는(그래서 엄청난 경비가 지출된다) 이런 '대작'이 특히 큰 성공을 거두었다.[52]

책값을 묶어두던 다양한 협정이 1980년대부터 유럽 전역에서 폐지되었다. 그 결과 대형 서점체인은 책값을 할인해줄 수 있게 되었고, 수많은 소형 서점이 사라졌다. 책을 파는 일은 결코 쉽지 않았다. 재고품은 다

영국 드루실러스 동물원에 있는 토머스 기관차. '토머스와 친구들' 장난감은 미국, 영국, 오스트레일리아, 독일, 일본 등지에서 취학 전 아이들이 가장 좋아하고 또 가장 많이 팔리는 장난감 가운데 하나다.

양하고, 판매는 예측이 불가능하다. 게다가 슈퍼마켓—현재 책을 가장 많이 파는—이 등장했다. 슈퍼마켓은 가장 인기 있는 책들에 집중했고, 서점보다 더 많이 할인해줄 수 있었다. '일반' 서점에서는 주눅이 드는 구매자가 많지만, 슈퍼마켓에서는 식료품에 돈을 많이 쓰기에 책 한 권에 몇 파운드나 몇 유로나 몇 달러를 쓰는 걸 대수롭지 않게 여기곤 한다. 그래서 베스트셀러나 연애소설이 냉동생선이나 싱싱한 과일과 함께 카트에 담긴다. 기술 쪽에 밝은 이들은 아마존처럼 책을 할인해서 팔고 집에까지 배달해주는 여러 웹사이트에서 책을 주문한다.

소매업에서 갈수록 집중이 이루어지는 것과 나란히, 출판업에서도 집중이 심화되고 있다. 소수의 대형 출판사들이 업계를 지배하고, 위험한 실험은 작은 출판사들이 떠맡는다. 19세기에 찬송가책을 팔면서 사업을 시작한 독일 출판사 베텔스만은 1998년 미국의 랜덤하우스를 인수했고, 그리하여 크노프, 판테온, 밸런타인, 조너선 케이프, 채토 앤드 윈더스 같은 권위 있는 출판사들과 더불어 포더스 같은 유명한 출판사들까지 거느리게 되었다. 이제 베텔스만은 '미국' 최대의 출판사다. 이탈리아에서는 실비오 베를루스코니가 소유한 몬다도리 출판사가 권위 있는 (좌파) 출판사 에이나우디를 비롯한 수많은 출판사를 인수하면서 출판계를 장악해갔다. 영국에서는 랜덤하우스(베텔스만의 소유다), 피어슨(롱맨과 펭귄을 비롯한 다수를 소유하고 있다), 하퍼콜린스(루퍼트 머독의 뉴스 코퍼레이션 소유이고, 독자들이 읽고 있는 이 책을 낸 출판사다) 세 출판사가 출판계를 지배한다. 이런 복합기업들은 민영 텔레비전 방송망, 신문, 잡지의 지분도 갖고 있다. 또 영국문화원에 따르면 2015년에는 영어를 공부하는 사람이 20억 명에 이를 것이므로, 세계 인구의 3분의 1이라는 잠재시장을 가진 영어권 출판사들은 경쟁자들보다 엄청나게 유리하다.[53]

　인수와 합병으로 인해 매체가 전례 없이 집중되었다. 국적은 갈수록 덜 중요해진다. 영국에서는 100여 년 전부터 이런 일이 벌어졌다. 오래전부터 영어권의 다른 지역 출신인 신문왕들에게 비옥한 토양을 제공해왔기 때문이다. 『이브닝 뉴스』(1894), 『데일리 메일』(1896), 『데일리 미러』(1903), 『옵저버』(1905), 『타임스』(1908)를 합병하거나 창간한 앨프리드 함스워스—뒷날의 노스클리프 경—는 더블린 근처에서 태어난 아일랜드인이었다. 캐나다인 윌리엄 비버브룩은 『데일리 익스프레스』(1916)의 사주이자 『선데이 익스프레스』(1918)와 『이브닝 스탠더드』(1923)의 창립자가 되었다. 또다른 캐나다인 로이 톰슨은 『선데이 타임스』(1959)와 『타임스』(1967)를 인수했다. 이 언론귀족들은 늘 영국을 그들 사업의 중심으로 여겼다(비버브룩은 꽤 중요한 정치인이기도 했다). 반면 다음세대의 거물들은 진정 뿌리가 없는 세계적 사업가였다. 그들 가운데 대표 격인 오스트레일리아 출신의 루퍼트 머독은 함스워스, 비버브룩, 톰슨과는 달리 영국 귀족이 되려는 야망이 없었다. 오스트레일리아에서 가족신문 사업을 확대해온 머독에게 영국은 세계정복을 위한 도약대일 뿐이었다. 그는 1960년대 후반에 『선』을 사들여 거리낌없는 대중적 일간지로 바꾸어놓았고, 일요신문 『뉴스 오브 더 월드』를 더 내려갈 데 없는 수준으로까지 끌어내렸다. 그런 뒤에 머독은 권위 있는 『타임스』와 『선데이 타임스』(1981)를 인수했다. 머독은 매체제국을 세우기 위해 영국에서 미국으로 건너갔고, 외국인이 매체의 주요 부문을 소유하는 데에 대한 미국의 차별을 피하기 위해 미국 시민이 되었다. 1980년에 세워진 그의 뉴스 코퍼레이션은 시카고의 『선 타임스』 같은 일간지, 다양한 텔레비전 방송국 (이들은 결국 1986년에 폭스 텔레비전 네트워크의 일부가 되었다), 20세기 폭스 사를 인수했다. 그런 다음에는 홍콩으로 발을 넓혀, 『사우스 차이나 모닝 포스트』(1987, 나중에 팔았다)를 매입하고, 1993년에는 홍콩에 기반을 둔 위성방송 스타 TV의 주식 과반을 손에 넣고, 영국의 주요 위성방송인 스카이 TV(1983, 현재는 BskyB)를 설립했다. 그는 또 미국의 하퍼 앤드 로를 인수한 뒤 영국의 윌리엄 콜린스와 합병해 하퍼 콜린스(1989)를 만들어서 출판제국을 강화했다.

대중용 페이퍼백

뭐가 팔릴까?

섹스가 팔린다는 건 누구나 알지만, 책이 매력적인 주된 이유가 섹스가 아닌 이야기로 보이도록 섹스 장면을 훌륭한 이야기로 포장할 필요가 있다. 스스로에게나 남들에게나 자신이 자위용 환상을 위한 자료를 구한다는 사실을 인정하는 이는 많지 않다. 그들은 섹스가 세련되게 포장되기를 바라고, 고급문화 가운데 부담스럽지 않은 요소들을 갖춘 에로티시즘이기를 바란다. 그런 책은 잘 쓰여야 하고, 『O의 이야기』, 『에마뉘엘』, 비교적 최근의 『카트린 M의 성생활』(2001)처럼 가급적이면 프랑스 책일 필요가 있다. 『에마뉘엘』은 대륙간 항공기의 일등칸, 태국의 부유한 외국인 사회, 아름다운 집, 그리고 말라르메, 괴테, 테니슨, 보들레르, 호메로스, 단테 같은 저자들의 작품에서 따온 인용문 같은 세련된 배경에 대한 묘사를 담고 있다.[54]

데이비드 펠처의 『'그것'으로 불리던 아이』(2000), 제인 엘리엇의 『어린 죄수』(2005) 같은 학대당한 아이의 '진짜' 이야기는 잘 팔린다. 과거에 디킨스의 『올리버 트위스트』, 쥘 르나르의 『홍당무』, 엑토르 말로의 눈물을 자아내는 『집 없는 아이』가 잘 팔린 것과 마찬가지다. 『집 없는 아이』(1878)는 동물 곡예단을 데리고 돌아다니는 노인과 함께 방랑생활을 하는 업둥이 레미 이야기다. 도중에 노인이 죽고, 레미는 벙어리 소녀 리즈와 사랑에 빠진다. 결국 레미는 당연히 영국 귀족인 친부모를 찾고, 어린 리즈도 장애를 치유한다.

범죄 이야기 또한 과거 어느 때보다도 잘 팔린다. 이제 그 배경은 굳이 영국의 목사관이나, 안개 낀 런던이나, 뉴욕 또는 로스앤젤레스의 거리일 필요가 없다. 범죄소설은 로베르트 반 훌릭의 주인공 디 판관처럼 역사와 손을 잡고 7세기 중국에 자리잡을 수도 있고, 엘리스 피터스가 창조한 캐드펠 수사처럼 12세기 수도원에, 안톤 길이 창조한 이집트의 서기 후이와 함께 고대 이집트에, 움베르토 에코의 베스트셀러 『장미의 이름』에 나오는 박식한 윌리엄 수사처럼 중세 이탈리아에 자리잡을 수도 있다.

자기계발서는 발다사레 카스틸리오네의 『궁정인』(1528) 이래로 사랑받아온 장르다. 2005년 6월에 미국에서 출간된 신간 가운데에는 자칭 가장 성공한 부동산 중개업자인 마이클 P. 자가리스가 쓴 『PMZ 방법: 가장 성공한 부동산 중개업자의 전략』, "두려움에서 벗어나고"(예를 들어 마약) "진정한 행복을 찾는 방법"을 알려주고자 프랭키 시먼스가 쓴 『자유로운 자들의 땅, 용감한 자들의 고향』, 킴벌리 노이버거가 쓴 매우 실용적인 『중급 대수학의 공포에서 벗어나기』 따위가 있다. 사람들이 뚱뚱해지고 '날씬한 사람이 아름답다'는 말이 지배하면서, 다이어트 책들이 그 어느 때보다도 잘 팔려나간다. 2005년 봄에는 『나의 크고 뚱뚱한 그리스식 다이어트』, 『신체시계 다이어트』, 『오후 5시 이후 탄수화물 금지 다이어트』, 『과체중 정신 개조하기』, 『궁극의 몸무게 해법』, 『비곡물 다이어트』, 『신호등 다이어트』, 『먹는 지방과 버리는 지방』, 그리고 아니나 다를까 『앳킨스를 넘어서』가 나왔다.

    20세기의 마지막 수십 년 동안에도 여성 연애소설―여자가 이상형 남자를 찾아 꿈을 이루는, 욕을 많이 먹는 장르―의 홍수는 전과 다름없이 강력했다. 이 장르에서 영국 시장을 선도한 밀스 앤드 분 출판사의 이윤은 1960년대 내내 20~30퍼센트씩 상승했다.[55] 통계를 그대로 믿는다면 책을 읽는 이가 거의 없는 나라인 이탈리아에서도 쿠르치오 출판사의 임프린트 블루문은 한 달에 26종을 내고 1년에 900만 부를 팔았으며, 임프린트 하모니도 한 달에 32종을 내고 역시 1년에 거의 900만 부를 팔았다. 하모니와 블루문은 에이나우디나 라테르차 같은 위신은 없지만, 1985년에 이탈리아 소설시장의 90퍼센트를 차지했다―출판업이라는 불투명한 사업에서 통계는 믿을 만하지 못하지만, 어쨌든 그렇게 주장하고 있다.[56] 이런 소설을 읽는 이탈리아 독자들은 과거에는 '사진소설'을 읽었다(제4부 381~83쪽 참조). 그러나 교육이 확대되고 문맹률이 낮아지면서 많은 이들이 삽화가 없는 더 어려운 장르를 공략하기 시작했다.

하모니는 몬다도리-할리퀸의 임프린트로, 이탈리아의 몬다도리와 캐나다의 할리퀸이 1981년에 설립했다.57) 프랑스의 아세트도 1985년에 할리퀸과 비슷한 계약을 맺어, 이 장르를 실질적으로 독점하게 되었다. 영국에서 여성 연애소설을 펴내는 큰 출판사는 1908년에 설립된 밀스 앤드 분이었는데, 1971년에 할리퀸이 인수했다. 따라서 이탈리아, 프랑스, 영국 여자들(그리고 유럽 나머지 많은 지역 여자들)이 탐독하는 연애소설은 1949년에 설립되어 현재는 토스타 코퍼레이션에 통합된 캐나다 회사 할리퀸이 지배하는 세계제국의 일부다. 할리퀸은 2003년에 1억 4,400만 부를 팔았고, 평균적으로 한 달에 27개 국어로 110종을 출간했다고 주장한다.58) 이 가운데 12종이 2004년의 『뉴욕 타임스』 베스트셀러 목록에 총 46주 동안 머물렀다. 할리퀸이 설립 이후 인쇄한 책은 50억 부에 약간 못 미친다. 1989년에는 창립 40주년을 기념해 할리퀸의 100개 외국시장 전체에서 똑같은 날에 페니 조던의 『존재의 이유』가 출간되었다.59)

프랑스에서는 현대적 감성소설의 시장점유율이 이 나라에서 팔리는 책 전체의 10퍼센트라고 한다. 다른 나라에서와 마찬가지로 프랑스에서도 이 장르는 페미니스트, 학자, 비평가 대부분만이 아니라 심지어는 『엘르』와 『코스모폴리탄』 같은 여성 정기간행물에서도 완전히 경멸당한다. 그럼에도 프랑스에서만 여성 300만 명이 이런 소설을 읽는데, 그중 절반은 35세 미만이다. 이런 독자는 한 명이 1년에 소설을 약 10권씩 구입하며, 따라서 대부분의 정의에 의해 중간 정도로 읽거나 많이 읽는 독자로 분류될 것이다.60) 그들이 감성소설을 읽는 동안, 그들의 남편이나 남자친구는 텔레비전으로 운동경기를 볼 것이다.

1979~82년에 할리퀸에서 페이퍼백으로 펴낸 연애소설 시리즈. 할리퀸은 지역 시장에 철저히 맞추는 전략을 구사해서, 각국의 지사는 출간, 편집, 번역, 인쇄에 관한 모든 사항을 독립적으로 결정한다.

할리퀸 시리즈와 더불어, 바버라 카틀랜드(전혀 별개인 임프린트들에서 팔리곤 한다)와 더 현대적인 대니얼 스틸의 베스트셀러 소설들도 더 폭넓은 여성 연애소설 장르에 넣어야 한다. 프랑스에서는 델리(진짜 성은 프티장 드 라 로지에르인 남매 팀이며, 100권이 넘는 소설을 썼다)가 제1차 세계대전 이전에 쓴 연애소설이 여전히 잘 팔리고 있다. 이탈리아에서는 1940년대와 1950년대에 이 장르를 지배했던 리알라(제4부 114~15쪽 참조)가 지금도 계속 인쇄되며 읽히고 있다. 그러나 할리퀸 장르는 저자가 아니라 상표를 판다. 저자는 여성 이름이나 가명—거의 앵글로색슨계 이름이다—을 가진 알 수 없는 존재로 남는다. 이 책들이 증쇄에 들어가는 일은 거의 없다.[61]

여성 연애소설은 매우 역동적인 장르로, 지난 수십 년 동안 근본적으로 바뀐 도덕과 사고방식, 혁명적으로 변한 여성들의 태도, 1970년대 페미니즘 혁명이—적어도 부분적으로는—불러온 인식의 변화를 세심하게 뒤따른다. 1970년대 말에 여성 연애소설에서 지배적이었던 '이데올로기'는 여전히 여주인공을 성적 경험이 없는 젊은 여자로 정할 것을 요구했다. 여주인공은 남주인공보다 젊어야 했고, 대개 고아이거나 편부모—아버지인 경우가 많다—와 함께 살았다. 남녀 주인공 사이에 섹스는 없었고, 미래의 기쁨을 예고하는 정열적인 키스만 몇 번 있었다.[62] 그러나 예외도 있었다. 『사랑의 대가』(1967)에서는 플레이보이가 연상의 여의사 폴라를 쫓아다닌다. 그들은 결국 결혼을 하고, 폴라는 프랑스 남부에 있는 남자의 별장에서 섹스의 기쁨을 발견한다.

> 드레스가 발치로 떨어지고, 그의 두 손이 그녀의 젖가슴으로 올라갔다. 그의 몸이 그녀의 몸에 바짝 다가가나 싶더니, 어느새 그녀를 번쩍 들어 침대로 데려갔다. …… 그녀는 폭신폭신한 커다란 수건으로 몸을 닦으며 거울에 비친 자신의 몸을 살폈다. 놀랍게도 어젯밤 이후로 달라진 것이 없어 보였다. 그녀는 지난밤 생각에 얼굴을 붉히며 그 기억이 주는 기쁨을 음미했다. 제이슨이 그녀와 사랑을 나누면서 얼마나 큰 관능적 기쁨을 주었는지. 그녀는 그의 일부가 되고 싶다는 압도적 욕망 외에는 모든 것을 잊어버린 폭풍 같은 격정에 눈을 떠가고 있었다.[63]

1980년대가 되자, 젊은 과부나 이혼녀도 여주인공이 될 수 있었다. 더는 순결이 핵심이 아니었다. 나이 차이는 줄었고, 육체관계는 늘었으며, 알몸이 조금 나왔고, 심지어는 가끔 성교도 등장했다. 결혼은 여전히 마지막 목표였다. 간통은 여전히 배제되었고, 동성애나 남자의 폭력도 마찬가지였다.[64]

원래의 얼개는 그대로 유지되었다. 내러티브는 대체로 여주인공의 관점에서 이야기하는 전지적 관찰자가 끌고갔다. 여주인공은 아름답고, 상대적으로 교육을 잘 받았고, 금발에 피부가 희고, 중간계급 하층이거나 가난하지만 점잖은 집안 출신이다. 한마디로 독자들을 이상화한 모습이다. 남주인공은 미남에 거무스름하고, 늘씬하고 키가 크고, 근육이 단단하고 부자이며, 턱이 단단하고 머리숱이 많으며, 프랑스, 이탈리아, 그리스 피가 약간 섞여 있을 수도 있고, 조금은 냉소적이고, 접근할 수 없을 만큼 매력적이다. 그는 때로는 정열적이고 때로는 부드럽다. 그는 전문직에 종사하는데, 건축가가 제일 좋지만, 비행기 조종사, 의사, 기업가, 법률가, 기자, 작곡가도 괜찮다. 학자는 세계를 구할 운명을 타고난 과학자가 아니면 받아들여지지 않는다. 간호사나 비서로 일하는 여자보다는 남자가 사회적 지위가 높다. 그러나 남자에겐 약간의 성격 결함이 있고, 처음에는 대개 '엉뚱한' 여자, 보통은 여주인공보다 성적 경험이 많은 갈색 머리 여자에게 끌린다. 여주인공의 임무는 오로지 자신의 선한 마음씨만으로 경쟁자를 물리치고 남자를 얻는 것이다. 그 과정에서 한때 결함이 있던 남자—남자는 모두 결함이 있다—는 개심하고 탈바꿈해서 그녀의 사랑과 헌신을 받을 자격을 갖춘 교양 있는 인간이 된다. 필연적으로 그녀는 성공한다.[65] 이런 소설은 '보디스리퍼' 역사소설과는 분명히 다르다. 그런 역사소설은 길이도 더 길고, 등장인물도 더 많고, 더 노골적이고, 여주인공이 강간을 당하거나 강간을 당할 위기에 처한다.[66]

할리퀸 소설은 관계 발달의 다양한 단계를 그려나간다. 첫 만남, 오해, 욕망의 분출, 거절, 신뢰의 결핍, 질투, 화해, 상대방의 사랑을 확인하는 카타르시스. 각 단계는 논리적으로 이전 단계를 뒤따른다.[67] 내러티

브는 단순하고 선형적이며, 주요 줄거리는 하나이고, 부차적 인물은 거의 등장하지 않는다.[68]

이런 고전적인 틀은 더는 지배적이지 않다. 독자층이 팽창하고, 그에 따라 문화세계가 분화되고, 재클린 수전의 『인형의 계곡』(1966) 같은 책이 여성들에게 인기를 얻는 것에 부응해 에로티시즘이 이 장르의 일부가 되었다. 여성 연애소설은 조심스럽게 앞으로 나아갔다. 1961년에 밀스 앤드 분이 레이철 린지의 『내 마음의 노래』를 출간한 것은 이 출판사로서는 일탈을 저지른 것으로 받아들여졌다. 여주인공이 유부남을 사랑하기 때문이다. 그녀는 그를 원한다("당신이 나를 원한다면, 난 당신 거예요. 이제 와서 아닌 척해봐야 무슨 소용이 있겠어요?"), 하지만 아내에게 부당한 일이므로, 그는 '품위'를 지킨다. 두 사람에게는 다행히도 아내가 그녀의 연인에게 살해당하는 바람에, 두 남녀는 결혼과 섹스를 할 수 있다.[69]

세상은—그리고 연애소설도—앞으로 나아간다. 할리퀸 책들은 이제 원형적 연애소설의 줄거리와 연관성을 유지하는 별도의 하위장르들로 구분된다. 할리퀸의 시리즈 가운데 하나인 '블레이즈'는 성적으로 노골적이고, 더 젊은 시장을 노린다. 이 시리즈는 자위, 신체 결박, 구강성교 장면을 포함하며, 『사악한 유혹』, 『육체 접촉』, 『밤을 위한 남자』 같은 제목을 달고 있다. 『밤을 위한 남자』에서 여주인공 조시는 동창회를 위해 남창을 한 명 고용해서, 어느 잡지에서 선정한 '여성의 환상' 목록의 상위 열 가지를 차례차례 연출하게 한다. 블레이즈는 1993년 버진 출판사가 설립한 성애물 전문 임프린트인 블랙레이스와 경쟁하고 있다.[70] 주요 출판사들은 할리퀸의 성공을 의식해 그것과 경쟁할 만한 나름의 시리즈를 내놓았다.

할리퀸의 가장 혁신적인 면모는 독자를 작가로 바꾸는 전략에 있다. 작가는 거의 언제나 자기가 쓰는 종류의 책을 탐독하던 독자에서 출발한다. 연애소설이 '저급' 장르라서, 독자는 자신감이 모자라 작가로 나서기를 망설일 가능성이 크다. 그러나 하나의 장르는 작가가 독자들을 경멸하지 않고 그들의 희망과 꿈을 공유할 때만 성공할 수 있다. 할리퀸은 독자들에게 작가가 되라고 적극적으로 권유하고 격려한다. 할리퀸의 웹사이트에는 다양한 임프린트를 설명하는 '글쓰기 배우기' 페이지들이 있다. 블레이즈는 자신을 "내심 '코즈모' 걸"이라고 생각하며 텔레비전에서 〈섹스 앤드 더 시티〉를 즐겨보는 여자들을 겨냥한다. "블레이즈 계열의 뜨거운 책들은…… 전제에서나 실행에서나 관능적이고, 매우 로맨틱하고, 혁신적인 이야기가 특징이다. …… 작가는 인물설정, 플롯, 노골적인 묘사라는 면에서 한계를 넓힐 수 있다."

그렇다고 전통적 연애소설이 죽은 건 아니다. 할리퀸 웹사이트는 잠재적 작가들에게 전통적 연애소설은 "여성의 인생 경험, 특히 다양한 국제적 배경에서 이루어지는 사랑 경험"을 기념하는 작품으로 보여야 하고, 3인칭으로, 여주인공의 관점에서 써야 하고, "강하고 카리스마가 있는 남주인공이 필수"라고 알려준다. 전통적 연애소설의 핵심 특징은 이렇다.

독자는 믿을 만하고 마음을 끄는 여주인공과 자신을 스스럼없이 동일시할 수 있어야 한다. 이야기는 남녀 한 쌍이 그들을 갈라놓는 감정적 장벽을 극복하려고 애쓸 때 물밀 듯 밀려드는 흥분을 잡아내야 한다. 이런 갈등은 현대적이고 오늘날의 여성과 관련이 있어야 한다. 성적 묘사는 노골적이지 않아야 하지만, 관능적 긴장은 팽팽해야 한다.

이것이 모두를 만족시키지는 못할 터이다. 자기주장이 강한 여자들은 할리퀸의 다른 임프린트인 실루엣 밤셸을 선택할 수 있다. 이 출판사 연애소설의 특징은 다음과 같다.

여성 독자들이 동일시하고 공감할 수 있는 감정적으로 복잡한 여주인공을 내세운다. 나아가 실루엣 밤셸의 여주인공은 전문기술이나 재능이 있다. 이 기술은 무기 사용법이나 무술처럼 신체적인 것일 수도 있고, 지적인 것일 수도 있다. …… 그녀는 특별한 상황에 처한 보통 여자일 수 있다. 이를테면 스튜어디스가 과거에 받았던 생존훈련을 이용해 비행기 사고 생존자들을 돌볼 수 있다. 핵심은 여주인공이 똑똑하고 유능해야 하며, 모든 여자가 꿈꾸는 자신 있는 삶을 살아가야 한다는 것이다.

작가 지망생에게는 이력서와 함께 두 쪽짜리 개요를 보내라고 권한다. 아니면 출판사의 '연애소설 쓰기 전문가', 곧 편집자에게 원고를 보낼 수도 있다. 그러면 이 전문가들이 정해진 값(쪽당 1달러)을 받고 원고를 평가한 다음, 6~8주 안에 두세 쪽짜리 비평과 함께 원고를 돌려준다.[71] 이것은 그전 오랫동안 밀스 앤드 분 출판사의 정책이었고, 수년간 그 지침을 구해볼 수 있었다(1986년에는 카세트 형태로).[72] 이렇게 해서 모든 독자가 작가가 된다는 민주적 꿈이 세계 최대의 연애소설 조달업자의 목표가 된다. 너무도 아이러니해서 자세히 이야기할 필요가 없는 아이러니도 있는 법이다.

여성 연애소설은 과거의 공산권에서는 사실상 금지된 장르였다. 공산주의 이데올로기와 고급문화에 속한 지식인들의 편견이 비공식적으로 동맹을 맺은 결과였다. 서구는 공산주의 정권이 작가들을 박해하고 표현의 자유를 제한하는 것을 비난했고 또 그럴 만한 근거가 있긴 했지만, 대중 '펄프'문학을 억압하는 것은 좀처럼 개탄하지 않았다. 동독 사람들은 서독 텔레비전을 볼 수 있었지만, 건너편에서 쉽게 구할 수 있는 헤프트로만('통속문학'으로, '더 고상한' 장르들과 그 내용만이 아니라 형태로도 구별되었다)은 구할 수 없었다. 실제로 헤프트로만은 A5 판형의 얇은 소책자(보통 64쪽)로 소프트커버였고, 책등이 없었으며(마치 팸플릿처럼―헤프트는 소책자라는 뜻이다), 매주 신문가판대에서 팔렸다. 이 '펄프'픽션은 사실상 19세기 '페니 드레드풀' 소설의 현대적 후계자였다. 1950년대 초부터 서독에서는 연애소설, '향토'소설, 귀족소설, 서부소설, 과학소설, 고딕소설, 추리소설, 의학소설, 군사소설 같은 대중소설의 주요 장르들을 포함한 162개의 시리즈를 구할 수 있게 되었다. 이 시리즈들은 주로 저자(대개는 팀을 이룬 작가들이었다) 이름보다는 주요 등장인물의 이름으로 알려졌다.[73] 이것은 바스타이 출판사, 켈터 출판사, 파벨 뫼비히 출판사, 또 할리퀸과 손을 잡은 함부르크의 코라 출판사 같은 전문화된 출판사들이 벌였던 큰 사업이었다.

동독에서는 베를린 장벽이 무너지기 전인 1980년대에 카를 마이의 서부소설이 재출간되면서 펄프문학에 대한 약간의 양보가 이루어졌지만, 감성소설이든, 성애소설이든, 남성을 위한 역사 연애소설이든, 할리퀸이 펴내는 유의 여성 연애소설이든, 마침내 모든 헤프트로만을 읽을 수 있게 된 것은 통일 이후의 일이었다. 동독은 자기 나라를 '독서의 땅'으로 바꾸려는 공산주의자들의 헌신적인 노력에 힘입어 전통적으로 서독보다 독서인구의 비율이 높았다.[74] 나이 든 독자 다수는 전쟁 이전의 대중소설, 곧 버팔로 빌, 존 클링, 프랭크 앨런, 그리고 나치 시대의 준 코 같은 주인공들의 모험을 묘사한 소책자―모두 10대를 겨냥한―를 기억하고 있었다. 그 무렵 여자들은 『트로츠코프』, 『네스트해크헨』, 『푸키』, 요한나 슈피리의 『하이디』, E. 마를리트의 소설(제2부 106~7쪽 참조), 늘 인기였던 헤트비히 쿠르츠 말러(1867~1950)의 소설을 읽었다〔앞의 셋은 '고집쟁이', '응석받이', '말괄량이'라는 애칭의 주인공을 내세운 연작소설 시리즈다. 이를테면 『네스트해크헨』은 작가 엘제 우리가 1913년에 마이딩거 출판사에서 낸 『네스트해크헨과 인형들』에서 1925년의 『백발의 네스트해크헨』에 이르는 10편으로 막내로 태어난 '응석받이' 안네마리 브라운의 일대기를 그린 연작소설의 총칭이다〕. 쿠르츠 말러는 베스트셀러 『당신을 떠나지 않겠어요』(1912) 같은 연애소설을 208편 이상 쓴 작가인데, 소설은 주로 일등 신랑감과 결혼해서 사회적인 신분 상승을 이루는 이야기를 담았다.

 동독에서 나고 자란 이들에게 헤프트로만은 새로운 것이었다. 그들은 독일민주공화국 인민 시절에는 모파상, 졸라, 한스 팔라다, 뒤마, 도스토옙스키의 작품에 익숙했다. 독일연방공화국과 통일된 뒤 코르둘라 귄터가 실시한 조사에 따르면, 그들은 이제 악마를 무자비하게 추적하는 영국인 퇴마사 '존 싱클레어'가 등장하는 고딕 이야기(모두 헬무트 렐러게르트가 '제이슨 다크'라는 필명으로 쓴 것이다)를 발견했다. 출판사는 이 시리즈의 각 편을 일주일에 약 6만 2,000부씩 인쇄하고 팔아왔는데, 지금까지 1,200편 이상 나왔으므로 총 7,400만 부가 넘게 팔린 것으로 추정된다. 악마나 마녀 이야기를 좋아하지 않는 이들은 '닥터 노르덴' 같은 멋진 의사의 이야기나, 미국을 배경으로 FBI〔연방수사국〕 요원 '제리 코턴'이 등장하는 하드보일드 범죄 시리즈, '페리 로던'의 과학소설, 그리고 무엇보다도 나이 든 여자들에게 여전히 인기가 좋은 지난날의 연애소설 작가 헤트비히 쿠르츠 말러를 읽을 수 있다. 동독 시절에는 하인리히 뵐이나 귄터 그라스 같은 진지한 서독 작가들을 읽었던 이들마저도

헤트비히 쿠르츠 말러. 그녀는 1920년에만 14편을 쓰는 등 1905년부터 제2차 세계대전 발발 전까지 왕성한 창작력으로 208편이 넘는 통속소설을 거의 한 해도 거르지 않고 써내면서 폭넓은 독자층에게 사랑받았다. 그러나 나치가 탐탁치 않아하는 바람에 1940년대에는 인기가 조금 떨어졌다.

이제는 힘든 하루 일을 끝낸 뒤의 긴장을 풀기 위해 '가벼운' 소설을 읽는다고 인정한다.

물론 옛 동독에서는 지적으로 더 용인할 만한 탐정소설과 과학소설(에드거 앨런 포, 코넌 도일, 조르주 심농, 아이작 아시모프 같은 작가들의 작품)을 구할 수 있었지만, '존 싱클레어', '페리 로던', '닥터 노르덴'이 나오는 헤프트로만은 구할 수 없었다. 마찬가지로 동독 사람들이 몰랐거나 볼 기회가 없었던 '제리 코턴' 시리즈는 최근작으로 『코카인 남작』, 『브롱크스의 공주』, 『브루클린의 쥐잡이』, 그리고 최신 화폐에 맞추어 제목을 단 『10억 유로』 같은 책들을 내놓고 있다. 동독 사람들은 다양한 연애소설 시리즈와, 더욱 노골적인 코라 출판사(할리퀸 시리즈인 블레이즈를 출간하는 출판사다)의 소설이나 19세기 영국 귀족을 다루곤 했던 역사 연애소설들 역시 읽을 수가 없었다.

1961년부터 일단의 작가들이 써서 매주 발표해온 '페리 로단' 이야기는 우주의 악과 싸우는 불멸의 미국인 우주선 선장의 모험을 그린다. 이 시리즈는 세계에서 가장 많이 인쇄된 과학소설 시리즈라는 주장이 있고, 전 세계에 100개 이상의 팬클럽이 있고, 프랑스, 네덜란드, 체코 공화국, 브라질, 일본에서 출간되지만, 영어권에서는 이제 구할 수 없다. 스타트렉이 있으면, '페리 로단'은 필요없으니까.

코르둘라 귄터의 조사에 따르면, 이런 책을 읽는 이들이 반드시 성장기에 읽었던 '좋은' 문학을 내치는 건 아니다. 현대 독자의 일정 비율은 문화적으로 파편화된 세계를 그대로 보여준다. 그들은 문화를 하나의 전체로서 받아들이는 것이 아니라, 몇 가지 문화적 틈새를 차지하고 있다. 전통적인 지식인들이 로베르트 무질을 읽다가 제임스 조이스로 넘어가기 전에 이따금씩 탐정 이야기를 읽는 것과 마찬가지로, 수많은 '보통' 독자도 비슷한 잡식성을 드러내는데, 이를테면 진지한 문학작품을 읽다가, 알프스의 눈 덮인 봉우리들 주위에 요들이 울려퍼지는 가운데 그레첸이 헬무트에게 영원한 사랑을 고백하는 향토소설로 넘어가는 식이다.

할리퀸이 깨달았고 코르둘라 귄터의 조사가 확인해주듯이, '펄프' 문학 독자들은 자신이 읽는 책의 암호를 능수능란하게 해독해낸다. 그들은 다양한 장르의 반복적 성격뿐만 아니라, 각각의 하위장르에 끊임없이 도입되는 변형들도 알고 있다. 그들은 해피엔딩에 이를 때까지의 긴장감에 끌리는 게 아니다─셰익스피어의 희곡 『끝이 좋으면 다 좋아』에서처럼, 해피엔딩은 의심할 여지가 없다. 그들은 예상되는 대단원을 향해 플롯이 어떻게 펼쳐질지에 끌린다. 대량생산되는 페이퍼백판 책의 독자들은 이용당하거나 조종당하지 않는다. 그들은 안에 무엇이 담겼는지를 정확히 알고 제품을 산다. 작가와 독자가 맺는 암묵적 계약은 늘 충실하게 존중된다.

공식에 따르는 장르는 반드시 독자의 기대에 부응해야 한다. 이를테면 1950년대 이탈리아에서 탐정 이야기 독자들은 저자가 앵글로색슨계이기를 기대했다. 그들이 이 장르의 달인으로 여겨졌으니까. 몬다도리, 가르찬티, 롱가네시 같은 주류 출판사들은 최고의 탐정소설 작가들과 계약을 했으므로, 작은 출판사들은 경쟁을 할 수가 없었다. 로마의 소규모 출판사 EPI가 채택한 해결책은 당연히 가명을 쓰는 것이었다. 이 출판사는 1955년 7월 1일에 '미국 서스펜스 작가들'이라는 시리즈를 펴내기 시작했는데, 첫 책은 '래리 매디슨'(조반니 우고 시모넬리)의 『샌디에이고에서의 모험』이었다. 이 시장에 뛰어든 여섯 개 출판사에서 1956년까지 76종이 출간되었다. 모두 필명을 사용하는 이탈리아인이 쓴 것이었다. 1960년까지 1,176종의 '스파게티' 탐정소설이 출간되었다. 1970년까지 이런 소규모 로마 출판사들이 출간한 책은 3,000종에 이르렀다. 레나토 카로치는 혼자서 7년 동안에 장편 126편을 썼다. 이런 책들은 엄청나게 팔리지는 않고, 이윤도 그리 크지 않다. 저자들은 19세기 페니 드레드풀 작가들처럼 고정 보수를 받는 경우가 많다. 때로는 '번역자'로 등장하기도 한다. 표지는 거의 어김없이 섹스와 폭력을 보여준다(반라의 여자, 총, 칼). 배경은 텔레비전이나 영화에서 보는 대로 늘 미국이나 런던/스코틀랜드다. 곧 안개가 끼고, 위협적이고, 신비한 곳이다.[75]

이 이탈리아 펄프 작가들은 1940년대 프랑스의 몇몇 저명한 작가들의 전통을 따르고 있었다. 그때 프랑스에서는 보리스 비앙이 '버넌 설리번'으로, 레오 말레가 '프랭크 하딩'과 '리오 라티머'로 변신했다. 그렇지만 전체적으로 보아 프랑스 작가가 국적을 감추는 일은 거의 없었다. 프랑스 문학에서 가장 인기 있는 시리즈 가운데 하나로 꼽히는 '상 앙토니오'[저자가 영어처럼 들리게 하려고 미국 도시 샌안토니오에서 차용한 이름이다] 소설들—프랑스 경찰의 앙투안 상 앙토니오 총경이라는 주인공이 등장한다—도 마찬가지다. 저자 프레데리크 다르는 1949~99년에 쓴 소설 174편의 표지에 이름을 넣지 않았다(2000년에 사망했다). 이 소설들은 하드보일드 장르의 프랑스판이라고 볼 수 있다. 주인공은 섹시하고, 독립적이고, 여자들에게 인기가 좋다. 저자가 만들어내다시피 한 격한 거리의 속어로 이루어진 문체는 독특하다. 『엄마, 작은 배』(1975)라는 소설에서 한 등장인물은 이렇게 말한다. "Me fais pas toujours chier comme quoi c'est pas français. Si t'es puriste, relis ta feuille d'impôts, elle, elle est en pur français, garanti académique, pauvre melon!" 이 말은 대충 이 정도로 번역이 될 것이다. "계속 그건 프랑스어가 아니라고 말하면서 나를 열받게 하지 마. 네가 순수주의자라면, 납세고지서나 읽고 또 읽어. 그게 학술원이 보장하는 순수한 프랑스어니까, 이 한심한 작자야!"

"언어 사용역들을 혼합하고 참고문헌을 대량으로 활용한 밀도 높은 언어적 발명품이 만들어내는 전체적인 인상"과 "의도적인 언어적 장식"은 언제나 일부 지식인을 즐겁게 해주는 법이다.[76] 몇몇 '펄프' 소설가는 고급문화 요소를 가져다가 자기 입맛에 맞게 요리할 수 있다.

일간지의 유통

젊은이들은 이제 신문을 읽지 않는다. 유로바로미터 자료에 따르면, "일간지 구독을 결정하는 가장 강력한 요인은 나이이다".[77] 다른 사람들도 모두 그리 말한다. 소득도 영향을 준다. 소득이 많을수록 일간지를 읽을 가능성도 커진다. 유럽은 여전히 세계에서 신문 독자 수와 발행부수가 가장 많지만, 미국 신문의 운명을 따라 서서히 쇠퇴할지도 모른다.

그러나 세계 전체를 보면 신문 판매량은 2004년에 2퍼센트 증가했고, 세계신문협회의 수치에 따르면 독자 수는 총 3억 9,500만 명에 이르렀다. 그러나 이 증가분은 대체로 아시아, 특히 중국에 몰려 있다. 유럽에서 가장 큰 영국 시장은 2004년에 규모가 4.5퍼센트 줄었고, 2000년 이래로는 11퍼센트 넘게 줄었다. 팽창하는 시장에는 폴란드(15퍼센트 이상)와 포르투갈(6퍼센트)이 포함되었다. 무가지는 그 수가 대폭 늘었다. 세계에는 광고로만 자금을 충당하는 신문이 112종 있었는데, 이 신문들은 2005년에 스페인 시장의 40퍼센트, 이탈리아 시장의 29퍼센트, 덴마크 시장의 27퍼센트를 차지하고 있다.[78]

이보다 큰 시장들은 포화상태에 이르렀다. 1975년 11월에 영국의 일간지 판매부수는 1,423만 부(일요신문은 1,517만 부)에 이르렀다. 1998년 11월에는 일간지는 1,355만 부, 일요신문(일요판)은 1,442만 4,190부 팔렸다. 2005년 5월에는 수치가 더 떨어져서, 일간지는 1,165만 3,000부, 일요신문은 1,267만 부였다. 나이 든 독자들은 죽지만, 같은 비율로 다시 채워지지는 않는다. 텔레비전 뉴스, 그리고 최근에는 인터넷 뉴스가 전반적인 신문시장 침체의 한 원인이다. 광고주들은 사람들을 따라 점차 인터넷으로 옮겨가고 있다(『가디언』의 온라인판인 『가디언 언리미티드』는 하루에 방문자 수가 70만~100만 명에 이른다).[79] 판매부수를 늘리려면 경쟁자들한테서 독자를 빼앗아와야 한다. 그래서 지금 신문은, 특히 영국에서—물론 영국에서만 그런 건 아니지만—과거 어느 때보다도 두껍다. 미국의 예를 따라, 영국에서는 삽입물과 특별부록까지 붙인 일요신문을

찍기 위해 막대한 양의 신문용지를 사들이고 있다.[80]

　전 세계의 잠재독자를 상대하는 몇몇 신문은 외국으로 진출했는데, 여기에는 영어가 세계어로 발전한 것이 큰 도움이 되었다. 19세기 대중신문의 도약대였던 자동식자기와 고속윤전기는 전자식자 시스템으로 교체되었다. 기자가 기사를 컴퓨터에 바로 입력하게 되면서 식자공이 더 이상 필요없게 되었다. 자료를 전송電送하게 됨에 따라 인쇄설비의 탈중앙화가 가능해졌다. 『파이낸셜 타임스』는 이런 새로운 기술의 발전에 힘입어 1979년 1월 1일에 프랑크푸르트에서 국제판을 펴내기 시작했다. 1998년에는, 『파이낸셜 타임스』는 프랑크푸르트, 뉴욕, 파리, 도쿄, 스톡홀름, 마드리드, 로스앤젤레스, 홍콩, 밀라노, 시카고에서 동시에 인쇄되었다. 이때쯤 이 신문은 영국 내부보다 외부에서 더 많이 팔리고 있었다. 2004년에 이르자 『파이낸셜 타임스』는 세계에서 가장 국제적인 신문이 되었다(『월스트리트 저널』 같은 경쟁지들에 앞섰다). 이 신문은 24개 도시에서 인쇄되었고, 53개국에 통신원을 두고 있었으며, 110개국에 독자가 있었다. 이 신문의 웹사이트 FT.com은 한 달 이용자가 300만 명이었다―하지만 유료 구독자는 7만 6,000명뿐이었다.[81] 영국 내 판매부수는 떨어지고 외국에서의 판매부수는 올라가는 추세가 계속해서 이어졌다(다음쪽 표 참조).

　오직 영국에만 진정으로 전국을 상대하는 대중신문이 있다. 독일에는 진짜 타블로이드 신문이 『빌트 차이퉁』 하나뿐이지만, 영국에는 『선』, 『데일리 메일』, 『데일리 미러』, 『데일리 익스프레스』, 『데일리 스타』가 있고, 1997년에 『빌트 차이퉁』이 440만 부 팔린 데에 비해 이 신문들은 모두 합해 1,100만 부가 팔렸다. 타블로이드 판형의 일요신문도 마찬가지다. 1997년에 영국의 『뉴스 오브 더 월드』, 『선데이 미러』, 『피플』, 『메

『파이낸셜 타임스』의 발행부수

	1998년 11월	2005년 4월
영국과 아일랜드	171,998	136,000
유럽(영국 제외), 중동/아프리카	112,585	133,000
북아메리카	56,162	123,000
아시아와 오세아니아	13,899	35,000
총계	354,644	427,000

출처: The Global FT(삽입물) in Financial Times, 1998년 11월 6일, 그리고 Observer, 2005년 6월 5일.

일 온 선데이』, 『선데이 익스프레스』, 『선데이 스포트』는 총 1,200만 부가 팔렸는데, 독일의 『빌트 암 존타크』는 250만 부가 팔렸다. 이런 '타블로이드' 신문(『타임스』, 『인디펜던트』 같은 진지한 일간지들도 지금은 타블로이드 판형으로 나오고 있다. 이 신문들이 성공을 거두자 『가디언』 같은 신문들도 작은 판형으로 바꾸었기 때문에, 갈수록 틀린 이름이 되어가고 있다)은 간결한 문체, 다량의 사진, 그리고 특징적으로 '지저분한' 제1면을 사용한다. 그리고 이런 신문들은 범죄 이야기, 유명인사의 연애사, 추문, 스포츠를 집중 조명한다. 그 임무가 정보를 주는 것이라기보다는 재미를 주는 것이기 때문이다. 그러므로 타블로이드 신문이 파는 것은 진지한 신문이 파는 것과 똑같은 상품이 아니다.

다른 나라에서는, 대중지를 발행하려는 시도가 성공하기도 했고 실패하기도 했다. 이탈리아에서는 진지한 『레푸블리카』('계몽된 부르주아지'의 일간지라는 칭호를 얻을 만한 후보다)와 『조르날레』(『코리에레 델라 세라』가 편집장 피에로 오토네 밑에서 이른바 '좌경화'하는 데에 반발해 인드로 몬타넬리가 창간했다)가 성공을 거둔 반면, 통속적인 『오키오』는 실패로 끝나고 말았다. 스페인에서는, 악셀 슈프링거 사(독일) 소유의 선정적인 『클

2010년의 남아공 월드컵 16강전에서 잉글랜드가 독일에 4대 1로 패한 뒤 영국 타블로이드 신문들이 짠 제1면. 타블로이드 판형에는 정확한 표준규격이 없지만, 영국에서는 대략 28X43센티미터 규격이다.

라로』는 실패했지만, 프랑코 사망 직후인 1976년에 창간된, 고급독자들을 겨냥한 친사회주의 신문『파이스』는 금세 이 나라의 대표적인 신문으로 자리잡았다. 스위스에서는 독일 타블로이드 신문『빌트 차이퉁』을 본보기로 삼아 1959년에 창간된『블리크』가 1967년에 20만 부라는 꽤 많은 발행부수를 기록했지만, 주로 시골에서만 판매되었고, 두 번째 독일어 타블로이드 신문을 창간하려는 시도는 실패하고 말았다.[82] 스페인의『마르카』(유럽에서 가장 많이 팔리는 스포츠 신문이다)와 이탈리아의『가체타 델로 스포르트』나『코리에레 델로 스포르트』같은 스포츠 일간지는 적어도 이탈리아와 스페인에서는 성공을 거두었다.

대중신문의 성공 덕분에, 일간지 발행부수는 이탈리아보다 영국에서 훨씬 많다.

영국의 신문 발행부수(2005년 5월)

일간지	발행부수	일요신문	발행부수
『선』	3,230,000	『뉴스 오브 더 월드』	3,653,000
『데일리 메일』	2,259,000	『메일 온 선데이』	2,172,000
『데일리 미러』	1,780,000	『선데이 미러』	1,545,000
『데일리 텔레그래프』	865,000	『선데이 타임스』	1,335,000
『데일리 스타』	862,000	『피플』	932,000
『데일리 익스프레스』	837,000	『선데이 익스프레스』	847,000
『타임스』	643,000	『선데이 텔레그래프』	629,000
『데일리 레코드』	467,000	『선데이 메일』	556,000
『가디언』	346,000	『데일리 스타 선데이』	420,000
『인디펜던트』	228,000	『옵저버』	412,000
『파이낸셜 타임스』(영국만)	136,000	『인디펜던트 온 선데이』	169,000
총계	11,653,000	총계	12,670,000

출처: Audit Bureau of Circulation(ABC).

이탈리아의 신문 발행부수와는 큰 차이가 난다.

이탈리아의 신문 발행부수 (2002년 10월)

	『코리에레 델라 세라』	690,000
	『레푸블리카』	624,000
	『가체타 델로 스포르트』(월요일)	584,000
	『솔레 24 오레』	415,000
	『스탐파』	398,000
	『코리에레 델로 스포르트』(월요일)	322,000
	『메사제로』	262,000
	『조르날레』	217,000
	『레스토 델 카를리노』	178,000
	『나치오네』	143,000
	총계	3,833,000

출처: Mediaforum, Vol. 34, No. 2, 2003년 2월 4일: Data ADS.

이탈리아의 일간지 독자 수는 영국의 '브로드시트' 신문 독자 수와 엇비슷하다. 대중신문을 빼면 영국의 일간지 발행부수는 221만 8,000부로 떨어질 것이고, 스포츠 일간지를 빼면 이탈리아의 수치는 292만 7,000부가 될 것이기 때문이다. 둘의 차이는 크지 않다. 이것이 뜻하는 바는 영국의 타블로이드 독자들에 해당하는 이탈리아인들은 일간지를 전혀 읽지 않는다는 사실이다. 그들이 인식하는 '뉴스'의 기준으로는 텔레비전 뉴스를 정기적으로 시청하는 것만으로도 충분할 것이다. 영국 신문(런던에 본거지를 둔 모든 일간지와 일요신문, 그리고 에든버러의 『스코츠맨』과 글래스고의 『헤럴드』)의 단어 수를 계산한 결과를 보면, 2003년 6월 15일~21일의 일주일 동안에 신문들이 축구선수 데이비드 베컴이 맨체스터 유나이티드에서 레알 마드리드로 이적한다는 소식에 할애한 단어 수는 17만 6,772개였던 반면, 유럽연합 헌법 논쟁에는 불과 3만 8,039단어만 할애했고, 이라크에서 계속되는 전투에는 3만 720단어, 이란의 핵 야망에는 2만 3,462단어를 할애했다.[83]

이론적으로는, 이탈리아 신문은 영국 신문과는 달리 팽창할 여지가 있다. 하지만 이탈리아 신문들은 광고로 자금을 충당하는 지상파 민영 텔레비전 방송국들의 엄청난 팽창에 따른 수익 감소라는 장애물에 직면해 있다. 그러나 이탈리아 신문 다수는 불가피한 적자를 벌충할 능력이 있는 산업집단이나 상업집단이 소유하고 있다. 물론 이 가운데 피아트 같은 몇몇 그룹은 재정난을 겪고 있어서, 전망이 꼭 장밋빛만은 아니다. 이탈리아의 양대 일간지 『코리에레 델라 세라』와 『레푸블리카』는 판매부수를 늘리기 위해 독자들에게 비디오카세트, CD(최근에는 다른 나라에서처럼 DVD), 책, 게임 따위를 선물하며 경쟁을 벌여왔다. 가끔 신문값을 올리기도 하지만, 그 인상폭은 '선물'의 값어치에 미치지 못한다. 이런 수법은 공산주의 계열의 일간지 『우니타』가 1985년에 그람시의 옥중서신 페이퍼백을 할인가에 제공하여 판매부수를 두 배로 늘린 데에서 시작되었다.

일간지가 과연 중요할까? 그렇다는 합의가 이루어져 있다. 이 분야에서는 인식이 가장 중요하기에, 중요한 사람들이 중요하다고 생각하면 일간지는 중요하다고 말할 수 있는 것이다. 정치에서는 일간지가 텔레비전용 의제를 설정하기에 중요하다. 텔레비전 뉴스는 일간지보다 균형과 객관성을 훨씬 잘 유지해야 한다―독점 또는 반¥독점이었던 텔레비전의 기원이 물려준 유산이다. 신문은 텔레비전에 필수적인 '덮개'를 제공한다. 이를테면 조간신문 헤드라인은 텔레비전의 주요 뉴스가 되는 경우가 많고, 신문의 독단적인 논평은 텔레비전에서 출처를 밝혀 보도되고, 신문에 먼저 실린 논쟁은 텔레비전 토론의 주제가 될 수 있다.

신문은 또 정치인들이 중요하다고 여기기 때문에 중요하다. 정치인들은 신문에 구애를 하고 또 신문을 두려워한다. 그들은 신문이 대단한 설득력을 가지고 있다고 생각한다. 여론이 조성되는 방식에 관한 다소 원시적인 개념에 근거해 주요 언론인들을 '여론형성자'라고 여긴다. 정치인과 그 참모들은, 텔레비전은 거의 보지 않지만, 신문을 탐독하고 진지하게 받아들인다. 모두 그렇게 한다. 광고주들은 신문이 중요하다고 믿고 거액을 지불한다. 배우와 연출가는 연극평론가와 영화평론가를 두려워한다. 식당은 주목받기를 바라고, 작가는 언급되기를 바란다.

정치 칼럼니스트들은 정치인을 평가하고 비판하는 이들이다. 그들은 텔레비전 인터뷰 진행자를 위한 논거를 제공한다. 그들이 제기하지 않으면 잊힐 수도 있는 쟁점을 제기한다. 대의를 지지하는 이들과 부유하고 권력 있는 자들의 홍보담당자들은 그들에게 로비를 한다. 저녁식사 자리와 펍에서는 그들의 의견이 메아리친다. 신문 칼럼니스트는 술집이나 식당에서 이루어지는 유의 일방통행식 대화—이 장르가 허용하는 범위 안에서 강도의 차이는 있지만—의 소재를 제공한다. 칼럼 독자들이 비슷한 대화들을 이어갈 수 있도록 탄약을 제공하는 것이다. 잘 고른 단어 1,000개가 수십만 명(영국에서는 수백만 명)에게 전달될 수 있다. 그런 규모의 독자를 거느리는 책은 거의 없다.

    신문이 정치생활에 엄청난 차이를 가져온다는 증거는 그다지 확실하지 않고, 확증하기도 어렵다. 그래서 신문의 힘에 관한 논쟁이 계속되는 것이다. 이탈리아 좌파(사회주의자와 공산주의자)는 자기네 편인 신문 없이도 선거에서는 적어도 다른 나라 좌파만큼 힘을 발휘했다. 이탈리아에 이렇다 할 가톨릭 일간지가 없다고 해서 1945년부터 1992년까지 기독교민주당이 계속 집권하는 데에 지장이 있었던 것도 아니다. 1980년 이후에 유럽에서 등장한 새로운 정당들은 신문의 지지를 받았던 경우가 거의 없다. 이탈리아에서 분리주의적인 북부동맹은 거의 모든 언론에서 배척당하고 텔레비전에서 보이콧을 당했지만, 1990년대에 북부 표의 3분의 1을 가져갔다. 실비오 베를루스코니는 돈과 텔레비전 덕분에 정당을 창당해서 선거에서 승리하고 총리가 되었지만, 신문의 도움은 (아주 잘 팔리는 신문은 아닌 그 자신의 『조르날레』한테 말고는) 거의 받지 않았다. 오스트리아, 네덜란드, 프랑스에서 생겨난 다양한 외국인 혐오 정당들은 신문의 지지를 전혀 또는 거의 받지 못했다. 2005년에 프랑스와 네덜란드에서 치러진 유럽헌법 국민투표는 절대다수의 신문이 지지했음에도 부결되었다. 그러나 이런 증거들은 별 의미가 없다. 만일 신문이 다른 입장을 취했다면 외국인 혐오나 반유럽주의가 훨씬 더 강하게 드러났을 거라는 반론, 또는 신문은 영국처럼 강력한 인기 일간지들이 있는 곳에서만 강력하고 이탈리아처럼 그런 것이 없는 곳에서는 약하다는 반론을 얼마든지 제기할 수 있기 때문이다.

　더 일반적으로 보자면, 사람들에게 진짜로 영향을 끼치는 것은 신문이 설정한 의제, 편향된 머리기사, 특정한 뉴스를 계속 보도하는 집요함이라고 주장할 수 있다. 이민자들의 범죄행위를 지나치게 부각하면, 특별히 선동하지 않고도 외국인 혐오를 부추길 수 있는 것이다.

잡지

책, 연극, 영화, 신문과 마찬가지로, 소비자 잡지―번창하는 장르다―의 부고도 여러 번 쓰였다. 텔레비전과 인터넷의 결합으로 잡지는 병원 대기실에나 놓이는 물건으로 전락할 거라는 이야기였다. 그러나 잡지는 종수로 보나 판매부수로 보나 계속 번창하고 있다. 2004년에는 영국에서만 8,000종 이상이 출간되어 총 13억 부의 판매고를 기록했다. 1994년보다 25퍼센트가 늘어난 수치다.[84]

　잡지는 큰 사업으로, 유럽과 세계의 많은 출판그룹에 없어서는 안 될 부분이다. 세계 최대의 도서출판사라고 할 수 있는 베텔스만의 본거지 독일은 유럽 최대의 신문그룹으로 꼽히는 악셀 슈프링거 사―악셀 슈프링거가 1946년에 세웠다―의 본거지이기도 하다. 슈프링거는 1950년대에 독일 타블로이드 신문『빌트 차이퉁』을 창간했고, 그보다 품위 있는『벨트』를 인수했다. 1960년대 말까지 슈프링거는 서독 신문의 40퍼센트, 지역 신문의 80퍼센트, 일요신문의 90퍼센트,『아우토 빌트』같은 자동차잡지, 독일에서 가장 잘 팔리는 컴퓨터잡지『컴퓨터 빌트』, 그리고『빌트 데어 프라우』,『알레그라』같은 여성 정기간행물,『무지크엑스프레스』같은 음악잡지를 포함해 정기간행물의 50퍼센트를 장악했다. 슈프링거 사는 다른 모든 주요 그룹과 마찬가지로 텔레비전과 라디오 방송국, 음반사를 인수하여 '멀티미디어'가 되고자 했다. 슈프링거는 또한 공산주의가 몰락한 뒤에는 민첩하게 동유럽 시장에 진출해, 옛 신문들을 인수해 개편하고 새 신문들을 창간했다. 1997년에는 헝가리의 지방 일간지 19개 가운데 7개를 인수했다. 폴란드에서는 1998년에 『올리비아』 같은 여성지들과 『파트』 같은 일간지들을 창간했다. 체코 공화국에서는 아우토메디아 같은 출판사를 인수하고, 헝가리에서는 부다페스트 럽키어도 출판사를, 루마니아에서는 잡지출판사 LvB 인베스트 인터내셔널을 인수했다.[85] 다른 독일 멀티미디어 복합기업 베텔스만도 이런 외국 지향의 전략을 추구해, 1980년대에 미국과 영국의 출판산업을 공략하기 시작했다(252~53쪽 참조). 프랑스의 아셰트도 웨이든펠드 앤드 니콜슨을 인수했던 오라이언을 인수하며 영국 시장에 진입했다.

잡지를 발행하는 여러 기업은 이런 세계적 조직들의 발자취를 따랐다. 국내시장만으로는 값비싼 광택지로 제작하는 잡지를 계속 펴낼 수 없었다. 반드시 초국가적 시장을 확보해야 했다. 그들은 세계적으로 각 나라에 존재하는 다양한 틈새시장이 꽤나 비슷한 면을 가지고 있다는 데에 주목했다. 마닐라, 베를린, 로마, 부에노스아이레스, 샌프란시스코, 도쿄의 중간계급 10대, 주부, 신분 상승을 지향하는 젊은 여성, 젊은 중역은 똑같은 잡지를 읽을 만큼 공통점이 많았다. 이것은 새로운 현상이 아니다. 19세기에 프랑스와 영국의 가장 유명한 몇몇 문학잡지는 국제적인 독자층을 확보하고 있었다. 러시아, 미국, 프랑스, 이탈리아, 독일, 영국의 중간계급 상층의 특정 부분은 하나의 큰 시장을 형성할 만큼 공통점이 많았다. 서구화 과정을 거치면서 전통적인 국경을 넘어 한층 폭넓은 문화적 공동체가 형성된 20세기 말에는 이런 원리가 더욱 강력하게 적용되었다.

그런 초국가적 시장을 공략하는 데에는 일간지보다 잡지가 제격이었다. 일간지는 여전히 국내의 정치와 문화에 너무 깊이 결부되어 있어서 전 지구적인 신문이 되기가 어렵다. 실제로 대부분의 일간지는 지역에 초점을 맞춘다. 앞에서 살펴보았듯이, 예외는 『파이낸셜 타임스』나 『월스트리트 저널』 같은 경제지, 또는 『인터내셔널 헤럴드 트리뷴』처럼 세계 독자층을 겨냥하는 신문들 정도다. 하지만 잡지는 범주가 다르다. 특정한 관심사나 생활방식에 맞추는 일이 많고, 특히 월간지는 마감에 여유가 있다. 잡지의 주 수입원은 광고이기에, 세계적 상표들의 발전은 잡지의 세계적 확산을 촉진했다.

물론 '잡지'라는 말은 아주 넓은 범위의 생산물을 아우르는 용어다. 음악에서 낚시에, 컴퓨터에서 하이파이에 이르는 취미를 전문으로 다루는 주간지들도 있다. 프랑스의 『엑스프레스』와 『누벨 옵세르바퇴르』, 독일의 『슈피겔』, 이탈리아의 『에스프레소』와 『파노라마』처럼 광택지에 인쇄하는 일반적인 정치 주간지들도 있다. 이탈리아의 두 잡지는 판매부수를 늘리는 동시에 분방하고 현대적인 잡지라는 걸 보여주려는 절박한 시도로, 표지나 특집기사에 여자의 누드 사진을 자주 쓴다. 영국에는 '광택지' 정치 주간지가 없지만, 비광택지에 인쇄하는 『이코노미스트』는 국제적인 평판을 누리며 주목할 만큼의 판매부수를 자랑한다—『타임』과 『뉴스위크』 같은 미국의 광택지 주간지에 비할 바는 아니지만.

무엇보다도 계속 급증하는 산더미 같은 여성지들이 있다. 프랑스의 『엘르』나 『마리 클레르』처럼 오랫동안 자리를 굳혀 이제는 몇 개 언어(이를테면 그리스어를 비롯한)로 발행되는 세계적 상표가 된 월간지들, 그리고 영국의 『우먼스 오운』처럼 확연히 구식인 정기간행물들과 나란히 엄청나게 많은 여성지가 있지만, 그 가운데 다수는 생명이 짧다. 영국의 여성지 몇 종은 장수를 누렸다. 『홈 앤드 챗』은 1895년에 태어나 1958년까지 살았다. 『퀸』은 1861년에 창간되어 1970년까지 발행되었다. 『모던 우먼』은 1925년에 태어나 1965년까지 나왔다. 『신시얼리』는 1858년에 창간되어 『트루』(1944년에 태어났다)와 합쳐졌다가 1984년에 폐간되었다. 『웰던스 레이디스 저널』(1879)은 1954년까지 버텼고, 『우먼스 월드』(1903)는 1963년에 사라졌다. 그렇지만 대부분의 여성지는 10년 또는 20년쯤 발행되었다. 『태틀러』(1709~1966)처럼 사라졌다가 곧 부활(1968)한 예도 있었다.[86]

지난 40~50년간 유럽에서 여성들이 처한 조건이 달라지면서 여성지를 펴내는 대형 출판그룹들은 틈새시장을 겨냥하게 되었다. 1960년 이전에는 여성 독자들의 세계가 덜 분화되어 있었다. 기본적으로 세 집단이 있었는데, 한 집단은 '독신녀', 또 하나의 집단이 중간계급 기혼여성(프랑스의 『엘르』나 영국의 『레이디』 같은 잡지들이 겨냥하는 집단으로, 『레이디』에는 보모들이 광고를 실었고, 1968년에의 발행부수는 7만 부가 넘었다), 그리고 세 번째 집단이 『우먼스 오운』(1937)—1987년에도 100만 부가 팔렸다—같은 잡지를 보는 노동계급 기혼여성이었다. 그후로 점차 나이와 생활방식이 중요해졌다. 『애너벨』(1966)은 25~35세인 중간계급 기혼여성 시장을 겨냥했지만, 주간지 『페티코트』는 결혼 전의 어린 여성(14~19세)을 겨냥했다. 이 마지막 시장은 우습게 볼 게 아니었다. 1960년대 중반에 『페티코트』에 광고를 내려던 이들은 일하는 10대 소녀들이 딱히 정해진 용도가 없는 돈을 1년에 2억 5,000만 파운드 이상 쓴다는 말을 들었다. 그들이 화장품에 850만 파운드, 옷에 3,300만 파운드, 속옷에 1,300만 파운드, 스타킹에 2,200만 파운드, 신발에 2,600만 파운드를 쓴다는 이야기였다.[87] 1960년 3월 4일자 『월즈 프레스 뉴스』(신문업계 잡지)는 그때의 10대 시장의 전체 규모를 연간 10억 파운드로 추산했는데(영화, 맥주, 담배를 포함해), 그게 사실이라면 꽤나 큰 시장이었다.[88] 값은 독자층의 계급을 드러내주는 가장 뚜렷한 지표였다. 1968년의 '패션'잡지 가운데 『페티코트』(발행부수 18만 2,000부)는 1실링이었던 반면에, 『패션』(발행부수 6만 3,000부)은 그보다 네 배나 비쌌다. 하지만 값은 발행주기에도 영향을 받았다. 『페티코트』는 주간지였고 『패션』은 월간지였으므로, 구입에 지출하는 비용은 결국 똑같았다.[89]

교육을 많이 받은 여성이 늘고 그들의 직업 전망이 나아짐에 따라, 시각적으로 혁신적인 『노바』(1965) 같은 새로운 잡지들이, 교육받았고 지적이고 무엇보다도 '유행에 민감한' 여성들의 눈길을 끌기 위해 특별히 기획한 특집기사를 싣기 시작했다.[90] 『노바』는 페미니즘의 제2의 물결이 아직 분출하기 전 "새로운 여성을 위한 새로운 잡지"로 시장에 나왔다. 편집은 남성인 데니스 해킷(전에는 다른 여성지 『퀸』을 편집했다)이 맡았다. 『노바』의 최고 발행부수는 1966년의 16만 부였는데, 이것은 『퀸』, 『보그』, 『하퍼스 바자』-모두 『노바』보다 덜 팔렸다-와 마찬가지로 고급 광고시장을 겨냥한 출판물로는 썩 괜찮은 수치였다.[91] 『노바』가 성공을 거두자 다른 잡지들이 본떴고, 『노바』는 점차 전만큼 매력적이거나 도발적으로 보이지 않게 되어갔다. 그리고 1975년에 이르러 성적으로 해방된 여성을 위한 새로운 잡지 『코스모폴리탄』(1972년에 영국판이 창간되었다)이 성공하면서 『노바』는 문을 닫았다. '코스모' 걸이 태어났고, 그녀와 더불어 페미니즘 성향의 『스페어 리브』(1972)를 포함한 많은 자매들이 태어났다.

세계를 대상으로 여성지를 발행하는 추세는 1980년 무렵에 시작되었다. 2003년까지 아셰트(미사일을 만드는 프랑스의 우주항공 복합기업 라가르데르가 1981년에 인수했다)는 주력 잡지 『엘르』를 브라질, 캐나다, 중

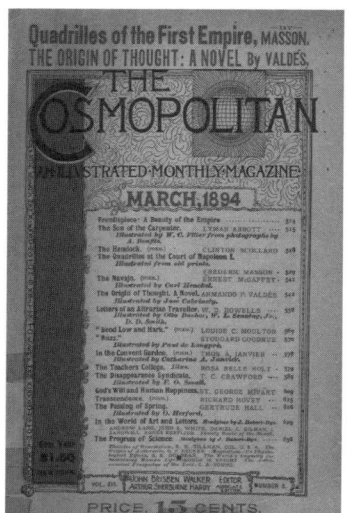

『코스모폴리탄』 1894년 3월호. 이 잡지는 원래 1886년에 미국에서 가정잡지로 창간되었지만, 1889년에 존 브리스번 워커에게 팔려 드라이저와 키플링 같은 작가들의 작품을 싣는 문예지로 변신했다. 1905년에 다시 허스트에게 매각된 뒤로 제2차 세계대전 때 발행부수 200만 부에 이를 때까지 문예지로 꾸준히 성장했다. 잡지의 황금시대가 저문 1950년대에 들어서는 같이 추락하다가, 1965년에 헬렌 걸리 브라운이 편집을 맡으면서 다시 한 번 여성지로 탈바꿈했다.

국, 체코 공화국, 독일, 인도, 이탈리아, 일본, 한국, 스페인, 스웨덴, 대만에서 발행했다. BEAP(영국-유럽연합출판사)는 뜨개질을 전문으로 다루는 잡지『캐럴라인』을 벨기에, 프랑스, 독일, 오스트리아, 스위스에서 동시에 창간했다. 독일 출판사 그루너 운트 야르는 자사의 프랑스 잡지『팜악튀엘』을 모델로 삼아, 150만 파운드의 광고 캠페인을 벌이며 영국에서『베스트』를 창간했다.[92] 나중에 스페인 출판사들은 자신들의『홀라!』를 기반으로, 유명인사를 다루는『헬로!』를 전 세계에서 발행했다.

 2004년까지 여성지 분야에서 큰 변화가 일어났다. 1960년대에 각각 250만 부, 200만 부가 팔렸던 영국 주간지『우먼』과『우먼스 오운』은 판매부수가 52만 4,000부와 43만 5,000부로 줄어들었다. 독자의 충성심은 전만큼 믿을 만하지 않았다. 여성지들은 시장의 모든 틈새를 차지하려고 사납게 달려들었다. 그래도 국내 여성지시장, 특히 주간지시장은 여전히 견고했다.

영국에서 여성지의 강세는 프랑스와 이탈리아 같은 나라의 상황과 극명한 대조를 이룬다. 아마 영국 노동계급 여성들이 프랑스와 이탈리아의 노동계급 여성들과 달리 잡지를 읽어서일 것이다. 실제로 아래 표의 영국 여성 주간지들은 모두 이탈리아에서라면 주간지 판매순위 10위권에 들어갈 것이다.

이탈리아 주간지의 판매부수(2002년)		영국 여성 주간지의 판매부수(2004년)	
『소리시 에 칸초니 TV』	1,438,000	『테이크 어 브레이크』	1,200,000
『파밀리아 크리스티아나』	808,000	『쳇』	597,000
『오지』	714,000	『대츠 라이프』	571,000
『젠테』	658,000	『나우』	565,000
『텔레세테』	557,000	『히트』	530,000
『파노라마』	556,000	『우먼』	524,000
『키』	513,000	『클로저』	477,000
『구이다 TV 누오바』	406,000	『오케이!』	459,000
『에스프레소』	394,000	『우먼스 오운』	435,000
『텔레피우』	394,000	『벨라』	412,000

출처: 이탈리아: *Mediaforum*, Vol. 34, No. 24, 2003년 2월: Data ADS, 2002년 10월, 영국: 2004년 6월 ABC 수치.

　『히트』와 『나우』는 유명인사를 다루는 잡지다. 『클로저』는 전통 주간지와 유명인사 잡지를 섞어놓은 잡종이며, 그 주의 텔레비전 편성표를 싣는다. 『클로저』는 창간하고 1년 뒤에 주간 발행부수가 47만 7,000부에 이르렀다. 『소리시 에 칸초니 TV』, 『텔레세테』, 『구이다 TV 누오바』, 『텔레피우』 같은 이탈리아 잡지들의 주요 매력은 폭넓은 텔레비전 편성표로, 이것은 지상파 방송국 수가 급격히 늘어나는 나라에서는 필수 정보다. 『에스프레소』와 『파노라마』는 광택지를 사용하는 정치 주간지다.

『젠테』와 『오지』는 주로 유명인사나 가십을 다루며, 여성들이 많이 읽는다. 『파밀리아 크리스티나』 역시 여성들(아마 중년 기혼여성들일 것이다)이 읽지만, 돈을 주고 사지는 않을 것이다. 많은 교구교회에서 거저 얻을 수 있으니까. 20세기 초에 대중매체를 이용해 로마 가톨릭교회의 메시지를 설파하고자 창립된 조직인 성 바오로 경건회가 발행하는 이 잡지는 시대에 뒤지지 않으려 노력했고, 어느 정도 성공을 거두었다.[93]

프랑스에서도 가장 잘 팔리는 주간지들은 텔레비전 편성표가 담긴 것들이다. 채널이 세 개밖에 없었던 1980년대 초에도 『텔레 세트 주르』는 270만 부가, 『텔레 포슈』는 180만 부가 팔렸다. 『파리 마치』는 여전히 거의 100만 부가 팔리고 있었다. 가톨릭 월간지 『메사제 뒤 세쿠르 카톨리크』는 한 달에 거의 100만 부가 팔렸는데, 이것은 『마리 클레르』와 『마리 프랑스』의 판매부수를 합친 수치와 맞먹었다.[94]

여성지는 100년을 훌쩍 넘게 존속해왔다. 남성지는 적어도 유럽에서는 대체로 정치와 문학 주간지였다(미국의 『에스콰이어』와 『뉴요커』에 대응하는 잡지를 유럽에서는 찾아보기 어려웠다). 그러다가 1953년에 휴 헤프너의 『플레이보이』가 남성을 위한 소프트코어 호색 광택지 잡지의 유행을 이끌었다. 이 잡지는 쾌락주의적이고 분방한 '독신남' 생활방식을 연상시키면서 1960년대에 점점 인기를 얻었다. 젖가슴을 드러낸 이미지―『플레이보이』의 다른 허세에도 불구하고 판매소구점은 이것이었다―는 1960년대 말까지 일간지에서는 거의 보기 어려웠다. 덕분에 『플레이보이』의 발행부수는 1973년에 거의 700만 부에 이르렀다. 이 잡지는 여자의 누드 사진을 구매하는 것을 일반적으로 용인되는 일로 만들었다. 이런 사진들이 진정한 일반적 관심사를 다룬 잘 쓴 글―대개는 문단의 대가들이 쓴―과 섞여 있었기 때문이다. 『플레이보이』는 거의 옷을 걸치지 않은 '플레이메이트'들 사진 사이사이에 생뚱맞게도 마일즈 데이비스, 장 폴 사르트르, 오손 웰스, 피델 카스트로, 버트런드 러셀, 야세르 아라파트를 인터뷰한 글이나 고어 바이덜이 쓴 글을 싣는 것을 망설이지 않았다. 그러다가 경쟁이 치열해졌다.『플레이보이』의 공식은 누구라도 쉽게 흉내낼 수 있었으니, 실은 당연한 일이었다. 젖가슴 노출에서 거웃 노출로 나아가는 건 거의 피할 수 없는 경로였고, 이제 사르트르나 버트런드 러셀은 없어도 그만이었다. 그러나『플레이보이』에게는 첫 번째라는 이점이 있었다. 그들은 벌어들인 돈을 비디오카세트나 '성인' 텔레비전 채널 같은 새 매체에 투자할 수 있었던 것이다—그러나 여종업원들이 토끼 차림을 하고 점원들이 관련상품(넥타이, 커프스 단추, 라이터 따위)을 파는 '플레이보이 클럽' 같은 사업은 지금 보면 창피할 만큼 낡아 보인다.『플레이보이』의 판매부수는 1970년대부터 큰 폭으로 줄어들었다. 불가리아, 슬로베니아, 크로아티아, 폴란드, 루마니아, 러시아, 세르비아를 포함해 많은 나라에서 현지판을 구할 수 있지만, 아르헨티나(1995), 이탈리아(2003), 노르웨이(1999), 터키(1995)에서는 폐간을 피하지 못했다.

'남성'지 개념도 진화했다. 여성의 알몸은 필수요소로 남았지만, 초점은『플레이보이』의 예를 따라 생활방식 개념으로 이동했다. 탄탄한 광고기반을 확보하는 것이 이윤에 가장 중요했기 때문이다. 잡지의 세계화도 마찬가지였다. 좋은 보수를 받는 중역 자리에 있는 세계의 젊은 독자층 사이에서는 생활방식이 비교적 균질화되어 있었다. 옷, 향수, 화장품에 대한 관심 또한 젊은 중역들의 생활방식의 일부가 되어감에 따라, 이런 균질화는 성별 격차를 넘어서 진행되었다. '사내들' 역시 좋게 보이고, 좋은 향기를 풍기고, 침대에서 멋진 남자가 되는 데에 신경을 쓰기 시작

『플레이보이』 1965년 1월호에 실린 마틴 루터 킹 인터뷰. 이 잡지는 1953년 12월 창간호의 마릴린 먼로를 비롯한 '플레이메이트'의 누드뿐만 아니라 유명인과의 인터뷰, 당대의 지성인들이 쓴 글을 실었다.

했다. 이혼이 쉬워지고, 독신자로 남거나 되돌아오는 사람이 늘고, 성공적인 사회생활에 대한 요구가 강해지면서 『맥심』, 『로디드』, 『FHM』(그 남자를 위한 잡지) 같은 정기간행물들이 확산되었다. 섹스보다 계급을 파는 『에스콰이어』와 그 이후의 『GQ』('신사들의 계간지')처럼 더 오래되고 더 진지한 미국 남성지들은 갈수록 경쟁하기가 어려워졌다.

사실 신품종 남성지들의 전망은 계급과는 거의 무관한데, 이 잡지들이 겨냥하는 젊은 중역 시장도 계급과 무관하기는 마찬가지다. 이 남성지들이 상상하는 독자는 유별난 지적 허세가 없고, 모든 남자가 속은 똑같다고 믿으며 여자들보다는 남자들과 어울리는 것을 편안해할 사람이다.[95]

그러나 이 시장은 여성지와 마찬가지로 무척이나 불안정하다. 가판대에서 충동적으로 구매하는 일이 많기에, 표지가 핵심이다. 독자의 충성심은 일간지에 비해 상대적으로 약한 편이다. 1996년에 많이 팔린 잡지와 2004년에 많이 팔린 잡지를 비교해보면 이 시장의 불안정성이 잘 드러난다.

영국 남성지의 발행부수

1996년 1월~6월		2004년 7월~12월	
『로디드』(IPC)	238,000	『FHM』(이맵)	580,000
『FHM』(이맵)	181,000	『너츠』(IPC)	275,000
『GQ』(콘데 나스트)	131,000	『주』(이맵)	240,000
『페이스』(이맵)	112,000	『맥심』(데니스)	234,000
『에스콰이어』(내셔널 매거진)	107,000	『멘즈 헬스』(내셔널 매거진)	229,000
『어리나』(이맵)	93,000	『로디드』(IPC)	220,000
		『GQ』(콘데 나스트)	125,000

출처: ABC, www.magforum.com/mens2.htmfhm   출처:『가디언』, 2005년 2월 21일.

    1996년에『로디드』가 선두에 나선 것은 혁신적인 관점 덕분이었다. 『로디드』는 타블로이드 저널리즘의 특징 몇 가지—불손하고, 세상물정에 밝고, 성욕이 강하고, 맥주를 들이켜고, 야단스럽게 친근감을 드러내고, 트림을 하고, 방귀를 뀌는 '사내들'의 인생 즐기기—를 가져다가 광택지 잡지에 포장해넣었다.『에스콰이어』와『GQ』는 남자들에게 어떻게 하면 좋은 냄새가 나고, 옷을 잘 입고, 대화를 잘 풀어갈 수 있는지를 가르친 반면,『로디드』는 음담, 술, 축구의 미학을 역설했다. 그러나 일단 한 사람이 뭔가를 생각해내면 다른 사람들도 모두 그것을 생각해낼 수 있는 법이다. 불가피하게 '사내들' 잡지가 봇물 터지듯 쏟아지는 바람에『로디드』의 이점은 줄어들었다. 성공은 빠르게 모방되고, 시장 지분은 금세 얼었다 금세 잃는다. 따라서 해결책은 자리를 지키는 것이 아니라 새 잡지를 창간하는 것이다. 『로디드』는 영국적 특성이 밖에서는 통하지 않으리라 생각해 결코 세계로 나가지 않았다. 하지만 데니스 출판사는 사내다움에는 어떤 보편적인 특질이 있다고 생각해서, 사주 펠릭스 데니스의 지도 아래『맥심』을 미국(경이로운 성공을 거두었다), 프랑스, 이탈리아, 스페인, 네덜란드, 벨기에, 그리스를 비롯한 수많은 나라로 가져갔고, 2004년에는 중국에서 표준어판과 광둥어판까지 펴냈다.

그렇지만 모든 성공 이야기에는 실패 이야기가 따라붙는다.『잭』은 2002년에 창간해서 2004년에 폐간했다. 그리고『몬도』(2000), 『나인』(2002), 『이스케이프』(1996), 『이고』(1999)를 비롯한 수많은 잡지가 몇 년 만에 사업을 접었다.

영국의 주요 잡지 복합기업 가운데 하나인 이맵이 공언한 전략은 매년 더 큰 잡지들을 창간하되 그 수는 줄여간다는 것이었다. 2005년까지 이맵은 한 해에 주요 잡지를 하나씩 창간했지만, 그 목표는 "두 종을 뒷받침할 능력을 갖추는 것"이었다. 2000~2005년에『스니크』, 『클로저』, 『주』 같은 새로운 잡지들은 이맵이 성장하는 데에 21퍼센트의 기여를 했다.[96] 영어로 출간된다는 것은 이 영국 월간지들에게 유리한 조건이었다. 국제시장에 접근할 수 있으니까. 곧 이 잡지들의 번역판이 등장했다. 이런 잡지 부문은 고도로 집중되어 있다. 2005년에 영국 잡지 대부분은 이맵, IPC(워너의 한 부분), 내셔널 매거진, 콘데 나스트, 데니스 출판사 같은 영국과 미국 회사들의 수중에 있다.

이맵 주식회사는 연간 매출액이 거의 10억 파운드에 이르며(2005년도의 연차보고서와 회계에 따르면), 라디오 방송국들과 온라인 서비스도 가지고 있고, 회의와 전시회 사업에도 손을 대고 있다. 그러나 소비자 잡지

남성지와 여성지 세계의 두드러진 특징 가운데 하나가 불안정성이다. 1985년에 영국에서 창간된 『포 힘』은 1994년 이맵에 인수되어 『FHM』으로 바뀌고, 2008년엔 독일 바우어 미디어그룹에 인수되었다.

(곧 업계 잡지를 뺀)가 핵심사업이고, 이맵은 전 세계에서 이윤의 52퍼센트를 이 사업으로 벌어들인다(프랑스에서만 22퍼센트다). 이 그룹의 수익 가운데 43퍼센트는 광고에서 나온다. 직원들은 꽤 젊다—45세 이상이 14퍼센트에 지나지 않는다. 이맵은 자사가 다른 어느 출판사보다도 남자들에게 잡지를 많이 판다고 주장한다. 이맵은 자동차에 관한 『맥스』, 『클래시카스』, 『카』와 록 음악에 관한 『Q』, 그리고 『골프 월드』(당연히 골프에 관한)를 비롯한 많은 잡지를 판다. 영국에서 판매되는 잡지는 3,500종에 달한다. 그러나 중요한 것은 시장의 80퍼센트를 차지하는 상위 200종이다. 이맵은 이 핵심적인 200종 가운데 30종을 갖고 있다. 이런 잡지들이 대형 슈퍼마켓에 진열된다—그래서 발행부수가 적은 잡지들은 경쟁이 치열한 이 시장에 진입하기가 어렵다. 테스코, 세인즈버리, 아스다, 모리슨 같은 슈퍼마켓이 소비자 잡지의 23퍼센트를 팔고, W. H. 스미스 같은 신문소매점이 추가로 15퍼센트를 판매한다.[97]

이맵의 왕관에서 가장 빛나는 보석은 남성지『FHM』으로, 1994년에 재창간되어 영국에서 남성 월간지 판매 1위에 올랐다(2008년에 독일의 바우어 미디어그룹에 인수되었다). 이 잡지 2005년 8월호에는 손목시계, 휴대전화, 보습제, 자동차, 향수, 면도기, 다이어트 콜라, 맥주(그러나 샴페인이나 코냑은 없다), 탈취제, 흡연이 음경으로의 혈류를 저해한다는 보건부 광고, 고급 감자칩, 간단한 소품, 비듬 제거 샴푸, 그리고 리바이스, 아디다스, 벤 셔먼, 랄프 로렌 같은 유명한 상표의 옷이나 신발―그러나 루이뷔통이나 조르조 아르마니 같은 진짜로 비싼 상표는 없다―광고가 실려 있다. 그리고 예외적으로 1만 1,500파운드짜리 롤렉스 시계와 587파운드짜리 선글라스를 광고하는 한 쪽이 있는데, 이것은 아마 독자들이 바라는 미래의 지위에 대한 암시일 것이다. 독자들은 가족에 얽매이지 않는 제법 부유한 독신남이지만, 큰 부자는 아니다. 이 잡지를 같은 달의『배니티 페어』와 비교해보라. 거기에는 샤넬, 뵈브 클리코, 볼랭저, 롤렉스, 그라프 보석, 해로즈, 구치, 페로니 맥주(이탈리아에서는 일반 맥주이지만, 미국과 영국에서는 맥주 맛을 아는 사람의 상징이다) 광고가 실려 있다.

다른 모든 경쟁지와 마찬가지로『FHM』에는 광고가 기사보다 압도적으로 많은데, 그 기사는 표제가 암시하듯이 주로 섹스에 관한 것이다―'테라에게 물어보라. 포르노스타 슈프레모가 다른 고민상담사들은 답하지 못하는 질문에 답한다', '여자들의 고백', '소파의 아가씨들', '파멜라 앤더슨. 금발 매력녀가 우리를 그녀의 세계로 받아들인다', '부끄러움 없이.'

『FHM』은 명맥을 이어가기 위해 기본 공식을 다양한 문화에 맞추어 바꿔가면서 전 세계에서 여러 언어로 잡지를 팔아야 했다. 2005년에『FHM』은 세계적인 상표가 되었다.

2005년의 『FHM』 발행부수

국가	부수	국가	부수
오스트레일리아	110,000	루마니아	29,000
덴마크	29,000	러시아	100,000
프랑스	179,000	싱가포르	32,000
독일	216,000	슬로베니아	15,000
헝가리	39,000	남아프리카 공화국	116,000
인도네시아	50,000	스페인	300,000
라트비아	19,000	대만	10,000
말레이시아	20,000	터키	22,000
멕시코	55,000	영국	580,000
네덜란드	51,000	미국	1,235,000
필리핀	130,000	총계	3,337,000

출처: http://www.fhm-international.com/contact.asp?num=31.

    적응은 세계 문화의 이름이다. 세계에서 가장 많은 무슬림 인구를 상대하는 『FHM』의 인도네시아판은 서구판들보다 성적 요소가 적다. 젖가슴 노출도 없다. 그러나 기사는 서구판들과 거의 다를 게 없다. 『코스모폴리탄』 역시 인도네시아 여자들에게 오르가슴에 이르는 101가지 방법을 가르쳐준다.[98] 이런 잡지들은 이런 식으로 서구 문명이 전 세계에 퍼지는 것을 돕고 있다.

제62장

폭발하는 팝

소리, 디스크, 라디오

어디에나 음악이 있다. 우리는 음악방송에 주파수를 맞추어놓은 라디오를 들으며 잠을 깬다. 차에서 음악을 들으며 출근하거나, 워크맨, 디스크맨, 아이팟을 귀에 꽂고 통근한다. 바, 펍, 레스토랑에 가면, 그곳에도 음악이 있다. 전화를 걸고 기다릴 때도 음악이 들린다. 휴대전화 벨소리는 우리가 좋아하는 곡이다. 라운지, 공항, 호텔 로비에서 기다릴 때도 음악이 있다. 엘리베이터를 타도 음악이 있다. 비행기는 음악소리에 맞추어 뜨고 내린다. 상점이나 쇼핑몰에 가도 음악이 있다. 헬스장에 가서도 음악의 박자에 맞추어 역기를 든다. 집안일을 하고, 먹고, 읽고, 사랑을 나눌 때도 음악에 귀를 기울인다. 누구나 자유롭게 이용할 수 있는 이 음악은 누군가에게 속한 것이다. 이 음악은 이렇게 공적인 것임에도 개인 소유다. 저작권이 있다. 가수, 작곡가, 그리고 누구보다도 회사가 음악소리로 돈을 번다.[1]

음악은 태곳적부터 있었다. 그러나 경제적 관점에서 보면, 음악산업은 제2차 세계대전 전에는 상대적으로 중요하지 않았다. 1950~78년에

서구에서 음반 판매량은 23배로 늘었다.[2] 1994년에 녹음된 음악의 판매액은 거의 400억 달러에 이르렀다.[3] 이것은 불가리아, 슬로바키아, 체코 공화국의 국민총생산을 합친 액수에 가깝다. 같은 해에 유럽연합에서는 음반, 카세트, CD의 판매액이 약 8억 5,700만 달러에 이르렀는데, 그 가운데 2억 3,990만 달러어치는 영국, 2억 1,300만 달러어치는 독일, 1억 2,800만 달러어치는 프랑스에서 팔렸다. 이로써 유럽연합은 세계에서 가장 큰 음악시장에 근접하는 기록을 세웠다.[4]

세계 음반 판매량 (단위 100만 장)		1986	1995
	미국	618	1,100
	영국	198	267
	독일	176	252
	일본	177	416
	이탈리아	42	44
	스페인	38	53
	네덜란드	33	44
	소련/러시아	136	83
	체코슬로바키아	14	8
	브라질	71	75
	인도	n/a	303
	중국	110	123
	세계 총계	2,290	3,349

출처: Gronow and Saunio, *An International History of the Recording Industry*, IFPI 통계를 이용.

대중음악이 번창한 시기는 '록앤드롤'—미국 흑인 속어를 잘 아는 이들은 이 용어의 성적 함의에 익숙했다('록rock'과 '롤roll'은 섹스를 나타내는 표현이다)—이라는 새로운 음악장르가 번창한 시기와 일치한다. 이 장르는 1955년 무렵 미국에서 태어나서, 프랭크 시나트라, 페리 코모, 도리스 데이, 냇 킹 콜, 에디 피셔, 프랭키 레인, 조니 레이 같은 이에게 부와 명성을 안겨주었던 재즈 바탕의 음악 미학을 대체했다. 새로 등장한 이름은 엘비스 프레슬리, 척 베리, 플래터스, 빌 헤일리, 리틀 리처드, 버디 홀리 등이었다.[5] 이들은 최고의 자리에 올랐고, 몇몇은 죽은 뒤에도 오랫동안 그 자리를 유지했다. 그러나 이들 가운데 누구도 다른 음악적 표현들이 계속 존재하는 것을 방해하지 않았다. 1964년은 비틀스의 해일지 모르지만, 동시에 페툴라 클라크의 〈다운타운〉이 국제적으로 큰 성공을 거둔 해이기도 하다.

로큰롤 혁명은 금세 영국에 이르렀다. 1954년 11월에는 베라 린의 〈나의 아들, 나의 아들〉이 『뉴 뮤지컬 익스프레스』 싱글차트에서 1위를 차지했다. 1년 뒤에는 미국 밴드 빌 헤일리 앤드 히즈 코메츠의 〈록 어라운드 더 클락〉이 그 자리를 차지했다. 라디오와 텔레비전, 그리고 값싼 비닐 음반으로 전파되는 새로운 음악의 청중은 그전보다 젊고, 부유하고, 자유분방했다.

라디오는 녹음된 음악의 조달자라는 새로운 기능을 발견했다. 방송시간은 음반을 구해 어떤 사람('디스크자키', 곧 DJ)이 그것을 소개하고 간간이 뉴스와 광고를 읽게 해서 채울 수 있었다. 몇몇 DJ의 홍보능력을 과소평가해서는 안 된다. 성공적인 라디오 쇼에 자리를 잡은 DJ는 한 노래를 차트의 꼭대기로 밀어올릴 수 있었다.[6]

국가는 민영 라디오 방송국을 허가해달라는 압력에 굴복했다. 1950년대의 네덜란드처럼 대중매체를 강력하게 규제했던 나라조차도 1959년부터 팝 음악만 다루는 프로그램을 허가했다.[7] 음악 홍보에서 라디오의 역할이 결정적이라는 것이 드러났다. 라디오 진행자와 프로듀서는 특정한 노래를 방송해달라는 부탁을 받고 때로는 뇌물도 받았다. 라디오 이전에 노래는 흔히 뮤지컬(또는 그전에는 오페레타나 오페라)의 한 부분으로 등장하여 세상에 알려지곤 했다. 그 뒤에는 영화에 삽입되어 알려졌다. 빌 헤일리의 〈록 어라운드 더 클락〉은 영화 〈폭력교실〉(1955)로 인기를 얻었는데, 청소년 비행을 다룬 이 영화는 로큰롤이 '위험한' 이미지를 얻는 데에 한몫했다. 그 뒤로 노래는 점차 라디오 방송과 더불어, 가수에 관한 기사를 쓰고 차트를 발표하는 전문화된 거대 음악언론의 지원을 요구하게 되었다. 시장에 쏟아지는 엄청난 양의 음악잡지는 주로 갓 등장한 뮤지션이나 음악애호가를 겨냥했고, 악기를 다루었으며(이를테면『기타 플레이어』, 1967,『모던 드러머』, 1977,『일렉트로닉 뮤지션』, 1986), 모두 음악산업 전반에 걸쳐 문화적 유대를 형성하는 데에 이바지했다.[8] 『뉴 뮤지컬 익스프레스』를 비롯해 이제는 사라진『멜로디 메이커』와『Q』에 이르기까지 특히 영국에서 번창해온 전문화된 음악언론(그러나 업계를 겨냥하지는 않는)도 있었다. 그 밖에도 일간지뿐만 아니라 수많은 주간지와 월간지가 대중음악 세계에서 누가 뜨고 누가 지는지(그리고 누가 뭘 하는지)를 독자에게 계속 알려주고 있다.

서유럽, 북아메리카, 일본의 꾸준한 번영이 이런 대규모 음악산업의 발달을 지탱해주었다. 다른 문화 부문에서보다 훨씬 폭넓은 범위의 생산물들을 역사의 뒤안길로 밀어낸 일련의 기술 발전 또한 음악산업의 발전을 도와주었다. 1940년대 말에만 해도 사람들은 여전히 분당 78회전 음반을 샀지만, 음반은 곧 분당 45회전으로 옮겨갔고, 나중에는 12인치 LP(long playing, 분당 33회전)로 옮겨갔다. 그렇지만 1940년대 말에 산 축음기는 이 모든 발전을 수용할 수 있었다. 1960년대에는 카세트의 발

소니 사가 1979년 7월 1일에 일본에서 출시한 최초의 저가 휴대용 카세트플레이어 워크맨 TPS-L2. 사람들의 음악 듣는 습관을 확 바꾸어놓은 이 제품은 1980년 6월에, 미국을 비롯한 여러 나라에서는 '사운드어바웃', 스웨덴에서는 '프리스타일', 영국에서는 '스토어웨이'라는 이름을 달고 출시되었다. 카세트플레이어 시대는 갔지만, 소니는 지금도 MP3 플레이어를 비롯한 휴대용 오디오 장치에 '워크맨'이라는 상표를 쓴다.

달로 의미심장한 약진이 이루어졌다. 필립스 사가 콤팩트카세트를 개발한 뒤 이 혁신을 모두가 이용할 수 있게 하겠다고 결정한 것이다—이 지능적인 전략적 결정은 동종의 비호환 시스템이 미국에서 출현하는 것을 가로막았다. 무료였으므로 필립스 카세트가 표준이 되었고, 덕분에 필립스는 일시적 독점이라는 불확실한 이점 대신 업계 선두라는 지위를 누렸다. 1978년에 소니는 한 걸음을 더 내디뎠다. 카세트를 재생하는 휴대용 헤드폰 스테레오 시스템인 워크맨을 내놓은 것이다. 이제 사람들은 혼자서 자신의 음악을 들으며 돌아다닐 수 있게 되었다. 군중 속에서도 혼자일 수 있게 된 것이다—근대 개인주의의 정의를 그대로 구현한 듯했다. 언제나 있기 마련인 완고한 비평가들은 언제나 그렇듯이 경종을 울렸다. "사람들이 워크맨을 듣는 한, 위대한 전통이 하는 말은 듣지 못할 것이다. 워크맨을 오랜 시간 쓴 뒤에 떼어내면 귀머거리가 되어 있을 것이다."9) 한편 세상이 자신의 음악을 공유하기를 바라는 이들은 이른바 '게토 블래스터'[대형 휴대용 라디오나 카세트플레이어를 가리키는 말]를 들고다녔다.

1980년대에는 필립스에서 개발한 콤팩트디스크, 곧 CD가 도입되었다. 그러자 CD 플레이어를 사야했을 뿐 아니라 좋아하는 음악들을 새로운 포맷으로 다시 장만해야 했다. 보관해두었던 소리는 리마스터링 처리를 해서 다시 팔 수 있었다. 1992년까지 비닐 앨범 판매량은 1981년에 비해 아주 미미한 수준으로 곤두박질쳤고, 카세트 판매량은 세 배로 늘었다. 그렇지만 1987~92년에 CD 판매량은 거의 다섯 배로 늘었다. 1995년이 되자, CD는 세계의 앨범과 싱글 판매량의 60퍼센트, 시장가치의 70퍼센트를 차지했다.[10] 음반사들은 추가비용을 거의 들이지 않고도 오래된 재고 대부분을 여러 번 다시 팔 수 있었다. CD가 이 산업의 수명을 새로 연장해준 것이다.[11] 영국 『옵저버 뮤직 먼슬리』가 2005년에 의뢰한 ICM[(독립커뮤니케이션마케팅)] 여론조사에 따르면, 인터뷰에 응한 사람의 76퍼센트는 소장하고 있는 음악의 포맷으로는 CD가 가장 많다고 대답했다. 더 새로운 디지털 MP3 플레이어는 응답자의 겨우 5퍼센트에게만 주된 포맷이었다[MP3는 국제표준화기구ISO와 국제전기표준회의 IEC의 합동기술위원회JTC1에서 만든 디지털 저장매체용 컬러 동화상 및 음성 압축·부호화 방식의 국제표준 MPEG(동화상전문가그룹)1 가운데 고음질의 음성 압축기술 MPEG1 Audio Layer-3을 줄인 말이다].[12]

이런 혁신 각각의 영향은 여기서 그치지 않았다. 1950년대에 사람들은 자동차에 라디오를 달았지만, 그 뒤에는 라디오카세트를, 또 그 뒤에는 라디오가 딸린 CD 플레이어를 달았다. 앰프, 입체음향, 스피커 덕분에 가정에서 음악을 듣는 환경도 나아졌다. 20세기 말에 이르면 서구에서 고소득 가족은 CD 플레이어, AM[진폭변조]/FM[주파수변조] 라디오,

턴테이블, 테이프덱 한두 개, 3웨이스피커, 디지털시계, 취향대로 음향을 조절할 수 있는 다양한 조정장치와 이퀄라이저를 갖춘 현대적인 음향 시스템을 쉽게 구입할 수 있었다. 이 모든 것은 리모컨으로 원거리에서 통제할 수 있었다. 1996년에 이르면, 미국, 캐나다, 일본은 아직 그렇지 않았지만, 영국(선두였다), 덴마크, 프랑스, 노르웨이, 스웨덴, 스위스에는 가구마다 CD 플레이어가 한 대 이상 있었다.[13] 1960년대와 1970년대에는 주로 음악을 내보내는 라디오 방송국의 수가 (다수의 불법 방송국까지 포함해서) 급증한 덕분에, 1980년대에는 MTV(음악텔레비전)―세계 최대의 텔레비전 채널이라는 설도 있다―같은 위성 텔레비전 채널 덕분에, 음악이 더 널리 전파되었다. 홍보용 비디오와 MTV가 발달하기 전까지, 로큰롤 연주자와 가수들은 과거 크루너〔1930년 무렵부터 부드러운 콧소리로 노래하던 유행가 가수들로, 낮고 작은 목소리를 전달하기 위해 마이크를 썼다〕들과는 달리 텔레비전을 불편해했다. 텔레비전 스튜디오가 본령이었던 크루너들과는 달리, 활기찬 로큰롤 음악인들이 실황 공연을 하기에는 스튜디오가 너무 비좁았기 때문이다.[14] 홍보용 비디오―곧 음악을 홍보하는 가장 중요한 수단 가운데 하나가 되었다―는 이 모든 것을 바꾸어놓았다. 원래는 광고를 위해 고안되었던 빠른 편집과 촬영속도를 이 새로운 장르에 활용할 수 있었기 때문이다. 새로운 기술(특히 케이블방송)은 홍보용 비디오의 확산을 촉진했다.

    그러나 기술은 이 산업에 가장 무서운 위협을 불러오기도 했다. 디지털 혁명과 인터넷의 발달이 그것이었다. 컴퓨터에서 파일을 내려받고 CD를 '굽기' 시작하면서, 독립형 콤팩트디스크 플레이어와 스테레오 앰프 같은 가정용 컴포넌트의 판매량이 대폭 줄어들었다―2003년 전반기에 미국에서는 거의 30퍼센트가 줄었다.[15] 음악은 인터넷에서 공짜로 들을 수 있고, 집에서 MP3 같은 압축된 형태로 컴퓨터에 내려받은 뒤, 아이팟 같은 휴대용 MP3 재생장치로 옮기거나 CD에 바로 구울 수 있다. 물론 가정 내 '해적질'은 1960년대에 값싼 카세트녹음기가 나왔을 때부터 시작되었다. 이때 공테이프가 불티나게 팔린 것은 해적 녹음의 규모가 어느 정도였는지를 보여준다―1970년대 말에는 이것이 음악을 듣는 세 번째로 흔한 방법이었다(합법적 복제물을 구매하는 것과 라디오를 듣는 것 다음으로).[16] 인터넷 내려받기가 발달하기 한참 전인 1993년에 유럽에서는 불법 CD와 카세트가 1억 장이 팔렸고, 독일, 이탈리아, 폴란드가 해적시장의 반 이상을 차지했다.[17] 1996년에는 금액으로 31억 파운드에 달하는 녹음된 음악이 해적질을 당하고, 제작된 CD 석 장 가운데 한 장이 불법적으로 팔린 것으로 추정된다.[18] 국제음반산업연맹IFPI에 따르면, 2005년 6월에도 상황은 달라진 게 없다.[19]

'해적질'이 이렇게 쉽게 이루어지는 것은 기술 때문만이 아니고 심리적 성향 때문이기도 하다. 음반사들은 음악 한 곡을 불법으로 복제하는 것이 '도둑질'(사실 저작권 침해이지, 도둑질은 아니다)이라고 지적하지만, 개인적인 용도로 그런 일을 하는 이 절대다수는 아무런 죄책감도 느끼지 않는다(2005년에 영국에서 이루어진 조사에서는 응답자의 33퍼센트만이 불법 내려받기가 '잘못된' 일이라고 생각했다).[20] 이것은 가볍게 볼 일이 아니다. 탐지하기 어렵고, 저지르기 쉽고, 집단의 다수가 부도덕하다고 여기지 않는 '범죄'는 막을 수가 없으니까. 아주 많은 이들이 저지르는 그런 '범죄'행위(사실, 형법 위반이 아니고 민법 위반이다)는 음악산업을 소수의 대기업이 지배하고 있다는 인식 탓에 더욱 조장되는 면이 있다. 사실 자본주의가 승리한 시대에 그런 대기업들을 좋아하는 이는 거의 없다. '그들을 벗겨먹는 것'은 공정한 게임으로 받아들여진다. 이것은 그저 피해자 없는 범죄(탈세가 그런 범죄로 보일 수도 있다) 수준이 아니고, 그보다 더 좋은 것(또는 나쁜 것)이다. '피해자'가 누구인지 알기 때문이다―대기업과 보수를 두둑히 받는 슈퍼스타가 피해자다. '범죄자'들은 그들에게 아무런 관심도 없다(심지어 일부는 고소해할지도 모른다). 그래서 이 산업은 늘 비상이다. 1999년에 잡지 『와이어드』는 사람들이 날마다 인터넷에서 MP3 파일 1,700만 개를 내려받고 있다고 보도했다.[21] 1999년에 말이다. 다음은 『뮤직 비즈니스 인터내셔널』의 전형적인 사설이다(2000년 2월). "잊지 말자. 해적질을 척결하는 것이 여전히 최우선이다." 늘 기술의 진보라는 이데올로기를 홍보하고 그것을 이용해 전 세계에서 자본을 주무르던 회사들이 그 기술이 자기들에게 불리하게 사용되고 있다고 불평을 늘어놓았다. 파일 공유 사이트인 냅스터를 통한 음악파일 내려받기는 오랜 입소문 원리가 확장된 것이었다. 친구들과 책을 교환해서 보듯이, 처음에 합법적으로 구입한 음악을 취향이 비슷한 낯선 사람들과 P2P〔상하관계나 주종관계가 아닌, 동등한 개인 대 개인의 수평관계〕 원리에 의거해서 교환할 수 있었다.

'해적질'의 두 번째 요인은 CD가 아주 비싸다는 사실이다. 1990년대 중반의 미국에서는 CD 하나당 제작에 1달러, 유통에 1달러, 음악가에게 1달러나 2달러, 소매업자에게 5달러가 지불되었는데도, CD 값은 20달러에 가까웠다.[22] 이렇게 비싼 주된 이유는 사실상 녹음(음반, 미리 녹음된 카세트, CD) 비용 거의 전부가 최초의 마스터테이프 제작(음악가를 섭외하고, 프로듀서, 엔지니어를 고용하는 따위의)에 들어가기 때문이다. 이 산업의 지도자 가운데 베텔스만 회장 토마스 미델호프처럼 영리한 이들은 다른 음악 복합기업들과는 달리 합법적인 파일 공유 서비스를 시작할 수 있을 때까지 냅스터를 그냥 놔두려고 했다. 그는 냅스터가 새로운 잠재시장을 창출했고, 남은 문제는 소비자가 돈을 내게 할 방법을 찾는 것 딱 하나뿐이라고 보았다. 미델호프는 음반 레이블들이 사업의 초점을 무엇보다도 재능 있는 이들과 계약하고 그들을 키우고 그들의 음악을 시장에 알리는 데에 맞추어야 한다고 생각했다.[23] 음반을 제작하는 것은 과거의 일이 될 터였다. 사실 내려받기가 음반 판매량 하락의 원인이라는 분명한 증거는 없다. 미국 래퍼 50센트가 〈클럽에서〉를 2003년에 발표했을 때 많은 이들이 이 노래를 내려받았지만, 그럼에도 앨범이 900만 장이나 팔렸다.[24] 물론 다운로드만 아니었다면 더 팔렸을 거라는 반론이야 얼마든지 내놓을 수 있지만…….

결국 음악을 나누어주던 웹사이트들에 대한 법적 단속이 이루어졌다. 일부에서는 혁명적이라고 여기고 일부에서는 "쌍방향 시대의 어리석은 짓" 가운데 하나로 여기던 냅스터와는 합의가 이루어졌다.[25] 냅스터는 '합법'이 되었다. 이 글을 쓰는 지금 시점에는 합법적 내려받기를 이용할 수 있다. 그러나 합법적 내려받기가 유통과 소매 비용을 줄이긴 하지만, 내려받는 곡당 돈을 내든 월간 정액제로 돈을 내든 여전히 값이 너무 비싸 보인다. 2004년 9월에 애플 사의 아이튠스에서 트랙 하나를 내려받는 데에는 0.79파운드가 들어가고, 냅스터에서는 0.88~1.09파운드가 들어간다. 선택의 폭이 매우 좁은 위핏에서 1년에 50파운드를 내고 무제한으로 내려받을 수도 있다.[26] 물론 공짜로 얻을 수 있는 것은 아무리 싸게 사더라도 불만이라는 이들도 있다. 2005년에도 P2P 파일 공유는 여전히 성행하고 있지만, 사용자들에게 트랙 교환을 장려하는 소프트웨어 회사를 상대로 소송을 걸 수 있는 권한을 음반사에 부여한 미국 대법원의 판결 탓에 활동이 위축될 가능성이 크다. 물론 결과는 시간이 말해줄 것이다.

본명이 커티스 제임스 잭슨 3세인 50센트는 1975년에 뉴욕의 빈민가에서 태어나 여덟 살 때 마약상으로 일하던 어머니를 잃었고, 이후 할아버지 집에서 살면서 자신도 열두 살 때부터 마약을 팔기 시작했다. 마약에서 손을 떼고 막 래퍼로 활동을 시작한 2000년에는, 한 사내가 근거리에서 쏜 총알을 아홉 발이나 맞고도 살아남았다. 2002년에 래퍼 에미넴과 닥터 드레의 눈에 띄어 그들의 지원을 받으며 대단한 성공을 거두었다. 『빌보드』는 그를 2000년대에 가장 큰 성공을 거둔 래퍼로 꼽았다.

    한 번에 하나의 트랙만 사는 것은 여러 트랙이 담긴 앨범이라는 관념을 뒤집는다. 사람들이 자기가 좋아하는 트랙만 사려고 들기 때문이다. 이것은 신문사 웹사이트에서 자기가 읽고 싶은 기사만 사는 것과 마찬가지다.

    이런 문제는 음악업계의 특징, 곧 이 산업은 본디 소프트웨어 산업— 이 말이 생겨나기 전부터—이라는 것을 확인해준다. 음악을 수출하고 수입하는 과정에서 실제로 상품이 물리적으로 이동하는 일은 좀처럼 없다. 실질적인 거래는 늘 허가와 관련된 계약이다. 실제로 국경을 넘는 것은 마스터테이프다. 수입하는 나라에서는 마스터테이프를 이용해 음반이나 테이프를 제조하고, 수출하는 회사는 그런 음반이나 테이프가 판매되는 만큼 저작권사용료를 받는다. 실제 제조 작업은 그 음반을 팔지 않는 나라에서 이루어질 수도 있다.

스튜디오 기술과 실황 공연

기술은 음악의 재생만이 아니라 생산에도 영향을 주었다. 이제 음악을 만드는 작업은 전자음향의 조작 없이는 생각할 수도 없다. 수백 년 동안 음악은 무엇보다도 실황 공연을 위해 생산되었다. 그러나 1960년대부터는 녹음된 음악을 생산하는 것이 상업적 작곡의 주된 목적이 되었다.[27]

1960년대까지 음악 연주는 기본적으로 가수와 연주자 손에 달려 있었다. 그들은 작곡가가 쓴 음악을 연주했다. 그러다가 작곡하고, 노래하고, 반주하는 세 활동이 하나로 수렴되었다. 비틀스와 롤링 스톤스 같은 밴드는 직접 노래를 쓰고, 부르고, 자기 악기로 직접 반주했다. 그때 이들의 음악은 '록'—1960년대 말과 1970년대 초에 두루 쓰는 말이 되었다—이 아니라 '비트' 음악이라고 불렸다. 흔히 네댓 명의 멤버로 구성된 밴드는 최소한의 수단—전기기타(그 조상인 어쿠스틱 기타가 가장 소리가 작은 악기 축에 드는 것과 달리, 현재까지는 가장 소리가 큰 악기로 꼽힌다) 두세 대, 드럼, 가끔 전기키보드—으로 무척 강렬한 소리를 만들어냈다. 목소리와 악기 연주를 포함해 모든 것이 최대한으로 증폭되었고, 그리하여 어떤 의미에서는 음향 시스템 자체도 하나의 악기가 되었다.[28]

학교를 통해 음악교육이 확산되고, 악기를 제법 능숙하게 연주하기가 쉬워지고, 연주자가 또래집단에서 선망의 대상이 되는 일이 잦아지자 유럽과 북아메리카 전역에서 그런 밴드들이 나타났다. 학교교육은 형식적이었다. 음악은 음반과 라디오를 들으며 배웠다. 기타, 앰프, 필터, 스피커를 비롯한 전자음향 장비를 만드는 회사들은 생산량을 늘렸다. 선율의 중요성은 낮아졌다. 새로운 록과 팝 음악의 실황 연주는 대부분 고전음악, 포크, 심지어는 재즈 음악과 비교해도 아주 시끄러워서 90데시벨(120데시벨에 이르면 통증이 시작되고, 제트기 엔진 소리가 100데시벨, 진공청소기 소리가 80데시벨이다)에 이르기 일쑤였기 때문이다. 단순하고 빈번히 반복되는 리듬이 이런 음악의 핵심적인 매력 가운데 하나였다. 이제 그 리듬에 맞추어 춤을 출 수 있었던 것이다. 가사도 덜 중요해졌다―적어도 1930년대와 1940년대의 미국 노래들, 그리고 빙 크로스비, 프랭크 시나트라, 엘라 피츠제럴드처럼 발성하던 가수들, 또는 프랑스에서 사랑받은, 포주와 매춘부로 이루어진 화류계나 최하층을 강하게 암시하던 '텍스트 시'와 비교할 때는 그랬다. 물론 세계 음악에서 언어의 왜곡은 전혀 새로운 현상이 아니었다―전통적인 오페라만 생각해보아도 알 수 있다.

소설쓰기와 비교하면 밴드를 결성하는 데에는 비용이 많이 든다. 악기, 악기를 운반할 차량, 연습 장소―음량을 고려할 때 외딴 곳이나 방음이 잘 되는 스튜디오나 관대한 이웃이 사는 곳이어야 했다―가 있어야 했다.[29] 그래도 급격히 늘어나던 댄스클럽에서 연주를 하면 적은 돈이나마 벌 수 있었다. 음악산업의 관점에서는 유리한 상황이었다. 음악산업 외부에서, 아무런 비용부담 없이 꽤 치밀한 수준의 검증과 선별이 이루어졌기 때문이다.[30] '진짜' 음악산업과 음반판매업에 진출하기를 간절히 바라던 밴드에게 실황 연주는 광고의 한 형태인 동시에 수입원이었다.

팝 음악이 (스포츠처럼) 노동계급 젊은이들에게 경제·사회적으로 출세할 가능성을 열어주는 것처럼 보이기는 했지만, 팝 밴드는 그 이미지가 암시하는 것과는 달리 중간계급 출신인 경우가 많았다. 특히 프랑스에서 그랬는데, 낭트 지역 밴드들을 조사한 결과 불과 12퍼센트만이 노동계급 가정 출신이었다.[31] 세계 음악산업에서 상대적으로 주변부에 있는 위치와 사용하는 언어 때문에 국제적 명성을 얻을 가능성이 희박한 나라들에서도 밴드가 확산되었다. 1960년대 말의 헝가리를 예로 들어보자. 이 나라는 공산주의 정권 때문에 서유럽과 차단된 것처럼 보였다. 소비재가 부족했다. 록 음악은 이 나라 정권이 지지하는 미학 원리(관습적인 '부르주아' 취향과 거의 똑같은)에 맞지 않았다. 그럼에도 1968년에는 부다페스트에만 밴드가 1,200여 개 있었고, 각각 4만 플로린―숙련노동자의 1년치 급료―의 값어치가 나가는 장비를 갖추고 있었다.³²⁾ 1973~77년에 이용할 수 있게 된 자료를 살펴보면, 헝가리에서 판매된 음악은 '오락'음악이 70퍼센트를 약간 넘고 순음악이 20퍼센트였던 데에 반해 민요와 '노동'가요는 7퍼센트로 한참 뒤져 있었다.³³⁾ 1970년대 중반의 헝가리에서, 록 음악은 점점 성공을 거두고 갈수록 널리 받아들여졌다. 심지어는 록 오페라 〈왕 이슈트반István, a Király〉조차도 공연기획자들의 우려와는 달리 공식적인 허가를 받았다.³⁴⁾ 1960년대 체코슬로바키아에서도 상황은 똑같았다. 체코 록그룹들은 다른 동유럽 록그룹들과 마찬가지로 서쪽에서 영감을 얻었다. 18세기의 체코 음악가들이 이탈리아식 가명(요세프 미슬리베체크는 베나토리니로 변신했다)을 썼던 것처럼, 그들은 영국식 이름(헬스 데블스, 크레이지 보이스)을 채택하기까지 했다.³⁵⁾ 1968년 이후의 억압 탓에 열기가 가라앉긴 했지만, 1986년에는 프라하에서 첫 번째 전국 록페스티벌이 열렸고, 체제 전체가 무너지기 직전인 1989년에는 보헤미아에 록그룹이 1,500개나 있었다.³⁶⁾

공산주의 당국은 새로운 소리가 마음에 들지 않았지만, 젊은 세대를 더 소외시킬 생각은 없었다. 서구에서도 반감이 꽤 강했지만, 록 음악은 돈 되는 일이기도 했다. 서구의 반동분자들은 적어도 속마음만은 동구의 공산주의자들과 똑같았다. 나중에는 대처주의의 열렬한 지지자가 되었지만 1964년에는 좌익 잡지 『뉴 스테이츠맨』의 편집장이었던 폴 존슨은 텔레비전으로 방송된 팝 음악 콘서트를 본 뒤에 많은 이들이 했던 생각을 다음과 같이 표현했다.

음악이 연주되는 동안 카메라들은 잔인하게 청중의 얼굴들 위에 머문다. 그 바닥 모를 공허의 심연을 드러내는 얼굴들이란! 싸구려 과자를 먹어 빵빵하게 부풀고 체인점에서 파는 화장품을 덕지덕지 칠한 거대한 얼굴, 벌어져 축 늘어진 입과 번들거리는 눈, 아무 생각 없이 박자에 맞추어 두드리는 손, 부러진 하이힐 굽, 조잡하고 찍어낸 듯 똑같은 '최신' 옷들. 여기에 상업적 기계의 노예가 된 세대의 집단적 초상이 있는 것이 분명하다. …… 비틀스 주위에 모여들어 비명을 지르다가 이내 히스테리를 부리는 이들, 텔레비전 화면 위에서 깜빡거리는 그 공허한 얼굴들은 그들 세대에서 가장 불운하다. 어리석고, 게으르고, 실패한 자들이다. 그들의 존재는…… 우리의 교육체계에 대한 무시무시한 고발이다.[37]

1956년에 텔레비전에 처음 등장한 엘비스 프레슬리에 대한 『뉴욕 타임스』의 수석 텔레비전 비평가도 시대정신을 받아들이기를 주저했다.

프레슬리 씨에게는 이렇다 할 노래 실력이 없다. 그의 전공은 리듬 노래인데, 그나마도 알아듣기 어렵게 웅얼거리듯이 부른다. 그의 악구 처리는, 그것을 악구 처리라고 불러야 할지 모르겠지만, 초심자가 욕조에서 아리아를 부를 때 흔히 이용하는 방식으로 이루어져 있다.[38]

1940년대와 1950년대의 크루너들은 말쑥하게 빼입고 매혹적인 미소를 지어 청중의 사랑을 받았다. 그들의 청중 또한, 100여 년 전에 리스트와 파가니니의 청중이 그랬듯이, 그들을 흠모했다. 그러나 1957년에 열린 시나트라의 뉴욕 공연 때처럼 청중이 거의 폭동에 가까운 소동을 일으키는 일도 있었다. 1960년대의 페툴라 클라크 같은 가수들은 성적으로 모호한 노래들을 절제되고 정숙한 태도로 신중하게 불렀다.[39)] 하지만 새로운 음악과 그 연주 방식, 그리고 청중의 행동은 완전히 달랐다. 공연에서는, 가끔씩 켜졌다 꺼졌다 하는 스트로보 조명을 써가면서, 연주자들과 청중이 발작이라도 하는 듯한 움직임으로 섹스와 폭력을 암시하곤 했다. 연주에 몸짓을 곁들이는 것은 음악에서 고전음악과 재즈를 포함해 그리 드문 일이 아니다. 그러나 18세기 말의 꽤나 산만하고 시끄러웠던 오페라 청중(제1부 435~45쪽 참조)은 음악을 무시했다. 반면 팝과 록의 청중은 연주에 적극 참여하여, 리듬에 맞추어 몸을 움직이고 춤을 추면서 연주자들과 동행한다.

아방가르드는 이따금 선견지명을 보여준다. 록과 고전음악의 크로스오버에 관심이 많은 지휘자 조지프 에거는 존 케이지가 '작곡'한 〈4분 33초〉(1952), 곧 연주자들이 침묵한 가운데 그 현장에서 생겨나는 소리─청중이 부스럭거리는 소리를 포함하여─로 음악이 이루어지는 작품이 비틀스의 콘서트 같은 팝 콘서트를 예시한 것이나 마찬가지라고 주장했다. 그런 콘서트에서는 팬들이 너무 시끄럽게 소리를 질러서 정작 음악은 듣지 못하기 때문이다.[40)]

미국 음악이 확산되면서 춤에도 변화가 나타났다. 지금까지 춤은 어디까지나 쌍쌍이 추는 것이었다. 그러나 엉덩이와 몸통을 돌리는 '트위스트'가 등장하자 상대와 접촉하지 않고도 춤출 수 있게 되었다. 이제 성적인 신호를 교환하는 새로운 방법이 고안되어야 했다. 춤추는 이들은 저마다 고립되어 있으면서도 조화를 이루는 전체의 일부가 되었다.

외설적인 동작, 괴상한 옷, 폭력과 마약과 섹스에 대한 암시, 나이 든 세대와 '올바른 생각을 가진' 이들이 받은 충격 따위는 강력한 마케팅 수단이 되어 젊은 세대를 유혹했고, 젊은 세대는 남자는 머리를 기르고 여자라면 짧은 치마를 입고 '나쁜' 종류의 음악을 좋아하는 식으로 이른바 현대 사회와 부모로부터의 소외를 소박하고 무해한 방식으로 표현했다. 이런 경향은 관점에 따라 더 나빠지거나, 더 좋아졌다. 단명했지만 여전히 영향력이 있는 펑크록(1975~78)은 이전의 50년 동안에 아방가르드가 시도해왔듯이 충격과 혐오를 불러일으키는 공격적인 양식의 음악을 시작했다. 펑크록을 누구보다도 정력적으로 옹호한 영국 밴드 섹스 피스톨스는 선정적인 이야기로 대중언론을 먹여살리며 번영을 구가했다. 이른바 지하사회가 '지상'에 확실한 현금을 제공한 또 하나의 사례다. 섹스 피스톨스가 싱글 〈신이여 여왕을 구하소서〉의 커버에 입술을 옷핀으로 뚫은 여왕의 모습을 싣자, 이 싱글은 여왕 즉위 25주년인 1977년에 인기 순위 1위에 등극했다.

1960년대에 부모들을 전전긍긍하게 했던 자식들이 자라서 부모가 되었을 때, 그들 역시 자식들 때문에 전전긍긍할 수밖에 없었다. 그들은 줄줄이 이어지는 혼전성교, 마약중독과 다양한 '충격적' 퍼포먼스를 목격했다. 마돈나는 1984년의 실황 공연에서 웨딩드레스를 입고 〈처녀처럼〉을 부르면서 오르가슴을 흉내냈다. 〈기도처럼〉(1989)의 비디오에는 불타는 십자가, 피눈물을 흘리는 조각상, 검은 예수 그리스도가 등장했다(바티칸의 비난은 그렇지 않아도 엄청난 마돈나의 수입을 더욱 늘려주었을 뿐이었다). 짜증나는 기자들에게 선물상자에 똥을 담아 보내는 록 스타도 등장했고, 자위하는 모습을 찍은 필름으로 웹사이트 방문객을 환영하는 록 스타도 있었다.[41] 헤비메탈그룹 블랙 사바스의 리드 보컬인 오지 오스본은 청중에게 돼지 창자와 송아지 간을 던지곤 했고, 한번은 팬이 무대에 던진 박쥐의 머리를 물어뜯기도 했다. 1984년에 BBC는 프랭키 고즈 투 할리우드 밴드의 노래 〈긴장 풀어Relax〉의 가사가 구강성교를 암시

제이미 리드가 〈신이여 여왕을 구하소서〉의 커버로 구상한 이미지 두 종류. 실제 싱글에 쓰인 것은 오른쪽 커버다. 논쟁적인 가사와 커버 때문에 BBC와 IBA 모두 방송을 거부했음에도 차트 1위에 올랐다.

한다는 이유("그걸 빨고 싶을 때는/ 긴장 풀어, 그러지 마/ 느끼고 싶을 때는/ 느껴, 오 오 오/ 하지만 맞는 방향으로 쏴")로 방송을 금지했다. 말할 것도 없이, 덕분에 이 노래는 영국 싱글차트 1위로 뛰어올랐다.

또 크리스티나 아길레라 같은 가수는 〈더티〉(2003)를 부를 때 성적으로 도발적인 옷을 입거나 옷을 거의 입지 않음으로써 생각이 올바른 이들에게 충격을 주려고 했다. '랩 음악'이 등장하자 더 큰 혼란이 일어났다. 에미넴(마셜 브루스 매더스 3세) 같은 랩 가수들이나 2 라이브 크루, 퍼블릭 에너미, NWA('행동하는 흑인들') 같은 랩그룹들은 가끔 동성애 혐오나 여성 혐오를 드러냈고, 자주 폭력과 마약을 찬양했다. NWA의 악명 높은 〈경찰, 엿먹어라〉는 당연히 FBI의 분노를 샀다. 랩 가수 50센트는 한때 크랙[코카인의 일종] 마약상이었고 총알을 아홉 발 맞았다는 사실 덕분에 명성이 높아졌다. 어떤 종류든, 현대의 청년혁명에서는 늘 많은 돈이 나왔다. 심지어 1960년대에도 롤링 스톤스 같은 그룹들은 이런 분위기를 능숙하고 영리하게 활용해, 비틀스의 부드러운 곡조와는 다른 면을 보여주었다. 찰리 질렛이 말했듯이, "스톤스는 그들 나름의 틈새를 파서 그 안에 확실하게 자리를 잡았다".[42]

그러나 청년혁명은 음악적으로는 보기보다 혁명적이지 않았다. 전형적인 팝송은 대개 조성음악이고, 그 기본 화성은 고전적이다. 후렴이 형식을 결정하고, 대구對句가 진행을 결정한다. 가사보다는 편곡과 악기 편성이 중요하다. 텍스트는 대체로 진부하고, 핵심어, 보격, 운韻, 반복을 포함해 거의 모든 것을 전통적인 시적 관습에서 빌려온다.[43] 모든 세대가 늘 '자신들'의 음악은 독창적이라고 확신하지만, 사실 1980년대부터 21세기 초까지는 무척이나 연속성이 강하다. 그렇지만 비틀스는 꽤나 혁신적이었다. 비틀스의 가장 성공적인 노래들 가운데 다수는 도입부나 준비단계 없이(전형적인 19세기 아리아와는 달리), 첫 악절이 열리자마자 곧바로 본론으로 들어간다.

녹음기술이 발전했음에도, 실황 공연은 낡은 형태가 되기는커녕 줄곧 중요한 역할을 수행했다. 1999년에 영국에서는 단 15개의 콘서트 현장에 400만 명의 팬이 참석해 9,200만 파운드를 지출했다.[44] 셰어는 2005년에 끝난 3년 동안의 '살아 있는 증거: 고별 투어'(북아메리카, 유럽, 오스트레일리아에서 325회의 공연을 했다)에서 288만 명의 팬을 불러모아 1억 9,400만 달러를 벌어들였다.[45]

실황 공연은 다양한 기능을 한다. 음악은 대체로 혼자 들으므로(라디오에서 직접 듣든, 녹음으로 듣든), 팬과 지지자들이 함께 어울리는 공적 공간이 여전히 필요하다. 이 공간은 상징적인 기능을 할 뿐 아니라 밴드의 새로운 생산물을 홍보하는 역할도 한다. 그런 까닭에 소리를 재생할 수 있는 시대인데도 콘서트가 과거 어느 때보다도 많이 열린다.

미국에서 '팝의 여신'으로 불리는 셰어의 '고별 투어' 모습. 원래 음악활동 40주년과 24번째 스튜디오 앨범 『살아 있는 증거』 발매를 기념하여 2002년 6월부터 석 달 일정으로 시작했다가 3년이나 이어진 이 공연은, 지금껏 가장 큰 성공을 거둔 여성 솔로 아티스트의 공연으로 꼽힌다.

1994~95년에 당시의 유럽연합 15개 회원국에서는 약 30만 5,000회의 팝 콘서트와 1만 1,720회의 음악행사가 열렸다. 참석자는 수백만 명이었다(이탈리아에서는 550만 명, 영국에서는 990만 명이었다). 고전음악도 그 어느 때보다 사랑을 받아, 유럽연합에서 활동하는 4만 6,500명의 고전음악 연주자들이 8만 5,000회의 콘서트를 열었다.[46] 팝 음악은 '가난을 과거의 역사로 만들자'는 대의를 위해서도 쓰여서, 2005년 7월에는 록 스타 밥 겔도프가 주도한 '라이브 8' 콘서트가 세계 여러 곳(도쿄, 요하네스버그, 런던, 로마, 베를린, 모스크바, 파리, 필라델피아, 캐나다의 배리)에서 어마어마하게 많은 청중과 텔레비전 시청자를 끌어모았다. 그보다 20년 전인 1985년 6월에는 런던의 웸블리 스타디움과 필라델피아의 JFK(존 피츠제럴드 케네디) 스타디움에서 16시간 동안 열린 겔도프의 '라이브 에이드' 콘서트가 전 세계에 중계되어, 엄청난 액수의 기아 구호 기금을 모았다.

음악생산의 모든 측면은 베스트셀러 순위에 오를 수 있는 음반의 생산과 맞물려 있었다. 신곡은 주로 라디오 방송을 통해 도약했다. 반응이 좋으면 거듭해서 방송되었기 때문이다. 음악을 만드는 사업은 점점 기술과 스튜디오에 기대게 되었다. 기술이 발전해서, 이제는 긴 악절뿐만 아니라 음표 하나까지도 다시 녹음할 수가 있다. 따라서 현대의 음반은 '완벽하게' 연주된 아주 작은 조각들을 모아놓은 것과 같다—실황에서 그렇게 연주하기란 대단히 어렵다. 소리를 만드는 일에서 엔지니어가 하는 역할은 1950년대 초에 EMI의 예술감독이었던 월터 레그가 고전음악을 녹음하면서 선구적으로 보여주었다. 조지 마틴(비틀스에게 명성을 안겨준 이다)과 필 스펙터(그의 회사는 1961~66년에 싱글을 37개 내놓아 29개를 인기순위에 올렸다)는 마이크의 위치를 잡고, 소리를 섞고 합치는 방식을 결정해 노래를 '창조'했다.[47]

스튜디오를 중심으로 제작이 이루어지는 이러한 경향은 기존에 녹음된 트랙들을 새로운 형태로 결합('샘플링'과 '리믹싱')해 더 긴 노래를 만드는 기술이 발달하면서 더욱 강화되었다. 그렇게 새로 결합된 노래들은 댄스클럽에서 흔히 쓰였고, 저작권법과 관련하여 흥미로운 문제를 일으키기도 했다.[48] '샘플링'은 초기에는 힙합 음악에 사용되다가, 1987년에 M/A/R/R/S(크리스 매킨토시와 데이브 도렐 같은 믹서와 DJ도 참가했던 그룹[으로, 그룹명은 참여한 뮤지션들의 이름, 마틴 영, 앨릭스 아율리, 러디 탐발라, 러셀 스미스, 스티브 영의 머릿글자를 따서 만든 것이다])가 대히트를 기록한 〈볼륨을 높여라〉를 제작하는 데에 쓰이게 되었고, 이 곡은 1980년대의 지배적 음악형식인 댄스음악 발달의 이정표가 되었다.

이런 발달은 대부분 DJ들 덕분이었다. 몇몇 댄스클럽에서 DJ들은 청중에게 틀어줄 음악을 고르는 소소한 역할을 넘어서기 시작했다. 몇몇은

DJ로서 스타가 되어, 특정한 DJ가 있는 클럽에는 수천 명이 몰려들기도 했다. 처음에 DJ는 턴테이블 두 대를 두고, 한 대로 음악을 트는 동안 다른 한 대의 음반을 바꾸곤 했다. 원래는 시간을 절약하는 게 목적이었지만, 그렇게 하자 수동으로 리듬을 조절해서 두 음반의 소리를 아주 매끄럽게 합치는 일도 가능해졌다. 결국 1970년대 초부터 두 턴테이블의 소리가 섞이기 시작했고, 손으로 비닐 음반의 속도를 늦추기도 했으며, 드럼 연주 같은 날카로운 소리가 담긴 음반 홈의 일부를 손으로 앞뒤로 움직이는 '스크래치'를 하기도 했다.[49] 이렇게 턴테이블 두 대를 이용하는 것, 곧 '턴테이블리즘'은 '플레어', '오빗', '크랩' 같은 이름의 '스크래치' 패턴들을 낳았다. 이런 식으로 미리 녹음된 소리를 이용하게 되자, 악기 없이, 더 정확히는 장비를 악기로 써서 새로운 음악을 만들 수 있게 되었다. 이로써 실황 공연에서는 DJ가 작곡가로 바뀌었다. 즉흥 연주가 얼마든지 가능했기에, 모든 공연이 딱 하나뿐인 공연이 되었다.

믹싱데스크, 신서사이저, 샘플러 같은 새로운 디지털 장비는 아주 저렴한 비용으로 음악을 만드는 새로운 방법들을 제공했다. 이렇게 해서, 최상층부에서는 산업의 집중이 심화되는 동안, 소규모 생산자들은 저작권법을 크게 걱정하지 않고 자유롭게 실험을 했다. 다른 문화 분야에서와 마찬가지로, 균질화된 양식이 아방가르드 실험과 공존했다. 어떤 이들은 테크노 음악은 조직된 소음에 불과하다고 말하기도 하지만, 그런 말은 현대 '순'음악에 대해서도 할 수 있고, 또 실제로 해왔다.

대중음악은, 어쩌면 의식하지 못하면서도, 1940년대와 1950년대 아방가르드 스튜디오들의 실험, 특히 '진짜 소리'를 녹음한 테이프를 조작하여 음악을 창조한 프랑스 작곡가 피에르 셰페르와 연관된 '순'음악 실험을 발판 삼아 성장해온 것인지도 모른다. 셰페르는 이것을 '구체 음악'

클럽 DJ가 사용하는 장비들. 1950년대 초에 유럽과 미국에서 등장한 클럽 DJ는 녹음된 음악(비닐 음반, CD, 컴퓨터 파일), 시퀀서, 오디오 믹서, 턴테이블, 전자효과 장치, 드럼머신, 헤드폰 따위를 사용한다.

이라고 불렀다. 비슷한 실험이 1950년대 초에 쾰른에서도 이루어져서, 카를하인츠 슈톡하우젠을 비롯한 이들이 순전히 전자음만으로 '음악'을 구축했다. 이탈리아에서는 루치아노 베리오가 전자적으로 변형한 소리를 써서 작곡을 했다. 이런 구체 음악의 기법 가운데 일부, 이를테면 테이프를 뒤로 돌린다든가 겹쳐 잇는 방법은 나중에 조지 마틴이 〈엘리너 릭비〉와 〈노란 잠수함〉이 담긴 비틀스의 앨범 『리볼버』(1966)를 제작할 때도 사용했다. 『리볼버』는, 롤링 스톤스의 『여파Aftermath』(같은 해에 발매되었다)와 마찬가지로, 단순히 싱글들을 모아놓은 것 이상의 앨범이었다. 아마 의도한 건 아니었겠지만, 이 앨범은 "자기완결적인 작업으로……트랙들이 고전음악 협주곡의 악장들처럼 서로 의존하고 있다".[50] 이제는 전설이 된 1967년 앨범 『페퍼 상사의 론리 하츠 클럽 밴드』는 4트랙 테이프 레코더 없이는 세상에 나오지 못했을 것이다. 소리를 만들어내는 새로운 가능성 덕분에, 비틀스의 앨범들을 제작한 조지 마틴과 같은 음악 프로듀서의 역할이 중요해졌다. 마틴은 1962년에 비틀스의 〈나를 사랑해줘요〉를 녹음할 때 링고 스타의 드럼 소리가 불만스러워서 다른 드러머의 소리를 집어넣으려고까지 생각한 적도 있었다(실제로 그렇게 할 수도 있었다).51)

이런 공정의 결과로서, 그리고 시퀀서와 신서사이저 가격 하락의 결과로서, '리믹스'가 인기를 끌었다—리믹스는 원래의 녹음을 거의 남기지 않고 원곡의 트랙을 손질할 수 있는 주된 방법이었다(마치 고전음악에서 편곡을 하거나 재즈에서 이미 확립된 주제를 즉흥연주하는 것처럼). 영국에서 1990년대 말에 발매된 록에서 재즈에 이르는 다양한 장르의 싱글에는 대부분 적어도 하나씩은 리믹스곡이 딸려 있었다. 리믹스는 또 장르 수의 급증을 촉발했다. 모두가 음악적으로 뚜렷이 구분되는 장르들은 아니었지만, 그 장르들은 늘 새로운 것을 찾는 산업에는 아주 쓸모있는 마케팅 도구가 되었다. 다른 장르들에서 보던 고급문화와 저급문화의 오랜 대비가 재현된 것처럼 보였다. '팝'은 스파이스 걸스처럼 사춘기를 전후한 청소년들이 사랑하는, 일반적으로 받아들여질 만하고 문제가 없는 대중음악을 통칭하는 말이 된 반면, 대개는 댄스음악인 더 부담스러운 장르들, 곧 거의 모두가 미국의 흑인공동체에서 유래한 장르들은 각기 다른 이름으로 통용된다. 테크노(컴퓨터로 처리한 빠르고 반복되는 소리로, 디트로이트 서부 흑인 지역에서 유래했지만 백인이 전유했다), 정글(댄스 청중을 겨냥한, 테크노보다 빠른 브로큰 비트—오프비트/업비트—장르), 거라지(뉴욕의 클럽인 패러다이스 거라지에서 이름을 따왔다는 온건한 정글로, 특히 R&B[리듬앤드블루스] 곡을 위한 대중적인 리믹스 양식), 하우스(재즈의 영향을 조금 받은 단순한 리듬, 분당 120비트), 하드 하우스(하우스와 테크노의 혼종이지만 더 빠른 분당 140비트), 힙합(뉴욕 브롱크스 남부에서 펑크 음악의 전자음 조각을 이용하면서 미국 흑인 장르로 출발했고, 초기에는 DJ가 리듬감 있게 음반을 스크래치하면서 짧게 분출하는 식으로 음반을 틀어주는 사이에 '래퍼'가 운과 리듬을 맞추며 최고속도로 말이나 랩을 읊었다) 따위가 대표적이다. 이런 발전 덕분에 1996년에 1위를 차지한 『노 디기티』, 『크로닉』(1997), 『2001』(1999) 같은 앨범의 스튜디오 사운드를 책임진 닥터 드레(안드레 영) 같은 음반 프로듀서들은 진정한 창조자로 여겨지게 되었다. 필 스펙터 같은 이들이 오랫동안 누려왔던 자리에 올라선 것이다.

새로운 발전이 이전의 성공을 완전히 몰아낸 건 결코 아니었다. 지금까지 살펴보았듯이, 각 세대는 젊었을 때 좋아했던 음악 가운데 일부를 선별해서 계속 가지고 간다(도중에 몇 곡을 새로 추가하면서). 니나 시몬 같은 소울 가수든, 리듬앤드블루스든, 록앤드롤(엘비스, 척 베리)이든, 레게(밥 말리)든, 비틀스든, 지미 헨드릭스든, 도어스든, 각 세대의 다양한 스타들이든 그 밖의 누구든, 선별된 그 음악 목록에서 살아남은 이들이 대중음악의 정전을 이루었다.

산업과 가수

세계 음악산업에서 미국 다음으로 중요한 영국은 1990년대 중반에 음악 분야에서 약 11만 5,000명을 고용하고, 29억 파운드의 개인 소비 지출을 이끌어냈다. 이것은 음악산업이 화학산업이나 조선산업보다도 규모가 훨씬 컸고, 음악인조합이 광부조합보다 조합원이 많았다는 뜻이다. 20년 전만 해도 불가능하다고 여겨졌던 일이다. 그 무렵 비틀스의 고향인 머지사이드 지역에서는 1,000개의 밴드가 주민 150만 명의 관심을 끌

려고 경쟁하고 있었다. 런던 한 곳에만 대중음악 실황 공연을 할 수 있는 장소가 377군데나 있었다.52)

팝스타는 음반을 수백만 장 팔지만, 상상할 수 있는 최대 규모의 청중을 앞에 두고 실황 공연도 한다. 스타는 산업을 만들고, 산업은 스타를 만든다. 마케팅, 홍보, '과대광고'가 성공에 이바지하지만, 문화 관련 사업이 대부분 그렇듯이 승자를 가려내는 확실한 방법은 없다. 그래서 회사들은 계약을 맺고 이미 거액을 투자한, 탄탄하게 자리잡은 아티스트들에게 집중한다. 일반적인 전략은, 한두 명은 진짜 승리를 거둘 거라는 희망을 품고서, 승자 후보 여럿을 밀어주는 것이다. 정상에 오래 머무는 스타가 극히 드물어서 계속 새로운 인재를 발굴해야 하기에, 달리 도리가 없다.53) 스타는 느닷없이 튀어나와 빠르게 자리를 잡는다. 그룹 오아시스는 1992년에 영국에서 공연을 고작 여덟 번 했는데, 그마저도 일곱 번은 '고향땅'(잉글랜드 북서부―고향은 맨체스터였다)에서 한 것이었다. 그러나 오아시스는 금세 성공했다. 1994년 1월에서 1996년 8월 사이에 오아시스는 영국에서 87회, 해외에서 144회의 공연을 했다. 그중에서 맨체스터에서 한 공연은 딱 두 번뿐이었다.54)

물론 슈퍼스타는, 거의 그 정의상, 각각의 직업군에서 현미경으로 찾아야 할 만큼 수가 적다. 그러나 그들은 전 세계를 무대로 활동하고, 거액의 로열티를 받지만 동시에 거액을 벌어들일 가능성을 제공한다. 마이클 잭슨의 『스릴러』 앨범은 4,000만 장이 팔려서, 1980년대 중반 음악산업 전반의 저조한 판매량을 거의 혼자서 끌어올렸다.

특정한 공연자가 어떻게 슈퍼스타가 되는지는 아무도 모른다. 다음 히트작이 뭐가 될지 아무도 모르는 것과 마찬가지다(모든 회사가 자사의 최신품을 '다음 히트작'이라고 부르지만, 이것은 사실 과거의 성적에 근거한 희

할리우드의 하드록 카페에 전시된 『스릴러』 플래티넘 음반. 음반산업협회는 전국의 음반 판매량을 모아 50만 장 팔린 음반에는 '골드', 100만 장 이상에는 '플래티넘', 1,000만 장 이상에는 '다이아몬드' 음반을 준다. 1982년 11월 30일 발매된 『스릴러』는 스튜디오 앨범, 베스트 앨범, 컴필레이션 앨범, 영화음악 앨범을 통틀어 역사상 가장 많이 팔린 앨범으로, 전 세계에서 6,500만~1억 1,000만 장이 팔린 것으로 추산된다.

망사항일 뿐이다). 발매되는 음반 다섯 장 가운데 한 장만이 비용(계약, 녹음, 제작과 유통, 광고와 홍보에 들어간 돈들)을 회수할 수 있기에, 회사는 슈퍼스타를 길러내고 소중히 보호한다. 영국 음반산업에서는 계약하고 녹음하는 아티스트 여덟 명 가운데 한 명만 초기 투자를 회수할 수 있는 것으로 추정된다.[55] 아마 나머지 일곱은 투자비를 날려먹는 실패자가 될 것이다―물론 여덟 번째를 찾아내려면 그들이 필요하지만.

회사들은 누구에게나 자사의 성공만 이야기하고, 충분히 이해는 가지만, 실패는 이야기하지 않는다. 어쨌든 다시 생각해볼 여지는 언제나 있다. 영국 EMI에서 발매하는 모든 음반에 대한 우선권을 갖고 있었던 미국의 캐피톨 레코드 사는 처음에 비틀스의 음반을 거절했다. 그러나 미국에서 비틀스의 인기가 날로 높아지자, 캐피톨 사는 음반 발매를 결정하고 그때로는 큰돈인 5만 달러를 홍보활동에 지출했다.[56] 영국에서 처음 발매되었을 때는 차트 17위에 올랐던 비틀스의 데뷔 싱글 〈사랑해줘요〉는 1964년 4월의 미국 차트에서는 1위에 올라, 비틀스가 『빌보드』 싱글차트의 맨위 다섯 자리를 독차지하는 위업을 이루는 데에 이바지했다.

인기의 핵심 요인이 '입소문'이라는 불확실한 개념이라는 건 모두가 동의하지만, 음악산업의 증권거래소라 할 수 있는 차트는 인기를 수량화해서 나타낸다. 그 함의는, 모두가 사는 음반이고 어디서나 들리는 노래라면 나도 사야 한다는 것이다. 앞서 거둔 성공도 인기에 도움이 될 수 있다. 밴드웨건 효과다. 곧 슈퍼스타는 음반이 더 많이 팔리기 때문에 더 많은 청자가 듣고, 이 청자들은 자기가 듣는 음악에 관해 더 많은 사람과 이야기할 수 있다. 1990년대 중반에, 훌륭한 조언자를 둔 빈틈없는 슈퍼스타들은 음반사의 세계적 성공에서 자신이 핵심 요인이라는 것을 알아차리고 막대한 액수의 계약금을 따냈다. 마이클 잭슨(소니)은 6,500만 달러, 마돈나(타임 워너)는 6,000만 달러, 롤링 스톤스(EMI)는 4,400만 달러였다.[57] 2002년에 영국의 록스타 로비 윌리엄스는 EMI와 8,000만 달러로 추정되는 녹음계약을 맺었다.

대성공작은 많은 돈을 안겨주지만, 오래된 애창곡은 꾸준한 성공을 안겨줄 수 있다. 프랑스 가수 미셸 델페슈가 불렀던 〈한 번만 사랑할 수 있다면〉은 1973년 1월에 대단한 인기를 얻어서 공연권으로 6만 3,400프랑(그때는 꽤 많은 액수였다)을 챙겼지만, 1973년 7월에는 수입이 2만 1,700프랑으로 줄어들었다. 반면에 마테오 로드리게스가 1933년에 작곡한 아르헨티나 탱고 〈가장행렬〉은 무도장에서 계속 사용된 덕분에 1973년 7월에도 여전히 월평균 4만 5,000~4만 7,000프랑을 벌어들이고 있었다. 조르주 브라상은 한 번도 인기 순위 1위에 오르지 못했지만, 해마다 LP를 60만 장씩 팔았다.[58]

성공을 거두는 데에는 이미 성공한 상태에 있는 것이, 그리고 인기 하락을 최대한 지연시키는 것이 유리하다. 인기는 점점 떨어져가는 게 보통이지만, 다 그런 건 아니다. 축구선수는 30대 중반 이후에는 펄펄 날 수 없지만, 가수는, 프랭크 시나트라가 보여주었듯이, 충성스러운 팬들만 있으면 늙어서 목소리가 망가져도 계속 노래 부를 수 있다. 늙어가는 슈퍼스타를 도와주는 요소가 하나 있다. 바로 팬들도 늙어간다는 것이다. 팬들은 나이가 들수록 향수에 젖어 젊은 시절에 들었던 음악을 계속 기억하고 새로운 음악에 저항한다(그들 전에 그들의 부모가 그랬듯이). 이제 그들은 전보다 경제적으로 여유가 있다. 그래서 옛 음악을 계속 틀 뿐 아니라, 예전에 좋아했던 가수의 새 앨범도 사려고 한다. 그리고 친구들과 그 음악에 관한 이야기를 나눈다. 이따금 젊은 세대들에게 영향을 미치기도 해서, 젊은 세대의 일부는 그런 음악을 좋아하게 된다. 그 결과로, 롤링 스톤스 같은 그룹들은 이젠 예전만큼 인기 순위에 자주 올라가지는 못해도 탄탄한 팬층을 바탕으로 꾸준히 판매고를 올리며, 자주 향수 투어에 나선다. 몇몇은 죽은 뒤에도 산다. '엘비스는 살아 있다'는 그의 수많은 팬에게는 그저 위로가 되는 구호에 지나지 않을지도 모르지만, 음반사들에게는 진실로 들릴 것이다. 엘비스 프레슬리의 음반은 1992년에만 150만 장이나 팔렸고, 지미 헨드릭스는 90만 장, 밥 말리는 55만 장이 팔렸다.[59)]

폴 매카트니의 이력은 상징적이다. 비틀스의 멤버이자 그들의 186곡 거의 전체의 공동창작자로서, 매카트니는 1960년대에 전례 없는 세계적 성공을 거두었다. 그러나 비틀스가 실제로 활동한 기간은 8년에 지나지 않는다. 그 뒤에는, 그는 전설이 되었다. 비틀스가 해체한 뒤에도 매카트니는 자신의 밴드인 윙스(1981년에 해체했다)와 함께 수많은 히트곡을 작곡해냈다. 1977년의 발라드 〈킨타이어 곶〉은 영국에서만 250만 장이 팔렸다. 2003년에 그가 막 예순 살을 넘었을 때 시작한 월드 투어 '백 투 더 월드'는 비틀스가 해체했을 때 아직 태어나지도 않았던 많은 젊은이를 포함해 어마어마하게 많은 청중을 끌어모았다. 2001년에는 비틀스의 1위 히트곡 27곡을 모아놓은 『비틀스 1』이라는 단순한 제목의 앨범이 영국과 미국에서 인기 순위 1위에 올랐다.[60]

그런데 비틀스는 애초에 어떻게 유명해졌을까? 우호적인 조건들이 있었다. 그들이 밴드를 결성할 때, 영어는 국제어가 되어 있었다. 1960년 이후에는 영어가 아닌 언어로 작사된 노래가 세계적인 성공을 거둔다는 게 거의 불가능해졌다. 비틀스의 활동무대였던 영국은 10대들이 유럽에서 가장 먼저 다른 연령집단과 확연히 구별되는 정체성집단을 이룬 나라였다(그래서 영국은 미국에 더 가까웠다). 또 영국은 세계에서 가장 큰 음반사 EMI의 본거지였다. 이 나라에는 깊게 뿌리내린 팝송 전통이 없었고, 따라서 단단히 자리잡은 이해관계도 없었다. 어떤 의미에서 영국은 자국만의 독특한 음악적인 목소리가 없었다. 프랑스도 이탈리아도, 자국만의 특별한 소리가 있었다. 독일인들에게도 특별한 소리가 있었지만, 그 대중적 형태는 수출이 불가능했다. 영국이 한 일은 미국 음악을 수입한 것이었다. 문화 영역에서 대규모로 수입을 하면 조만간 수입한 문화에 적응하게 되기 마련이고, 영국에서 일어난 일이 바로 그것이었다. 영국의 모든 음반가게에서 미국 음악을 팔았다. 미국 음악은 라디오에서도 들을 수 있었는데, 주로 라디오 룩셈부르크와 1950년대 말과 1960년대 초의 다양한 '해적' 라디오 방송에서, 그리고 심지어는 BBC에서도 미국 음악을 틀어주었다. 그다음에는 비틀스가 출연한 영화들이 제작되었다.[61] 그리고 무엇보다도, 미국과 영국은 언어가 같았다.

비틀스의 고향인 리버풀은 전통적으로 영국의 다른 지역보다 미국에 가까웠다. 대서양을 오가는 뱃사람들은 최신 히트곡을 들고 이 도시를 자주 찾았다. 제2차 세계대전 전부터 '커나드 양키'라는 별명을 얻었던 이들이 아마도 흑인 미국 음악을 전했을 테고, 이것이 '머지 비트'로 변했다〔커나드는 대서양 정기여객선을, 머지는 리버풀 및 그 주변 지역을 가리킨다〕. 비틀스가 성공을 거두었을 때, 북부 도시들은 저마다 나름의 독특한 '사운드'를 갖고 있다고 주장했다. 맨체스터 사운드와 버밍엄 사운드가 있었고, 심지어는 런던의 북부 토트넘도 자기 '사운드'(록밴드 데이브 클라크 파이브)가 있다고 주장했다. 영국 상업문화의 중심은 오래전부터 런던이었다. 그러나 이제 주변부가 반격하고 있었다. 지역 말투와 지역 가수들이 유행했다(실라 블랙, 그리고 크루너라고 할 수 있는 톰 존스와 잉글버트 험퍼딩크―본명은 아널드 도시―가 그런 예였다).

영국은 미국 흑인 뮤지션들의 다양한 혁신을 위한 '음악학적 온실' 역할을 했다. 민스트럴시, 래그타임, 딕시랜드, 찰스턴, 스윙, 부기우기, 록앤드롤, 트위스트, 블루스, 모타운, 펑크가 이곳에서 꽃을 피웠다. 1955~59년에 영국에서 인기 순위 10위 안에 들어간 음반 가운데 반 이상이 미국인 것이었다.[62] 현지에서 만든 노래를 좋아했던 독일, 이탈리아, 프랑스와는 달랐다. 영국 해안에 상륙한 '흑인' 음악은 흑인 보컬그룹들이 음반을 사는 미국 백인들의 취향에 맞도록 이미 많이 바꾸어놓은 것이었다. 그것을 백인 가수들이 더 많은 공중이 더 쉽게 받아들이도록 더 다듬었다. 순수주의자들은 이 점을 유감스러워하겠지만, 시장의 기대를 충족시킨다는 문화생산의 일반 전략이 효과가 있다는 것은 틀림없다. 비록 시장이 엘비스 프레슬리, 제리 리 루이스, 빌 헤일리, 버디 홀리 같은 백인 가수들을 일방적으로 좋아하긴 했지만.

엘비스 프레슬리가 유럽 10대들에게 인기를 끌자, 영국의 클리프 리처드, 프랑스의 조니 할리데이, 이탈리아의 아드리아노 첼렌타노를 비롯한 수많은 현지 모방자들이 등장했다. 그들은 어떤 욕구를 채워주었을 뿐만 아니라, 40년 넘게 인기를 유지했다(첼렌타노는 2000년에 앨범 두 장, 『자주 나가지만 말수는 줄었지』와 『사랑을 말할 수 없어』를 인기 순위 10위 안으로 집어넣었다). 엘비스가 영감을 얻은 원천은 무시되었다. 1952년에 흑인 블루스 가수 윌리 메이 '빅 마마' 손턴은 〈사냥개〉(두 백인이 만든 노래)를 녹음했다. 1956년에 엘비스는 이 노래를 더 거칠고 격렬하게, 춤추기에 알맞게 녹음했다. 1958~65년에 스웨덴에서는 〈사냥개〉를 다섯 차례 녹음했는데, 그때마다 엘비스의 노래를 번안했다. 〈사냥개〉는 그 뒤에도 역시 스웨덴에서 열네 차례나 더 녹음되었지만, 빅 마마의 노래는 단 한 번도 번안되지 않았다.[63]

영국은 엘비스의 음악을 아주 편하게 받아들였지만, 이탈리아나 프랑스는 결코 그럴 수 없었다. 대륙 사람들은 자기네 언어로 노래하는 자국판 엘비스를 원했다—엘비스 모방자들은 대개 영어처럼 들리는 예명을 쓰고(특히 이탈리아에는 프레드와 토니가 아주 많았다) 미국식 발음을 흉내내긴 했지만. 1960년대 초에 이탈리아의 크루너(비록 '울부짖는 사람'이라는 별명을 얻긴 했지만) 토니 달라는 간혹 한 음절을 두 음절로 쪼개서 불렀는데(〈처음처럼〉에서), 그 기교는 보컬그룹 플래터스의 히트곡 〈당신만이〉에서 베낀 것이었다(달라는 〈처음처럼〉에서 간혹 '일Il'을 '이-일'로 부르는데, 이것은 플래터스가 〈당신만이〉에서 '온리Only'를 간혹 '오-온리'로 부르는 것과 비슷하다). 프랑스인들도 록에 빠졌지만, '프랑스화'된 록에만 빠졌다. 프랑스화 전략은 효과가 있었다. 1959년 새로 합법화된 라디오 방송국 유럽1은 청년층을 겨냥한 프로그램 〈이봐, 친구들!〉을 시작했다. 곧 이름이 같은 잡지가 창간되어 프랑스 록의 중심으로 자리잡았다. 콘서트장에서는 조니 할리데이라는 예명을 쓰는 장 필립 스메라는 이름의 가수가 엘비스의 머리모양과 옷차림을 흉내낸 모습으로 기타를 배에 끌어안고 바닥에 등을 붙이곤 했다. 이집트에서 태어난 프랑스의 젊은 유대인 가수 리샤르 앙토니는 폴 앵카(레바논계 캐나다인)를 본떴다. 미국 흑인 가수 처비 체커의 히트곡 〈다시 트위스트를 춥시다〉는 〈와서 트위스트를 춥시다〉(1961)가 되었다. 모리스 슈발리마저 〈밀집모자의 트위스트〉로 유행에 편승했다. 1961년에 이르자 프랑스의 모든 로큰롤 가수가 미국의 인기곡들을 뒤따랐고, 음반사들은 성공한 미국 노래의 판권을 사들였다. 1965년에는 심지어 프랑스공산당의 기금 마련을 위한 문화제 '인류축제'마저도 록을 받아들였다.[64]

영국에서 엘비스 프레슬리를 처음 번안한 사람들은 빌리 퓨리, 마티 와일드, 클리프 리처드였는데, 이 가운데 클리프 리처드만이, 그것도 수십 년 동안이나 인기를 유지했다. 클리프 리처드에게는 그만을 위해 쓰인 곡들이 있었다. 그 곡들은 대개 그의 노래에 반주를 하는 밴드 섀도스의 멤버들이 만들었다. 그는 영국 바깥에서도 인기를 끌었지만, 1960년대 초만 해도 미국에서는 무명이나 마찬가지였다.[65] 그의 지배를 뒤흔들려는 도전자들은 리버풀에서 왔다. 리버풀에서는 창고, 재즈클럽, 댄스홀, 무도장, 심지어 아이스링크까지도 새로운 '비트' 음악을 연주하는 장소로 변해갔다.[66] 비틀스는 1962년 말에 머지 지역에서 대중의 관심을 끌기 위한 경쟁을 벌이는 350개 그룹 가운데 하나였다. 비틀스는 다른 그룹들과 마찬가지로 미국 노래를 연주했지만, 자신들만의 노래도 썼다. 비틀스의 곡들은 이제 세계적으로 유명해진, 대체로 흑인 음악에서 유래한 여러 스타일(소울, 모타운, 발라드, 로큰롤, 컨트리앤드웨스턴)을 섞은 것이

1964년 2월 7일, 미국에 도착해 '영국의 침공'을 선도한 비틀스. 미국에서 방송과 공연을 통해 폭발적인 인기를 얻은 비틀스에 힘입어 1960년대 중반 영국의 록과 팝 공연자들이 대거 미국으로 진출했다.

었다.[67] 이른바 '머지 사운드'(사실 리버풀에 기반을 두지 않은 다른 밴드들의 사운드와 구분하기는 쉽지 않았다)는, 1964년에 어느 미국 평론가가 한 말에 따르면, "1956년의 미국 록을 우리에게 되던진 것"이었다.[68] 되던지기는 엄청난 성공을 거두었다. 비틀스가 1964년에 미국 투어를 시작하자 그들의 싱글 세 개가 곧바로 인기 순위 6위 안에 들어갔고, 앨범들은 인기 순위 1위와 2위를 차지했으며, 다양한 비틀스 옷뿐만 아니라 비틀스 인형 10만 가지와 비틀스 가발 수천 가지가 생산되었다. 비틀스로부터 상품화 허가를 받은 제품들은 총 500만 달러의 수익을 올렸다.[69] 비틀스 이후로 미국 라디오 프로그램은 영국의 히트곡들로 가득 찼다. 그리고 비틀스가 미국에서 거둔 성공에 힘입어, 영국 사운드가 유럽, 오스트레일리아, 뉴질랜드와 아시아 일부를 휩쓸었다. 심지어는 버즈 같은 몇몇 미국 그룹이 비틀스를 본뜨고 영국식 억양까지 흉내내기 시작했다. 밥 딜런은 한 전기작가에게 비틀스 사운드를 처음 접한 경험을 이렇게 말했다. "그들은 아무도 하지 않는 일을 하고 있었지요. 코드는 터무니없었지만, 그들의 하모니 덕분에 모두 그럴싸하게 들렸어요. …… 그들이 자리를 유지할 힘이 있다는 것이 내 눈에는 분명해 보였습니다. 나는 그들이 음악이 가야 할 방향을 가리키고 있다는 걸 알았습니다. …… 내 머릿속에서는 비틀스가 바로 그 방향이었지요."70) 영국의 영향은 복합적이고 상호적이었다. 1962년에 딜런은 〈해 뜨는 집〉을 녹음했다. 17세기 잉글랜드에서 유래한 것으로 보이는 이 포크송은 1928년에 흑인 블루스 가수 텍사스 알렉산더가 처음 녹음했다. 그 뒤 1964년에 영국에서 그룹 애니멀스가 전기기타를 이용해 다시 녹음했다. 영국에서 그 노래를 들은 딜런은 뉴욕에 있는 친구에게 이렇게 말했다. "맙소사, 너도 그걸 한번 들어봐야 하는데. 애니멀스의 에릭 버든, 알아? 그 친구가 〈해 뜨는 집〉을 록으로 하고 있다니까. 록으로 말이야! 정말 굉장해! 난 정신이 확 나가버렸어."71) 문화는 이렇게 돌고 도는 것이다.

 비틀스는 혼자가 아니었다. 데이브 클라크 파이브, 롤링 스톤스, 애니멀스, 킹크스, 언더테이커스, 프리티 싱즈 같은 다른 영국 그룹이 뒤를 따랐다. 그들은 비틀스를 본뜨기도 했고, 분명하게 선을 긋기도 했다. 그들의 음악은 미국 흑인 음악으로부터 직접적으로, 또 공개적으로 영감을 받았다. 그러나 다른 면에서는 독특하게 보일 필요가 있었다. 옷을 특별하게 입는 게 중요했다. 엘비스 프레슬리도 옷으로 특징을 만들어냈고, 비틀스—1960년대 내내 유행을 선도했다—도 옷깃 없는 이상한 재킷과 머리모양으로 계속 자신들의 특징을 만들어냈다. 또 어떤 이미지를 창조해내는 것도 필수적이었다. 가능하다면 비타협 이미지가 좋았다. 몇몇은 음악산업 덕분에 백만장자가 되었고 나머지는 그런 지위를 갈망하며 희망을 간직했지만, 그럼에도 돈벌이가 되는 음악산업을 경멸하는 척하는 것은 불가결했다.

모든 문화에는 사람들을 묶어주는 상징적인 요소들이 있다. 음악은 아마도 복장 규정을 빼고는 그 무엇보다도 오랫동안 어떤 하나의 정체성, 소속의 표상을 제공해왔을 것이다. 교회음악, 오페라, 국가國歌, 군가, 군악대 등이 그런 역할을 해왔다. 빠르게 변하는 음악 유행은 젊은이들이 부모나 바로 앞세대와 자기 세대를 구분하는 데에 도움을 주었다. '세대' 간 나이차(한때는 20년쯤이었다)가 대폭 줄어들었는데, 그것은 각각의 코호트〔출생년도를 기점으로 특정한 경험을 공유한 집단〕가 불과 몇 살 위인 코호트와도 선을 그을 필요가 있기 때문이었다. 이를테면 단명했던 영국 팝그룹 스파이스 걸스는 1996~98년에 〈워너비〉와 〈둘에서 하나로〉로 유명해졌고, 영국과 북아메리카의 사춘기 이전 소녀들의 숭배를 받았지만, 완고한 늙은 회계사들만이 아니라 10대 후반 소녀들도 곧 그들을 '티니보퍼'〔유행에 열중하는 어린 10대, 특히 소녀들〕 시장만을 노리는 조작된 현상으로 여기며 경멸하게 되었다.

앙글로삭송 흉내내기

프랑스 사람들에게 영미 대중음악은 앙글로삭송les Anglo-Saxons 문화의 일부다. 하지만 이것은 매우 부적절한 명칭이다. 그 음악의 많은 부분은 아프리카에서 유래했거나, 유대인(벌린, 거슈윈, 밥 딜런)이 썼거나, 이탈리아계 미국인(프랭크 시나트라, 코니 프랜시스, 페리 코모, 딘 마틴, 마돈나)이 불렀기 때문이다. 그럼에도, 제2차 세계대전이 끝난 뒤로는 세계 음악을 미국이 지배했고, 1960년부터는 영-미가 지배했다는 데에는 의심의

1947년께의 시나트라. 스윙 음악 시대에 가수로 출발한 그는 50년대 말까지는 소녀들의 아이돌로, 〈지상에서 영원으로〉, 〈황금팔을 가진 사나이〉, 〈아가씨와 건달들〉, 〈상류사회〉에 출연한 영화배우로 엄청난 인기를 누렸다. 60년대 들어선 록앤드롤 열풍에 묻히나 했지만, 〈스트레인저스 인 더 나이트〉와 〈나의 길〉로 제2의 전성기를 맞았다.

여지가 없다. 현지 가수들은 자국에서는 계속 인기를 끌었지만, 세계 무대에서 성공하는 경우는 거의 없었다. 영-미의 지배에 예외는 드물었다. 국제적으로는 〈볼라레〉라는 제목으로 알려진 도메니코 모두뇨의 〈파랗게 칠해진 파랑 안에서〉는 그런 예외 가운데 하나였다. 이 노래는 1958년에 미국 싱글차트에서 5주 동안 1위를 했다—외국 노래가 1위를 차지한 것은 처음이었다. 나중에 딘 마틴과 보비 라이들이 이 노래를 영어로 불러 성공을 거두었다. 그러나 모두뇨는 미국에서 거둔 첫 승리를 결코 재연하지 못했고, 〈볼라레〉 역시 세계시장을 겨냥한 신품종 이탈리아 노래를 낳지 못했다.[72] 에디트 피아프는 미국에 팬들이 많았지만, 대체로 그들은 골루아즈를 피우는 이들이 장악한, '예술가인 체하는' 틈새시장의 일부였다. 정적인 레퍼토리인 나폴리 노래는 '진짜 이탈리아'를 찾는 관광객들이나 늙은 세대의 이탈리아계 미국인 가운데 옛 시절을 유독 그리워하는 이들을 즐겁게 해주는 틈새장르로 남았다.

물론 모든 미국 음악이 진짜 미국 노래는 아니었다. 프랭크 시나트라의 1968년 히트곡 〈나의 길My Way〉은 원래 자크 르보가 만든 프랑스 노래 〈언제나처럼〉으로, 1968년에 그 무렵 인기가 높았던 클로드 프랑수아(이집트 북동부의 이스말리아 태생)가 불렀다. 폴 앵카가 이 노래를 프랭크 시나트라를 위해 다듬었고, 결국 시나트라가 불러서 세계적인 히트곡이 되었다. 그 뒤에 니나 시몬, 엘비스 프레슬리, 셜리 배시, 그리고 마침내 섹스 피스톨스의 시드 비셔스가 이 노래를 녹음했다. 하지만 미국인 가운데 이 노래가 원래 프랑스 노래라는 사실을 아는 이는 거의 없다.

거의 40년이 흐른 지금은, 미국 음악의 지배가 전만큼 확고하진 않다. 그러나 그동안 워낙 막강했던 미국 음악의 영향력은 '월드 뮤직'(서양 비평가들은 서양 외부의 음악을 이렇게 부르기로 결정했다. 그들이 그냥 '음악'이라고 하면 서양 음악을 가리킨다)의 다양한 장르에도 흔적을 남겼다. 월드 뮤직은 미국 음악에 빚을 지고 있지만, 다른 영향력도 흡수하여 새로운 형식들을 만들어냈다.

세계 음악시장에서 다른 나라들이 약진한 것은 영국 대중음악이 세계에서, 특히 전통적으로 중요한 외국시장인 미국에서 영향력이 줄어든 것과 어느 정도 맞물려 있다. 『빌보드』에서 인기 순위를 기준으로 해서 발표한 1955~2003년의 100대 아티스트의 누적지수를 살펴보면, 상위 10위 안에 영국인 이름이 넷이나 들어 있다. 그 상위 10위의 명단은 오른쪽 표와 같다.

1960년대의 미국에서는 비틀스와 롤링 스톤스뿐만 아니라, 데이브 클라크 파이브, 게리 앤드 더 피스메이커스, 허먼즈 허미츠, 서처스, 톰 존스, 애니멀스, 킹크스를 포함한 다른 영국 그룹들도 성공을 거두었다. 1970년대에 성공한 영국인에는 엘튼 존, 레드 제플린, 데이비드 보위, 제

1955~2003년의 미국의 10대 아티스트	점수
엘비스 프레슬리	8,067
비틀스	4,696
엘튼 존	4,473
마돈나	4,333
스티비 원더	3,707
마이클 잭슨	3,455
재닛 잭슨	3,448
머라이어 캐리	3,349
롤링 스톤스	3,138
폴 매카트니/윙스	2,983

출처: The Billboard Book of Top Hits, Billboard Books, New York 2004.

너시스, ELO(일렉트릭 라이트 오케스트라), 제스로 툴, 핑크 플로이드 등이 있다. 1980년대 중반에도 다이어 스트레이츠, 필 콜린스, 폴리스 같은 아티스트가 여전히 미국의 가장 잘 팔리는 앨범 시장의 28퍼센트를 차지하고 있었다. 그러나 1999년에는 0.2퍼센트로 뚝 떨어졌다.

2002년 4월, 1963년 10월 이후 처음으로 영국 아티스트들이 미국 차트 상위 100위 안에 한 명도 끼지 못했다. 2000년에는 미국에서 가장 잘 팔린 앨범과 싱글이 비틀스 것이었고(『비틀스 1』 덕분에 해체 후 30년 만에), 톰 존스는 프랑스와 이탈리아에서 여전히 인기가 있었고, 스파이스 걸스는 러시아를 정복한 터였다.[73]

사람들은 자기네 가수가 자기네 언어로 부른 자기네 음악을 좋아한다. 모든 주요 시장에서 국내생산물의 비중은 평균적으로 1991년의 58.3퍼센트에서 2001년의 68.2퍼센트로 증가했다—세계화 추세와는 반대다.[74] 그러나 국제적 스타들은 대체로 미국인이고, 이것은 2003년 7

월 12일자 『빌보드』의 채점표에서도 확인할 수 있다. 아래 표는 주요 음악시장을 가진 나라 가운데 3개국 이상에서 동시에 10위권에 들어간 앨범들을 보여준다.

2003년 7월의 국제적 스타

	국적	10위권에 진입한 나라들
비욘세	미국(텍사스)	미국, 캐나다, 일본, 영국, 오스트레일리아, 네덜란드
미셸 브랜치	미국(애리조나)	미국, 캐나다, 일본
에반에센스	미국(아칸소)	미국, 오스트레일리아, 캐나다, 일본, 영국, 이탈리아, 독일, 프랑스
50센트 (커티스 잭슨)	미국(뉴욕)	미국, 캐나다, 영국
노라 존스	미국(뉴욕, 라비 샹카르의 딸)	미국, 캐나다, 오스트레일리아, 프랑스, 네덜란드
애니 레녹스	영국(스코틀랜드)	미국, 영국, 독일, 이탈리아
메탈리카	미국	미국, 캐나다, 오스트레일리아, 네덜란드, 스페인, 이탈리아
라디오헤드	영국(잉글랜드)	영국, 캐나다, 오스트레일리아, 이탈리아
에로스 라마초티	이탈리아	이탈리아, 스페인, 네덜란드

출처: *Billboard*, 2003년 7월 12일자.

    이 명단에서 유일하게 영미인이 아닌 에로스 라마초티는 네덜란드, 이탈리아, 스페인, 벨기에, 오스트리아, 스위스에서 성공한 덕분에 '유로차트' 3위에 올랐다. 하지만 그는 영어권과 일본, 프랑스에서는 10위권에 들지 못했다. 래퍼 50센트는 2003년 7월에는 영어권에서만 10위 안에 들었지만, 2005년 4월에는 이탈리아와 일본을 뺀 모든 조사대상국에서 10위 안에 들었다.[75]

    물론 이런 명단은 일반적인 '취향'을 반영하는 것이 아니라, 앨범 구매자들, 특히 가장 큰 음악시장(미국, 영국, 일본, 독일)의 구매자들의 취향을 반영한다. 1978년에 미국에서는 7억 2,600만 단위(LP, 싱글, 카세트)의 음악이 판매되었고, 그 뒤를 이은 독일, 일본, 영국에서는 각각 약 2억 단위가 팔렸다.[76] 20년 뒤에도 상황은 크게 달라지지 않아서, 미국, 일본, 독일, 영국이 전 세계 음악 판매량의 거의 70퍼센트를 구입했다. 미국인들이 전체 판매량의 3분의 1을 구입했고, 유럽연합이 4분의 1쯤을 구입했다.[77] 2000년에는 영국의 1인당 음악소비량이 독일, 미국, 일본보다 많았다.[78]

미국의 비중이 줄어드는 양상은 인상적이다. 1950년에는 전 세계에서 팔린 모든 음반의 80퍼센트가 미국에서 팔렸고, 겨우 10퍼센트만 유럽에서 팔렸다. 1978년에는 미국의 비중이 40퍼센트로 줄었고, 유럽은 35퍼센트에 육박했다.[79] 유럽에는 큰손이 셋밖에 없는데, 이 나라들이 시장의 거의 4분의 3을 차지한다.

2002년 유럽의 10대 음악시장 (단위: 100만 달러)		
	영국	2,859
	프랑스	1,989
	독일	1,988
	이탈리아	554
	스페인	542
	네덜란드	397
	스웨덴	282
	러시아	257
	노르웨이	254
	스위스	253
	총계	9,375

출처: International Federation of the Phonographic Industry(IFPI) in *Billboard*, 2003년 7월 12일자.

지난 몇 년 동안 대부분의 유럽 시장에서는 자국 음악의 시장점유율이 높아졌다. 현지 음악의 시장점유율이 꽤 높기에, 세계를 상대하는 음악 복합기업일지라도 세계적인 슈퍼스타에만 의존해서는 존속할 수가 없다. 비록 국제적인 스타보다는 이익이 덜 나더라도 현지의 승자를 찾아내야 하는 것이다.[80] 시장은 여전히 미국이 이끌고 있는데, 그것이 단지 미국이 가장 큰 시장이자 초대형 스타의 주요 공급원이기 때문만은 아니다. 미국은 19세기 문학에서 프랑스와 영국이 맡았던 역할을 대중음악에서 하고 있다. 가장 중요한 승인 도장을 음악에 찍어주고 있는 것이다. 미국에서 성공을 거두면 일본과 오스트레일리아 시장의 문도 열 수 있다. 이것이 영어가 진실로 팝의 언어인 이유다. 세계시장에서 성공하려면 반드시 영어로 노래를 불러야 한다. 지난 세월에 '주변국' 출신인데도 국제적인 명성을 얻은 가수들을 보면 이 점이 분명해진다. 콜롬비아 태생으로 스페인어(라틴아메리카에서)와 영어(나머지 세계를 상대해)로 노래하는 샤키라 같은 최근의 월드스타들이 그 적절한 예다. 샤키라의 앨범 『세탁 서비스』는 2001년에 전 세계에서 1,300만 장이 팔렸지만, 미국에서는 '겨우' 330만 장밖에 팔리지 않았다.[81] 그녀의 음악 양식은 '라틴 팝'으로, 뚜렷한 양식이나 인종적 특징이 없는 혼종이며, 라틴아메리카의 전통적인 국제적 성공작들과는 완전히 다르다. 콜롬비아인 샤키라의 유명한 선배들로는 1970년대에 세계에서 가장 큰 성공을 거둔 그룹 가운데 하나인 아바ABBA(스웨덴)와 1980년대 말부터 유명해진 비요크(아이슬란드)가 있다. 밥 겔도프나 U2 같은 아일랜드 가수와 밴드가 게일어로 노래했다면 세계적인 인기를 얻지 못했을 것이다.

아바는 1974년의 유로비전 노래경연대회에서 〈워털루〉로 우승을 차지하면서 명성을 얻었다. 아바의 히트곡들은 미국과 영국의 팝 음악에 기

1974년에 영국 브라이턴에서 열린 유로비전 노래경연대회에서 스웨덴인으로는 처음으로 우승을 거둔 아바. 이들은 1972년에 활동을 시작해 1982년에 해체할 때까지 해마다 〈워털루〉, 〈SOS〉, 〈맘마 미아〉, 〈페르난도〉, 〈댄싱 퀸〉, 〈허니 허니〉, 〈노잉 미, 노잉 유〉, 〈서머 나이트 시티〉, 〈김미, 김미, 김미〉 같은 히트곡을 내놓으며 비영어권 출신 팝그룹으로는 최초로 영어권의 차트 상위권에 꾸준하게 이름을 올렸다.

반을 두면서도, 이탈리아식 선율 처리와 슐라거(말 그대로는 히트라는 뜻) 음악―독일과 북유럽, 특히 핀란드에서 인기를 끌었지만, 다른 곳에서는 감상적인 발라드로 여겨진―으로 풍성함을 더한 노래들이었다. 외부인은 몰랐을 수도 있지만, 북유럽은 팝이 번창하는 곳이었다(지금도 마찬가지다). 심지어는 1960년대에도 핀란드와 스웨덴에서 판매되는 음반의 절반은 자국 음악이었다.[82]

아바는 귀에 쏙 들어오는 곡조 덕분에 1982년에 (연인관계로 얽힌 두 쌍이 갈라서면서) 해체할 때까지 유럽의 최정상 밴드로 활동했다. 파키스탄의 자매 살마와 사비나(『살마와 사비나 아가가 힌디어로 부른 아바의 히트곡들』)를 비롯한 모방자와 추종자가 세계 곳곳에 있었다. 이 스웨덴 밴드의 성공에 많은 이들이 깜짝 놀랐다. 유럽에서 영국과 미국의 복점複占을 깨는 이가 어째서 프랑스나 스페인이나 이탈리아에서 나오지 않았을까?

이 나라들에는 막강한 국제적 음악 전통이 있지 않은가? 그러나 그런 전통과 커다란 국내시장이 오히려 장애가 되었다. 이탈리아와 프랑스의 밴드들은 국내시장에 신경을 썼다. 프랑스인들은 기껏해야 더 넓은 프랑스어권 시장을 유지하려고만 했다. 스페인 사람들은 라틴아메리카에 진입하고 싶어했다. 스웨덴은 시장이 아주 작았지만, 2002년에는 러시아 시장 전체보다도 큰 수출시장을 확보했다. 이것만으로는 세계 음악시장에서 성공하기에 충분하지 않았지만, 스웨덴에서는 1970년대와 1980년대의 음악교육 프로그램들 덕분에 여러 세대의 초등학생들이 악기를 능숙하게 연주하게 되었다. 스웨덴 젊은이들은 영미 팝에 익숙했고, 지역 당국들은 이들에게 적당한 연습장소를 제공했다. 그리고 기술적 전문지식과 적당한 가격의 악기가 널리 퍼져 있었다. 아바의 성공 덕에, 스웨덴의 1인당 음악수출 소득은 영국보다 훨씬 높아졌다.[83] 인구가 840만 명인 나라에서 10만 명이 밴드 활동을 하고 있었다.[84]

극소수이긴 하지만, 유로비전 노래경연대회는 아바 이외의 가수들에게도 지속적인 국제적 성공의 도약대가 되어주었다. 그 가운데 한 사람이 1970년에 스페인 대표로 출전해 〈그웬돌리네〉를 부른 훌리오 이글레시아스였다. 비록 우승은 못했지만, 이글레시아스는 전 세계에서 이 노래를 계속 불렀고, 콜 포터의 오래된 노래 〈비긴 더 비긴〉으로 1981년에 미국 차트에 진입했으며, 20년에 걸쳐 수백만 장의 음반을 팔았다. 또 한 사람은 셀린 디온으로, 원래는 프랑스계 캐나다인이지만 1988년에 스위스 대표로 출전해 우승을 차지했다. 그녀는 이글레시아스와 마찬가지로 영어로 노래하기 시작하면서 영화 〈타이타닉〉(1997)의 주제가를 포함한 세계적인 성공작을 꽤 많이 발표했고, 18주 동안 미국 차트 1위를 차지하기도 했다.[85] 또 1967년에 〈꼭두각시〉로 우승을 거둔 영국인 샌디 쇼를 예로 들 수도 있겠다. 이들을 빼면, 유명한 가수들은 대부분 이 대회를 외면했다(우승을 못 하면 상처를 입고, 우승해도 명성이 더 높아지지는 않으니까). 이 경연대회는 대중음악 순수주의자들(이런 사람들이 있다)의 경멸을 받으면서도 유럽 전역의 텔레비전으로 널리 중계되고 있고(약 8,000만 명이 시청한다), 한두 나라가 지배하는 것처럼 보이는 세계에서 국가에 기반한 경쟁무대를 제공한다. 1956년에 유럽방송연맹이 열기 시작한 이 경연대회는, 유럽 전역의 텔레비전 방송사들이 한 프로그램을 동시에 실황으로 전송할 수 있는 가능성을 탐색하기 위한 대중적 방법으로 고안되었다. 각 나라는 토착 대중음악으로 여기는 것을 제시해야 했다―실제로는 미국 음악이 아직 재활용하지 않은 선율들을 섞어놓은 것이었다. 주요한 영향력은 유럽이 아닌 라틴아메리카가 행사했다. 마침내 새로운 지배적 스타일, 곧 그리 명확하지는 않은 '유로팝'이 탄생했다. 여기서도 영어가 지배적인 언어가 되었다(1989년의 우승곡은 유고슬라비아 노래 〈나를 흔들어봐Rock Me〉였다).[86]

세계 음악은 여전히 미국 음악이 지배했지만, 음악산업은 미국 중심에서 벗어나고 있었다. 오늘날에는 주요 음반사 가운데 워너만이 완전한 미국인 소유다. 소니(1987년에 CBS를, 1988년에 컬럼비아 사를 사들였다)는 일본 회사다. EMI는 영국 회사다. BMG(베텔스만음악그룹)는 독일 회사다. MCA('미국음악회사')는 원래 미국 회사였지만, 마쓰시타松下전기산업에 넘어갔다가, 1995년에는 캐나다의 거대 증류주 복합기업인 시그램으로, 2000년에는 다시 프랑스 회사 비방디로 넘어갔다. 그 결과 비방디 유니버설은 세계 최대의 통신회사 가운데 하나가 되었다. 그러나 오래가지는 못했다. 이 산업은 늘 바뀌니까. 2003년 10월에 비방디 유니버설은 NBC에 합병되었다. 2004년 말에, NBC 유니버설의 80퍼센트는 제너럴 일렉트릭 소유였다. 2004년에 소니 뮤직은 BMG를 합병하여, 국제시장의 25.1퍼센트를 점유한 세계 최대의 음악그룹이 되었다. NBC 유니버설이 23.5퍼센트로 그 뒤를 이었고, EMI가 13.4퍼센트, 타임 워너(미국)가 12.7퍼센트였다. 이른바 '독립' 회사들이 나머지 25.3퍼센트를 나누어가졌다.[87]

그러나 세계적인 몇몇 기업의 국적을 따지는 것은 갈수록 의미가 없어지고 있다. 문화산업에서 세계적인 기업들은 모든 시장에서 자본을 빌려서 가능한 곳 어디에나 투자를 한다. 기업들이 파는 상품은 기업 자신이 아닌 시장의 요구가 결정한다. 기업들의 전략은 특정한 생산물이나 특정한 공연자를 중심에 놓고 자기 회사가 가진 별개의 영역들을 잇는 것이다. 그래서 그들은 '토털 스타'를 찾는 것이다—노래들이 대부분의 나라 차트에서 상위에 오르고, 중요한 라디오 방송국들에서 흘러나오고, MTV 같은 음악 전문 비디오 채널에서 홍보되고, 다른 상품을 판촉하고 광고하는. 뒷날 그 스타가 쓸 '자서전' 또한 베스트셀러가 될 터이다.

이런 토털 스타가 미국인일 필요는 없다. 인정받을 만한 국제적인 양식으로 노래하는 현지 스타를 세계적 자산으로 바꾸는 게 마케팅 전략의 목표이기 때문이다. 한편 외부 스타들이 식민화할 수도 있는 지역시장을 그 지역 스타들이 지키고 있는 경우도 있다. 이를테면 프랑스는 힙합과 랩 음악에서 미국 다음가는 주요 소비국이자 생산국이다. 자신들을 프랑스의 미국 흑인과 같은 존재로 보고, 프랑스 도시의 주변부를 미국 도시의 게토와 같다고 보는 제2세대 북아프리카 사람들이 이 장르를 폭넓게 받아들였기 때문이다.[88] 세네갈 태생의 MC 솔라르 같은 프랑스 래퍼 몇 명은 국제적 명성을 얻었다. MC 솔라르는 〈미녀와 나쁜 남자〉가 〈섹스 앤드 더 시티〉의 마지막회에 삽입된 뒤로는 미국에서도 인기를 얻었다.

프랑스 힙합이 가사를 사용하는 방식은 수십 년 전에 샤를 트레네와 이브 몽탕이 썼던 속어나 말장난에서 그 선례를 찾아볼 수 있다.[89] 분명히 이 장르는 돌아다닐 수 있었고, 실제로 돌아다녔다. 1996년 이래 쿠바에서는 정부가 후원하는 '전국 랩 축제'가 해마다 열리고 있다. 불가리아뿐 아니라 영국에도 '이슬람' 랩이 있다(가장 두드러진 존재는 그룹 펀-다-멘털의 아키 나와즈다).[90] 이탈리아에는 아살티 프론탈리와 AK47 같은 이름의 극좌 래퍼그룹이 있고, 인도, 한국, 일본에도 활발한 힙합계가 있다. 터키에서는 힙합이 아직은 대개 상업적인 틀 바깥에 머물면서 독일계 터키 래퍼들의 영향을 강하게 받고 있다.[91]

외국 노래 가운데에서는 영-미 노래가 인기지만, 사람들은 대개 자기 나라 노래를 좋아한다. 이를테면 이탈리아에서는 2002년에 가장 많이 팔린 앨범 가운데 이탈리아 아티스트의 앨범이 넷(바스코 로시, 리가부에, 첼렌타노, 조르자)이었고, 퀸, U2(『1990~2000년 최고의 곡들』), 레드 핫 칠리 페퍼스(『그런데』)가 그 뒤를 따랐다.[92] 2005년 4월에 핀란드에서 가장 많이 팔린 싱글은 테래스베토니의 〈하늘이 불을 내리친다〉였고, 헝가리에서는 발칸 파나티크의 〈나는 내 사랑에게 갔지〉, 이탈리아에서는 포비아의 〈아이들은 '오' 한다〉, 일본에서는 아라시嵐의 〈벚꽃아 피어라〉, 프랑스에서는 일로나 미트리시의 〈완벽한 세계〉였다.[93] 모두들 자기네 땅에서 성장한 가수를 좋아하는 듯하다.

현지의 리듬과 선율은 흔히 미국의 리듬, 선율과 섞여서 혼종을 낳는다. 이주와 통신이 그런 끊임없는 확산을 돕는다. 오늘날에는 세계 음악시장이 분명하게 형성되어 있는 것처럼 보일 텐데, 그렇게 성장한 이유는 음악사업의 독특한 성격에서 찾아야 한다. 음악은 문학이나 영화보다 훨씬 철저하게, 훨씬 신속하게 옮겨다니고, 훨씬 빠르고 효율적으로 재해석될 수 있기 때문이다. 나이지리아 서부의 시장도시 카판찬을 예로 들어보자. 1970년대 중반에 이 도시는 인구가 2만 5,000명이었고, 전기는 들어오지 않았다. 자가발전시설을 갖춘 장소에 텔레비전이 단 두 대 있었고, 영화관은 하나뿐이었다. 야외극장에서는 주로 홍콩과 인도 영화를 틀었다. 교육은 영어로 이루어졌다(현지의 작은 서점에서 구할 수 있는 책은 대부분 영어로 쓰인 교육이나 종교 텍스트였다). 하지만 배터리를 사용하는 라디오와 레코드플레이어는 흔했고, 해적판 카세트도 쉽게 구할 수 있었다. 서인도제도의 레게 음악은 쉽사리 나이지리아에서 생산되는 악기에 알맞게 손질할 수 있었고, 펠라 쿠티, 서니 아데, 에버니저 오베이 같은 나이지리아 음악 스타들이 활동하고 있었다.[94]

음악 자체는 세계적일지 모르지만, 음악 취향은 서로 밀접하게 관련된 문화들 사이에도 차이를 만들어낼 만큼 다양하다. 1998년 6월의 앨범 인기 순위들을 비교해보면, 유럽 대륙과 영국의 인기 순위에 모두 오른 앨범은 단 두 장이었고, 미국과 영국 인기 순위에 모두 오른 앨범은 단 한 장도 없었다.[95]

고전음악의 세계

'팝'과 '록'이 음악소비를 지배하지만, 그것이 삶의 전부는 아니다. 이 장르는 어차피 판매수익의 50퍼센트 남짓을 차지할 뿐이다. 예를 들어 1980년에 미국에서는 록과 팝이 판매액의 55퍼센트를 차지했고, '컨트리', '소울', '재즈'가 23퍼센트 이상을 차지했다.[96]

포크 음악은 19세기에, 그리고 20세기의 오랜 기간 동안 전통주의자와 민족주의자의 사랑을 받았다. 1930년대(미국에서)와 1960년대(이때는 유럽에서도)엔 미국의 저항운동과 시민권운동의 영향을 받아 포크 음악에 좌파·급진적 색이 배어들었다. 포크 양식을 분명히 드러낸 피트 시거(〈나에게 망치가 있다면〉, 〈우리 승리하리라〉)나 밥 딜런(〈바람만이 아는 대답〉)의 노래처럼 새로 작곡되거나 개작된 저항노래들이 대단한 인기를 얻었다.

프랑스 노래는 에디트 피아프, 이브 몽탕, 질베르 베코, 자크 브렐, 샤를 아즈나부르 가운데 누가 부르든 그 나름의 특징이 있었다. 외국에도 프랑스 노래를 좋아하는 이들이 있었지만, 그들은 어디까지나 틈새시장이었다. 이탈리아에서는 프랑스 가수를 본뜬 가수(하지만 프랑스 가수보다 정치적인 경우가 많았다)인 이른바 칸타우토리(자기 노래를 직접 쓰는 가수라는 뜻이다)들이 등장했다. 지노 파올리, 엔초 얀나치, 조르조 가베르, 루이지 텡코, 파브리치오 데 안드레, 루치오 달라가 대표적이었다.

또 유럽의 많은 지역은 자국시장만을 위한 음악장르에 계속 충성을 바쳤다. 독일어권 스위스, 바이에른, 오스트리아 서부로 이루어진 알프스 호弧 지역에서는 요들, 브라스밴드, 아코디언 그룹, '움파-파'식 창법, 가톨릭 성격이 강한 메시지를 좋아하며, 모두 지역 방언으로 불러야 한다. 이런 종류의 민속음악은 미국의 컨트리앤드웨스턴의 대응물이지만, 그만큼 널리 인기를 얻지는 못한다.[97]

미국에서는 기독교적 열정에 힘입어 종교음악이 꾸준히 팔린다. 『빌보드』는 늘 '톱 크리스천'과 '톱 가스펠' 앨범들의 인기 순위표를 따로 싣는다—2005년 4월 9일자에서는 어디에도 빠지지 않는 엘비스 프레슬리의 〈궁극의 가스펠〉이 톱 가스펠 인기 순위 27위에 올랐다. 록이나 팝의 역동성에 비하면, 이런 레퍼토리에는 새로운 음악이 거의 없다.

'고전'음악, 곧 '순'음악과 '대중'음악을 구분하는 일은 논란거리다. 그러나 우리는 일반적인 언어를 쓸 수밖에 없다. '대중'음악은 한 번도 대중적이지 않았던 음악을 포함한다. '고전'음악은 과거의 '순'음악—그 가운데 일부는 대중적이다—과, 어떤 사회적 정의(연주장소와 마케팅 기법)에 따르면, '고전'이 되기를 갈망하는 최근의 음악을 일부 포함한다.

고전음악 레퍼토리는 줄곧 정적이었고, 그것은 오페라 레퍼토리도 마찬가지였다. 규모가 크고 위엄 있고 지원을 많이 받는 오페라하우스들이 모험을 훨씬 덜 한다. 루돌프 빙은 뉴욕 메트로폴리탄 오페라의 감독으로 재직한 22년 동안 세계 초연을 딱 세 번 했다. 빙의 후계자 조지프 볼프(1990~2006)도 나을 게 없었다.[98] 빙은 자신의 목적을 솔직하게 이야기했다. "우리는 박물관과 비슷하다. 내 역할은 과거의 걸작을 현대의 틀 속에서 보여주는 것이다"(『타임』 1965년 10월 8일자). 전통 레퍼토리에 미국인 작곡가는 없지만 1960년 이후의 오페라 작곡가 가운데에는 많기에, 현대 작품을 무대에 올리길 꺼린다는 말은 사실상 미국인 작곡가들에게 등을 돌린다는 뜻이다. 새 오페라에 지원금이 얼마나 필요한지를 계산해보라는 요구를 받고, 루돌프 빙은 벤저민 브리튼의 〈피터 그라임스〉를 공연했을 때의 메트로폴리탄 오페라의 매표수익 서류를 검토했다. "결과는 실망스러웠다." 〈피터 그라임스〉를 두 번 무대에 올린 첫해에는 전체 좌석의 93퍼센트에 관객이 들었지만, 이듬해에는 70퍼센트로 떨어졌다.[99] 빙은 이렇게 말했다.

언젠가는 대중을 끌어모으는 작품을 쓰는 오페라의 천재가 나타날 것이다. …… 그런 천재가 없다면, 나는 현대 오페라를 메트로폴리탄에 올리는 데에 큰 관심이 없다. 함부르크의 내 동료는 현대 오페라를 계속 올리고 언론은 그를 사랑하지만, 그는 텅 빈 극장에서 공연하고, 나라가 돈을 대준다. 그러나 미국에서는 나라가 돈을 대주지 않는다.

전통 레퍼토리에 있는 오페라를 공연하면 재정적으로 건실해진다. 비단 관객들이 그런 오페라를 좋아해서만이 아니다. 성공적인 작품을 똑같은 의상과 무대를 쓰면서 몇 년 동안 계속 공연할 수 있기 때문이다. 1951년에 쓴 메트로폴리탄의 〈리골레토〉 의상은 1972년에도 쓰였다.[100] 오래된 오페라를 새로 제작하더라도, 리허설 시간이 줄어들기 때문에 비용을 아낄 수 있다. 게다가 높은 보수를 받는 슈퍼스타들은 새로운 배역을 익혀야 할 때면 돈을 훨씬 더 많이 받으려 든다. 그러나 비올레타 역을 여러 번 맡아본 소프라노라면, 설령 우주복을 입고 노래해야 할지라도 새 작품에 금방 적응할 수 있을 터이다.

시장의 규모를 고려할 때 현대 음악의 어려운 곡도 좋아하는 아마추어들이 늘 있다는 것이 놀랍긴 하지만, 새로운 '순'음악은 대체로 인기가 없다. 하지만 적당히 이미지를 바꾸어 새로 마케팅하는 과거의 대히트곡들은 적어도 유럽에서는 작지 않은 시장을 형성한다.

몇몇 나라들의 1994년의 전체 음반 판매량 가운데 고전음악 판매량의 비율

네덜란드	14.0	영국	8.7
벨기에	10.9	이탈리아	7.9*
스위스	10.7	헝가리	6.6
멕시코	10.0	핀란드	6.2
체코 공화국	10.0*	노르웨이	5.6
프랑스	9.2	스웨덴	5.0
독일	9.0	덴마크	4.5
오스트리아	8.9	폴란드	4.0
한국(남한)	8.8	미국	3.7

* 총 음반 판매액 가운데 고전음악 판매액의 비율
출처: IFPI, The Recording Industry in Numbers, 1995.

고전음악은 이따금씩 대히트곡을 내놓지만, 그런 일은 거의 언제나, 고전음악에 익숙하지 않은 이들이 과거의 인기곡에 관심을 가질 때에나 일어난다. 예를 들어 파바로티가 부른, 푸치니의 〈투란도트〉에 나오는 아리아 〈공주는 잠 못 이루고〉가 BBC의 1990년 월드컵 주제곡으로 선정되었을 때, 이 아리아는 영국 싱글차트에 11주 동안 머물렀다—심지어는 엘튼 존의 뒤를 이어 3주 동안 2위를 차지하기도 했다.[101] 그러나 축구가 인기 스포츠가 아닌 미국에서는, 〈공주는 잠 못 이루고〉는 100위 안에도 들지 못했다.

〈공주는 잠 못 이루고〉의 성공은 같은 해에 발매된 '3대 테너'—파바로티, 플라시도 도밍고, 호세 카레라스—의 앨범이 전 세계에서 1,000만 장 이상 팔리며 성공하는 데에 이바지했다.[102] 그러나 몇몇 전설적인 음악가들은 음반의 유통기한이 더 길기 때문에 텔레비전의 도움 없이도 대부분의 팝스타 음반보다 많이 팔린다. 이를테면 19세기 독일 가곡이라는 틈새시장을 전문으로 공략하는 디트리히 피셔 디스카우(가장 위대한 독일 가곡 해석자로 꼽힌다)의 음반은 수백만 장이 팔렸다. 몇몇 지휘자는 시장을 완전히 지배했다. 헤르베르트 폰 카라얀이 그런 지휘자인데, 베를린 필하모닉 오케스트라 감독(1955~89), 빈 국립오페라단(1955~64)과 잘츠부르크 음악축제(1957~59)의 예술감독을 역임했을 뿐 아니라, 파리 오케스트라와 라스칼라 오케스트라를 지휘하기도 한 그는 음반으로 중유럽의 음악생활을 통제했다. 그는 지휘자로 일하면서 베토벤의 교향곡 전집을 네 번 녹음했다. 어떤 시기에는 영국에서 팔리는 도이체 그라모폰 음반의 3분의 1이 카라얀 것이었다.[103]

새로운 음악을 작곡하는 작곡가는, 영화음악이나 상업음악을 작곡해 제법 많은 수입을 올릴 수는 있겠지만, 카라얀 같은 명성은 결코 얻

빈 국립오페라단을 지휘하는 1941년의 카라얀. 일찍이 녹음의 중요성에 주목한 카라얀은 생전에 음반을 500여 종이나 발표했고, 약 2억 장을 팔아서 역사상 고전음악 음반을 가장 많이 판 음악가가 되었다.

을 수가 없다. 사실 전업 작곡가로 일할 만큼 여유가 있는 이는 극소수다. 대부분은 가르치거나, 오케스트라에서 연주하거나 지휘하는 일로 생계를 꾸린다.[104] 현대 음악은 '어렵다'고 여겨진다. 현대 미술도 '어렵다'고 여겨지지만, 마음에 들지 않는 현대 회화 앞에서는 1분(심지어는 몇 초) 이상 서 있을 필요가 없으므로 미술 쪽이 조금 더 유리하다. 하지만 음악회 내내 자리를 지키는 것은 문제가 달라진다.[105] 현대 음악의 비인기는 실황 공연의 표값이 훨씬 싸다는 사실에도 반영되어 있다. 2002~03년에 코번트가든의 로열 오페라하우스에서 바그너의 〈마이스터징거〉와 베르디의 〈라트라비아타〉를 가장 비싼 자리에서 보려면, 〈마이스터징거〉에는 160파운드, 〈라트라비아타〉에는 140파운드를 내야 했다. 하지만 알반 베르크의 〈보체크〉 같은 현대의 고전이나 니콜러스 모의 〈소피의 선택〉 세계 초연을 보는 데에는 50파운드면 너끈했다. 이런

제62장 · 폭발하는 팝

차이는 가장 값싼 좌석(뒤쪽과 꼭대기의 입석)에서도 나타난다. 알반 베르크는 2파운드면 충분했지만, 베르디는 4파운드, 바그너는 5파운드가 필요했다. 새로운 음악이 청중을 찾기 어려운 한 가지 이유는 인기가 수반하는 오염에 조금도 물들지 않으려고 하기 때문이다. 모차르트나 하이든은 그러지 않았다. 그들은 의도적으로 시골의 민속음악이나 새로운 도시노래를 활용했다. 그들은 더 폭넓고 더 많은 부르주아 청중을 만족시키려고 했다.[106] 나중에 19세기 작곡가들은 그런 대중영합주의적인 양보를 단념했고, 20세기 말에 이르면 과시하는 듯한 불협화음이 신성시되기에 이르렀다.[107]

고전음악도 광고에 쓰이거나(햄릿 시가를 광고하는 바흐의 〈G선상의 아리아〉), 영화에 이용되거나(스탠리 큐브릭의 〈시계태엽 오렌지〉에 쓰인 베토벤 교향곡 제9번의 짧은 선율), 노키아 휴대전화의 기본 벨소리(프란시스코 타레가의 〈대왈츠〉)로 사용되면 엄청나게 많은 청중을 얻을 수 있다. 그런 기회를 통해 전에는 들어본 적이 없었던 바흐나 베토벤을 좋아하게 된 이들도 있다. 물론 청중의 규모가 음악의 인기를 재는 잣대는 아니다. 키리 테 카나와는 왕세자 찰스와 다이애나의 결혼식에서 헨델의 오라토리오 〈삼손〉에 나오는 〈눈부신 천사여〉를 불렀다. 수억 명이 이 아리아를 들었지만, 이것이 헨델의 인기를 뜻하지는 않는다.[108] 그렇다 해도 물론 헨델이 아닌 쇤베르크가 결혼식 축가로 선택되었을 가능성은 극히 낮았을 것이다.

팝송 또한 텔레비전이라는 새로운 맥락에서 사용되면 혜택을 입는다. 1997년에 다이애나 왕세자비의 장례식을 위해 선택된 노래는 엘튼 존의 〈바람 속의 촛불〉(그의 1974년 히트곡을 손본 노래)였다. 이 노래는 즉시 인기 순위표에 진입하고 전 세계에서 금세 1,300만 장이 팔려나가, 지금까지 가장 많이 팔린 싱글이 되었다.[109] 그래도 결국은 헨델이 엘튼 존보다 많이 팔릴지도 모른다. 그것은 시간이 말해줄 것이다. 청중의 규모(측정할 방법은 없다)라는 면에서 헨델은 어쩌면 엘튼 존만큼은 인기가 없을지도 모른다. 그러나 장기적으로는 헨델이 따라잡을지도 모른다. 헨델에게 매우 유리한 점은 엘튼 존과는 달리 자신의 특정한 '틈새' 시장에 경쟁자가 거의 없다는 사실이다.

18세기에는 연주자와 작곡가가 대개는 같은 사람이었다. 20세기 말과 21세기 초에는 '순'음악보다 대중음악에서 그런 예가 더 많다. 전형적인 고전음악 전문가는 독창적인 창조자가 아니라, 성악가, 지휘자, 연주자 같은 숙련된 해석자다. 그들은 과거에 고착된 장르에서 새로움을 약속한다. 베르디가 계속 새로워지는 건 루치아노 파바로티 같은 성악가나 게오르그 솔티 같은 지휘자가 〈시몬 보카네그라〉를 새롭게 해석하기 때문이다. 1955년은 록의 시대가 시작된 해이지만, 스물세 살 먹은 글렌 굴드가 바흐의 〈골드베르크 변주곡〉을 연주하며 속사포 같은 속도와 박자와 분위기의 갑작스러운 전환을 보여준 해이기도 하다―이 연주는 가장 영향력 있는 고전음악 녹음으로 꼽힌다.

고전음악 장르의 실황 공연은 많은 지원을 받고 있다. 유럽에서는 국가가, 미국에서는 세금공제를 바라는 민간기업이나 자선가가 지원한다(따라서 미국에도 공적 지원이 있는 셈이다). 지원금 가운데 알짜는 발레와 오페라로 간다―1978~79년의 영국예술위원회의 음악 분야 지출액 가운데 70퍼센트가 발레와 오페라로 갔다(런던의 두 주요 극장으로만 55.6퍼센트가 갔다). 노르웨이에서는 정부가 음악에 지출하는 비용 가운데 39퍼센트가 오슬로 오페라로, 22퍼센트가 4대 교향악단으로 갔다. 같은 해에 파리오페라 극장은 국가의 음악 분야 지출액 가운데 3분의 1을 가져갔다

(지난 100년 동안 그래왔다).[110] 기악 분야에서는 '고전'이 현대 '순'음악보다 지원을 훨씬 많이 받는다.

영국에서는 1890년대보다 1990년대에 고전음악이 더 많이 공연되었는데, 그것은 1990년대에 활동한 211개의 교향악단 및 실내악단 덕분이었다. 1960년에는 상설 오페라단이 세 개밖에 없었다(로열 오페라하우스, 새들러즈 웰스, 그리고 길버트와 설리번의 오페라도 고전음악에 넣는다고 쳐서 도일리 카트 오페라단). 이후 30년 동안 글라인드본 투어링 오페라, 웰시 내셔널 오페라, 스코틀랜드 오페라, 오페라 노스, 오페라 80(나중에 잉글리시 투어링 오페라로 이름을 바꾸었다), 오페라 팩토리가 추가되었다.[111] 1994~95년에 유럽연합의 15개국에서 팝 콘서트가 30만 회 이상 열리는 동안 고전음악 콘서트도 8만 5,000회가 열렸다.[112] 고급문화는 사멸하고 있다고 생각하는 이가 많다. 그러나 확실한 증거는 없다. 1988년에 나온 영국의 정책연구 보고서에 따르면, 그전 10여 년 동안 극장(1981년 이래로 런던 웨스트엔드에서 28퍼센트가 늘었다), 교향곡 음악회(1974년 이래로 28퍼센트가 늘었다), 박물관(1976~85년에 6퍼센트가 늘었다)을 찾는 관객이 늘어나는 추세였다.[113]

팝 음악의 폭발은 고전음악의 붕괴를 불러오지 않았다. 그것은 사실 음악 전반의 호황의 한 부분이었다.

결론

월드와이드웹

유일무이한 것을 찾아서

1972년 봄, 사람들이 긴 줄을 이루며 한 건물을 둘러싸고 있었다. 그 건물은 고급문화에 봉헌된 성소인 대영박물관으로, 정전으로 인정받은 과거의 작품들을 전시한다. 주랑이 늘어선 대영박물관의 전면은 고대 그리스의 신전을 닮았다. 그때 이곳에서는 거의 알려진 바가 없는 고대 이집트 통치자의 무덤에서 나온 유해와 '보물'이 경건하면서도 눈에는 호기심이 그득한 군중 앞에 전시되고 있었다. 몇 달 동안 약 170만 명이 복제가 불가능한 것, 진짜인 것, 유일무이한 것을 목격하는 경험(제의라고 말할 수도 있을 것이고, 이곳에 늘어선 이들은 실제로 순례자 행렬과 비슷해 보였다)을 했다. 군중은 자신이 무엇에 감탄하게 될지를 정확히 알고 있었다. 수많은 사진과 삽화, 텔레비전 다큐멘터리와 영화 재구성물에서 파라오 투탕카멘의 보물을 이미 보았기 때문이다. 투탕카멘의 무덤에 침입해 신성을 모독한 탐험대원들에게 내려진 저주에 관한 매혹적인 이야기를 들은 이도 많았다. 고대 이집트는 공룡과 마찬가지로 군중을 끌어모으는 인기 전시물로 확고하게 자리잡았다. 이 경험은 2007년에도 되풀이된다.

투탕카멘은 운이 좋았다. 열여덟 살로 단명했으니 생전에는 그렇지 않았지만, 후생에는 운이 좋았다. 물론 투탕카멘은 죽고 나서 창공을 가로지르는 별이 되기를 바랐을지도 모르지만, 어쨌든 현대의 유명인사는 되었으니까.

'투탕카멘의 저주'라는 전설은 근거가 없다. 파라오 투탕카멘의 무덤은 1922년 11월에 하워드 카터와 카나번 경이 이끄는 원정대가 발견했다. 1923년 2월에 고고학자들이 무덤을 열었다. 그로부터 두 달이 지나기 전에 쉰일곱 살의 카나번이 폐렴으로 죽었는데, 폐렴은 항생제가 발명되기 전에는 성인 사망의 가장 흔한 원인이었다. 또 카이로에서 정전사고가 일어났는데, 그때나 지금이나 이런 일은 기적의 징후가 아니지만, 사람들은 그렇게 보려고 했다. 카나번이 기르던 개 수지도 주인과 같은 시기에 죽은 것으로 알려졌다(사실 여부를 확인할 수가 없다). 그러나 하워드 카터는 17년을 더 살고 예순여섯에 죽었으니, 1873년에 태어난 사람의 평균수명은 채운 셈이었다. 원정에 관여했던 나머지 사람들에게는 나쁜 일이 전혀 생기지 않았다. 그러나 이 고고학 발견이라는 실제 이야기가 내러티브라는 맥락에 놓이자 어김없이 양념이 뿌려졌다. 당대에 가장 인기 있는 소설가로 꼽히던 마리 코렐리(제3부 174~76쪽 참조)는 투탕카멘의 무덤을 훼손하는 이들에게 내려질 저주가 자세히 적힌 고대 아랍어 텍스트를 갖고 있다고 주장했다. 아서 코넌 도일이 이 전설을 믿는다는 이야기와 아서 웨이골의 인기 있는 이집트학 저서 『투탕카멘과 그 밖의 에세이들』(1923)에 자극을 받은 언론이 관심을 보이면서, 이 흥미로운 이야기는 증폭되고, 더 널리 확산되었다. 대중문화가 이 고급문화 유물의 명성을 굳건히 뒷받침한 것이다.

그후로 이른바 '블록버스터' 전시회들이 계속 열렸다—이런 전시회들은 현대 상업문화와 적대하기는커녕 흔들림 없는 동반자관계를 유지했다. 1973~74년에 런던에서 열린 '중국의 천재' 전시회는 관람객 77만 1,000명을 끌어모았다. 보스턴에서 먼저 열리고(1998) 이어서 런던에서 열린(1999) '20세기의 모네' 전시회는 80만 명 이상을 끌어모았다. 그에 앞서 1963년에는 뉴욕과 워싱턴에서 〈모나리자〉 단 한 점을 전시했는데, 이 그림을 보려고 160만 명이 모여들었다. 관람객 한 사람이 이 유명한 그림을 본 시간은 채 1분이 안 되었다.[1]

보물과도 같은 예술작품을 박물관이나 미술관에서 공중에게 전시하는 건 새로운 일이 아니다. 옥스퍼드 대학은 1683년에 애시몰린 박물관을 세웠다. 1734년에는 바티칸의 카피톨리노 박물관이 문을 열었다. 1743년은 피렌체의 우피치 미술관 차례였고, 1년 뒤에는 드레스덴에 공공미술관이 생겼다. 대영박물관은 1753년에 문을 열었다. 프랑스 혁명 전에 계획되었던 루브르 박물관은 1793년에 개관했다. 19세기에 이르자 이런 흐름에 가속이 붙었다. 1808년에는 암스테르담의 왕립미술관(1815년에 국립미술관으로 이름을 바꾸었다)이 개관했고, 1819년에는 마드리드의 프라도 미술관이, 1824년에는 런던의 국립미술관이 개관했다. 1830년에는 베를린에서 뒷날 '구 국립미술관'으로 알려지게 되는 미술관이 전체 미술관 단지의 핵으로 자리잡았다. 상트페테르부르크에서는 1852년에 신 에르미타주 제국박물관이 문을 열었고, 같은 해에 런던에서는 사우스 켄싱턴 박물관(나중에 빅토리아 앤드 앨버트 박물관으로 이름이 바뀌었다)이 문을 열었다. 미국에서는 1870년에 뉴욕 메트로폴리탄 미술관과 보스턴 미술관이, 1879년에 시카고 미술관이 문을 열었다.

고급문화만이 아니고, 군중을 끌어모으는 것이라면 무엇이든 전시된다. 1844년의 프랑스 산업박람회의 성공에 자극을 받아 열린 1851년 런

런던의 마담 튀소 박물관에 전시된 앨프리드 히치콕 밀랍인형. 뉴욕, 암스테르담, 홍콩 등 세계 각지에 있는 이 박물관에는 역사적 인물과 왕족, 유명인사, 악명 높은 살인자의 밀랍인형이 전시되어 있다.

던 만국박람회에는 600만 명이 찾아와 작은 활자와 조각상에서 황동과 철로 만든 작품, 농기계, 가죽, 밧줄제작기, 압축기에 이르는 다양한 전시품을 구경했다. 1780년에 파리에서 전시되기 시작한 마담 튀소의 밀랍인형은 1835년에 런던에 도착했다. 이것은 인터넷 시대인 오늘날에도 런던에서 사람들을 끌어모으는 주요한 전시물 중 하나다. 1850년대에 브라이턴 수족관에서는 난쟁이, 거인, 줄루족 추장, 자바인 무희들을 구경할 수 있었다―이런 구경거리가 수생동물보다 훨씬 인기를 끈 게 분명해 보인다.[2] 1900년 무렵에 런던의 포토벨로 식물원에서는 '원주민이 사는 땅의 습관과 관습'을 보여주는 '남아프리카 미개지 숲의 야만인들'을 볼 수 있었다. 이즐링턴의 왕립농업관에서 구경꾼들은 신할라족과 타밀족 무희들을 볼 수 있었고, 얼스코트의 전시장에서는 '진짜' 원주민 마을이 재현되었다. 이곳에는 "검은 대륙의 야만인들이 살면서…… 평소에 하던 일을 했는데,

그중에서 가장 흥미로운 일은 행운의 카피르 팔찌를 만드는 것이었다".[3]

영화, 라디오, 텔레비전, 인터넷과 같은 복제 가능한 문화의 모든 장치가 강력한 영향을 미쳤음에도, 유일무이한 것을 보려는 욕구는 사라지기는커녕 오히려 커졌다. 마치 문화 확산을 돕는 기술 장치들이 총집결해서 가상에 불과한 것이 아닌 진짜를 보는 것이 중요하다고 홍보라도 하는 듯하다. 영국에서 2004년에 방문객을 가장 많이 끌어들인 곳은 블랙풀 플레저 비치 놀이공원이었지만(600만 명 이상), 두 번째는 490만 명을 끌어들인 국립미술관이었고, 그 뒤를 대영박물관(480만 명), 테이트 모던 미술관(440만 명)이 바짝 쫓았다. 런던의 과학박물관을 찾은 사람이 런던탑을 찾은 사람보다 많았고, 국립초상화미술관을 찾은 사람이 레고랜드 윈저를 찾은 사람보다 많았다.[4] 큰 문화는 특히 무료일 때는 큰 사업이 될 수 있다.

텔레비전과 인터넷 시대에 그전 어느 때보다 많은 박물관과 미술관이 건설되었다. 1977년에는 파리의 중심인 보부르에 커다란 박물관과 전시관이 새로 건설되었다. 1986년에는 센 강 좌안의 철도역을 개조한 오르세 미술관이 문을 열었다. 1993년에는 루브르 박물관이 확장되었다. 1997년에 로스앤젤레스의 게티 센터는 인상적인 언덕 꼭대기에 더 넓은 새 부지를 마련했다. 런던 템스 강변에 있던 발전소는 2000년에 테이트 모던 미술관으로 되살아났다. 뉴욕 현대미술관은 전시장을 두 배로 넓혀 2004년 말에 다시 문을 열었다. 위대한 예술의 테두리 바깥에 있었던 스페인의 빌바오 같은 도시도 새로 지은 흥미로운 현대식 건물에 구겐하임 미술관 가운데 하나를 유치하여 문화지도에 자신의 좌표를 표시했다. 미국에서는 1950~80년에 미술관 123개가 완전히 새로 건설되거나 크게 확장되었다.[5]

관광과 여행의 어마어마한 팽창은 전시회의 꾸준한 인기 상승을 뒷받침한 주요한 힘이었다. 1997년 만하임의 기술산업박물관에는 '인체의 신비'를 보려고 넉 달 동안 77만 명이 넘는 관람객이 줄을 섰다. 이것은 인간 해부 표본 약 200개, 병든 조직과 건강한 조직 조각, 유리상자에 담긴 장기, '플라스틱 처리'로 보존한 시신 18구를 모아놓은 전시회였다. 일본으로 자리를 옮긴 이 전시회에는 300만 명이 찾아왔고, 서울에서는 200만 명, 로스앤젤레스에서는 92만 명, 시카고에서는 93만 명, 런던에서는 거의 80만 명이 찾아왔다. '인체의 신비' 전시회를 찾은 관람객 총수는 1,700만 명에 이르렀다.[6] 고대 이집트인의 시신부터 최근의 덜 화려한 해부용 시체에 이르기까지, 사람들은 다양한 주검에 매혹되었다.

암스테르담 국립미술관 같은 박물관들은 원래 국가정체성의 기념물로 여겨졌고, 이런 기념물에는 진짜 유물을 채워넣어야 했다. 이제는 '유일무이한 것'을 무에서 만들어낼 수 있고, 그런 일이 계속 일어나고 있다. 이를테면 1980년대 초에 시칠리아 섬에 있는 인구 1만의 소도시 카탈파로에서는 지역 행정가와 지식인 몇 명이 이곳을 '예술의 도시'로 홍보하기로 결정하여, 박물관을 만들고, 지역 역사에 관한 글을 싣는 잡지를 펴내고, 기념행사 두 개를 구상했다. 기념행사는 17세기에 관한 '바로크 주간'과 '인도 무화과 축제'였는데, 실은 둘 다 이 도시의 역사와는 별 관련이 없었다.[7]

박물관은 그 나름의 하위시장을 만들어냈다. 전시물 복제품부터 단순한 도록이나 팬시상품까지 파는 상점은 박물관의 주요 수입원이다. 1997년에 캐나다 국립미술관과 캐나다 관광위원회, 캐나다 문화유산부는 캐나다 국립미술관에서 열린 '르누아르의 초상화: 시대의 인상' 전시회를 후원하면서 이 전시회를 하나의 사업으로 다루었다. 이 세 조직에게

미국 시애틀에 있는 워싱턴 주립 역사박물관의 상점. 개척 시대의 인디언 관련 전시물이 많은 이 박물관의 상점에서는 인디언 무늬를 넣은 직물과 가방, 인형, 각종 학용품, 엽서, 심지어 침대보까지 판다.

서 연구를 의뢰받은 정부기관은 이 전시회 하나로 온타리오와 퀘벡에서 3,150만 달러의 소비자 지출이 발생할 것이라는 결론을 내렸다.[8] 미술관을 나가는 관람객들은 포스터, 복제품, 핸드백, 도기 타일, 머그잔, 달력, 티셔츠, 그림 퍼즐, 엽서, 카드, 우산, 앞치마, 냉장고 자석, 쇼핑백, 인형, 장난감 개, 아기 모자—모두 르누아르를 주제로 만든 물건이다—와 특별히 '르누아르' 라벨을 붙여달라고 의뢰한 프로방스 와인이 늘어선 쇼핑 공간을 통과해야 했다.[9] 이제는 박물관에 자체 상점이 없다는 것은 생각하기 힘든 일이 되었고, '블록버스터' 전시회의 카탈로그가 베스트셀러가 되는 일도 흔하다. 유일무이한 것을 살 수 있는 이는 많지 않기에, 포스터시장은 1960년대 이래로 계속 번창하고 팽창해왔다. '옛 거장'을 소유하는 것은 드물게 누릴 수 있는 특권이지만, 침실에 〈모나리자〉 포스터를 걸어놓는 일쯤은 누구나 할 수 있다.

박물관은 과거에 개인 소유였던 예술작품을 공개하는 '민주적' 과제를 완수했다. 모든 관람객에게 문호를 개방하여 전시된 예술작품의 유일무이한 지위를 보존하면서도, 그 활용성은 몇 배로 높였다. 한때 귀족과 부유층의 전유물이었던 별장 방문은 이제 수백만 명이 좋아하는 여가활동이 되었다. 과거에는 말 그대로 개인 유산이었던 것이 1970년대에 국가 유산의 일부가 되었다.

패션도 같은 길을 걸었다. '오트 쿠튀르'는 한때 부유한 여성들만 찾던 곳이었다. 이런 고급의상실은 그들에게 유일무이한 옷을 만들어주었고, 따라서 다른 여자와 같은 드레스를 입는 수모를 면하게 해주었다. 그런 드레스는 말 그대로 몸에 딱 맞게 재단되었다. 1985년 프랑스에서는 최고 의상실 21곳이 오트 쿠튀르로 분류되었는데, 이 의상실들이 주문받은 옷을 만드는 장소인 아틀리에에 고용된 노동자는 불과 2,000명이었고, 여기 옷을 사는 여성 고객은 전 세계를 통틀어 3,000명을 넘지 않았다. 하지만 이 의상실들은 더는 고급의상으로, 곧 유일무이한 것을 팔아서 이윤을 남기지 않았다. 표준화된 생산물―기성복, 악세서리, 향수―을 다수에게 팔아서 돈을 벌었다. 1980년대 중반에 랑방의 이윤 가운데 50퍼센트는 향수에서 나왔다. 1960년대부터 오트 쿠튀르 상표의 사용을 허가받은 상품에는 안경, 가죽제품, 식기, 펜, 라이터도 들어 있었다. 1980년대 중반에 이브 생로랑의 이윤 가운데 3분의 2는 상표사용료에서 나왔다. 같은 시기에 피에르 카르댕은 외국에 자기네 상표의 사용권을 600건이 넘게 허가해주었다. 오트 쿠튀르는 대중시장에서 돈을 벌 수 있게 해주는 마케팅 도구가 되었다.[10]

집안의 스크린

전시회나 박물관에 가는 사람은 소수다. 유럽에서 2004년에 미술관이나 전시회에 한 번도 가지 않은 사람의 비율은 적게는 덴마크의 64퍼센트였고, 많게는 그리스의 90퍼센트 이상이었다.[11] 문화적 관행들은 대개는 몇 가지가 한 묶음이다. 『르몽드』, 『프랑크푸르터 알게마이네 차이퉁』, 『가디언』을 읽는 이라면, 하루에 텔레비전을 4시간씩 시청할(대부분의 나라에서 평균치다) 가능성은 작고 극장, 전시회, 고전음악 연주회에 갈 가능성은 크다.

영화관에는 인구의 반 이상이 1년에 적어도 한 번은 가지만, 한 달에 적어도 한 번씩 가는 사람은 소수다. 다수는 집에서 책과 신문을 읽거나, 라디오와 음악을 듣거나(다른 일과 병행할 수 있다), 무엇보다도 텔레비전을 본다. 여러 조사에 따르면, 젊은이들은 1970년보다 1990년에 책을 덜 읽었다.[12] 그럼에도 그 어느 때보다 많은 책이 출간되고 팔린다. 1990년에 영국에서는 6만 5,000종이 출간되었다. 10년 뒤에는 인구의 상당수가 인터넷에 접속하고 있었는데도, 출간된 책의 종수는 재판을 포함해 모두 16만 1,000종에 이르렀다.[13] 물론 우리는 책을 얼마나 사는지만 알고 얼마나 읽는지는 모른다. 책값이 비쌌던 시절에는 읽고 또 읽기 위해서든 아니면 훌륭하게 장정된 책을 소유자의 취향을 보여주는 증거로 집에 전시하기 위해서든, 책을 신중하게 선택했다. 이제는 책값이 싸기에 관심 있는 부모나 친구는 책을 선물용으로 구입할 수 있고, 받는 사람은 읽지 않고 내버려둘 수 있다.

프랑스에서 진행된 몇 차례의 조사는 서구의 일반적인 경향으로 여겨지는 현상, 곧 문화소비가 점점 가정을 중심으로 이루어지는 현상을 확인해준다.[14] 사실 가정은 늘 문화소비의 중심이었다. 이 책에서 살펴본 모든 문화형식 가운데 역사적으로 짧은 기간에 대다수의 사람을 집 밖으로 끌어내는 데에 성공한 것은 오직 영화뿐이었다. 그 밖에 집 밖에서 즐기는 오락은 대체로 사회적 성격을 띤다. 이를테면 카페, 펍, 식당, 바에서 친구를 만나고, 스포츠 경기를 관람하고, 젊은이들이라면 춤을 추는 식이다.

1980년대 이래로 가정오락은 컴퓨터게임의 발달 덕분에 더욱더 팽창했다. 1970년대에 처음 나왔을 때는, 이런 게임을 하려면 오락실에 가서 동전을 넣고 조이스틱이 달린 게임기를 이용해야 했다. 그러나 곧 특정한 비디오게임 시스템을 위해 설계된 조작장치를 사서 집에서 게임을 하는 것이 가능해졌다. 그 뒤에는 많은 이들이 개인용 컴퓨터로 게임을 즐길 수 있게 되었다. 이 게임들 대부분의 조상은 19세기에 외톨이들을 즐겁게 해주었던 다양한 일인용 카드게임, 퍼즐, 문제풀이, 민첩성 게임이었다. 1970년대 말에 개발된 게임들은 그 주제를 대중문화와 스포츠에서 많이 빌려왔다. 1972년에 미국의 캘리포니아에 기반을 둔 아타리 사는 탁구를 활용한 〈퐁〉이라는 게임을 내놓았다. 〈스페이스 인베이더〉를 즐기던 이들은 화면에 몇 줄로 나타나는 외계인들을 없앴다. 1980년대 중반에는, 일본 회사 닌텐도任天堂가 소개한 〈슈퍼마리오 형제〉의 뛰어난 그래픽 덕분에 게임산업이 일시적인 침체기에서 벗어날 수 있었다. 1990년대 내내 세 일본 회사 닌텐도, 세가, 소니는 세계 가정용 비디오게임 시장의 패권을 놓고 싸웠다. 소프트웨어는 미국과 일본이 지배하지만, 유럽에서는 영국이 이 분야에서 중요한 발판을 마련하고서 〈툼 레이더〉(2003년까지 전 세계에서 2,800만 장이 팔렸다)와, 매춘부에게 돈을 주고 섹스를 한 다음에 돈을 도로 빼앗으려고 그녀를 살해하는 등의 활동을 벌이는 〈그랜드 세프트 오토〉 시리즈(이 가운데 〈바이스 시티〉는 2002년에 미국에서 가장 많이 팔린 게임이었다)를 내놓았다.15) 영국은 유럽에서 가장 큰 게임시장이고, 세계에서는 미국과 일본 다음으로 크다. 한국과 중국도 많이 뒤처지지 않는다. 영국에서 게임산업은 2만 1,500명에게 일자리를 제공하고(1999), 수출액은 5억 300만 파운드인 반면 수입액은 2억 8,400만 파운드에 지나지 않는다. 게임을 향한 열정은 끝을 모른다. 유럽에서는 1995~2003년에 약 9억 장의 게임이 팔렸다.16)

게임과 게임에 사용되는 그래픽은 점점 세련되어간다. 개인용 컴퓨터가 널리 보급되고 그 성능이 좋아짐에 따라 게임도 복잡해졌다. 컴퓨터게임의 독특한 점은 진정으로 쌍방향이라는 것이다. 게임 속 행동은 고정된 내러티브 구조에 연결되는데, 이 내러티브는 대체로 영화와 만화에서 발전한 전통적 장르—탐정 이야기, 도시를 배경으로 싸우는 경찰과 강도, 반쯤 신화적인 시대의 사라진 왕국—에서 빌려온다. 그러나 영화와 만화의 소비자는 전통적인 독자 역할을 맡아 대개는 주인공과 자신을 동일시하면서 대리체험을 하지만, 게이머는 행위자가 되어 침략자를 물리치고 악당을 죽일 수 있다.17) 게이머는 전진하고 실패하는 과정에서 학습을 하고, 정복당하는 세상에 조금씩 적응해간다. 중독성 있는 이런 과정은 서사시적 탐험 같은 탄탄하게 확립된 내러티브 관습에서 벗어나지 않는다. 게이머는 그런 관습에 따라 목표에 이르고, 적과 괴물을 만나 물리치고, 도움이 되는 친구들의 지원을 얻어야 한다. 초고속 인터넷이 확산되면서 세계 곳곳에 있는 미지의 게임 상대와 대결하는 것도 가능해졌다.

이 새로운 문화형식은 이것에 영감을 준 장르들만큼이나 비난을 받는다—그러나 논리적 추론과 반사능력이라는 측면에서 게임으로 개발할 수 있는 기능은, 적어도 사실적 지식을 수동적으로 축적하는 활동이나 『해리 포터』 읽기(부모들이 거의 만장일치로 승인하는 활동)에 비하면, 주목할 만한 수준이다. 이를테면 〈포켓몬〉 게임을 하는 이들은 "무늬와 아이콘의 복잡한 조합"을 읽고, "이것과 그들 자신을 게임의 내러티브와 거래 구조에 집어넣는 방법을 찾아내야 한다. 또 약 150개나 되는 다양한 캐릭터의 기술, 힘, 속성을 인식하고 사용할 줄 알아야 한다".[18]

사춘기 소녀들도 소년들만큼 컴퓨터를 쓰지만, 게임은 소년들이 훨씬 더는 아니더라도 어쨌든 더 많이 한다.[19] 그래도 게임산업은 한편으로는 페미니스트들의 압력에 밀려서, 또 한편으로는 기민한 사업감각으로 소녀들의 흥미를 끄는 게임도 생산했다. 여전히 남아 있는 성별 고정관념으로 인해 소년들은 은하계를 없애는 쪽을 좋아하는 반면에, 소녀들은 가족을 만들고 인생의 경로를 결정하는 식의 추상적이고 지능적인 게임―〈테트라〉나 〈심즈〉 같은―을 한다. 그런 노력의 결과로, 컴퓨터게임은 이제 영화보다 큰 사업이 되었다. 2004년에 영국에서 개봉한 〈해리 포터〉와 〈반지의 제왕〉은 1,000만~1,200만 파운드의 총수입을 올렸지만, 〈그랜드 세프트 오토〉 시리즈의 최신작인 〈산안드레아스〉는 총 2,400만 파운드를 벌어들였다.[20]

개인용 컴퓨터가 확산되면서 비디오게임도 확산되었다. 비디오게임으로 부유해진 것은 일본 회사들이었지만, 컴퓨터의 본령은 미국이었고, 그것은 지금까지도 마찬가지다. 기본적으로 컴퓨터 제조는 단순한 조립작업이라 세계 어디든 노동력이 싸고 노동조합이 약한 곳에서 하면 되지만, 그 아이디어는 미국에서 나온다. 개인용 데스크톱 컴퓨터의 주요 원형들은 IBM(국제사무기계회사)이 내놓았으며, 소프트웨어 전투의 승자는 새로운 회사 마이크로소프트였고, 이 회사가 결국 소프트웨어산업을 지배했다. 이 놀랄 만한 독점을 어느 만큼 흔들어놓은 유일한 회사는 역시 미국 회사인 애플이다. 아마존, 넷스케이프, 냅스터, 구글, 이베이 같은 닷컴 혁명의 기둥들은 모두 미국에서 나왔다.

그러나 월드와이드웹이나 인터넷—이것이 없었더라면 컴퓨터는 지금과 같은 혁명적인 소비재가 될 수 없었을 것이다—은 다르다. 웹은 1954년에 세워진 세계 최대의 입자물리학 연구센터이자 '옛 유럽'의 첫 번째 합작투자사업인 스위스의 CERN[유럽입자물리연구소]에서 처음 고안되었다. 세계 곳곳의 대학과 연구소에서 일하는 과학자들은 서로 정보를 자동적으로 공유할 수 있기를 바랐는데, CERN의 영국 과학자 팀 버너스 리가 이런 욕구를 충족시키는 체제—나중에 월드와이드웹이라고 부르게 되었다—를 구상했다. 대학들은 웹이 동료들끼리 정보를 교환하는 데에 이상적인 체제라는 것을 깨달았고, 전략센터가 없으므로 한 번의 공격으로는 뚫리지 않을 이 체제에 군 또한 매력을 느꼈다.

웹의 구조는 문화 팽창의 구조를 복제한다. 각각의 독특한 품목은 특정한 송신자가 처음 만들어낸다. 디킨스가 『올리버 트위스트』의 '최초' 저자인 것과 마찬가지다. 그러나 한 품목이 일단 세상에 나오면 수신 장비를 갖춘 모두가 그것에 접근할 수 있다. 원래 저자는 자기 산물의 최종 수신자, 그것으로 하는 일, 그것을 해석하고 바꾸고 전달하는 방식을 거의 통제하지 못한다. 이 점은 문화 교류라는 거대한 영역에서도 마찬가지다. 어쨌거나 디킨스 자신도 다른 이야기들에서 이미 확실하게 검증된 등장인물들을 가져다가 기존의 이야기를 구체화한 특정한 텍스트의 저자에 지나지 않기 때문이다.

문화야말로 최초의 월드와이드웹이다. 모든 운반자가 문화라는 연못에 각자의 씨를 던지는 거대한 통신망인 것이다. 웹은 그것을 뒷받침하는 통신기술이나 마찬가지다. '옛날'에는 인간의 두 다리, 말, 배, 철도가 믿음, 소리, 이야기, 유행, 사상을 전달했다. 지금은 빠르고 순간적인 전자 충격파들이 그 일을 한다.

물론 모두가 접속하는 건 결코 아니다. 2005년 현재 유럽인은 3분의 1 이상이, 북아메리카인은 70퍼센트 가까이가 인터넷을 쓰지만, 아프리카인은 불과 2.7퍼센트만이 인터넷을 쓴다. 그런데도 거의 10억 명이 인터넷에 접속하고 있다.

세계 인터넷 사용자의 현황(단위: 명, %)

지역	인구 (2005년)	세계 인구 중의 비율	인터넷 사용자 수	지역의 인터넷 사용자 비율	세계 인터넷 사용자에서 차지하는 비율
아프리카	896,721,874	14.0	23,867,500	2.7	2.5
아시아	3,622,994,130	56.4	327,066,713	9.0	34.2
유럽	731,018,523	11.4	273,262,955	37.4	28.5
중동	260,814,179	4.1	21,422,500	8.2	2.2
북아메리카	328,387,509	5.1	223,779,183	68.1	23.4
라틴아메리카/ 카리브 해	546,723,509	8.5	70,699,084	12.9	7.4
오세아니아/ 오스트레일리아	33,443,448	0.5		52.8	1.8
세계 전체	6,420,102,722		957,753,672	14.9	

출처: www.internetworldstats.com, 2005년 9월 30일 갱신.

부유한 서양과 아시아의 많은 지역에서 인터넷의 성장속도가 아주 빠르기에(전 세계적으로 2000년에서 2005년까지 165퍼센트 성장했다), 다음 세대 안에 텔레비전과 마찬가지로 포화상태에 이를 거라고 보아도 무리는 아닌 듯하다. 영국 정부의 통계에 따르면, 2005년 5월에 전체 가구의 55퍼센트가 집에서 인터넷에 접속할 수 있었고, 그해 처음 몇 달 동

팀 버너스 리가 CERN에서 세계 최초의 서버로 쓴 '넥스트 컴퓨터'. 왼쪽의 문서는 월드와이드웹 제안서의 복사본이다. 컴퓨터 위 라벨에는 "이 기계는 서버입니다. 전원을 끄지 마세요!"라고 적혀 있다.

안에 성인의 60퍼센트가 인터넷을 이용해 상품, 여행 승차권, 숙박시설 이용권, 휴가, 비디오나 DVD, 음악이나 CD, 문화나 스포츠 행사 관람권을 주문했다. 반면에 모든 성인의 17퍼센트를 대표하는 핵심 집단은 인터넷 사용을 고려한 적이 한 번도 없고, 미래에도 그럴 가능성이 없다고 대답했다.[21]

라디오와 텔레비전 같은 가정용 수신기를 소유하게 되자, 20세기 가정의 문화소비에 혁명이 일어났다. 컴퓨터는 일단 외부 세계와 연결되자 개별 가구의 수신능력을 확대하고 새로운 요소를 더해주었다. 이제 가정은 수동적인 수신자에서 벗어나 메시지를 발신할 수도 있게 되었다. 인터넷이 등장하기 전에는, 통신은 편지를 보내든 전화를 걸든 오직 일대일로만 이루어졌다. 이제는 쌍방향통신이 대세가 되었다. 물론 무에서 유가 나오지는 않으며, 다만 형식이 바뀔 뿐이다. 쌍방향통신은 신문의 독자란에, 더 최근에는 청취자가 전화로 참여하는 라디오 프로그램에 선구적으로 도입되었다. 비전문가 공중은 이런 기회를 통해 더 많은 청중에게 자신의 생각을 표현하는 법을 배웠다. 새로운 공공의 공간을 구축하는 첫걸음을 소심하게 내디뎠던 것이다.

양자를 직접 연결하는 송수신 도구인 전화와 달리, 라디오와 텔레비전은 하나의 중심에서 수신자들의 그물망에 이르기까지 위계적으로 조직되었고, 이 점은 지금도 마찬가지다. 문화의 조직(과 유통)은 늘 하나의 생산 중심에서 다수의 소비자에게로 작용한다(자본주의적 과정이 다 그렇듯이). 그러나 컴퓨터 덕분에 생산이 값싸고 쉬워지면 유통 중심의 수가 늘어날 것이다. 그 결과가 무엇일지는 예측하기 어렵다―어쩌면 그래서 그 결과가 어떨지를 말해주는 책과 프로그램이 그렇게나 많은 건지도 모른다.

1960년대에는, 컴퓨터가 어디에나 있어서 누구나 쉽게 이용하는 물건이 될 것이라고 진지하게 생각한 이가 거의 없었다. 1980년대 초까지도 컴퓨터는 여전히 주로 일을 하거나 대량의 자료를 처리할 때 이용하거나, 아니면 워드프로세서로 이용했다. 달리 말하면, 컴퓨터는 문화의 소비가 아닌 생산을 위해 사용되었다. 그러나 컴퓨터는 곧 멀티태스킹 방향으로 발전했다. 이제는 컴퓨터로 CD를 들을 수도 있고, DVD를 볼 수도 있고, 웹과 연결되면 상품을 주문하거나 표를 예매하거나 게임을 할 수도 있고, 전자우편으로 소통할 수도 있다. 정보가 인터넷의 어디에 있든, 구글 같은 검색엔진 덕분에 거의 즉시 검색할 수 있다.

월드와이드웹의 영향에 대해서는 폭넓은 논의가 이루어지고 있다. 그리고 책에서 영화와 연극에 이르기까지 다양한 전통적 문화형식이 종말을 맞을 것이라는 예측이 인기를 끌고 있다. 앞에서도 살펴보았듯이,

그런 견해는 역사가 길다. 대화편 『파이드로스』에서 플라톤이 전하는 바에 따르면, 소크라테스는 기록된 텍스트가 도입되면 "배우는 이들이 기억력을 사용하지 않을 테고, 바깥에 적힌 글자들을 신뢰해 스스로 기억하지 않을 터이기에 그들의 영혼에 건망증이 생길 것"이라고 경고했다. 또 글자라는 혁신은 "기억이 아니라 상기에 도움을 주는 것"이고, 그것을 사용하는 이들에게 "진실이 아니라, 진실을 닮은 것만을" 줄 것이고, 그들은 "많은 것을 듣지만, 아무것도 배우지 못할 것"이라고 덧붙였다.[22] 1859년 보들레르는 사진이 "그렇지 않아도 드문 프랑스의 예술정신"을 궁핍에 빠뜨린다고 비난했다.[23] 폴 발레리는 1937년에 에세이 「우리의 운명과 문자」에서 라디오와 소리 녹음의 출현을 논하면서 "말과 소리의 문화가 기록된 텍스트를 조만간 대체하지 않을까" 걱정했다.[24] 발터 벤야민은 1936년에 발표한 유명한 에세이에서 "기술복제 시대"에는 유일무이함과 진짜라는 아우라를 발산하는 박물관 전시품들의 시대가 곧 끝날 것이라고 말했다. "회화는 결코 동시적이고 집단적인 경험의 대상을 제시할 수 없다." 그러고는 이렇게 덧붙였다. "기술복제 시대에 시드는 것은 예술작품의 아우라다."[25]

그러나 우리가 보았듯이, 박물관은 그 어느 때보다 번창하고 있다. 영화가 연극을 죽이지도 않았고, 축음기가 실황 공연을 없애지도 않았다. 1969년에 『뷜르탱 뒤 리브르』지에는 '전문가들'에 따르면 '곧' 교과서와 교사가 컴퓨터로 대체될 것이라는 예측이 실렸는데, 이런 식의 예측은 아무리 좋게 봐도 약간 성급했다는 게 드러났다.[26] 1979년에 영국 국립물리연구소의 심리학자이자 컴퓨터 과학자인 크리스토퍼 에번스는 다가올 마이크로컴퓨터 혁명에 관한 책 『막강한 마이크로: 컴퓨터 혁명의 충격』을 썼고, BBC는 이 주제에 관한 6부작 다큐멘터리를 제작했다. 인쇄된 텍스트와 비교하면 거의 한없이 많은 컴퓨터의 저장용량과 값싼 저장비용에 감명을 받은 에번스는 1980년대쯤에는 '인쇄된 언어의 죽음'이 닥칠 것이라고 예측했다.27) 그러나 세계 최초의 중요한 온라인 상업회사인 제프 베조스의 아마존은 재래의 책을 파는 회사였다. 아마존은 1995년에 창업해 2000년의 닷컴 위기를 견뎌냈지만, 2002년까지는 이윤을 남기지 못했다. 그러나 2005년에 이르자 아마존은 적극적인 온라인 구매자 5,000만 명에게 80억 달러어치의 상품을 팔았고, 그들 가운데 일부는 책을 구입하는 데에 그치지 않고 서평을 쓰고 다른 고객들에게도 책을 추천했다.28) 입소문이 월드와이드웹을 침공한 것이다.

아마존의 이면에서 작동하는 원리는 인터넷이 열어젖힌 진정한 돌파구가 무엇인지를 보여준다. 인터넷은 문화의 확산을 가로막는 주요 장애물들을 치워버린다. 그런 장애물은 대체로 두 가지 범주로 나눌 수 있다. 하나는 접근과 관련된 범주고, 또 하나는 공급과 관련된 범주다.

접근은 교육, 성향, 개인적 선호, 계급, 소득, 성별과 관계가 있다. 사람들이 오페라를 피하는 이유는 오페라를 좋아하지 않아서, 너무 비싸서, 너무 멀어서, 관심사와 관련이 없어서, 부적절한 상징적 요소가 들어있어서, 또는 한 번도 본 적이 없어서일 것이다. 프루스트를 읽어본 적이 없는 이들은 그냥 읽을 수 없어서, 프루스트를 감상하는 데에 필요한 교육을 받지 못해서, 몇 쪽 읽어보았더니 지루해서, 아예 소설을, 심지어는 『다빈치 코드』도 읽지 않아서 그럴 것이다.

공급은 다른 문제다. 엄청나게 많은 재고를 쌓아두는 것은 비경제적일 수 있기에, 서점은 어떤 책을 진열할지를 결정해야 한다. 그 과정에서 서점은 어쩔 수 없이 팔 수 있는 책의 범위를 좁혀야 한다. 출판사도 같은 일을 한다. 출판사는 어떤 책이 고작 1,000부쯤 팔릴 거라고 가정하고,

그에 맞추어 인쇄부수를 결정한다. 이 재고가 소진되면 다시 1,000부가 팔릴 것이라는 합리적 예측이 가능할 때만 증쇄를 한다. 증쇄하지 않으면 실망할 독자가 500명쯤 있을지도 모른다. 그들은 기꺼이 구입할 용의가 있는 독자들이지만, 그러나 책을 공급할 가치가 있는 독자들은 아니다. 똑같은 원리가 비디오와 DVD 대여점, 나아가 연극과 영화에도 적용된다. 관객을 1,000명 수용할 수 있는 영화관은 현재 상영 중인 블록버스터를 일주일만 상영하고 내릴 수도 있다. 그 뒤에는 관객이 줄어들 것이기 때문이다. 경제적으로 이로운 전략은 그 영화를 똑같이 인기 있는 다른 영화로 재빨리 대체하는 것이지만, 그리 되면 첫 번째 영화를 놓쳐 실망한 관객이 수백 명 생길지도 모른다.

영화를 더 오래 상영하거나 책을 계속 증쇄해서 재고로 보관하면 오래도록 많은 고객을 만날지도 모른다. 하지만 이런 일이 비경제적인 것은 수요가 없어서가 아니라 재고를 보관하는 데에 비용이 들기 때문이다. 보관하려면 공간이 있어야 하고, 공간에는 비용이 들어간다. 재고는 이윤이 더 많이 남는 일에 사용할 수 있는 자본을 묶어두고, 더 빨리 판매되는 생산물이 들어올 공간을 차지한다. '주문'인쇄, 곧 초판 1쇄가 다 팔린 뒤에는 주문이 있을 때만 책을 인쇄하는 추세는 재고를 보유하는 것을 피하려는 시도다. 이것은 도요타 사가 개척한 '적기공급' 생산을 책의 세계에 적용한 것이다.

아마존 같은 온라인 소매점들은 이 문제를 일부 해결했다. 그들도 재고를, 그것도 대량으로 보유할 필요가 있지만, 값비싼 번화가의 서점에 쌓아두지는 않는다. 아마존은 재고를 멀리 떨어진 창고에 보관해서 보관비용을 줄이고, 그 덕에 고객에게 책값을 할인해줄 수 있다. 고객 입장에서는 그렇게 할인해주는 액수가 운송료를 상쇄하고도 남는 경우가 많

영국의 런던 북쪽 밀턴케인스에 있는 아마존 창고. '당신이 생각하는 모든 것'을 제공하는 아마존 서점의 창고는 북아메리카 전역은 물론 영국, 프랑스, 독일, 이탈리아, 슬로바키아, 일본, 중국에도 있다.

다. 인터넷의 발달은 그런 가능성을 활용하고 확대한다. 음악, 영화, 책을 내려받으면 재고를 유지하는 비용이 완전히 사라지기 때문이다. 그렇게 되면, 주류에 속하지 않는 생산물도 오랫동안 보관할 수 있다.『와이어드』편집장 크리스 앤더슨은 선구적인 글「롱테일」(2004)에서 "오락의 미래는 비트스트림 말단의 얕은 물에 있는 수많은 틈새시장에 달려 있다"고 지적했다.[29]

인터넷 이전 시대에 문화상품 생산자는 늘 초기 비용을 단기간에 회수해야 한다는 압박에 시달렸다. '가능한 한 빨리 가능한 한 많이 팔고, 팔리지 않은 물건은 없애라'는 것이 구호였다. 도서대여점은 그 문제를 우회하려고 했던 초기의 시도였다. 책값이 비쌌던 시절에는 고작 200권만 팔리기도 했는데, 이는 이윤을 남기기에는 너무 적은 인쇄부수였다. 그러나 도서대여점에 1,000권을 보관하면, 책을 살 여유는 없지만 돈을 내고 빌려볼 용의는 있는 소비자 1만 명이 그 1,000권을 읽을 가능성이 있었다.

오래된 영화를 텔레비전 방송망에 파는 것은 영화의 수명을 늘리는 한 가지 방법이다. DVD와 비디오도 영화관이라는 물리적 제약을 우회하여 영화의 수명을 늘린다. 에테르에 '가상의' 재고를 보관하면 훨씬 좋다. 실제로는 보관할 재고가 거의 없기 때문이다. 디지털화된 문화상품은 '영생'할 수 있다. 어떤 상품은 해마다 조금씩 팔리겠지만 길게 보면 제법 팔릴 테고, 그러면서도 비용은 잡아먹지 않을 것이다.

그렇다고 해서 전통적인 책 ― '코덱스' 형태(하드커버나 소프트커버로 장정된 종이뭉치) ― 이나 전통적인 영화(크고 어두운 방에 생판 모르는 사람들이 모여서 보는)가 사라질 거라는 말은 아니다. 오히려 더 많은 형식으로 이용할 수 있어서 수명이 늘어날 것이다. 규모가 너무 작거나 수지가 맞지 않아서 전통적인 방식으로는 공급이 불가능했던 시장이 번창할 수도 있다. 확실히 텍스트는 화면보다 책으로 읽는 편이 수월하지만, 책을 구하기 어려우면 화면이 책을 대신할 수 있다.

새로운 기술은 낡은 형식을 없애기도 하지만, 오히려 그 가능성을 확장하는 경우도 많다. 이를테면 나이지리아는 1년에 영화를 약 1,000편(몇 주 만에 제작하는 싸구려 생산물들) 제작하며, 이제는 '날리우드'라고 부르는 곳에는 30만 명이 고용되어 있다. 그러나 인구가 1억 2,000만 명이나 되는 이 나라에 영화관은 거의 없다. 만일 영화관이 영화생산물의 유일한 판로라면, 영화는 전혀 제작되지 않고 고용도 전혀 이루어지지 않을 것이다. 그러나 인구 가운데 3분의 2는 VCR을 이용할 수 있고, 이것이 그들이 영화를 보는 방법이다. 그래서 나이지리아 영화는 영화관을 위해 만들어지는 것이 아니라, 곧바로 비디오카세트나 DVD로 제작

되기 위해 만들어진다.[30]

　앞에서 살펴보았듯이, 문화생산물을 유통하는 방식이 바뀌면 생산물 자체도 영향을 받는다. 노래를 내려받는 것이 지배적인 방식이 되면, 노래는 사라지지 않겠지만 앨범은 사라질 수도 있다. 듣고 싶은 한두 트랙만 아이튠스에서 내려받을 수 있는데 왜 앨범 전체를 사겠는가? 만일 모든 문화생산물을 언제든 이용할 수 있을뿐더러 접근하는 방법까지도 쉽다면, 내려받기조차도 곧 구식이 될 것이다. 상상해보라. 엄청나게 많은 문화생산물을 가정에서 또는 휴대용 무선수신기로 이용할 수 있고, 모두 필요할 때만 돈을 내고 이용한다. 따라서 서너 번만 듣고 말 음반이라면, 몇 년 동안 되풀이해 들을 음반과 똑같은 돈을 내는 게 아니라 훨씬 적은 액수만 낸다. 이렇게 되면, 도서관 이용자들이 책을 소유할 필요가 없듯이 소비자들도 문화생산물을 '소유'할 필요가 없을 것이다.

　방송도 영향을 받을 것이다. 텔레비전 채널이 하나밖에 없을 때는 시간이라는 물리적 제약이 재고를 유지하는 것과 비슷한 문제를 낳았다. 시청자는 방송국이 강요하는 편성표에 휘둘렸다. 그러나 다채널 텔레비전 덕분에 시청자의 힘이 강해졌다. 비디오 녹화는 소비자의 힘을 더 키워주었다. 이제 소비자는 자신이 원하는 시간에 직접 선택한 프로그램을 볼 수 있게 되었기 때문이다. 디지털 텔레비전의 도래는 시나리오를 더 바꾸어놓고 있다. 앞으로는 텔레비전 방송사가 프로그램을 제작해두면 소비자는 몇 달 뒤에든 어쩌면 몇 년 뒤에든 언제든지 시청할 수 있게 될 것이다.

　사람들은 갈수록 물리적 생산물을 구입하기보다 이용권을 구입할지 모르고, 이미 많은 이들이 그렇게 하고 있다. 냅스터나 리얼네트워크스 사의 온라인 서비스인 랩소디 한 달 이용권, 유선방송 이용권, DVD 서비스, 휴대전화가 그런 예다. 또 인터넷 접속도 있다. 『빌보드』는 2005년에, 디지털 사회에서 '꼬박꼬박 돈을 내는' 구성원들은 이용권을 구매하는 데에 연간 3,000달러를 쓴다고 계산했다.[31]

주류 영화, 책, 텔레비전 프로그램은 계속 만들어지겠지만, 크리스 앤더슨이 '최소공분모의 압제'라고 부른 것은 크게 약화될 것이다. 그는 프랑스에서 제작해 오스카 장편애니메이션상 후보에 오른 〈벨빌의 세 쌍둥이〉(2003, 영국에서는 〈벨빌 랑데부〉로 개봉되었다)를 미국에서는 겨우 6개 영화관에서만 개봉하는 바람에 많은 미국인이 볼 수가 없었다고 지적한다. 인구가 미국의 5분의 1인 영국에서는 60개 영화관에서 개봉해서 훨씬 많은 이들이 볼 수 있었다. 앤더슨은 "물리적 공간의 압제 아래에서 관객들이 아주 얇게 퍼져 있으면 관객이 전혀 없는 것이나 마찬가지"라고 설명했다.

결국에는 상대적으로 적은 비율의 문화생산물—책, 영화, 노래 따위—만이 이윤을 낸다. 그렇지만 나머지 생산물 가운데 일부도 '선반 수명'이 더 길었다면 이윤을 남길 수 있었을 것이다. 그리고 관심을 가질 소비자가 너무 적다고 보고 생산하지 않는 많은 것들이 '디지털' 시대에는 빛을 볼 수 있을지도 모른다.

해리 포터 시리즈나 『다빈치 코드』 같은 인기 있는 책들이 디지털 형식으로 널리 읽힐 가능성은 크지 않다—물론 8,500만 대의 휴대전화가 있는 일본에서는 젊은이들이 반다이 네트워크스 같은 웹사이트에 가입해 휴대전화로 장편소설을 읽는다는 보고가 있긴 하다.[32] 화면을 뚫어져라 보는 것보다는 재래의 책을 읽는 것이 더 간단하고 즐거운 일이다. 하지만 값비싼 학술논문은 어떨까? 리치 로버트슨과 주디스 베니스턴이 편집하고 1999년에 에든버러 대학 출판부가 70파운드라는 값을 붙여 펴낸 200쪽 분량의 『가톨릭과 오스트리아 문화』 같은 책은 지원금이 있어야 했고, 대학 도서관들만 구입할 가능성이 크다. 그러나 이 책이 전자책으로 나오면 값이 훨씬 내려갈 테고, 먼 곳에 살면서 주변 도서관에서 이 책을 구할 수 없는 학자들의 관심을 끌 것이다. 온라인 백과사전이나, 마이크로소프트의 『엔카타』처럼 CD롬으로만 판매하고 정기적으로 개정하는 사전들은 전자책 형식이 더 참고하기 편하다. 학자들이 무보수로 쓰고 편집한 뒤에 출판사가 다시 대학들에 터무니없는 값에 파는 학술지의 경우, 불필요한 중개인을 거치지 않고 텍스트를 온라인에 올려서 더 많은 곳의 더 많은 독자에게 제공할 수 있다. 그렇게 되면 점점 더 많은 소비자들이 힘을 얻으며 선택의 폭을 넓혀갈 것이고, 그리하여 문화시장과 자본주의 진화의 일반적인 흐름을 따라갈 것이다.

　소비자들은 온라인 접속을 이용하면 지금까지 한 꾸러미 단위로만 구입하던 상품 안에서 낱개를 선택할 수 있다. 책 안의 에세이 한 편, 정기간행물 안의 글 한 편, 신문 안의 논평이나 사설 한 편, 앨범 안의 트랙 하나만 고를 수 있는 것이다. 소비자만 생산물을 선택하는 것이 아니라 생산자도 소비자를 선택할 수 있다. 광고는 소비자 수백 만 명을 무턱대고 공략하는 대신, 구글이나 아마존이 보여주었듯이, 특정한 생산물에 어느 정도 관심을 보이는 이들에게만 전달할 수 있다. 쌍방향통신은 '약한' 생산자에게도 힘을 준다. 자신의 솜씨나 서비스를 세계적으로, 전국적으로, 국지적으로 홍보하고 싶은 이는 막대한 광고비를 들이지 않고도 그렇게 할 수 있다. 필요한 것이라곤 자신의 웹사이트가 다다.

　자기 생각을 다른 이들과 공유하고 싶지만 몇 종 없는 신문과 지나치게 강한 칼럼니스트의 영향력을 우회하려는 이는 온라인 칼럼이나 일기인 '웹로그', 곧 '블로그'를 만들 수 있고, 여기에 글을 쓰면 인터넷에

살람 팍스가 이라크 전쟁 기간에 사용한 블로그(dear_raed.blogspot.com/ 2012년 6월 1일 접속). 살람 팍스는 바그다드의 상황을 일기 형식으로 주요 언론보다 빠르고 생생하게 기록해 블로그 붐을 일으켰다.

접속하는 10억 명 중의 누구라도 읽을 수가 있다. 전쟁이나 자연재해 같은 상황에서 블로거들은 이른바 바그다드 블로거 '살람 팍스'의 경우처럼, 전 세계적인 정보의 홍수에 정보를 보탠다. 살람은 2003년의 이라크 침공 기간에 쓴 글이 『가디언』에 소개되고(나중에 『살람 팍스: 바그다드 블로그』라는 책으로 출간되었다), 그가 출연한 일련의 영상이 BBC에 방송되면서 세계적으로 유명해졌다. 이것은 재래의 매체도 블로그를 이용할 수 있다는 것을 보여준 예였다. 또한 상대적으로 권력이 있지만 자신의 생각과 일이 재래의 매체에 거의 보도하지 않는 이들도 블로거가 되었다. 유럽연합 집행위원회의 스웨덴인 부회장 마르고트 발스트룀이 그런 경우다. 그녀의 과제는 집행위원회가 주민들에게 '유럽'을 알리는 방법을 개선하는 것이고, 그녀의 블로그에는 가족생활과 아들의 생일에 관한 생각도 담겨 있다.[33]

BBC가 운영하는 뉴스 웹사이트 http://news.bbc.co.uk−영어의 확산과 BBC라는 상표의 명성 덕을 본 이 웹사이트는 어쩌면 세계에서 가장 규모가 큰 '신문'일는지도 모른다−같은 온라인 '신문'들이 어디에서나 읽고 쉽게 버릴 수 있는 값싼 휴대용 종이신문을 쫓아내지는 않겠지만, 그 내용과 형식은 바꿀지도 모른다. 또한 역설적으로, 웹이 신문에 실리는 몇몇 기사의 수명을 늘려줄 수도 있다. 종이신문은 버려지고 재활용되지만, 웹에 등록된 기사는 대개 한참 뒤에도 다시 접속해서 읽을 수 있기 때문이다.

물론 이렇게 생산자가 급증하는 데에 따르는 대가도 있을 것이다. 글을 아는 이들이 읽는 몇 권의 책, 다수가 보는 몇 편의 영화, 모두가 보고 듣는 몇 개의 텔레비전과 라디오 채널로 이루어진 세계는 문화적 경험을 공유하는 세계다. 그렇게 공유하는 기억을 만들어내고 정보를 민주화한 데에 따르는 주된 결과는 독자·시청자·청취자공동체에 뭔가 이야기할 거리가 생긴다는 것이다. 일면식도 없는 사람들이 만났을 때, 서로에게 관심이 있다면 그들은 탐험하는 듯한 기분으로 대화를 시작할 것이다. 그들은 머뭇거리면서 자기가 좋아하는 음악, 자기가 듣는 라디오 방송, 자기가 보는 텔레비전 프로그램, 자기가 읽는 책, 곧 자기가 흡수하는 문화에 대한 생각을 교환할 것이다. 여행과 통신 기술은 몇몇 사람들이 일찍이 '지구촌'이라고 불렀던 것을 만들어냈다. 사실 지구촌은 오래된 것이다. 옛날에는 공통의 국제적 귀족문화가 있었다. 그 문화에 속한 이는 누구나 (한정된) 범위의 텍스트와 음악에 정통할 것으로 기대되었다. 그리고 19세기에는 부르주아 문화가 있었다. 20세기에는 영화, 녹음된 음악, 대중언론, 값싼 페이퍼백이 대중문화를 형성했다. 그 극치는 라디오와 텔레비전 방송이었다. 이것들이 각자가 편안한 자기 거실에서 비슷한 프로그램을 듣고 보는 국민공동체를 만들어냈다.

물론 지구촌을 지배한 것은 한정된 수의 문화 중심들이었다. 소설은 처음에는 영국과 프랑스가 지배했고, 그다음에는 러시아와 미국이 지배했다. 음악은 이탈리아, 독일, 프랑스가, 나중에는 미국, 영국, 라틴아메리카가 지배했다. 영화는 곧 미국이 압도했다. 텔레비전 프로그램의 국제교역도 마찬가지였다. 그러나 미국의 패권은 그 교훈, 기법, 형식이 새로운 생산물에 흡수되면서 약화될 가능성이 크다.

월드와이드웹은 국제문화의 공통 요소들을 강화했지만, 생산자 수가 늘어났고 앞으로도 계속 늘어날 것이기에, 미래의 문화생산물들은 과거의 문화생산물들보다 일관성이 훨씬 떨어질 가능성이 크다. 앞으로는 더 파편화되고 더 다양해질 것이다. 자유가 커지고 소비자 선택의 폭이 넓어지면 각각의 집단은 앞으로 자신이 선호하는 것에 집중하고 실험은 덜 할지도 모른다. 지구촌이 여러 지역으로 분할될 수도 있는 것이다.

아주 최근의 이른바 문화제국주의를 한탄할 이유가 없었듯이, 그런 다양화를 한탄할 이유는 없다. 어떤 문화경험이나 주제나 형식의 종말은 유감스러운 일인지도 모르지만, 그런 일은 전에도 있었고(이를테면 오페라 레퍼토리의 거의 갱신 불가능한 성격), 그래도 세상은 계속 돌아갔다. 보호주의 조치나 공영방송의 보존이 다양성 유지에 도움이 될지는 모르지만, 다양성과 변화는 어쨌든 문화과정의 '유전적' 구성요소다.

지난 200년 동안 서구인들은 세계 인구에서 차지하는 비율에 전혀 어울리지 않는 비중으로 나머지 세계에 문화생산물을 공급해왔다. 이것이 무조건 좋은 일인지 어떤지를 판단하는 과제는 헌신적인 도덕론자들에게 맡기겠다. 오늘날의 문화가 과거의 문화보다 나쁜가 하는 문제도 그들이 생각하도록 놓아두겠다. 역사가가 하는 일은 그보다 복잡하다. 역사가는 과거의 지도를 그리면서 현재를 긴 안목으로 본다. 어떤 문화가 좋고 어떤 문화가 나쁜가 하는 문제는 모든 인간이 결정할 일이며, 모든 인간이라는 범주에는 역사가들이 포함되지만 동시에 누구도 배제되지 않는다. 내가 아는 것이라곤 고급문화든 저급문화든, 톨스토이든 〈그랜드 세프트 오토〉든, 문화가 없는 세상은 지금 우리가 마주하는 세상보다 훨씬 야만적인 세상이리라는 것, 이것뿐이다.

감사의 말

10년이 채 안 되는 기간에 이만한 분량과 범위의 책을 쓰는 일은 레버흄 재단과 너필드 재단이 이 프로젝트를 후원하지 않았다면 불가능했을 것이다. 두 재단은 나에게 각각 3년치 전공 연구비(2000~3)와 사회과학 연구비(1997~98)를 지원했다. 그 밖에도 퀸메리 칼리지로부터 2003~4년의 안식년과 다양한 보조금을, 영국 학술원으로부터 1998년 이탈리아 여행 보조금을 지원받았다.

그동안 2002년 연구비를 비롯해 여러 모로 도움을 주고 내가 여러 차례 묵은 메종 쉬제르의 시설을 제공해준 인간과학연구원의 관리자와 사회과학고등연구원의 모리스 에마르에게 고마움을 전하고 싶다. 또한 메종 쉬제르의 직원들, 특히 책임자인 M. 장 뤼크 로리와 프랑수아즈 지루 부인, 나디아 슈니우르 부인에게도 감사드린다.

프랑스에 관한 연구는 대부분 프랑스 국립도서관에서 진행했는데, 그곳의 탁월하고 효율적인 직원들에게 깊이 감사드린다.

뉴욕에서 나는 뉴욕 대학 레마르크 연구소의 객원연구원으로 있었다(2001년 1월~3월). 레마르크 연구소 소장 토니 주트, 행정처장 자이르 케슬러의 친절에 고마움을 전한다.

밀라노의 브레라 국립도서관 직원들, 로마의 엔치클로페디아 이탈리아나 연구소 도서관 직원들, 특히 도서관장 엘사 아두치와, 로마 치네치타의 영화학교 도서관 직원들, 로마 근현대사 도서관 직원들, 특히 도서관장 로산나 데 롱기스와, 로마 국립중앙도서관 직원들, 트렌토 대학 도서관 직원들에게 감사드린다.

런던 대학 상원의사당 도서관, 런던 대학 퀸메리 도서관, 그리고 그곳의 예술 분야 사서 엘리스 래퍼티에게 감사드린다.

영국도서관과 그 직원들, 뉴욕 공립도서관 직원들에게 고마움을 전한다.

프랑수아 푸아리에와 내가 2005년 4월에 객원교수로 있었던 파리 제8대학에도 감사드린다.

프랑스 텔레비전 연속물 〈태양 아래서〉의 제작진에게 감사드리며, 텔레비전 연속극 제작사 마라통과 이 회사 감독 겸 제작자인 파스칼 브르통은 자신들의 활동과 회계에 관한 정보를 제공해주었다.

또한 펠트리넬리 재단 도서관과 탁월하고 친절한 도서관장 다비드 비두사에게 특별히 감사드린다. 피렌체 국립도서관에도 감사를 드린다―무엇보다 건축가가 (열 달 동안) 안전증서에 서명하지 않아 원래 들어가서는 안 되는 서고임에도 들어가서 내가 필요로 하는 책을 찾아준 결단력 있는 사서에게 고마운 마음을 전한다.

또한 RAI(이탈리아 국영방송사)의 대중커뮤니케이션 도서관, 특히 도움을 주었던 도서관장 안나 마리아 투치와 그녀의 동료 조반니 리파리에게 감사드린다.

인내심과 유머감각, 예리한 지성으로 이 책의 방대한 부분을 읽어준 주디스 서머스에게 감사드린다.

또한 나에게 조언을 해주고 참고문헌 작업을 도와준 친구들, 동료들, 지인들에게도 감사를 드리는 바이다. 알베르토 아브루체세(로마 사피엔차 대학), 바버라 가빈(유니버시티 칼리지 런던, 조아키노 벨리에 관해 조언해주었다), 찰스 리어릭(애머스트의 매사추세츠 대학), 엔리카 빌라리(베네치아의 카포스카리 대학, 월터 스콧에 관해 조언해주었다), 도라 잔나키(그리스 텔레비전에 관해 조언해주었다), 에드워드 라이트(대중음악 장르들), 에릭 홉스봄, 조엘 핀들러(영화에 관해 조언해주었다), 가브리엘라 투르나투리(볼로냐 대학, 이해를 돕는 대화를 나누었다), 조반나 추코니(에페 펠트리넬리), 줄리오 사펠리(밀라노 대학), 작고한 주세페 페트로니오 교수(트리에스테 대학), 한스 요르크 슈틸러(라이프치히 대학, 커뮤니케이션과 미디어학 연구소), 재드 애덤스, 제인 슈나이더(뉴욕 시립대학), 피터 슈나이더(포드햄 대학), 욘 융클라우센(『차이트』), 런던 대학 퀸메리 칼리지의 조너선 스멜과 버지니아 데이비스, 주디스 골드스타인(바사 칼리지, 내가 원래 의도했던 1850년이 아니라 1800년부터 시작해야 한다는 옳은 의견으로 나를 설득했고, 그리하여 이 책이 더 길어졌다), RAI 연구소장 로레다나 코르네로, 전前 런던 이탈리아 문화연구소 소장이자 비테르보 대학 교수인 베네데타 비니, 루치오 스폰차(웨스트민스터 대학), 루이사 피노키(몬다도리 재단 이사), 이자벨 베이라 마송(파리 시앙스포), 마리나 팔라디니 무시텔리(트리에스테 대학), 마르타 페트루세비치(뉴욕 헌터 칼리지), 1950년대 사르데냐 섬의 영화 관람에 관한 세세히 알려준 마시모 로케, 옴브레타 잉그라시, 뤼디거 슈타인메츠(라이프치히 대학), 루스 벤 기아트(뉴욕 대학), 코르둘라 귄터(할레-비텐베르크 대학, 미디어와 커뮤니케이션학 연구소), 바실리스 포우스카스(스털링 대학) 등에게 감사드린다.

    유익한 조언과 영국 대중음악에 대한 전문지식을 알려준 필립 노먼에게 감사드린다. 일라리아 파브레토(킹스터 대학)는 이 책의 여러 장에 대한 유용한 제안을 해주었다. 또한 대중음악에 관한 장에 조언을 해주고 편집기술을 발휘해준 『가디언』의 이모전 틸던에게도 감사드린다. 영화에 관한 몇몇 장들을 읽고 소중한 조언을 해준 나의 동료 마크 글랜시에게 감사드린다.

원래 계획했던 분량보다 책이 길어졌음에도 평정심을 잃지 않은 나의 출판업자 리처드 존슨에게, 그리고 60만 단어를 훌쩍 넘는 원고를 불평 없이 손봐준 편집자 로버트 레이시에게 감사드린다.

영국 정기간행물에 관한 정보를 주고 편집기술을 발휘했으며, 무엇보다 '폭발하는 팝' 장에서 틀린 곳을 정확히 짚어준 나의 딸 타냐 서순에게도 고마움을 전한다.

마지막으로, 다양한 자료와 질문으로 큰 도움을 주고, 자주 유용한 메모와 번역을 곁들여 독일어 텍스트를 제공해주고, 나를 대신해 독일 학자들에게 연락해준 트렌토의 베아트리체 데 제를로니에게 진심으로 감사드린다.

2006년 1월, 런던에서

도널드 서순

옮긴이의 말

어마어마한 책이다. 책상 위에 놓고 보면 콘크리트 블록 같다. 내가 가진 책 가운데 한 권짜리로는 국어대사전, 세계사 대사전 다음으로 두껍다. 번역서가 아닌 원서 두께가 그렇다(번역서는 대개 원서보다 부피가 반쯤은 커진다). 머리말과 결론을 빼고 본문 62개 장, 거의 200쪽에 이르는 주석과 참고문헌, 그리고 찾아보기를 포함해 총 1,660쪽의 대역작이다. 두꺼운 만큼 다루는 범위도 방대해서, 소설, 동화, 논픽션, 신문, 잡지, 만화, 출판, 보도사진, 연극, 오페라, 뮤지컬, 카바레, 팝 음악, 음반, 영화, 다큐멘터리, 라디오, 텔레비전, 인터넷까지 포괄한다. 거의 작은 백과사전 같은 느낌을 주지만, 지은이는 한 사람이다.

이 책은 도널드 서순이 10년 정도의 기간을 쏟아 내놓은 대작이다. 그의 책 『Mona Lisa: 세상에서 가장 유명한 그림 〈모나리자〉의 역사』(2003, 해냄)가 소개된 바는 있지만, 아직 국내에 널리 알려진 학자는 아니다. 그는 파리, 밀라노, 런던, 미국 등지에서 공부했고, 이탈리아와 파리, 뉴욕에서 교환교수나 연구교수를 지냈다. 이 책을 읽으면서, 특별한 사례를 이야기할 때 다른 어디서도 볼 수 없을 세세한 내용들에 감탄한 적이 여러 번 있었는데, 그런 이력과 왕성한 연구활동 덕분이었나 보다. 실제로 그는 이탈리아의 역사와 정치에 관한 책을 몇 권 냈고, 1996년에는 『사회주의 100년: 20세기 서유럽의 좌파』라는 거의 1,000쪽에 이르는 또 한 편의 야심작을 낸 바 있다. 현재는 런던 대학교 퀸메리 칼리지 유럽 비교사 교수이며, 여러 분야의 전문지 편집위원으로 활동하는 한편, 강연, 기고, 인터뷰 따위를 통해 대중과도 활발하게 접촉하고 있다.

이 책의 원제는 『The Culture of the Europeans: From 1800 to the Present』이다. '유럽 문화사'라는 지금의 제목이 정해질 때까지, 나는 '자본주의 문화사'나 '대중문화사'라는 두 가지 제목을 염두에 두고 있었다. 사실 '유럽 문화사'라고 하면, 나는 먼저 사회문화사나 어떤 철학·미학적 관점의 예술사를 상상하게 되기 때문이다. '자본주의 문화사'라는 단어는 이 책을 읽으면서 자연스레 떠오른 것이었다. 기본적으로 서순은 사고 팔 수 있는 상품을 생산한다는 경제적인 관점에서 문화를 바라본다. 따라서 "아무런 거리낌도 없이 사업으로서의 문화, 직업으로서의 문화에 초점을 맞춘다". 그리고 문화산물 가운데 팔고, 사고, 빌리고, 소비할 수 있는 물리적 상품의 형태를 띤 것들—책, 신문, 녹음된 음악, 나아가 영화, 텔레비전 프로그램 따위—과 문화산물을 구매할 집단적 소비자들이 있는 현장에서 벌어지는 일회적인 실황 공연—연극, 콘서트, 오페라, 버라이어티쇼 따위—의 형식을 중심으로, 그것이 생산, 유통, 소비되는 시장의 토대가 마련된 19세기부터 이야기를 시작한다. 이 문화시장의 형성과 확장, 시장의 패권과 그 이동, 문화상품의 성공과 실패 요인들을 탐색하는 것이 이 책의 기본 얼개다. 다만, 이 책에는 우리가 문화의 한 부분으로 꼽는 미술이 빠져 있는데, 서순은 유일무이한 물건을 파는 시장으로서 미술시장의 투기적 성격, 미술에 대한 대중적 기준의 모호성을 이유로 들면서, 대중적으로 유통되고 소비되는 판화와 삽화만을 포함시킨다고 밝힌다.

어쩌면 문화산물을 상품으로 여긴다는 관점이 우리에게 아주 낯설지만은 않을 것이다. 이미 우리는 문화상품의 경제적 가치를 환산하는 데에 익숙하다. 1990년대 중반인가, 스필버그 감독의 〈쥐라기 공원〉이 1년 만에 거둔 흥행수익이 우리나라가 자동차 150만 대를 수출해서 얻는 수익과 맞먹는다는 식의 비교가 처음 나오더니, 그 뒤로는 한류와 K팝 같은 문화상품의 가치, 심지어는 그 부가가치까지도 자동차 수출로 인한 수익과 비교하는 방식이 거의 표준화된 잣대처럼 쓰이고 있다. 그러나 서순은, 비록 경제적 관점에서 문화를 바라보면서 문화시장의 형성과 변천을 들여다보고는 있지만, 문화가 모두 돈에 관한 것은 아니라는 점을 곳곳에서 밝히고 있다. 그는 문화가 '맥락, 네트워크, 일군의 관계' 속에서 생산된다고 말한다. 위신, 명예, 도덕주의, 국가의 개입 역시 문화상품의 생산 및 소비와 관계가 있다. 서순은 또한 유럽의 주변부 나라들은 물론, 애초에는 유럽 문화의 소비국이었다가 서서히 세계적인 문화 패권국으로 도약하게 된 미국까지 '유럽 문화'에 포함시켰다. 20세기 중반 이후 유럽인들이 소비하는 문화에서 미국 문화의 비중이 매우 커졌기 때문이다. 이 책의 관점에서 볼 때 미국은 처음부터 문화의 생산을 하나의 사업으로 여기고 산업적 생산체계를 만들어온 매우 흥미로운 예다.

어쩌면 '자본주의 문화사'는 '대중문화사'의 또 다른 얼굴인지도 모른다. 엘리트들의 활동이었던 많은 문화형식들이 시장으로 들어간 과정이 곧 문화의 대중화 과정이기 때문이다. 실제로 오늘날 우리가 즐기는 대중문화 다수는 미국이나 유럽의 보통사람들이 즐기는 문화와 똑같거나 그 형식을 그대로 빌려온 것들이다. 그 가운데에는 18세기까지 귀족과 엘리트의 문화였다가, 19세기에 교육의 확대와 기술의 발전에 힘입어 '문화의 민주화'를 이룬 결과물이 대부분이다. 거꾸로 천대받던 서민들의 문화형식이 막강한 시장을 형성하고 결국 이를 외면할 수 없게 된 엘리트들에게 승인을 받아낸 것들도 있다. 이 책에서 서순은 귀족들의 저택이나 왕궁에서 연주되던 음악이 '소리의 기록'을 통해 그런 길을 걸어왔고, '고급' 문학이 저렴한 페이퍼백으로 출간되면서 대중이 접근할 수 있게 되었다고 밝힌다. 대중적 연재소설, 영화, 텔레비전, 컴퓨터게임 같은 새로운 문화형식들이 처음에는 엘리트들에게 '타락'이니 '문명의 종말'이니 하는 반응을 불러일으키다가, 돈이 되는 사업으로 인정받으면서 어엿한 문화로 자리잡는 과정 또한 이 책의 중요한 한 축으로 보인다. 이런 성격 때문에 일반 독자에게는 생소할 수 있는 19세기 유럽이나 20세기 미국의 대중작가나 장르문학 작가가 많이 소개된다. 반면에 다른 책에서 흔히 다루고 우리가 학교에서 익히 들었던 유명한 이름들이나 아방가르드, 달리 말하면 엘리트들에게는 인정받았을지 몰라도 대중적이지 않았던 이들은 무게 있게 다루어지지 않는다. 이를테면 영화에서 고다르에 관한 언급은 없고 호크스나 히치콕을 길게 다루는 식이다. 문학에서는 시인 이름은 드문 대신, 쉬, 뒤마 같은 작가가 중요한 예로 언급되고, 위신과 명예, 성공과 부를 모두 누렸던 월터 스콧, 디킨스, 위고, 졸라에게는 꽤 많은 지면이 할애된다.

　이 책은 5부로 구성되어 있다. '서막'이라는 제목의 제1부(1800~1830)는 주로 이 책에서 다루는 문화형식의 성립과 그 문화시장의 형성을 가능하게 한 배경요인들을 살펴본다. '부르주아 문화'라는 제목의 제2부(1830~1880)는 부르주아들이 중요한 문화소비자로 떠오르면서 문화생산과 유통시장에서 큰 역할을 하게 된 과정, 중요한 장르들의 성립, 문화의 억압, 음악사업의 확립 따위를 다룬다. 제3부(1880~1920)의 제목은 '혁명'인데, 사회정치적 혁명이 아니라 기술의 발전으로 인한 문화적 혁명을 말한다. 이 시기에 범죄소설, 과학소설, 보도사진, 대중언론, 기록된 소리, 대중음악, 영화 따위가 새롭게 등장한다. '국가'라는 제목의 제4부(1920~1960)에서는 국가의 개입과 문화의 관계, 공산주의와 파시즘의 문화, 연재만화, 더 많은 영화들, 대중음악의 발전, 라디오의 등장이 소개된다. 이 시기에 미국이 문화적 패권국으로 도약하기 시작한다. 제5부(1960~2000)는 '대중매체'라는 제목으로 텔레비전과 그 장르들, 팝 음악을 다루고, 문화산물의 이동, 문화의 장기적인 경향과 전망을 탐색한다. 물론 앞의 부와 장에서 그 등장과 발전을 살핀 문화형식들은 이어지는 부에서도 계속 다루어진다.

"팔리는 모든 책이 읽히는 건 아니다." 서순은 이 두꺼운 책을 앞에 두고 부담을 가질 독자들의 마음을 헤아리기라도 하듯 '쿨'하게 말한다. 그저 '참고'하기 위해 사는 책도 있다고 말이다. 실은 본문에서 그가 말하는 맥락은 판매부수가 많다고 많이 읽히는 책은 아니라는 뜻이지만, 수많은 통계와 수치를 인용하면서도 늘 차분하고 신중한 태도는 그가 현상의 이면을 꿰뚫으며 균형을 잃지 않는다는 믿음을 준다. 어쨌거나 눈길 가고 관심 있는 부분들만 먼저 읽는다 해도 결국에는 끝까지 다 읽게 되지 않을까 싶을 만큼 서순의 글은 쉽고 유쾌하고 재미있다. 고급문화인 순음악이나 오페라가 시장논리에 떠밀려 부르주아 대중을 흡수했을 때에야 비로소 제대로 감상되고 가치를 인정받게 된다는 역설이나, 인세 수입이 곧 명성의 척도로 여겨지는 현실에서 작가가 출판사와 벌이는 기싸움 같은 흥미로운 대목을 곳곳에서 찾아볼 수 있다. "모든 혁신은 불가피하게 문명의 종말에 관한 경고나 불만을 자아낸다" 같은 '테제'로 도덕주의자나 엘리트의 거듭된 우려에 냉소를 보내는가 하면, 거대한 문화시장에서 빙산의 꼭대기를 차지하는 스타 작가나 음악가의 저 아래, 가난 속에서 신음하다 사라져간 이름 없는 문화생산자들에게도 잊지 않고 눈길을 주는 인간적인 면모를 보인다. 그가 곧잘 그려내는 문화소비의 사회사적 풍경은 생생하고 유머가 넘친다. 무엇보다도 이 책이 학자들이 논의하는 문화사가 아니라 보통사람들이 밥벌이를 하고 남는 시간에 삶을 즐기거나 시름을 잊는 방식에 관한 이야기라는 것을 암시하는 '유럽인들의 문화'라는 원제는 서순의 시선이 향한 곳을 보여준다. 더욱이 다른 책에서는 잘 다루지 않는 유럽의 각국(이른바 주변국까지도)과 미국의 대중적인 작가나 작품들을 다룸으로써 갖는 희소성은 이 책을 더욱 돋보이게 한다. 이 책의 두께를 더한 방대한 참고문헌과 주석은 공부하는 이들에게는 큰 도움이 될 것이다. 문화에 관심이 있는 일반 독자, 학생이나 연구자는 말할 것도 없고, 소설가와 희곡작가, 대본작가, 방송작가, 작곡가, 연주자, 연출가, 감독, 배우 등등을 포함한 문화생산자, 출판 관계자, 방송과 영화 관계자, 시장과 마케팅에 중점을 둘 수밖에 없는 문화기획자, 마케팅 담당자, 문화정책 담당자까지도, 어디서도 구할 수 없는 풍부한 자료와 흥미로운 사실과 폭넓은 시각을 이 책에서 얻게 될 거라고 확신한다.

　이 엄청난 책을 번역하는 작업을 되도록 짧은 기간에, 그리고 되도록 알차게 해내기 위해 여러 명이 공역을 하게 되었다. 이 책의 범위가 워낙 넓어서 각각 전공이 다른 번역가 선생님들을 모셨고, 전체적인 원고검토 작업을 겸할 간사를 내가 맡았다. 그러나 흔히 하는 대로 분량을 순차적으로 나누어 어디부터 어디까지는 누가 맡는 식의 공역을 지양하고, 번역자들이 편집부까지 포함하여 처음부터 긴밀하게 논의를 해가면서 일종의 협업체계로서 공역하는 새로운 방식에 도전했다. 전체 5부에 걸쳐서 골고루, 각자 특정한 분야와 관련된 장들을 맡았고, 때로는 하나의 장을 소제목별로 나누기도 했다. 그리고 전체의 흐름을 잡고 번역의 문체와 용어 선택의 기준을 잡기 위한 워크숍을 몇 차례 가졌다. 어쩔 수 없이, 번역 원고에서 각자의 개성은 최대한 줄이기로 했다. 그럼에도 이런저런 사정이 얽히면서 번역 일정은 지연되었고, 각각의 원고를 통합해서 다듬는 과정은 결코 쉽지 않았다. 그 과정에서 다른 책보다 몇 배의 수고를 기울여야 했음에도 묵묵히, 그리고 열과 성을 다해 작업해주신 편집부 여러분께 감사드린다. 특히나 편집부에서는 엄청난 분량의 본문이 주는 부담을 줄이고, 독자의 이해를 돕기 위해 일일이 도판을 준비하고 그림설명을 넣었다. 무에서 유를 창조해낸 편집부의 노력이 이 책을 더욱 빛내리라는 걸 믿어 의심치 않는다. 또한 조금이라도 나은 책이 되도록 미리 번역 원고를 읽고 아낌없이 조언을 해주신 노승영, 이순희, 최파일 선생님께 감사드린다. 끝까지 책임감과 동지애를 발휘해주신 공역자 선생님들께 고마운 마음을 전한다. 무척이나 방대하고 풍부한 이 책의 역자 후기를 다른 역자 선생님이 쓰셨더라면 전혀 다른, 훨씬 훌륭하고 알찬 글이 나왔을 텐데, 간사를 맡은 탓에 내가 쓰게 되었다. 이 글은 어디까지나 나 혼자만의 관심에서, 그리고 내 한계로 인해, 방대한 '유럽 문화사'의 내용 가운데 겨우 두 손가락으로 집어낸 정도밖에 소개하지 못했다는 것을 안타까운 심정으로 밝혀둔다.

2012년 6월의 서울, 평일 퇴근길 7시 반 무렵의 지하철 2호선. 한창 미어터질 시간이 지나고 사당역에서 한 차례 사람들을 왈칵 토해낸 지하철 안은 다른 사람들을 둘러볼 수 있을 만큼 조금은 공간이 생긴다. 저마다 고된 하루 일을 마치고 집으로 돌아가거나, 저녁 약속을 위해 목적지로 향하는 사람들. 동행이 있는 이들은 낮은 소리로 대화를 나누고, 자리에 앉아 두 눈을 감고 쉬거나 자는 사람도 있다. 책 읽는 사람이 어쩌다 한두 명, 얇은 잡지를 읽는 사람이 간혹 보이고, 시험을 준비하는지 문제지를 열심히 들여다보는 사람도 있지만, 신문을 펼쳐든 사람은 없다. 얼마 전만 해도 석간신문이 사라진 자리에 무가지가 쏟아져서 발에 걸리적거릴 정도였는데, 지금은 그마저도 거의 보이지 않는다. 대부분은 휴대전화기, 아니 스마트폰을 들고 있다. 서순의 말처럼, 기술의 발전이 문화산물의 생산, 유통, 소비 형태를 바꾸어놓았나보다. 몇 년 사이에 지하철 풍경이 완전히 바뀌었다. 사람들은 자투리 시간만 생기면 스마트폰을 꺼내들고, 과거에는 어디에 두어야 할지 난감했던 시선을 마음 편히 스마트폰에 둔다. 스마트폰으로 통화를 하거나 문자를 주고받는 사람들도 있지만, 절반 이상은 다른 일을 하고 있다. 이미 기사 검색을 끝냈는지 뉴스를 보는 사람은 몇 보이지 않고, 스포츠 중계를 보는 사람, 놓친 드라마나 쇼 프로그램을 내려받아 보는 사람, 만화를 보는 사람, 내려받은 앱으로 게임을 하는 사람, 전자책을 보는 사람, 음악을 듣는 사람에, 심지어는 영화를 보는 사람도 있다. 우리가 이 책에서 '문화'라고 하는 것 대부분이 그 '기계'에 들어가 있다. 그 문화가 다 어디서 왔을까. 그 기계에 들어가기까지 어떤 과정을 걸어왔고 우리는 어떻게 그런 기계를 통해서 문화를 누리게, 아니 소비하게 되었을까. 생산자의 국적에 상관없이, 우리가 오늘날 소비하는 문화의 많은 부분은 미국에서, 나아가 유럽에서 온다. 서순은 테크놀로지에 기반을 두고 있는 20세기의 문화산업은 19세기 유럽 문화산업의 성공이 마련해놓은 검증된 산물들의 보물창고에 의존하고 있다고 말한다. 하루 밥벌이를 끝낸 뒤 지하철 안에서라도 무언가를 하려는 사람들. 오늘날의 우리와 사는 처지가 크게 다르지 않을 유럽 사람들이 그 무언가를 200년 동안 해온 이야기. 그 길고도 흥미로운 이야기를 들으려면, 2000년 12월의 어느 날 아침 아홉시의 런던 지하철에서 시작되는 도널드 서순의 『유럽 문화사』에 올라타야 한다.

2012년 7월
옮긴이들을 대표하여 오숙은

후주

제56장. 텔레비전: 보편적 매체

1. Bourgeois, *Radios et télévisions privées en Allgemagne entre la loi et le marché*, p. 82.
2. Morley, *Television, Audiences and Cultural Studies*, pp. 152-3.
3. 가족 시청에 관한 고전적인 문헌은 원래 1986년에 쓴 David Morley, *Family Television. Cultural Power and Domestic Leisure*다. 이 책의 pp. 23-5 참조. 가족 인터뷰는 제5장에 나온다.
4. Cepak, 'Pubblicità e fiaba in "Carosello"', p. 1092.
5. Arnheim, 'A Forecast of Television', p. 9.
6. Grass, *My Century*, p. 134.
7. McCarthy, ' "The Front Row Is Reserved for Scotch Drinkers": Early Television's Tavern Audience', p. 32.
8. Grasso, *Storia della Televisione Italiana*, p. 71.
9. Foot, 'Il boom dal basso . . .', p. 633.
10. Principali, *La TV in una piccola comunità rurale del Lazio*, 타자로 친 문서. 이 흥미로운 연구의 저자는 당시 학생이었으며, 이 공동체에 속해 있었다.
11. Ibid., p. 2.
12. Ibid., p. 54.
13. Ibid., p. 63.
14. Ibid., p. 48.
15. De Mauro, 'Lingua parlata e TV', p. 253.
16. Abruzzese and Pinto, 'La radiotelevisione', p. 847.
17. Principali, *La TV in una piccola comunità rurale del Lazio*, pp. 66-76.
18. Pius XII, 'Lettera sulla televisione', p. 73.
19. Yadava and Reddi, 'In the Midst of Diversity: Television in Urban Indian Homes', pp. 127-9.
20. Kuhn, 'Heterotopia, heterochronia: place and time in cinema history', p. 107 참조.
21. Schmitt, Woolf and Anderson, 'Viewing the Viewers...', pp. 265-81; Bourgeois, *Radios et télévisions privées en Allemagne*, pp. 83-4.

22. Jameson, *Postmodernism or the Cultural Logic of Late Capitalism*, p. 72 참조.
23. Abramson, *The History of Television, 1880-1941*, pp. 7-15.
24. Ibid., p. 26.
25. *BBC Handbook*, 1940, p. 53.
26. Miquel, *Histoire de la Radio et de la Télévision*, p. 197.
27. Grasso, *Storia della Televisione Italiana*, p. 52; Barbier and Lavenir, *Histoire des méidias, de Diderot à Internet*, p. 240.
28. Miquel, *Histoire de la Radio et de la Télévision*, pp. 198-9.
29. Huber, *La RFA et sa Télévision*, pp. 16-24.
30. Brochand, *Histoire générale de la radio et de la télévision en France*, Vol. II, p. 389; Missika and Wolton, *La Folle du logis*, p. 25; Briggs, *The History of Broadcasting in the United Kingdom*, Vol. IV, p. 454.
31. Brochand, *Histoire générale de la radio et de la télévision en France*, Vol. II, pp. 425-6.
32. Miquel, *Histoire de la Radio et de la télévision*, p. 195.
33. Pegg, *Broadcasting and Society 1919-1939*, p. 192.
34. Abramson, *The History of Television*, pp. 19-20.
35. Stewart, *My Other Life*.
36. Abramson, *The History of Television*, pp. 32, 38.
37. Briggs, *The History of Broadcasting*, Vol. IV, p. 424.
38. Ibid., p. 431.
39. Ibid., p. 433.
40. Missika and Wolton, *La Folle du logis*, p. 41.
41. Mousseau and Brochand, *Histoire de la télévision en France*, p. 69.
42. Charles de Gaulle, *Mémoires d'espoir. Le renouveau 1958-1962*, p. 302
43. Postman, *Amusing Ourselves to Death. Public Discourse in the Age of Show Business*, p. 16
44. Meyer with Hunchman, *Media Democracy. How the Media Colonize Politics*, p. 29.
45. Himmelweit, Oppenheim, and Vince, *Televison and the Child* 참조.
46. 이 오래된 논쟁의 몇몇 주역들의 입장은 Elihu Katz and Paul Lazarfeld, *Personal Influence*, 1955; W. Shramm, J. Lyle and E. Parker, *Television in the Lives of Our Children*, 1961; Todd Gitlin, 'Media Sociology: the Dominant Paradigm' in *Theory and Society*, No. 2, 1978; Justin Lewis, *The Ideological Octopus*, 1991에서 찾아볼 수 있다.
47. Servizio Opinioni, *L'accoglienza del pubblico alla riduzione televisiva de 'I Promessi sposi.'*

48. Gitlin, *Prime Time*, p. 23.
49. Ibid., p. 31.
50. 언론에 나타난 프랑스의 부정적 반응에 대한 조사로는 Antona, 'Reality Show: critique télévisuelle et "lieux du genre"', pp. 133-43 참조.
51. 2003년 5월 13일에 최종 갱신된 BBC의 웹사이트(*BBC.co.uk*)와 『가디언』 2004년 5월 29일자 참조.
52. Isabelle Veyrat-Masson, *Quand la télévision explore le temps*, pp. 19, 35.
53. RAI Servizio Opinioni, *Dati sulla comprensione di alcune parole da parte di varie categorie di persone 1964-69*.
54. Bourdon, 'L'archaïque et la postmoderne...', p. 16.
55. Ang, *Desperately Seeking the Audience*, p. 31.
56. Iosifidis, Steemers and Wheeler, *European Television Industries*, pp. 12, 30-1의 자료.
57. Ibid., p. 137.
58. *Rights of Passage. British Television in the Global Market*, February 2005. British Television Distributors' Association이 위임했으며, *www.part.co.uk*에서 볼 수 있다.

제57장. 텔레비전 장르의 흐름

1. Williams, *Television. Technology and Cultural Form*, p. 87.
2. 샤를 보들레르는 1863년에 화가 Constantine Guys에 관한 에세이 'Le Peintre de la vie moderne', p. 1163에서 'La Modernité, c'est le transitoire, le fugitif, le contingent'라고 썼다.
3. Lodge, *The Practice of Writing*, p. 232.
4. Servizio Opinioni, *Ascolto e gradimento per le trasmissioni televisive del 1982*, RAI.
5. Levi, *Le Trasmissioni TV che hanno fatto (o no) l'Italia*, p. 258.
6. *Le Monde*, 9 July 2003의 보도 제1면.
7. Gianni Carta와의 개인적인 대화.
8. Morin, 'Le présent actif dans le feuilleton télévisé', p. 241.
9. *Audience: Le journal de mediametrie*, pp. 26-7.
10. 이 모든 수치는 Grasso, *Storia della Televisione Italiana*에서 발췌한 것이다.
11. Servizio Opinioni, *Ascolto e gradimento per le trasmisisoni televisive del 1982*.
12. Briggs, *The History of Broadcasting in the United Kingdom, Vol. IV, Sound and Vision*, pp. 420, 429.
13. 이 용어는 다니엘 다얀과 엘리우 카츠가 쓴 책의 프랑스어 번역본인 *La television cérémonielle*, PUF, Paris 1996에 쓰였다. 원래 영문판인 *Media Events. The Live Broad-*

casting of History, Harvard University Press 1992에는 'media events'라는 단어가 쓰였다. 나는 'ceremonial'을 선호하지만, 앞으로는 영문판을 인용할 것이다.
14. Dayan and Katz, *Media Events*, pp. 4-9.
15. Noelle-Neumann, *The Spiral of Silence: Public Opinion - Our Social Skin* 참조.
16. Barbier and Lavenir, *Histoire des médias, de Diderot à Internet*, p. 242.
17. Dayan and Katz, *Media Events*, pp. 111-12.
18. Ruoff, *An American Family*, p. 53.
19. Coles, 'Sleazy does it for Jerry', *Guardian*, 19 February 1998.
20. Lunt and Stenner, '*The Jerry Springer Show* as an emotional public Sphere', p. 62.
21. *The Times*, 21 April 2005, p. 13.
22. Piper, 'Reality TV, *Wife Swap* and the drama of banality', p. 276.
23. Sanguanini, *Grande fratello: istruzioni per l'uso*, pp. 19,110-11.
24. Mehl, 'La télévision relationnelle', pp. 68ff.
25. 이 정보의 일부는 2002년 4월 5일 Institut d'Études Politiques에서 열린 〈로프트 스토리〉에 관한 세미나에 근거한 것이다. 이 세미나에는 M6에서 방영된 〈로프트 스토리〉의 프로듀서 Thomas Valentin과 매체 전문가 Dominique Mehl이 참여했다.
26. Tolson (ed.), *Television Talk Shows*, p. 9.
27. Livingstone and Lunt, *Talk on Television*, p. 180.
28. Holmes, '"As they really are, and in close up": film stars on 1950s British television', p. 171.
29. Charaudeau and Ghiglione, *La Parole confisquée. Un genre télévisuel: le talk show*, p. 63.
30. Hallenberger, 'La quiete prima della tempesta. La fiction tv tedesca nel 2001', p. 81.
31. Scheduler, Performance Studies, p. 92.
32. Wagg, 'At ease, corporal', p. 3.
33. *Dossier de l'audiovisuel* No. 11, January-February 1987, p. 5.
34. Grasso, *Storia della Televisione Italiana*의 수치.
35. *Dieci anni di TV in Italia*, ERI, Rome 1964의 자료.
36. Mousseau and Brochand, *Histoire de la Télévision en France*, pp. 66-8.
37. *BBC Handbook*, 1940, p. 57.
38. Lawson, 'Many Happy Rover's Returns', *Guardian*, media supplement, 16 May 2005.
39. Briggs, *The History of Broadcasting in the United Kingdom*, Vol. V, p. 192.
40. Bluwal, *Un Aller*, p. 129.
41. Missika and Wolton, *La Folle du logis*, p. 39.

42. Pasquier, *Les Scénaristes et la télévision*, p. 101.
43. James, *Science Fiction in the 20th century*, pp. 161-3.
44. De Bens and de Smaele, 'The Inflow of American Television Fiction on European Broadcasting Channels', pp. 51-71의 자료 참조.
45. *La Circulation internationale des émissions de télévision*, UNESCO, No. 100, 1986, edited by Tapio Varis, p. 45.
46. Iosifidis, Steemers and Wheeler, *European Television Industries*, p. 134.
47. Paulu, *Radio and Television Broadcasting in Eastern Europe*, p. 173.
48. Miller, *Something Completely Different*, pp. 78,144-5.
49. *BFI Film & Television Handbook 2004*, edited by Eddie Dyja, p. 58.
50. 수치는 Jelot-Blanc, *Télé-feuilletons. Le dictionnaire de toutes les séries et de tous les feuilletons télévisés depuis les origines de la télévision*, 여기엔 에피소드가 13회 이상인 모든 연속물과 시리즈 목록이 실려 있다.
51. Santoro 'I giudizi dei ragazzi sui programmi a loro dedicati', p. 37.
52. De Bens and de Smaele, 'The Inflow of American Television Fiction on European Broadcasting Channels', p. 55.
53. Data in Chaniac and Jézéquel, 'Julie Lescaut vince su Loana. La fiction tv francese nel 2001', p. 67.
54. De Bens and de Smaele, 'The Inflow of American Television Fiction on European Broadcasting Channels', p. 56.
55. *Les Écrits de l'image*, 'Le Top 20 des meilleures series televisés en 1997', p. 165.
56. Agger and Nielsen, 'Il Buono, il brutto e il banale. La fiction tv danese nel 1998', p. 186.
57. Hallenberger, 'La quiete prima della tempesta...', pp. 85, 89, 93.
58. *La Repubblica*, 5 August 2003.
59. Holmlund, 'Pippi and Her Pals', p. 4.
60. *European Films on European Televisions*, European Audiovisual Observatory, 2000.
61. Ang, *Watching Dallas*, p. 39.
62. Ibid., pp. 1, 3, 4-5, 8-9, 22, 30, 40.
63. Liebes and Katz, *The Export of Meaning. Cross-cultural readings of 'Dallas'*, pp. xi, 131-8.
64. Harvey, 'Nonchan's Dream. NHK morning serialized television novels', P. 135.
65. Gill의 에세이 'Transformational Magic. Some Japanese super-heroes and monsters' and Standish, 'Akira, Postmodernism and Resistance', pp. 33-55, 56-74 참조.
66. Hannerz는 *Cultural Complexity. Studies in the Social Organization of Meaning*, p.

243에서 제3세계 국가의 많은 이들이 실제로 〈댈러스〉를 보았다는 것을 의심한다.
67. Liebes and Livingstone, 'European Soap Operas. The Diversification of a Genre', p. 14.
68. Frey-Vor, *Coronation Street: Infinite Drama and British Reality*, p. 42.
69. *The Coronation Street Story*, p. 5에서 기록보관인 Little은 그렇게 주장한다.
70. Frey-Vor, *Coronation Street: Infinite Drama and British Reality*, p. 38.
71. Ibid., pp. 57-8; 등장인물들에 대한 상세한 정보는 Little, *The Coronation Street Story*, pp. 301-1을 사용해 덧붙인 것이다.
72. 이 정보를 준 〈태양 아래서〉의 제작사 마라통과 전무이사 Pascal Breton에게 감사드린다.
73. Rowe and Schelling, *Memory and Modernity. Popular Culture in Latin America*, pp. 108-9.
74. Borenstein, 'Public Offerings: MMM and the Marketing of Melodrama', p. 55
75. Andrzejczyk, 'Lo Specchio della vita quotidiana. La fiction tv polacca nel 2001', pp. 159-60.
76. Zha, *China Pop*, pp. 26-7, 34, 36-9.
77. Liebes and Livingstone, 'European Soap Operas...', p. 159.
78. Rosen, 'Soap Operas. Search for Yesterday', p. 45.
79. Buonanno, 'Un orizzonte nebuloso. La fiction italiana nel 2001', pp. 101-2.
80. *Creative Industries Mapping Document 2001*, Department of Culture, Media and Sport (UK), p. 13-02.
81. Jeanneney, 'Quelques réflections sur les films de montage', p. 204.
82. Bousser-Eck and Sauvage, 'Le règne de *Cinq colonnes* 1959-1965', pp. 45, 51-2, 63.
83. Schlesinger, *Putting 'reality' together. BBC News*, pp. 245ff.
84. Manigand and Veyrat-Masson, 'Quelle Allemagne? Pour quels Français?', p. 113.
85. Veyrat-Masson, *Quand la télévision explore le temps*, p. 93.
86. Liidtke, '"Coming to terms with the Past": Illusions of Remembering, Ways of Forgetting Nazism in West Germany', P. 544.

제58장. 텔레비전의 분화

1. Crisell, *An Introductory History of British Broadcasting*, p. 125.
2. Miller, *Something Completely Different*, p. 132.
3. Ang, *Living Room Wars*, pp. 29, 33.
4. van der Wurff, 'Supplying and Viewing Diversity. The Role of Competition and Viewer Choice in Dutch Broadcasting', pp. 215, 223.

5. *Statistical Yearbook 1996*, European Audiovisual Observatory, p. 21.
6. 이 배경에 관해서는 내가 쓴 'Tangentopoli or the Democratization of Corruption: considerations on the end of Italy's First Republic', pp. 124-43 참조.
7. RAI, Direzione Marketing Strategico, *Innovazione Offerta e Progetti Speciali Ascolto delta TV Mensile TV*, April 2003 (internal document).
8. Missika and Wolton, *La Folle du logis*, pp. 68, 79.
9. Dominique Wolton, *Éloge du grand public*, p. 27.
10. Papatheodorou and Machin, 'The Umbilical Cord That was Never Cut', pp. 43, 44.
11. Papathanassopoulos, 'Media Commercialization and Journalism in Greece' in *European Journal of Communication*, pp. 508-9.
12. Iosifidis, Steemers and Wheeler, *European Television Industries*, p. 25.
13. Bourgeois, *Radios et télévisions priviés en Allemagne*, p. 14.
14. Ortoleva, 'La televisione tra le due crisi 1974-1993'. p. 99.
15. Bourgeois, *Radios et télévisions privées en Allemagne*, pp. 82, 86.
16. *Audience: Le journal de mediamétrie*, No. 19, June 1998, pp. 14-15.
17. Iosifidis, Steemers and Wheeler, *European Television Industries*, p. 121.
18. 창시자로서 스미스의 역할에 대한 애넌 경의 인정에 관해서는 Catterall (ed.), *The Making of Channel 4*, p. 92 참조.
19. Monteleone, 'Radio pubblica e emittenti commerciali dal 1975 al 1993', pp. 193-4.
20. Ortoleva, 'La televisione tra le due crisi 1974-1993', p. 110.
21. 이 과정은 나의 'Political and Market Forces in Italian Broadcasting', *West European Politics*에서 기술했다.
22. Humphreys, *Media and Media Policy in Germany*, p. 240.
23. Ibid., p. 247.
24. Huber, *La RFA et sa Télévision*, pp. 40-7.
25. Humphreys, *Media and Media Policy in Germany*, p. 271.
26. Ibid., p. 281.
27. Martin '1997, une année de television dans le monde', pp. 12-13.
28. Porter and Hasselbach, *Pluralism, Politics and the Marketplace*, p. 32.
29. Iosifidis, Steemers and Wheeler, *European Television Industries*, p. 122.
30. *Creative Industries Mapping Document 2001*, Department of Culture, Media and Sport (UK), p. 13-03.
31. *Temps, medias et société* 주최로 2005년 4월 8일 파리에서 열린 세미나에서 Monique Dagnaud가 텔레비전 프로듀서들에 관해 발표한 연구.
32. Madeo and Raveggi, *Il Servizio Opinioni cos'è com'è*, RAI.
33. Servizio Opinioni, *Ascolto e gradimento per le trasmissioni televisive del 1982*.

34. Katz, 'And Deliver Us from Segmentation', p. 23.
35. BBC에 대한 자금제공. Culture, Media and Sport Committee의 1999-2000년 회기 제3차 보고서에 대한 정부의 답변, CM 4674, p. 1.

제59장. 외출: 영화관과 극장

1. Huber, *La RFA et sa Télévision*, pp. 72-3, 81.
2. Barbier and Lavenir, *Histoire des médias*, p. 310.
3. Ministry of Culture, *Développement culturel*, No. 135, September 2000, 'La culture cinématographique des Français'. 이 수치는 과장된 것으로 보인다.
4. Hilmes, 'Television and the Film Industry', p. 473.
5. Murphy, 'Popular British Cinema', p. 7.
6. Huber, *La RFA et sa Télévision*, pp. 97-8.
7. Olivier, *Les Pratiques culturelles des Français. Enquête 1997*, p. 45.
8. Puttnam, *The Undeclared War. The Struggle for Control of the World's Film Industry*, p. 288.
9. Ibid., p. 320.
10. *Statistical Yearbook 1996*, European Audiovisual Observatory, p. 85.
11. Fanchi and Mosconi (eds), *Spettatori. Forme di consume e pubblici del cinema in Italia 1930-60*, p. 260; source: Società italiana autori editori.
12. *Statistical Yearbook 1996*, European Audiovisual Observatory, pp. 74-5.
13. Statistics on film and cinema 1955-1977, UNESCO, No. 25, pp. 21, 24.
14. Rentschler, 'From New German Cinema to the Post-Wall Cinema of Consensus', p. 114.
15. *Statistical Yearbook 1996*, European Audiovisual Observatory, p. 95.
16. Puttnam, *The Undeclared War*, p. 6에서 인용.
17. Soldatos, *Enas Aionas Ellinikos Kinimatografos*, (A Century of Greek Cinema), Vol. 1, Kochlias, Athens, 2001. Dora Giannaki가 정보 제공.
18. *The Times Weekend Review*, 9 April 2005, www.thetimesonline/weekendreview.
19. UN Yearly Statistics, 1962.
20. 인도와 중국 영화산업의 전 지구적 야망에 관해서는 *India Today*, 2 June 2003 참조.
21. 'Disney's Big Adventure in Asia' in *Financial Times*, 30 October 2003.
22. Variety, 25 March 1987, pp. 92, 94, 96.
23. Moretti, 'Planet Hollywood', pp. 90-2.
24. Puttnam, *The Undeclared War*, p. 290.
25. 이 영화의 성공에 관해서는 Raphael, 'Fears of a Clown' 참조.

26. Balio, 'The art film market in the new Hollywood', pp. 9, 65.
27. Puttnam, *The Undeclared War*, p. 306.
28. *BFI Film & Television Handbook 2004*, p. 31의 수치.
29. 국제적인 영화 데이터베이스 웹사이트 *http://www.imdb.com/title/ttoi20737/business* 참조.
30. Smith 'Star Wars Empire strikes gold', *Observer*, 15 May 2005.
31. Menand, 'Billion-dollar baby', p. 11.
32. Huber, *La RFA et sa Télévision*, p. 98.
33. Miccichè, 'Un decennio di transizione', pp. 4-6.
34. Rossi, 'Il pubblico del cinema', pp. 33-8.
35. Torri, 'Industria, mercato, politica', p. 19.
36. Waterman and Jayakar, 'The Competitive Balance of the Italian and American Film Industries', p. 519.
37. Puttnam, *The Undeclared War*, pp. 281-2.
38. *http://news.bbc.co.Uk/i/hi/entertainment/1055516.stm*.
39. Robinson, *Smoking in Bed. Conversations with Bruce Robinson*, pp. 249-50.
40. Conrich, 'Forgotten cinema: the British style of sexploitation', pp. 89, 90-91.
41. 'Interview with Éric de Winter' in *La Revue du cinéma*, pp. 56-7.
42. Simpson, 'Coming Attractions: a comparative history of the Hollywood Studio System and the porn business', pp. 644-5.
43. *La Revue du cinéma*, special issue 'La saison cinématographique', 1983의 자료.
44. Repetto, 'Ciao Mamma, ovvero porno soffice ed erotismo da ridere', p. 321.
45. Simpson, 'Coming Attractions...', p. 635.
46. Schulze-Reimpell, *Development and Structure of the Theatre in the Federal Republic of Germany*.
47. Sandford (ed.), *Encyclopedia of Contemporary German Culture*, p. 600.
48. Schulze-Reimpell, *Development and Structure of the Theatre in the Federal Republic of Germany*, p. 36.
49. Linares, 'Theatre and Falangism at the Beginning of the Franco Régime', p. 211-13.
50. Schulze-Reimpell, *Development and Structure of the Theatre in the Federal Republic of Germany*, pp. 19-20.
51. Ibid., p. 114.
52. Grotowski, 'Statement of Principles', p. 188.
53. Ibid., p. 109.
54. Shaked, 'The Play: gateway to cultural dialogue', pp. 21-22.
55. Arts Council of England, Economic impact study of UK theatre, p. 7.

56. *Theatre Record*, Nos 1-2, 18 February 2003.
57. *Theatre Record*, No. 9, 27 May 2003.
58. Schulze-Reimpell, *Development and Structure of the Theatre in the Federal Republic of Germany*, p. 17.
59. 'Primi risultati del censimento dei locali dello spettacolo esistenti in Italia al 30 giugno 1963' in *Lo spettacolo*, Vol. 14, No. 2, April-June 1964, p. 164.
60. Corning and Levy, 'Demand for Live Theater with Market Segmentation and Seasonality', pp. 217-35, especially pp. 218-19의 조사 참조.
61. Annual Report 2003-4 at *www.nationaltheatre.org.uk* 참조.
62. Marjanovic, 'The theatre', *http://www.rastko.org.yu/isk/pmarjanovic-theater.html*.
63. Hall, 'Godot Almighty', *Guardian*, 25 August 2005.
64. Herrick, 'Samuel Beckett.'
65. Gänzl, *The Musical*, p. 306.
66. Ibid., pp. 394-5.

제60장. '다른' 유럽의 문화: 공산주의

1. Paulu, *Radio and Television Broadcasting in Eastern Europe*, pp. 143, 274.
2. Campeanu, 'Romanian Television: From Image to History', p. 114.
3. Kozlov, 'Soviet Readers, Historical Consciousness, and the Erosion of the Enemy Paradigm During the Thaw: From Pasternak to Siniavskii and Daniel, 1958-1966', *http://daviscenter.fas.harvard.edu/seminars_conferences/cnssche-dule.html*.
4. Younge, 'When Wal-Mart comes to town', *Guardian*, 18 August 2003.
5. 알바니아에서 카다레에 대한 찬양은 Bihiku, 'Le Roman contemporain albanais et l'actualite', pp. 45-65, 특히 pp. 46-8과 Bulo, 'Les Lettres albanaises et la resistance antifasciste', pp. 115-17 참조.
6. Faraday, *Revolt of the Filmmakers*, p. 2.
7. Ibid., p. 115.
8. Ibid., pp. 176-7.
9. Paulu, *Radio and Television Broadcasting in Eastern Europe*, p. 26.
10. Ibid., pp. 84-6, 154-5 n.
11. Verdery, *National Ideology under Socialism*, pp. 218-19, 221.
12. Mickiewicz, *Changing Channels*, pp. 52, 54.
13. Paulu, *Radio and Television Broadcasting in Eastern Europe*, p. 173.
14. Ibid., p. 300.
15. Thiesse and Chmatko, 'Les Nouveaux éditeurs russes', p. 77.

16. Dobrenko, *The Making of the State Reader*, pp. 34-5.
17. Paulu, *Radio and Television Broadcasting in Eastern Europe*, pp. 388, 295.
18. Fisher and Volkov, 'The Audience for Classical Music in the USSR; the Government as Mentor', pp. 481-3. Vladimir Samoilovich Tsukerman이 1970년대에 산업센터에서 행한 조사를 인용한 것.
19. Goudkov and Doubine, 'La culture littéraire' (1988), pp. 254-5.
20. Ibid., p. 257.
21. Ibid., p. 264.
22. Carmichael, '"A People exists and that people has its language"...', p. 227.
23. McNeal, 'Brezhnev's Collected Works', p. 409.
24. Stroev, 'Lire en Russie', p. 28.
25. Levinson, 'Papier récupéré et livres', pp. 197-8.
26. Ibid., pp. 208-11.
27. Salvestroni, 'L'Unione Sovietica e la letteratura di consumo', pp. 485-7.
28. Prokhorova, *Fragmented Mythologies: Soviet TV Mini-series of the 1970s*, http://etd.library.pitt.edu/ETD/available/etd-06062003-164753/unrestricted/prokhorova-etd2003.pdf.
29. Baudin, 'Le phénomène de la *série culte* en contexte soviétique et post-soviétique. L'exemple de Semnadcat' mgnovenij vesny', pp. 49-50.
30. Ibid., pp. 51-7.
31. Berg, 'About the Literary Battle', in *Russian Studies in Literature*, p. 46.
32. Hamrlikova, 'The Czech Republic.'
33. Grugel and Rees, *Franco's Spain*, pp. 146-7, 150.
34. Faraday, *Revolt of the Filmmakers*, pp. 98-9.
35. Clark, 'The Mutability of the Canon: Socialist Realism and Chingiz Aitmatov's *I dol'she veka dlitsia den'* in *Slavic Review*, pp. 576-7.
36. Chvedov, 'Les livres qui avaient nos préférences', pp. 222-3.
37. Paulu, *Radio and Television Broadcasting in Eastern Europe*, p. 47.
38. Luker, *Aleksandr Grin: The Forgotten Visionary*, pp. 15ff.
39. Ibid., pp. 52-4.
40. Ibid., p. 43.
41. Luker, 'Alexander Grin's *Grinlandia*', pp. 190-1.
42. Clark, *The Soviet Novel*, p. 208.
43. Faraday, *Revolt of the Filmmakers*, p. 107.
44. Clark, '"Boy gets tractor" and all that: the parable structure of the Soviet novel', pp. 358-9.

45. Ibid., p. 362.
46. Thiesse and Chmatko 'Les nouveaux éditeurs russes', p. 78.
47. Löffler, 'Normalisierung und Kontinuität. Entwicklung des Leseverhaltens in den neuen Bundesländern', pp. 111-25.
48. Lazăr and Livezeanu, 'The Romanian Case.'
49. Schiller, Remenyi and Fodor, 'Hungary.'
50. Ibid.
51. Bart, 'Publishing: service and/or commodity?', pp. 38-9.
52. Shneidman, 'Contemporary Prose in Post-Soviet Russia', accessed at *www.utoronto.ca/tsq/oS/shneidmano8.shtml*.
53. Thiesse and Chmatko 'Les nouveaux éditeurs russes', p. 82.
54. Mickiewicz, *Changing Channels*, p. 219.
55. Ibid., p. 276.
56. Ibid., p. 275.
57. Ilieva, 'Bulgaria.'
58. Sarnov, 'A List of Benefits', p. 7.
59. Barkler, 'The Culture Factory: Theorizing the Popular in the Old and New Russia', p. 13; Goldschmidt, 'Pornography in Russia', p. 323; and Condee, 'Body Graphics: Tattooing the Fall of Communism', pp. 339-61.
60. Goldschmidt, 'Pornography in Russia', p. 318.
61. Theimer Nepomnyashchy, 'Markets, Mirrors, and Mayhem: Aleksandra Marinina and the Rise of the New Russian *Detektiv*', pp. 169-70.
62. Menzel, 'Some Reflections on High and Popular Literature in Late and Soviet Russia', accessed at *www.fask.uni-mainz.de/inst/is/russisch/menzel/pdf/refl_helsinki.pdf*.
63. Szemere, *Up from the Underground: the Culture of Rock Music in Postsocialist Hungary*, pp. 190-1.
64. Ibid., pp. 140, 143, 144.
65. Ibid., p. 223.
66. Ambroic-Pai, 'Mass Media and Pop Groups in Yugoslavia', p. 119.
67. Oklot and Nowak, 'Poland.'
68. Lazăr and Livezeanu, 'The Romanian Case.'
69. Ilieva, 'Bulgaria.'
70. Oklot and Nowak, 'Poland.'
71. Heller, 'Russian "Sitkom" Adaptation: The Pushkin Principle', pp. 60-72.
72. Mickiewicz, *Changing Channels*, pp. 220, 229.

73. Meyen and Nawratil, 'The Viewers: Television and Everyday Life in East Germany', p. 358.
74. Fulbrook, *The Fontana History of Germany 1918-1990*, p. 227.
75. 두 차의 상징적 유사성에 관해서는 Confino and Koshar, 'Régimes of Consumer Culture: New Narratives in Twentieth-Century German History', p. 157 참조.
76. Gilbert, ' "Ich habe von einem Esel gelernt": Eisler Pro and Contra Schönberg', p. 68.
77. Brandes, 'Anna Seghers's Politics of Affirmation', pp. 180, 186-7.
78. Westgate, *Strategies Under Surveillance. Reading Irmtraud Morgner as a GDR Writer*, p. 63.
79. Walter Ulbricht, *Fragen der Entwicklung der sozialistischen Literatur und Kunst*, in Ulbricht, *Zur sozialistischen Kulturrevolution*, Bd. 2, Berlin 1960, p. 474. Rauhut, *Rock in der DDR*, p. 7에서 인용. 나는 동독의 록 음악에 대한 자료를 주로 이 책에서 얻었다. 많은 분량을 번역해준 Beatrice de Gerloni에게 감사드린다.
80. Rauhut, *Rock in der DDR*, p. 25.
81. Ibid., p. 21, 23.
82. Ibid., p. 27.
83. Ibid., p. 29.
84. Walter Ulbricht in *Stenographisches Protokoll*, SAPMO-BArch, DY 30/IV2/1/ 190. Rauhut, *Rock in der DDR*, P. 38에서 인용.
85. Ibid., p. 41.
86. Ibid., p. 8.
87. Ibid., p. 11.
88. Ibid., p. 13.
89. Ibid., p. 15.
90. Goodwin, 'After Unification', p. 51.
91. Rauhut, *Rock in der DDR*, p. 45.
92. Ibid., p. 56.
93. Poumet, *La Satire en R.D.A. Cabaret et presse satirique*, pp. 11-13.
94. Ibid., p. 298.
95. Löffler, 'Lektüren im "Leseland" vor und nach der Wende', pp. 20-1.
96. Spittel, *Science Fiction in der DDR, Bibliographie*, also www.spittel.de/sf/a.htm. Olaf Spittel자신도 과학소설 작가다.
97. Meyen and Nawratil, 'The Viewers: Television and Everyday Life in East Germany', p. 355.
98. Breitenborn, 'Memphis Tennessee' in Borstendorf, *boundaries Set and Transcend-*

ed in East German Television Entertainment, p. 393.
99. Meyen and Nawratil, 'The Viewers...', p. 360.
100. Schültze, 'Television Theater in East Germany, 1965-1989: an interim report', p. 458.
101. Steinmetz and Viehoff, 'The Program History of Genres of Entertainment on GDR Television', p. 320.
102. Schültze, 'Television Theater in East Germany, 1965-1989...', p. 459.
103. Dittmar, 'GDR Television in Competition with West German Programming', pp. 327-8.
104. Meyen and Nawratil, 'The Viewers...', pp. 360-1; 다음도 참조. Meyen and Hillman, 'Communication Needs and Media Change. The Introduction of Television in East and West Germany', p. 465.
105. 이 연구소를 자주 방문했던 Beatrice de Gerloni와의 개인적 대화 (2005년 6월 25일).
106. Dittmar, 'GDR Television in Competition...', p. 336.
107. Ibid., p. 337.
108. Meyen and Nawratil, 'The Viewers: Television and Everyday Life in East Germany', p. 359.
109. Steinmetz, 'Heynowski & Scheumann: the GDR's leading documentary film team', pp. 365-79.
110. Ibid., p. 375.
111. Ibid., p. 377.
112. Prase, 'The Structure, Coverage and Surprising End of a Conspiratorial Film Team', pp. 381-9.
113. Ibid., pp. 383, 387.
114. Hortmann, *Shakespeare on the German Stage*, p. 359.
115. Ulf Keyn, 'Hamlet unser Zeitgenosse'(1964). 마이크 함부르거Maik Hamburger가 Hortmann, *Shakespeare on the German Stage*, p. 384에서 재인용.
116. Ibid., p. 418.
117. Ibid., p. 364.
118. Gemünden, 'Between Karl May and Karl Marx. The DEFA Indianerfilme', p. 399.

제61장. 독자들의 세계

1. Asor Rosa, 'Centralismo e policentrismo nella letteratura italiana unitaria', p. 13.
2. Barker and Escarpit, *La Faim de lire*, pp. 117-18.
3. Horellou-Lafarge and Segré, *Regards sur la lecture en France*, p. 32.

4. Ministère de la Culture et de la Communication, *Développement culturel*, No.124, June 1998.
5. Livolsi (ed.), *Almeno un libro*, p. 3.
6. Peresson, *Le cifre dell'editoria 1995*, p. 283. 서점 부족에 관해서는 Ferretti, *Il Best Seller all'italiana*, p. 23 참조.
7. Mann, *From Author to Reader*, p. 125.
8. Retigo, 'Stregati dai libri, in Italia boom di lettori.'
9. Abruzzese, *Analfabeti di tutto il mondo uniamoci*, pp. 89-90.
10. Barthes, *Le Plaisir du texte*, p. 62.
11. Establet and Felouzis, 'Livre et télévision: deux médias en concurrence', pp. 125-37.
12. Donnat, 'La féminisation des pratiques culturelles.'
13. Buzzi, 'Il pubblico dei lettori: carattenstiche strutturali e specificità culturali', pp. 33-49.
14. *The Times Literary Supplement*, 1997년 8월 29일자의 'N.B.' 칼럼과 1997년 10월 31일자의 'J.C.' 칼럼에서 얻은 정보.
15. Mann, *From Author to Reader*, p. 51.
16. *Guardian*, 2005년 10월 10일자의 자료.
17. *http://www.niekenbookscan.co.uk/?pid=126*.
18. Nora, 'Une Lueur d'espoir pour les sciences hurnaines' , p. 15.
19. Godechot, 'Le Marché du livre philosophique', pp. 10-28과 p. 19의 표에서 추론.
20. Choppin, *Les rnanuek scolaires. Histoire et actualité*, pp. 81-2.
21. Vaillant, 'L'un et le multiple, essai de modélisation bibliométrique', pp. 194-6.
22. Thiesse, *Le Roman du quotidien*, p. 39.
23. Devars, Petitier, Rosa and Vaillant, 'Si Victor Hugo était compté. Essais de bibliométrie hugolienne comparée', pp. 368-9.
24. Ibid., p. 384; 사르트르가 갈리마르에서 퇴짜를 맞은 것에 관해서는 Cohen-Solal, *Sartre. A Life*, p. 113 참조.
25. *Le Bulletin du livre* 'Les Best sellers du siècle', 1961년 10월 15일, pp. 32-3.
26. *Le Bulletin du Livre*, 1968년 12월 15일, 'Les Best sellers 1958-68', pp. 20-6.
27. Mengin, 'Les Répercussions ékonomiques - de la télévision sur le marché du livre', pp. 154, 177.
28. *Guardian*, 1995년 1월 10일자에 실린 Alex Hamilton의 글.
29. Alex Hamilton, 'The Winners Decoded', *Guardian*, 2005년 1월 1일.
30. Payne, Hackett and Burke (eds), *80 Years of Best Sellers 1895-1975*, pp. 10-11, 14.
31. Stephen Moss, 'Bookends', *Guardian*, 2002년 3월 19일.
32. *Financial Times*, 2004년 2월 21일, p. 25.

33. Zipes, *Sticks and Stones*, Routledge, New York and London 2001, p. 175.
34. Ezard, 'Harry Potter and the stony broke authors', *Guardian*, 2005년 7월 14일.
35. Zipes, *Sticks and Stones*, pp. 173-4.
36. Smith, 'Potter's magic spell turns boys into bookworms', *Observer*, 2005년 7월 10일자. Federation of Children's Book Groups의 조사 결과를 인용한 것.
37. Ganne and Minon, 'Géographies de la traduction', p. 57.
38. Ibid., p. 66.
39. Peresson, *Le Cifre dell'editoria 1995*, p. 102; and Grossi, 'Il libro di successo...', p. 72.
40. UNESCO, *Index Translationium 1965*.
41. 'Étude sur l'*Index Translationum*' in *Bibliographie de France*, 22 September 1971, Vol. 160, No. 38, pp. 561-2.
42. Milo, 'La Bourse mondiale de la traduction: un baromètre culturel?', p. 93.
43. Ibid., p. 98.
44. UNESCO, *Index translationium 1985* 참조.
45. Godechot, 'Le Marché du livre philosophique', pp. 10-28.
46. Weinberg, 'Une Histoire du structuralisme', p. 15.
47. Cohen-Solal, *Sartre. A Life*, p. 116.
48. Fréchet, 'Galsworthy hier et aujourd'hui', pp. 178-9.
49. Assouline, *Gaston Gallimard*, p. 14.
50. Simonin and Fouché, 'Comment on a refusé certains de mes livres. Contribution à une histoire sociale de la littérature', p. 107.
51. Martin, 'Thomas the Tank Engine Stole my Son.'
52. Gambaro, 'Approches théoriques de l'industrie du livre', p. 99.
53. *Pearson Annual Review 2004*, p. 17.
54. Benelli, 'Il romanzo erotico in Francia: il caso "Emmanuelle" ', p. 463.
55. McAleer, *Passion's Fortune. The Story of Mills & Boon*, p. 115.
56. Bordoni, 'Il romanzo di consurno', pp. 110-12. 출처는 언급하지 않았다.
57. Ibid., pp. 99, 107.
58. 이 기업에 관한 이 자료를 비롯한 다른 자료는 웹사이트 *www.eHarlequin.com* 참조.
59. McAleer, *Passion's Fortune*, p. 285.
60. Pequignot, *La Relation amoureuse*, pp. 11-13, 82ff.
61. Ibid., pp. 28, 35-8.
62. Ibid., p. 17.
63. McAleer, *Passion's Fortune*, p. 279.
64. Pequignot, *La Relation amoureuse*, pp. 18-19.

65. Ibid., pp. 98-9.
66. Dudovitz, *The Myth of Superwoman*, pp. 111-12.
67. Pequignot, *La Relation amoureuse*, p. 40.
68. Dudovitz, *The Myth of Superwoman*, pp. 108-9.
69. McAleer, *Passion's Fortune*, pp. 255-6.
70. Bedell, 'Mills & Boom Boom', *Observer Magazine*, 2002년 12월 15일.
71. www.eharlequin.com/cms/learntowrite/ltwToc.jhtml.
72. McAleer, *Passion's Fortune*, p. 6.
73. 1990년 이후 독일의 헤프트로만에 관해서는 Cordula Günther, *Heftromanleser in den neuen Bundesländer* (Leipzig 1994)에 크게 의존했는데, 이 책은 http://www.medienkomm.uni-halle.de/forschung/publikationen/balma11.pdf에서 볼 수 있다. 질문에 답을 해준 Günther 박사에게 감사드리고, 중개 역할을 해주었을 뿐 아니라 Günther 박사의 작업의 일부를 번역해준 Beatrice de Gerloni에게도 감사드린다. 헤프트로만의 다양한 독일 주인공들에 관한 메모는 Ingrid Scheffer의 메모에 의존했으며, 이것은 http://www.goethe.de/kug/kue/lit/dos/en142247.htm에서 볼 수 있다.
74. Köhler, 'Lesekultur in beiden deutschen Staaten. 40 Jahre - ein Vergleich. Geschichte - Theorie - Empirie.'
75. Pirani, 'Le collane poliziesche romane dal 1955 al 1970', pp. 78-80.
76. Noreiko, 'From serious to popular fiction', p. 189.
77. Lauf, 'Research Note: The Vanishing Young Reader. Sociodemographic Determinants of Newspaper Use as a Source of Political Information in Europe, 1980-98', p. 238.
78. *Guardian*, 2005년 6월 1일.
79. Preston, 'The writing's on the wall, or rather the web', *Observer*, 2005년 5월 22일.
80. Preston, 'Some Good News Between the Lines', *Observer*, 1999년 1월 3일, Audit Bureau of Circulation의 자료.
81. *Pearson Annual Review 2004*.
82. Bollinger, *La Presse suisse: structure et diversité*, p. 35.
83. *Guardian*, 2003년 6월 21일.
84. O'Sullivan, 'The glossies that shone brightest in a bumper year', *Observer*, 2004년 12월 19일.
85. 슈프링거에 관한 수치나 추가 정보는 주요 매체그룹들을 소개하는 Caslon Analytics의 사이트 www.ketupa.net 참조. 2003년 8월에 접속.
86. Barrell and Braithwaite, *The Business of Women's Magazines*, p. 169 참조.
87. White, *Women's Magazines 1693-1968*, pp. 182-4, 8.
88. Barrell and Braithwaite, *The Business of Women's Magazines*, p. 42.

89. White, *Women's Magazines 1693-1968*, Appendix VI의 수치.
90. Ibid., p. 203.
91. Barrell and Braithwaite, *The Business of Women's Magazines*, p. 37.
92. Ibid., p. 85.
93. Portaccio, 'Buona e bella. I periodici femminili cattolici negli anni '50', p. 141.
94. Giet, '20 ans d'amour en couverture', p. 22.
95. O'Hagan, 'Disgrace under Pressure.'
96. Emap plc, *Annual Report and Accounts 2005*, p. 17
97. 모든 수치의 출처는 Emap plc, *Annual Report and Accounts 2005*.
98. Donnan, 'Read all about lads', *Financial Times*, 2005년 2월 26/27, 미국판.

제62장. 폭발하는 팝

1. Frith, 'Music and the Media', pp. 172-4.
2. Arming, 'Economic aspects of the Phonographic Industry', p. 75.
3. Table 9 in Throsby, 'The Role of Music in International Trade and Economic Development' in World Culture Report 1998, UNESCO, p. 197 참조.
4. Commission Européenne의 수치. Direction générale X, *Statistiques de la culture en Europe. Premiers éléments*, 1996. 다음도 참조. IFPI, The Recording Industry in Numbers 1995, p. 2.
5. Paterson, 'Why 1955? Explaining the Advent of Rock Music', p. 273.
6. Raynor, *Music and Society since 1815*, p. 161.
7. Dolfsma, 'Radio and Magazines: valuing pop music in the Netherlands (1955-1965)', p. 31
8. Téberge, 'Musicians' Magazines in the 1980s: the creation of a community and a consumer market' pp. 254-5, 266.
9. Bloom, *The Closing of the American Mind*, p. 81.
10. Strobl and Tucker, 'The Dynamics of Chart Success in the UK...', p. 115.
11. Burnett, *The Global Jukebox*, p. 45.
12. *Observer Music Monthly*, 2005년 7월, p. 21.
13. *World Culture Report 1998*, UNESCO, pp. 371-2.
14. Fabbri, 'A Theory of Musical Genre', p. 25.
15. London, 'The sound of the stereo fades into history', *Financial Times*, 2003년 11월 18일, p. 14.
16. Gronow, *Statistics in the Field of Sound Recordings*, p. 4.
17. Hardy and Laing, *The European Music Business*, p,27, IPFI 자료를 인용.

18. Beavis, 'Piracy steals notes from sound talent', *Guardian*, 1997년 1월 10일, p. 26.
19. www.ifpi.org/site-content/press/20050623.html.
20. *Observer Music Monthly*, 2005년 7월, p. 38.
21. Garofalo, 'I want my MP3: Who owns Internet music?', p. 89.
22. Burnett, *The Global Jukebox*, p. 2.
23. *Los Angeles Times*, 2001년 2월 27일자 경제면에 실린 기사.
24. *Observer*, 경제면 부록, 2005년 7월 24일.
25. Champ, 'Keys to success' in *Music Business International*, 2001년 8월, p. 13.
26. 잡지 *Q*, 2004년 9월, p. 88의 정보.
27. Bontinck, 'The Project: Aims and Results', p. 3.
28. Berio, 'Commentaire au rock', p. 60.
29. Longhurst, *Popular Music and Society*, pp. 64-5.
30. Blaukopf, 'Les jeunes musiciens dans la société industrielle...', pp. 227-9.
31. Doublé-Dutheil, 'Pratiques et goûts musicaux de la jeunesse urbaine', pp. 329-31.
32. Blaukopf, 'Les jeunes musiciens dans la société industrielle.' Erika Bácskai, Ivan Vitányi and others, *Beat*, Budapest 1969의 내용을 이용하고 있다.
33. Sági, 'Music on records in Hungary', p. 113.
34. Szemere, *Up from the Underground: the Culture of Rock Music in Postsocialist Hungary*, pp. 11, 35.
35. Opekar, 'Two great world influences to the Czech music culture', p. 652.
36. Dvorak, 'Situation of Rock Music in Changing Czech Society', pp. 687-9.
37. Johnson, 'The Menace of Beatlism', pp. 195-8.
38. Pleasants, 'Elvis Presley' (1974), p. 256에서 인용.
39. 페툴라 클라크 노래의 미학에 대한 Glenn Gould의 1967년 논평 'The Search for Petula Clark', pp. 285-92 (원래는 *High Fidelity*, 1967년 11월호에 수록) 참조.
40. Eger, 'La Révolution dans le public: Une profession de foi', p. 91.
41. *Q*, 2003년 4월.
42. Gillett, *The Sound of the City*, p. 270.
43. Hennion and Vignolle, *Artisans et industriels du disque*, p. 196.
44. 15개 장소에 관한 National Arenas Association의 수치. *Metro*, 2000년 12월 18일에 보도.
45. *Billboard*, 2005년 5월 28일, p. 20.
46. European Commission, Staff working paper SEC (98) 837, *Culture, the Cultural Industries and Employment*, http://arropa.ar.int/comm/avpolicy/legis/forum/cult1-en.htm.
47. Gronow and Saunio, *An International History of the Recording Industry*, p. 152.

48. Schumacher, '"This is a sampling sport". Digital Sampling, Rap Music and the Law in Cultural Production', pp. 170-4. 원래는 *Media, Culture and Society*, No. 2, 1995에 게재.
49. Steve and Alan Parker, *You Can Make It as a DJ!*, pp. 50-2.
50. Norman, *Shout! The True Story of the Beatles*, p. 293.
51. Ibid., p. 160.
52. National Music Council, *The Value of Music, a report into the Value of the UK Music industry prepared by the University of Westminster* (Cliff Dane, Andy Feist and Dave Laing), London 1996, pp. 14-15.
53. Strobl and Tucker, 'The Dynamics of Chart Success in the UK...', pp. 117-18.
54. National Music Council, *The Value of Music*, p. 91.
55. Negus, 'Between Corporation and Consumer: Culture and Conflict in the British Record Industry', p. 41.
56. Aronowitz, 'The Beatles: Music's Gold Bugs', p. 12, 원래는 *Saturday Evening Post*, 1964년 3월에 게재.
57. Burnett, *The Global Jukebox*, p. 24.
58. Hennion and Vignolle, *Artisans et industriels du disque*, pp. 138, 140.
59. Burnett, *The Global Jukebox*, pp. 27-8.
60. Norman, *Shout!*, p.xxvi.
61. Longhurst, *Popular Music and Society*, pp. 104-5.
62. Gillett, 'Big Noise from Across the Water: the American Influence on British Popular Music', pp. 61-2.
63. Lilliestam, 'Musical acculturation: "Hound Dog" from Blues to Swedish Rock'n'Roll', pp. 4, 22, 31.
65. Gillett, 'Big Noise from Across the Water...', pp. 67, 74.
66. Norman, *Shout!*, p. 106.
67. Moore, *The Beatles: Sgt Pepper's Lonely Hearts Club Band*, p. 13.
68. Aronowitz, 'The Beatles: Music's Gold Bugs', p. 12에서 인용. '머시 사운드'라는 말을 둘러싼 과대광고에 관해서는 Gillett, *The Sound of the City*, p. 267 참조.
69. Norman, *Shout!*, p. 227.
70. Scaduto, *Bob Dylan*, p. 175.
71. Ibid., p. 176.
72. Leydi, 'La musica e lo spettacolo musicale', p. 539.
73. Frith, 'Does British music still matter?', pp. 45, 48-9.
74. Ibid., p. 46.
75. *Billboard*, 2005년 4월 9일, p. 47.

76. Gronow, *Statistics in the Field of Sound Recordings*, p. 10.
77. *MBI World Report 1996*의 자료 in Strobl and Tucker, 'The Dynamics of Chart Success in the UK...', p. 131n; Frith, 'Does British music still matter?', p. 47; Longhurst, *Popular Music and Society*, p. 40.
78. *Music Business International*, 2001년 4월, p. 56에 실린 IPFI 수치.
79. Arming, 'Economic aspects of the Phonographic Industry', p. 75.
80. Masson, 'Labels Bank on Domestic Talents'
81. Cobo, 'Shakira x 2', p. 23.
82. Gronow and Saunio, *An International History of the Recording Industry*, p. 164.
83. Kretschmer, Klimis and Wallis, *The Global Music Industry in the Digital Environment: A Study of Strategic Intent and Policy Responses (1996-99)*. www.mica.at/pdf/kretschmer_c.pdf, p. 18에서 볼 수 있다.
84. Fornäs, 'Moving Rock: Youth Culture and popular music', p. 320.
85. *The Billboard Book of Top Hits*, p. 830.
86. Björnberg, 'Musical Spectacle as Ritual: the Eurovision song contest', pp. 375-6.
87. *Le Monde*, 2004년 7월 21일.
88. Prévos, 'Hip-Hop, Rap, and Repression in France and in the United States', p. 1.
89. Prévos, 'Postcolonial Popular Music in France. Rap music and hip-hop culture in the 1980s and 1990s', pp. 42-3.
90. Swedenburg, 'Islamic Hip-Hop versus Islamophobia', p. 57 참조. 불가리아에 관해서는 같은 선집에 실린 Claire Levy의 에세이, 'Rap in Bulgaria' 참조.
91. Solomon, ' "Living underground is tough": authenticity and locality in the hip-hop community in Istanbul, Turkey', pp. 1-20.
92. *La Repubblica*, 2003년 8월 5일.
93. 'Hits of the World' in *Billboard*, 2005년 4월 9일, p. 46.
94. Hannerz, *Cultural Complexity*, pp. 23-4, 241.
95. *Guardian*, 1998년 6월 6일.
96. Gronow, *Statistics in the Field of Sound Recordings*, p. 10.
97. Gronow and Saunio, *An International History of the Recording Industry*, p. 165.
98. Fenton, 'The librettist's tale', *Guardian*, 2004년 11월 27일.
99. Bing, *5000 Nights at the Opera*, p. 209.
100. Ibid., p. 327.
101. *Complete UK Hit Singles 1952-2004*, p. 588.
102. Clark, 'All shook up over classical music.'
103. Gronow and Saunio, *An International History of the Recording Industry*, pp. 174, 175-6.

104. Menger, *Le paradoxe du musicien*, pp. 32-3, 43, 65.
105. Rosen, 'Who's Afraid of the Avant-Garde', p. 22.
106. Rosen, *The Classical Style. Haydn, Mozart, Beethoven*, p. 333.
107. Van der Merwe, *Origins of the Popular Style*, p. 19.
108. Parakilas, 'Classical Music as Popular Music', p. 17.
109. *Complete UK Hit Singles 1952-2000*, p. 403.
110. Menger, *Le paradoxe du musicien*, p. 155.
111. National Music Council, *The Value of Music*, pp. 20, 22, 28.
112. European Commission, working paper SEC (98) 837, htfp://europa.eu.int/conm/avpolicy/legis/forum/cult1_en.htm.
113. Myerscough et al., *The Economic Importance of the Arts in Britain*, pp. 16-18.

결론. 월드와이드웹

1. 나의 책 *Mona Lisa*에서 모나리자가 세계적인 유명인사로 떠오른 과정을 기술했다.
2. Barber, *The Heyday of Natural History, 1820-1870*, p. 123.
3. Schneer, *London 1900: The Imperial Metropolis*, pp. 94-5.
4. ALVA, 즉 Association of Leading Visitor Attractions이 수집한 통계, www.alva.org.uk/visitor_statistics 참조.
5. Moulin, *De la valeur de l'art*, p. 218.
6. www.koerperwelten.com.
7. Palumbo, 'The Social Life of Local Museums', p. 20.
8. *Renoir's Portraits: Impressions of an Age Visitor Profile and Economic Impact Study. Final Report*, p. 10 참조. www.pch.gc.ca/progs/arts/pdf/renoir_e.pdf에서 볼 수 있다. Stanley, Rogers, Smeltzer and Perron, 'Win, Place or Show: Gauging the Economic Success of the Renoir and Barnes Art Exhibits', pp. 243-55는 이 결과에 이의를 제기했다.
9. Herbert, 'Renoir the Radical', p. 8.
10. Lipovetsky, *The Empire of Fashion. Dressing Modern Democracy*, pp. 89-91.
11. 2005년 2월 18일자 *La Repubblica*의 부록인 *Il Venerdì*에 보도된, 이탈리아 문화부에서 의뢰한 조사 결과.
12. 프랑스에 관해서는 Donnat and Cogneau, *Les Pratiques culturelles des Français 1973-1989*, p. 82 참조. 다른 자료는 제61장 참조.
13. *Guardian*, 2005년 10월 10일자의 자료.
14. Donnat and Cogneau, *Les Pratiques culturelles des Français 1973-1989*, p. 6.
15. *Creative Industries Mapping Document 2001*, p. 8-03, and ELSPA (Entertainment

and Leisure Software Publishers Association), *Computer and video games*, White Paper, 2003년 8월, pp. 8-10, *www.elspa.com/about/pr/elspawhitepaper1.pdf*에서 볼 수 있다.

16. ELSPA, *Computer and video games*, p. 9.
17. Stallabrass, *Gargantua. Manufactured Mass Culture*, pp. 85-9
18. Beavis, 'Reading, Writing and Role-Playing Computer Games', p. 48. *http://cmeskill.tripod.com/beavis.pdf*에서 볼 수 있다.
19. Becker, 'Who's Wired and Who's Not: Children's Access to and Use of Computer Technology', p. 64. *www.teacherlib.org/articles/becker.pdf*에서 볼 수 있다.
20. Leading article, 'The to move on', *Guardian*, 2004년 11월 8일.
21. Great Britain *National Statistics Omnibus Survey*, 2005년 10월 6일에 접속. *http://www.statistics.gov.uk/CCI/nugget.asp?ID=8&Pos=i&ColRank=1&Rank=192*.
22. Plato, *Phaedrus*, Benjamin Jowett 옮김. *http://ccat.sas.upenn.edu/jod/texts/phaedrus.html*에서 볼 수 있다.
23. Baudelaire, *Salon de 1859. Lettres à M. le Directeur de La Revue Française*, *http://baudelaire.litteratura.com/ressources/pdf/oeu_4.pdf*, p. 10.
24. Valéry, *Regards sur le monde actuel et autres essais*, p. 214.
25. Benjamin, 'The Work of Art in the Age of Mechanical Reproduction', pp. 236, 223.
26. Saporta, 'Trois voies nouvelles pour l'édition Américaine', p. 9.
27. Evans, *The Mighty Micro. The Impact of the Computer Revolution*, pp. 106-9.
28. Klein, 'Amazon gambles on the high street', *Guardian*, 2005년 3월 28일; Jeff Bezos 인터뷰, *Guardian*, 2005년 10월 24일자도 참조.
29. Anderson, 'The Long Tail', Wired. 앤더슨의 책 *The Long Tail: Why the Future of Business Is Selling Less of More*는 2006년에 출간될 예정이다[한국에서도 2006년에 『롱테일 경제학』으로 출간되었다].
30. Servant, 'Nollywood Boulevard', *Le Monde*, 2005년 4월 30일.
31. Schlager, 'How Many More Monthly Fees Can Consumers Stand?'
32. McCurry, 'Mobiles turn a new page for Japan's youth', *Guardian*, 2005년 3월 25일.
33. 살람 팍스에 관해서는 *http://dear_raed.blogspot.com/*과 *http://justzipit.blogspot.com/* 참조. 마르곳 발스트룀에 관해서는 *http://weblog.jrc.cec.eu.int/page/wallstrom* 참조.

참고문헌

AA VV *Editoria e cultura a Milano tra le due guerre (1920-1940)*, Atti del Convegno, Milan 19-21 February 1981, Fondazione Arnoldo e Alberto Mondadori, Milan 1983.

Abel, Richard ' "Pathé Goes to Town": French Films Create a Market for the Nickelodeon' in *Cinema Journal*, Vol. 35, No. 1, Fall 1995.

Abel, Richard 'French Silent Cinema' in Nowell-Smith (ed.) *The Oxford History of World Cinema*.

Abel, Richard *The Ciné Goes to Town: French Cinema, 1896-1914*, University of California Press, Los Angeles 1994.

Abendour, Gérard 'Meyerhold à Paris'in *Cahiers du Monde Russe et Soviétique*, Vol. 5, No. 1, January-March 1964.

Abescat, Michel 'Depuis le commencement, le polar s'écrit aussi au feminin', *Le Monde*, 11 July 1997.

About, Edmond *A B C du Travailleur*, Hachette, Paris 1868.

Abraham, Gerald *The Concise Oxford History of Music*, Oxford University Press 1979.

Abramson, Albert *The History of Television, 1880-1941*, McFarland an8 Co., Jefferson NC and London 1987.

Abruzzese, Alberto *Analfabeti di tutto il mondo uniamoci*, Costa & Nolan, Genoa 1996.

Abruzzese, Alberto and Carlo Grassi, 'La fotografia' in Asor Rosa (ed.) *Letteratura italiana. Storia e geografia*, Volume 3: *L'età contemporanea*.

Abruzzese, Alberto and Francesco Pinto, 'La radiotelevisione' in Asor Rosa (ed.) *Letteratura italiana*, Vol. 2, *Produzione e consumo*.

Abruzzese, Alberto *Metafore della pubblicità* Costa & Nolan, Genoa 1997.

Achilli, Tina 'Le maschere dell'eros' in De Donato and Stacchini (eds) *I best seller del ventennio. Il regime e il libro di massa*.

Ackroyd, Peter *Dickens*, Vintage, London 1999.

Acocella, Joan 'The Neapolitan Finger' in *New York Review of Books*, 21 December 2000.

Acocella, Joan *Willa Cather and the Politics of Criticism*, Nebraska University Press 2000.

Ádám, Ánikó 'Les traductions hongroises de l'oeuvre de Chateaubriand' in Ballard (ed.) *Europe et Traduction*.

Adburgham, Alison *Silver Fork Society. Fashionable Life and Literature from 1814 to 1840*, Constable, London 1983.

Adler, Laure *Á l'aube du féminisme: Les premières journalistes (1830-1850)*, Payot, Paris 1979.

Adler, Moshe 'Stardom and Talent' in *American Economic Review*, No. 1,March 1985, Vol.75.

Adorno, Theodor W. and Max Horkheimer *Dialectic of Enlightenment*, Verso, London 1997.

Adorno, Theodor W. *The Culture Industry*, edited by J. M. Bernstein, Routledge, London and New York 1991.

Adorno, Theodor W. *Notes to Literature*, Vol. 1 edited by Rolf Tiedemann, trans. From the German by Weber Nicholsen, Shierry Columbia University Press, New York 1991 (originally: *Noten zur Literatur*).

Adorno, Theodor W. *Prisms*, MIT Press, Cambridge, Mass. 1981.

Agger, Gunhild and Alexander P. Nielsen 'Il buono, il brutto e il banale. La fiction tv danese nel 1998' in Milly Buonanno, *Eurofiction 1999. Terzo Rapporto sulla fiction televisiva in Europe*, VQPT-RAI No 171, Rome 1999.

Agulhon, Maurice 'Le problème de la culture populaire en France autour de 1948' in *Romantisme*, No. 9, 1975.

Aimone, Isabella 'Un statut pour les acteurs: 1910-1920' in Benghozi and Delage (eds) *Une histoire économique du cinéma français (1895-1995)*.

Alatri, Paolo *D'Annunzio*, UTET, Turin 1983.

Albert, Pierre 'La presse française de 1871 à 1940' in Bellanger et al, *Histoire Générale de la Presse Française*, Vol. 3.

Albert, Pierre *Histoire de la Presse*, Presses universitaires de France, Paris 1970.

Albert, Pierre, Gilles Feyel and Jean-François Picard, *Documents pour l'histoire de la presse nationale aux XIXe et XXe siècle*, Centre de documentation sciences humaines, CNRS, Paris 1980.

Albertini, Pierre *L'École en France XIX-XX siècle de la maternelle à l'universitè*, Hachette 1992.

Albisetti, James C. *Secondary School Reform in Imperial Germany*, Princeton UP, Princeton New Jersey 1983.

Albonetti, Pietro (ed.) *Non c'e tutto nei romanzi. Leggere romanzi stranieri in una casa editrice negli anni '30*, Fondazione Mondadori, Milan 1994.

Alcott, Louisa May *The Selected Letters of Louisa May Alcott*, edited by Joel Myerson and Daniel Shealy, The University of Georgia Press, Athens and London 1995.

Alfieri, Gabriella 'La lingua di consumo', in Luca Serianni and Pietro Trifone (eds) *Storia della lingua italiana*, Vol. 2 Scritto e parlato, Einaudi, Turin 1994.

Alfieri, Vittorio *Estratti d'Ossian e da Stazio per la Tragica*, edited by Piero Camporesi, Casa d'Alfieri, Asti 1969.

Alfieri, Vittorio *Vita scritta da esso*, edited by Luigi Fassò, Casa d'Alfieri, Asti 1951.

Alfu (pseudonym), *L'encyclopédie de Fantômas. Étude sur un classique*, Alfu (self-published), Paris 1981.

Allain, Marcel 'Fantômas et les autres vus du premier rang de l'orchestre' in *Europe*, Vol. 56, No. 590-591, June-July 1978.

Allaire, Gloria *Andrea da Barberino and the language of chivalry*, University Press of Florida 1997.Allen, Ann Taylor *Satire and Society in Wilhelmine Germany. Kladderadatsch and Simplicissimus 1890-1914*, The University Press of Kentucky 1984.

Allen, James Smith *In the Public Eye, A History of Reading in Modern France 1800-1940*, Princeton University Press 1991, appendix Table A.3 'Circulation of Parisian Newspapers.'

Allin, Michael *Zarafa: A Giraffe's True Story, from Deep in Africa to the Heart of Paris*, Walker and Co., New York 1998.

Allsobrook, David *Ian Liszt: My Travelling Circus Life*, Macmillan, London 1991.

Alphonse Mucha catalogue of the exhibition, Lund Humphries Publishers in association with Barbican Art Gallery, London 1993.

Altenloh, Emilie 'A Sociology of the Cinema', in *Screen*, No. 42-3, Autumn 2001.

Altick, Richard D. 'The sociology of authorship. The social origin, education and occupation of 1100 British writers 1800-1935', in *Bulletin of the New York Public Library*, vol. 66, June 1962.

Altick, Richard D. *The Shows of London*, Harvard University Press, Cambridge Mass. 1978.

Amaury, Francine, *Histoire du plus grand quotidien de la IIIe République: Le Petit Parisien, 1876-1944*, 2 Vols. Presses universitaires de France, Paris, 1972, Tome 1: *La Société du Petit Parisien*, Tome 2: *Instrument de propagande au service du régime*.

Ambrožic-Paic, Arlette 'Mass Media and Pop Groups in Yugoslavia' in Irmgard Bontinck (ed.) *New Patterns of Musical Behaviour*, Universal Edition, Vienna 1974.

Anderson, Benedict 'Western Nationalism and Eastern Nationalism' in *New Left Review*, No. 9 May-June 2001.

Anderson, Chris 'The Long Tail', *Wired*, Vol. 12, No. 10, October 2004, available on www.wired.com/wired/archive/12.10/tail.html.

Anderson, Olive 'The Political Uses of History in Mid-Nineteenth Century England' in *Past and Present* No 36, April 1967.

Anderson, Perry *The Origins of Postmodernity*, Verso, London 1998.

Anderson, R. F. ' "Things Wisely Ordered": John Blackwood, George Eliot, and the Publication of *Romola*' in *Publishing History*, No. 11, 1982.

Anderson, W.E.K. *The Journal of Sir Walter Scott*, Canongate, Edinburgh 1998.

Andreeva-Popova, Nadezda 'Le siècle des Lumières et la renaissance bulgare' in Köpeczi and Vajda (eds) *Proceedings of the 8th Congress of the International Comparative Literature Association*.

Andrews, Alexander *The History of British Journalism. From the Foundation of the Newspaper Press in England to the Repeal of the Stamp Act in 1855* in two volumes, originally Richard Bentley publishers, London 1859 now reprinted by Routledge & Thoemmes Press in the series *Chapters in the History of British Journalism* 1998 3 vols.

Andries. Lise 'Les livres de savoir pratique dans la France des XVIIe et XVIIIe siècles' in Chartier and Lüsebrink (eds) *Colportage et lecture populaire*.

Andrzejczyk, Hanna 'Lo specchio della vita quotidiana. La fiction tv polacca nel 2001' in Buonanno (ed.) *Eurofiction 2002*.

Anfray, Clélia 'La lectrice ou la révélation du désir: Étude de la scène de lecture dans les romans du XIXe siècle' in *Revue d'histoire littéraire de la France*, Vol. 105, No. 1, January-March 2005.

Ang, Ien *Living Room Wars, Rethinking media audiences for a postmodern world*, Routledge, London 1996.

Ang, Ien *Watching Dallas. Soap opera and the meodramatic imagination*, Methuen, London 1985.

Ang, Ien *Desperately Seeking the Audience*, Routledge, London 1991.

Angels, Santa 'L'influence du Naturalisme français et de Zola dans *La Desheredada* et *Tormento* de Benito Pérez Galdós' in Dezalay (ed.) *Zola sans frontières* Angenot, Marc 'Ceci tuera cela, ou: la chose imprimée contre le livre' in *Romantisme*, Vol. 14, No 44, 1984.

Angenot, Marc 'La littérature populaire française au dix-neuvième siècle' in *Canadian Review of Comparative Literature*, Vol. 9, No. 3, September 1982.

Angenot, Marc 'Pornographies Fin-de-siècle' in *Cahiers pour la littérature populaire*, No. 7, Autumn-Winter 1986.

Angenot, Marc *Le roman populaire. Recherches en paralittérature*, Ed. Presses de l'Université du Québec, Montréal 1975.

Antona, Marie-France '*Reality Show*: critique télévisuelle et "lieux du genre" in Christian Plantin (ed.) *Lieux communs, topoï, stéréotypes, clichés*, Éditions Kimé, Paris 1993.

Appignanesi, Lisa *Cabaret: The First Hundred Years*, Methuen, London 1984.

Aragon, Louis 'Léo Férré et la mise en chanson' in *Les Lettres Françaises*, No 859, 19-25 January 1961.

Arasse, Daniel *Le Détail. Pour une histoire rapprochée de la peinture*. Champs Flammarion, Paris 1996.

Archives nationales, *Contrôle de la presse, de la librairie et du colportage sous le Second Empire 1852-1879*, Paris 1995.

Argentieri, Mino *Il cinema sovietico negli anni trenta*, Riuniti, Rome 1979.

Argentieri, Mino *L'occhio del regime. Informazione e propaganda nel cinema del fascismo*, Vallecchi, Florence 1979.

Aristotle, *Poetics*, Harvard University Press, Cambridge and London 1995.

Armengaud, André 'Population in Europe' in Carlo M. Cipolla, *The Industrial Revolution*, Vol. 3 of *The Fontana Economic History of Europe*, Collins, Glasgow 1980.

Arming, Wolfgang 'Economic aspects of the Phonographic Industry' in Kurt Blaukopf (ed.) *The Phonogram in Cultural Communication*, Springer-Verlag, Vienna and New York 1982.

Arnheim, Rudolph 'A Forecast of Television' reprinted in Richard P. Adler, *Understanding Television. Essays on Television as a Social and Cultural Force*, Praeger, New York 1981.

Arnold, Bruce *The Scandal of Ulysses. The Sensational Life of a Twentieth-Century Masterpiece*, St. Martin's Press, New York 1991.

Arnold, Matthew *Culture and Anarchy and other Writings*, edited by Stefan Collini, CUP 1993.

Araould, Edmond *Essais de théorie et d'histoire littéraire*, Paris 1858, reprint Slatkine 1971.

Aron, Paul (ed.) *La Belgique artistique et littéraire. Une anthologie de langue française (1848-1914)*, Éditions Complexe, Brussels 1997.

Aron, Paul *Les écrivains beiges et le socialisme (1880-1913)*, Éditions Labor, Brussels 1985.

Aronowitz, Al 'The Beatles: Music's Gold Bugs' in Barney Hoskyns, *The Sound and the Fury, 40 Years of Classic Rock Journalism*, Bloomsbury, London 2003.

Aronson, Michael 'The Wrong Kind of Nickel Madness: Pricing Problems for Pittsburgh Nickelodeons' in *Cinema Journal*, Vol. 42, No. 1, Fall 2002.

Arpino, Giovanni and Roberto Antonetto *Vita, tempeste, sciagure di Salgari il padre deglieroi*, Rizzoli, Milan 1982.

Arslan, Antonia (ed.) *Dame, droga e galline. Romanzo popolare e romanzo di consumo tra Ottocento e Novecento*, Unicopli, Milan 1986.

Arslan, Antonia, 'Romanzo popolare e romanzo di consumo tra Ottocento e Novecento' in Arslan (ed.) *Dame, droga e galline.*

Arts Council England, *Economic impact study of UK theatre* (Dominic Shellard), April 2004.

Ashley, Mike (ed.) *Locked Rooms Mysteries and Impossible Crimes*, Robinson, London 2000.

Ashliman, D. L. 'The American West in Twentieth-Century Germany' in *Journal of Popular Culture* Vol. 2, No. 1, Summer 1968.

Ashton (ed.) John *Chapbooks of the Eighteenth Century* (first published in 1882 by Chatto and Windus), Skoob publishing, London no date.

Ashton, Rosemary *G. H. Lewes. An Unconventional Victorian*, Pimlico, London 2000.

Ashton, Rosemary *George Eliot. A Life*, Penguin Books, Harmondsworth 1997.

Asor Rosa, Alberto 'Il giornalista: un mestiere difficile' in Corrado Vivanti (ed.) *Storia d'Italia. Annali 4. Intellettuali e potere*, Einaudi, Turin 1981.

Asor Rosa, Alberto *Storia d'Italia*, Vol. 4, Tome 2, *La Cultura*, Einaudi, Turin 1975.

Asor Rosa, Alberto (ed.) *Letteratura italiana*, Vol. 2, *Produzione e consumo*, Einaudi, Turin 1983; Vol. 3, *L'età contemporanea (1989)*, Einaudi, Turin 1989.

Asor Rosa, Alberto, 'Centralismo e policentrismo nella letteratura italiana unitaria' in Asor Rosa (ed.) *Letteratura italiana. Storia e geografia*, Vol. 3.

Aspesi, Natalia *Il lusso e l'autarchia. Storia dell'eleganza italiana 1930-1944*, Rizzoli, Milan 1982.

Association Hôtel Mame Centre Culturelle, *Mame. Angers-Paris-Tours. Deux siècle du livre*, Catalogue de l'exposition, Tours-Paris 1989.

Assouline, Pierre *Gaston Gallimard: un demi-siècle d'édition française*, Balland, Paris 1984.

Assouline, Pierre *Hergé*, Folio-Gallimard, Paris 1996.

Assouline, Pierre *Simenon. Biographie*, Julliard, Paris 1992.

Atkinson, Nora *Eugène Sue et le Roman-Feuilleton*, André Lesot, Nemours 1929.

Atwood, Margaret 'Mystery Man', *New York Review of Books*, 14 February 2002.

Audience: *Le journal de médiamétrie*. No 19 June 1998, and No 20, December 1998.

Auffret, Marc *La France de l'entre-deux-guerres 1939/1939*, Ed. Culture Art Loisir, Paris 1972.

Aumont, Jacques 'Lumière revisited' in *Film History*, Vol. 8, No. 4, 1996, pp.416-30.

Auriant, *La véritable histoire de 'Nana'*, Mercure de France, Paris 1943.

Austen, Jane *Emma*, Everyman Library, London 1906, facsimile reprint 1991.

Austen, Jane *Mansfield Park*, Everyman, J.M. Dent, London 1993.

Austen, Jane *Northanger Abbey*, Penguin, Harmondsworth 1985.

Austen, Jane, *Jane Austen's Letters*, collected and edited by Deirdre Le Faye, OUP 1995.

Aveni, Anthony *Empires of Time. Calendars, Clocks, and Cultures*, Tauris Parke, London 2000.

Bachlin, Peter *Histoire économique du cinéma*, La Nouvelle Édition, Paris 1947.

Backschneider, Paula R. and John J. Richetti (eds) *Popular Fiction by Women 1660-1730*, Clarendon Press, Oxford 1996.

Baeckvall, Hans 'Dumas dans un récit suédois du XIXe siècle' in *Cahiers Alexandre Dumas*, No. 13, 1984.

Baedeker, *Paris and its environs. Handbook for travellers*, Leipzig and London 1878.

Bailes, Kendall E. 'Sur la "Théorie des Valeurs" de A. V. Lunacarsky' in *Cahiers du monde russe et soviétique*, Vol. 8, No. 2, April-June 1967.

Bailey, Peter 'Conspiracies of Meaning: Music-Hall and the Knowingness of Popular Culture' in *Past and Present*, No. 144, August 1994.

Bairoch, Paul 'Wages as an Indicator of Gross National product' in Scholliers (ed.) *Real Wages in nineteenth and twentieth Century Europe*.

Bairoch, Paul *Histoire économique et sociale du monde du XVIe siècle à nos jours* Vols. 2 & 3: *Victoires et déboires*, Gallimard/Folio, Paris 1977.

Baker, Christine R. and R.W. Last, *Erich Maria Remarque*, Oswald Wolff, London 1979.

Bakhtin, Michael *Rabelais and His World*, Harvard University Press, Cambridge, Mass 1968.

Bakker, B.H. (ed.) *'Naturalisme pas mort'. Lettres inédites de Paul Alexis à Émile*

Zola 1871-1900, University of Toronto Press, Toronto 1971.

Balayé, Simone. 'Preface' to Madame de Staël, *Corinne ou l'Italie*, Champion, Paris 2000.

Balbi, Adrien 'Essai statistique sur la presse périodique du globe' in *Revue encyclopédique* Tome XXXVII, March 1828.

Baldelli, Pio 'Bilancio dei rapporti Letteratura-Cinema' in *Problemi*, No.11-12, September-December 1968.

Balibar, Renée and Dominique Laporte *Le Français national. Politique et pratiques de la langue nationale sous la Révolution française*, Hachette, Paris 1974.

Balio, Tino 'Les films français et le marché du cinéma d'art et essai aux État-Unis 1948-1995' in Benghozi and Delage (eds) *Une histoire économique du cinéma français (1895-1995)*.

Balio, Tino 'The art film market in the new Hollywood' in Nowell-Smith and Ricci (eds) *Hollywood and Europe*.

Ballard, Michel (ed.) *Europe et Traduction*, Artois Presses Université Arras and Les Presses de l'Universite d'Ottawa 1998.

Balmand, Pascal 'Les best-sellers de la guerre froide' in *L'Histoire*, No. 151, January 1992.

Balzac, Honoré de, *Massimila Doni, in La Comédie humaine*, édition Gallimard/Pléiads Vol. 1o, 1979.

Balzac, Honoré de *Illusions perdues*, Folio Gallimard, Paris 1988.

Balzac, Honoré de *La muse du département* in *La Comédie humaine*, Vol. IV, Pleiade/Gallimard, Paris 1976.

Balzac, Honoré de *Le Curé de village*, Livre de Poche, Paris 1965.

Balzac, Honoré de *Illusions perdues*, in *La Comédie humaine*, édition Gallimard/Pléiade Vol. 5, 1977.

Balzac, Honoré de *La duchesse de Langeais*, in *La Comédie humaine*, édition Gallimard/Pléiade, Vol. 5, 1977.

Balzac, Honoré de *La Peau de Chagrin*, Garnier Flammarion, Paris 1971.

Banville, John 'A Life Elsewhere' in *New York Review of Books*, 20 November 1997.

Barbagli, Marzio *Disoccupazione intellettuale e sistema scolastico in Italia (1859-1973)* Il Mulino, Bologna 1974.

Barber, Giles 'The English-language guide book to Europe up to 1870' in Robin Myers and Michael Harris (eds) *Journeys through the market. Travel Travellers and Book Trade*, St. Paul's Bibliographies, Folkestone 1999.

Barber, Giles *Daphnis and Chloe, the markets and metamorphoses of an unknown bestseller* (The Panizzi Lectures 1988), The British Library, London 1989

Barber, Lynn *The Heyday of Natural History, 1820-1870*, Jonathan Cape, London 1980.

Barbier, Frédéric 'Le commerce international de la librairie française au XIXe siècle (1815-1913)' in *Revue d'Histoire Moderne et Contemporaine*, Vol. XXVIII, January-March 1981.

Barbier, Frédéric 'Une production multipliée' in Chartier and Martin (eds) *Histoire de l'edition française*, Vol. 3.

Barbier, Frédéric and Catherine Bertho Lavenir, *Histoire des médias, de Diderot à Internet*, Armand Colin, Paris 1996.

Barbier, Frédéric *L'empire du livre. Le livre imprimé et la construction de l'Allemagne contemporaine (1815-1914)*, Les Éditions du Cerf, Paris 1995.

Barbier, Patrick Histoire *des Castrats*, Bernard Grasset, Paris 1989.

Barbier, Patrick *Opera in Paris, 1800-1850. A Lively History*, Amadeus Press, Portland Oregon 1995.

Barbieri, R. *Vite Ardenti nel teatro*, Milan 1931.

Barbour, Stephen and Cathie Carmichael (eds) *Language and Nationalism in Europe*, Oxford University Press 2000.

Barker, Adele Marie (ed.) *Consuming Russia. Popular Culture, Sex, and Society Gorbachev*, Duke University Press, Durham NC and London 1999.

Barker, Nicolas 'The Rise of the provincial book trade in England and the growth of a national transport system' in Frédéric Barabier, Sabine Juratic, and Dominique Varry (eds) *L'Europe et le Livre. Réseau et pratique du négoce de librarie XVIe-XIXe siècles*, Klincksieck, n.p. 1996.

Barker, Ronald E. and Robert Escarpit, *La faim de lire*, UNESCO Paris 1973.

Barnett, Graham Keith Histoire *des bibliothèques publiques en France de la Révolution à 1939*, Promodis, Paris 1987.

Baron, Dennis 'Will Anyone Accept the Good News on Literacy?' in *The Chronicle of Higher Education*, 1 February 2002.

Barrachina, Marie-Aline *Propagande et culture dans l'Espagne franquiste: 1936-1945*, ELLUG, Grenoble 1998.

Barrell, Joan and Brian Braithwaite, *The Business of Women's Magazines*, Kogan Page, London 1988.

Barrell, John 'Divided we Grow' in *London Review of Books*, 5 June 2003.

Barrère, Bernard 'Le roman de tauromachie de 1870 à 1921, ou l'échec d'un genre populaire' in *Les productions populaires en Espagne 1850-1920*, Université de

Pau, CNRS, Paris 1986.

Barrère, Bernard '*Dédalo*, 1922: un fil d'Arianne dans le labyrinthe de la concentration industrielle (Domaine du livre espagnol)' in *Livres et librairies en Espagne et au Portugal (XVIe-XXe siècles)*. Actes du Colloque international de Bordeaux, CNRS Paris 1989.

Barrère, Bernard 'La crise du roman en Espagne 1915-1936. Le cas d'un romancier: Alberto Insúa' in *Bulletin Hispanique*, Vol. 85, No 3-4, July-December 1983.

Barrows, Susanna *Distorting Mirrors. Visions of the Crowd in Late Nineteenth -Century France*, Yale University Press 1981.

Barstow, Susan Torrey ' "Hedda is all of us": Late Victorian Women at the Matinée' in *Victorian Studies*, Spring 2001.

Bart, István 'Publishing: service and/or commodity?' in *New Hungarian Quarterly*, Vol. 26, No. 99, 1985.

Barthes, Roland *Image Music Text*, Fontana Press, London 1977.

Barthes, Roland *Le plaisir du texte*, Éditions du Seuil, Paris 1973.

Bartlet, Elizabeth C. 'On the Freedom of the Theatre and Censorship: the *Adrien* Controversy (1792)' in Hennion (ed.) 1789-1989 *Musique, Histoire, Démocratie*, Vol. I.

Basilio, Kelly 'Zola et son impact: naissance d'un romancier, Eça de Queirós in Dezalay (ed.) *Zola sans frontières*.

Batt, Kurt 'Tradition et renouveau. Réflexions sur la création littéraire en RDA' in *Europe*, Vol. 51, No. 531-532, July-August 1973.

Battestin, Martin C. (ed.) *Dictionary of Literary Bibliography*, Vol. 39: *British Novelists 1660-1800*, Gale Research Co., Detroit Michigan 1985.

Baude, Michel 'Le journal de P-H Azaïs, père de famille et philosophe' in *Romantisme*, Vol. 7, Nos 17-18, 1977.

Baudelaire, Charles 'Le Peintre de la vie moderne' in *Oeuvres complètes*, Gallimard La Pléiade, 1961.

Baudelaire, Charles *Écrits sur l'art*, Livre de Poche, Paris 1992.

Baudelaire, Charles *Salon de 1859. Lettres à M. le Directeur de La Revue Française*, collection Litteratura.com, p. 10 http://baudelaire.litteratura.com/ressources/pdf/oeu_4.pdf.

Baudet, Colette *Grandeur et misères d'un éditeur beige: Henry Kistemaeckers (1851-1934)*, Éditions Labor, Brussels 1986.

Baudin, Rodolphe 'Le phénomène de la *série culte* en contexte soviétique et post-soviétique. L'exemple de Semnadcat mgnovenij vesny' in *Cahiers de Monde Russe*,

Vol. 42, No. 1, January-March 2001.

Bauer, Roger 'La parodie dans les lettres autrichiennes: d'Aloys Blumauer à Johann Nepomuk Nestroy' in Stieg and Valentin (eds) *Johann Nestroy* 1801-1862.

Bauer, Roger *La Réalité, royaume de Dieu, études sur l'originalité du théâtre viennois dans la première moitié du XIXe siècle*, Max Hueber Verlag, Munich 1965.

Bauman, Thomas 'The Eighteenth Century: Serious Opera' in Parker (ed.) *The Oxford Illustrated History of the Opera*.

Baumann, Gerd (ed.) *The Written Word. Literacy in Transition*, The Clarendon Press, Oxford 1986.

BBC Handbook 1940.

Beauvoir, Simone de *Mémoires d'une jeune fille rangéé,* Gallimard, Paris 1958.

Beaven, Miranda 'Readership in Early Nineteenth-century Russia: Recent Soviet Research' in *Slavic Review*, No. 2, Summer 1984.

Beaven, Miranda 'Russian Literary Almanacs of the 1820s and their Legacy' in *Publishing History*, No. 17, 1985.

Beavis, Catherine 'Reading, Writing and Role-Playing Computer Games' in Ilana Snyder (ed.) *Silicon Literacies: Communication, Innovation and Education in the Electronic Age*, Routledge, London 2002, *http://cmeskill.tripod.com/beavis.pdf.*

Beavis, Simon 'Piracy steals notes from sound talent', *Guardian*, 10 January 1997.

Becciu, Leonardo *Il fumetto in Italia*, Sansoni, Florence 1971.

Becker, Corinne 'Introduction' to Émile Zola, *Nana*, Classiques Garnier, Paris 1994.

Becker, Henry Jay 'Who's Wired and Who's Not: Children's Access to and Use of Computer Technology' in *The Future of Children And Computer Technology* Vol. 10, No. 2, Fall/Winter 2000, p.64 accessed *www.teacherlib.org/articles/ becker.pdf.*

Bedell, Geraldine 'Mills & Boom Boom' in *Observer Magazine*, 15 December 2002.

Beebee, Thomas O. *Clarissa on the Continent: Translation and Seduction*, Pennsylvania State University Press, University Park Penn. 1990.

Beethoven, Ludwig van, *The Letters of Beethoven* edited by Emily Anderson, Vol. I, Macmillan, London 1961.

Beghelli, and Nicola Gallino (eds) *Tutti I libretti di Rossini*, Garzanti, no place, 1991.

Behrman, Baruch 'Le lecteur des Vies des saints' (1982) in Stroev (ed.) *Livre et lecture en Russie*.

Beletski, Alexandre 'Étudier l'histoire du lecteur: un problème actuel de l'histoire littéraire' (1922) in Stroev (ed.) *Livre et lecture en Russie*.

Belknap, Robert L. 'Survey of Russian journals, 1840-80' in Martinsen (ed), *Literary*

Journals in Imperial Russia.

Bellanger, Claude, Jacques Godechot, Pierre Guiral and Fernand Terrou, *Histoire Générale de la Presse française*, Vol. 2, PUF, Paris 1969 and Vol. 3, 1972.

Belli, Giuseppe Gioacchino *Sonetti*, Mondadori, Milan 1978.

Bellos, David 'La conjuncture de la production' in Chartier and Martin (eds) *Histoire de l'edition française*, Vol. 2, Le livre triomphant 1660-1830.

Bellos, David 'Le Marché du livre à l'epoque romantique: recherches et problèmes' in Revue Française d'histoire du livre, Vol. 47, No. 20, July-September 1978.

Belmont, Nicole 'l'Académie celtique et George Sand. Les débuts des recherches folkloriques en France' in *Romantisme*, No. 9, 1975.

Belton, John 'Awkward transitions: Hitchcock's Blackmail and the dynamics of early film sound' in *The Musical Quarterly*, Vol. 83, No. 2, Summer 1999.

Beltran, Alain and Patrice A. Carré, *La fée et la servante. La société française face à l'électricité XIXe-XXe siècle*, Belin, Paris 1991.

Benedetti, Anna *Le traduzioni italiane di Walter Scott e i loro anglicismi*, Olschki, Florence 1974.

Benelli, Graziano 'Il romanzo erotico in Francia: il caso "Emmanuelle" ' in Petronio and Schulz-Buschhaus (eds) *'Trivialliteratur?'*.

Ben-Ghiat, Ruth 'Italian Fascism and the Aesthetics of the "Third Way" ' in *Journal of Contemporary History*, Vol. 31, No. 2, April 1996.

Ben-Ghiat, Ruth *Fascist Modernities. Italy, 1922-1945*, California University Press, Berkeley and Los Angeles 2001.

Benghozi, Pierre-Jean and Christian Delage (eds) *Une histoire économique du cinéma français (1895-1995)*, L'Harmattan, Paris 1997.

Benjamin, Walter 'The Work of Art in the Age of Mechanical Reproduction', in *Illuminations*, edited by Hannah Arendt, Jonathan Cape, London 1970.

Bennett, E. A. (Arnold) *Fame and Fiction. An Enquiry into Certain Popularities*, Grant Richards, London 1901.

Bennett, Scott 'Victorian Newspaper Advertising: Counting What Counts' in *Publishing History*, No. 8,1980.

Bennett, Scott 'Revolutions in thought: serial publication and the mass market for reading' in Shattock and Wolff (eds) *The Victorian periodical press*.

Bércy, Robert 'Chanson et révolution' in Hennion (ed.) 1789-1989 *Musique, Histoire, Démocratie*, Vol. II.

Berend, Ivan T. *The Crisis Zone of Europe*, trans. by Adrienne Makkay-Chanbers, CUP 1986.

Berengo, Marino *Intellettuali e librai nella Milano della restaurazione*, Einaudi, Turin 1980.

Berg, Mikhail 'About the Literary Battle' in *Russian Studies in Literature*, Vol. 34, No. 2, Spring 1998.

Berghaus, Günter (ed.) *Fascism and Theatre. Comparative Studies on the Aesthetics and Politics of Performance in Europe, 1925-1945*, Berghahn Books, Providence and Oxford 1996.

Berio, Luciano 'Commentaire au rock' in *Musique en jeu*, No. 2, March 1971.

Berlin, Isaiah 'Notes on Prejudice', *New York Review of Books*, 18 October 2001.

Berlin, Isaiah, The Soviet Mind. *Russian Culture under Communism*, Brookings Institution Press, Washington DC 2003.

Berlioz, Hector 'Rapport Fait à la Commission Française du Jury International de l'Exposition Universelle de Londres' http://www.hberlioz.com/London/Berlioz1851.html.

Berlioz, Hector *Euphonia ou la ville musicale*, Petite Bibliothèque ombres, Toulouse 1992.

Berlioz, Hector *Mémoires*, Flammarion, Paris 1991.

Berlioz, Hector *Les soirées de l'orchestre*, Éditions Stock, Paris 1980.

Berman, Antoine *L'epreuve de l'etranger. Culture et traduction dans l'Allemagne romantique*, Gallimard, Paris 1984.

Bernard, Antonia 'J. Kopitar, lien vivant entre la slavistique et la germanistique' in Espagne and Werner (eds) *Philologiques III. Qu'est-ce qu'une littérature nationale?*

Bernardini, Aldo 'Les catholiques et l'avènement du cinéma en Italie: promotion et contrôle' in Cosandrey, Gaudreault and Gunning (eds) *Une invention du diable? Cinéma des premiers temps et religion.*

Berridge, Virginia 'Popular Sunday Papers and mid-Victorian society' in Boyce, Curran and Wingate (eds) *Newspaper History.*

Bertaut, Jules *La. littérature féminine d'aujourd'hui*, Librairie des annales, Paris 1909.

Bertieri, Claudio 'Italie' in Moliterni (ed.) *Histoire Mondiale de la Bande Dessinée.*

Bertone, Giorgio ' "Parlare ai borghesi": De Amicis, Il "Primo maggio" e la propaganda socialista' in *Movimento operaio e socialista*, Vol. 3, No. 2-3 1980.

Besançon, Alain 'Comment la Russie a pensé au peuple' in *Romantisme*, No. 9, 1975.

Bettencourt Pires, Maria Laura *Walter Scott e o romantismo português*, Universidade Nova de Lisboa, Lisbon 1979.

Betts, Ernest *The Film Business. A History of the British Cinema 1896-1972*, Allen and

Unwin, London 1973.

Beynet, Michel 'L'image fasciste de l'Amérique' in *Aspects de la culture italienne sous le fascisme. Actes du Colloque de Florence 14-15 décembre 1979*, Université de Grenoble, 1982.

BFI Film & Television Handbook 2004 edited by Eddie Dyja, bfi publishing, London 2003.

BFI Film and Television Handbook 2003-4 (bfi screenonline).

Bianchini, Angela *Cent'anni di romanzo spagnolo 1868-1962*, ERI, Turin 1973.

Bianconi, Lorenzo and Giorgio Pestelli (eds) *Opera Production and Its Resources*, University of Chicago Press 1998.

Bibliographie de France 'Étude sur l'Index Translationum', 22 September 1971, Vol. 160, No. 38.

Bicknell, David and Robert Philip, 'Gramophone' in *The New Grove Dictionary of Music and Musicians*.

Bienkowska, Barbara and Halina Chamerska, *Books in Poland. Past and Present*, Otto Harrassowitz, Wiesbaden 1990.

Biget, Michelle 'Long terme et court terme des acquis musicaux de la Révolution française' in Hennion (ed.) *1789-1989: Musique, Histoire, Démocratie*, Vol. I.

Bignan, Anne, *L'Ermite des Alpes* in A. Bignan, *Romans et nouvelles*, Dentu, Paris 1858.

Bihiku, Koço 'Le roman contemporain albanais et l'actualité' in *Studia Albanica*, No. 2, Vol. 18, 1981.

Billard, François and Didier Roussin, *Histoires de l'Accordéon*, Climats-INA, Paris 1991.

Billard, Pierre *L'age classique du cinéma français*, Flammarion, Paris 1995.

Billboard Book of Top Hits edited by Joel Whitburn, Billboard Books, New York 2004.

Bing, Rudolf *5000 Nights at the Opera*, Doubleday, New York 1972.

Biondi, Marino and Alessandro Borsotti (eds) *Cultura e fascismo. Letteratura arti e spettacolo di un Ventennio*, Ponte alle Grazie, Florence 1996.

Biré, Edmond *Mémoires et souvenirs (1789-1830): la Révolution, l'Empire et la Restauration*, Victor Retaux et fils, Paris 1895.

Biré, Edmond *Nouvelles causeries littéraires*, Vitte, Lyons 1908.

Björnberg, Alf 'Musical Spectacle as Ritual: the Eurovision song contest' in Hennion (ed.) *1789-1989 Musique, Histoire, Démocratie*, Vol. II.

Black, Alistair *A New History of the English Public Library: Social and Intellectual Contexts, 1850-1914*, Leicester University Press, London 1996.

Blackbourn, David *The Fontana History of Germany 1780-1918. The Long Nineteenth Century*, Fontana Press, London 1997.

Blamires, Alcuin (ed.) *Woman Defamed and Woman Defended. An Anthobgy of Medieval Texts*, Clarendon Press, Oxford 1992.

Blaukopf, Kurt, 'Les jeunes musiciens dans la société industrielle: essai sur de nouvelles formes de comportement' in *Cultures*, Vol. 1, No. 1, 1973.

Bloch-Lainé, François *L'emploi des loisirs ouvriers et l'education populaire*, Librairie du Recueil Sirey, Paris 1936.

Blondeau, Auguste Louis *Voyage d'un musicien en Italie (1810-1812)*, edited by Joël-Marie Fauquet, Mardaga, Liège 1993.

Bloom, Harold *Cervantes's 'Don Quixote'*, Chelsea House Publishers, Philadelphia 2001.

Blumberg, Edwina Jannie 'Tolstoy and the English Novel: A Note on *Middlemarch* and *Anna Karenina* in *Slavic Review*, Vol. 30, No. 3, September 1971.

Bluwal, Marcel *Un Aller*, Éditions Stock, Paris 1974.

Bödeker, Hans Erich 'D'une "histoire littéraire du lecteur" à l'histoire du lecteur. Bilan et perspectives de l'histoire de la lecture en Allemagne' in Roger Chartier (ed.) *Histoire de la lecture*, IMEC/Éditions de la Maison des Sciences de l'Homme, Paris 1995.

Bodin, Thierry 'Les Paysans et Paul-Louis' in *Balzac à Saché*, Bulletin de la société Honoré de Balzac de Touraine No. XIV, n.d. but 1978.

Boetcher Joeres, Ruth-Ellen 'The German Enlightenment (1720-1790)' in Watanabe-O'Kelly (ed.) *The Cambridge History of German Literature*.

Bogacz, Ted ' "A Tyranny of Words": Language, Poetry, and Anti-modernism in England in the First World War' in *Journal of Modern History*, Vol. 58, No. 3, Sept 1986.

Boileau-Narcejac, *Le roman policier*, PUF, Paris 1994.

Boime, Albert 'Entrepreneurial Patronage in Nineteenth-Century France' in Edward C. Carter, Robert Foster, and Joseph N. Moody, *Enterprise and entrepreneurs in nineteenth- and twentieth-century France*, Johns Hopkins University Press, Baltimore and London 1976.

Bold, Christine *Selling the Wild West: Popular Western Fiction 1860-1960*, Indiana University Press, Bloomington and Indianapolis 1987.

Bollème, Genevieve La Bibliothèque Bleue. *La littérature populaire en France du XVIe au XIXe siècle*, Julliard, Paris 1971.

Bollinger, Ernst *La presse suisse: structure et diversité, Lang*, Bern and Frankfurt 1976.

Boltanski, Luc 'La constitution du champ de la bande dessinée' in *Actes de la recherche en sciences sociales*, Vol. 1, No. 1, January 1975.

Bonamour, Jean 'Le Roman russe et les slavophiles' in Michel Cadot (ed.) *Eugène-Melchior de Vogüé le héraut du roman russe*, Institut d'Etudes Slaves, Paris 1989.

Bonghi, Ruggiero Lettere critiche. *Perché la letteratura italiana non sia popolare in Italia*, Marzorati editore, Milan 1971.

Bontinck, Irmgard 'The Project: Aims and Results' in Kurt Blaukopf (ed.) *The Phonogram in Cultural Communication*, Springer-Verlag, Vienna and New York 1982.

Boosey, William *Fifty Years of Music*, Ernest Benn Ltd., London 1931.

Bordas, Éric 'Bel ou mal canto? Le chant romantique selon Hector Berlioz' in *Romantisme*, Vol. 29, No. 103, 1999.

Bordoni, Carlo 'Il romanzo di consumo' in Livolsi (ed.) *Almeno un libro.*

Bordoni, Carlo *Il romanzo di consumo. Editoria e letteratura di massa*, Liguori, Naples 1993.

Bordwell, David *On the History of Film Style*, Harvard University Press, Cambridge, Mass 1997.

Bordwell, David, Janet Staiger and Kristin Thompson, *The Classical Hollywood Cinema. Film Style and Mode of Production to 1960*, Routledge, London 1985.

Borenstein, Eliot 'Public Offerings: MMM and the Marketing of Melodrama' in Barker (ed.) *Consuming Russia.*

Borruso, Edoardo 'Aspetti della nascita dell'industria *editoriale*' in AA VV *Editoria e cultura a Milano tra le due guerre.*

Bory, Jean-Louis *Eugène Sue*, Mémoire du Livre, Paris 2000.

Boscq, Marie-Claire 'L'implantation des librairies à Paris (1815-1848)' in Mollier (ed.) *Le commerce de la librairie en France au XIXe siècle.*

Boswell, James *Life of Johnson*, edited by R. W. Chapman, OUP 1980.

Botrel, Jean-François 'L'aptitude à communiquer: Alphabétisation et scolarisation en Espagne de 1860 à 1920' in *De l'alphabétisation aux circuits du livre en Espagne*, CNRS, Centre régional de publication de Toulouse 1987, pp.105-40.

Botrel, Jean-François 'La littérature de cordel en Espagne. Essai de synthèse' in Chartier and Lüsebrink (eds) *Colportage et lecture populaire.*

Botrel, Jean-François 'Les libraires français en Espagne 1840-1920' in *Histoire du livre et de l'Édition dans les pays ibériques*, Presses Universitaires de Bordeaux, 1986.

Botrel, Jean-François 'Les recherches sur le livre et la lecture en Espagne XVIIIe-XXe siècles' in Chartier (ed.) *Histoire de la lecture.*

Botrel, Jean-François 'Naissance et essor d'une maison d'edition scolaire: La Casa

Hernando de Madrid (I. 1828-1883)' in *Livres et librairies en Espagne et au Portugal (XVIe-XXe siècles)*. *Actes du Colloque international de Bordeaux*, CNRS Paris 1989.

Botrel, Jean-François *La diffusion du livre en Espagne (1868-1914)*. *Les libraires*, Casa de Velazquez, Madrid 1988.

Botstein, Leon 'Listening through Reading: Musical Literacy and the Concert Audience' in *19th-Century Music*, Vol. 16, No. 2, Fall 1992.

Bott, Caroline G. *The Life and Works of Alfred Bestall: illustrator of Rupert Bear*, Bloomsbury, London 2003.

Botta, Cinzia 'Paolo Valera e gli 'abissi plebei' di Milano fin de siècle: immagine letteraria e realtà sociale' in *Rivista di Storia Contemporanea*, Vol. 17, No 1, January 1988.

Bottomore, Stephen 'The Panicking audience?: early cinema and the "train effect" ' in *Historical Journal of Film, Radio and Television*, Vol. 19, No. 2, 1999.

Bouche, Michel, Brigitte Magnien, and Carmen Salaun 'Les collections populaires de contes et nouvelles au début du XXe siècle: écritures, mythes et mentalités. Méthode d'approche et d'analyse: El Cuento Semanal 1907-1912' in *Les productions populaires en Espagne 1850-1920*, Université de Pau, CNRS, Paris 1986

Bourdieu, Pierre 'Vous avez dit "populaire"' in *Actes de la recherche en sciences sociales*, No. 46, March 1983.

Bourdieu, Pierre, *Distinction. A Social Critique of the Judgement of Taste*, Routledge, London 1984.

Bourdieu, Pierre, *The Field of Cultural Production*, Polity Press, Cambridge 1993.

Bourdon, Jérôme 'L'archaïque et la postmoderne. Éléments pour une histoire d'un peu de télévision' in Jérôme Bourdon and François Jost (eds) *Penser la télévision. Actes du Colloque de Cerisy*, Nathan, Paris 1998.

Bourgeois, Isabelle *Radios et télévisions privées en Allemagne entre la loi et le marché*, CIRAG, Levallois-Peret 1995.

Bourke, Joanna 'Housewifery in Working-Class England 1860-1914' in *Past and Present*, No. 143, May 1994.

Bourke, Joanna *Working Class Cultures in Britain 1890-1960*, Routledge, London 1994.

Boussel, Patrice and Madeleine Duboit *De Quoi Vivait Victor Hugo?*, Deux Rives, Paris 1952.

Bousser-Eck, Hélène and Monique Sauvage 'Le règne de *Cinq colonnes* 1959-1965' in Jeanneney and Sauvage (eds) *Télévision, nouvelle mémoire*.

Bouvier-Ajam, Maurice *Alexandre Dumas ou cent ans après*, Les éditeurs français réunis, Paris 1972.

Bowlt, John E. 'The Failed Utopia: Russian Art, 1917-32' in *Art in America*, Vol. 59, No. 4, July-August 1971.

Boyce, George, James Curran and Pauline Wingate (eds) *Newspaper History from the seventeenth century to the present day* edited by Constable, London 1978.

Boyd, Brian *Vladimir Nabokov. The American Years*, Chatto & Windus, London 1992.

Boyd, Carolyn P. *Historia Patria. Politics, History, and National Identity in Spain, 1875-1975*, Princeton UP, Princeton NJ 1997.

Boyer, Régis 'Introduction' in Hans-Christian Andersen, *Oeuvres*, Vol. I, Pléiade/Gallimard, Paris 1992.

Boyer, Régis *Histoire des littératures scandinaves*, Fayard, Paris 1996.

Boyle, Nicholas *Goethe. The Poet and the Age*, Vol. 1, *The Poetry of Desire*, The Clarendon Press, Oxford 1991; Vol. 2, *Revolution and Renunciation* (1790-1803), The Clarendon Press, Oxford 2000.

Boyle, Thomas *Black Swine in the Sewers of Hampstead. Beneath of the Surface of Victorian Sensationalism*, Hodder and Stoughton, London 1990.

Bradley, Ian *Abide with me. The world of Victorian hymns*, SCM Press, London 1997

Bradshaw, Graham 'Shakespeare's Peculiarity', *Proceedings of the British Academy*, OUP 2001.

Braescu, Ion 'Erckmann-Chatrian en Roumanie' in *Europe*, Vol. 53, No. 549-50, January-February 1975.

Braida, Lodovica 'Quelques considérations sur l'histoire de la lecture en Italie. Usages et pratiques du livre sous l'Ancien Régime' in Chartier (ed.) *Histoire de la lecture*.

Brancaleoni, Francesca 'La Ginevra di Antonio Ranieri ed il Twist di Charles Dickens. Il Romanzo sociale agli esordi' in *Critica Letteraria*, n. 102, Vol. 27, 1999.

Brande, Dorothea *Wake Up and Live!*, Arthur Barker Ltd, London 1936.

Brandes, Ute 'Anna Seghers's Politics of Affirmation' in Ian Wallace (ed.) *Anna Seghers in Perspective*, Rodopi, Amsterdam and Atlanta 1998.

Branscombe, Peter Die Frühe Offenbach-Rezeption in Wien und Nestroys Anteil Daran' in *Austriaca*, Cahiers Universitaires d'information sur l'Autriche, No. 46, June 1998.

Branscombe, Peter 'Reflections on Raimund's Artistic Relationships with his Contemporaries' in W. E. Yates and John R. P. McKenzie (eds) *Viennese Popular Theatre: A Symposium*, University of Exeter 1985.

Brassens, Georges 'Interview avec Georges Brassens' by Therese Hamel in *Marie-France*, No. 127, September 1966.

Bratton, Jacqueline S. *The Victorian Popular Ballad*, Macmillan, London and Basingstoke 1975.

Braudel, Fernand *Écrits sur l'histoire*, Champs Flammarion, Paris 1969.

Braun, Edward *The Director and the Stage*, Methuen, London 1982.

Bravo, Anna *Il fotoromanzo*, Il Mulino, Bologna 2003.

Breitenborn, Uwe ' "Memphis Tennessee" in Borstendorf: Boundaries Set and Transcended in East German Television Entertainment' in *Historical Journal of Film, Radio and Television*, Vol. 24, No. 3, 2004.

Bretz, Mary Lee *Voices, Silences, and Echoes. A Theory of the Essay and the Critical reception of Naturalism in Spain*, Tamesis Books, London 1992.

Brewer, John *The Pleasures of the Imagination. English Culture in the Eighteenth Century*, HarperCollins, London 1997.

Brewster, Ben '*Traffic in Souls* (1913): An experience in feature-length narrative construction' in Grieveson and Krämer (eds) *The Silent Cinema Reader*.

Brewster, Ben, and Lea Jacobs *Theatre to Cinema. Stage Pictorialism and the Early Feature Film*, OUP 1997.

Briggs, Asa *The History of Broadcasting in the United Kingdom*, Vol. II, IV and V, Oxford University Press 1995.

Brochand, Christian *Histoire générale de la radio et de la télévision en France*, Vol. II, 1944-1974, La documentation française, Paris 1994.

Brochon, Pierre (ed.) *Béranger et son temps*, Éditions sociales, Paris 1956.

Brooke, Caroline 'Soviet Music in the International Arena 1932-41' in *European History Quarterly*, Vol. 31, No. 2, April 2001.

Brooke, Caroline 'Soviet Musicians and the Great Terror' in *Europe-Asia Studies*, Vol. 54, No. 3, 2002.

Brooks, Jeffrey *When Russia Learned to read. Literacy and Popular Culture 1861-1917*, Princeton UP, Princeton N.J. 1985.

Brooks, Louise 'Pabst and Lulu' in *Sight and Sound*, Vol. 34, No. 3, Summer 1965.

Brown, Frederick *Zola. A Life*, Macmillan, London and Basingstoke 1997.

Brown, Richard ' "England is not big enough..." American rivalry in the early English film business: the case of Warick v. Urban, 1903' in *Film History*, Vol. 10, No. 1 1998.

Bruckner, Wolfgang 'Histoire de la *Volkskunde*. Tentative d'une approche à l'usage des français' in Isac Chiva and Utz Jeggle (eds) *Ethnologies en miroir*, Éditions de la Maison des sciences de l'homme, Paris 1987.

Brunei, Pierre *Vincenzo Bellini*, Fayard, Paris 1981.

Brunetta, Gian Piero *Storia del cinema italiano 1895-1945*, Editori Riuniti, 1979 Bruno, G. *Le Tour de France par deux enfants. Devoir et patrie*, Eugène Belin (1877), facsimile edition, Firmin-Didot 1974.

Bruscagli, Riccardo and Roberta Turchi (eds) *Teorie del romanzo nel primo ottocento*, Bulzoni, Rome 1991.

Buch, Esteban ' "Les Allemands et les Boches": la musique allemande à Paris pendant la Première Guerre mondiale' in *Le Mouvement Social*, No. 208, July-September 2004.

Buch, Esteban 'Le chef d'orchestre: pratiques de l'autorité et métaphores politiques' in *Annales*, July-August 2002, No. 4.

Bulletin du livre (Le) 'Les best sellers du siècle', 15 October 1961.

Bulletin du livre (Le) 'Les Best sellers 1958-68', 15 Décembre 1968.

Bulman, Joan *Jenny Lind. A biography*, James Barrie, London 1956.

Bulo, Jorgo 'Les lettres albanaises et la résistance antifasciste' in *Studia Albanica*, No. 2, Vol. 21, 1984.

Bunk, Thomas M. 'Allemagne' in Moliterni (ed.) *Histoire Mondiale de la Bande Desinée*.

Buonanno, Milly (ed.) *Eurofiction 2002. Sesto Rapporto sulla fiction televisiva in Europa*, VQPT-RAI No. 191, Rome 2003.

Buonanno, Milly 'Un orizzonte nebuloso. La fiction italiana nel 2001' in Buonanno (ed.) *Eurofiction* 2002.

Bureau, Paul *La crise morale des temps nouveaux*, Bloud, Paris 1908.

Burke Peter and Roy Porter (eds) *Language, Self, and Society. A Social History of Language*, Polity Press, Cambridge 1991.

Burke, Peter 'The Invention of Leisure in Early Modern Europe' in *Past and Present*, No. 146, February 1995.

Burke, Peter 'The Uses of Literacy in Early Modern Italy' in Burke and Porter (eds) *The Social History of Language*.

Burke, Peter and Roy Porter (eds) *The Social History of Language*, CUP, Cambridge 1987.

Burke, Peter *The Art of Conversation*, Polity Press, Cambridge 1993.

Burkholder, J. Peter 'Museum Pieces: The Historicist mainstream in Music of the Last Hundred Years' in *The Journal of Musicology*, Vol. 2, no.2 Spring 1983.

Burnett, Robert *The Global Jukebox. The international music industry*, Routledge, London 1996.

Burney, Fanny *Evelina*, Oxford University Press, 1982.

Burroughs, Edgar Rice *Tarzan of the Apes*, Methuen, London 1920.

Burton, John W. and Caitlin W. Thomson, 'Nanook and the Kirwinians: Deception, Authenticity, and the Birth of Modern Ethnographic Representation' in *Film History*, Vol. 14, No. 1, 2002.

Busch, Robert L. 'Victor Hugo's Narrative Prose Debut in Russia' in Richard Freeborn, R. Milner-Gulland and Charles A. Ward (eds) *Russian and Slavic Literature*, Slavic Publishers Inc., Cambridge, Mass. 1976.

Buzzi, Carlo 'Il pubblico dei lettori: caratteristiche strutturali e specificità culturali' in Livolsi (ed.) *Almeno un libro*.

Byron, George (Lord) *Byron's Letters and Journals* Vol. 10, 1822-1823, edited by Leslie A. Marchand, Belknap Press and Harvard University Press, Cambridge Mass., 1980.

Cadioli, Alberto 'Un'indagine sull'editoria' in *Problemi*, No. 96, January-April 1993.

Cahiers Alexandre Dumas, No. 12,1983.

Calvet, Louis-Jean *La guerre des langues et les politiques linguistiques*, Hachette, Paris 1999.

Calvino, Italo 'La "Romantica" ' in AA VV *Editoria e cultura a Milano tra le due guerre (1920-1940)*.

Camerino, Marinella Colummi 'Il romanzo nella prima metà dell'Ottocento' in *Problemi*, No. 65, September-December 1982.

Camerino, Marinella Colummi 'Un topos critico: il riassunto dei romanzi nelle recensioni ottocentesche' in *Problemi*, No. 78, January-April 1987.

Cammelli, Andrea and Angelo di Francia, 'Studenti, universita, professioni' in Maria Malatesta (ed.) *Storia d'Italia, Annali 10, I professionisti*, Einaudi, Turin 1996.

Campeanu, Pavel 'Romanian Television: From Image to History' in Phillip Drummond, Richard Paterson and Janet Willis (eds) *National Identity in Europe. The Television Revolution*, BFI, London 1993.

Candeloro, Giorgio *Storia dell'Italia moderna* Vol. 6: *Lo sviluppo del capitalismo e del movimento operaio 1871-1896*, Feltrinelli, Milan 1978.

Candiani, Rosy ' "Quegli eterni *Promessi sposi*". La fortuna musicale del romanzo manzoniano' in *Critica Letteraria*, Vol. 27, No. 105, 1999.

Canepa, Nancy (ed.) *Out of the Woods: The origins of the Literary Fairy Tale in Italy and France*, Wayne State UP, Detroit 1997.

Canepa, Nancy ' "Quando 'nc'e da cà a lo luoco dove aggio da ire?": Giambattista Basile's Quest for the Literary Fairy Tale' in Canepa (ed.) *Out of the Woods*, cit.

Canepa, Nancy *From Court to Forest. Giambattista Basile* 'Lo cunto de li cunti' *and the Birth of the Literary Fairy Tale* Wayne State UP Detroit 1999.

Cannone, Belinda *Musique et littérature au XVIIIe siècle*, PUF, Paris 1998.

Canova, Gianni 'Giorgio Scerbanenco' in *Problemi*, No. 88, May-August 1990.

Canova, Gianni 'Scerbanenco e il delitto alia milanese' in Vittorio Spinazzola (ed.) *Il successo letterario*, Unicopli, Milan 1985.

Cantaloube-Ferrieu, Lucienne *Chanson et poésie des années 30 aux années 60. Trenet, Brassens, Ferré... ou les 'enfants natures' du surréalisme*, A.G. Nizet, Paris 1981.

Capecchi, Vittorio and Marino Livolsi *La stampa quotidiana in Italia*, Bompiani, Milan 1971.

Caplan, Cora 'Introduction' to Elizabeth Barrett Browning, *Aurora and other poems*. The Women's Press, London 2001.

Capp, Bernard *Astrology and the Popular Press: English Almanacks 1500-1800*, Faber, London 1977.

Caradec, François *Histoire de la Littérature enfantine en France*, Albin Michel, Paris 1977.

Carbonell, Charles-Olivier 'La réception de l'historiographie allemande en France (1866-1885): le mythe du modèle importé' in Espagne and Werner (eds) *Transferts. Les relations interculturelles dans l'espace franco-allemend (XVIIIe-XIX siècle).*

Cardigos, Isabel *In and Out of Enchantment: Blood Symbolism and Gender in Portoguse Fairytales, Folklores Fellows' Communications* No. 260, Suomalainen Tiedeakademia Academia Scientiarium Fennica, Helsinki, 1996.

Cardini, Franco *Europe and Islam*, Blackwell, Oxford 2001.

Cardot, Fabienne 'L'electricité, merveille du siècle' in François Caron and Fabienne Cardot, *Espoirs et Conquêtes 1881-1918*, Vol. One of *Histoire Générale de l'Électrcité en France*, Fayard, Paris 1991.

Carlini, Antonio 'Le bande musicali nell'Italia dell'ottocento: il modello militare, I rapporti con il teatro e la cultura dell'orchestra negli organici strumentali' m *Rivista italiana di musicologia*, Vol. 30, No. 1, 1995.

Carloni, Massimo 'Nazionalismo, eurocentrismo, razzismo e misogenia nel "Ciclo del Far-West" di Emilio Salgari' in *Problemi*, No. 97, May-August 1993.

Carlyle, Thomas *A Carlyle Reader. Selections from the Writings*, edited by G. B. Tennison, CUP 1984.

Carlyle, Thomas *Critical and Miscellaneous Essays*, Vol. 2, Chapman, London 1888.

Carlyle, Thomas *On Heroes, Hero-Worship, and the Heroic in History*, University of California Press 1993.

Carlyle, Thomas *Sartor Resartus*, OUP 1987.
Carlyle, Thomas *The French Revolution. A History*, Volume I *The Bastille* Book VI The Folio Society, London 1989.
Carmichael, Cathie ' "A People exists and that people has its language": Language and Nationalism in the Balkans' in Barbour and Carmichael (eds) *Language and Nationalism in Europe*.
Carmichael, Cathie 'Coming to terms with the Past: Language and Nationalism in Russia and its Neighbours' in Barbour and Carmichael (eds) *Language and Nationalism in Europe*.
Carpenter, Humphrey *The Envy of the World: Fifty Years of the BBC Third Programme and Radio 3: 1946-1996*, Weidenfeld and Nicolson, London 1996.
Carpi, Umberto 'Egemonia moderata e intellettuali nel Risorgimento' in Vivanti (ed.) *Storia d'Italia. Annali 4 Intellettuali e potere*.
Carré, Patrice 'La transformation de l'espace privé ou la magie électrique' in Levy Leboyer and Morsel (eds) *L' interconnexion et le Marché 1919-1946*.
Carse, Adam 'Adolphe Sax and the Distin Family' in *The Music Review*, Vol. 6. No. 4, November 1945.
Carson, James P. 'Enlightenment, popular culture, and Gothic fiction' in Richeetti (ed.) *The Cambridge Companion to the Eighteenth-Century Novel*.
Carteggio Verdi-Ricordi 1880-81, Istituto di Studi Verdiani, Parma 1988.
Carter, Angela (ed.) *The Virago Book of Fairy Tales*, Virago, London 1990.
Carter, Huntley *The New Spirit in The European Theatre 1914-1924. A comparative study of the changes effected by the war and revolution*, Ernest Benn, London 1925.
Carter, Tim 'The Seventeenth Century' in Parker (ed.) *The Oxford Illustrated History of the Opera*.
Carter, William C. *Marcel Proust. A Life*, Yale University Press, New Haven and London 2000.
Caruso Jr, Enrico *Enrico Caruso. My father and my family*, Amadeus Press, Portland, Oregon 1997.
Caruzzi, Antonella Licalsi 'Il libretto d'opera e la società romantica' in *Problemi* No. 27, May-June 1971.
Casanova, Giacomo *Histoire de ma vie*, Robert Laffont, Paris 1993, Vol. 3.
Casanova, Julià n *La Iglesia de Franco*, Temas de Hoy, Madrid 2001.
Casini, Paolo 'Il rinascimento immaginario di D'Annunzio' in *Problemi*, No.82, May-August 1988.
Casselle, Pierre 'Le régime législatif' in Chartier and Martin (eds) *Histoire de l'edition*

française, Vol. 3.

Castiglione, Baldissare *The Book of the Courtier*, Penguin, Harmondsworth 1967.

Catalogo generale, Fratelli Treves Editori, Decembre 1903.

Catalogo generale della libreria italiana dall'anno 1847 a tutto il 1899, Kraus Reprint, Vaduz 1964.

Catterall, Peter (ed.) *The Making of Channel 4*, Frank Cass, London 1999.

Catterall, Peter, Colin Seymour-Ure and Adrian Smith (eds) *Northcliffe's Legacy, Aspects of the British Popular Press, 1896-1996*, Macmillan, London 2000.

Caudet, Francisco 'En folletin en *Fortunata y Jacinta*' in *Les productions populaires en Espagne 1850-1920*, Université de Pau, CNRS, Paris 1986, pp.195-220.

Cavallo, Pietro 'Theatre Politics of the Mussolini Régime and Their Influence on Fascist Drama' in Berghaus (ed.) *Fascism and Theatre*.

Cavallo, Pietro *Immaginario e rappresentazione. Il teatro fascista di propaganda*, Bonacci, Rome 1990.

Cavalone, Franco 'Il bibliofilo a fametti' in Vittorio Spinazzola (ed.) *Pubblico* 1977, Il Saggiatore, Milan 1977.

Caygill, Howard *Walter Benjamin. The Colour of Experience*, Routledge, London and New York 1998.

Cecchi, Emilio *America Amara*, Sansoni, Florence.

Cellard, Jacques *Un génie dévergondé. Nicolas-Edme Rétif, dit 'de La Bretonne' (1734-1806)*, Plon, Paris 2000.

Censorship. A World Encyclopedia edited by Derek Jones, Fitzroy Dearborn, London and Chicago 2001.

Cepak, Nivea 'Pubblicità e fiaba in "Carosello" ' in *Problemi*, Nos. 25-26, January-April 1971.

Certeau, Michel de *La culture au pluriel*, Seuil 1993, Paris 1993.

Certeau, Michel de, Dominique Julia and Jacques Revel *Une politique de la langue. La Revolution française et les patois*, Gallimard, Paris 1975.

Ceserani, R. and E. Salibra 'Popular Literature in Nineteenth-Century Italy: *Letteratura amend*' in *Canadian Review of Comparative Literature*, Vol. 9, September 1982.

Chalaby, Jean 'Northcliffe: Proprietor as Journalist' in Catterall, Seymour-Ure and Smith (eds) *Northcliffe's Legacy*.

Chalaby, Jean K. *The Invention of Journalism*, Macmillan Press, Basingstoke and London 1998.

Chambers, Helen 'Afterword' to the English translation of Theodor Fontane's *Effi Briest,* Angel Books, London 1995.

Champ, Hamish 'Keys to success' in *Music Business International*, August 2001.

Chanan, Michael *Musica Practica. The Social Practice of Western Music from Gregorian Chant to Postmodernism*, Verso, London 1994.

Chanan, Michael *Repeated Takes. A Short History of Recording and Its Effects on Music*, Verso, London 1995.

Chandler, James *England in 1819. The Politics of Literary Culture and the Case of Romantic Historicism*, Chicago University Press 1998.

Chandrika Kaul 'Popular Press and Empire: Northcliffe, India and the *Daily Mail*, 1896-1922' in Catterall, Seymour-Ure and Smith (eds) *Northcliffe's Legacy*.

Chaniac, Régine and Jean-Pierre Jézéquel 'Julie Lescaut vince su Loana. La fiction tv francese nel 2001' in Buonanno (ed.) *Eurofiction 2002*.

Chapman, John (? Unsigned article) 'The Commerce of Literature' *Westminster review*, Vol 1, April 1852.

Charaudeau, Patrick and Rodolphe Ghiglione, *La parole confisquée. Un genre télévisuel: le talk show*, Dunod, Paris 1997.

Charle, Christophe 'Champ littéraire français et importations étrangères. De la vogue du roman russe à l'emergence d'un nationalisme littéraire (1886-1902)' in Espagne and Werner (eds) *Philologiques III*.

Charle, Christophe 'Le champ de la production littéraire' in Chartier and Martin (eds) *Histoire de l'edition française*, Vol. 3, *Le temps des éditeurs*.

Charle, Christophe 'Situation spatiale et position sociale. Essai de géographie sociales du champ littéraire à la fin du 19e siècle' in *Actes de la recherche en sciences sociales*, No. 13, February 1977.

Charle, Christophe *Les intellectuels en Europe au XIXe siècle. Essai d'histoire comparée*, Seuil, Paris 2001.

Charlton, David 'The Nineteenth Century: France' in Parker (ed.) *The Oxford Illustrated History of the Opera*.

Chartier, Roger (ed.) *Histoire de la lecture*, IMEC Éditions et Éditions de la Maison des Sciences de l'Homme, Paris 1995.

Chartier, Roger 'Des "Secrétaires" pour le peuple?' in Roger Chartier (ed.) *La correspondance. Les usages de la lettre au XIXe siècle*, Fayard, Paris 1991.

Chartier, Roger 'Du livre au livre' in Roger Chartier (ed.) *Pratiques de la lecture*, Rivages, Paris 1985.

Chartier, Roger 'Frenchness in the History of the Book: from the History of Publishing to the History of Reading' in *Proceedings of the American Antiquarian Society*, 1987 97/2.

Chartier, Roger 'introduction' in Chartier and Lüsebrink (eds) *Colportage et lecture populaire*.

Chartier, Roger 'Lecteurs dans la longue durée: du codex à l'écran' in Chartier (ed.) *Histoire de la lecture*.

Chartier, Roger and Hans-Jürgen Lüsebrink (eds) *Colportage et lecture populaire Imprimés de large circulation en Europe XVIe-XIXe siècles*, Éditions de la maison des Sciences de l'Homme, Paris 1996.

Chartier, Roger and Henri-Jean Martin (eds) *Histoire de l'édition française, Vol. 2, Le livre triomphant 1660-1830;* Vol. 3, *Le temps des éditeurs. Du romantisme à la Belle Époque*, Fayard, Paris 1990.

Chartier, Roger *Cultural History. Between Practices and Representation*, Polity, Oxford 1988.

Chartier, Roger *The Cultural Uses of Print in Early Modern France*, translated from the French by Lydia G. Cochrane, Princeton University Press 1987.

Charue-Ferrucci, Jeanine 'Du mélodrame à la comedie féerique. Victor Ducange Trente ans ou la vie d'un joueur et Nestroy: Dreissig Jahre aus dem Leben eines Lumpen' in Stieg and Valentin (eds) *Johann Nestroy* 1801-1862.

Chemello, Adriana *La biblioteca del buon operaio. Romanzi e precetti per il popolo nell'Italia unita*, Unicopli, Milan 1991.

Cherchi Usai, Paolo 'Italy: Spectacle and Melodrama' in Nowell-Smith (ed.) *The Oxford History Of World Cinema*.

Cherchi Usai, Paolo The Early Years' in Nowell-Smith (ed.) *The Oxford History Of World Cinema*.

Cherchi Usai, Paolo *Georges Méliès*, La Nuova Italia, Florence 1983.

Chevrel, Yves 'Vers une histoire du Naturalisme dans les littératures de langues européennes?' in Dezalay (ed.) *Zola sans frontières*.

Chimènes, Myriam 'La "Nomenklatura" Musicale en France sous la IIIe République' in Hugues Dufourt and Joël-Marie Fauquet (eds) *Musique et médiations. Le métier, l'instrument, l'oreille*, Klincksieck, Paris 1994.

Chimènes, Myriam 'La princesse Edmond de Polignac et la création musicale' in Dufourt and Fauquet (eds) *La musique et le pouvoir*.

Chirac, Jacques speech of 30 November 2002, full text at http://www.elysee.fr/cgi-bin/auracom/aurweb/search/file?aur_file=discours/2002/021130DU.htm.

Choppin, Alain *Les manuels scolaires. Histoire et actualité*, Hachette, Paris 1992.

Choukroun, Jacques 'Controler les studios, un atout pour les grandes compagnies française des années trente?' in Benghozi and Delage (eds) *Une histoire* économique du cinéma français (1895-1995).

Christiansen, Rupert *Prima Donna*, Pimlico, London 1995.

Christie, Ian review of Rachel Low's *The History of the British Film*, in *Journal of Popular British Cinema*, No. 2, 1999.

Christout, Marie-Françoise 'La Féerie romantique au théâtre: de la Sylphide (1832) à la Biche au bois (1845), choréographic, décors, trucs et machines' in *Romantisme*, No. 38, 1982.

Churchill, R. C. 'The Genius of Charles Dickens' in Boris Ford (ed.) *The New Pelican Guide to English Literature*, Vol. 6: *From Dickens to Hardy*, Penguin, London 1990.

Chusid, Martin (ed.) *Verdi's Middle Period, 1849-1859: Source studies, analysis and performance practice*, Chicago University Press 1997.

Chusid, Martin 'Toward an Understanding of Verdi's Middle Period' in Chusid (ed.) *Verdi's Middle Period, 1849-1859*.

Chvedov, Serguëi 'Les livres qui avaient nos préférence' in Stroev (ed.) *Livre et lecture en Russie*.

Ciampi, Antonio 'Aspetti delle diffusione del cinematografo nelle zone depresse dell'Italia' in *Lo Spettacolo*, Vol. 5, No. 1, January March 1955.

Ciampi, Antonio 'Limiti per la spesa per spettacoli in Italia' in *Lo spettacolo*, Vol. 3, no. 2, April-June 1953.

Cipolla, Carlo *Literacy and Development in the West*, Penguin, Harmondsworth 1969.

Claeys, Gregory 'Mass Culture and World Culture on "Americanization" and the Politics of Cultural Protectionism' in *Diogenes*, 1986 No. 136.

Clark, Andrew 'All shook up over classical music' *Financial Times*, 22 March 1997.

Clark, Katerina ' "Boy gets tractor" and all that: the parable structure of the Soviet novel' in Richard Freeborn, R. R. Milner-Gulland and Charles A. Ward (eds) *Russian and Slavic Literature*, Slavic Publishers, Cambridge, Mass. 1976.

Clark, Katerina 'The Mutability of the Canon: Socialist Realism and Chingiz Aitmatov's *I dol'she veka dlitsia den'* in *Slavic Review*, No. 4, Winter 1984.

Clark, Katerina and Michael Holquist, *Mikhail Bakhtin*, Harvard University Press 1984.

Clark, Katerina *The Soviet Novel History as Ritual*, Indiana University Press, Bloomington and Indianapolis 2000.

Clarke, Graham 'Poe and his Critics' in Edgar Allan Poe, *Tales of Mystery and Imagination*, J. M. Dent Everyman, London 1993.

Clarke, I. F. 'Forecasts of Warfare in Fiction' in *Comparative Studies in Society and*

History, Vol. 10, No 1, October 1967.

Clayton, Timothy *The English Print: 1688-1802*, Yale University Press 1997.

Clery, E. J. 'Introduction' to Ann Radcliffe, *The Italian*, OUP 1998.

Close, Anthony *The Romantic Approach to 'Don Quixote'. A critical history of the romantic tradition in 'Quixote' criticism*, Cambridge University Press 1977.

Clyman, Toby W. and Judith Vowles (eds) *Russia Through Women's Eyes. Autobiographies from Tsarist Russia*, Yale University Press, New Haven and London 1996.

Cobo, Leila 'Shakira x 2', *Billboard*, 28 May 2005.

Cocks, H.G. 'Peril in the personals: the dangers and pleasures of classified advertising in early twentieth-century Britain' in *Media History* Volume 10 Number 1, April 2004.

Cocteau, Jean preface to Gaston Leroux, *Le Mystère de la chambre jaune*, Le Livre Poche, Paris 1996.

Codelli, Lorenzo 'La Commedia Italo-Francese' in Jean A. Gili and Aldo Tassone (eds) *Parigi-Roma 50 anni di coproduzioni italo-francesi (1945-1995)*, Il Castoro, Milan 1995.

Cohen, Gary *The Politics of Ethnic Survival: Germans in Prague 1861-1914*, Princeton University Press, Princeton NJ, 1981.

Cohen, Margaret 'Women and fiction in the nineteenth century' in Unwin (ed.) *The Cambridge Companion to the French Novel*.

Cohen, Margaret *The Sentimental Education of the Novel*, Princeton University Press 1999.

Cohen-Solal, Annie *Sartre. A Life*, Heinemann, London 1988.

Coleridge, Samuel Taylor *Biographia Literaria*, Volume Two, William Pickering, London 1847.

Coles, Joanna 'Sleazy does it for Jerry', *Guardian*, 19 February 1998.

Colley, Linda Captives. *Britain, Empire and the World 1650-1850*, Jonathan Cape, London 2002.

Collier, Peter and Robert Lethbridge (eds) *Artistic Relations. Literature and the visual Arts in Nineteenth-Century France*, Yale University Press, New Haven and London 1994.

Collini, Silvia and Antonella Vannoni, 'Un'impresa editoriale del primo Ottocento: la collana Sonzogno del "Viaggi più interessanti". I resoconti di viaggio da relazione scientifica a opera letteraria' in *Problemi*, No. 98, September-December 1993.

Collins, Philip *Charles Dickens, The Public Readings*, Clarendon Press, Oxford 1975.

Collins, Wilkie *The Moonstone*, edited by Steve Farmer, Broadview, Toronto 1999.

Coltham, Stephen 'English Working Class Newspapers in 1867' in *Victorian Studies*, Vol. 13, No. 2, December 1969.

Comini, Alessandra *The Changing Image of Beethoven. A Study in Mythmaking*, Rizzoli, New York 1987.

Commission européenne. Direction générale X, *Statistiques de la culture en Europe. Premiers éléments*, 1996.

Compère, Daniel *'Le Robinson Suisse* relu et récrit par Hetzel' in Christian Robin (ed.) *Un Éditeur et son siècle. Pierre-Jules Hetzel*, ACL-Crocus édition, Saint-Sébastien 1988.

Complete UK Hit Singles 1952-2004, edited by Graham Betts, Collins, London 2004.

Conant, Martha Pike *The Oriental tale in England in the Eighteenth Century*, Columbia University Press, New York 1908.

Conati, Marcello 'L'arte di Verdi fra "le ingiurie del tempo" e gl'infortuni della critica' in *Rassegna Musicale Italiana*, Vol. 7, No. 22, 2002.

Conati, Marcello 'Periodici teatrali e musicali italiani a metà dell'800' in *Periodica Musica*, Vol. 7, 1989.

Conati, Marcello 'Teatri e orchestre al tempo di Verdi' in Istituto di Studi Verdiani di Parma, *Giuseppe Verdi, vicende, problemi e mito di un artista e del suo tempo*, catalogue of exhibition 31 August-8 December 1985, Colorno 1985.

Condee, Nancy 'Body Graphics: Tattooing the Fall of Communism' in Barker (ed.) *Consuming Russia*.

Condemi, Concetta *Les cafés-concerts. Histoire d'un divertissement (1849-1914)*, Quai Voltaire, Paris 1992.

Confino, Alon and Rudy Koshar, 'Régimes of Consumer Culture: New Narratives in Twentieth-Century German History' in *German History*, Vol. 19, No. 2, 2001.

Conforti, Maria 'Scomposizione di un personaggio: Cecilia Malespano, Mimi Bluette, Maria Maddalena' in Arslan (ed.) *Dame, droga e galline*.

Conrich, Ian 'Forgotten cinema: the British style of sexploitation' in *Journal of Popular British Cinema*, No. 1. 1998.

Convents, Guido 'Les catholiques et le cinéma en Belgique (1895-1914)' in Cosandrey, Gaudreault and Gunning (eds) *Une invention du diable? Cinéma des premiers temps et religion*.

Conway Morris, Roderick 'Greek Café Music' in *Recorded Sound*, No. 80, July 1981.

Cook, Michael L. *Mystery, Detective, and Espionage Magazines*, Greenwood Press, Westport Conn. and London 1983.

Cooper, Helen 'Surviving the Reformation' in *London Review of Books*, 15 October 1998.

Cooper, James Fenimore *Gleanings in Europe. England*, State University of New York Press, Albany 1982.

Cooper, Jeffrey *The Rise of Instrumental Music and Concert Series in Paris 1828-1871*, UMI Research Press, Ann Arbor, Michigan 1983.

Cooper-Richet, Diana 'La librairie étrangère à Paris au XIXe siècle. Un milieu perméable aux innovations et aux transferts' in *Actes de la recherche en sciences sociales*, No. 126-127 March 1999.

Cooper-Richet, Diana 'Les imprimés en langue anglaise en France au XIXe siècle: rayonnement intellectuel, circulation et modes de pénétration' in Michon and Mollier (eds) *Les mutations du livre*.

Coover, James 'Introduction' to Music Publishing, *Copyright and Piracy in Victorian England*.

Corbin, Alain (ed.) *L'avéement des loisirs 1850-1960*, Aubier, Paris 1995.

Cornea, Paul 'La sociologie du roman roumain au XIXe siècle' in *Cahiers Roumains d'Etudes littéraires* (Bucarest) No. 2, 1980.

Corning, Jonathan and Armando Levy 'Demand for Live Theater with Market Segmentation and Seasonality' in *Journal of Cultural Economics*, Vol. 26, No. 3, August 2002.

Corti, Maria *Ombre dal Fondo*, Einaudi, Turin 1997.

Cosandrey, Roland, André Gaudreault and Tom Gunning (eds) *Une invention du diable? Cinéma des premiers temps et religion*, Les Presses de l'Université Laval and Éditions Payot, Sainte-Foy and Lausanne 1992.

Costa, Simona 'Storia e "fictio" nelle pagine delle "Biblioteche Italiane" ' in Bruscagli and Turchi (eds) *Teorie del romanzo nel primo ottocento*.

Cottin, Sophie *Malvina, Maradan*, Paris 1800.

Couperie, Pierre Edouard François, Henri Filippini and Claude Moliterni, 'France' in Moliterni (ed.) *Histoire Mondiale de la Bande Dessinée*.

Cousins, Mark *The Story of Film*, Pavilion Books, London 2004.

Cowans, Jon 'Political Culture and Cultural Politics: The Reconstruction of French Radio after the Second World War' in *Journal of Contemporary History*, Vol. 31, No. 1, January 1996.

Coward, David 'Popular fiction in the nineteenth century' in Unwin (ed.) *The Cambridge Companion to the French Novel*.

Coward, David *The Philosophy of Restif de La Bretonne*, Voltaire Foundation, Oxford 1991.

Cox, Gary 'Fairy-Tale Plots and Contemporary Heroes in Early Russian Prose Fiction' in *Slavic Review*, Vol. 39, No. 1, March 1980.

Cracroft, Richard H. 'World Westerns: The European Writer and the American West' in *The Literary History of the American West* (1987) edited by J. Golden Tayolr and Thomas J. Lyon et al., The Western Literature Association, Texas Christian University 1987 accessed on *www.tcu.edu/depts/prs/amwest/pdf/wlo159.pdf.*

Crafton, Donald 'Tricks and Animation' in Nowell Smith (ed.) *The Oxford History of World Cinema*.

Craig, Edward Gordon *On the Art of the Theatre*, Heinemann paperback, London 1980.

Craig, Gordon R. *Germany, 1866-1945*, OUP 1981.

Cranston, Ros 'In Fact: Nanook of the North', NFT leaflet, National Film and Television Archive, no date.

Creative Industries Mapping Document 2001, Department of Culture, Media and sport (UK).

Crisell, Andrew *An Introductory History of British Broadcasting*, Routledge, London 2002.

Crosby, Emily A. *Une romancière oubliée: Mme Riccoboni. Sa vie, ses oeuvres, sa place dans la littérature anglaise et française du XVIIIe siècle,* Rieder et Cie, Paris 1924.

Cross, Anthony *Anglo-Russica. Aspects of Cultural relations between Great Britain and Russia in the Eighteenth and early Nineteenth Centuries*, Berg, Oxford 1993.

Cross, Gary 'Vacations for All: The Leisure Question in the Era of the Popular Front' in *Journal of Contemporary History*, Vol. 24, No. 4, October 1989.

Cross, Gary *A Quest for Time. The Reduction of Work in Britain and France, 1840-1940*, University of California Press, Berkeley 1989.

Cross, Gary *Time and Money, The Making of Consumer Culture,* Routledge, London 1993.

Cross, Nigel *The Common Writer. Life in Nineteenth-Century Grub Street*, CUP, Cambridge 1985.

Crubellier, Maurice 'L'élargissement du public' in Chartier and Martin (eds) *Historie de l'édition française*, Vol. 3, *Le temps des éditeurs. Du romantisme à la Belle Époque*.

Crystal, David *The Cambridge Encyclopedia of the English Language*, CUP 1995.

Csergo, Julia 'Extension et mutation du loisir citadin' in Corbin, *L'avènement des loisirs*.

Curran, James and Jean Seaton *Power without Responsibility. The press, broadcasting, and new media in Britain,* Routledge, London 2003.

Curto, Diogo Ramada 'Littérature de large circulation au Portugal (XVIe-XVIIIe siècles)' in Chartier and Lüsebrink (eds) *Colportage et lecture populaire*.

Curwen, Henry *A History of Booksellers, The Old and the New*, Chatto and Windus, London 1874.

Cusatelli, Giorgio 'Pinocchio in Germania' in *Studi Collodiani*.

Custine, Astolphe de (Marquis), *Letters from Russia*, translated by Robin Buss, Penguin, Harmondsworth 1991.

d'Haussonville, Comte 'Le Combat contre le vice. Part I' in *La Revue des Deux Mondes*, Vol. 57, 1 January 1887 and 'Le Combat contre le vice. Part II' in *La Revue des Deux Mondes*, Vol. 57, 1 April 1887.

D'hulst, Lieven 'Traduire l'Europe en France entre 1810 et 1840' in Ballard (ed.) *Europe et Traduction*.

Dagnaud, Monique, seminar presentation on her research on television producers, organised by the Temps, médias et société group, Paris, 8 April 2005.

Daiches, David 'Sir Walter Scott and History' in *Études anglaises*, Vol. 24, No. 4, October-December 1971.

Darmon, Jean-Jacques *Le Colportage de Librairie en France sous le Second Empire. Grands colporteurs et culture populaire*, Plon, Paris 1972.

Darnton, Robert 'Extraordinary Commonplaces' in *New York Review of Books*, 21 December 2000.

Darnton, Robert *The Forbidden Best-Sellers of Pre-Revolutionary France*, Fontana, London 1996.

Daumard, Adeline 'L'argent et le rang dans la société française du XIXe siècle', in *Romantisme*, No. 40, 1983, Vol. 13.

Daumard, Adeline *Les Bourgeois de Paris au XIXe siècle*, Flammarion, Paris 1970.

Davies, Sarah 'Soviet Cinema and the Early Cold War: Pudovkin's *Admiral Nakhimov* in Context' in Rana Mitter and Patrick Major (eds) *Across the Blocs*, Frank Cass, London 2004.

Davis, John A. 'Italy in Goldstein (ed.) *The War for the Public Mind*

Davis, Lennard J. Factual Fictions. *The Origins of the English Novel*, Colu.mbia UP, New York 1983.

Davis, Lennard J. *Resisting Novels. Ideology and Fiction*, Methuen, London 1987.

Davis, Tracy C. *The Economics of the British Stage 1800-1914*, Cambridge University Press 2000.

Dayan, Daniel and Elihu Katz *La télévision cérémonielle*, PUF, Paris 1996.

Dayan, Daniel and Elihu Katz Media Events. *The Live Broadcasting of History*, Harvard University Press 1992.

De Bens, Els and Hedwig de Smaele 'The Inflow of American Television Fiction on European Broadcasting Channels' in *European Journal of Communication*, Vol. 16, No. 1, March 2001, pp.51-71.

de Budé, Eugène *Du danger des mauvaises lectures et des moyens d'y remédier*, Sandoz et Thullier, Paris 1883.

De Bunsen, Henry George 'The Hawker: His Work and His Day' in *Publishing History*, No. 12, 1982.

De Cesare, Raffaele *Balzac e Manzoni e altri studi su Balzac e l'Italia*, Vita e pensiero, Milan 1993.

De Donato, Gigliola, and Vanna Gazzola Stacchini (eds) *I best seller del ventennio. Il regime e il libro di massa*, Editori Riuniti, Rome 1991.

de Gaulle, Charles *Mémoires d'espoir, Le renouveau 1958-1962*, Plon, Paris 1970.

de Grazia, Victoria 'Mass Culture and Sovereignty: The American Challenge to European Cinemas, 1920-1960' in *Journal of Modern History*, Vol. 61, No. 1, March 1989.

De Mauro, Tullio 'Lingua parlata e TV' in *Televisione e vita italiana*, ERI, Turin 1968.

De Mauro, Tullio Storia *linguistica dell'Italia unita*. Vol. 1, Laterza, Rome-Bari 1979.

De Pirro, Nicola 'Espansione all'estero del film italiano nel dopoguerra' in *Lo spettacolo*, Vol. 5 No. 3, July-September 1955.

De Quincey, Thomas, *The Works of Thomas De Quincey*. General Editor, Grevel Lindop. Pickering and Chatto, London 2000.

De Sanctis, Francesco *Opere* edited by Niccolò Gallo, Ricciardi Editore, Milan-Naples 1961.

De Sanctis, Francesco *Storia della letteratura italiana*, Vol. 2, Feltrinelli UE, Milan 1960.

De Sanctis, Francesco *Teoria e storia della letteratura* edited by Benedetto Croce, Vol. 1, Laterza, Bari 1926.

de Sola Pool, Ithiel (ed.) *The Social Impact of the Telephone*, MIT Press, Cambridge Mass. 1977.

De Van, Gilles *L'opéra italien,* PUF, Paris 2000.

de Winter, Éric 'Interview with Éric de Winter' in *La Revue du cinéma*, No. 384, June 1983.

Deak, František 'Russian Mass Spectacles', *Drama Review*, Vol. 19, No. 2, June 1975.

Decleva, Enrico 'Présence germanique et influences françaises dans l'edition italienne aux XIXe et XXe siècles' in Michon and Mollier (eds) *Les mutations du livre et de l'edition*.

Decleva; Enrico *Arnoldo Mondadori*, UTET, Turin 1993.

Defoe, Daniel *Essay upon Literature* (1726) in Daniel Defoe, *Writings of Travel, Discovery and History*, edited by P. N. Furbank, Pickering and Chatto, London 2001.

Dekker, George and John P. Williams (eds) *Fenimore Cooper. The Critical Heritage*, Routledge, London and New York 1997.

Dekobra, Maurice *La Madone des Sleepings*, Pocket, Paris 1997.

Del Litto, V. 'Stendhal et Walter Scott' in *Études anglaises*, Vol. 24, No. 4, October-December 1971.

Delécluze, Étienne-Jean *Journal de Delécluze*, edited by Robert Baschet, Grasset, Paris 1948.

Della Peruta, Franco 'Verdi e il Risorgimento' in *Rassegna Storica del Risorgimento*, No. 1, Vol. 88, January-March 2001.

Deme, Laszlo 'Writers and Essayists and the Rise of Magyar Nationalism in the 1820s and 1830s' in *Slavic Review* No. 4, Winter 1984.

DeNora, Tia *Beethoven and the Construction of Genius: Musical politics in Vienna, 1792-1803*, University of California Press, Berkeley and Los Angeles 1995.

Derla, Luigi *Letteratura e politica tra la Restaurazionse e 'Unità*, Vita e Pensiero, Milan 1977.

Descotes, Maurice 'Les Comédiens dans les Rougon-Macquart' in *Revue de la Société d'Histoire du Théâtre*, Vol. 10, No. 2, 1958.

Descotes, Maurice *Le public de théâtre et son histoire*, Presses Universitaires de France, Paris 1964.

Descotes, Maurice *Les Grands rôles du théâtre de Molière*, Presses Universitaires de France, Paris 1960.

Desideri, Giovanella 'Il fantastico' in Alberto Asor Rosa (ed.) *Letteratura italiana. Storia e geografia*. Volume 3: *L 'età contemporanea*, Einaudi, Turin 1989.

Désiré, Vol. 14, No. 20, 1978, pp.485-90.

Deslandes, Jacques and Jacques Richard *Histoire comparée du cinéma*, Vol 2: *Du cinématographique au cinéma 1896-1906*, Casterman, Paris 1968.

Desser, David ' "Consumerist realism": American Jewish life and the classical Hollywood cinema' in *Film History*, Vol. 8, No. 3, 1996.

Desvois, Jean-Michel 'L'industrie papetière et le prix du papier journal en Espagne e de 1898 à 1936', *Bulletin hispanique*, Vol. 95, No. 1, 1993.

Devars, Pascal, Edgar Petitier, Guy Rosa and Alain Vaillant, 'Si Victor Hugo était compté. Essais de bibliométrie hugolienne comparée' in *La Gloire de Victor Hugo*.

Dezalay, Auguste (ed.) *Zola sans frontières*, Presses Universitaires de Strasbourg 1996.

Di Luzio, Adolfo Scotto *L'appropriazione imperfetta. Editori, biblioteche e libri per ragazzi durante il fascismo*, Il Mulino, Bologna 1996.

Dickens, Charles *Bleak House*, Penguin, London 1985.

Dickens, Charles *David Copperfield*, Penguin, London 1996.

Dickens, Charles *Dombey and Son*, Penguin 1970.

Dickens, Charles *Our Mutual Friend*, Oxford University Press 1989.

Dickinson, Edward Ross 'The Men's Christian Morality Movement in Germany, 1880-1914: Some Reflections on Politics, Sex, and Sexual Politics' in *The Journal of Modern History*, Vol. 75, March 2003.

Dieci anni di TV in Italia, ERI, Rome 1964.

Dillaz, Serge 'Diffusion et propagation chansonnières au XIXe siècle', in *Romantisme*, Vol. 23, No. 80,1993.

Dimaras, C. Th. *Histoire de la littérature néo-hellénique*, Collection de l'Institut Français d'Athènes, Athens 1965.

Dimaras, C. Th. Réalisme et naturalisme en Grèce. L'offre et la demande' in *Synthesis*, Vol. 2, 1975 (Bucharest).

Dittmar, Claudia 'GDR Television in Competition with West German Programming' in *Historical Journal of Film, Radio and Television*, Vol. 24, No. 2, 2004.

Dizionario Biografico degli Italiani, Istituto dell' Enciclopedia Italiana, Treccani, Rome 1979.

Dmitrieva, Katia 'Vers l'age d'or de la culture russe. Réflexions sur quellques figures complexes de relations triangulaires' in Dmitrieva and Espagne (eds) *Transfers culturels triangulaires Philologiques IV*.

Dmitrieva, Katia and Michel Espagne (eds) *Transfers culturels triangulaires France-Allemagne-Russie. Philologiques IV*, Éditions de la Maison des Sciences de l'Homme, Paris 1996.

Dobrenko, Evgeny *The Making of the State Reader. Social and Aesthetic Contexts of the Reception of Soviet Literature*, Stanford University Press, Stanford 1997.

Docherty, David, David Morrison and Michael Tracey *The Last Picture Show? Britain's changing film audiences*, BFI Publishing, London 1987.

Dolfsma, Wilfred 'Radio and Magazines: valuing pop music in the Netherlands (1955-1965) in *Media History*, No. 1, April 2004.

Donnan, Shawn 'Read all about lads' *Financial Times*, 26/27 February 2005, US edition.

Donnat, Olivier 'La féminisation des pratiques culturelles' in *Développement culturel*, No. 147, June 2005 (Bulletin of the French Ministry of Culture).

Donnat, Olivier and Denis Cogneau, *Les pratiques culturelles des Français 1973-1989*, La Découverte/La documentation française, Paris 1990.

Donnat, Olivier, *Les pratiques culturelles des Français. Enquête 1997*, Ministère de la culture et de la communication, Paris 1998.

Doody, Margaret Anne 'I am an irregular verb' in *London Review of Books*, 22 January 1998.

Doody, Margaret Anne 'Samuel Richardson: fiction and knowledge' in John Richetti (ed.) *The Cambridge Companion to the Eighteenth-Century Novel*, CUP 1996.

Doody, Margaret Anne *The True Story of the Novel*, HarperCollins, London 1997.

Dorment, Richard 'The Great Room of Art' in *New York Review of Books*, 13 June 2002.

Dossier de l'audiovisuel No. 11, January-February 1987.

Doubine, Boris 'Culture classique, culture d'élite, culture de masse. Une mécanique différenciation' in *Romantisme*, No. 114, 2001.

Doublé-Dutheil, Catherine 'Pratiques et goûts musicaux de la jeunesse urbaine' in Hennion (ed.) *1789-1989: Musique, Histoire, Démocratie*, Vol. II.

Douchin, Jacques-Louis 'L'influence des publications populaires sur l'oeuvre de Flaubert' in *Flaubert et Maupassant. Écrivains normans*, edited by the Institut de Littérature Française de l'Université de Rouen, Presses Universitaires de France. Paris 1981.

Douglas, Allen and Fedwa Malti-Douglas *Arab Comic Strips. Politics of an Emerging Mass Culture*, Indiana UP, Bloomington 1994.

Douglas, Roy 'At the Cutting Edge' in *BBC History Magazine*, Vol. 2, No. 3, March 2001.

Dowe, Dieter 'The Working Men's Choral Movement in Germany before the First World War' in *Journal of Contemporary History*, Vol. 13, No. 2, April 1978.

Dubois, Jacques 'Naissance du recit policier' in *Actes de la recherche en sciences sociales*, No. 60, November 1985.

Dubois, Jean 'La société de consommation électrique' in Henri Morsel (ed.) *Une oeuvre nationale; l'équipent, la croissance de la demande, le nucléaire (1946-1987)*, Vol. 3 of *Histoire Générale de l'électricité de France*, Fayard, Paris 1996.

Dubourg, Maurice, Evelyne Diebolt and Patrice Caillot 'De Leo Taxil à Maurice Mario.

Marc Mario' in *Désiré*, Vol. 14, No. 20, 1978.

Dudovitz, Resa L. *The Myth of Superwoman. Women's Bestsellers in France and the United States*, Routledge, London 1990.

Dufour, Hortense *Comtesse de Ségur née Rostopchine*, Flammarion, Paris 1990.

Dufourt, Hugues and Joël-Marie Fauquet (eds) *La musique et le pouvoir*, Aux Amateyrs du livre, Paris 1987.

Duhamel, Georges *Scènes de la vie future*, Mercure de France, Paris 1930.

Dull, Olga Anna 'From Rabelais to the Avant-Garde: Wordplays and parody in the Wall-Journal Le Mur' in Phillip Dennis Cate and Mary Shaw (eds) *The Spirit of Montmartre. Cabarets, Humor, and the Avant-Garde, 1875-1905*, State University of New Jersey, Rutgers 1996.

Dumas, Alexandre *Causeries*, 1861 no publisher, no place.

Dumas, Olivier 'Hetzel, censeur de Verne' in Christian Robin (ed.) *Un Éditeur et son siècle. Pierre-Jules Hetzel*, ACL-Crocus édition, Saint-Sébastien 1988.

Dumazedier, Joffre and Jean Hassenforder *Éléments pour une sociologie comparée de la production, de la diffusion et de l'utilisation du livre*, Bibliographie de la France, Vol. 151, No. 24, 15 June 1962, p.15.

Dumont, Patrick *Études de mentalité. La petite bourgeoisie vue à trovers les contes quotidiens du Journal (1894-1895)*, Minard, Paris 1973.

Durant, Alan *Conditions of Music*, Macmillan, London and Basingstoke 1984.

Durante, Sergio 'The Opera Singer' in Bianconi and Pestelli (eds) *Opera Production and its Resources*.

Dutu, Alexandu 'La circulation de l'imprimé dans le Sud-Est européen entre le XVIIIe et le XIXe siècle' in Chartier and Lüsebrink (eds) *Colportage et lecture populaire*.

Duval, René *Histoire de la radio en France*, Alain Moreau, Paris 1979.

Dvorak, Pétr 'Situation of Rock Music in Changing Czech Society' in Hennion (ed.) *1789-1989: Musique, Histoire, Démocratie*, Vol. III.

Eco, Umberto et al. *Carolina Invernizio Matilde Serao Liala*, La Nuova Italia, Florence 1979.

Eco, Umberto *The Role of the Reader*, Hutchinson, London 1981.

Eco, Umberto *Tra menzogna e ironia*, Bompiani, Milan 1998.

Edgeworth, Maria *Letters from England 1813-1844*, edited by Christina Colvin, Clarendon Press, Oxford 1971.

Edström, Olle 'How schottis became "bonnjazz", how Swedish foxtrot defeated jazz, or has Afro-American music ever existed in Sweden?' in Hennion (ed.) *1789-1989: Musique, Histoire, Démocratic* Vol. III.

Eger, Joseph 'La Révolution dans le public: Une profession de foi' in *Cultures*, Vol. 1, No. 1,1973.

Eger, Manfred 'The Patronage of King Luwig II' in *Wagner Handbook*, edited by Ulrich Müller and Peter Wapnewski, Harvard University Press, Cambridge Mass. and London 1992.

Einhard, *The Life of Charlemagne*, translated by Samuel Epes Turner, Harper & Brothers, New York 1880.

Eisenstein, Elizabeth L. 'The Advent of Printing and the Problem of the Renaissance' in *Past and Present*, No.45, November 1969.

Eisenstein, Elizabeth L. 'The Impact of Printing on western Society and Thought: A preliminary report' in *Journal of Modern History*, Vol. 40, No. 1, March 1968.

Eisenstein, Sergey M. *Selected Works*, Volume I, *Writings*, 1922-34, edited and translated by Richard Taylor, BFI Publishing and Indiana University Press, London and Bloomington 1988.

Ekstein, Modris 'The *Frankfurter Zeitung*: Mirror of Weimar Democracy' in *Journal of Contemporary History*, Vol. 6, no. 4, 1971.

Eliot, George *Daniel Deronda*, Penguin, Harmondsworth 1987.

Eliot, George *Selected Critical Writings* edited by Rosemary Ashton, Oxford University Press.

Eliot, George *Selected Essays, Poems and Other Writings*, Penguin, London 1990.

Eliot, Simon '*Patterns and Trends* and the NSTC: Some initial observations. Part One', in *Publishing History*, No. 42, 1997.

Eliot, Simon '*Patterns and Trends* and the *NSTC*: Some initial observations. Part Two' in *Publishing History*, No. 43, 1998.

Eliot, T. S. *From Poe to Valéry*, A Lecture Delivered at the Library of Congress, 19 November 1948, Washington 1949.

Elliott, Philip 'Professional Ideology and organisational change: the journalist since 1800', in Boyce, Curran and Wingate (eds) *Newspaper History*.

Ellis, Katharine *Music Criticism in Nineteenth-Century France: 'La Revue et Gazette Musicale de Paris', 1834-1880*, Cambridge University Press 1995.

Ellmann, Richard *James Joyce*, Oxford University Press 1982.

Ellmann, Richard *Oscar Wilde*, Hamish Hamilton, London 1987.

Ellwood, David '*Un Americano a Roma*: a 1950s Satire of Americanization' in *Modern Italy*, Vol. 1, No. 2, Autumn 1996.

Elon, Amos *The Pity of It All: A Portrait of German Jews 1743-1933*, Allen Lane The Penguin Press, London 2003.

Elsaesser, Thomas (ed.), *A Second Life. German Cinema's First Decades*, Amsterdam University Press 1996.

Elsaesser, Thomas (ed.), *The BFI Companion to German Cinema*, BFI Publishing, London 1999.

Elsaesser, Thomas (ed.) *Early Cinema: Space Frame Narrative*, BFI, London 1990.

Elsaesser, Thomas *Weimar Cinema and After. Germany's historical imaginary*, Routledge, London and New York 2000.

Emap plc, *Annual Report and Accounts 2005*.

Enciclopedia Italiana, Treccani, Roma 1949.

Encyclopaedia Judaica, Vol. 13, Keter and Macmillan, Jerusalem 1971.

Engels, Friedrich 'Karl Marx' in *Marx Engels Werke*, Vol. 16, Berlin 1975.

Engels, Friedrich *The Condition of the Working Class in England*, trans. and edited by W. O. Henderson and W. H. Challoner, Blackwell, Oxford 1958.

Erdog, Nezih and Dilek Kaya 'Institutional Intervention in the Distribution and Exhibition of Hollywood Films in Turkey' in *Historical Journal of Film, Radio and television*, Vol. 22, No. l, 2002, pp.49-53.

Erenberg, Lewis A. *Steppin' Out: New York Nightlife and the Transformation of American Culture, 1890-1930*, University of Chicago Press, Chicago 1984.

Erickson, Lee *The Economy of Literary Form. English Literature and the Industrialization of Publishing, 1800-1850*, Johns Hopkins University Press, Baltimore and London 1996.

Escarpit, Robert 'Le problème de l'age dans la productivité littéraire' in *Bulletin des bibliothèques de France*, Vol. 5, No. 5, May 1960.

Escarpit, Robert *La révolution du livre*, PUF, Paris 1969.

Espagne, Michel and Michael Werner (eds) *Philologiques III. Qu'est-ce qu'une littérature nationale? Approches pour une théorie interculturelle du champ littéraire*, Éditions de la Maison des Sciences de l'Homme, Paris 1994.

Espagne, Michel and Michael Werner (eds) *Transferts. Les relations interculturelles dans l'espace franco-allemand (XVIIIe-XIXe siècle)*, Éditions Recherche sur les Civilisations, Paris 1988.

Espagne, Michel and Michael Werner *Philologiques I. Contribution à l'histoire des disciplines littéraires en France et en Allemagne au XIXe siècle*, Éditions de la Maison des sciences de l'homme, Paris 1990.

Establet, Roger and Georges Felouzis 'Livre et télévision: deux médias en concurrence' in *Cahiers de l'économie du livre*, n. 8, December 1997.

European Commission, Staff working paper SEC (98) 837, *Culture, the Cultural Industries and Employment*, http://europa.eu.int/comm/avpolicy/legis/forum/ cultien.htm.

European Films on European Televisions, European Audiovisual Observatory, 2000.

Evans, Christopher *The Mighty Micro. The Impact of the Computer Revolution*, Victor Gollancz, London 1979.

Everett, William A. 'National Opera in Croatia and Finland 1846-1899', *The Opera Quarterly*, Vol. 18, No. 2, Spring 2002.

Eyre, Richard *National Service. Diary of a Decade*, Bloomsbury, London 2003.

Ezard, John 'Harry Potter and the stony broke authors' *Guardian*, 14 July 2005.

Ezra, Elizabeth *Georges Méliès*, Manchester University Press 2000.

Fabbri, Franco 'A Theory of Musical Genre' in Frith (ed.) *Popular Music*, Vol. III, *popular Music Analysis*.

Fabrizi, Angelo *Studi inediti di Vittorio Alfieri sull'Ossian del Cesarotti*, Centro nazionale di studi alfieriani, Asti 1964.

Faeti, Antonio '*Cuore*' in Isnenghi (ed.) *I luoghi della memoria*.

Faeti, Antonio '*Il Corriere dei piccoli*' in Isnenghi (ed.) *I luoghi della memoria*.

Faeti, Antonio 'Le figure del mito' in Zanotto (ed.) *L'immagine nel libro per ragazzi*.

Fanchi, Mariagrazia and Elena Mosconi (eds) *Spettatori. Forme di consumo e pubblici del cinema in Italia 1930-60*, Biblioteca di Bianco e Nero Marsilio, Venice 2002.

Fantel, Hans *Johann Strauss. Father and Son, and Their Eras*, David & Charles, Newton Abbot 1971.

Fantham, Elaine *Roman Literary Culture. From Cicero to Apuleius*, Johns Hopkins UP, Baltimore 1996.

Faraday, George *Revolt of the Filmmakers: The Struggle for Artistic Autonomy and the Fall of the Soviet Film Industry*, Perm State University Press, University Park Penn. 2000.

Farci, Jean-Claude 'Le temps libre au village' in Corbin (ed) *L'avènement des loisirs*.

Farr, Michael *Tintin. The Complete Companion*, John Murray, London 2001.

Farrell, Dianne Ecklund 'The Bawdy Lubok: sexual and scatological content in eighteenth-century Russian Popular Prints' in *Eros and Pornography in Russian Culture* edited by M. Levitt and A. Toporkov, Ladomir Publishing House, Moscow 2000.

Fauquet, Joël-Marie 'L'association des artistes musiciens et l'organisation du travail de 1843 a 1853' in Dufourt and Fauquet (eds) *La musique et le pouvoir*.

Fay, Laurel E. 'Shostakovich versus Volkov: Whose Testimony?' in *The Russian Review* Vol. 39, 1980, pp.484-93.

Febvre, Lucien and Henri-Jean Martin *The Coming of the Book. The Impact of Printing 1450-1800*, Verso, London 1984.

Federzoni, Marina 'Carolina Invernizio' in Eco et al., *Carolina Invernizio Matilde Serao Liala*.

Fell, John L. *Film and the Narrative Tradition*, University of Oklahoma Press 1974.

Fellini, Federico *Intervista sul cinema*, Laterza, Rome-Bari 1983.

Feltes, Norman N. *Literary Capital and the Late Victorian Novel*, The University of Wisconsin Press, Madison 1993.

Feltes, Norman N. *Modes of Production of Victorian Novels*, University of Chicago Press, Chicago and London 1986.

Fenton, James 'The librettist's tale' *Guardian*, 27 November 2004.

Fenyo, Mario D. 'Writers in Politics: The role of Nyugat in Hungary, 1908-19' in *Journal of Contemporary History*, Vol. 11, No. 1, January 1976.

Ferenczi, Thomas *L'Invention du journalisme en France. Naissance de la presse moderne à la fin du XIXème siècle*, Plon, Paris 1993.

Fergusson, Charles A. 'Diglossia' in *Word*, Vol. 15, 1959.

Fernandez, Dominique *Il mito dell'America negli intellettuali italiani*, Sciascia editore, Caltanisseta-Rome 1969.

Fernández-Armesto, Felipe *Civilizations*, The Free Press, New York 2001.

Ferretti, Giancarlo *Il Best Seller all'italiana. Fortune e formule del romanzo 'di qualità'*, Masson editoriale ESA, Milan 1993.

Ferretti, Giancarlo ' "Grandi opere" per il "popolo" ' in *Problemi*, Nos 19-20, January-April 1970.

Figes, Orlando *Natasha's Dance. A Cultural History of Russia*, Penguin, London 2002.

Figgis, Nicola 'Artistes et amateurs des îles britanniques à Rome' in de Polignac and Raspi Serra (eds) *La fascination de l'antique 1700-1770*.

Fihman, Guy 'La stratégie Lumière: l'invention du cinéma comme marché' in Benghozi and Delage (eds) *Une histoire économique du cinéma français (1895-1995)*.

Filippini, Henri, Jacques Glenat, Thierry Martens and Numa Sadoul, *Histoire de la bande dessinée en France et en Belgique. Des origines à nos jours*, Éditions Glénat, Grenoble 1984.

Financial Times, 30 October 2003 ('India's advertising luminaries take a bow').

Finch, Alison 'Reality and its representation in the nineteenth-century novel' in Unwin (ed.) *The Cambridge Companion to the French Novel.*

Fink, Lois Marie *American Art at the Nineteenth-Century Paris Salons*, CUP 1990.

Finkelstein, David *The House of Blackwood: Author-Publisher Relations in the Victorian Era*, Penn State, University Park Pa. 2001.

Finler, Joel W. *Alfred Hitchcock. The Hollywood Years,* B. T. Batsford, London 1997.

Finler, Joel W. *Silent Cinema. World cinema before the coming of sound*, B. T. Batsford, London 1997.

Finler, Joel W. *The Hollywood Story. Everything you ever wanted to know about the American movie business*, Mandarin, London 1992.

Fischer, William B. *The Empire Strikes Out: Kurt Lasswitz, Hans Dominik, and the Development of German Science Fiction*, Bowling Green State University Populir Press, Bowling Green Ohio 1984.

Fischler, Alan 'Guano and Poetry: Payment for Playwriting in Victorian England' in *Modern Language Quarterly*, Vol. 2, No. 1, March 2001.

Fisher, David James, The Origins of the French Popular Theatre' in *Journal of Contemporary History*, Vol. 12, No. 3, July 1977.

Fisher, Wesley A. and Solomon Volkov 'The Audience for Classical Music in the USSR; the Government as Mentor' in *Slavic Review* Vol. 38, No. 3, September 1979.

Fitzpatrick, Sheila 'Cultural Revolution in Russia 1928-32' in *Journal of Contemporary History*, Vol. 9, No. 1, January 1974.

Fitzpatrick, Sheila 'Sex and Revolution: An Examination of Literary and Statistical Data on the Mores of Soviet Students in the 1920s' in *Journal of Modern History*, Vol. 50, No. 2, June 1978.

Flagy (Marie de Mirabeau) *Le crime de la Rue Marignan Calmann Lévy*, Paris 1889.

Flaubert, Gustave *Bouvard et Pécuchet*, Gallimard Folio, Paris 1994.

Flaubert, Gustave *Correspondance*, Gallimard, Paris 1991, Vols 2 and 3.

Flaubert, Gustave *L'éducation sentimentale*, Flammarion, Paris 1969.

Flaubert, Gustave *Madame Bovary*, Flammarion, Paris 1986.

Flaubert, Gustave *Madame Bovary, nouvelle version précédée des scénarios inédits* edited by Jean Pommier and Gabrielle Leleu, Corti, Paris 1949.

Flaubert, Gustave, *Lettres inédites de Gustave Flaubert à son éditeur Michel Lévy* edited by Jacques Suffel, Calman-Lévy, Paris 1965.

Flint, Kate *The Woman Reader 1837-1914*, Clarendon Press, Oxford 1993.

Florovsky, Georges 'The Problem of Old Russian Culture' in *Slavic Review* Vol. 21, No, 1, March 1962.

Fodor, Jerry 'Not Entirely Nice' in *London Review of Books*, 2 November 2000.

Fontaine, Laurence 'Colporteurs de livres dans l'Europe du XVIIIe siècle' in Chartier and Lüsebrink (eds) *Colportage et lecture populaire*, cit.

Fontaine, Laurence *Histoire du colportage en Europe (XVe-XIXe siècle)*, Albin Michel, Paris 1993.

Foot, John 'Il *boom* dal basso: famiglia, trasformazione sociale, lavoro, tempo libero e sviluppo alia Bovisa e alla Comasina (Milano), 1950-1970' in Stefano Musso (ed.) *Tra Fabbrica e società. Mondi operai nell'Italia del Novecento*, Annali Feltrinelli, Milan 1999.

Forbes, Jill *Les Enfants du Paradis*, British Film Institute, London 1997.

Ford, Henry *The International Jew*, available online at www.biblebelievers.org.au/intern_jew.htm and various other anti-Semitic sites.

Forest, Claude 'L'évolution de l'exploitation en France dans les années cinquante' in Benghozi and Delage (eds) *Une histoire économique du cinéma français (1895-1995)*.

Forgacs, David *Italian Culture in the Industrial Era 1880-1980*, Manchester University Press 1990.

Forgacs, David *Rome Open City*, BFI, London 2000.

Fornäs, Johan 'Moving Rock: Youth Culture and popular music' in Hennion (ed.) *1789-1989: Musique, Histoire, Démocratie*, Vol. II.

Forsås-Scott, Helena *Swedish Women's Writing 1850-1995*, Athlone Press, London 1997.

Foster, Roy F. *Modern Ireland 1600-1972*, Penguin, Harmondsworth 1989.

Fotini, Papatheodorou and David Machin, 'The Umbilical Cord That was Never Cut' in *European Journal of Communication* Vol. 18, No. 1, March 2003.

Fourment, Alain *Histoire de la Presse des jeunes et des journaux d'enfants (1768-1988)*, Éditions École, Paris 1987.

Fox, Adam *Oral Literate Culture in England*, 1500-1700, OUP 2000.

Fox, Celina 'The Development of Social Reportage in English Periodical Illustration During the 1840s and Early 1850s' in *Past and Present*, No. 74, February 1977.

Fox, Celina *Graphic Journalism in England during the 1830s and 1840s*, Garland Publishing, New York and London 1988.

Fox, Warren 'Murder in Daily Instalments: The Newspapers and the Case of Franz Muller (1864)' in *Victorian Periodicals Review*, Vol. 31, No. 3, Fall 1998.

Fox Bourne, Henry Richard *English Newspapers. Chapters in the History of British Journalism*, 1887 reprinted by Routledge & Thoemmes Press in the series *Chapters in the History of British Journalism* 1998 Volume 1.

Francillon, Roger 'La quête d'une identité helvétique dans la Suisse romande du XVIIIe siècle' in Gorceix (ed.) *L'identité culturelle de la Belgique et de la Suisse francophones*.

Francis, Claude and Fernande Gontier *Colette*, Perrin, Paris 1997.

François, Étienne 'Les échanges culturels entre la France et les pays germaniques au XVIIIe siècle' in Espagne and Werner (eds) Transferts. *Les relations interculturelles dans l'espace franco-allemand (XVIIIe-XIXe siècle)*.

Frank, Frederick S. *The First Gothics. A Critical Guide to the English Gothic Novel*, Garland Publishing, New York 1987.

Franzina, Emilio 'L'America' in Isnenghi (ed.) *I luoghi della memoria*.

Franzina, Emilio 'Inni e Canzoni' in Isnenghi (ed.) *I luoghi della memoria*.

Fréchet, Alec 'Galsworthy hier et aujourd'hui' in *Études anglaises*, Vol. 24, No. 2, April-June 1971.

Freeborn, Richard *The Russian Revolutionary Novel: Turgenev to Pasternak*. CUP, Cambridge 1985.

Freeborn, Richard *The Rise of the Russian Novel. Studies in the Russian Novel from Eugene Onegin to War and Peace*, CUP, Cambridge 1973.

Freyssinet-Dominjon, Jacqueline *Les Manuels d'histoire de l'école libre 1882-1959. De la loi Ferry à la loi Debré*, Armand Colin, Paris 1969.

Frey-Vor, Gerlinde *Coronation Street: Infinite Drama and British Reality*, Wissenschaftlicher Verlag, Trier 1991.

Fricke, Dieter *Die Deutsche Arbeiterbewegung 1869-1914*, Dietz Verlag, Berlin 1976.

Frickx, Robert 'Littérature belge de langue française ou littérature française de Belgique?' in Gorceix (ed.) *L'identité culturelle de la Belgique et de la Suisse francophones*.

Frith, Simon (ed.) *Popular Music. Critical Concepts in Media and Cultural Studies*, Vol. I, *Music and Society*, Vol. II, *The Rock Era*, Vol. III, *Popular Music Analysis*, Vol IV, *Music and Identity*, Routledge, London 2004.

Frith, Simon 'Does British music still matter?' in *European Journal of Cultural Studies* Vol. 7, No. 1, February 2004.

Frith, Simon 'Music and the Media' in Simon Frith and Lee Marshall, *Music and Copyright*, Edinburgh University Press 2004.

Fritschner, Linda Marie 'Publishers' Readers, Publishers, and Their Authors' in *Publishing History*, No. 7, 1980.

Fritzsche, Peter *Reading Berlin 1900*, Harvard University Press, Cambrdige Mass. 1998.

Fryckstedt, Monica Correa *Geraldine Jewsbury's 'Athenaeum' Reviews: A Mirror of, Mid-Victorian Attitudes to Fiction*, Acta Universitatis Uppsala, Stockholm 1986.

Fulbrook, Mary *The Fontana History of Germany 1918-1990. The Divided Nation*, Fontana, London 1991.

Furtwängler, Wilhelm *Notebooks 1924-1954*, translated by Shaun Whiteside, edited by Michael Tanner, Quartet Books, London 1995.

Gagnier, Regenia *Idylls of the Marketplace. Oscar Wilde and the Victorian Public*, Scolar Press, Aldershot 1987.

Gaisberg, Frederick W. *The. Music goes Round*, Arno Press, New York 1977; reprint of 1942 edition.

Gallavotti, Eugenio *La scuola fascista di giornalismo (1930-1933)*, SugarCo, Milan 1982.

Gallaway, Lovell E. and Richard K. Vedder, 'Emigration from the United Kingdom to the United States: 1860-1913' in *The Journal of Economic History*, Vol. 31, 1971, pp.885-97.

Galliano, Luciana 'I compositori giapponesi del primo novecento e l'apprendimento della musica europea' in *Rivista italiana di musicologia*, Vol. 29, No. 1, 1994.

Galloux-Fournier, Bernadette 'Un regard sur l'Amérique: voyageurs francais aux Étas-Unis (1919-1939)', *Revue d'Histoire moderne et contemporaine*, Vol. 37, April-June 1990, pp. 308- 23.

Galvan, Jean-Pierre *Les Mystères de Paris. Eugène Sue et ses lecteurs*, L'Harmattan, Paris 1998.

Galvan, Jean-Pierre *Paul Féval Parcours d'une oeuvre*, Encrage, Paris 2000.

Gambaro, Marco 'Approches théoriques de l'industrie du livre' in *Cahiers de l'économie du livre*, n. 8, December 1997.

Gammond, Peter (ed.) *Best Music Hall and Variety Songs*, Wolfe Publishing, London 1972.

Ganne, Gilbert *Interviews impubliables*, Presses Pocket, Paris 1975 (originally published in 1952).

Ganne, Valérie and Marc Minon 'Géographies de la traduction' in Françoise Barret-Ducrocq (ed.) *Traduire l'Europe*, Payot, Paris 1992.

Gänzl, Kurt *The Musical A Concise History*, Northeastern University Press, Boston 1997.

Garcia Lara, Fernando 'Exito y difusion de la novela erotica española' in *Les productions populaires en Espagne 1850-1920*, Université de Pau, CRNS, Paris 1986.

Garmon, François 'Ce curieux âge d'or des cinéastes français' in Jean-Pierre Rioux (ed.) *Politiques et pratiques culturelles dans la France de Vichy*, CNRS, Cahier No. 8, June 1988.

Garnett, Edward in his introduction to the Ebook 6422 version of Defoe's *The Life, Adventures & Piracies of the Famous Captain Singleton*, The Project Gutenberg, file first posted on December 10, 2002 *www.gutenberg.net/etext04/cpsng10.txt*.

Garofalo, Reebee 'I want my MP3: Who owns Internet music?' in Frith (ed.) *Popular Music*, Vol. II, *The Rock Era*.

Garrard, J. G. 'Narrative Technique in Chulkov's Prigozhaia povarikha' in *Slavic Review* Vol. 27, No. 4, December 1968.

Garrett, Greg 'Film' in *Censorship. A World Encyclopedia*.

Garvey, Ellen Gruber *The Adman in the Parlor: Magazines and the Gendering of Consumer Culture, 1880s to 1910s*, Oxford University Press, New York & Oxford 1996.

Gasca, Luis 'Espagne' in Moliterni (ed.) *Histoire Mondiale de la Bande Dessinée*.

Gaskell, Elizabeth *North and South*, edited by Patricia Ingham, Penguin, Harmondsworth 1995.

Gasnault, François 'Les salles de bal du Paris romantique: décors et jeux des corps' in *Romantisme*, No. 38, 1982.

Gasperetti, David *The Rise of the Russian Novel. Carnival, Stylization, and Mockery of the West*, Northern Illinois University Press, DeKalb 1998.

Gaumier, Patrick and Claude Moliterni (eds) *Dictionnaire mondial de la Bande Dessinée*, Larousse, Paris 1994.

Gautier, Théophile *Histoire de l'art dramatique en France depuis ving-cinq ans*, Slatkine reprint, Geneva 1968 (original edition Leipzig 1858-59) 6 Vols.

Gautier, Théophile *Histoire du Romantisme*, L'Harmattan, Paris 1993.

Gautier, Théophile *Récits Fantastiques*, GF-Flammarion, Paris 1981.

Gautier, Théophile *Voyage en Italie*, Charpentier, Paris 1875.

Gay, Peter *The Bourgeois Experience. Victoria to Freud*, Vol. III *The Cultivation of Hatred*, HarperCollins, London 1994; Vol. IV: *The Naked Heart*, 1996.

Gaycken, Oliver ' "A Drama Unites Them in a Fight to the Death", Some remarks on the flourishing of a cinema of scientific vernacularization in France 1909-1914', *Historical Journal of Film, Radio and Television*, Vol. 22, No. 3, 2002.

Gelatt, Roland *The Fabulous Phonograph 1877-1977*, Cassell, London 1977.

Gemünden, Gerd 'Between Karl May and Karl Marx. The DEFA Indianerfilme' in *Film History* Vol. 10, No 3, 1998.

Genette, Gérard, et al. *Théorie des genres*, Seuil Points, Paris 1986.

Gentile, Emilio 'Impending Modernity: Fascism and the Ambivalent Image of the United States' in Journal of *Contemporary History*, Vol. 28, No. 1, January 1993.

Geraghty, Christine 'Cinema As a Social Space: Understanding Cinema-Going in Britain, 1947-63' in *Framework* No. 42: Summer 2000, online version: *http://www.frameworkonline.com/42cg.htm*.

Gersmann, Gudrun 'Le monde des colporteurs parisiens de livres prohibés 1750-1789' in Chartier and Lüsebrink (eds) *Colportage et lecture populaire*.

Gervasoni, Marco 'Musique et socialisme en Italie (1880-1922), in *Le Mouvement Social*, No. 208, July-September 2004.

Gettmann, R.A. *A Victorian Publisher: A Study of the Bentley Papers*, Cambridge University Press 1960.

Gheorghiu, Mihai D. 'La construction littéraire d'une identité nationale. Le cas de l'écrivain roumain Liviu Rebreanu (1885-1944)' in *Actes de la Recherche en sciences sociales*, No. 98, June 1993.

Giachino, Monica ' "Il famoso, forse troppo faimoso Balzac" e la critica italiana (1830-1850)' in *Problemi*, No. 91, May-August 1991.

Giannetto, Nella 'La "costruzione" del romanzo e il livello tematico' in Arslan (ed.) *Dame, droga e galline*.

Gibelli, Antonio *L'officina della guerra. La Grande Guerra e le trasformazioni del mondo mentale*, Bollati Boringhieri, Turin 1991.

Gibellini, Pietro ' "Peuple" et "Nation": Notes sur la littérature dialectale italienne' in *Romantisme*, No. 37, 1982.

Gibellini, Pietro *Il coltello e la corona*, Bulzoni, Rome 1979.

Gidel, Henry *Georges Feydeau*, Flammarion, Paris 1991.

Giet, Sylvette '20 ans d'amour en couverture', *Actes de la recherche en sciences sociales*, No. 60, November 1985.

Gifford, Denis 'Grande Bretagne' in Moliterni (ed.) *Histoire Mondiale de la Bande Dessinée*.

Gigli, Lorenzo *Edmondo de Amicis*, UTET, Turin 1962.

Gilbert, Michael ' "Ich habe von einem Esel gelernt": Eisler Pro and Contra Schönberg' in Grimm and Hermand (eds) *High and Low Cultures*.

Gilder, Joseph. B. and Jeanette L. Gilder (eds) *Trilbyana. The Rise and Progress of a Popular Novel*, The Critic Co., New York 1895.

Gili, Jean A. *La Comédie italienne*, Henri Vernier, Paris 1983.

Gill, Tom 'Transformational Magic. Some Japanese super-heroes and monsters' in Martinez (ed.) *The Worlds of Japanese Popular Culture*.

Gillett, Charlie 'Big Noise from Across the Water: the American Influence on British Popular Music' in Davis, Allen F. (ed.) *For Better or Worse. The American Influence in the World*, Greenwood, Westport Connecticut 1981.

Gillett, Charlie *The Sound of the City*, Souvenir Press, London 1983.

Gilman, Richard *Chekhov's Plays: An Opening into Eternity*, Yale University Press. New Haven and London 1995.

Giocondi, Michele *Lettori in camicia nera. Narrativa di successo nell'Italia fascista*, Casa editrice G. D'Anna Florence 1978.

Girolami, Patrizia 'Il carro di Tespi: teatro e fascismo' in Biondi and Alessandro Borsotti (eds) *Cultura e fasctsmo. Letteratura arti e spettacolo di un Ventennio*, Ponte alle Grazie, Florence 1996.

Gissing, George *New Grub Street*, J.M. Dent (Everyman paperback), London 1997.

Gitlin, Todd *Prime Time*, Pantheon Books, New York 1983.

Gitlin, Todd 'Media Sociology: the Dominant Paradigm' in *Theory and Society*, No. 2 1978.

Giuli, Paola 'Tracing Sisterhood: Corilla Olimpica as Corinne's unacknowledged Alter Ego' in Karina Szmurlo (ed.) *The Novel's Seduction. Staël's Corinne in Critical Enquiry*, Bucknell University Press, 1999.

Giuliani, Elizabeth 'Le public de l'Opera de Paris de 1750 à 1760' in *International Review of the Aesthetics and Sociology of Music*, Vol. 8, No. 2, December 1977.

Glancy, Mark *The 39 Steps*, I. B. Tauris, London 2003.

Glancy, Mark *When Hollywood loved Britain. The Hollywood 'British' film 1939-45*, Manchester University Press 1999.

Glénisson, Jean 'Le livre pour la jeunesse' in Chartier, and Martin (eds) *Histoire de l'edition française*, Vol. 3, *Le temps des éditeurs*.

Gobetti, Pietro *La Frusta teatrale*, Corbaccio, Turin 1923.

Godechot, Olivier 'Le marché du livre philosophique' in *Actes de la recherche en sociales*, No. 130, December 1999.

Goethe, Johann Wolfgang *Faust Part Two*, Penguin, Harmondsworth 1987.

Goethe, Johann Wolfgang *Conversations of Goethe with Eckermann*, Da Capo Press, New York 1998.

Goethe, Johann Wolfgang, *The Sorrows of Young Werther*, Penguin, London 1989.

Gogol, *Nikolai Dead Souls*, Penguin, Harmondsworth 1961.

Goimard, Jacques 'Quelques structures formelles du roman populaire' in *Europe*, Vol. 52, June 1974.

Goldoni, Carlo *Memoirs*, Henry Colburn, London 1814, Vol. 1.

Goldschmidt, Paul W. 'Pornography in Russia' in Barker (ed.) *Consuming Russia*.

Goldstein, Judith L. 'Realism without a Human face' in Margaret Cohen and Christopher Prendergast (eds) *Spectacles of Realism: Body, Gender, Genre*, University of Minnesota Press, Minneapolis 1995.

Goldstein, Robert Justin (ed.) *The War for the Public Mind. Political Censorship in Nineteenth-Century Europe*, Praeger, Westport Connecticut 2000.

Goldstein, Robert Justin 'France' in Goldstein (ed.) *The War for the Public Mind*.

Gomery, Douglas 'The Movie Palace Comes to America's Cities' in Richard Butsch (ed.) *For Fun and Profit. The Transformation of Leisusre into Consumption*, Temple University Press, Philadelphia 1990.

Gomery, Douglas 'Transformation of the Hollywood System' in Nowell-Smith, *The Oxford History of World Cinema*.

Goncourt, Edmond et Jules de *Journal Memoires de la vie littéraire*. Vol. 1, 1831-65, Robert Laffont, Paris 1989.

Goodwin, Peter 'After Unification' in Geoffrey Nowell-Smith and Tana Wollen (eds) *After the Wall*, BFI, London 1991.

Goody, Jack (ed.) *Literacy in Traditional Society*, Cambridge University Press 1968.

Goody, Jack *Capitalism and Modernity*. The Great Debate, Polity, Cambridge 2004.

Goody, Jack *The Interface Between The Written And The Oral*, Cambridge University Press 1987.

Goody, Jack *The Logic of Writing and the Organization of Society*, Cambridge University Press 1986.

Gorbman, Claudia *Unheard Melodies: Narrative Film Music*, BFI, London 1987.

Gorceix, Paul (ed.) *L'identité culturelle de la Belgique et de la Suisse francophones. Actes du colloque international de Soleure (juin 1993)*, Honoré Champion, Paris 1997.

Gorceix, Paul (ed.) *La Belgique fin-de-siècle*, Éditions Complexe, Brussels 1997

Gorham, Maurice *Forty Years of Irish Broadcasting* The Talbot Press, Dublin 1967.

Goudkov, Lev and Boris Doubine 'La culture littéraire' (1988) in Stroev (ed.) *Livre et lecture en Russie*.

Gough, Kathleen 'Implications of Literacy in Traditional China and India' in Goody (ed.) *Literacy in Traditional Society*.

Gould, Glenn 'The Search for Petula Clark' in Frith (ed.) Popular Music, Vol. IV, *Music and Identity*.

Graf, Arturo *L'anglomania e l'influsso inglese in Italia nel secolo XVIII*, Ermanno Loescher, Turin 1911.

Graff, Harvey J. (ed.) *Literacy and Social Development in the West: A Reader*, Cambridge University Press 1981.

Graff, Harvey J. *The Legacies of literacy. Continuities and Contradictions in Western Culture and Society*, Indiana University Press, Bloomington 1987.

Gramsci, Antonio *Selections from the Cultural Writings*, edited by David Forgacs and Geoffrey Nowell-Smith, Lawrence and Wishart, London 1985.

Grandjean, Sophie 'Les éditions Fayard et l'édition populaire' in Mollier (ed.) *Le commerce de la librairie en France au XIXe siècle*.

Grass, Günter *My century*, Faber and Faber, London 1999.

Grassi, Corrado 'introduction' to Graziadio Isaia Ascoli (1829-1907), *Scritti sulla questione della lingua*, Einaudi, Turin 1975.

Grasso, Aldo *Storia della Televisione Italiana*, Garzanti, Milan 1992 and 2000.

Gray, Donald J, 'Early Victorian scandalous journalism: Renton Nicholson's The Town (1837-42)' in Shattock and Wolff (eds) *The Victorian periodical press*.

Gray, Frank 'Smith the showman: The early years of George A. Smith' in *Film History*, Vol. 10, No. 1, 1998.

Greenslade, William *Thomas Hardy's 'Facts' Notebook*, Ashgate, Aldershot 2004.

Greffe, Xavier and Xavier Dupuis 'Quand l'opera découvre la gestion' in *Revue Française de Gestion*, No. 30, March-April 1981.

Gregor-Dellin, Martin *Richard Wagner*, Fayard, Paris 1981.

Gregory of Nyssa (Grégoire de Nysse) *Lettres*, edited by Pierre Maraval, Les éditions du Cerf, Paris 1990.

Gregory of Nyssa, 'De deitate filii et spiritus sancti', in *Patrologiae Graecae* edited by J. P. Migne, vol. 46 column 557, Paris 1858.

Grella, George 'Simenon and Maigret' in *Adam, International Review*, Simenon Issuw, Nos. 328-330, 1969.

Gretton, Thomas 'Difference and Competition: the Imitation and Reproduction of Fine Art in a Nineteenth-Century Illustrated Weekly News Magazine' in *Oxford Art Journal*, Volume 23, Number 2, 2000.

Grew, Raymond, P. J. Harrigan and J. B. Whitney, 'La scolarisation en France 1829-1906' in *Annales*, Vol. 39, No. 1 January-February 1984.

Grew, Raymond and Patrick J. Harrigan, 'The Availability of Schooling in Nineteenth-Century France' in *Journal of Interdisciplinary History*, Vol. 14, No. 1, Summer 1983.

Griest, Guinevere L. *Mudie's Circulating Library and the Victorian Novel*, David anc Charles, Newton Abbot 1970.

Grieveson, L, Lee ' "A kind of recreative school for the whole family": making cinema respectable, 1907-09', *Screen*, Volume 42, No 1, Spring 2001.

Grieveson, Lee and Peter Kramer (eds) *The Silent Cinema Reader*, Routledge, London and New York 2004.

Grimm, Reinhold and Jost Hermand (eds) *High and Low Cultures. German Attempts at Mediation*, University of Wisconsin Press, Madison 1994.

Grimmelshausen, Johann von *Mother Courage*, trans. Walter Wallich, The Folio Society, London 1965.

Griset, Pascal 'Les communications en France' in Lévy-Leboyer and Morsel (eds) *L'Interconnexion et le Marché 1919-1946*.

Griset, Pascal *Les révolutions de la communication XIXe-XXe siècle*, Hachette, Paris 1991.

Gronow, Pekka 'The Record Industry Comes to the Orient' in *Ethnomusicology*, Vol. 25, No.2, May 1981.

Gronow, Pekka 'The record industry: the growth of a mass medium' in *Popular Music 3*, edited by Richard Middleton and David Horn, CUP 1983.

Gronow, Pekka and Ilpo Saunio, *An International History of the Recording Indusry*, trans. from the Finnish by Christopher Moseley, Cassell, London and New York 1998.

Gronow, Pekka *Statistics in the Field of Sound Recordings*, Division of Statistics on Culture and Communication, UNESCO, Paris n.d. but 1980, stencilled text.

Grosser, H. Mark 'The Bazaar de la Charité fire: The reality, the aftermath, the telling' in *Film History*, Vol. 10, No. 1, 1998.

Grossi, Giorgio 'Il libro di successo. Elementi di analisi del mercato editoriale dei libri più venduti (1982-1984)' in Livolsi (ed.) *Almeno un libro*.

Grotowski, Jerzy 'Statement of Principles' in Huxley and Witts (eds) *The Twentieth Century Performance Reader*.

Grottle Strebel, Elizabeth 'French Social Cinema and the Popular Front' in *Journal of Contemporary History*, Vol. 12, July 1977.

Grugel, Jean and Tim Rees *Franco's Spain*, Arnold, London 1997.

Guagnini, Elvio 'Alcuni aspetti dell'influenza di Verne sulla cultura italiana e il caso Yambo' in *Problemi*, No. 89, Sept.-Dee 1990.

Gualerzi, Giorgio 'Appunti per una storia recente degl'interpreti verdiani' in *Rassegna Musicale Italiana*, Vol. 7, No. 22, 2002.

Guccini, Gerardo 'Directing Opera' in Bianconi and Pestelli (eds) *Opera Production and Its Resources*.

Guérande, Paul *Le Petit monde de la Comtesse de Ségur*, Les Seize, Paris 1964.

Guerri, Giordano Bruno 'La Mondadori e la politica del ventennio' in AA VV *Editoria e cultura a Milano tra le due guerre (1920-1940)*.

Gumplowicz, Philippe *Les travaux d'Orphée. 150 ans de vie musicale amateur en France. Harmonie, Chorales Fanfares*, Aubier, Paris 1987.

Gunning, Tom 'The Cinema of Attractions: Early Cinema, its Spectator and the Avant Garde' in Elsaesser (ed.) *Early Cinema: Space Frame Narrative*.

Günther, Cordula, *Heftromanleser in den neuen Bundesländer* (Leipzig 1994) available at *www.medienkomm.uni-halle.de/forschung/publikationen/halma11.pd*.

Györgyev, Clara 'The Influence of Whitman and Poe on Hungarian Literature' in Köpeczi and M. Vajda (eds) *Proceedings of the 8th Congress of the International Comparative Literature Association*.

Habermas, Jürgen *The Postnational Constellation. Political essays*, Polity, Cambridge 2001.

Hachette, Louis 'L'avenir du livre français' in *Revue des Deux Mondes*, l. May 1917 Vol.87.

Haine, Malou *Adolphe Sax, sa vie, son oeuvre, ses instruments de musique*, éditions de l'Université de Bruxelles 1980.

Haining, Peter (ed.) *The Penny Dreadful*, Gollancz, London 1975.

Halkin, Ariela *The Enemy Reviewed. German Popular Literature through British Eyes between the Two World Wars*, Praeger, Westport Conn. 1995.

Hall, Peter 'Godot Almighty', *Guardian*, 25 August 2005.

Hall, Peter *Cities in Civilization*, Phoenix, London 1999.

Hallenberger, Gerd 'La quiete prima della tempesta. La fiction tv tedesca nel 2001' in Buonanno (ed.) *Eurofiction 2002*.

Hamerton, Philip G. 'Gustave Doré's Bible' in *The Fortnightly Review*, No. 24, 1 May 1866.

Hamilton, Alex 'The Winners Decoded', *Guardian*, 1 January 2005.

Hammond, J. L. and Barbara *The Town Labourer*, Doubleday Anchor Books, Garden City, New York 1968.

Hampicke, Evelyn 'The Danish Influence: David Oliver and Nordisk in Germany' in Elsaesser (ed), *A Second Life. German Cinema's First Decades*.

Hamrlíková, Lea 'The Czech Republic', paper presented at the conference 'Remaining Relevant After Communism', Dubrovnik, June 2001.

Hanák, Peter 'Why fin de siècle?' in *CEU History Department Handbook*, 1994-1995.

Hannerz, Ulf *Cultural Complexity. Studies in the Social Organization of Meaning*, Columbia University Press, New York 1992.

Harbgmeier, Michael 'European media in the Eyes of Muslim Observers' in *Culture and History* No. 16 (Scandinavian University Press), 1997.

Harding, Rosamond E. M. *The Piano-Forte. Its History traced to the Great Exhibition of 1851*, Heckscher, London 1978 (1st ed. 1933).

Hardy, Phil and Dave Laing *The European Music Business*, FT Management Report, London 1995.

Harman, *Claire Fanny Burney. A Biography*, HarperCollins, London 2000.

Harper, Sue 'A Lower Middle-Class Taste-Community in the 1930s: admissions figures at the Regent Cinema, Portsmouth, UK' in *Historical Journal of Film, Radio and Television*, Vol.24, No. 4, 2004.

Harper, Sue and Vincent Porter 'Cinema Audience Tastes in 1950s Britain' in *Journal of Popular British Cinema*, No. 2, 1999.

Harris, Michael *London Newspapers in the Age of Walpole*, Associate University Press, London and Toronto 1987.

Harris, Ruth *Lourdes: Body and Spirit in the Secular Age*, Allen Lane The Penguin Press, Harmondsworth 1999.

Harris, William V. *Ancient Literacy*, Harvard University Press 1989.

Harrison, Brian 'Press and pressure group in modern Britain' in Shattock and Wolff (eds) *The Victorian periodical press*.

Hartmann, Pierre 'La réception de Paméla en France: Les anti-Paméla de Villaret et Mauvillon' in *Revue d'Histoire littéraire de la France*, Vol. 102, No. 1, January-February 2002.

Haskell, Francis 'The Manufacture of the Past in Nineteenth-Century Painting' in *Past and Present*, No. 53, November 1971.

Haskell, Francis 'The Market for Italian Art in the seventeenth Century' in *Past and Present*, No. 15, April 1959.

Haudiquet, Philippe, Jean-Pierre Jeancolas and István Nemeskürty, *Le cinéma hongrois* Centre Georges Pompidou, Paris 1979.

Haudiquet, Philippe 'Le cinéma hongrois (1945-1963) in Haudiquet, Jeancolas, and István Nemeskürty, *Le cinéma hongrois*.

Haugen, E. *Language Conflict and Language Planning: the Case of Modern Norwegian*, Harvard University Press 1966.

Hawkridge, John 'British Cinema from Hepworth to Hitchcock' in Nowell-Smith (ed.) *The Oxford History of World Cinema*.

Haxthausen, Franz *Studies on the Interior of Russia*, edited by F. Starr and trans. by E.L.M. Schmidt, University of Chicago Press 1972.

Hay, James *Popular Film Culture in Fascist Italy*, Indiana University Press, Bloomington and Indianapolis 1987.

Hayden, John O. (ed.) *Walter Scott. The Critical Heritage*, Routledge, London 1995.

Haythornthwaite, J. A. 'Friendly Encounters: A Study of the Relationship between the House of Blackwood and Margaret Oliphant in her Role as Literary Critic' in *Publishing History*, No. 28 1990.

Haythornthwaite, J. A. 'The Wages of Success: "Miss Marjoribanks", Margaret Oliphant and the House of Blackwood' in *Publishing History*, No. 15, 1984.

Hazlitt, William *The Selected Writings of William Hazlitt*, edited by Duncan Wu, Pickering and Chatto, London 1998.

Headrick, Daniel R. *The Tools of Empire. Technology and Imperialism in the Nineteenth century*, OUP 1981.

Heaton, Barrie *The U.K. Piano Pages http://www.uk-piano.org* - update of 15 September 2000.

Hébrard, Jean 'Les canards' in Chartier and Martin (eds) *Histoire de l'edition française*, Vol. 3.

Hegerfors, Sture 'Suède' in Moliterni (ed.) *Histoire Mondiale de la Bande Dessinée*

Heiderich, Manfred W. *The German Novel of 1800. A Study of Popular Prose Fiction*, Peter Lang, Berne 1982.

Heine, Heinrich *Italian Travel Sketches*, Foulis, London 1927.

Heine, Heinrich *Tableaux de Voyages*, L'Instant, Paris 1989.

Hellegouarc'h, Jacqueline (ed.) *L'art de la conversation*, Classiques Garnier, Paris 1997.

Heller, Dana 'Russian "Sitkom" Adaptation: The Pushkin Principle' in *Journal of Popular Film & Television*, Vol. 31, No 2, Suinmer 2003.

Hemmings, F. W. J. *The Theatre Industry in Nineteenth-Century France*, Cambridge University Press 1993.

Hennion Antoine and J.P. Vignolle, *Artisans et industriels du disque. Essai sur le mode de production de la musique*, CSI-CORDES, 1978.

Hennion, Antoine (ed.) *1789-1989: Musique, Histoire, Démocratie*, 3. Vols, proceedings of the conference organised by Vibrations and IASPM (International Association for the Study of Popular Music), Éditions de la Maison des Sciences de l'homme, Paris 1989.

Hennion, Antoine *La passion musicale. Une sociologie de la médiation*, Métailié, Paris 1993.

Henri Baillère, *La crise du livre*, Librarie Baillère et fils, Paris 1904.

Hepokoski, James 'Ottocento Opera as Cultural Drama: Generic Mixtures in *Il trovatore*' in Chusid (ed.) *Verdi's Middle Period*, 1849-1859.

Herbert, Robert L. 'Renoir the Radical' in *New York Review of Books*, 20 November 1997.

Herder, Johann Gottfried 'Extract from a Correspondence on Ossian and the Songs of the Ancient Peoples' translated by Joyce Crick, in *German aesthetic and literary criticism: Winckelmann, Lessing, Hamann, Herder, Schiller, Goethe*, edited by H.B. Nisbet, Cambridge University Press, 1985.

Hermand, Jost 'Art for the People: the Nazi Concept of a Truly Popular Painting' in Grimm, and Hermand (eds) *High and Low Cultures*.

Herrick, Jim 'Samuel Beckett' in *Censorship. A World Encyclopedia*.

Hess, Rémi *La Valse. Révolution du couple en Europe*, Métailié, Paris 1989.

Hesse, Sebastian 'Ernst Reichler alias Stuart Webbs: King of the German Film Detectives' in Elsaesser (ed), *A Second Life. German Cinema's First Decades*.

Higgs, Robert 'Race, Skills, and Earnings: American Immigrants in 1909' in *Journal of Economic History*, Vol. 31, 1971.

Hiley, Nicholas ' "Let's go to the pictures". The British Cinema Audience in the 1920s and 1930s' in the *Journal of Popular British Cinema*, No 2, 1999.

Hill, Christopher 'Clarissa Harlowe and her Times', originally in Essays in Criticism, 1955, reprinted in John Carroll (ed.) *Samuel Richardson. A Collection of Critical Essays*, Prentice Hall, New Jersey 1969.

Hill, John 'British Cinema as National Cinema: Production, Audience and Representation' in Robert Murphy (ed) *The British Cinema Book*, BFI, London 1997.

Hill, Napoleon *Think and Grow Rich*, The Ralston Society, Meriden Conn. 1938.

Hilmes, Michèle 'Television and the Film Industry' in Nowell-Smith (ed.) *The Oxford History of World Cinema*.

Hilton, Tim *John Ruskin. The Later Years*, Yale UP, New Haven and London 2000.

Himmelweit, Hilde, A. N. Oppenheim, and Pamela Vince *Television and the Child. An empirical study of the effect of television on the young*, Oxford University Press 1958.

Hingley, Ronald *Russian Writers and Soviet Society 1917-1978*, Methuen, London 1979.

His Master's Voice/La voce del padrone, The Italian Catalogue. A Complete Numerical Catalogue of Italian Gramophone Recordings made from 1898 to 1920 in Italy and elsewhere by The Gramophone Company Ltd., compiled by Alan Kelly,

Greenwood Press, New York 1988.

History of the Times 'The Thunderer in the making 1785-1841 (Vol. 1), Times Publishing Company, London 1935.

Hitler, Adolf *Mein Kampf*, translated by Ralph Mannheim, Hutchinson, London 1969.

Hobbes, *Leviathan*, Penguin, Harmondsworth 1968.

Hobsbawm, Eric *The Age of Empire 1875-1914*, Weidenfeld and Nicolson, London 1987.

Hobsbawm, Eric *The Age of Extremes. The Short Twentieth Century 1914-1991*, Michael Joseph, London 1994.

Hobson, John M. *The Eastern Origins of Western Civilisation*, Cambridge University Press 2004.

Hodgkin, Adam 'New Technologies in Printing and Publishing: the Present of the Written Word' in Baumann (ed.) *The Written Word*.

Hoffmann, E.T.A. 'Don Giovanni' in *Six German Romantic Tales*, trans. by Ronald Taylor, Angel Books, London 1985.

Hohendahl, Peter Uwe *Building a National Literature. The Case of Germany, 1830-1870*, Cornell University Press, Ithaca and London 1989.

Hollis, Patricia *The Pauper Press. A Study in Working-Class Radicalism of the 1830s*, OUP 1970.

Holmes, Susan ' "As they really are, and in close up": film stars on 1950s British television' in *Screen*, Vol. 42, No. 2, Summer 2001.

Holmlund, Christine 'Pippi and Her Pals' in *Cinema Journal*, Vol. 42, No. 2, Winter 2003.

Holter, Howard R. 'The Legacy of Lunacharsky and Artistic Freedom in the USSR' in *Slavic Review*, Vol. 29, No. 2, June 1970, pp. 262-82.

Homberger, Eric 'The model's unwashed feet: French photography in the 1850s' in Collier and Lethbridge (eds) *Artistic Relations. Literature and the Visual Arts in Nineteenth-Century France*.

Hopkinson, Cecil *A Dictionary of Parisian Music Publishers 1700-1950*, printed for the author, London 1954.

Horak, Jan-Christopher 'German exile cinema, 1933-1950' in *Film History*, Vol. 8, No. 4, 1996.

Horden, Francis 'Genèse et vote de la loi du 20 juin 1936 sur les congés payés' in *Le Mouvement social*, No 150, January-March 1990.

Horellou-Lafarge, Chantal and Monique Segré, *Regards sur la lecture en France. Bi-*

lan des recherches sociologiques, L'Harmattan Paris 1996.
Hortmann, Wilhelm Shakespeare on the German Stage. The Twentieth Century, CUP 1998.
Hortschansky, Klaus 'The Musician as Music Dealer' in Salmen (ed.) The Social Status of the Professional Musician.
Horwitz, Rita and Harriet Harrison (eds) The George Kleine Collection of Early Motion Pictures, Library of Congress, Washington 1980.
Houfe, Simon The Dictionary of nineteenth Century British Book Illustrators and Caricaturists, Antique Collectors' Club, Woodbridge Suffolk 1996.
Houghton, Walter E. 'Periodical literature and the articulate classes' in Shattock and Wolff (eds) The Victorian periodical press.
Houston, R. A. Literacy in early Modern Europe. Culture and Education 1500-1800, Longman, London and New York 1988.
http://dear_raed.blogspot.com.
http://gaslight.mtroyal.ab.ca/gaslight/martbald.htm.
http://justzipit.blogspot.com.
http://m1.300.telia.com/~u30006326/opera5.html accessed in February 2004.
http://news.bbc.co.uk/i/hi/entertainment/1055516.stm.
http://web.quick.cz/sdruzeni.milislav/Pages/aRepertoar.htm.
http://Aveblog.jrc.cec.eu.int/page/wallstrom.
Huber, Richard La RFA et sa Télévision, INA/Champs Vallon, Paris 1988.
Hubert-Lacombe, Patricia Le cinéma français dans la guerre froide 1946-1956, l'Harmattan, Paris 1996.
Huet, Marie-Hélène L'Histoire des Voyages extraordinaires. Essai sur l'oeuvre de Jules Verne, Minard, Paris 1973.
Hughes, Stephen P. ' "The Music Boom" in Tamil South India: gramophone, radio and the making of mass culture' in Historical Journal of Film, Radio and Television, Vol. 4, 2002.
Hugo, Victor and Pierre-Jules Hetzel Correspondance, Vol. 1 (1852-1853) edited by Sheila Gaudon, Klincksiek, Paris 1979.
Hugo, Victor Choses vues 1830-1846, Gallimard-Folio, Parais 1972.
Hulse, Michael 'Introduction' to Johann Wolfgang Goethe's The Sorrows of Young Werther, Penguin, London 1989.
Humphreys, Peter J. Media and Media Policy in Germany. The Press and Broadcasting since 1945, Berg, Oxford 1994.
Hunter, J. Paul 'The novel and social/cultural history' in Richetti (ed.) The Cambridge

Companion to the Eighteenth-Century Novel.

Huth, Arno *La Radiodiffusion, Puissance mondiale*, Gallimard, Paris 1937.

Hüttner, Johann 'Die Vereitelte Offenbachpflege im Theater' in *Austriaca*, Cahiers Universitaires d'lnformation sur l'Autriche, No. 46, June 1998.

Hüttner, Kirsten '*The Woman in White' Analysis, Reception and Literary Criticism of a Victorian Bestseller*, Wisseschaftlicher Verlag, Trier 1996.

Huxley, Michael and Noel Witts (eds) *The Twentieth-Century Performance Reader*, Routledge, London 1996.

IFPI, *The Recording Industry in Numbers*, 1995.

Ilieva, Angelina 'Bulgaria' paper presented at the conference 'Remaining Relevant After Commimism', Dubrovnik, June 2001.

Illustrazione italiana No 2, 1922.

Index Translationum. UNESCO. *http://portal.unesco.org/culture/en/ev.php- URL_ ID=7810&URL_DO=DO_TOPIC&URL_SECTION=201html*.

India Today, 2 June 2003.

Inglis, Fred *Clifford Geertz*, Polity, Oxford 2000.

Ingoldsby, Thomas (Richard Barnham) *The Ingoldsby Legends*, Frederick Warne and Co. Chandos Classic Collection, London and New York, no date.

Iorga, Neculai *La société roumaine du XIXe siècle dans le théâtre roumain*, Gamber, Paris 1926.

Iosifidis, Petros, Jeannette Steemers and Mark Wheeler European *Television Industries*, bfi publishing, London 2005.

Iser, Wolfgang 'The Reading Process: a phenomenological approach', *New Literary History*, 3, 1972.

Isnenghi, Mario (ed.) *I luoghi della memoria. Personaggi e date dell 'Italia unita*, Laterza, Bari-Rome 1997.

Isola, Gianni 'Dalla scatola della musica al radiocane. Radiofonia e tempo libero nell'Italia del Novecento' in *Tempo libero e società di massa nell'Italia del Novecento*.

Isola, Gianni *Cari amici vicini e lontani. Storia dell'ascolto radiofonico nel primo decennio repubblicano*, La Nuova Italia, Florence 1995.

Ito, Kinko 'The World of Japanese Ladies' Comics: From Romantic Fantasy to Lustful Perversion' in *Journal of Popular Culture*, August 2002, Vol. 36, No. 1.

Jäckel, Anne 'Dual Nationality Film Productions in Europe after 1945' in *Historical Journal of Film, Radio and Television*, Vol. 23, No. 3, 2003.

Jaikumar, Priya 'An Act of transition: empire and the making of a national British film industry, 1927' in *Screen*, Vol. 43, No. 2, 2002.

James, Edward *Science Fiction in the 20th century*, Oxford University Press 1994.

James, Elizabeth 'An Insight into the Management of Railway Bookstalls in the Eighteen Fifties' in *Publishing History*, No. 10, 1981.

James, Elizabeth 'The Publication of Collected Editions of Bulwer Lytton's Novels' in *Publishing History*, No. 3, 1978.

James, Louis 'The trouble with Betsy: periodical and the common reader in mid-nineteenth-century England' in Shattock and Wolff (eds) *The Victorian periodical press*.

Jameson, Fredric *Postmodernism or the Cultural Logic of Late Capitalism*, Verso, London 1991.

Janet, Paul 'L'Éducation des femmes' in *Revue des Deux Mondes*, Vol. 53, 1 November 1883.

Jankowski, Paul F. *Stavisky: A Confidence Man in the Republic of Virtue*, Cornell University Press, Ithaca 2002.

Jardine, Lisa *Worldy Goods. A New History of the Renaissance*, Macmillan, London 1996.

Jauss, Hans Robert 'Literary History as a Challenge to Literary Theory', in *New Directions in Literary History*, edited by Ralph Cohen, Johns Hopkins University Press, Baltimore 1974.

Jauss, Hans Robert 'Litterature médiévale et théorie des genres' in Genette et al. *Théorie des genres*.

Jeancolas, Jean-Pierre *Histoire du cinéma français*, Nathan, Paris 1995.

Jeancolas, Jean-Pierre 'From the Blum-Byrnes Agreement to the GATT affair' in Nowell-Smith and Ricci (eds) *Hollywood and Europe*.

Jeanne, René 'L'invasion cinématographique américaine' in *Revue des Deux Mondes*, Vol. 100, 15 February 1930.

Jeanneney, Jean-Noël 'Quelques réflections sur les films de montage' in Jean-Noël Jeanneney and Monique Sauvage (eds) *Télévision, nouvelle mémoire. Les magazines de grand reportage 1959-1968*.

Jeanneney, Jean-Noël and Jacques Julliard, *'Le Monde' de Beuve-Méry ou le métier d'Alceste*, Seuil, Paris 1979.

Jeanneney, Jean-Noël and Monique Sauvage (eds) *Télévision, nouvelle mémoire. Les magazines de grand reportage 1959-1968*, Édition du Seuil, Paris 1982.

Jelavich, Peter *Berlin Cabaret*, Harvard University Press, Cambridge Mass. and London 1993.

Jelavich, Peter *Munich and Theatrical Modernism. Politics, Playwriting, and Performance 1890-1914*, Harvard UP, Cambridge 1985.

Jelavich, Peter, 'Oskar Panizza' in *Censorship. A World Encyclopedia*.

Jelot-Blanc, Jean-Jacques *Télé-feuilletons. Le dictionnaire de toutes les séries et de tous les feuilletons télévisés depuis les origines de la television*, Ramsay, Paris 1993.

Jerome, Jerome K. *My Life and Times*, John Murray, 1983.

Jobling, Paul 'L'assiette au beurre' in *Censorship. A World Encyclopedia*.

Johansson, Egil 'The History of Literacy in Sweden' in Graff (ed.) *Literacy and Social Development in the West*.

John, Nicholas *The Magic Flute*, John Calder, London 1980.

Johnson, James H. 'Musical Experience and the Formation of a French Musical Public' in *Journal of Modern History*, Vol. 64, No. 2, June 1992.

Johnson, James H. *Listening in Paris. A Cultural History*, University of California Press, Berkeley 1995.

Johnson, Paul, 'The Menace of Beatlism' in *New Statesman*, 28 February 1964, now in Harif Kureishi and Jon Savage (eds) *The Faber Book of Pop*, Faber and Faber, London 1995.

Jonard, Norbert *La France et l'Italie au siècle des lumières. Essai sur les échanges intellectuels, Honoré* Champion, Paris 1994.

Jones, Kathleen *Catherine Cookson. The Biography*, Constable, London 1999.

Jordan, Ruth *Fromental Halevy. His Life and Music 1799-1862*, Kahn and Averill, London 1994.

Joyce, James *Portrait of the Artist as a Young Man*, Viking Press, New York 1969.

Joyce, Patrick cThe People's English: Language and Class in England c.1840-1920' in Burke and Porter (eds) *Language, Self, and Society*.

Juin, Hubert 'Pour éveiller nos joies un beau crime est bien fort' in *Europe*, Vol. 56, No. 590-591, June-July 1978.

Kaenel, Philippe ' "Le plus illustre des illustrateurs..." Le cas Gustave Doré 1832/1883' in *Actes de la recherche en sciences sociales*, No. 66/67, March 1987.

Kaenel, Philippe 'Autour de J.-J. Grandville: les conditions de production socio-professionelles du livre illustré "romantique" ' in *Romantisme*, No. 43, Vol. 14, 1984.

Kaes, Anton 'Cinema and Modernity: On Fritz Lang's *Metropolis*' in Grimm and Hermand (eds) *High and Low Cultures*.

Kahn, Madeleine *Narrative transvestism: rhetoric and gender in the eighteenth-century English novel*, Cornell University Press, Ithaca, N.Y. 1991.

Kalbouss, George 'The Birth of Modern Russia Drama' in Richard Freeborn, R. R. Milner-Gulland and Charles A. Ward (eds) *Russian and Slavic Literature*, Slavic Publishers Inc., Cambridge, Mass. 1976.

Kambo, Enriketa 'Certains aspects de la lutte du PCA pour la création et la propagation de la culture spirituelle socialiste au cours des années 1944-48' in *Studia Albanica*, 1981, Vol. 18, No 1, pp.25-50.

Karady, Victor 'Les Juifs dans l'edition hongroise avant 1945', in *Actes de la recherche en sciences sociales*, No 130, December 1999.

Karady, Victor and Istvan Kemény, 'Les juifs dans la structure des classes en Hongrie: essai sur les antécédents historiques des crises d'antisémitisme du XXe siècle' in *Actes de la recherche en sciences sociales*, No.22, June 1978.

Karamzin, Nikolai 'The Book Trade and the Love of Reading in Russia' in *Russian Intellectual History. An Anthology* edited by Marc Raeff, Harcourt Brace, New York 1966.

Kaschuba, Wolfgang 'German *Bürgerlichkeit* after 1800: Culture as Symbolic Practice' in Kocka and Mitchell (eds) *Bourgeois Society in Nineteenth-century Europe*.

Kater, Michael *Different Drummers: Jazz in the Culture of Nazi Germany*, OUP, New York and Oxford 1992.

Kattelman, Beth A. 'Mae West' in *Censorship. A World Encyclopedia*.

Katz, Elihu 'And Deliver Us from Segmentation' in *Annals of the American Academy of Political and Social Science*, edited by Kathleen Hall Jamieson, July 1996.

Kaukoranta, Heikki 'Finlande' in Moliterni (ed.) *Histoire Mondiale de la Bande Desinée*.

Kelly, Catriona *A History of Russian Women's Writing 1820-1992*, Clarendon Press, Oxford 1994.

Kemp-Welch, A. 'New Economic Policy in Culture and Its Enemies' in *Journal of Contemporary History*, Vol. 13, no. 3, July 1978.

Kendall, Alan *Paganini. A Biography*, Chappell and Co and Elm Tree Books, London 1982.

Kepley, Vance 'The First *Perestroika*: Soviet Cinema under the first Five-Year Plan' in Cinema Journal, Vol. 35, No. 4, Summer 1996.

Kepley, Vance 'The origins of Soviet cinema: a study in industry development' in Taylor and Christie (eds) *Inside the Film factory*.

Kerman, Joseph 'Beethoven and the Big Change' in *New York Review of Books*, 24 June 1999.

Kershaw, Ian *Popular Opinion and Political Dissent in the Third Reich: Bavaria 1933-*

1945, Clarendon Press, Oxford 2002.

Keynes, John Maynard *Collected Writings*, Vol. XIX, Macmillan, London 1981.

Kiberd, Declan *Inventing Ireland. The Literature of the Modern Nation*, Vintage, London 1996.

Kierkegaard, Søren *The Diary of Søren Kierkegaard*, trans. by Gerda M. Anderson, Peter Owen Ltd., London 1961.

Kift, Dagmar *The Victorian Music Hall Culture, class and conflict*, Cambridge University Press 1996.

Killen, Alice M. *Le Roman terrifiant ou Roman Noir de Walpole à Ann Radcliffe*, Édouard Champion, Paris 1923.

Kinnear, Michael S. *The Gramophone Company's First Indian Recordings 1899-1908*, Sangam Books, New Delhi 1994.

Kinnell, Margaret 'Childhood and Children's Literature: the Case of M. J. Godwin and Co., 1805-25' *Publishing History*, No. 24, 1988.

Klancher, Jon P. *The Making of English Reading Audiences 1790-1832*, University of Wisconsin Press, Madison 1987.

Klaniczay, Tibor *Histoire de la littérature hongroise des origines à nos jours*, Corvine Kiadó, Budapest 1980.

Klein, Jean-Claude *Florilège de la Chanson Française*, Bordas, Paris 1990.

Klein, Lawrence E. 'Politeness and the Interpretation of the British Eighteenth Century' in *The Historical Journal*, Vol. 45, No. 4, December 2002.

Klein, Saul 'Amazon gambles on the high street', *Guardian*, 28 March 2005.

Klotz, Volker 'Apoteosi, passione e azione nel "Conte di Montecristo" di Dumas' in Petronio and Schulz-Buschhaus (eds) *'Trivialliteratur?'*.

Knapp, Bettina L. *The Reign of the Theatrical Director. French Theatre: 1887-1924*, The Whitston Publishing Company, Troy, New York 1988.

Knapp, Raymond *The American Musical and the Formation of National Identity*. Princeton University Press 2005.

Knecht, Edgar 'Le Juif errant. Eléments d'un mythe populaire' in *Romantisme*, No. 9, 1975, pp.84-96.

Knecht, Edgar 'Le mythe du Juif errant' in *Romantisme*, Vol. 7, No.16, 1977, pp. 101-15.

Knops, Tilo 'Cinema from the Writing Desk: Detective Films in Imperial Germany' in Elsaesser (ed), *A Second Life. German Cinema's First Decades*.

Kobak, Anette 'Malvina Recovered' in *Times Literary Supplement*, 4 January 2002.

Kocka, Jürgen and Allan Mitchell (eds) *Bourgeois Society in Nineteenth-century Eu-*

rope, Berg, Oxford/Providence 1993.

Köhler, Ursula E.E. 'Lesekultur in beiden deutschen Staaten. 40 Jahre - ein Vergleich. Geschichte - Theorie - Empirie', Teil 1, in *Archiv für Soziologie und Wirtschaftsfragen des Buchhandels* LXIV. Beilage zum Börsenblatt für den Deutschen Buchhandel, Frankfurter Ausgabe No. 24, 23 March 1990.

Köpeczi, Béla and György M. Vajda (eds) *Proceedings of the 8th Congress of the International Comparative Literature Association* (Budapest 1976), Kunst und Wissen & Erich Bieber, Stuttgart 1980.

Körner, Axel 'The Theatre of Social Change: nobility, opera industry and the politics of culture in Bologna between papal privileges and liberal principles' in *Journal of Modern Italian Studies*, Vol. 8, No. 3, Fall 2003.

Kortländer, Bernd 'Traduire. "La plus noble des activités" ou "la plus abjecte des pratiques" ' in Espagne and Werner (eds) *Philologiques III. Qu'est-ce qu'une littérature nationale?*

Korwin-Piotrowska, Sophie de *Balzac et le monde slave. Balzac en Pologne* (first edition 1933), Slatkin reprints, Geneva 1976.

Kosko, Marja *Un 'best-seller', 1900: Quo Vadis?*, José Corti, Paris 1960 (1st edition: 1935).

Kostallari, Androkli 'La langue littéraire nationale albanaise et notre époque' in *Studia Albanica*, Vol. 22, No. 1, 1985.

Koszyk, Kurt *Deutsche Presse im 19. Jahrhundert*, Colloquium Verlag, Berlin 1966.

Koven, Seth Slumming. *Sexual and Social Politics in Victorian London*, Princeton University Press 2004.

Kozlov, Denis 'Soviet Readers, Historical Consciousness, and the Erosion of the Enemy Paradigm During the Thaw: From Pasternak to Siniavskii and Daniel, 1958-1966' presented at the Davis Center for Russian and Eurasian Studies, Harvard University, 28 March 2004, accessed from *http://daviscenter.fas.harvard.edu/seminars_conferences/cnsschedule.html*.

Kracauer, Siegfried 'On bestsellers and their audience' in his *The Mass Ornament. Weimar Essays*, Harvard University Press Cambridge Mass. and London 1995.

Kracauer, Siegfried *The Mass Ornament. Weimar Essays*, Harvard University Press, Cambridge Mass and London 1995.

Krakovitch, Odile 'Le théâtre sous la Restauration et la monarchie de Juillet: lecture et spectacle' in Vaillant (ed.) *Mesure(s) du livre*.

Krakovitch, Odile 'Les romantiques et la censure au théâtre' in *Romantisme*, No. 38, 1982.

Krakovitch, Odile *Hugo censuré. La liberté au théâtre au XIXe siècle*, Calmann-Lévy, Paris 1985.

Kramer, Lawrence *Music as Cultural Practice, 1800-1900*, University of California Press, Berkeley 1990.

Kretschmer, Martin 'The Failure of Property Rules in Collective Administration: Rethinking Copyright Societies as Regulatory Instruments' in *E.I.P.R.*, No. 3, 2002; *www.cippm.org.uk/pdfs/kretschmer_eipr_032002.pdf*, accessed June 2004.

Kretschmer, Martin, George Michael Klimis and Roger Wallis *The Global Music Industry in the Digital Environment: A Study of Strategic Intent and Policy Responses (1996-99)*, paper at conference on Long-Term Developments in the Arts and Cultural Industries, Erasmus University of Rotterdam, 23-25 February 2000, accessed at *www.mica.at/pdf/kretschmer_c.pdf*.

Kuhlmann, Marie, Nelly Kuntzmann, and Hélène Bellour *Censure et bibliothèques au XXe siècle*, Cercle de la Librairie, Paris 1989.

Kuhn, Anette *Cinema, Censorship and Sexuality, 1909-1925*, Routledge, London and New York 1988.

Kuhn, Annette 'Heterotopia, heterochronia: place and time in cinema history' in *Sereen*, Vol. 45, No. 2, Summer 2004.

Kulczycka-Saloni, Janina 'Les personnages du roman polonais du XIXe siècle' in *Proceedings of the XIIth Congress of the International Comparative Literature Association*, Vol. 2, Iudicium Verlag, Munich 1990.

Kuleshov, Lev 'The Banner of Cinematography' (1920) in his *Fifty Years of Films*, Raduga, Moscow 1987.

Kunzle, David *History of the Comic Strip*, Vol. I, *The Early Comic Strip*, University of California Press, Berkeley, LA, London 1973.

Kupzova, Olga 'La gestuelle théâtrale en Russie' in Dmitrieva and Espagne (eds) *Transfers culturels triangulaires Philologiques IV*.

La Chanson de Roland, edited and translated by André Cordier, Larousse, Paris 1935.

La circulation internationale des émissions de télévision, UNESCO No. 100, 1986 edited by Tapio Varis.

La Gloire de Victor Hugo, catalogue of the exhibition at the Grand Palais, Édition de la Réunion des musées nationaux, Paris 1985.

Lacassin, Francis 'Préface' to *Fantômas* (Collected works), Bouquin/Robert Laffont, Paris 1987.

Lacassin, Francis *Mythologie du roman policier*, Christian Bourgois Éditeur, Paris 1993.

Laffont, Robert *Éditeur*, Laffont, Paris 1974.

Lai, Cheng-chung (ed.) *Adam Smith Across Nations. Translations and Receptions of The Wealth of Nations'*, OUP 2000.

Lallement, Jérôme 'Essai d'une définition économique du livre' in *Cahiers de l'économie du livre*, no. 9, March 1993.

Lamar (ed.) Howard R. *The New Encyclopedia of the American West*, Yale University Press, New Haven and London 1998.

Lamb, Andrew 'Waltz' in *The New Grove Dictionary of Music Online* ed. L. Macy (Accessed 29 July 2003), http://www.grovemusic.com.

Lamont, Claire Introduction to Walter Scott, *Waverley, or, 'Tis Sixty Years Since*, Clarendon Press, Oxford 1981.

Lanaro, Silvio 'Il Plutarco italiano: l'istruzione del "popolo" dopo l'Unità' in Vivanti (ed.) *Storia d'Italia. Annali 4 Intellettuali e potere*.

Landon, H. C. Robbins *Haydn in England 1791-1795*, Thames and Hudson, London 1976.

Langewiesche, Dieter 'The Impact of the German Labor Movement on Workers' Culture' in *Journal of Modern History*, Vol. 59, No. 3, September 1987.

Lanoux, Armand 'Introduction' to Eugène Sue, *Les mystères de Paris*, Laffont, Paris 1989.

Lanza, Maria *Teresa Porta e Belli*, Letteratura Italians Laterza, LIL 43, Roma-Bari 1998.

Larivaille, Paul *Le Réalisme du merveilleux. Structures et histoire du conte*, Université Paris X-Nanterre, 1982.

Larrington, Carolyne *Women and Writing in Medieval Europe*, Routledge, London 1995.

Larsen, Jen Peter *Haydn*, Macmillan, London and Basingstoke 1984.

Larson, Kenneth E. 'Shakespeare between Aufklärung and Sturm und Drang' in http://aurora.wells.edu/~klarson/papers/mmla88wells.htm; update of February 17, 2000.

Larson, Kenneth E. 'Wieland's Shakespeare: A Reappraisa' in *The Lessing Yearbook*. Volume XVI, 1984.

Lasserre, Henri *Notre-Dame de Lourdes*, Victor Palme Éditeur, Paris 1869.

Laster, Arnaud 'La Musique' in *La gloire de Victor Hugo*.

Latouche, Serge *L'occidentalisation du monde*, Éditions La Découverte, Paris 1989, p.29.

Lauf, Edmund 'Research Note: The Vanishing Young Reader. Sociodemographic Determinants of Newspaper Use as a Source of Political Information in Europe, 1980-98' in *European Journal of Communication*, Vol. 16, No. 2, June 2001.

Laurent, Jacques *Discours de réception de Jacques Laurent à l'Academie Française*, Gallimard, Paris 1987.

Laurent, Jacques *Histoire égoïste*. La Table Ronde, Paris 1976.

Law, Graham *Serializing Fiction in the Victorian Press*, Palgrave, Basingstoke and New York 2000.

Lawford-Hunrichsen, Irene *Music Publishing and Patronage. C. F. Peters: 1800 to the Holocaust*, Edition Press, Kenton Middlesex 2000.

Lawrence, Jon 'Fascist violence and the politics of public order in inter-war Britain: the Olympia debate revisited' in *Historical Research*, Vol. 76, No. 192, May 2003.

Lawson, Mark 'Many Happy Rover's Returns', *Guardian*, media supplement, 16 May 2005.

Le Forestier, Laurent 'L'accueil en France des film américains de réalisateurs français à l'epoque des accords Blum-Byrnes', *Revue d'histoire moderne et contemporaine*, Vol. 51, October-December 2004 No. 4.

Le Hir, Marie-Pierre *Le romantisme aux enchères: Ducange, Pixérécourt, Hugo*, John Benjamins Publishing Company, Philadelphia 1992.

Le Men, Ségolène 'Book Illustration' in Collier and Lethbridge (eds) *Artistic Relations. Literature and the Visual Arts in Nineteenth-Century France.*

Le Monde, colour supplement, 2 April 2005.

Le Rider, Jacques '*Soll und Haben* de Gustav Freytag. Un bréviare de l'identité nationale "bourgeoise" ' in Espagne and Werner (eds) *Philologiques III*.

Le Rocambole, special issue of the *Bulletin des Amis du Roman populaire* No. 2, Fall 1997.

Lebrecht, Norman *Discord. Conflict and the Making of Music*, André Deutsch, London 1982.

Leclerc, Yvan *Crimes écrits. La littérature en procès au 19e siècle*, Plon, Paris 1991.

Lefcourt, Jenny 'Aller au cinéma, aller au peuple' in *Revue d'histoire moderne et contemporaine*, Vol. 51, No. 4, October-December 2004.

Lefebvre, Jean-Pierre 'L'introduction de la philosophie allemande en France au XIXe siècle. La question des traductions' in Espagne and Werner (eds) *Transferts. Les relations interculturelles dans l'espace franco-allemand (XVIIIe-XIXe siècle).*

Leff, Leonard F. *Hitchcock and Selznick*, University of California Press, Berkeley 1999.

Legouis, Émile 'La fortune littéraire de Walter Scott en France' in *Études anglaises*, Vol.

24, No 4, October-December 1971.

Lehtonen, Maija 'La littérature finlandaise au carrefour des cultures'- in Köpeczi and Vajda (eds) *Proceedings of the 8th Congress of the International Comparative Literature Association.*

Lemaître, Jules 'De l'influence récente de la littérature du Nord' in *Revue des Deux Mondes*, Vol. 64, 15 December 1894.

Lenman, Robin 'Germany' in Goldstein (ed.) *The War for the Public Mind.*

Lent, John A. 'Comic Books' in *Censorship. A World Encyclopedia.*

Lerner, Henri *La Dépêche, Journal de la Démocratie. Contribution à l'Histoire du Radicalisme en France sous la Troisième République*, Publications de l'Université de Toulouse Le Mirail, Toulouse 1978.

Leroux, Gaston *Le Mystère de la chambre jaune*, Le Livre de Poche, Paris 1996

Leroy, Dominique *Histoire des arts du Spectacle en France*, L'Harmattan, Paris 1990.

Les écrits de l'image, 'Le top 20 des meilleures séries télévisés en 1997' No. 18 Spring 1998.

Leslie, Esther *Hollywood Flatlands*, Verso, London 2002.

Lesure, François et al. *La Musique à Paris en 1830-1831*, Bibliothèque Nationale, Paris 1983.

Letellier, Robert Ignatius 'Bellini and Meyerbeer' in *The Opera Quarterly*, Vol. 17, No 3. Summer 2001.

Letzter, Jacqueline and Robért Adelson, *Women Writing Opera. Creativity and Controversy in the Age of the French Revolution*, University of California Press, Berkeley 2001.

Leuillot, Bernard *Victor Hugo publie les Misérables*, Klincksieck, Paris 1970.

Levi, Erik *Music in the Third Reich*, Macmillan, London 1994.

Levi, Roberto *Le trasmissioni TV che hanno fatto (o no) l'Italia. Da 'Lascia o raddoppia?' al 'Grande Fratello'*, Rizzoli, Milan 2002.

Levinson, Alekseï 'Papier récupéré et livres' (1985) in Stroev (ed.) *Livre et lecture en Russie.*

Levi-Strauss, Claude (with Georges Charbonnier) *Entretiens avec Claude Lévi-Strauss*, Julliard, Paris 1961.

Levi-Strauss, Claude *Anthropologie structurale*, Plon Pocket, Paris 1974.

Levi-Strauss, Claude *Tristes tropiques*, Plon/Presses Pocket, Paris 1984.

Levitt, Marcus C. '*Barkoviana* and Russian Classicism' in *Eros and Pornography in Russian Culture* edited by M. Levitt and A. Toporkov, Ladomir Publishing House, Moscow 2000.

Levitt, Marcus C. *Russian Literary Politics and the Pushkin Celebration of 1880*, Cornell University Press, Ithaca and London 1989.

Levy, Claire, 'Rap in Bulgaria', Mitchell (ed), *Global Noise*.

Lévy-Leboyer, Maurice and Henri Morsel (eds) *L'Interconnexion et le Marché 1919-1946*, Vol. Two of *Histoire Générale de l'Électrcité en France*, Fayard, Paris 1994.

Lewes, George H. 'Criticism in Relation to Novels' in *The Fortnightly Review*, Vol. 15 December 1865.

Leydi, Roberto 'La musica e lo spettacolo musicale' in *Televisione e vita italiana*, ER1 Turin 1968.

Liber, George 'Language, Literacy and Book Publishing in the Ukrainian SSR, 1923-1928' in *Slavic Review* No. 4, Winter 1982.

Libri Santoro, M.A. 'I giudizi dei ragazzi sui programmi a loro dedicati' in *Lo Spettacolo*, Vol. 21, no 1, January-March 1971.

Lieberman, Richard K. *Steinway and Sons*, Yale UP, New Haven 1995.

Liebes, Tamar and Elihu Katz *The Export of Meaning. Cross-cultural readings of 'Dallas'*, Polity. Cambridge 1993.

Liebes, Tamar and Sonia Livingstone 'European Soap Operas. The Diversification of a Genre' in *European Journal of Communication*, Vol. 13, No. 2, June 1998.

Lilliestam, Lars 'Musical acculturation: "Hound Dog" from Blues to Swedish Rock'n'Roll' in Hennion (ed.) *1789-1989: Musique, Histoire, Démocratie*, Vol. III.

Limansky, Nicholas E. 'Luisa Tetrazzini. Coloratura secrets' in *The Opera Quarterly*, No. 4, Autumn 2004.

Limousin, Odile 'Essais statistiques sur l'evolution de l'édition du livre pour enfants et l'evolution de la scolarisation de 1800 à 1966' in *Bibliographie de la France*, 3 November 1971, No. 44, Vol. 160.

Linares, Francisco 'Theatre and Falangism at the Beginning of the Franco Régime' in Günter Berghaus (ed.) *Fascism and Theatre*.

Lind-Goldschmidt, Jenny *Memoir. Her Early Life and Dramatic Career 1820-1850*, edited by Henry Holland, Scott and W. S. Rockstro, Vol. 2, John Murray, London 1891.

Lindop, Grevel *The Opium-Eater. A Life of Thomas De Quincey*, Dent, London 1981.

Lipovetsky, Gilles *The Empire of Fashion. Dressing Modern Democracy*, trans. Catherine Porter, Princeton UP 1994.

Little, Daran *The Coronation Street Story*, Granada, London 2001.

Livezeanu, Irina and Marius Lazar 'The Romanian Case', paper presented at the conference 'Remaining Relevant After Communism', Dubrovnik, June 2001.

Livezeanu, Irina *Cultural Politics in Greater Romania. Regionalism, Nation Building, & Ethnic Struggle*, 1918-1930, Cornell University Press, Ithaca and London 2000.

Livi-Bacci, Massimo *La popolazione nella storia d'Europa*, Laterza, Roma-Bari 1998.

Livingstone, Sonia and Peter Lunt *Talk on Television. Audience Participation and Public Debate*, Routledge, London 1994.

Livolsi, Marino (ed.) *Almeno un libro. Gli italiani che (non) leggono*, La Nuova Italia, Florence 1986.

Livolsi, Marino 'Lettura e altri consumi culturali negli anni '20-'40' in AA VV, *Editoria e cultura a Milano tra le due guerre*.

Lloshi, Xhevat 'Modern Albanian in different culture contexts' in *Studia Albanica*, Vol. 21, No. 2, 1984.

Lo spettacolo 'Primi risultati del censimento dei locali dello spettacolo esistenti in Italia al 30 giugno 1963', Vol 14, No 2, April-June 1964.

Lo spettacolo, No 2, April-June 1951, No 2, April-June 1960; No 4, October-December 1960.

Lodge, David *The Art of Fiction*, Penguin, Harmondsworth 1992.

Lodge, David *The Practice of Writing*, Penguin Books, Harmondsworth 1997.

Loesser, Arthur *Men, Women and Pianos*, Dover Publications, New York 1954.

Löffler, Dietrich 'Lektüren im "Leseland" vor und nach der Wende' in *Aus Politik und Zeitgeschichte*, B 13/98, 20 March 1998, Supplement to the weekly *Das Parlament*, Berlin-Trier.

Löffler, Dietrich 'Normalisierung und Kontinuität. Entwicklung des Leseverhaltens in den neuen Bundesländern', in AA. VV. *Leseverhalten in Deutschland im neuen Jahrtausend. Eine Studie der Stiftung Lesen*, Spiegel Verlag und Stiftung Lesen, Hamburg 2001, pp. 111-125.

Lomax, Alan *Mister Jelly Roll* (1950) in *Reading Jazz* edited by Robert Gottlieb, Bloomsbury, London 1997.

London, Simon 'The sound of the stereo fades into history', *Financial Times*, 18 November 2003.

Longhurst, Brian *Popular Music and Society*, Polity Press, Cambridge 1995.

Lopez, F. 'Notes sur le fonds ancien des petits recits en prose dans la *Literatura de Cordel*' in *Les productions populaires en Espagne 1850-1920*, Université de Pau, CNRS, Paris 1986.

Lopez, Robert *The Birth of Europe*, Dent and Sons, London 1967.

Lorenzi, Alberto *I segreti del varietà*, Edizioni CELIP, Milan 1988.

Lorenzini, Niva *D'Annunzio*, Palumbo, Palermo 1993.

Los Angeles Times 27 February 2001.

Lotman, Iurii 'Conversations on Russian Culture. Russian Noble Traditions and Lifestyle in the Eighteenth and Early Nineteenth Centuries' in *Russian Studies in History*, Vol. 35, No. 4, Spring 1997.

Louandre, Charles 'Statistique littéraire de la production intellectuelle en France depuis quinze ans' in *Revue des Deux Mondes*, Vol. 20, 15 November 1847.

Loué, Thomas '*La Revue des Deux Mondes* et ses libraires étrangers dans la lutte contre la contrefaçon belge (1848-1852)' in Mollier (ed.) *Le commerce de la librairie en France au XIXe siècle*.

Lough, John *Writer and Public in France: From the Middle Ages to the Present Day*, The Clarendon Press, Oxford 1978.

Louisa May Alcott Encyclopedia (The) edited by Gregory Eiselein and Anne K. Phillips Greenwood Press, Westport Connecticut and London 2001.

Lounger (The) No. 20, 18 June 1785.

Lowe, David A. 'Pushkin and Carmen' in *Nineteenth-Century Music*, Vol. 20, No. 1, Summer 1996.

Lucas, Ann Lawson 'Introduction' to Carlo Collodi, *The Adventures of Pinocchio*, Oxford University Press 1996.

Lucian, Ion 'Collodi in Romania' in *Studi Collodiani*.

Lüdtke, Alf ' "Coming to terms with the Past": Illusions of Remembering, Ways of Forgetting Nazism in West Germany' in *Journal of Modern History*, Vol. 65, September 1993.

Ludwig, Emil *Colloqui con Mussolini*, Mondadori, Milan 2000.

Luez, Philippe A. and Paul Mironneau 'La Revolution dans l'opera français au XIXe siècle 1828-1880' in Hennion (ed.) *1789-1989: Musique, Histoire, Démocratie*, Vol. I.

Lukács, Georg *The Historical Novel*, Merlin Press, London 1962.

Luker, Nicholas J. L. 'Alexander Grin's Grinlandia' in Richard Freeborn, R. R. Milner-Gulland and Charles A. Ward (eds) *Russian and Slavic Literature*, Slavic Publishers Inc., Cambridge, Mass. 1976.

Luker, Nicholas J. L. *Aleksandr Grin: The Forgotten Visionary*, Oriental Research partner, Newtonville Mass. 1980.

Lundin, Bo *The Swedish Crime Story*, Svenska Deckare, Sundbyberg 1981.

Lunt, Peter and Paul Stenner 'The Jerry Springer Show as an emotional public Sphere' in *Media, Culture & Society*, Vol. 27, No. 1.

Lurie, Alison 'The Good Bad Boy' in *New York Review of Books*, 24 June 2004

Lüsebrink, Hans-Jürgen ' "Littérature nationale" et "Espace national". De la littérature hexagonale aux littératures de la "Plus Grande France" de l'époque coloniale (1789-1960)' in Espagne and Werner (eds) *Philologiques III. Qu'est-qu'une littérature nationale?*

Lüsebrink, Hans-Jürgen and Rolf Reichardt, 'La traduction, indicateur de diffusion: imprimés français traduits en allemand' in Frédéric Barbier, Sabine Juratic, and Dominique Varry (eds) *L'Europe et le Livre. Réseau et pratique du négoce de librairie XVIe-XIXe siècles*, Klincksieck, n.p. 1996.

Lynch, Deidre and William B. Warner (eds) *Cultural Institutions of the Novel*, Duke University Press, Durham and London 1996.

Lyons, Martin 'Les best-sellers' in Chartier and Martin (eds) *Histoire de l'édition française*, Vol. 3, *Le temps des éditeurs*.

Lyons, Martin *Le Triomphe du livre. Une histoire sociologique de la lecture dans la France du XIXe siècle*, Promodis, Paris 1987.

Lyttelton, Adrian 'Origins of a National Monarchy: the House of Savoy' in *Proceedings of the British Academy: 2001 Lectures*, OUP 2002.

MacDonald, Keith Norman *In Defence of Ossian*, 1906, probably Edinburgh but reprinted from the *Oban Times*.

MacDonald, Robert H. 'Reproducing the Middle-class Boy: From Purity to Patriotism in the Boys' Magazines, 1892-1914' in *Journal of Contemporary History*, Vol. 24, no. 3, July 1989.

Macherey, Pierre *À quoi pense la littérature?*, PUF, Paris 1990.

MacKay, Dorothy Epplen *The Double Invitation in the Legend of Don Juan*, Stanford University Press 1943.

Macnab, Geoffrey *J. Arthur Rank and the British Film Industry*, Routledge, London and New York 1993.

Madeo, Liliana and Gian Piero Raveggi *Il Servizio Opinioni cos'è com'è*, RAI, Rome 1970 (Appunti del Servizio stampa No 31).

Madrignani, Carlo A. *Ideologia e narrativa dopo l'Unificazione*, Savelli, Rome 1974.

Mage, David 'L'exploitation des films européens aux États-Unis' in *Cahiers du Cinéma*, Vol. 4, No. 22, April 1953.

Mahling, Christoph-Hellmut 'The Origin and Social Status of the Court Orchestral Musician in the eighteenth and early nineteenth Century in Germany' in Salmen (ed.) *The Social Status of the Professional Musician*. . .

Maidment, Brian E. 'John Ruskin, George Allen and American Pirated Books' in *Publishing History*, No. 9, 1981.

Maigron, Louis *Le roman historique à l'époque romantique. Essai sur l'influence de Walter Scott*, Hachette, Paris 1898.

Maines, Rachel P. *The Technology of Orgasm: 'Hysteria', the Vibrator, and Women's Sexual Satisfaction*, Johns Hopkins University Press, Baltimore 2001.

Maltby, Richard 'The Production Code and the Hays Office' in Tino Balio, *Grand Design: Hollywood as Modern Business Enterprise 1930-1939*, Charles Scribner's Sons, New York 1993.

Manchester, Colin 'Henry Vizetelly' in *Censorship. A World Encyclopedia*.

Manfred W. Heiderich, *The German Novel of 1800. A Study of Popular Prose Fiction*, Peter Lang, Bern 1982.

Mangini, Nicola 'Tramonti di un antico teatro veneziano' in *Archivio Veneto*, Serie V, Vol. 137, 1991.

Manigand, Christine and Isabelle Veyrat-Masson 'Quelle Allemagne? Pour quels Français?' in Jeanneney and Sauvage (eds) *Télévision, nouvelle mémoire. Les magazines de grand reportage 1959-1968*.

Mann, Peter *From Author to Reader. A Social Study of Books*, Routledge and Kegan Paul, London 1982.

Manzoni, Alessandro *I Promessi sposi*, with an introduction and notes by Vittorio Spinazzola, Garzanti, Milan 1988.

Manzoni, Alessandro *Tutte le Opere*, Vol. 2, Sansoni, Florence 1988.

Marchand, Philippe 'Le commerce du livre classique dans le département du Nord fin XVIIIe-1914' in Mollier (ed.) *Le commerce de la librairie en France au XIXe siècle*.

Marconi, Francis *La Comtesse de Ségur ou le bonheur immobile*, Artois Presses Université, Arras 1999.

Maréchal, Denis *Radio Luxembourg 1933-1993. Un media au Coeur de l'Europe*, Presses Universitaires de Nancy, 1994.

Mariotti, Franco and Claudio Siniscalchi, *Il mito di Cinecittà*, Mondadori, Milano 1995.

Marjanovic, Petar. 'The theatre' in *The history of Serbian Culture*, Porthill Publishers, London 1995, in *www.rastko.org.yu/isk/pmarjanovic-theater.html*.

Marker, Gary 'Russian and the "Printing Revolution": Notes and Observation' in *Slavic Review*, No. 2, Summer 1982.

Mar-Molinero, Clare 'The Iberian peninsula: Conflicting Linguistic Nationalisms' in Barbour and Carmichael (eds) *Language and Nationalism in Europe*.

Maróthy, János *Music and the Bourgeois. Music and the Proletarian*, Akadémiai Kiadó, Budapest 1974.

Marschall, Gottfried 'Champagne, depolitisation, gemütlichkeit - Presence et effacement des traces françaises dans l'operette de Franz Suppé et Johann Strauss fils' in *Austriaca, Cahiers Universitaires d'Information sur l'Autriche*, No. 46, June 1998.
Martin, Andrew 'Thomas the Tank Engine Stole My Son' *Independent*, 22 August 1998, Weekend Review section.
Martin, Charles-Noël *La vie et l'oeuvre de Jules Verne*, Michel de l'Ormeraie, Paris 1978.
Martin, Delphine '1997, une année de télévision dans le monde' in *Audience: Le journal de mediametrie*. No 19 June 1998.
Martin, George 'Verdi Onstage in the United States. *Oberto, conte di San Bonifacio'*, *Opera Quarterly*, Vol. 18, No. 4, Autumn 2002.
Martin, George 'Verdi Onstage in the United States: *Nabucodonosor*' in *The Opera Quarterly*, Vol. 19, No. 2, Spring 2003.
Martin, Marc 'Journalistes et gents de lettres (1820-1890)' in Vaillant (ed.) *Mesure(s) du livre*.
Martin, Marc 'Presse et publicité dans la France du XIXe siècle' in *Historiens et Géographes*, No. 338, December 1992.
Martinenche, Ernest *L'Espagne et le romantisme français*, Hachette, Paris 1922.
Martinez, D. P. (ed.) *The Worlds of Japanese Popular Culture. Gender, Shifting Boundaries and Global Cultures*, Cambridge University Press.
Martinsen, Deborah (ed), *Literary Journals in Imperial Russia*, CUP, Cambridge 1997.
Martland, Peter *A Business History of The Gramophone Company Ltd 1897-1918*, unpublished dissertation, PhD University of Cambridge 1992.
Martonyi, Eva 'La littérature populaire en Hongrie' in *Trames. Littérature populaire. Peuple, nation, région*, Actes du colloque 18-20 Mars 1986 à Limoges, Université de Limoges 1988.
Marvin, Roberta Montemorra 'The Censorship of Verdi's Operas in Victorian London' in *Music and Letters*, Vol. 82, No. 4, November 2001.
Marx, Karl and Friedrich Engels *The Communist Manifesto*, Penguin, London 2002.
Marx, Karl and Friedrich Engels *Werke*, vols. 32, 33, and 34, Dietz Verlag, Berlin 1973.
Marx, Karl *The German Ideology*, in Karl Marx *Selected Writings* edited by David McLellan, OUP 2000.
Mason, Michael 'A little pickle for her husband' in *London Review of Books*, 1 April 1999.

Massart, Pierre, Jean-Luc Nicks and Jean-Louis Tilleuil, *La Bande dessinée à l'université... et ailleurs. Études sémiotiques et bibliographiques*, Faculté de Philosophie et Lettres, Université de Louvain, Louvain-la-Neuve 1984.

Masson, Gordon 'Labels Bank on Domestic Talents', *Billboard*, 12 July 2003.

Masson, Pierre *Lire la bande dessinée*, Presses universitaires de Lyon, Lyon 1985.

Mathiesen, Thomas J. 'Harmonia and Ethos in Ancient Greek Music' in *The Journal of Musicology*, Vol. 3, No. 4, Summer 1984.

Mattlock, Jann 'Novels of Testimony and the "invention" of the modern French novel' in Timothy Unwin (ed.) *The Cambridge Companion to the French Novel From 1800 to the present*, CUP 1997.

Mauclair, Camille 'La condition matérielle et morale de l'ecrivain à Paris' in *Nouvelle revue*, Vol. 21, 1 September 1899.

Maurier, George du *Trilby*, Penguin, Harmondsworth 1994.

Maurois, André *Chantiers Americains*, Gallimard, Paris 1933.

Maurois, André *Les Trots Dumas*, Hachette, Paris 1957.

Mawdsley, Evan *The Russian Civil War*, Birlinn, Edinburgh 2000.

Mayeur, Françoise *L'Education des filles en France*, Hachette, Paris 1979.

Mazierska, Ewa 'Multifunctional Chopin: the representation of Fryderyk Chopin in Polish films' in *Historical Journal of Film, Radio and Television*, Vol. 24, No. 2, 2004.

Mazzoni, Dania 'La fortuna di Tolstoj nel movimento operaio italiano' in *Movimento operaio e socialista*, Vol. 3, No. 2-3 1980.

McAleer, Joseph *Passion's Fortune. The Story of Mills and Boon*, Oxford University Press 1999.

McAleer, Joseph *Popular Reading and Publishing in Britain 1914-1950*, Clarendon Press, Oxford 1992.

McCarthy, Anna ' "The Front Row Is Reserved for Scotch Drinkers": Early Television's Tavern Audience' in *Cinema Journal*, Vol. 34, No 4, Summer 1995.

McCarthy, Todd *Howard Hawks: the Grey Fox of Hollywood*, Grove Press, New York 1997.

McClelland, James C. 'Utopianism versus Revolutionary Heroism in Bolshevik Policy: The Proletarian Culture Debate' in *Slavic Review*, Vol. 39 n. 3, September 1980.

McCurry, Justin 'Mobiles turn a new page for Japan's youth', *Guardian*, 25 March 2005.

McLoone, Martin 'Music Hall Dope and British Propaganda? Cultural Identity and early broadcasting in Ireland' in *Historical Journal of Film, Radio and Television*, Vol. 20, No. 3, 2000.

McMahon, Darrin *Enemies of the Enlightenment. The French Counter-Enlightenment and the Making of Modernity*, Oxford University Press 2001.

McMurtry, Larry 'The West without Chili' in *New York Review of Books*, 22 October 1998.

McNeal, Robert H. 'Brezhnev's Collected Works' in *Slavic Review*, Vol. 36, No. 3, September 1977.

McPherson, Jim 'Before the Met: The Pioneer Days of Radio Opera. Part 1, An Overview' in *The Opera Quarterly*, Vol. 16, No. 1, Winter 2000 and 'Before the Met: The Pioneer Days of Radio Opera. Part 2, the NBC National Grand Opera Company' in *The Opera Quarterly*, Vol. 16, No. 2, Spring 2000.

Méadel, Cécile 'Programmes en masse, programmes de masse? La diffusion de la radio en France pendants les années trente', in Robin (ed.) *Masses et culture de masse dans les années 30*.

Mehl, Dominique 'La télévision relationnelle' in *Cahiers internationaux de sociologie*, Vol. 112, 2002.

Meloncelli, Raoul 'Sul rinnovamento della vita musicale romana' in Nicolodi (ed.) *Musica italiana del primo Novecento. 'La generazione dell'80'*.

Menand, Louis 'Billion-dollar baby' in *New York Review of Books*, 24 June 1999.

Menarini, Roy and Guglielmo Pescatore 'Il cinema popolare e I processi di definizione dello spettatore' in Fanchi and Mosconi (eds) *Spettatori*.

Mendelsohn, Daniel 'When not in Greece' in *New York Review of Books*, 28 match 2005.

Menger, Pierre-Michel 'Le génie et sa sociologie. Controverses interprétatives sur le cas de Beethoven' in *Annales*, July-August 2002, No. 4.

Menger, Pierre-Michel *Le paradoxe du musicien; Le compositeur, le mélomane et l'État dans la société contemporaine*, Flammarion, Paris 1983.

Mengin, Sabine 'Les répercussions économiques de la télévision sur le marché du livre' in *Cahiers de l'économie du livre*, n. 7, March 1992.

Mendel, Birgit 'Some Reflections on High and Popular Literature in Late and Soviet Russia' in *Perelomnye periody v russkoi literature I kul'ture. Studia Russica Helsingiensia et Tartuensia VIII*, Helsinki 2000, pp. 422-434 accessed at www.fask. uni-mainz.de/inst/is/russisch/menzel/pdf/reflhelsinki.pdf.

Meriggi, Marco 'The Italian Borghesia in Kocka and Mitchell (eds) *Bourgeois Society in Nineteenth-century Europe*.

Mesquita, Victor 'Portugal' in Moliterni (ed.) *Histoire Mondiale de la Bande Dessinée*.

Mettais, Hippolyte *L'An 5865*, Librairie Centrale, Paris 1865.

Metzner, Paul *Crescendo of the Virtuoso. Spectacle, Skill and Self-Promotion in Paris during the Age of Revolution*, University of California Press, Berkeley 1998.

Meusy, Jean-Jacques and André Straus, 'L'argent du Cinématographe Lumière in Benghozi and Delage (eds) *Une histoire économique du cinéma français (1895-1995)*.

Meyen, Michael and Ute Nawratil 'The Viewers: Television and Everyday Life in East Germany' in *Historical Journal of Film, Radio and Television*, Vol. 24, No. 3, 2004.

Meyen, Michael and William Hillman, 'Communication Needs and Media Change. The Introduction of Television in East and West Germany' in *European Journal of Communication*, Vol. 18, No. 4.

Meyer, Michael 'The Nazi Musicologist as Myth Maker in the Third Reich' in *Journal of Contemporary History*, Vol. 10, n. 4, October 1975.

Meyer, Thomas with Lew Hunchman *Media Democracy. How the Media Colonize Politics*, Polity, Cambridge 2002.

Meynieux, André 'Les traducteurs en Russie avant Poushkine' in *Babel International Journal of Translation*, Vol. 3, No. 2, June 1957.

Mezzacappa, Antonio L. 'The performance of Scribe's plays in Naples', in *Annali dell'Istituto Universitario Orientale, sezione romanza*, Vol. 9, No. 2, July 1967.

Miccichè, Lino (ed.) *Il cinema del riflusso. Film e cineasti degli anni '70*, Marsilio, Venice 1997.

Michael, Ian 'From Scarlet Study to *Novela Negra*' in Rob Rix (ed.) *Thrillers in the Transition. 'Novela negra' and Political Change in Spain*, Leeds Iberian papers series, Trinity and All Saints, Leeds 1992.

Michael, Ian 'The Hyperactive Production of English Grammars in the Nineteenth Century: A Speculative Bibliography' in *Publishing History*, No 41, 1997, pp. 23-61.

Michel, Bernard 'Sociabilité urbaine et nationalité à Prague à la fin du XIXe siècle' in Miklos Molnár and André Reszler (eds) *Vienne, Budapest, Prague, ... Les hautslieux de la culture moderne de l'Europe centrale au tournant du siècle*, PUF, Paris 1988.

Michelet, Jules *Oeuvres complètes*, Vol. IV, Flammarion, Paris 1974.

Micheli, Sergio *Cinema Ungherese*, Bulzoni, Rome 1982.

Micheli, Sergio *Il cinema bulgaro degli anni settanta*, Bulzoni, Rome 1979.

Michon, Jacques and Jean-Yves Mollier (eds) *Les mutations du livre et de l'édition dans le monde du XVIIIe siècle à l'an 2000*, L'Harmattan, Paris 2001.

Mickiewicz, Ellen *Changing Channels: Television and the Struggle for Power in Russia*, Duke University Press, Durham NC and London 1999.

Microsoft Encarta Premium Suite 2005. 1993-2004.
Miller, Jeffrey S. *Something Completely Different. British Television and American Culture*, Minnesota University Press, Minneapolis 2000.
Miller, Jonathan 'Doing Opera' in *New York Review of Books*, 11 May 2000.
Miller, Russell *Magnum. Fifty years at the front line of history*, Pimlico, London 1999.
Millington, Barry 'The Nineteenth Century: Germany' in Roger Parker (ed.) *The Ocford Illustrated History of the Opera*, OUP 1994.
Mills Todd III, William 'Periodicals in literary life of the early nineteenth century' in Martinsen (ed), *Literary Journals in Imperial Russia*, CUP 1997.
Milo, Daniel 'La bourse mondiale de la traduction: un baromètre culturel?' in *Annales*, Vol 39, No. 1, January-February 1984.
Miltchina, Vera ' "Sacrée leur apparaît toute feuille imprimée..." ' (1982) in Stroev (ed.) *Livre et lecture en Russie*.
Minguet Batllori, Joan M. 'L'Église et les intellectuels espagnols contre le cinéma in Cosandrey, Gaudreault and Gunning (eds) *Une invention du diable? Cinéma des premiers temps et religion*.
Ministère de la Culture (France), *Développement culturel*, No. 124, June 1998 and No. 135, September 2000.
Ministry of Culture (UK), *The Funding of the BBC. Government Response to the Third Report from the Culture, Media and Sport Committee*, session 1999-2000, CM 4674.
Miquel, Pierre *Histoire de la Radio et de la Télévision*, Perrin, Paris 1984.
Missika, Jean-Louis and Dominique Wolton, *La Folle du logis. La télévision dans les sociétés démocratiques*, Gallimard, Paris 1983.
Mistier, Jean *La Librairie Hachette de 1826 à nos jours*, Hachette, Paris 1964.Mitchell, Tony (ed) *Global Noise. Rap and Hip-Hop Outside the USA*, Wesleyan University Press, Middletown Connecticut 2001.
Mitchell, Jerome *More Scott Operas: Further Analyses of Operas based on the Works of Sir Walter Scott*, The University Press of America, Lanham, Maryland, 1996.
Mitterand, Henri *Le Discours du roman*, PUF, Paris 1980.
Mitterand, Henri *Zola*. Vol. I, *Sous le regard d'Olympia 1840-1871*, Fayard, Paris 1999, Vol. III, *L'honneur 1893-1902*, Fayard, Paris 2002.
Mitzman, Arthur 'Roads, Vulgarity, and Pure Art: The Inner Space in Flaubert and French Culture' in *Journal of Modern History*, Vol 51, No. 3, September 1979.
Moilin, Tony *Paris dans l'ans 2000*, Librairie de la Renaissance, Paris 1869.
Moliterni (ed.) Claude *Histoire Mondiale de la Bande Dessinée*, Pierre Horay Editeur, Paris 1980.

Mollier, Jean-Yves (ed.) *Le commerce de la librairie en France au XIXe siècle 1789-1914*, IMEC/Maison de l'Homme, Paris 1998.

Mollier, Jean-Yves 'Histoire de la lecture, histoire de l'édition' in Chartier (ed.) *Histoire de la lecture*.

Mollier, Jean-Yves 'Le siècle d'or du plagiat littéraire' in *L'Histoire*, No. 152, February 1992.

Mollier, Jean-Yves 'Les mutations de l'espace éditorial français du XVIIIe au XXe siècle' in *Actes de la recherche en sciences sociales*, No. 126-127, March 1999.

Mollier, Jean-Yves 'Un siècle de transition vers une culture de masse' in *Historiens et Géographes*, No. 338, December 1992.

Mollier, Jean-Yves 'Le manuel scolaire et la bibliothèque du peuple' in *Romantisme*, Vol. 23, No. 80, 1993.

Mollier, Jean-Yves *L'argent et les lettres. Histoire du capitalisme d'édition 1880-1920*, Fayard, Paris 1988.

Mollier, Jean-Yves *Louis Hachette*, Fayard, Paris 1999.

Monk, Ray *Ludwig Wittgenstein, The Duty of Genius*, Jonathan Cape, London 1990.

Monod, Martine 'Dashiell Hammett, L'Amérique et le Stylo-Camera' in *Les Lettres Françaises*, No 859, 19-25 January 1961.

Monod, Sylvère 'Les premiers traducteurs français de Dickens' in *Romantisme*, Vol. 29, No. 106, 1999.

Montebello, Fabrice 'Les intellectuels, le peuple et le cinéma' in Benghozi and Delage (eds) *Une histoire économique du cinéma français (1893-1995)*.

Monteleone, Franco 'Radio pubblica e emittenti commerciali dal 1975 al 1993' in Valerio Castronovo and Nicola Tranfaglia (eds) *La stampa italiana nell'età della TV*, Laterza 1994.

Montesinos, José F, *Introducción a una historia de la novela en España en el siglo XIX*, Castalia, Madrid 1973.

Moore, Allan F. *The Beatles: Sgt Pepper's Lonely Hearts Club Band*, Cambridge University Press 1997.

Moore, Jr., Barrington *Injustice. The Social Bases of Obedience and Revolt*, Macmillan, London and Basingstoke 1978.

Morelli, Giovanni 'L'Opera' in Isnenghi (ed.) *I luoghi della memoria*.

Moretti, Franco 'Conjectures on World Literature' in *New Left Review*, No. 1, Jan-Feb 2000.

Moretti, Franco 'Graphs, Maps, Trees' in *New Left Review*, No. 24, November-December 2003.

Moretti, Franco 'Planet Hollywood' in *New Left Review*, No. 9, May-June 2001.
Moretti, Franco 'The Slaughterhouse of Literature' in *Modern Language Quarterly*, No. 1, March 2000, pp. 207-27.
Moretti, Franco *Atlas of the European Novel 1800-1900*, Verso, London 1998.
Morgan, Baynard Quincy *A Critical Bibliography of German Literature in English Translation 1481-1927*, Stanford UP 1938.
Moriarty, Michael 'Structures of cultural production in nineteenth-century France' in Collier and Lethbridge (eds) *Artistic Relations. Literature and the Visual Arts in Nineteenth-Century France*.
Morin, Edgar *Les Stars*, Éditions du Seuil, Paris 1972.
Morin, Violette 'Le présent actif dans le feuilleton télévisé' in *Communication*, No. 39, 1984.
Morley, David *Television, Audiences and Cultural Studies*, Routledge, London and New York 1992.
Morley, David *Family Television. Cultural Power and Domestic Leisure*, Routledge, London and New York 1990.
Mortier, Arnold *Les soirées parisiennes de 1880* by 'Un Monsieur de l'Orchestre' (Arnold Mortier), Dentu, Paris 1881.
Morton, Graeme and R. J. Morris 'Civil Society, Governance and Nation, 1852-1914' in R. A. Houston and W. W. J. Knox (eds) *The New Penguin History of Scotland*, Penguin, London 2001.
Moss, Stephen 'Bookends' *Guardian*, 19 March 2002.
Mosse, George L. *The Nationalization of the Masses*, Howard Fertig, New York 1975.
Moulin, Raymonde *De la valeur de l'art*, Flammarion, Paris 1995.
Mounin, Georges *Linguistique et traduction*, Dessart & Mardaga, Brussels 1976
Mouralis, Bernard *Les contres-littératures*, PUF, Paris 1975.
Mousseau, Jacques and Christian Brochand *Histoire de la Télévision en France*, Nathan, Paris 1982.
Moynet, M. J. *L'envers du Théâtre. Machines et décorations*, Hachette, Paris 1873.
Mozart, Wolfgang Amadeus, *The Letters of Mozart and His Family*, edited by Emily Anderson (rev. 1985), Macmillan, London 1989.
Mülder-Bach, Inka 'Cinematic Ethnology: Siegfried Kracauer's *The White Collar masses*' in *New Left Review*, no. 226, November-December 1997.
Mullin, Donald (ed.) *Victorian Actors and Actresses in Review. A Dictionary of Contemporary Views of Representative British and American Actors and Actress, 1837-1901*, Greenwood Press, Westport Connecticut and London 1983.

Murata, Margaret 'Why the first opera given in Paris wasn't Roman' in *Cambridge Opera Journal*, Vol. 7, No. 2, July 1995.

Murialdi, Paolo *La Stampa italiana. Dalla Liberazione alia crisi di fine secolo*, Laterza, Rome-Bari 1995.

Murphy, Robert 'Popular British Cinema' in *Journal of Popular British Cinema*, No. 1, 1998.

Music Publishing, *Copyright and Piracy in Victorian England. A Twenty-five year chronicle, 1881-1906*, Mansell publishing, London and New York 1985.

Musser, Charles 'Documentary' in Nowell-Smith (ed.) *The Oxford History of World Cinema*.

Musser, Charles 'L'industrie du cinéma en France et aux États Unis entre 1900 et 1920: l'évolution du mode de production' in Benghozi and Delage (eds) *Une histoire économique du cinéma français (1895-1995)*.

Mutzenbacher, Josephine *Histoire d'une fille de Vienne racontée par elle-même*, Folio Gallimard, Paris 1998.

Nagy, Peter 'La révolution littéraire hongroise du début du XXe siècle et son contexte européen' in Köpeczi and Vajda (eds) *Proceedings of the 8th Congress of the International Comparative Literature Association*.

Najder, Zdzislaw 'The Development of the Polish Novel: Functions and Structure' in *Slavic Review*, Vol. 29, No. 4, December 1970.

Natacha, Laurent 'L'interdiction du film *Une Grande Vie*: la reprise en main du cinéma soviétiqiie en août 1946' in *Communisme*, No 42-44, 1995.

Natali, Giulio *Storia letteraria d'Italia. Il Settecento* Vol. II, Vallardi, Milan 1973.

National Music Council, *The Value of Music*, report into the Value of the UK Music industry prepared by the University of Westminster (Cliff Dane, Andy Feist and Dave Laing), London 1996.

National Theatre (UK) *Annual Report 2003-4* in *www.nationaltheatre.org.uk*.

Negus, Keith 'Between Corporation and Consumer: Culture and Conflict in the British Record Industry' in Frith (ed,) *Popular Music*. Vol. II, The Rock Era cit..

Neill, Edward *Nicolò Paganini*, Fayard, Paris 1991.

Nemeskürty, István 'Le Cinéma hongrois avant 1945' in Haudiquet, Jeancolas, and Nemeskürty, *Le cinéma hongrois*.

Nenadic, Stana 'Middle-Rank Consumers and Domestic Culture in Edinburgh and Glasgow 1720-1840' in *Past and Present*, No. 145, November 1994.

Netz, Robert 'Suisse' in Moliterni (ed.) *Histoire Mondiale de la Bande Dessinée*.

Neuburg, Victor E. *Popular Literature: a History and Guide. From the beginning of printing to the year 1897*, Penguin, Harmondsworth 1977.

Neuschafer, Hans-Jörg 'Naturalismo e feuilleton. Il "romanzo sociale" nei giornali parigini del 1884' in *Problemi*, No. 73, May-August 1985.

Neville-Sington, Pamela *Fanny Trollope: The Life and Adventure of a Clever Woman*, Viking, New York 1997.

New Grove Dictionary of Music Online ed. L. Macy www.grovemusic.com

New Grove Dictionary of Music and Musicians edited by Stanley Sadie, Macmillan 1980, entry 'Notation'.

Nicholas, Siân 'All the News that's Fit to Broadcast: the Popular Press *versus* the BBC, 1922-45' in Catterall, Seymour-Ure and Smith (eds) *Northcliffe's Legacy*.

Nicolodi, Fiamma (ed.) *Musica italiana del primo Novecento. 'La generazione dell'80'*, Olschki, Florence 1981.

Nicolodi, Fiamma 'Il teatro lirico e il suo pubblico' in Soldani and Turi (eds) *Fare gli italiani*.

Nicolodi, Fiamma *Musica e musicisti nel ventennio fascista*, Discanto, Fiesole 1984.

Nicolodi, Fiamma *Orizzonti musicali Italo-Europei 1860-1980*, Bulzoni, Rome 1990.

Nies, Fritz ' "Où peut conduire la lecture du *Constitutionnel*": lecteurs et lectures de textes à grande diffusion - une promenade iconographique au XIXe siècle' in Chartier and Lüsebrink (eds) *Colportage et lecture populaire*.

Nietzsche, Friedrich *On the Genealogy of Morals*, Oxford University Press 1996.

Nizan, Paul *Pour une nouvelle culture*, Grasset, Paris 1971.

Noelle-Neumann, Elisabeth *The Spiral of Silence: Public Opinion - Our Social Skin*, University of Chicago Press 1993.

Nora, Pierre 'Une lueur d'espoir pour les sciences humaines' in *Le Bulletin du Livre*, 15 January 1969.

Noreiko, Stephen F. 'From serious to popular fiction' in Unwin *The Cambridge Companion to the French Novel*.

Norman, Philip *Shout! The True Story of the Beatles*, Pan Books, London 2004

Novak, Max 'Defoe as an innovator of fictional form' in Richetti (ed.) *The Cambridge Companion to the Eighteenth-Century Novel*.

Nowell-Smith, Geoffrey (ed.) *The Oxford History of World Cinema*, OUP 1996.

Nowell-Smith, Geoffrey 'The beautiful and the bad: notes on some actorial stereotypes' in Nowell-Smith and Ricci (eds) *Hollywood and Europe*.

Nowell-Smith, Geoffrey and Steven Ricci (eds) *Hollywood and Europe, Economics, Culture, National identity 1945-95*, British Film Institute, London 1998.

Ó Ciosáin, Niall *Print and Popular Culture in Ireland, 1750-1850*, Macmillan, Basingstoke and London 1997.

O'Boyle, Leonore 'The Image of the Journalist in France, Germany and Englanc 1815-1848' in *Comparative Studies in Society and History*, Vol. 10, No. 3, APRIL 1968.

O'Brien, Geoffrey 'Silent Screams' in *New York Review of Books*, 17 December 1998.

O'Neil, Edward 'Alfred Hitchcock', in Nowell-Smith, *The Oxford History of World Cinema*.

O'Hagan, Andrew 'Disgrace under Pressure', *London Review of Books*, Vol. 26, No. 11, 3 June 2004.

O'Sullivan, Sally 'The glossies that shone brightest in a bumper year', *Observer*, 19 December 2004.

Oakley, Keith 'A taxonomy of the emotions of literary response and a theory of identification in fictional narrative' in *Poetics*, Vol. 23, 1994, pp. 53-74.

Oates, Joyce Carol 'The Mystery of Jon Benét Ramsey' in *New York Review of Books*, 24 June 1999.

Offenbach, Jacques *Notes d'un musicien en voyage*, La Flute de Pan, Paris 1979.

Ogg, Li 'Littérature coréenne' in *Encyclopédie de la Pléiade. Histoire des Littératures*, Vol. 1, Gallimard, Paris 1977.

Ojala, Jeanne A. 'Radclyffe Hall' in *Censorship. A World Encyclopedia*.

Ojetti, Ugo *Alla scoperta dei letterati*, Dumolard, Milan 1895.

Oklot, Michal and Piotr Nowak 'Poland', paper presented at the conference 'Remaining Relevant After Communism', Dubrovnik, June 2001.

Oksiloff, Assenka *Picturing the Primitive. Visual Culture, Ethnography, and Early German Cinema*, Palgrave, New York 2001.

Oktapoda, Efstratia 'La traduction de Nana en Grèce et son retentissement sur le naturalisme néohellénique' in Dezalay (ed.) *Zola sans frontières*.

Olivier-Martin, Yves 'Heroines et cruauté' in *Europe*, Vol. 56, No. 590-591. June-July 1978.

Onclincx, Georges 'Les débuts du cinématographe des frères Lumiére à Bruxelles d'après les journaux du temps' in *Revue d'Histoire Moderne et Contemporaine*, Vol. 2, July-September 1955.

Ong, Walter J. 'Writing is a Technology That Restructures Thought' in Gerd Baumann (ed.) *The Written Word. Literacy in Transition*, The Clarendon Press, Oxford 1986.

Opekar, Alès 'Two great world influences to the Czech music culture' in Hennion (ed.) *1789-1989: Musique, Histoire, Démocratie*, Vol. III.

Ord-Hume, Arthur W.J.G. *Clockwork Music*, Allen and Unwin, London 1973.
Orecchioni, Pierre 'Eugène Sue: mesure d'un succès' in *Europe*, Vol. 60, No. 643-644, November-December 1982.
Ortoleva, Peppino 'La televisione tra le due crisi 1974-1993' in Valerio Castronovo and Nicola Tranfaglia (eds) *La stampa italiana nell'età della TV*, Laterza 1994
Orton, Lawrence D. 'Did the Slavs Speak German at Their First Congress?' in *Slavic Review*, Vol. 3, No. 3, September 1974.
Orwell, George *The Road to Wigan Pier*, in George Orwell *Orwell's England*, Penguin, London 2001.
Ory, Pascal *La Belle Illusion. Culture et politique sous le signe du Front populaire 1935-1938*, Plon, Paris 1994.
Osborne, John *The Meiningen Court Theatre 1866-1890*, CUP 1988.
Osborne, Richard *Rossini*, J.M. Dent, London 1986.
Ouimette, Victor ' "Monstrous Fecundity": The Popular Novel in Nineteenth-Century Spain' in *Canadian Review of Comparative Literature*, Vol. 9, September 1982.
Ousby, Ian *The Crime and Mystery Book*, Thames and Hudson, London 1997.
Owen, Claude R. *Erich Maria Remarque: a critical bio-bibliography*, Rodopi, Amsterdam 1984.
Oxford Book of Letters, edited by Frank Kermode and Anita Kermode, Oxford University Press 1995.

Paccagnella, Ivano 'Uso letterario dei dialetti' in Luca Serianni and Pietro Trifone (eds) *Storia della lingua italiana*, Vol. 3 Le altre lingue, Einaudi, Turin 1994.
Padioleau, Jean-G. *'Le Monde' et le 'Washington Post'*, PUF, Paris 1985.
Pagés, Alain 'L'expérience du livre. Zola et le commerce de la librairie' in Mollier (ed.) *Le commerce de la librairie en France au XIXe siècle*.
Pálffy, István 'George Bernard Shaw's reception in Hungary: The early years, 1903-1914' in *Theatre History Studies*, Vol. 4, 1984.
Palmer, Michael 'The British Press and international news, 1851-99: of agencies and newspapers' in Boyce, Curran and Wingate (eds) *Newspaper History*.
Palumbo, Bernardino 'The Social Life of Local Museums' in *Journal of Modern Italian Studies*, Vol. 6, No. 1, Spring 2001, pp. 19-37.
Panassié, Hugues *Histoire du vrai jazz*, Laffont, Paris 1959, p.201.
Panse, Barbara 'Censorship in Nazi Germany. The Influence of the Reich's Ministry of Propaganda on German Theatre and Drama, 1933-1945' in Berghaus (ed.) *Fascism and Theatre*.

Papathanassopoulos, Stylianos 'Media Commercialization and Journalism in Greece' in *European Journal of Communication*, Vol. 16, No 4, December 2001.

Parakilas, James 'Classical Music as Popular Music' in *The Journal of Musicology*, Vol. 3, No. 1, Winter 1984.

Parent, Françoise 'Des nouvelles pratiques de lecture' in Chartier and Martin (eds) *Histoire de l'édition française*, Vol.2, Le livre triomphant 1660-1830, cit.

Parent-Lardeur, Françoise Lire *à Paris au temps de Balzac. Les cabinets de lecture à Paris. 1815-1830*, Édition de l'école des hautes études en sciences sociales, Paris 1981.

Parinet, Élisabeth 'Le prix du livre: un vieux sujet de débat' in Mollier (ed.) *Le commerce de la librairie en France au XIXe siècle*.

Parinet, Elisabeth 'Les bibliothèques de gare, un nouveau réseau pour le livre' in *Romantisme*, Vol. 23, No. 80, 1993.

Park, Katharine and Lorraine J. Daston 'Unnatural Conceptions: the Study of Monsters in Sixteenth-and Seventeenth Century France and England' in *Past and Present*, No. 92, August 1981, pp.20-54.

Parker, Roger (ed.) *The Oxford Illustrated History of the Opera*, Oxford University Press 1994.

Parker, Steve and Alan *You Can Make It as a DJ!*, Miles Kelly, Great Bardfield 2003.

Pašeta, Senia 'Censorship and its Critics in the Irish Free State 1922-1932' in *Past & Present* November 2003; Vol. 181, No. 1.

Pasler, Jann 'Opéra et pouvoir: forces à l'oeuvre derrière le scandale du *Pelléas* de Debussy' in Dufourt and Fauquet (eds) *La musique et le pouvoir*.

Pasquier, Dominique *Les scénaristes et la télévision*, Nathan, Paris 1995.

Paterson, Richard A. 'Why 1955? Explaining the Advent of Rock Music' in Simon Frith (ed.) *Popular Music. Critical Concepts in Media and Cultural Studies*, Vol. II, *The Rock Era*.

Patten, Robert L. *Charles Dickens and his Publishers*, Clarendon Press, Oxford 1978.

Patterson, Michael and Michael Huxley 'German drama, Theatre and dance' in Eva Kolinsky and Wilfried van der Will (eds) *The Cambridge Companion to Modern German Culture*, CUP 1999.

Patterson, Michael *The Revolution in German Theatre 1900-1933*, Routledge and Kegan Paul, London 1981.

Paul, A. S. Harvey 'Nonchan's Dream. NHK morning serialized television novels' in Martinez (ed.) *The Worlds of Japanese Popular Culture*.

Paulicelli, Eugenia *Fashion under Fascism. Beyond the Black Shirt*, Berg, Oxford 2004.

Paulson, Ronald *Don Quixote in England. The Aesthetic of Laughter*, The Johns Hopkis University Press, Baltimore 1998.

Paulu, Burton *Radio and Television Broadcasting in Eastern Europe*, The University of Minnesota Press, Minneapolis 1974.

Pauvert, Jean-Jacques *Nouveaux (et moins nouveaux) visages de la censure*, Les Belles Lettres, Paris 1994.

Payne Hackett, Alice and James Henry Burke (eds) *80 Years of Best Sellers 1895-1975*, Bowker Company, New York 1977.

Pearsall, Ronald *Edwardian Life and Leisure*, David and Charles, Newton Abbot 1973.

Pearson Annual Review 2004.

Pearson, Roberta 'Early Cinema' in Nowell-Smith (ed.) *The Oxford History of World Cinema*.

Pearson, Roberta 'Transitional Cinema' in Nowell-Smith (ed.) *The Oxford History of World Cinema*.

Pecchio, Giuseppe *Della produzione letteraria*, Edizioni Studio Tesi, Pordenone 1985.

Peck, Louis F. *A Life of Matthew G. Lewis*, Havard University Press, Cambridge Mass 1961.

Pedullà, Gianfranco 'Il teatro italiano tra le due guerre mondiali' in Soldani and Turi (eds) *Fare gli italiani*.

Pegg, Mark *Broadcasting and Society 1919-1939*, Croom Helm, London 1983.

Pekacz, Jolanda T. 'Deconstructing a "National Composer": Chopin and Polish Exiles in Paris, 1831-49' in *Nineteenth-Century Music*, Vol. 24, n. 2, Fall 2000.

Pellissier, Pierre *Émile de Girardin. Prince de la Presse*, Denoël, Paris 1985.

Pennybacker, Susan D. 'Les moeurs, les aspirations et la culture politique des employés de bureau londonien des deux sexes, 1889-1914', in *Genèse*, No. 14, January 1994.

Pentikäinen, Juha 'Structural Patterns of an Oral Repertoire' in Köpeczi and Vajda (eds) *Proceedings of the 8th Congress of the International Comparative Literature Association*.

Pequignot, Bruno *La Relation amoureuse. Analyse sociologique du Roman Sentimental Moderne*, L'Harmattan, Paris 1991.

Peresson, Giovanni *Le cifre dell'editoria 1995*, Editrice Bibliografica, Milan 1995

Perini, Leandro 'Editori e potere dalla fine del secolo XV all'Unitià' in Vivanti (ed.) *Storia d'Italia. Annali* Vol. 4 *Intellettuali e potere*.

Perkin, Harold *The Rise of Professional Society. England since 1880*, Routledge, London and New York 1990.

Perrod, Pierre-Antoine 'Balzac "avocat" de la propriété littéraire' in *L'Année balzacienne*, 1963.

Péru, Jean-Michel Une crise du champ littéraire français. Le débat sur la "littérature prolétarienne" ' in *Actes de la Recherche en sciences sociales*, No. 89, September 1991.

Pesce, Anita *Napoli a 78 giri*, Avagliano editore, Naples 1999.

Peters, Julie Stone *Theatre of the Book 1480-1880, Print, Text, and Performance*, Oxford University Press 2000.

Petrillo, Gianfranco 'La Santificazione a consumo. La domenica della Milano operaia negli anni cinquanta' in *Tempo libero e società di massa nell'Italia del Novecento*.

Petronio, Giuseppe 'Quel pasticciaccio brutto del romanzo poliziesco' in *Problemi*, No. 60, January-April 1981.

Petronio, Giuseppe 'Sulle tracce del giallo' in *Delitti di carta,* No. 1, Vol. 1, October 1997.

Petronio, Giuseppe and Ulrich Schulz-Buschhaus (eds) *'Trivialliteratur?' Letterature di massa e di consumo*, Lint, Trieste 1979.

Petronio, Giuseppe *L'attività letteraria in Italia*, Palumbo, Palermo 1987.

Petronio, Giuseppe *Viaggio nel paese della poesia*, Mondadori, Milano 1999.

Peukert, Detlev J. K. *Inside Nazi Germany. Conformity, Opposition and Racism in Everyday Life*, Penguin, Harmondsworth 1987.

Pezzini, Isabella 'Matilde Serao' in Eco et al. *Carolina Invernizio Matilde Serao Liala*.

Phillips, Celia '*Under Two Flags*: the Publishing History of a Best-Seller 1867-1967' in *Publishing History*, Vol. 3, 1978.

Phillips, James W. *Printing and Bookselling in Dublin, 1670-1800*, Dublin Irish Academic 1998.

Pia, Pascal *Les Livres de l'Enfer. Bibliographie critique des ouvrages érotiques dans leurs différentes éditions du XVIe siècle à nos jours*, C. Coulet et A. Faure, Paris 1978.

Pichois, Claude 'Les Cabinets de Lectures à Paris, durant la première moitié du XIXe siècle' in *Annales*, Vol. 14, No. 3, July-September 1959.

Pichois, Claude *Auguste Poulet-Malassis. L'éditeur de Baudelaire*, Fayard, Paris 1996.

Pick, Daniel 'Introduction' to George du Maurier, *Trilby*, Penguin, Harmondsworth 1994.

Pierce, David 'The legion of the condemned - why American silent films perished' in *Film History*, Vol. 9, No. 1, 1997.

Pigoreau, Alexandre *Petite Bibliographie biographico-romancière ou dictionnnaire des romanciers 1821*; reprinted in facsimile by Slatkine, Geneva 1968.

Pilloy, Annie *Les compagnes des héros de BD. Des femmes et des bulles*, Harmattan, Pans 1994.

Pinkard, Terry *Hegel. A Biography*, CUP 2000.

Piper, Helen 'Reality TV, *Wife Swap* and the drama of banality' in *Screen*, Vol. 45, No. 4, Winter 2004, p.276.

Piperno, Franco 'Opera Production to 1780' in Bianconi and Pestelli (eds) *Opera Production and Its Resources*.

Pipes, Richard *Russia under the Old Regime*, Penguin, Harmondsworth 1977.

Pirani, Roberto 'Le collane poliziesche romane dal 1955 al 1970' in *Delitti di carta*, Vol. 1, No. 1, October 1997.

Piromalli, Antonio 'Antonio Fogazzaro e il pubblico' in *Problemi*, No. 82, May-August 1988.

Piromalli, Antonio 'Giuseppe Garibaldi e i suoi scritti' in *Problemi*, No. 71, September-December 1984.

Piromalli, Antonio 'Motivo di narrativa popolare nel ciclo dei "Pirati della Malesia"' in *Problemi*, No. 60, Jan-April 1981.

Piscator, Erwin *Le Théâtre politique*, L'Arche editeur, Paris 1962.

Pistone, Danièle 'L'opérette Viennoise a Paris 1875-1904' in *Austriaca, Cahiers Universitaires d'Information sur l'Autriche*, No. 46, June 1998.

Pitigrilli, *Cocaina*, Bompiani, Milano 1999.

Pitkin, Walter B. *Life begins at Forty*, Whittlesey House, New York 1932.

Pius XII 'Lettera sulla televisione' reprinted in *Lo Spettacolo*, Vol. 4, no 1, January-March 1954.

Place, Adelaïde de 'Le théâtre de l'Opéra sous la Révolution: les rapports entre l'administration du théâtre et le gouvernement' in Dufourt and Fauquet (eds) *La musique et le pouvoir*.

Plakans, Andrejs 'Peasants, Intellectuals, and Nationalism in the Russian Baltic Provinces, 1820-90' in *Journal of Modern History*, Vol. 46, No. 3, September 1974.

Plato, Phaedrus, translated by Benjamin Jowett, available at *http://ccat.sas.upenn.edu/jod/texts/phaedrus.html*.

Pleasants, Henry 'Elvis Presley' (1974) in Frith (ed.) *Popular Music*, Vol. II, *The Rock Era*.

Pogorelskin, Alexis The Messenger of Europe' in Martinsen (ed), *Literary Journals in Imperial Russia*.

Poiger, Uta G. 'Rock 'n' Roll, Female Sexuality, and the Cold War Battle over German Identities' in *Journal of Modern History*, Vol. 68, No. 3, September 1996.

Polette, René 'Le concept "populaire/peuple" à la lecture des rubriques "À nos lectures" parues dans les livraisons de romans et de journeaux de la deuxième moitié du XIXe siècle' in *Trames. Littérature populaire*.

Polignac, François de and Joselita Raspi Serra (eds) *La fascination de l'antique 1700-1770. Rome découverte, Rome inventée*, Somogy édition, Paris 1998.

Pollard, Graham 'The English Market for Printed Books' in *Publishing History*, No 4, 1978.

Ponton, Rémy 'Les images de la paysannerie dans le roman rural à la fin du 19e siècle' in *Actes de la recherche en sciences sociales*, No. 17-18, Nov 1977.

Popa, Mircea 'Analyse quantitative du roman publié dans la presse de Transylvanie de 1838 à 1918' in *Synthesis*, VI, 1979.

Popa, Mircea 'Jules Verne dans une perspective Roumaine' in *Synthesis*, Vol. VIII, 1981.

Popa, Mircea 'Les conditions sociologiques de la naissance du roman roumain' in *Cahiers Roumains d'Études littéraires*. No. 2, 1980.

Pope, Alexander *The Dunciad* edited by James Sutherland, Routledge, London 1993.

Portaccio, Stefania 'Buona e bella. I periodici femminili cattolici negli anni '50' in *Memoria*, No. 4, June 1982.

Porter, Andrew *European Imperialism, 1860-1914*, Macmillan, London 1994.

Porter, Laurence M. 'Decadence and the fin-de-siècle novel' in Unwin (ed.) *The Cambridge Companion to the French Novel*.

Porter, Roy *Flesh in the Age of Reason*, Allen Lane, London 2003.

Porter, Roy *London. A Social History*, Penguin, Harmondsworth 1996.

Porter, Vincent and Suzanne Hasselbach Pluralism, *Politics and the Marketplace. The Regulation of German Broadcasting*, Routledge, London 1991.

Postman, Neil *Amusing Ourselves to Death. Public Discourse in the Age of Show Business*, Heinemann, London 1986.

Poumet, Jacques *La satire en R.D.A. Cabaret et presse satirique*, Presses universitaires de Lyon, Lyons 1990.

Prase, Tilo 'The Structure, Coverage and Surprising End of a Conspiratorial Film Team' in *Historical Journal of Film, Radio and Television*, Vol. 24, No. 3, 2004.

Praz, Mario *La carne, la morte e il diavolo nella letteratura romantica, Sansoni*, Florence 1966.

Pressler, Karl H. The Tauchnitz Edition: Beginning and End of a Famous Series' in *Publishing History*, No. 6, 1979.

Preston, Peter 'Some Good News Between the Lines', *Observer*, 3 January 1999 using data from Audit Bureau of Circulation.

Preston, Peter 'The writing's on the wall, or rather the web', *Observer*, 22 May 2005.

Prévos, André 'Hip-Hop, Rap, and Repression in France and in the United States', *Popular Music and Society*, Summer 1998.

Prévos, André 'Postcolonial Popular Music in France. Rap music and hip-hop culture in the 1980s and 1990s' in Mitchell (ed), *Global Noise*.

Price, Laurence M. *English Literature in Germany*, University of California Press, Berkeley 1953.

Price, Leah *The Anthology and the Rise of the Novel: From Richardson to George Eliot*, CUP 2000.

Principali, Luciano *La TV in una piccola comunità rurale del Lazio*, RAI, Roma 1971, *Appunti del Servizio Opinioni* No 125, typewritten text.

Prokhorova, Elena *Fragmented Mythologies: Soviet TV Mini-series of the 1970s*, unpublished PhD dissertation, University of Pittsburgh 2003, accessed at *http://etd.library.pitt.edu/ETD/available/etd-06062003-164753/unrestricted/prokhorova_etd2003.pdf*.

Propp, Vladimir *Morphology of the Fairy Tale*, University of Texas Press 1968.

Pudovkin, Vsevolod I. *Film Technique and Film Acting*, translated and edited by Ivor Montagu, Vision Press and Mayflower, London 1958.

Pushkin, Alexander *Eugene Onegin,* trans. by Charles Johnston, Scolar Press, London 1977.

Putting Pen to *Paper: Honoré Daumier and the Literary World*, catalogue of the exhibition 23 January to 15 April 2001, at the UCLA Hammer Museum.

Puttnam, David *The Undeclared War. The Struggle for Control of the World's Film Industry*, HarperCollins, London 1997.

Pyrhönen, Heta *Murder from an Academic Angle: An Introduction to the Study of the Detective Narrative*, Camden House, Columbia SC 1994.

Q - *The Ultimate Rock'N'Roll Magazine*, April 2003, September 2004.

Quaghebeur, Marc 'L'identité ne se réduit pas à la langue' in -Gorceix (ed.) *L'identité culturelle de la Belgique et de la Suisse francophones*.

Quaghebeur, Marc *Balises pour l'histoire des lettres beiges*, Labor, Brussels 1998 (First edition 1982).

Quéffelec, Lise 'Peuple et roman à l'époque romantique: le débat autour du roman-feuilleton sous la Monarchie de Juillet' in *Trames. Littérature populaire*. Quin, Michael J. *A Steam Voyage Down the Danube*, Richard Bentley, London 1836, VoL I, pp 167-71, text in *www.fordham.edu/halsall/mod/1836mikequin.html*.

Quinn, Michael 'Distribution, the Transient Audience, and the Transition to the Feature Film' in *Cinema Journal*, Vol. 40, No 2, Winter 2001.

Raban, Jonathan 'Journey to the End of the Night' in *New York Review of Books*, 10 June 1999.

Rabinbach, Anson 'La lecture, le roman populaire et le besoin impérieux de participer réflexions sur l'expérience publique et la vie privé durant le IIIe Reich' in Robin (ed.) *Masses et culture de masse dans les années 30*.

Raboni, Giovanni 'La narrativa straniera negli anni '24-'40' in AA. VV. *Editoria e cultura a Milano tra le due guerre (1920-1940)*.

Rachilde, *L'animale*, Mercure de France, Paris 1993.

Rachilde, *La jongleuse,* Édition Des Femmes, Paris 1982.

Rachilde, *Monsieur Vénus*, Flammarion, Paris 1977.

Raffaelli, Raffaella 'Il genere poliziesco in Italia prima del 1929. Le collane a carattere poliziesco' in *Problemi*, No. 65, September-December 1982.

Ragone, Giovanni 'La letteratura e il consumo: un profilo dei generi e dei modelli nell'editoria italiana (1845-1925)' in Asor Rosa (ed.) *Letteratura italiana*, Vol. 2.

Raguenet, François *Parralléle des Italiens et des Français en ce qui regarde la musique st les opéras*, Minkoff reprint, Geneva 1976.

RAI, Direzione Marketing Strategico, *Innovazione Offerta e Progetti Speciali. Ascolto della TV Mensile TV*, Aprii 2003 (internal document).

RAI, Servizio Opinioni, *Ascolto e gradimento per le trasmisisoni televisive del 1982*, RAI, Rome 1984 (Appunti del Servizio Opinioni No 405).

RAI, Servizio Opinioni, *Dati sulla comprensione di alcune parole da parte di varie categorie di persone 1964-69* Rome, RAI 1970, Appunti del Servizio Opinioni N. 112.

RAI, Servizio Opinioni, *L'accoglienza del pubblico alla riduzione televisiva de 'I Promessi sposi'*, Rome, RAI 1967 (Series Appunti del servizio opinioni n. 31).

Rambelli, Loris 'La letteratura educativa per i giovani e per il popolo' in *Problemi*, No.91, May-August 1991.

Ramsaye, Terry (ed.) *The 1938-39 Motion Picture Almanac*, Quigley Publishing Co., New York 1938.

Ramsaye, Terry (ed.) *The 1946-47 Motion Picture Almanac*, Quigley, New York.

Ramsden, John 'Refocusing "The People's War": British War Films of the 1950s' in *Journal of Contemporary History*, Vol. 33, no. 1 January 1998.

Ransom, Teresa *The Mysterious Miss Marie Corelli, Queen of Victorian Bestsellers*, Sutton Publishing, Stroud 1999.

Raphael, Amy 'Fears of a clown', *Observer*, 30 March 2003, Review section.

Raspi Serra, Joselita 'Fouilles et découvertes, personnages et débats' in Polignac and Raspi Serra (eds) *La fascination de l'antique 1700-1770*.

Rauhut, Michael *Rock in der DDR*, Bundeszentrale für politische Bildung, Bonn 2002.

Raven, James 'Le commerce de librairie "en gros" à Londres au XVIIIe siècle' in Frédéric Barabier, Sabine Juratic, and Dominique Varry (eds) *L'Europe et le Livre. Réseau et pratique du négoce de librarie XVIe-XIXe siècles*, Klincksieck, no place 1996.

Raynor, Henry *A Social History of Music from the Middle Ages to Beethoven*, Schoken Books, New York 1972.

Raynor, Henry *Music and Society since 1815*, Schoken Books, New York 1976.

Read, Donald 'The Relationship of Reuters and other News agencies with the British Press 1858-1984: revise at Cost or Business for Profit?' in Catterall, Seymour-Ure and Smith (eds) *Northcliffe's Legacy*.

Reeve, Clara *The Progress of Romance*, Éditions d'aujourd'hui, Plan de La Tour 1980.

Régnier, Philippe 'Littérature nationale, Littératures étrangères au XIXe siècle. La fonction de la *Revue des Deux Mondes* entre 1829 et 1870' in Espagne and Werner (eds) *Philologiques III. Qu'est-ce qu'une littérature nationale?*

Reich, Nancy B. *Clara Schumann, The Artist and the Woman*, Victor Gollancz, London 1985.

Reich-Ranicki, Marcel *The Author of Himself. The Life of Marcel Reich-Ranicki*, Weidenfeld & Nicolson, London 2001, translation of *Mein Leben*, Stuttgart 1999.

Reîtblat, Abraham 'Les honoraires littéraires, médiation entre les écrivains et le public' (1991) in Stroev (ed.) *Livre et lecture en Russie*.

Reitlinger, Gerald *The Economics of Taste*, Vol. 1, *The Rise and Fall of the Picture Prices 1760-1960*, and Vol. 2, *The Rise and Fall of the Objets d'Art Prices Since 1750*, Barrie and Rockliffe, London 1961-1963.

Renai, Pier Luigi 'Il caso Pitigrilli: analisi di *Dolicocefala bionda*' in Arslan (ed.) *Dame, droga e galline*.

Rennert, Jack 'Would Mucha Have Made It on Madison Ayenue? in Victor Arwas, Jana Brabcová-Orlíková, and Anna Dvorák (eds) *Alphonse Mucha. The Spirit of Art*

Nouveau, Yale University Press 1998.

Renoir, Jean *Ma vie et mes films*, Flammarion, Paris 1974.

Rentschler, Eric 'From New German Cinema to the Post-Wall Cinema of Consensus' in Mette Hjort and Scott MacKenzie (eds) *Cinema and the Nation*, Routledge 2000.

Rentschler, Eric 'Germany: Nazism and After' in Nowell-Smith, *The Oxford History of World Cinema*.

Rentschler, Eric 'The testament of Dr. Goebbels' in *Film History*, Vol. 8, No. 3, 1996.

Renzi, Thomas C. *Jules Verne on Film. A Filmography of the Cinematic Adaptations of His Works, 1902 through 1997*, McFarland and Co., Jefferson North Carolina and London 1998.

Repetto, Monica 'Ciao Mamma, ovvero porno soffice ed erotismo da ridere' in Miccichè (ed.) *Il cinema del riflusso*.

Repubblica (La) 5 August 2003.

Retigo, Alessandra 'Stregati dai libri, in Italia boom di lettori' in *La Repubblica*, 8 July 2005.

Revue du cinéma, special issue 'La saison cinématographique', 1983.

Reybaud, Louis *Jérôme Paturot à la recherche d'une situation sociale* (1842), Club Français du livre, Paris 1965.

Riccoboni, Marie-Jeanne (Madame) 'Suite de Marianne' in appendix to Marivaux's *La vie de Marianne* edited by Frédéric Deloffre, Garnier, Paris 1963.

Rice, John A. *Antonio Salieri and Viennese Opera*, University of Chicago Press 1998.

Rich, Maria F. 'Puccini in America', *Opera Quarterly*, Vol. 2, No. 3, pp.27-45.

Richards, Donald Ray *The German Bestseller in the 20th Century. A complete Bibliography and Analysis 1915-1940*, Herbert Lang, Bern 1968.

Richards, Jeffrey 'The British Board of Film Censors and Content Control in the 1930s: images of Britain' in *Historical Journal of Film, Radio and Television*, Vol. 1, No. 2, 1981.

Richetti, John (ed.) *The Cambridge Companion to the Eighteenth-Century Novel*, CUP 1996.

Richter, Noë *Les bibliothèques populaires*, Cercle de la Librairie, Paris 1978

Ricuperati, Giuseppe 'I giornalisti italiani dalle origini all'Unità' in Vivanti (ed.) *Storia d'Italia. Annali 4 Intellettuali e potere*.

Ridders-Simoens, H. de 'Mobility' in *A History of the University in Europe* Vol. 2, CUP 1996.

Rietbergen, Peter *Europe. A Cultural History*, Routledge, London 1998.

Righetti, Donata 'Bestseller, ma dove sono finiti gli scrittori italiani?', in *Corriere della Sera*, 25 April 1998.

Rights of Passage. British Television in the Global Market, February 2005, commissioned by the British Television Distributors' Association and available on www.pact.co.uk.

Ring, Malvin E. *Dentistry. An Illustrated History*, Mosby, St. Louis Missouri 1985

Ringer, Fritz K. 'Higher Education in Germany in the Nineteenth Century' in *Journal of Contemporary History*, Vol. 2, No. 3, 1967.

Rioux, Jean-Pierre *Erckmann et Chatrian ou le traité d'union*, Gallimard, Paris 1989.

Risaliti, Renato 'Pinocchio in Russia' in *Studi Collodiani, Atti del I Convegno Internazionale*.

Ritter, Gerhard A. 'Workers' Culture in Imperial Germany: Problems and Points of Departure for Research' in *Journal of Contemporary History* Vol. 13, No. 2, April 1978.

Rivette, Jacques 'Génie de Howard Hawks', *Cahiers du Cinéma*, Vol. 4, No. 23, May 1999.

Robb, Graham 'Where to begin the feast?', *Times Literary Supplement*, 21 May 1999.

Robb, Graham *Balzac*, Macmillan, Basingstoke and London 1994.

Robb, Graham theatre review of *Cyrano de Bergerac* in *Times Literary Supplement*, 19 September 1997.

Robb, Graham *Victor Hugo*, Picador, London 1997.

Roberts, Adam *Science Fiction*, Routledge, London and New York 2000.

Roberts, Helene E. 'Exhibition and review: the periodical press and the Victorian art exhibition system' in Shattock and Wolff (eds) *The Victorian periodical press*.

Robertson, F. 'Scott' in Annick Benoit-Dusausoy and Guy Fontaine (eds) *History of European Literature*, Routledge, Londpn 2000.

Robertson, James C. *The Hidden Cinema. British Film Censorship in Action 1913-1975*, Routledge, London and New York 1989.

Robertson, Richie 'From Naturalism to National Socialism (1890-1945)' in Watanabe-O'Kelly (ed.) *The Cambridge History of German Literature*.

Robida, Albert *Le Vingtième siècle*, Paris 1883, now in facsimile reprint, Slatkine. Geneva-Paris 1981.

Robin, Régine (ed.) *Masses et culture de masse dans les années 30*, Les Éditions ouvrières, Paris 1991.

Robinson, Bruce *Smoking in Bed. Conversations with Bruce Robinson*, edited by Alistair Owen, Bloomsbury, London 2001.

Robinson, David 'Comedy'in Nowell-Smith (ed.) *The Oxford History Of World Cinema*.

Robinson, Harlow 'Music' in Rzhevsky (ed.) *Modern Russian Culture*.

Rodari, Gianni *Grammatica della fantasia. Introduzione all'arte di inventare storie*, Einaudi, Turin 1973.

Rogger, Hans *Russia in the Age of Modernisation and Revolution 1881-1917*, Longman, London and New York 1983.

Ropars-Wuilleumier, Marie-Claire 'Entre Films et Textes: L'intervalle de l'imaginaire' in Robin (ed.) *Masses et culture de masse dans les années 30*.

Roper, Derek *Reviewing before the "Edinburgh" 1788-1802*, University of Delaware Press, Newark 1978.

Rosa, Guy ' "Quot libras in duce?" L'édition des oeuvres de Hugo, 1870-1885' in Vaillant (ed.) *Mesure(s) du livre*.

Rosa, Guy 'Comptes pour enfants. Essai de bibliométrie des livres pour l'enfance et la jeunesse (1812-1908)' in *Histoire et Mesure*, Vol. 5, No. 3-4, 1990.

Rosa, Guy, Sophie Trzepizur and Alain Vaillant, 'Le peuple des poètes - Études bibliométrique de la poésie populaire de 1870 à 1880' in *Romantisme*, Vol. 23, No.80,1993.

Rose, Jacqueline *The Case of Peter Pan or The Impossibility of Children's Fiction*, Macmillan, London and Basingstoke 1984.

Rosen, Charles 'Aimez-vous Brahms?', *New York Review of Books*, 22 October 1998.

Rosen, Charles 'Steak and Potatoes', *New York Review of Books*, 14 March 2002.

Rosen, Charles 'The Future of Music', *New York Review of Books*, 20 December 2001.

Rosen, Charles 'The Great Inventor', *New York Review of Books*, 9 October 1997.

Rosen, Charles 'Who's Afraid of the Avant-Garde', *New York Review of Books*, 14 May 1998.

Rosen, Charles 'Within a Budding grove' in *New York Review of Books*, 21 June 2001.

Rosen, Jody *White Christmas: the Story of an American Song*, Fourth Estate, London 2002.

Rosen, Ruth 'Soap Operas. Search for Yesterday' in Todd Gitlin, *Watching Television*, Pantheon Books, New York 1986.

Rosen, Sherwin 'The economics of superstars' in *American Economic Review*, No 5, December 1981, VoL 71, pp. 845-58.

Rosenman, Ellen Bayuk 'Spectacular Women: *The Mysteries of London* and the Female Body', in *Victorian Studies*, Vol. 40, no. 1, Autumn 1996.

Rossel-Kirschen, André *Pathé-Natan. La véritable histoire*, Pilote 24 édition, Périgeux 2004.
Rossell, Deac 'Beyond Messter: Aspects of early cinema in Berlin' in *Film History*, Vol 10, No. 1, 1998.
Rossell, Deac *Living Pictures. The Origins of the Movies*, State University of New York Press, Albany 1998.
Rosselli, John 'Music and Nationalism in Italy' in Harry White and Michael Murphy (eds) *Musical Constructions of Nationalism: Essays on the History and Ideology of European Musical Culture 1800-1945*, Cork University Press, 2001.
Rosselli, John 'Opera as a Social Occasion' in Parker (ed.) *The Oxford Illustrated History of Opera*.
Rosselli, John 'Opera Production, 1780-1880' in Bianconi and Pestelli (eds) *Opera Production and Its Resources*.
Rossi, Umberto 'Il pubblico del cinema' in Miccichè (ed.) *Il cinema del riflusso*
Roth, Arman 'Erckmann-Chatrian en Angleterre et aux États-Unis' in *Europe*, Vol. 53, No 549-55, January-February 1975.
Rothstein, Robert A. 'The Quiet Rehabilitation of the Brick Factory: Early Soviet Popular Music and its Critics' in *Slavic Review* Vol. 39 n. 3, September 1980.
Rousseau, Jean-Jacques *Émile, ou de l'éducation*, Werdet et Lequien fils, Paris 1826, tome one (Vol. 8 of *Oeuvres de Rousseau*).
Roussier-Puig, Marianne 'Michelet, Hetzel, et les véroniques du peuple' in *Romantisme*, Vol. 23, No.80, 1993.
Rovani, Giuseppe *Cento anni*, Rizzoli, Milan 1935.
Rowe, William and Vivian Schelling *Memory and Modernity. Popular Culture in Latin America*, Verso, London 1991.
Rubinstein, David 'Educations and the Social Origins of British Élites' in *Past and Present*, No. 112, August 1986.
Rubinstein, E, 'Observation on Keaton's *Steamboat Bill, Jr*' in *Sight and Sound*, Vol. 44, No 4, Autumn 1975.
Rubinstein, Jill (ed) *Sir Walter Scott: An Annotated Bibliography of Scholarship and Criticism 1975-1990*, Association for Scottish Literary Studies, Occasional Paper No. 11, Aberdeen n.d.
Rubinstein, W. D. *Wealth and Inequality in Britain*, Faber and Faber, London 1986.
Ruggieri Punzo, Franca *Walter Scott in Italia 1821-1971*, Adriatica editrice, Bari 1975.
Ruoff, Jeffrey *An American Family. A Televised Life*, University of Minnesota Press 2002.

Russell, Dave *Popular Music in England, 1840-1914*, Manchester University Press, Manchester 1997.

Rutherford, John 'Introductioné to Cervantes, *Don Quixote*, Penguin, Harmondsworth 2000.

Rzhevsky, Nicholas (ed.) *Modern Russian Culture*, Cambridge University Press 1998.

Sacy, Sylvestre de *Rapport sur le progrès des lettres*, Hachette, Paris 1868.

Sadleir, Michael 'Aspects of the Victorian Novel' in *Publishing History*, No. 5, 1979.

Sági, Mária 'Music on records in Hungary' in Kurt Blaukopf (ed.) *The Phonogram in Cultural Communication*, Springer-Verlag, Vienna and New York 1982.

Said, Edward *Orientalism*, Routledge, London 1980.

Sainte-Beuve, Charles-Augustin de *Pour la critique*, Folio Gallimard, Paris 1992.

Saka, Pierre *Histoire de la chanson française de 1938 à nos jours*, Nathan, Paris 1989.

Saka, Pierre *Les années Twisty* Edition 1, Paris 1996.

Sallmann, Jean-Michel Les niveaux d'alphabétisation en Italie au XIXe siècle' in *Mélanges de l'École française de Rome. Italie et Mediterranée*, Vol. 101, No.1, 1989.

Salmen, Walter (ed.) *The Social Status of the Professional Musician from the Middle Ages to the nineteenth Century*, trans. from the German by H. Kaufman and Barbara Reisner, Pendragon Press, New York 1983.

Salt, Barry 'Early German Film: The Stylistics in Comparative Context' in Elsaesser (ed), *A Second Life. German Cinema's First Decades*.

Salt, Barry *Film Style and Technology: History and Analysis*, Starword, London 1992 (1st published in 1983).

Salvestroni, Simonetta 'L'Unione Sovietica e la letteratura di consumo' in Giuseppe Petronio and Ulrich Schulz-Buschhaus (eds) *'Trivialliteratur?' Letterature di massa e di consumo*. Lint, Trieste 1979.

Samuels, Stuart 'The Left Book Club' in *Journal of Contemporary History*, Vol. 1, No 2, 1966.

Sand, George *Correspondance*, Vol. VII (July 1845-June 1847), Éditions Garnier, Paris 1970.

Sand, George *Histoire de ma vie in Oeuvres autobiographiques*, Vol. 1 Gallimard/Pléiade, Paris 1971.

Sand, George *Histoire de ma vie*, Livre de Poche, Paris 2004.

Sandford, John (ed.) *Encyclopedia of Contemporary German Culture*, Routledge, London 1999, p.600.

Sanguanini, Bruno *Grande fratello: istruzioni per l'uso: Per concorrenti, autori, giornalisti e audience*, CLEUP, Padua 2002.

Sanguanini, Bruno *Il pubblico all'italiana. Formazione del pubblico e politiche culturali tra Stato e Teatro*, FrancoAngeli, Milan 1989.

Santoro, Marco *Storia del libro italiano*, Editrice Bibliografica, Milan 1994.

Sapiro, Gisèle 'La raison littéraire. Le champ littéraire français sous l'Occupation (1940-1944)' in *Actes de la Recherche en sciences sociales*, Nos 111-112, March 1996.

Sapiro, Gisèle 'Salut littéraire et littérature du salut' in *Actes de la Rechèrche en sciences sociales*, Nos 111-112, March 1996.

Saporta, Marc 'Trois voies nouvelles pour l'édition Américaine' in *Le Bulletin du Livre* 15 January 1969.

Sármány-Parsons, Ilona 'Jewish Art Patronage in Budapest at the Turn of the Century' in *CEU History Department Handbook*, 1994-1995.

Sarnov, Benedikt 'A List of Benefits' in *Russian Studies in Literature*, Vol. 34, no.2, Spring 1998.

Sarti, Vittorio *Bibliografia Salgariana*, Libreria Malavasi, Milan 1990.

Sartre, Jean-Paul *Les Mots*, Gallimard, Paris 1964.

Sassoon, Donald 'Tangentopoli or the Democratization of Corruption: considerations on the end of Italy's First Republic', *Journal of Modern Italian Studies*, Vol. 1, No.1, Fall 1995.

Sassoon, Donald, 'Political and Market Forces in Italian Broadcasting', *West European Politics*, vol. 8, No.2, April 1985, reprinted in R. Kuhn (ed.) *Broadcasting in Western Europe*, Frank Cass 1985.

Sassoon, Donald, *Mona Lisa*, HarperCollins, London 2001.

Saul, Nicholas 'Aesthetic humanism (1790-1830)' in Watanabe-O'Kelly (ed.) *The Cambridge History of German Literature*.

Saunders, Thomas J. *Hollywood in Berlin. American Cinema and Weimar Germany*, University of California Press, Berkeley 1994.

Sauvage, Monique and Denis Maréchal, 'Les racines d'un succès' in Jeanneney and Sauvage (eds) *Télévision, nouvelle mémoire*.

Sauvy, Anne 'Noël Gille dit La Pistole, "marchand forain libraire rouland par la France"' in *Bulletin des bibliothèques de France*, Vol. 12, No. 5, May 1967.

Sauvy, Anne 'Une littérature pour les femmes' in Chartier and Martin (eds) *Histoire de l'edition française*, Vol. 3.

Sayer, Derek 'The Language of Nationality and the Nationality of Language: Prague

1780-1920' in *Past and Present*, No. 153, November 1996.

Scannell, Paddy and David Cardiff, *A Social History of British Broadcasting*, Vol 1, 1922-39, Basil Blackwell, Oxford 1991.

Scarpellini, Emanuela *Organizzazione teatrale e politica del teatro nell'Italia fascista*, La Nuova Italia, Florence 1989.

Scerbanenco, Giorgio *I ragazzi del massacro*, Garzanti, Milan 1994.

Schaarschmidt, Gunter 'The Lubok Novels: Russia's Immortal Best Sellers' in *Canadian Review of Comparative Literature*, Vol. 9, No. 3, September 1982.

Schaeffer, Jean-Marie 'Du texte au genre' in Genette et al., *Théorie des genres*.

Schechner, Richard *Performance Studies*, Routledge, London 2002.

Scheffer, Ingrid '... lived happily ever after', dossier available at *www.goethe.de/kug/kue/lit/dos/en142247.htm*.

Schiff, David 'Fit only for the filmgoer' in *Times Literary Supplement*, 2 July 1999.

Schiller, Erzsébet, Andrea Reményi and Éva Fodor, 'Hungary', paper presented to the conference 'Remaining Relevant After Communism', Dubrovnik, June 2001.

Schiller, Friedrich von *The Poems of Schiller*, translated by E. P. Arnold-Forster, Heinemann, London 1901.

Schizzerotto, Antonio 'I fumetti: consumi e contenuti' in *Problemi dell'Informazione*, Vol. 3, April-June 1978.

Schlager, Ken 'How Many More Monthly Fees Can Consumers Stand?', *Billboard*, 28 May 2005.

Schlegel, Friedrich 'Letter about the Novel' (*Brief über den Roman*) in *German aesthetic and literary criticism the romantic ironists and Goethe* edited by Kathleen M. Wheeler, Cambridge University Press 1984.

Schlegel, Friedrich *Charakteristiken und Kritiken II*, Verlag Ferdinand Schöningh, Munich 1975.

Schlegel, Friedrich *Lectures on the History of Literature, Ancient and Modern*, H.G. Bohn, London 1859.

Schlesinger, Philip *Putting 'reality' together. BBC News*, Constable, London 1978.

Schlissel, Lillian 'Introduction' to Mae West, *Three Plays. Sex, The Drag, The Pleasure Man*, Nick Hern Books, London 1997.

Schmitt, Kelly L., Kimberley Duyck Woolf and Daniel R. Anderson, 'Viewing the Viewers: Viewing Behaviors by Children and Adults During Television Programs and Commercials' in *Journal of Communication*, June 2003, Vol. 53, No. 2, pp. 265-81.

Schmoller, Hans 'The Paperback Revolution' in Asa Briggs (ed.) *Essays in the History* of Publishing, Longman, London 1974.

Schneer, Jonathan *London 1900: The Imperial Metropolis*, Yale University Press 1999.

Scholes, Robert and Eric S. Rabin *Science Fiction History Science Vision*, OUP, New York 1977.

Scholes, Robert *Structuralism in Literature, an Introduction*, Yale University Press, Nev. Haven 1974.

Scholliers, Peter (ed.) *Real wages in nineteenth and twentieth Century Europe. Historical and Comparative Perspectives*, Berg, Oxford 1989.

Schulte-Sasse, Jochen 'High/Low and Other Dichotomies' in Grimm and Hermand (eds) *High and Low Cultures*.

Schliltze, Steffi 'Television Theater in East Germany, 1965-1989: an interim report', in *Historical Journal of Film, Radio and Television*, Vol. 24, No. 3, 2004.

Schulze-Reimpell, Werner *Development and Structure of the Theatre in the Federal Republic of Germany*, Deutscher Bühnenverein, Cologne 1975.

Schumacher, Claude '*Thérèse Raquin* en Grande Bretagne' in Dezalay (ed.) Zola sans frontières.

Schumacher, Jean-Jacques 'Le triomphe d'un menteur honnête: Les romans de Karl May' in *Recherches en linguistique étrangère XVII*, Annales littéraires de l'université de Besançon, Paris 1994.

Schumacher, Thomas ' "This is a sampling sport',. Digital Sampling, Rap Music and the Law in Cultural Production' in Frith (ed.) *Popular Music*, Vol. II, *The Rock Era*, Routledge 2004.

Schuster, Ingrid 'Popular Literature in Germany: 1800-1850' in *Canadian Review of Comparative Literature*, Vol. 9, September 1982.

Schwartz, Vanessa R. 'Le goût du public pour la réalité: le spectateur de cinéma, avant la lettre' in Benghozi and Delage (eds) *Une histoire économique du cinéma français (1895-1995)*.

Scott, Derek *The Singing Bourgeois. Songs of the Victorian Drawing Room and Parlour*, Open University Press, Milton Keynes 1989.

Scott, Walter *Rob Roy*, Oxford University Press 1998.

Scott, Walter *Waverley, or, 'Tis Sixty Years Since*, edited by Claire Lamont, Clarendon Press, Oxford 1981.

Second, Albéric *Le tiroir aux souvenirs*, Dentu, Paris 1886.

Sedgwick, John *Popular Filmgoing in 1930s Britain. A Choice of Pleasures*, University of Exeter Press, Exeter 2000.

Segalini, Sergio Divas. *Parcour d'un mythe*, Actes Sud, no place 1986.
Segel, H. B. 'Sienkiewicz's First Translator, Jeremiah Curtin' in *Slavic Review*, Vol. 24, No. 2, June 1965.
Seguin, Jean-Pierre *L'Information en France avant le périodique*, Maisonneuve et Larose, Paris 1964.
Ségur, Comtesse de *La Fortune de Gaspard,* Jean-Jacques Pauvert, Paris 1972.
Ségur, Comtesse de *Lettres à son Éditeur' in Comtesse de Ségur. Oeuvres*, Robert Laffont, Paris 1990.
Sellier, Geneviève 'Danielle Darrieux, Michèle Morgan and Micheline Presle in Hollywood: the threat to French identity' in *Screen*, Vol. 43, No. 2, Summer 2002, pp. 201- 214.
Selznick, David O. *Memo from: David O. Selznick. From the confidential files of Hollywood greatest producer*, selected and edited by Rudy Behlmer, Grove Press, New York 1972.
Senelick, Laurence 'Theatre' in Rzhevsky (ed.) *Modern Russian Culture*.
Senelick, Laurence (ed.) *Cabaret Performance. Europe 1890-1920*, PAJ publications, New York 1989.
Sentaurens, Jean 'Les neveux du capitaine Grant: Jules Verne sur les treteaux de la Zarzuela' in *Les productions populaires en Espagne 1850-1920*, Université de Pau, CNRS, Paris 1986.
Servant, Jean-Christophe 'Nollywood Boulevard' in *Le Monde*, 30 April 2005.
Seymour-Ure, Colin 'Northcliffe's Legacy' in Catterall, Seymour-Ure and Smith (eds) *Northcliffe's Legacy*.
Sgard, Jean *Prévost romancier*, Librairie José Corti, Paris 1989.
Shaked, Gershon 'The Play: gateway to cultural dialogue' in Hanna Scolnicov and Peter Holland (eds) *The Play Out of Context. Transferring Plays from Culture to Culture*, CUP 1989.
Shankar, Ravi 'Interview' (August 1972) in Cultures, Vol. 1, No. 1, 1973.
Shapiro, James *Oberammergau. The Troubling Story of the World's Most Famous Passion Play*, Little Brown and Co., London 2000.
Shattock, Joanne and Michael Wolff (eds) *The Victorian periodical press: samplings and soundings*, Leicester University Press, 1982.
Shavit, Zohar 'Literary Interference between German and Jewish-Hebrew Children's Literature during the Enlightenment: the Case of Campe' in Poetics, Vol. 13, No. 1, 1992, pp.41-61.
Shaw, Clare MacDonald 'Introduction' to Hannah More, *Tales for the Common People*

and other Cheap Depository Tracts, Trent Editions, Nottingham 2002.

Shaw, Harry E, *The Forms of Historical Fiction. Sir Walter Scott and His Successors*, Cornell UP, Ithaca 1983.

Shedletzky, Itta 'Some Observations on the Popular *Zeitroman* in the Jewish Weeklies in Germany from 1870 to 1900' in *Canadian Review of Comparative Literature*, Vol. 9, September 1982.

Shiach, Morag *Discourse on Popular Culture. Class, Gender and History in Cultural Analysis, 1730 to the Present*, Polity Press, Cambridge 1989.

Shklovsky, Viktor *Theory of Prose*, Darkley Archive Press 1990.

Shneidman, N. N. 'The Russian Classical Literary Heritage and the Basic Concepts of Soviet Literary Education' in *Slavic Review*, No. 3, September 1972.

Shneidman, N. Norman 'Contemporary Prose in Post-Soviet Russia' in *Toronto Slavic Quarterly*, No. 8, 2004 accessed at www.utoronto.ca/tsq/08/shneidman08.shtml.

Short, Robert S. 'The Politics of Surrealism, 1920-36' in *Journal of Contemporary History* Vol. 1, No. 2, 1966.

Showalter, Elaine 'Emeralds on the home front', *Guardian*, 10 August 2002.

Showalter, Elaine *A Literature of Their Own. British Women Novelists from Brontë to Lessing*, Virago, London 1978.

Shubert, Adrian 'Spain' in Goldstein (ed.) *The War for the Public Mind*.

Sidorko, Clemens P. 'Nineteenth century German travelogues as sources on the history of Daghestan and Chechnya' in *Central Asian Survey*, Volume 21, No 3, September, 2002.

Sieburth, Stephanie *Inventing High and Low. Literature, Mass Culture, and Uneven Modernity in Spain*, Duke UP, Durham NC and London 1994.

Silbajoris, Rimvydas 'Kristijonas Donelaitis, A Lithuanian Classic' in *Slavic Review* No. 2, Summer 1982.

Silva, Umberto *Ideologia e Arte del fascismo*, Mazzotta, Milan 1973.

Silverman, Willa Z. *The Notorious Life of Gyp. Right-wing Anarchist in Fin-de-Siècle France*, OUP 1995.

Simenon, George *L'affaire Saint-Fiacre*, Pocket, Paris 1994.

Simionato, Giuliano 'Risorgimento e il melodramma' in *Rassegna Storica del Risorgimento*, No. 1, Vol. 88, January-March 2001.

Simonin, Anne and Pascal Fouché, Comment on a refusé certains de mes livres. Contribution à une histoire sociale de la littérature' in *Actes de la recherche en sciences sociales*, No. 126-127, March 1999.

Simpson, Nicola 'Coming Attractions: a comparative history of the Hollywood Studio

System and the porn business' in *Historical Journal of Film, Radio and Television*, Vol.24, No. 4, 2004.

Singer, Ben 'Manhattan Nickelodeons: New Data on Audiences and Exhibitors' in *Cinema Journal*, Vol. 34, No 3, Spring 1995.

Singer, Ben 'Serials' in Nowell-Smith (ed.) *The Oxford History Of World Cinema*.

Singly, François de 'Un cas de dédoublement littéraire' in *Actes de la recherche en sciences sociales*, Vol. 2, No 6, December 1976.

Sinko, Zofia 'La mode "Gothique" en Pologne dans le contexte européen' in Köpeczi and Vajda (eds) *Proceedings of the 8th Congress of the International Comparative Literature Association*.

Sismondi, J. C. L. Simonde de *De la littérature du midi de l'Europe*, third edition, Treuttel and Würtz, Paris 1829.

Skarzynski, Jerzy 'Pologne' in Moliterni (ed.) *Histoire Mondiale de la Bande Dessinée*.

Slavin, David Henry *Colonial Cinema and Imperial France, 1919-1939*, The Johns Hopkins University Press, Baltimore 2001.

Smith, Adrian 'The Fall and Fall of the Third *Daily Herald*, 1930-64' in Catterall, Seymour-Ure and Smith (eds) *Northcliffe's Legacy*.

Smith, David 'Potter's magic spell turns boys into bookworms', *Observer*, 10 July 2005.

Smith, David 'Star Wars Empire strikes gold' in *Observer* 15 May 2005.

Smith III, Edward C. 'Honoré de Balzac and the "Genius" of Walter Scott: Debt and Denial' in *Comparative Literature Studies*, Vol. 36, no. 3 1999.

Sokolova, Bojka, 'L'Intelligentsia Albanaise à l'epoque de la renaissance et la nouvelle culture albanaise' in *Études Balkaniques* (Bulgaria) 1991 Vol. 27 No. 2.

Sola, Piero *'Il bacio di una morta*: un romanzo giallo' in Arslan (ed.) *Dame, droga e galline*.

Soldani, Simonetta and Gabriele Turi (eds) *Fare gli italiani. Scuola e cultura nell'Italia contemporanea*, Vol. 1, *La nascita dello stato nazionale*, Il Mulino, Bologna 1993.

Soldatos, Yannis *Enas Aionas Ellinikos Kinimatografos* (A Century of Greek Cinema), Vol. 1, Kochlias, Athens 2001.

Solomon, Thomas ' "Living underground is tough": authenticity and locality in the hip-hop community in Istanbul, Turkey', in *Popular Music*, Vol. 24, No. 1, January 2005.

Solomon-Godeau, Abigail 'The Other Side of Venus' in Victoria de Grazia (ed.) *The*

Sex of Things, University of California Press, Berkeley 1996.
Sorba, Carlotta 'Teatro d'opera e società nell'Italia ottocentesca' in *Bollettino del diciannovesimo secolo,* vol. 4, No. 5, 1996.
Sorba, Carlotta *Teatri: L'Italia del melodramma nell'età del Risorgimento,* Il Mulino, Bologna 2001.
Soriano, Marc *Guide de littérature pour la jeunesse,* Flammarion, Paris 1975
Soriano, Marc *Jules Verne,* Julliard, Paris 1978.
Spang, Rebecca *The Invention of the Restaurant: Paris and Modern Gastronomic Culture* Harvard University Press, Cambridge 2000.
Spengler, Oswald *The Decline of the West.* Volume 2, *Perspectives of World-History,* Allen and Unwin, London 1980.
Spittel, Olaf R. *Science Fiction in der DDR, Bibliographie,* Verlag 28 Eichen, Barnstorf 2003 *www.spittel.de/sf/a.htm.*
Spohr, Louis *Autobiography,* Longman Green, London 1865.
Spohr, Mathias 'L'Opérette viennoise de Franz von Suppé' in *Austriaca, Cahiers Universitaires d'Information sur l'Autriche,* No. 46, June 1998.
Spraggs, Gillian *Outlaws and Highwaymen: the Cult of the Robber in England from the Middle Ages to the nineteenth century,* Pimlico, London 2001.
Springhall, John *Youth, Popular Culture and Moral Panics, Penny Gaffs to Gangsta-Rap, 1830-1996,* Macmillan, London 1998.
Squarotti, Giorgio Barberi 'Gli schemi narrativi di Collodi' in *Studi Collodiani.*
Staël, Germaine de (Madame) *De l'Allemagne,* Flammarion, Paris 1968.
Staël, Germaine de (Madame) *Corinne ou l'Italie,* Champion, Paris 2000.
Stallabrass, Julian Gargantua. *Manufactured Mass Culture,* Verso, London 1996.
Standish, Isolde 'Akira, Postmodernism and Resistance' in Martinez (ed.) *The Worlds of Japanese Popular Culture.*
Stanley, Dick, Judy Rogers, Sandra Smeltzer and Luc Perron, 'Win, Place or Show: Gauging the Economic Success of the Renoir and Barnes Art Exhibits' in *Journal of Cultural Economics,* Vol. 24, No. 3, August 2000, pp.243-55.
Stark, Gary D. 'Gerhart Hauptmann' in Censorship. *A World Encyclopedia.*
Stark, Gary D. *Entrepreneurs of ideology. Neoconservatiye Publishers in Germany 1890-1933,* The University of California Press, Chapel Hill 1981.
Statistical Yearbook 1996, European Audiovisual Observatory.
Statistics on film and cinema 1955-1977 UNESCO No 25, Statistical reports and Studies, Paris 1981.
Stead, Peter 'Hollywood's Message for the World: the British response in the nine-

teenth thirties' in *Historical Journal of Film, Radio and Television*, Vol. 1, No. 1 1981.

Steane, J. B. *The Grand Tradition. Seventy Years of Singing on Record*, Duckworth, London 1974.

Stearns, Peter N. 'Stages of Consumerism: Recent Work on the Issues of Periodization' in *Journal of Modern History*, Vol. 69, No. 1, March 1997.

Stearns, Peter N. 'The Effort at Continuity in Working-Class Culture' in *Journal of Modern History*, Vol. 52, No. 4, December 1980.

Stedman Jones, Gareth *Languages of class. Studies in English working class history 1832-1982*, CUP 1983.

Steig, Michael 'Subversive Grotesque in Samuel Warren's *Ten Thousand a-Year*' in *Nineteenth-century Fiction*, Vol. 24, No. 2, September 1969.

Steiner, George *The Death of Tragedy*, Faber, London 1961.

Steinmetz, Rüdiger Heymowski & Scheumann: the GDR's leading documentary film team' in *Historical Journal of Film, Radio and Television*, Vol. 24, No. 3, 2004.

Steinmetz, Rüdiger and Reinhold Viehoff 'The Program History of Genres of Entertainment on GDR *Television*' in *Historical Journal of Film, Radio and Television*, Vol. 24, No. 3, 2004.

Stendhal *Correspondance Générale*, edited by V. Del Litto, Vol. I, VI, Librairie Honoré Champion, Paris 1997-9.

Stendhal *Souvenirs d'egotisme, in Oeuvres Intimes*, Bibliothèque de la Pléiade Galiimard, Paris 1966.

Stendhal *Vie de Rossini*, Folio Gallimard, Paris 1992.

Stephens, John Russell 'Bernard Shaw' in *Censorship. A World Encyclopedia*.

Stephens, W. B. *Education, Literacy and Society 1830-70: The Geography of Diversity in Provincial England*, Manchester 1987.

Stern, Madeleine B. *Louisa May Alcott. A Biography*, Northeastern University Press, Boston 1999.

Stewart, Malcolm *My Other Life*, unpublished manuscript, July 2004.

Stieg, Gerald and Jean-Marie Valentin (eds) *Johann Nestroy 1801-1862. Vision du monde et écriture dramatique*, Institut d'Allemand d'Asnières (Paris III), Paris 1991.

Stone, Lawrence 'Literacy and Education in England 1640-1900' in *Past and Present*, No. 42, February 1969.

Stone, Lawrence *The Family, Sex and Marriage in England 1500-1800*, Weidenfeld and Nicolson, London 1977.

Stora, Annie Lamarre *L'Enfer de la IIIe République. Censeurs et Pornographes (1881-*

1914), Éditions Imago, Paris 1990.

Stott, Anne *Hannah More. The First Victorian*, Oxford University Press 2003.

Stragliati, Roland 'Fantômas?' oui, mais' in *Europe*, Vol. 56, No. 590-591, June-July 1978.

Strakosch, Maurice *Souvenirs d'un impresario*, Paul Ollendorff, Paris 1887.

Strazzuso, Marcella 'F. D. Guerrazzi e l' "Assedio di Firenze": aspetti politici di un mito repubblicano' in *Problemi*, No. 64, May-August 1982.

Street, Sarah *Transatlantic Crossings. British Feature Films in the USA*, Continuum, New York and London 2002.

Streletski, Gérard *Aspects de la direction d'orchestre en France de 1830 à 1880*, Mémoire df maitrise, Université de Paris IV UER de Musique, 1987.

Strobl, Eric A. and Clive Tucker 'The Dynamics of Chart Success in the UK. Prerecorded Popular Music Industry' in *Journal of Cultural Economics*, Vol. 24, No. 2. May 2000.

Stroev, Alexandre (ed.) *Livre et lecture en Russie*, IMEC Éditions, Paris 1996.

Stroev, Alexandre 'Lecture en Russie' in Chartier (ed.) *Histoire de la lecture*.

Studi Collodiani, Atti del I Convegno Internazionale, Pescia, 5-7 Ottobre 1974 (Fondazione nazionale Carlo Collodi) Cassa di Risparmio di Pistoia e Brescia 1976.

Summers, Judith, *Empress of Pleasure, The Life and Adventures of Teresa Cornelys*, Penguin, London 2003.

Sutherland, John 'Introduction' to Ouida, *Under Two Flags*, Oxford University Press 1995.

Sutherland, John *Longman Guide to Victorian Fiction*, Harlow 1988.

Svane, Brynja *Les Lecteurs d'Eugène Sue*, Akademik Forlag, Copenhagen 1986.

Swales, Martin 'The Development of German prose-fiction' in *The Cambridge Companion to Modern German Culture*, CUP 1998.

Swann, Paul 'The British Culture Industries and the Mythology of the American Market: Cultural Policy and Cultural Exports in the 1940s and 1990s' in *Cinema Journal*, Vol. 39, No 4, Summer 2000.

Swedenburg, Ted, 'Islamic Hip-Hop versus Islamophobia' in Mitchell (ed), *Global Noise*.

Sweet, Matthew *Inventing the Victorians*, Faber and Faber, London 2001.

Szafkó, Péter 'Sándor Hevesi and the Thália Society in Hungary' in *Theatre History Studies*, Vol. 2, 1982.

Szemere, Anna *Up from the Underground: the Culture of Rock Music in Postsocialist Hungary*, Pennsylvania State University Press 2001.

Tadié, Jean-Yves *Marcel Proust*, Gailimard, Paris 1996.

Talvart, Hector and Joseph Place (eds) *Bibliographie des Auteurs Modernes (1801-1934)*, Volume 5, Editions de la Chronique des Lettres Françaises, Aux Horizons de France, Paris 1935.

Tannenbaum, Edward R. 'The Beginnings of Bleeding-Heart Liberalism: Eugene Sue's *les Mysterès de Paris*' in *Comparative Studies in Society and History*, Vol. 23, No. 3. July 1981, pp.491-507.

Taranow, Gerda *The Bernhardt Hamlet. Culture and Context*, Peter Lang, New York 1996.

Taruskin, Richard 'Nationalism' in *The New Grove Dictionary of Music Online* ed. L. Macy, accessed May 2002, http://www.grovemusic.com.

Taruskin, Richard 'Some Thoughts on the History and Historiography of Russian Music' in *The Journal of Musicology*, Vol. 4, No, 4, Summer 1984.

Tatar, Maria (ed.) *The Classic Fairy Tales*, W. W. Norton and Co., New York 1999.

Taylor, Gary '1790' in *Reception Study* edited by James L. Machor and Philip Goldstein, Routledge, New York and London 2001.

Taylor Jr., Harley U. *Erich Maria Remarque. A Literary and Film Biography*, Peter Land, New York and Berne 1989.

Taylor, Helen *Scarlett's Women. Gone with the Wind and its Female Fans*, Virago, London 1989.

Taylor, John Russell *Strangers in Paradise. The Hollywood Émigrés 1933-1950*, Faber and Faber, London 1983.

Taylor, Malcom 'Pentecostal Faith Publishing, 1906-1926' in *Publishing History*, No. 42, 1997.

Taylor, Richard 'Ideology as mass entertainment: Boris Shumyatsky and Soviet cinema in the 1930s' in Taylor and Christie (eds) *Inside the Film factory*.

Taylor, Richard and Ian Christie (eds) *Inside the Film factory. New Approaches to Russian and Soviet Cinema*, Routledge, London and New York 1991.

Taymanova, Marianna 'Alexandre Dumas in Egypt: Mystification or Truth?' in *Travellers in Egypt* edited by Paul and Janet Starkey, Tauris Parke, London 2001.

Téberge, Paul 'Musicians' Magazines in the 1980s: the creation of a community and a consumer market' in Frith (ed.) *Popular Music. Critical Concepts in Media and Cultural Studies*, Vol. I, *Music and Society*.

Tegel, Susan 'Bela Balazs: fairytales, film, and *The Blue Light*' in *Historical Journal of Film, Radio and Television*, Vol. 24, No 3 August 2004.

Tempesti, Fernando 'Pinocchio' in Isnenghi (ed.) *I luoghi della memoria*.

Tempesti, Fernando 'Gian Burrasca' in Isnenghi (ed.) *I luoghi della memoria*.

Tempo libero e società di massa nell'Italia del Novecento, edited by the Istituto milanese per la storia della resistenza e del Movimento operaio, FrancoAngeli, Milan 1995.

Tesnière, Valérie 'Le livre de science en France au XIXe siècle' in *Romantisme*, Vol. 23, No. 80, 1993.

Tetrazzini, Luisa *My Life of Song*, Cassell, London 1921.

Tezla, Albert *Hungarian Authors. A Biographical Handbook*, The Belknap Press/ Harvard University, Cambridge Mass. 1970.

Thackeray, William *Vanity Fair*, Penguin, Harmondsworth 1968.

Thackeray, William *Thackeray. Interviews and Recollections*, Vol. 1, edited by Philip Collins, St. Martin's Press, New York 1983.

Thatcher, Mark *The Politics of Telecommunication. National Institutions, Convergences, and Change*, OUP 2000.

Theatre Record, No. 1-2, 18 February 2003 and No 9, 27 May 2003.

Theimer Nepomnyashchy, Catharine 'Markets, Mirrors, and Mayhem: Aleksandra Marinina and the Rise of the New Russian *Detektv*' in Barker (ed.) *Consuming Russia*.

Théodore-Aubanel, Édouard *Comment on lance un nouveau livre*, Intercontinental d'Édition, Paris 1937.

Théodore-Aubanel, Édouard *Cueillons des Lauriers. Promenade à travers le Jar din des Prix littéraires*, Intercontinental d'Édition, Paris 1937.

Thierer, Adam D. 'Unnatural Monopoly: Critical Moments in the Development of the Bell System', *The Cato Journal*, Volume 14 Number 2, Fall 1994, online edition: http://www.cato.org/pubs/journal/cjv14n2-6.html.

Thiesse, Anne Marie *'Imprimés du pauvre, livres de fortune'* in *Romantisme*, No.43, Vol. 14, 1984.

Thiesse, Anne Marie 'L'éducation sociale d'un romancier. Le cas d'Eugène Sue' in *Actes de la recherche en sciences sociales*, No 32-33, April-June 1980.

Thiesse, Anne-Marie 'Les infortunes littéraires. Carrières des romanciers populaires à la Belle-Époque' in *Actes de la recherche en sciences sociales*, No. 60, November 1985.

Thiesse, Anne-Marie 'Littérature et folklore, l'invention érudite de la culture populaire' in Alain Vaillant (ed.) *Écrire/Savoir: littérature et connaissances à l'époque moderne*, Éditions Printer, Saint-Étienne 1996.

Thiesse, Anne-Marie 'Organisation des loisirs des travailleurs et temps dérobés (1880-

1930)' in Corbin (ed.) *L'avènement des loisirs.*

Thiesse, Anne-Marie 'Revues et maisons d'édition provinciales à la Belle Époque' in Vaillant (ed.) *Mesure(s) du livre.*

Thiesse, Anne-Marie and Natalia Chmatko 'Les nouveaux éditeurs russes' in *Actes de la recherche en sciences sociales*, No. 126-127 March 1999.

Thiesse, Anne-Marie *Le Roman du quotidien. Lecteurs et lectures populaires à la Belle Époque*, Le Chemin Vert, Paris 1984.

Thomas, Keith 'The Meaning of Literacy in Early Modern England' in Baumann (ed.) *The Written Word. Literacy in Transition.*

Thompson, Kristin *Exporting Entertainment. America in the World Film Market 1907-34*, BFI Publishing, London 1985.

Thomson, E. P. *The Making of the English Working Class*, Penguin, Harmondsworth 1968.

Thomson, Patricia *George Sand and the Victorians. Her Influence and Reputation in Nineteenth-century England*, Macmillan, London and Basingstoke 1977.

Thorel-Cailleteau, Sylvie 'George Moore et le Naturalisme. "Un cas d'intoxication littéraire" ' in Dezalay (ed.) *Zola sans frontières.*

Throsby, David 'The Role of Music in International Trade and Economic Development' in UNESCO, *World Culture Report* 1998.

Thurber, James 'The Little Girl and the Wolf' in Tatar (ed.) *The Classic Fairy Tales.*

Thurston, Gary 'The Impact of Russian Popular Theatre, 1886-1915' in *Journal of Modern History*, Vol. 55, No. 2, June 1983.

Tieck, Ludwig 'Eckbert the Fair' in *Six German Romantic Tales*, trans. by Ronald Taylor, Angel Books, London 1985.

Tilleuil, Jean-Louis *Pour analyser la Bande Dessinée. Propositions théoriques et pratiques*, Academia, Louvain-la-Neuve 1986.

Tocqueville, Alexis de *Democracy in America*, translated by Henry Reeve, Oxford University Press, London 1946.

Todd, William B. and Ann Bowden (eds) *Tauchnitz International Editions in English 1841-1955. A Bibliographical History*, Bibliographical Society of America, New York 1988.

Todd, William B. 'Firma Tauchnitz: A Further Investigation' in *Publishing History*, No. 2, 1977.

Todorov, Tzvetan *Poétique de la prose*, Éditions du Seuil, Paris 1971.

Todorova, Liljana 'Dialogue de la littérature macédonienne avec la tradition nationale et les littératures étrangères' in Köpeczi and Vajda (eds) *Proceedings of the 8th*

Congress of the International Comparative Literature Association.

Tolson, Andrew (ed.) *Television Talk Shows: Discourse, Performance, Spectacle*, Lawrence Erlbaum, Mahwah, NJ 2001.

Tomkins, J. M. S. *The Popular Novel in England 1770-1800*, Methuen, London 1969, first published in 1932.

Törnquist-Plewa, Barbara 'Contrasting Ethnic Nationalisms: Eastern Central Europe' in Barbour and Carmichael (eds) *Language and Nationalism in Europe*.

Torri, Bruno 'Industria, mercato, politica' in Miccichè (ed.) *Il cinema del riflusso*.

Tortorelli, Gianfranco 'Una casa editrice socialista nell'età giolittiana: la Nerini' in *Movimento operaio e socialista*, Vol. 3, No. 2-3 1980.

Toschi, Luca 'Alle origini della narrativa di romanzo in Italia' in Massimo Saltafuso (ed.) *Il viaggio del narrare*, La Giuntina, Florence 1989.

Tournier, Isabelle 'Les livres de comptes du feuilleton (1836-1846)' in Vaillant (ed.) *Mesure(s) du livre*.

Trames. Littérature populaire. Peuple, nation, région, Actes du colloque 18-20 Mars 1986 à Limoges, Université de Limoges 1988.

Traubner, Richard *Operetta. A Theatrical History*, Gollancz, London 1984.

Traverso, Enzo *The Origins of Nazi Violence*, The New Press, New York 2003 Treves (Fratelli Treves Editori), *Catalogo generate*, December 1903.

Trollope, Anthony *An Autobiography*, Penguin, Harmondsworth 1996.

Trollope, Frances *Domestic Manners of the Americans* edited by Pamela Neville-Sington, Penguin, Harmondsworth 1997.

Trollope, Frances *Paris et les Parisiens en 1835*, Fournier, Paris 1836.

Trudgill, Peter 'Greece and European Turkey: From Religious to Linguistic Identity' in Barbour and Carmichael (eds). *Language and Nationalism in Europe*.

Trumpbour, John *Selling Hollywood to the World*, CUP 2002.

Tsivian, Yuri 'Censure Bans on Religious Subjects in Russian Films' in Cosandrey, Gaudreault and Gunning (eds) *Une invention du diable? Cinéma des premiers temps et religion*.

Tsivian, Yuri *Early Cinema in Russia and its Cultural Reception*, Routledge, London 1994, first Russian edition: 1991.

Tsivian, Yuri et al. (eds) *Silent Witnesses: Russian Films, 1909-1919*, British Film Institute and Edizioni Biblioteca dell'immagine, London and Pordenone 1989.

Turchi, Roberta 'K.X.Y.: Una sigla per recensire' in Bruscagli and Turchi (eds) *Teorie del romanzo nel primo ottocento*.

Tusan, Michelle Elizabeth 'Inventing the New Woman: Print Culture and Identity

Politics During the Fin-de-Siècle' in *Victorian Periodicals Review*, Vol. 31, No 2, Summer 1998.

Twaites, Peter 'Circles of Confusion and Sharp Vision: British News Photography 1919-39' in Catterall, Seymour-Ure and Smith (eds) *Northcliffe's Legacy*.

Twyman, Michael *Lithography 1800-1850*, OUP 1970.

Tylor, Edward Burnett *Primitive Culture*, John Murray, London 1873.

Tyrrell, John 'Russian, Czech, Polish, and Hungarian Opera to 1900' in Parker (ed.) *The Oxford Illustrated History of the Opera*.

Ullstein, Herman *The Rise and Fall of the House of Ullstein*, Simon and Schuster, New York 1943.

UN Yearly statistics 1962.

UNESCO *Index translationium* 1985.

UNESCO *An international survey of book production during the last decades*, Statistical Reports and Studies No.26, Paris 1982.

UNESCO *Index Translationum* 1965.

UNESCO *World Culture Report* 1998.

Unwin, Stanley *The Truth about Publishing*, Allen and Unwin, London 1976.

Unwin, Timothy (ed.) *The Cambridge Companion to the French Novel From 1800 to the present*, CUP 1997.

Unwin, Timothy 'On the Novel and the Writing of Literary History' in Unwin (ed.) *The Cambridge Companion to the French Novel*.

Ureña, Lenny A. 'Mobilizing German Women Against "Cultural Drunkenness": *Rassenhygiene* and Colonial Discourse in the Prussian-Polish Provinces, 1890-1914'. paper presented at 'Gender and Power in the New Europe', the 5th European Feminist Research Conference, August 20-24, 2003 Lund University, Sweden *www.5thfeminist. lu.se/filer/paper635.pdf.*

Uricchio, William 'The First World War and the Crisis in Europe' in Nowell-Smith (ed.) *The Oxford History Of World Cinema*.

Uricchio, William and Roberta Pearson ' "You Can Make the *Life of Moses* Your Life Saver": Vitagraph's Biblical Blockbuster' in Cosandrey, Gaudreault and Gunning (eds) *Une invention du diable? Cinéma des premiers temps et religion*.

Vachon, Stéphane 'Balzac en feuilletons et en livres. Quantification d'une production romanesque' in Vaillant (ed.) *Mesure(s) du livre*.

Vâikis-Friebergs, Vaira (ed.) *Linguistics and poetics of Latvian folk songs: essays in honour of the birth of Kr. Barons*, McGill-Queen's University Press, Kingston, Ontario 1989.

Vaillant, Alain (ed.) *Mesure(s) du livre*, Colloque organisé par la Bibliothèque Nationale et la Société des études romantiques 25-26 Mai 1989, Bibliothèque Nationale, Paris 1992.

Vainchtein, Olga 'Les bardes anglais et la critique russe' in Espagne and Werner (eds) *Philologiques III. Qu'est-ce qu'une littérature nationale?*

Valentin, Jean-Marie 'Nestroy sur la scène française' in Stieg and Valentin (eds) *Johann Nestroy 1801-1862*.

Valéry, Paul *Regards sur le monde actuel et autres essais*, Gailimard, Paris 1945

van der Merwe, Peter *Origins of the Popular Style. The Antecedents of Twentieth-Century Popular Music*, Clarendon Press, Oxford 1992.

van der Wurff, Richard 'Supplying and Viewing Diversity. The Role of Competition and Viewer Choice in Dutch Broadcasting' in *European Journal of Communication*, Vol. 19, No 2, June 2004.

Van Gool, C 'Pays-Bas' in Moliterni (ed.) *Histoire Mondiale de la Bande Dessinée*.

Van Horn Melton, James 'From Image to Word: Cultural Reform and the Rise of Literate Culture in Eighteenth- Century Austria' in *Journal of Modern History*, Vol. 58, No. 1, March 1986.

Van Voss, Lex Heerman 'The International Federation of Trade Unions and the Attempt to Maintain the Eight-hour Working Day (1919-1929)' in Fritz Van Holtoon and Marcel van der Linden (eds) *Internationalism and the Labour Movement 1830-1940*, Vol. II, E.J.Brill, Leiden 1988.

Vann, J. Don 'The Early Success of *Pickwick*' in *Publishing History*, No. 2, 1977

Variety, 25 March 1987.

Vasey, Ruth The World-Wide Spread of the Cinema' in Nowell-Smith (ed.) *The Oxford History Of World Cinema*.

Vecchiotti, Anna 'Poetica e ideologia nei romanzi di Pietro Chiari' in *Problemi*, No. 82, May-August 1988.

Vegliante, Jean-Charles 'Perception française de l'Italie et traduction de l'italien. Histoire d'un malentendu' in *Romantisme*, No 106, 1999.

Velay-Valiant, Catherine 'Little Red Riding Hood as Fairy Tale, *Faits-divers*, and Children's Literature: The Invention of a Traditional Heritage' in Canepa (ed.) *Out of the Woods*.

Ventrone, Angelo 'Tra propaganda e passione. *Grand Hotel* e l'Italia degli anni '50' in *Rivista di Storia contemporanea*, Vol 17, No. 4. October 1988.

Venturin, Fabio 'Il rapporto segnale-rumore: note sull'ascolto contemporaneo' in *Problemi*, No. 72, January-April 1985.

Verch, Maria '*The Merchant of Venice* on the German Stage since 1945' in *Theatre History Studies*, Vol. 5, 1985.

Verdery, Katherine *National Ideology under Socialism. Identity and Cultural Politics in Ceausescus Romania*, University of California Press, Berkeley 1991.

Verdi intimo. Carteggio di Giuseppe Verdi con il conte Opprandino Arrivabene (1861-1886) edited by Alberti, Annibale Mondadori, Milan 1931.

Verdone, Mario 'Mussolini's "Theatre of the Masses" ' in Berghaus (ed.) *Fascism and Theatre*.

Veres, Grigore 'Dickens Criticism in Romania Before World War II' in *Synthesis*, Vol. 8, 1981 (Bucarest).

Verga, Giovanni *Le novelle*, Garzanti, Milan 1980.

Verzea, Ileana 'The Historical Novel as Popular Literature. Notes on the Success of the English and American Novel in Nineteenth Century Romanian Literature' in *Synthesis*, Vol. 8, 1981.

Veyrat-Masson, Isabelle *Quand la télévision explore le temps. L'histoire au petit écran 1953-2000*, Fayard, Paris 2000.

Vickery, Amanda *The Gentleman's Daughter: Women's Lives in Georgian England*, Yale UP, New Haven and London 1998.

Viëtor, Karl 'L'histoire des genres litteraires' in Genette et al. *Théorie des genres*

Vigarello, Georges 'De la "médicine du peuple" aux magazines de santé" in *Esprit*, No 3-4 March-April 2002.

Vignal, Marc *Joseph Haydn*, Fayard, Paris 1988.

Vigny, Alfred de *Poèmes antiques et modemes. Les Destinées*, Gallimard, Paris 1973.

Vikør, Lars S. 'Northern Europe: Languages as Prime Markers of Ethnic and National Identity' in Barbour and Carmichael (eds) *Language and Nationalism in Europe*.

Villot, Frédéric (ed.) *Notice des Tableaux exposés dans les galeries du Musée* Nationale *du Louvre*, 1ère partie, Écoles d'Italie, Musées nationaux, Paris 1849.

Visser, Romke 'Fascist Doctrine and the Cult of the Romanità in *Journal of Contemporary History*, Vol. 27, no. 1, January 1992.

Vivanti, Corrado (ed.) *Storia d'Italia. Annali 4 Intellettuali e potere*, Einaudi, Turin 1981.

Vivien, Alexandre-François 'Études administratives. III. Les théâtres' in *Revue des Deux Mondes*, 1 May 1844.

Vlock, Deborah *Dickens, Reading, and the Victorian Popular Theatre*, CUP, 1998.

Vogüé, Eugène-Melchior de *Le Roman Russe*, Slavica, no place (but Switzerland) 1971 (reprint).

Vogüé, Eugène-Melchior de 'La Renaissance latine. Gabriele D'Annunzio: poèmes et romans' in *Revue des Deux Mondes*, 1 January 1895.

Volpe, Joseph, interview by Peter Aspen, *Financial Times Magazine*, 10 January 2004.

Voltaire *Lettres philosophiques in Oeuvres Complètes*, Vol.22 (Mélanges), Garnier Frères, Paris 1879.

von Papen, Manuela 'Keeping the home fires burning? Women and the German homefront film 1940-43', in *Film History*, Vol. 8, No. 1, 1996.

Wachtel, Andrew Baruch *An Obsession with History, Russian Writers Confront the Past*, Stanford University Press 1994.

Wachtel, Andrew Baruch *Making a Nation, Breaking a Nation. Literature and Cultural Politics in Yugoslavia*, Stanford University Press 1998.

Wadsworth, Sarah 'Charles Knight and Sir Francis Bond Head: Two Early Victorian Perspectives on Printing and the Allied Trades' in *Victorian Periodicals Review*, Vol. 31, No. 4, Winter 1998.

Wagg, Stephen 'At ease, corporal' in *Because I tell a joke or two. Comedy, Politics and Social Difference*, edited by Stephen Wagg, Routledge, London 1998.

Wainscott, Ronald H. *The Emergence of the Modern American Theatre 1914-1929*, Yale University Press, New Haven and London 1997.

Wall, Geoffrey *Flaubert A Life*, Faber and Faber, London 2001.

Walle, Marianne 'Marie Geistinger.' La reine de l'opérette' in *Austriaca, Cahiers Universitaires d'Information sur l'Autriche*, No. 46, June 1998.

Walter, Klaus-Peter 'Littérature de colportage et roman-feuilleton. Quelques remarques sur la transformation du circuit littéraire à grande diffusion en France entre 1840 et 1870' in Chartier and Lüsebrink (eds) *Colportage et lecture populaire*.

Walter, Klaus-Peter 'Roman-feuilleton et hausse du tirage des journaux. Une évaluation quantitative de la popularité de quelques romans à succès de Sue à Gaboriau' in *Trames. Littérature populaire*.

Warner, Marina *From the Beast to the Blonde: On Fairy tales and Their Tellers*, Chatto & Windus 1994.

Warner, William B. *Licensing Entertainment. The Elevation of Novel Reading in Britain 1684-1750*, University of California Press, Berkeley 1998.

Warnke, Nina 'Immigrant Popular Culture as Contested Sphere: Yiddish Music Halls, the Yiddish Press, and the Processes of Americanization, 1900-1910' in *Theatre Journal* Vol. 48, No. 3 October 1996.

Warrilow, Georgina 'Some Recent German Periodicals on Book and Book-Trade History, a Summary' in *Publishing History*, No. 9, 1981.

Watanabe-O'Kelly, Helen (ed.) *The Cambridge History of German Literature*, CUP 1997.

Watelet, Jean 'La presse illustrée', in Chartier and Martin (eds) *Histoire de l'édition française*. Vol. 3.

Waterman, David and Krishna P. Jayakar 'The Competitive Balance of the Italian and American Film Industries' in *European Journal of Communication*, Vol. 15, No. 4, pp.501-28 December 2000.

Watt, Ian *Myths of Modern Individualism. Faust, Don Quixote, Don Juan, Robinson Crusoe*, CUP 1996.

Waugh, Evelyn *Brideshead Revisited*, Penguin Books, Harmondsworth 1962.

Wearing, J. P. (ed.) *The London Stage 1930-1939: A Calendar of Plays and Players*, The Scarecrow Press, Metuchen NJ and London 1990.

Wearing, J. P. (ed.) *The London Stage 1950-1959: A Calendar of Plays and Players*, The Scarecrow Press, Metuchen NJ and London 1993.

Webb, R. K. 'The Victorian Reading Public' in Boris Ford (ed.) *The New Pelican Guide to English Literature* Vol. VI, *From Dickens to Hardy* (1958, 2nd ed. 1982).

Weber, Carl Maria von *La vie d'un musicien et autres écrits*, trans. from German by Lucienne Gérardin, J.C. Lattès, 1986.

Weber, Eugen *France Fin de Siècle*, Belknap Press, Cambridge, Mass. 1986.

Weber, William 'Artisans in Concert Life of Mid-Nineteenth-Century London and Paris' in *Journal of Contemporary History*, Vol. 13, no. 2, April 1978.

Weber, William 'Learned and General Music Taste in Eighteenth Century France' in *Past and Present*, No. 89, November 1980.

Weber, William 'Mass Culture and the Reshaping of European Musical taste, 1770-1870' in *International Review of the Aesthetics and Sociology of Music,* Vol. 8, No. 1, June 1977.

Weber, William *Music and the Middle Class. The Social Structure of Concert Life in London, Paris and Vienna*, Croom Helm, London 1975.

Weightman, Gavin *Signor Marconi's Magic Box*, HarperCollins, London 2003.

Weil, Françoise *L'Interdiction du roman et la librairie 1728-1750*, Éditions Amateurs du Livre, Paris 1986.

Weinberg, Achille 'Une Histoire du structuralisme' in *Sciences Humaines*, No. 10 October 1991, p.15.

Weiner, Marc A. *Richard Wagner and the Anti-Semitic Imagination*, University of Nebraska Press, Lincoln and London 1997.

Weinmann, Frédéric 'Étranger, étrangeté: de l'allemand au français au début du XIXe siècle' in *Romantisme*, Vol. 29, No. 106, 1999.

Welch, Walter L., Leah Brodbeck and Burt Stenzel, *Tinfoil to Stereo. The Acoustic Years of the Recording Industry 1877-1929*, University Press of Florida, Gainesville Fl 1994.

Werner, Hans (signed H.W.), 'La musique des femmes: Louise Bertin', *Revue des deux mondes*, Vol. 8, 1836.

Werner, Michael 'La place relative du champ littéraire dans les cultures nationales. Quelques remarques à propos de l'exemple franco-allemand' in Espagne and Werner (eds) *Philologiques III. Qu'est-ce qu'une littérature nationale?*

Wertham, Fredric 'Les "crimes comic-books" et la jeunesse américaine', *Les Temps Modernes*, Vol. 11, 1955.

West, Mae *Goodness Had Nothing to Do with It*, Virago, London 1996.

Westgate, Geoffrey *Strategies Under Surveillance. Reading Irmtraud Morgner as a GDR Writer*, Rodopi, Amsterdam and New York 2002.

Westwood, J. N. *Endurance and Endeavour. Russian History 1812-1986*, OUP 1987.

Whissel, Kristen 'Placing the spectator on the Scene of History: the battle re-enactment at the turn of the century from Buffalo Bill's Wild West to the Early Cinema', *Historical Journal of Film, Radio, and Television*, Vol. 22, No. 3, 2002.

White, Cynthia L. *Women s Magazines 1693-1968*, Michael Joseph, London 1970.

Whittington-Egan, Richard (ed.) *William Roughead's Chronicles of Murder* by Moffat, Lochar (Scotland) 1991.

Wiernicki, Krzysztof *Dal divertimento dei nobili alia propaganda. Storia del Jazz in Russia*, Ed, Scientifiche italiane, Naples 1991.

Wierzbicki, James 'Dethroning the Divas. Satire Directed at Cuzzoni and Faustina' in *Opera Quarterly*, Vol. 17, No 2, Spring 2001.

Wilkinson, James 'The uses of popular culture by rival élites: the case of Alsace, 1890-1914' in *History of European Ideas*, Vol. 11, 1989.

Willems, Gilles 'Aux origines du groupe Pathé-Natan' in Benghozi and Delage (eds) *Une histoire économique du cinéma français (1895-1995)*.

Williams, Raymond *Culture and Society*, The Hogarth Press, London 1987 (1st published 1958).

Williams, Raymond Television. *Technology and Cultural Form*, Fontana/Collins, London 1974.
Williams, Raymond *The Long Revolution*, Harper and Row, New York 1966.
Wilson, Elizabeth *Bohemians. The Glamorous Outcasts*, Tauris, London 2000.
Wilson, M. Glen 'Charles Kean in the Provinces 1833 to 1838' in *Theatre History Studies*, Vol. 1, 1981.
Wingard, Kristina 'Le dix-neuvième siècle suédois: courants littéraires et traditions de recherche' in *Romantisme*, No. 37, 1982.
Winship, Michael 'The Rise of a National Book Trade System in the United States, 1865-1916' in Michon and Mollier (eds) *Les mutations du livre et de l'édition*.
Winston, Jane 'Gender and sexual identity in the modern French novel' in Unwin (ed.) *The Cambridge Companion to the French Novel*.
Winter, Jay 'Nationalism, the Visual Arts, and the Myth of War Enthusiasm in 1914' in *History of European Ideas*, Vol. 15, No. 1-3 1992.
Winter, Jay *Sites of Memory, Sites of Mourning. The Great War in European Cultural History*, Cambridge University Press 1995.
Witte, Karsten 'The Spectator as Accomplice in Ernst Lubitsch's *Schuhpalast Pinkus*' in Elsaesser (ed) *A Second Life. German Cinema's First Decades*.
Wolfe, Charles Historicising the "Voice of God": the place of vocal narration in classical documentary' in *Film History*, Vol. 9, No. 2, 1997.
Wolff, Larry *Inventing Eastern Europe. The Map of Civilization on the Mind of the Enlightenment*, Stanford University Press 1994.
Wolff, Stéphane *L'Opéra au Palais Garnier (1875-1962)*, no publisher, Paris 1962.
Wollstonecraft, Mary 'A Vindication of the Rights of Woman' in *The Vindications*, edited by D. L. Macdonald and Kathleen Scherf, Broadview, Toronto 1997.
Wolton, Dominique *Éloge du grand public. Une théorie critique de la télévision*, Flammarion, Paris 1990.
Wood, Gordon S. 'The Bloodiest War' in *New York Review of Books*, 9 April 1998.
Wood, Michael 'Looking Good' in *New York Review of Books*, 20 November 1997.
Woolf, D. R. 'A Feminine Past? Gender, Genre, and Historical Knowledge in England, 1500-1800' in *American Historical Review*, Vol. 102, No. 3, June 1997.
Wright, Beth S. and Paul Joannides, 'Les Romans historiques de Sir Walter Scott et la peinture française, 1822-1863' in *Bulletin de la Société de l'Histoire de l' art français*, 1982, pp.119-32 and 1983 pp.95-115.
www.alva.org.uk/visitor_statistics.
www.bfi.org.uk/features/ultimatefilm/chart/complete.php.

www.bringyou.to/apologetics/p20.htm.
www.cnn.com/US/9706/15/ufo.poll/index.html.
www.eHarlequin.com.
www.eharlequin.com/cms/learntowrite/ltwToc.jhtml.
www.elspa.com/about/pr/elspawhitepaperi.pdf.
www.history.rochester.edu/pennymag.
www.imdb.com/title/tt0120737/business.
www.internetworldstats.com (accessed October 2005).
www.ketupa.net.
www. kirjasto.sci.fi/sienkiew.htm.
www.koerperwelten.com.
www.nobel.se/literature/laureates/1905/press.html.
www.pastichesdumas.com/pages/livres.html.
www.pch.gc.ca/progs/arts/pdf/renoir_e.pdf.
www.quid.fr/2000/Q010320.htm accessed 25 February 2004.
www.statistics.gov.uk/CCI/nugget.asp?ID=8&Pos=1&ColRank=1&Rank=192.
www.the-times.co.uk.
www.uis.unesco.org/ev_en.php?ID=2867201&ID2=DOTOPIC.
www.uk-piano.org/-update of 15 September 2000.
www.uk-piano.org/broadwood/lvb_wood.html (accessed 2001).

Wyss, Ulrich 'Jacob Grimm et la France' in Espagne and Werner, *Philologiques I. Contribution à l'histoire des discipline littéraires en France et en Allemagne*

Yadava, J. S. and Usha V. Reddi 'In the Midst of Diversity: Television in Urban Indian Homes' in James Jull (ed.) *World Families Watch Television*, Sage, Beverly Hills and London 1988.

Yates, W.E. and John R. P. McKenzie (eds) *Viennese Popular Theatre: A Symposium*, University of Exeter 1985.

Yearwood, Susan 'United States: African American Culture' in *Censorship. A World Encyclopedia*.

Yon, Jean-Claude *Eugène Scribe: la fortune et la liberté*, Nizet, Saint-Genouph 2000.

Yon, Jean-Claude *Jacques Offenbach*, Gailimard, Paris 2000.

Youngblood, Denise J. 'The return of the native: Yakov Protazanov and Soviet Cinema' in Taylor and Christie (eds) *Inside the Film factory*.

Youngblood, Denise *Movie for the Masses. Popular cinema and Soviet society in the 1920s*, Cambridge University Press 1992.

Younge, Gary 'When Wal-Mart comes to town', *Guardian*, 18 August 2003.

Zaïd, Gabriel 'La guérilla comme spectacle' in *Esprit*, No. 274, May 2001.

Zaitsev, Mark 'Soviet Theatre Censorship' in *Drama Review*, Vol. 19, no. 2, June 1975.

Zamagni, Vera 'An International comparison of Real Industrial Wages, 1890-1913: Methodological issues and Results' in Scholliers (ed.) *Real wages in nineteenth and twentieth Century Europe*.

Zambon, Patricia 'I protagonisti' in Antonia Arslan (ed.) *Dame, droga e galline*.

Zamiatine, E. 'Le Théâtre Russe' (originally in *Le Mercure de France*, 15 November 1932) reprinted in *Cahiers du Monde Russe et Soviétique*, Vol. 5, No. 4, October-December 1964.

Zamiatine, Evguéni (Yevgeny Zamiatyn) *Le Métier Littéraire*, Éditions L'Age d'Homme, Lausanne 1990.

Zamoyski, Adam *Holy Madness. Romantics, Patriots and Revolutionaries 1776-1871*, Weidenfeld and Nicolson, London 1999.

Zanotto, Piero (ed.) *L'immagine nel libro per ragazzi. Gli illustratori di Collodi in Italia e nel mondo*, Province of Trento, Trento 1977.

Zha, Jianying *China Pop. How Soap Operas, Tabloids, and Bestsellers Are Transforming a Culture*, The New Press, New York 1995.

Zimmerman, Daniel *Alexandre Dumas le Grand*, Julliard, Paris 1993.

Zipes, Jack 'Of Cats and Men; Framing the Civilizing Discourse of the Fairy Tale' in Canepa (ed.) *Out of the Woods*.

Zipes, Jack *Happily Ever After. Fairy Tales, Children and the Culture Industry*, Routledge, London and New York 1997.

Zipes, Jack *Sticks and Stones*, Routledge, New York and London 2001.

Zipes, Jack *When Dreams Come True. Classical Fairy Tales and Their Tradition*, Routledge, London 1999.

Zola, *Émile L'encre et le sang. Littérature et politique*, Édition Complexe, Paris 1989.

Zola, Emile *Nana*, Classiques Garnier, Paris 1994.

Zola, Emile, *Correspondance*, Vols. 4 and 5 edited by B. H. Bakker, Les Presses de l'Université de Montréal and éditions du CNRS, Montreal and Paris 1985.

Zórawska-Witkowska, Alina 'La stampa polacca degli anni 1825-1830 su "Il Barbiere di Siviglia" di Gioacchino Rossini' in *Quadrivium* Vol. 4, 1993, pp.163-76.

Zorine, Andreï and Andreï Nemzer, 'Les paradoxes de la sentimentalité' (1989) in Stroev (ed.) *Livre et lecture en Russie*.

찾아보기

〈10월October〉(영화), IV · 66
〈13일의 금요일Friday the 13th〉(영화), V · 151
1848년 혁명, II · 366
1차 세계대전World War I → 제1차 세계대전
2 라이브 크루2 Live Crew(랩 그룹), V · 310
〈2001 스페이스 오디세이2001: A Space Odyssey〉(영화), IV · 304, V · 142
20세기 폭스 영화사Twentieth Century-Fox film corporation, IV · 187, 210, V · 127
2차 세계대전World War II → 제2차 세계대전
〈39계단Thirty-Nine Steps, The〉(영화), IV · 171
50센트50Cent(미국 래퍼), V · 302, 310, 332
〈7월 14일Quatorze Juillet, Le〉(영화), IV · 226
ABC(방송사), V · 28
AK47(랩 그룹), V · 339
BBC 심포니 오케스트라BBC Symphony Orchestra, IV · 468
BBC2(텔레비전 채널), V · 109
BEAP(British European Associated Publishers), V · 283
BMG(Bertelsmann Music Group), V · 337
BSkyB(텔레비전 방송사), V · 119
CBS(Columbia Broadcasting System), IV · 433, 458, 468, V · 28, 40
CNN(미국 뉴스 방송사), V · 122
DDR → 동독
DT64(동독 라디오 방송국), V · 212
ELO(Electric Light Orchestra; 팝 그룹), V · 331
EMI(Electrical and Musical Industries; 전 그라모폰 사Gramophone Company), III · 322, IV · 414, 433-4, 470, V · 320-2, 337-8
〈ER〉(텔레비전 연속물), V · 84
EPI(로마 출판사), V · 268
『FHM』(잡지), V · 287, 291-2
『FMR』(잡지), II · 90
『GQ』(잡지), V · 287-8
IBM(회사), V · 360
IPC(출판사), V · 289
ITV 뉴스ITV News, V · 102
'J': 『관능적인 여자The Sensuous Woman』, V · 233
M/A/R/R/S(녹음 집단), V · 313
MBC(Mutual Broadcasting Corporation), IV · 458
MCA, V · 337
MP3(Motion Picture Experts Group 1, Audio Layer 3), V · 298-300
MTV(Music Television; 텔레비전 채널), V · 299, 338
NBC(National Broadcasting Company), IV · 414, 458, V · 28, 337-8
NBC 심포니 오케스트라National Broadcasting Symphony Orchestra, IV · 435
NWA(Niggaz With Attitude; 랩 그룹), V · 310
P2P(peer-to-peer), V · 301-2
『Q』(잡지), V · 290, 296
RAI(이탈리아 국영방송사), V · 38, 42, 116, 124, 175

RCA-빅터RCA-Victor(미국 라디오 회사),
　　Ⅲ · 26-7, 325-7, 335, 338, Ⅳ · 190, 414,
　　433
RKO 영화사RKO film corporation, Ⅳ · 190
TASS(통신사), Ⅳ · 331
TROS(네덜란드 방송조직), Ⅴ · 110
U2(록 그룹), Ⅴ · 334, 339
UFA 영화사UFA film company(Universum Film-
　　Aktiengesellschaft), Ⅳ · 194-203, 256
X선X-ray, Ⅲ · 349
〈Z카Z Cars〉(텔레비전 연속물), Ⅴ · 93

【ㄱ】

가나Ghana: 문화활동, Ⅴ · 226
가넷, 에드워드Garnett, Edward, Ⅱ · 109
가다, 카를로 에밀리오Gadda, Carlo Emilio,
　　Ⅳ · 322
가드, 우르반Gad, Urban, Ⅲ · 405
가드너, 얼 스탠리Gardner, Erle Stanley,
　　Ⅳ · 113, 319
가디언Guardian(신문), Ⅳ · 344, Ⅴ · 96
가르니에, 샤를Garnier, Charles, Ⅲ · 303
가르니에, 에티엔Garnier, Étienne, Ⅰ · 131, 364
가르보, 그레타Garbo, Greta, Ⅳ · 203, 207,
　　214, 224-5
가르시아 마르케스, 가브리엘García Márquez,
　　Gabriel, Ⅴ · 242-3
가르시아, 마누엘García, Manuel, Ⅰ · 462, 499,
　　502
가르찬티Garzanti(출판사), Ⅴ · 268
『가르텐라우베Gartenlaube, Die』(잡지), Ⅱ · 61,
　　87, 105-6, Ⅲ · 95, 417-8
가리발디, 주세페Garibaldi, Giuseppe, Ⅱ · 23,
　　235-6, 349, 464, Ⅳ · 117
가바르니, 쉴스피스 기욤 슈발리에Gavarni,

Sulspice Guillaume Chevalier(일명 폴Paul),
　　Ⅰ · 394, Ⅱ · 84
가뱅, 장Gabin, Jean, Ⅳ · 218, 225
가베르, 조르조Gaber, Giorgio, Ⅴ · 341
가보, 나움Gabo, Naum, Ⅳ · 48
가보리오, 에밀Gaboriau, Émile, Ⅱ · 77, 246,
　　Ⅲ · 39, Ⅳ · 103, 316, Ⅴ · 230: 『르루즈
　　사건L'Afiaire Lerouge』, Ⅲ · 147
가비네토 비외소Gabinetto Vieussex, 피렌체,
　　Ⅰ · 322, Ⅱ · 267
가수singers: 녹음, Ⅲ · 330-4; → 노래
가스등gas lighting: 극장, Ⅱ · 477, Ⅲ · 275; 런
　　던의 이스트엔드, Ⅲ · 22
가스만, 비토리오Gassman, Vittorio, Ⅳ · 382
가스탐비데, 호아킨Gaztambide, Joaquín: 〈안도
　　라 계곡El Valle de Andorra〉, Ⅱ · 498
『가스트로놈Gastronome, Le』(잡지), Ⅱ · 61
가스펠 음악gospel music, Ⅴ · 341
가이스버그, 프레드Gaisberg, Fred, Ⅲ · 327-30,
　　332, 337
가이스팅거, 마리Geistinger, Marie, Ⅱ · 496
〈가장 약한 고리Weakest Link, The〉(텔레비전 프
　　로그램), Ⅴ · 66-7
가정home: 연예활동의 중심지, Ⅴ · 357-8
『가제타 코페이카Gazeta kopeika』, Ⅲ · 181
『가체타 델로 스포르트Gazzetta dello sport』,
　　Ⅳ · 48, Ⅴ · 273
『가체타 디 토리노Gazzetta di Torino, La』,
　　Ⅲ · 106
『가체타 무시칼레Gazzetta musicale, La』,
　　Ⅱ · 385, 470
『가체타 베네타Gazzetta Veneta』, Ⅰ · 381
『가체타 피에몬테세Gazzetta Piemontese』,
　　Ⅲ · 210
가톨릭진리협회Catholic Truth Society, Ⅳ · 81
가티, 아르망Gatti, Armand: 『프랑코 장군의 열

정La Passion du Général Franco』(희곡), IV · 19
가헤트, 알메이다Garrett, Almeida, I · 304
가후, 나가이Kafu, Nagai, III · 142
갈랑, 앙투안Galland, Antoine, I · 205
갈로, 조반니Gallo, Giovanni, I · 489
갈리냐니, 조반니 안토니오Galignani, Giovanni Antonio, II · 73
『갈리냐니스 메신저Galignani's Messenger』, II · 73
갈리마르, 가스통Gallimard, Gaston, IV · 326, V · 248-9
갈리마르Gallimard(출판사), III · 433, IV · 18, 281-3, 294, 297, 325, V · 228
〈갈망渴望〉(중국 텔레비전 연속물), V · 92
감리교Methodism: 합창, II · 403
강베타, 레옹Gambetta, Léon, III · 130
강스, 아벨Gance, Abel, III · 227, IV · 223
〈개구쟁이 칼레Kalle, der Lausbubenkönig〉(연재만화), IV · 358
개릭 클럽, 런던Garrick Club, London, II · 291
개릭, 데이비드Garrick, David, I · 514-5, 525
개스켈, 엘리자베스Gaskell, Elizabeth: 『북과 남North and South』, I · 100, 343, II · 20, 135, 242, III · 421
〈개의 삶Dog's Life, A〉(영화), III · 400
『갤럭시 사이언스 픽션Galaxy Science Fiction』(잡지), IV · 305
갤럽, 조지 호레이스Gallup, George Horace, IV · 152
거닝, 톰Gunning, Tom, III · 354
〈거대한 환상Grande illusion, La〉(영화), IV · 121, 226
거슈윈, 조지Gershwin, George, IV · 416, V · 328; 〈포기와 베스Porgy and Bess〉, III · 306

건강서health books, I · 366
건즈백, 휴고Gernsback, Hugo, IV · 303-4
『걸스 앤드 보이스 페니 매거진Girl's and Boy's Penny Magazine』, II · 49
『걸스 오운 페이퍼Girl's Own Paper』, III · 205
검열censorship: 대중문화, III · 426; 도덕률, II · 180-1; 독일, II · 184-5, III · 428-9, 443; 동유럽, V · 169-71; 민주국가, IV · 81; 성격, II · 168-71; 소련, V · 185, 189-91; 순회도서관, II · 18; 스페인, IV · 31; 실시, II · 171-8, IV · 427-32; 양차 대전 사이, IV · 17-21; 언론자유, III · 426-8; 연극, II · 187-90, III · 424-6; 영국 정치, II · 52-3; 영화, IV · 179-80, V · 152-3; 정기간행물, I · 388; 파시즘 이탈리아, IV · 406-7; 프랑스 도서관, II · 37-9; 효과, I · 58-60
검열법Licensing Act(잉글랜드, 1695), I · 375
〈검은 셔츠Camicia nera〉(영화), IV · 120
게, 델핀Gay, Delphine(에밀 드 지라르댕의 부인: 샤를 드 로네Mme Émile de Girardin; Vicomte Charles de Launay), I · 459, II · 231, 297
게라르디, 게라르도Gherardi, Gherardo: 『이 아이들Questi ragazzi』, IV · 399
게르슈태커, 프리드리히Gerstäcker, Friedrich, I · 316, III · 185-6
게르하르트, 파울루스Gerhardt, Paulus, II · 403
게리 앤드 더 피스메이커스Gerry and the Pacemakers(팝 그룹), V · 330
게오르크 2세George II, 작센마이닝겐 공작Duke of Saxe-Meiningen, III · 263
게이, 존Gay, John: 〈거지 오페라The Beggar's Opera〉, I · 463, 492, II · 154
게이, 피터Gay, Peter, II · 362
게이블, 클라크Gable, Clark, IV · 193, 219-21, 225

게인즈버러 영화사Gainsborough film studios, IV·235, 244

게일어Gaelic language, I·71, 77, 83

〈게임의 규칙Règle du jeu, La〉(영화), IV·226

겐도프, 바실Gendov, Vassil, III·411

겔도프, 밥Geldof, Bob, V·312, 334

〈경주로의 경쟁자들Rivalen der Rennbahn〉(텔레비전 연속극), V·87

계급class: 기준, II·43-6; 대중문화, IV·158-60; 독서, V·556-4; 문화적 중요성, III·414-5; 벌이, III·32-3; 연극 관람, IV·388-92; 팝 밴드, V·305

〈계속할 수 있어, 잭?Can You Keep It Up, Jack?〉(영화), V·153

고골, 니콜라이Gogol, Nikolai, I·253, 305, II·195, 319, 329, III·70; 『죽은 혼Dead Souls』, I·324, II·322, III·84, 398; 『검찰관The Inspector General』, III·84, 249; 『타라스 불바Taras Bulba』, I·293, III·398

『고금찬송가Hymns Ancient and Modern』, II·402

고데Godey, Louis Antoine(출판인), II·86

고드윈, 윌리엄Godwin, William: 『케일럽 윌리엄스의 모험The Adventures of Caleb Williams』, II·245

고딕소설Gothic novels → 소설

고르바초프, 미하일Gorbachev, Mikhail, V·173

고리키, 막심Gorky, Maxim: 공산당 비가입, IV·52; 『노란 악마의 도시The City of the Yellow Devil』, III·430; 미국에서 추방, III·430; 번역, V·244; 새로운 문학 구축, IV·51, 54; 스타니슬랍스키의 기법, III·266; 『어머니The Mother』, III·41, 258, 430, IV·30, 54; 재출간, V·179; 「추잡한 자들의 음악에 관하여On the Music of the Gross」, IV·437; 혁명가 지원, III·430; 희곡, III·255, 257

고몽 사Gaumont company, III·365, 375, IV·139, 223

고베티, 피에트로Gobetti, Pietro, IV·399

고비노, 조제프Gobineau, Joseph, II·158

고세크, 프랑수아 조제프Gossec, François-Joseph, I·427

고슬랭Gosselin(파리 서적상), I·298

고시니, 르네Goscinny, René, IV·360, 369, 370, V·236, 241

〈고양이 펠릭스Felix the Cat〉(연재만화), IV·358

고양이 프리츠Fritz the Cat(연재만화 주인공), IV·384

고어, 캐서린 그레이스Gore, Catherine Grace, I·368

〈고엽Autumn Leaves〉(영화), IV·425

〈고인돌 가족 플린스톤Flintstones, The〉(텔레비전 만화), V·75

고전주의classicism, I·20, 170, III·443

고치, 가스파레Gozzi, Gaspare, I·381

고치, 카를로Gozzi, Carlo, I·512

고타, 살바토레Gotta, Salvatore, IV·92

고티에 빌라르, 앙리Gauthier-Villar, Henri('윌리willy'), III·65

고티에, 테오필Gautier, Théophile: 기행문, I·357; 멜로드라마, II·500-1; 쉬에 관해, II·158, 162; 스페인을 소설 배경으로 삼음, III·97; 아셰트에서 출간, II·118; 앤 래드클리프에 관해, I·254; 외모와 이미지, II·103; 위고의 『에르나니』 지지, II·200; 이탈리아의 프랑스 책에 관해, I·324; 제조된 드라마에 관해, II·41; 『죽은 연인La Morte amoureuse』, I·270, III·168; 테마, II·342; 파리의 극장에 관해, II·482; 『프레스』지 기고, II·141;

『환상 이야기』Récits fantastique』, II · 151
곤살레스, 펠리페González, Felipe, V · 112
곤차로프, 이반Goncharov, Ivan, II · 246; 『단애 The Precipice』, II · 246
골도니, 카를로Goldoni, Carlo, I · 90, 95, 328, 346, 512, II · 484, V · 71; 『벨리사리오Belisario』, I · 443; 『거짓말쟁이Il Bugiardo』, I · 519; 『미혼의 파멜라La Pamela nubile』, I · 258
골드, 호레이스 레너드Gold, Horace Leonard, IV · 305
골드스미스, 올리버Goldsmith, Oliver, I · 56; 『지는 것이 이기는 것She Stoops to Conquer』, I · 529
골드워터, 배리Goldwater, Barry; 『한 보수주의자의 양심The Conscience of a Conservative』, V · 233
골드윈, 새뮤얼Goldwyn, Samuel, III · 383, IV · 187
골랜츠, 빅터Gollancz, Sir Victor, III · 57, IV · 44
〈골렘Golem, The〉(영화), IV · 195
『골루아Gaulois, Le』(신문), III · 56
골즈워디, 존Galsworthy, John, II · 109, V · 245; 『포사이트 가 이야기』The Forsyte Saga』, V · 248
『골프 월드Golf World』(잡지), V · 290
곰곯리기bear-baiting, III · 275
곰브리치, 에른스트Gombrich, Ernst; 『서양미술사The Story of Art』, II · 90
공공대여권Public Lending Right(도서관 대출), V · 235
공공도서관법Public Libraries Act(영국, 1850), II · 36
공산주의communism: 계급적 차이, IV · 42-3; 계획법, V · 178-81; 높은 교육 수준, V · 180; 록 음악 전파, V · 305-6; 문화 통제, IV · 17-8, 33-5, 41-2, 46-8, V · 169-70; 붕괴, V · 193, 197-9; 신문, IV · 338, 343-4; 전후 동유럽 지배, IV · 68; 책 번역, IV · 289; 책생산, V · 178-9; 프롤레타리아 연극, IV · 396 → 동유럽

공산주의 인터내셔널Communist International (코민테른): 제2차 대회(모스크바 1921), IV · 48

공원parks, III · 275

〈공주는 잠 못 이루고Nessun Dorma〉(아리아), V · 344

공쿠르, 에드몽과 쥘Goncourt, Edmond & Jules, II · 40, 178, 206, III · 39

공쿠르, 쥘Goncourt, Jules: 유산으로 상 제정, III · 75

공쿠르상Goncourt Prize, III · 75, IV · 280, V · 250

과학science: 책, II · 373-4, 378

과학소설science fiction, II · 223-4, III · 71, 161-6, 171, IV · 291, 303-10

관객(청중)audiences: 습관, I · 435-41, 443-48, II · 509-11; 구성, I · 440-1; → 극장; 연극

관광tourism: 발달, III · 276, V · 354

광고advertising: 라디오, V · 447-9; 슬로건, III · 77; 신문과 잡지, I · 377-80, II · 53-4, III · 204, IV · 334; 텔레비전, V · 15, 46, 117-9, 121-2

괴링, 헤르만Goering, Hermann, IV · 287

〈괴물Thing, The〉(영화), IV · 228

괴벨스, 요제프Goebbels, Joseph, IV · 37, 44, 126-31, 287

괴테, 요한 볼프강 폰Goethe, Johann Wolfgang von; 『괴츠 폰 베를리힝겐Götz von Berlichingen』, I · 179, 291, 516; 극장, III · 247; 『나의 인생에서Aus meinem Leben』, I · 369, II · 354; 독일 국민시

인, I · 218; 독일 작가로서, I · 105, 128;
들라비뉴 찬양, I · 535; 「마왕Erlkönig」,
I · 179; 명성, I · 286, 318; 번역, V · 242,
246; 세계문학론, I · 314-5; 스콧에 관해,
I · 304, 313; 여행기, I · 357; 영어에 관
해, I · 101; 오시안 저작, I · 175; 인기,
II · 196; 『젊은 베르테르의 슬픔Die Leiden
des jungen Werthers』, I · 128, 175, 216,
228, 303, 318, 419, 432, 532; 정치적
발언, II · 198; 『파우스트Faust』, I · 215,
II · 149, 317, III · 343, V · 215; 코타에서
출간, II · 104; 프랑스에서 공연되지 않음,
I · 538; 헤르더와의 만남, I · 179
교육education: 19세기의 발전, II · 14,
II · 375-6; 국가의 의무교육, I · 61-7,
II · 375-6, III · 443; 고등교육과 독서,
I · 70; 러시아, II · 321-2; 교육 출판,
II · 375-8; 독서습관, 222-4
교육법Education Act(영국, 1870): 대중언론의 등
장, I · 204; 음악 교습, I · 459
교회슬라브어Church Slavonic language, I · 74
교회church: 문화적 역할, I · 48; 음악, I · 398,
II · 402-5, III · 314; 극장, I · 510; 영화
에 대한 태도, III · 437-42; 라디오 방송,
IV · 461; → 로마가톨릭 교회
구글Google(온라인 검색 엔진), V · 361, 364, 372
구노, 샤를Gounod, Charles, I · 496, II · 396:
〈나사렛Nazareth〉, III · 316; 〈미레이유
Mireille〉(오페라), II · 96; 〈파우스트Faust〉
(오페라), II · 96; 〈피투성이 수녀La Nonne
sanglante〉(오페라), I · 277
구두점punctuation marks, I · 112
구로사와, 아키라Kurosawa, Akira, IV · 259
구보, 아돌프Goubaud, Adolphe, II · 65
구빈원workhouses, II · 67-8
구성주의 운동Constructivist movement, IV · 48

구아레스키, 조반니Guareschi, Giovanni: 『돈 카
밀로의 작은 세상Le Petit monde de Don
Camillo』, IV · 249, V · 231
구에라치, 프란체스코 도메니코Guerrazzi,
Francesco Domenico: 『베네벤토 전투La
Battaglia di Benevento』, I · 307, II · 346;
『피렌체 포위전L'Assedio di Firenze』,
I · 329
『구이다 TV 누오바Guida TV nuova』(잡지),
V · 284
구이도 다레초Guido d'Arezzo, I · 401
구체 음악musique concrète, V · 314-5
구텐베르크, 요하네스Gutenberg, Johannes,
I · 114-5
구텐타크, J.Guttentag, J.(출판업자), III · 57
국가national anthems, I · 426-7
국가state: 국가와 문화 부문, IV · 27-33, 39-40;
권력의 증대, IV · 12-5, 22; 문화산업에 개
입하지 않음, III · 21-22
〈국가의 탄생Birth of a Nation, The〉(영화),
III · 358, 385, 391, 403
〈국경 없는 게임Jeux sans frontières〉(텔레비전 프
로그램), V · 53
국립루체협회Institute Nazionale LUCE(이탈리아),
IV · 115-6
국립미술원National Institution of the Fine Arts
(전 자유전시회Free Exhibition), II · 88
국립탄화수소공사ENI(석유회사), IV · 350
국제노동기구International Labour Organisation,
IV · 29
국제방송연맹International Broadcasting Union,
IV · 442
『국제번역문헌목록Index Translationum』
(UNESCO), IV · 289, 314
『국제영화연감International Motion Picture Alma-
nac』, IV · 243

국제음반산업연맹International Federation of the Phonographic Industry, V · 300
국제전신연맹International Telegraphic Union, III · 18
국제통신사International News Service, IV · 331
국제합동통신United Press International(UPI), IV · 331
군악대military bands, II · 408-9, 417
〈군중Crowd, The〉(영화), IV · 201
〈굴덴부르크 가의 유산Erbe der Guldenburgs, Das〉(텔레비전 연속물), V · 87
굴드, 글렌Gould, Glenn, V · 347
굴드, 체스터Gould, Chester, IV · 356
굴브란센, 트뤼그베Gulbranssen, Trygve, IV · 123
『굿 하우스키핑Good Housekeeping』(잡지), IV · 352
굿맨, 베니Goodman, Benny, IV · 434
굿윈, 데이지Goodwin, Daisy: 『영국인이 가장 좋아하는 사랑시The Nation's Favourite Love Poems』, V · 227
권투boxing, III · 275
〈귀여운 여인Pretty Woman〉(영화), III · 128
귀족aristocracy: 권력의 쇠퇴, II · 11; 표준과 생활양식, II · 43-4
귄터, 코르둘라Günther, Cordula, V · 265-7
〈그녀가 그를 망쳤다She Done Him Wrong〉(영화), IV · 185
그라나다Granada(텔레비전사), V · 89
그라마티카, 엠마Gramatica, Emma, III · 253
그라모폰 사Gramophone Company, III · 325, 327, 334, 336-8
그라모폰 앤드 타이프라이터사Gramophone and Typewriter Company, III · 337
『그라모폰Gramophone』(잡지), III · 343
그라베, 크리스티안 디트리히Grabbe, Christian Dietrich, I · 316
그라세Grasset(출판사), IV · 282
그라스, 귄터Grass, Günter, 1310: 『나의 세기My Century』, V · 19
그라시, 앙헬라Grassi, Angela, III · 61
그라시, 파올로Grassi, Paolo, IV · 402
그라츠-세카우Graz-Seckau, 주교Bishop of, I · 64
『그라치아Grazia』(잡지), IV · 101
그라프, 아르투로Graf, Arturo: 『18세기 이탈리아에서의 영국 숭배와 영어의 영향 L'Anglomania e l'influsso inglese in Italia nel secolo XVIII』, II · 342
그란데스 노벨라스 문고Biblioteca de Grandes Novelas, III · 96
그람시, 안토니오Gramsci, Antonio, I · 288, II · 343, III · 112, 254, 380, 425, IV · 48, 83, 142
그랑빌, 장 자크Grandwille, Jean-Jacques, II · 85: 『오늘의 변신Les Mitarnorphoses du jour』, I · 393
그래프턴, 수Grafton, Sue, IV · 313
『그랜드 호텔Grand Hotel』(이탈리아 잡지), IV · 381
그랜빌 바커, 할리Granville Barker, Harley, III · 260
그랜빌, 조지프 모티머Granville, Joseph Mortimer, III · 19
그랜트, 매디슨Grant, Madison: 『위대한 인종의 소멸The Passing of the Great Race』, IV · 153
『그랭구아르Gringoire』(주간지), IV · 343
그레고리, 이사벨라 오거스타Gregory, Isabella Augusta, Lady, I · 193
그레고리우스 16세Gregory XVI, 교황, II · 185, 351

그레구아르, 신부 앙리Gregoire, Abbe Henri,
　Ⅰ · 85, 150
그레마스, 알지르다스 쥘리앙Greimas, Algirdas
　Julien:『구조의미론Sémantique struc-
　turale』, Ⅴ · 247
그레미용, 장Grémillon, Jean, Ⅳ · 225
그레이, 엘리샤Gray, Elisha, Ⅲ · 18
그레이, 제인Grey, Zane, Ⅲ · 184
그레이, 해럴드Gray, Harold, Ⅳ · 355
그레이닝, 맷Groening, Matt, Ⅴ · 75
그레이엄, 마사Graham, Martha, Ⅳ · 432
그레이엄, 캐럴라인Graham, Caroline, Ⅳ · 313
그레이엄, 케네스Grahame, Kenneth:『버드나
　무에 부는 바람The Wind in the Willows』,
　Ⅲ · 199
『그레이엄스 레이디스 앤드 젠틀맨스 매거진
　Graham's Lady's and Gentleman's Maga-
　zine』, Ⅱ · 247
그레인, J. T.Grein, J. T., Ⅲ · 125
그레코, 쥘리에트Gréco, Juliette, Ⅳ · 423
그렉, 윌리엄 래스본Greg, William Rathbone,
　Ⅱ · 285
『그로브 음악사전Grove Dictionary of Music
　and Musicians』, Ⅰ · 254: →『뉴 그로브 음
　악사전』
그로세, 카를Grosse, Carl:『정령Der Genius』,
　Ⅰ · 155, 275
그로셋, 헨리 윌리엄Grosette, Henry William:
　『레이먼드와 애그니스Raymond and Agnes;
　or the Bleeding Nun of Lindenberg』,
　Ⅰ · 280
그로스, 게오르게Grosz, George, Ⅳ · 195
그로시, 톰마소Grossi, Tommaso:『마르코 자작
　Marco Visconti』, Ⅰ · 307
그로토프스키, 예지Grotowski, Jerzy, Ⅴ · 159
그뢸, 미할Gröll, Michael, Ⅰ · 136-7

그루너 운트 야르Gruhner & Jahr(출판사),
　Ⅴ · 283
〈그리고 신은 여자를 창조했다Et Dieu créa la
　femme〉(영화), Ⅳ · 241
그리그, 에드바르드Grieg, Edvard, Ⅲ · 295, 313
그리니치 자오선Greenwich meridian, Ⅰ · 49
그리말디, 조지프Grimaldi, Joseph, Ⅰ · 513
그리멜스하우젠, 한스 야코프 크리스토펠 폰
　Grimmelshausen, Hans Jacob Christoffel
　von:『모험가 짐플리치시무스Simplicis-
　simus』, Ⅰ · 223, 316;『사기꾼 쿠라셰의 인
　생Lebensbeschreibung der Erzbetrügeren
　Courasche』, Ⅰ · 316
그리셤, 존Grisham, John, Ⅳ · 291;『의뢰인The
　Client』, Ⅴ · 232
그리스Greece: 대중음악, Ⅱ · 516; 도시노래,
　Ⅲ · 338; 독립, Ⅱ · 310; 뒤마 작품 번
　역, Ⅱ · 237; 물질적 소유, Ⅴ · 226; 소설,
　Ⅱ · 309-10; 언어, Ⅰ · 87, Ⅱ · 310; 영화제
　작, Ⅴ · 135; 역사적 저술, Ⅱ · 369; 텔레비
　전, Ⅴ · 112
그리스(고대)Greece: 연극, Ⅰ · 507-9
〈그리스 2Grease Ⅱ〉(영화), Ⅴ · 155
그리시, 줄리아Grisi, Giulia, Ⅱ · 431, Ⅱ · 440
그리시, 카를로타Grisi, Carlotta, Ⅰ · 463, Ⅲ · 251
그리어슨, 존Grierson, John, Ⅳ · 178
그리피, 파트로니Griffi Patroni:〈사랑에 죽다
　D'Amore si muore〉, Ⅳ · 410
그리피스 존스, 머빈Griffith-Jones, Mervyn,
　Ⅱ · 143
그리피스, 데이비드 워크Griffith, David Wark,
　Ⅲ · 358, 385, 391, 399, 403, Ⅳ · 188
그리피스, 랠프Griffiths, Ralph, Ⅰ · 383
그리피스, 로버트 존스Grffiths, Robert Jones:
　『깊고 깊은 해저Under the Deep, Deep
　Sea』, Ⅲ · 167

그린, 그레이엄Greene, Graham, IV · 235, 322
그린, 알렉산드르Grin, Alexander(본명 그리녭스키Grinevsky), V · 190
그린, 애나 캐서린Green, Anna Katharine, III · 147, IV · 313
그린스트리트, 시드니Greenstreet, Sidney, IV · 209
그린우드, 제임스Greenwood, James, II · 67-8
그림 형제Grimm brothers(야코프와 빌헬름), I · 78, 128, 205-6, II · 258, 265, III · 199
그림, 야코프Grimm, Jacob, I · 84, 100, 205, V · 245
그림, 한스Grimm, Hans: 『영토 없는 민족Volk ohne Raum』, IV · 123
〈그의 연인 프라이데이〉His Girl Friday〉(영화), IV · 228
극작가playwrights, V · 158-9
극장(연극)theatre: 건축, I · 492; 검열과 통제, II · 187-93, III · 424-6; 공연과 리허설, I · 509-10, 520, 526; 공연의 일회성, I · 505; 관객, II · 487-8, IV · 387-92, V · 163, 348; 관객의 행동, I · 436-8, 447-8, III · 273, IV · 404; 규칙과 관례, I · 514-6; 극작가의 권리, II · 129; 극작가의 수입, II · 280; 극장 수입, IV · 403; 극장의 성공, V · 162; 기술적 개선, II · 477, III · 274-5; 나치 독일, IV · 127-8; 독일 사회주의자들의 장려, III · 37; 드라마 판권, II · 384; 레퍼토리, V · 158; 무대 연출, II · 483; 민중극, III · 269-74, IV · 394-8; 소설 각색, II · 484-5; 수와 분포, II · 476-7; 실험, III · 263; 야외극, IV · 397; 역사와 발전, I · 507-13; 판화, I · 390; 연출가, V · 159-60; 연출가의 역할, III · 262-7; 음향, I · 441-2; 입장권 판매, II · 486; 입장료, I · 163; 재원과 보조금, V · 157-8; 지위와 역할, III · 255-6; 텔레비전 시대의 인기, V · 127; 특수효과, II · 477; 특징, I · 506-7; 파시스트, IV · 399-400; 행정과 관리, II · 481-2; 허가, I · 528-9 → 멜로드라마; 배우; 소극; 희곡
극장법Theatres Act(영국, 1843), II · 508
글라이히, 알로이스Gleich, Aloys: 〈피에스코 Fiesko〉(오페레타), II · 490
글라인드본 투어링 오페라Glyndebourne Touring Opera, V · 348
글래드스턴, 윌리엄 유어트Gladstone, William Ewart, I · 19-20, 190
글랜시, 마크Glancy, Mark: 『할리우드가 영국을 사랑했을 때When Hollywood Loved Britain』, IV · 171
『글로브Globe, Le』(잡지), I · 389
글루크, 크리스토프 빌리발Gluck, Christoph Willibald, I · 443, 462, 481: 〈알체스테 Alceste〉, I · 462; 〈오르페오와 에우리디케 Orfeo ed Euridice〉, I · 481-2; 〈타우리스의 이피게네이아Iphigenie en Tauride〉, I · 481
글리슨, 브렌던Gleeson, Brendan, V · 141
글리에르, 라인홀트Glière, Reinhold: 〈빨간 양귀비Red Poppy〉(발레), IV · 437
글리glees(음악), II · 392
글린카, 미하일 이바노비치Glinka, Mikhail Ivanovich, I · 495, II · 435, III · 295: 〈루슬란과 류드밀라Ruslan and Ludmila〉, I · 495, II · 467; 〈차르를 위한 목숨A Life for the Tsar〉, II · 467
글쓰기writing: 발달, I · 73-4, 110
금서목록Index of Forbidden Books(로마 가톨릭교회), II · 186, III · 138
〈금지된 행성Forbidden Planet〉(영화), IV · 308
기계공회관mechanics' institutes, II · 35

기구, 장Gigoux, Jean, II · 86
기네스, 알렉Guinness, Sir Alec, V · 139, 146, 164
『기네스북Guinness Book of Records』, IV · 295, 315
기독교지식장려협회Society for the Promotion of Christian Knowledge(SPCK), III · 202
기독교Christianity: 쇠퇴, II · 13: → 교회; 로마 가톨릭교회
기베르, 필리베르Guilbert, Philbert: 『자비로운 의사Le Midecin charitable』, I · 366
기시, 릴리언Gish, Lillian, III · 388
기싱, 조지Gissing, George, 343: 『꿈꾸는 문인들의 거리New Grub Street』, III · 47, 75, 202, 222
기어츠, 클리퍼드Geerz, Clifford, I · 411
기엔, 니콜라스Guilléen, Nicolis, I · 220
기욤 드 마쇼Guillaume de Machaut, I · 403
기조, 프랑수아Guizot, François, II · 357: 교육법, II · 375
〈기즈 공작의 암살Assassinat du Duc de Guise, L'〉(영화), III · 356, 379
기트리, 사샤Guitry, Sacha, IV · 404
기틀린, 토드Gitlin, Todd: 『프라임타임Prime Time』, V · 40
길, 안톤Gill, Anton, V · 255
『길가메시 서사시』Gilgamesh(서사시), I · 204-5
길구드, 존Gielgud, Sir John, V · 164
길레이, 제임스Gillray, James, I · 389, III · 232
길리언, 테리Gilliam, Terry, I · 254
길버트, 윌리엄 슈웽크 아서 설리번Gilbert, Sir William Schwenck and Sir Arthur Sullivan, I · 503, II · 190, 468, 496, III · 428, IV · 417: 〈곤돌라 사공The Gondoliers〉, II · 499
깁슨, 윌리엄Gibson, William, IV · 304

깁슨, 하비Gibson, Harvey, IV · 187
〈꿈의 배Traumschiff〉(텔레비전 프로그램), V · 84

【 ㄴ 】

〈나 유명인사야, 여기서 꺼내줘I'm a Celebrity, Get Me Out of Here〉(텔레비전 리얼리티 쇼), V · 129
〈나는 고발한다J'Accuse〉(영화), III · 227
〈나는 고백한다I Confess〉(영화), IV · 260
〈나는 그로스베너 스퀘어에 살아요I Live in Grosvenor Square〉(영화), IV · 244
〈나는 천사가 아니다I'm No Angel〉(영화), IV · 185
나레주니, 바실리Narezhny, Vasily: 『러시아인 질 블라스A Russian Gil Blas』, I · 333
『나로드니 리스티Narodni Listy』(체코 신문), III · 209
나르콤프로스Narkompros(교육인민위원회 People's Commissariat for Enlightenment), IV · 47
나보코프, 블라디미르Nabokov, Vladimir, I · 165, 226, V · 197: 『롤리타Lolita』, IV · 18
나시, 잠바티스타Nasi, Giambattista, I · 530
나쓰키, 시즈코夏樹靜子, IV · 314
나와즈, 아키Nawaz, Aki, V · 339
『나우Now』(잡지), V · 284
나이르, 미라Nair, Mira, V · 135
나이지리아Nigeria, V · 226: 영화, V · 369
나이트, 찰스Knight, Charles, I · 388, II · 30-4, 80
『나인Nine』(잡지), V · 289
나조르, 블라디미르Nazor, Vladimir: 『빨치산과 함께With the Partisans』, IV · 69
『나치오네Nazione, La』(이탈리아 신문), II · 64, IV · 348

나치Nazis: 문화, Ⅳ·122-32; 반유대주의, Ⅳ·12, 125; 오페라, Ⅳ·409; 재즈 경멸, Ⅳ·437; 텔레비전 다큐멘터리에 비친 모습, Ⅴ·106-7

나탕, 베르나르Natan, Bernard, Ⅳ·223

나탕, 페르낭Nathan, Fernand, Ⅱ·378, Ⅲ·56

나탕송 형제Natanson brothers, Ⅲ·56

나텔, 장 마르크Natel, Jean-Marc, Ⅴ·167

나폴레옹 1세(보나파르트), 프랑스 황제Napoleon I(Bonaparte), Emperor of the French: 괴테의『젊은 베르테르의 슬픔』찬양, Ⅰ·318; 극장 폐쇄, Ⅰ·526-7;『세인트헬레나 회고록Le Mémorial de Sainte Hélène』, Ⅰ·369; 오시안 찬양, Ⅰ·176; 이집트 원정, Ⅰ·360; 이탈리앵 극장 설립, Ⅰ·496

나폴레옹 3세, 프랑스 황제Napoleon Ⅲ, Emperor of the French(전 루이 나폴레옹Louis Napoleon): 검열, Ⅱ·169, 175, 183; 대중언론, Ⅱ·68; 독재, Ⅱ·52, 197, 366; 몰락(1870), Ⅱ·184; 문학 통제, Ⅱ·30, 165; 위고의 경멸, Ⅱ·197, 203; 재위 말, Ⅲ·427; 쿠데타(1851), Ⅱ·174; 통치, Ⅱ·12; 피신 중 사망, Ⅱ·207; 황실 악기 제작자로 삭스 임명, Ⅱ·417

〈나폴레옹Napoleon〉(아벨 강스 영화), Ⅳ·224

나폴리Naples: 검열, Ⅱ·174; 극장, Ⅱ·450; 산카를로 극장과 오페라, Ⅰ·461, 485-6, Ⅱ·449, Ⅲ·342; 음반, Ⅲ·336; 인구, Ⅰ·47

〈나히모프 제독Admiral Nakhimov〉(영화), Ⅳ·62

〈난부난처難夫難妻〉(영화), Ⅲ·411

남북전쟁American Civil War(1861-65), Ⅱ·13, Ⅲ·20; 노래, Ⅲ·316

〈남편을 배신하고 싶어Voglio tradire mio marito〉(영화), Ⅳ·116

낭만주의 운동Romantic movement: 민족주의, Ⅰ·170-4, 192-3, 286, Ⅳ·80; 대중문화, Ⅳ·158

『내셔널 리뷰National Review』, Ⅱ·56

내셔널 매거진 사National Magazine Company (출판사), Ⅴ·289

'내일의 책' 문고Livre de Demain(출판사 시리즈), Ⅳ·279

냅스터Napster, Ⅴ·301-2

너트, 데이비드Nutt, David(출판업자), Ⅱ·352

〈네 번의 결혼식과 한 번의 장례식Four Weddings and a Funeral〉(영화), Ⅴ·136, 232

네고시, 페타르 페트로비치Njegoš, Petar Petrović:『산의 화관The Mountain Wreath』, Ⅳ·68-9

네그리, 폴라Negri, Pola, Ⅳ·202, 207-8

네덜란드Netherlands: 신문, Ⅰ·374; 플랑드르어권 벨기에, Ⅱ·313; 텔레비전, Ⅴ·29, 43, 60, 10, 113; 번역된 책, Ⅴ·241

네루다, 파블로Neruda, Pablo, Ⅰ·220, Ⅳ·57, Ⅴ·242-3

네르비니Nerbini(출판사), Ⅲ·38

네미로비치 단첸코, 블라디미르Nemirovich-Danchenko, Vladimir, Ⅲ·249, 272

네빌, 헨리Neville, Henry:『파인 섬Isle of Pine』, Ⅰ·238

네스빗, 이디스Nesbit, Edith, Ⅲ·199

네스트로이, 요한 네포무크Nestroy, Johann Nepomuk, Ⅱ·490-3, Ⅳ·418

네슬레Nestle, Ⅲ·225

『네이션 앤드 애서니엄Nation and Atheneum』 (잡지), Ⅳ·278

〈네이키드Naked〉(영화), Ⅴ·129

네케르, 자크Necker, Jacques, Ⅰ·180

네코, 프란체스코Gnecco, Francesco: 〈오페라

세리아 리허설La Prova di un opera seria〉, II · 438
네프자위Nefzawi: 『향기 나는 정원The Perfumed Garden』, III · 431
넥쇠, 마르틴 안데르센Nexø, Martin Andersen, III · 142
넷 북 협약Net Book Agreement: 성립(1899), II · 119
노동계급working class: 독서, II · 133-5, 37-8, III · 37-41; 문화시장, IV · 26; 문화의 영향, IV · 49-50; 사회주의, III · 35-9; 수입과 생활수준, III · 31-4; 연극 관람, IV · 389, 392
노동당Labour Party(영국): 문화적 간섭 자제, IV · 43-4
노동일working day: 규제, IV · 28-9, 31-2
노동조합trade unions: development, II · 14
노동조합회의Trades Union Congress(영국): 연간 공휴일annual holidays, IV · 28
노디에, 샤를Nodier, Charles, I · 193; 『보헤미아 왕과 일곱 성 이야기Histoire du Roi de Bohème et de ses sept châteaux』, II · 86
노라, 피에르Nora, Pierre, V · 228
노래songs: 가정에서, III · 314-8; 검열, II · 194; 녹음, III · 330-1, 336-42; 대중적인 노래, I · 425-30, IV · 411-3, 420-7; 뮤직홀, II · 510-2, 518; 시로 만든 노래, II · 381; 애국적 노래와 호전적 노래, II · 517 → 가수
〈노력하지 않고 출세하는 법How to Succeed in Business Without Really Trying〉(뮤지컬), V · 165
노르디스크Nordisk(영화사), III · 404-5
노르웨이Norway: 라디오, IV · 456, 462; 언어, I · 82; 정부의 음악 지원, V · 347; 텔레비전, V · 29

노리스, 프랭크Norris, Frank, III · 139
『노바Nova』(잡지), V · 582
노발리스Novalis(프리드리히 레오폴트 폰 하르덴베르크 남작Baron Friedrich Leopold von Hardenberg), I · 179
『노베첸토Novocento』(잡지), IV · 85
노벨로Novello(음악출판사), I · 458, II · 512
『노벨리에레 브리탄니코Novellzere britannica, II』(잡지), I · 164
노벨문학상Nobel Prize for Literature, III · 75, 89-90
노블, 프랜시스Noble, Francis, I · 154
노블레, 리즈Noblet, Lise, I · 463
『노비 미르Novy Mir』(소련 잡지), V · 173, 187, 195
노스 아메리칸 포노그래프 사North American Phonograph Company, III · 322
노스클리프, 앨프리드 함스워스, Northcliffe, Alfred Harmsworth, Viscount, II · 72, III · 206, 219-22, 234, IV · 155, 331, V · 254
노엘레 노이만, 엘리자베트Noelle-Neumann, Elisabeth, V · 55
『노엘Noël』(잡지), III · 240
노이버거, 킴벌리Neuberger, Kimberly: 『중급 대수학의 공포에서 벗어나기Take the Fear out of Intermediate Algebra』, V · 256
『노이에 무지칼리셰 프레스Neue musikalische Press』(잡지), II · 359
『노이에 무지크 차이퉁Neue Musik Zeitung』(잡지), II · 359
『노이에 유겐트Neue Jugend』(잡지), IV · 358
노턴, 프레더릭Norton, Frederick: 〈추친초Chu Chin Chow〉(뮤지컬), III · 261
녹스, 로널드Knox, Revd Ronald, IV · 316
녹스, 바이시시머스Knox, Vicesimus, I · 168

녹음recorded sound: 대중음악, IV · 411, 415;
    레퍼토리와 판매, III · 335-43; 미국 문화
    의 전파, IV · 133-4; 발전, I · 505, III · 11,
    19, 22, 319-29, 322-4; 순음악, IV · 429-
    31, 434; 연주자에 대한 보수, IV · 470
논픽션 책non-fiction books: 범주로서, I · 349-
    53, II · 356
놀런, 필립Nowlan, Phil, IV · 307
놀이공원pleasure gardens, I · 449
농민peasants: 소설 속, III · 42-3; 독서, 82-3
농촌전화청Rural Electrification Administration
    (미국), III · 23
누그, 장Nouguès, Jean, III · 87
누리, 아돌프Nourrit, Adolphe, I · 485, 497
『누벨 옵세르바퇴르Nouvel observateur, Le』(잡
    지), IV · 333, V · 280
누벨바그nouvelle vague, IV · 75
『뉴 그로브 음악사전New Grove Dictionary of
    Music and Musicians』, I · 415
『뉴 모럴 월드New Moral World』(잡지), II · 34
『뉴 뮤지컬 익스프레스NewMusical Express』(잡
    지), IV · 413, V · 295-6
『뉴거트Nyugat』(헝가리 잡지), III · 96
『뉴게이트 캘린더Newgate Calendar』→ 『범죄
    자 명부』
뉴먼, 존 헨리Newman, John Henry, Cardinal,
    II · 318
뉴먼, 폴Newman, Paul, V · 52
『뉴스 오브 더 월드News of the World』(신문),
    II · 50, IV · 334, V · 254
뉴스 코퍼레이션News Corporation, V · 253-4
『뉴스 크로니클News Chronicle』, IV · 330
『뉴스위크Newsweek』(잡지), IV · 333-4, 337,
    V · 280
뉴올리언스New Orleans: 음악, III · 290-2
『뉴요커New Yorker』(잡지), V · 285

뉴욕New York: 극장, II · 476; 메트로폴리탄
    오페라, III · 309, V · 342; 스타인웨이 홀
    Steinway Hall, II · 414; 신문, II · 50; 이탈
    리아 오페라, II · 451, III · 299, 302-3; 폴
    리베르제르Folies Bergère, III · 281
『뉴욕 데일리 뉴스New York Daily News』,
    III · 223
『뉴욕 레저New York Ledger』, II · 338-9
『뉴욕 월드New York World』, III · 234-6
『뉴욕 위클리New York Weekly』, III · 338
『뉴욕 저널New York Journal』, III · 236
뉴욕 필하모닉 오케스트라New York Philhar-
    monic Orchestra, III · 310, IV · 435, 468
『뉴욕 헤럴드New York Herald』, II · 428
〈뉴욕의 왕King in New York, A〉(영화), IV · 258
뉴질랜드New Zealand: 미국 영화, III · 385
『니 요르드Ny Jord』(노르웨이 저널), III · 101
니글Neagle,(담Dame), 애나Anna, IV · 245
니로, 로버트 드Niro, Robert de, V · 151
『니벨룽겐의 노래Nibelungenlied』, I · 192
니부아예, 외제니Niboyet, Eugénie, II · 67, 216
니사의 성 그레고리우스Gregory of Nyssa, St,
    I · 53, 511
〈니스에 관하여À Propos de Nice〉(영화),
    IV · 226
니스Nice: 이탈리앵 극장, III · 275
니에보, 이폴리토Nievo, Ippolito: 『어느 이탈리
    아인의 고백Confessioni di un Italiano』(〈피
    사 여인La Pisana〉으로 방영), V · 74
〈니외메헨의 마리컨Mariken van Nieumeghen〉
    (기적극), I · 230
니자르, 장 마리Nisard, Jean-Marie, I · 312
니장, 폴Nizan, Paul, III · 158, IV · 42, 157
니진스카, 브로니슬라바Nijinska, Bronislava,
    III · 252
니진스키, 바츨라프Nijinsky, Vatslav, IV · 432

니체, 프리드리히Nietzsche, Friedrich, V · 197

니켈로디언nickelodeons in, III · 358
: 크리스마스 영화관 휴업, III · 438-9; 메트로폴리탄 박물관, V · 351; 뉴욕 현대미술관, V · 353

니콜라예바, 갈리나Nikolaeva, Galina: 『싸움은 끝없이Battle en Route』, V · 192

니콜라이 1세, 러시아 차르Nicholas I, Tsar of Russia, II · 146, 451

니콜라이, 오토Nicolai, Otto: 〈템플 기사I Templaro〉, I · 300

니콜라이, 존 G.Nicolai, John G. 와 존 헤이John Hay: 『링컨 전기life of Lincoln』, II · 353

니콜리노, 마리아노Nicolino, Mariano, I · 461

니콜슨, 렌턴Nicholson, Renton, I · 388

니콜슨, 잭Nicholson, Jack, V · 151

니키슈, 아르투어Nikisch, Artur, III · 311

『닉 카터 디텍티브 라이브러리Nick Carter Detective Library』, III · 149

닌텐도Nintendo(일본 회사), V · 358

닐, 매슈Kneale, Matthew: 『잉글랜드인 승객들English Passengers』, I · 259

닐, 존 메이슨Neale, John Mason: 〈선한 왕 벤체슬라스Good King Wenceslas〉, II · 402

닐, 존Neal, John, I · 342

닐센, 아스타Nielsen, Asta, III · 404-5, 437

닐손, 비르기트Nilsson, Birgit, I · 504

닙코, 파울Nipkow, Paul, IV · 26

【ㄷ】

다 폰테, 로렌초Da Ponte, Lorenzo, I · 399, 482, 498

다게르, 루이Daguerre, Louis, II · 91

다구, 마리 백작부인Agoult, Comtesse Marie d'
→ 슈테른, 다니엘

다니노, 피에르Daninos, Pierre: 『톰슨 소령의 수첩Les Carnets du Major Thompson』, V · 231

다니데르프, 레오Daniderff, Léo, III · 293

다니엘 롭스Daniel-Rops(앙리 프티오Henri Petiot): 『죽음아, 너의 승리는 어디에?Mort, où est ta victoire?』, IV · 111

다니엘, 율리Daniel, Yulii, V · 184

다다이즘Dadaism, III · 395, IV · 94

다르, 프레데리크Dard, Frédéric, V · 269

다르고미시스키, 알렉산더 세르게예비치Dargomyzhsky, Alexander Sergeevich, I · 495

다를랭쿠르, 샤를 빅토르Arlincourt, Charles-Victor d', I · 249-50

다미코, 실비오Amico, Silvio d', IV · 404

다비데, 조반니Davide, Giovanni, I · 485

다얀, 다니엘과 엘리우 카츠Dayan, Daniel and Elihu Katz, V · 53

다윈, 찰스Darwin, Charles: 프랑스에서 허용, II · 39; 『종의 기원On the Origin of Species』, II · 318, 373

〈다윗과 골리앗David and Goliath〉(영화), IV · 253

〈다이너스티Dynasty〉(텔레비전 연속극), V · 87, 91

〈다이아몬드 릴Diamond Lil〉(영화), IV · 185

다이애나, 왕세자비Diana, Princess of Wales, V · 53-6, 346

다이어 스트레이츠Dire Straits(팝 그룹), V · 331

다첼리오, 마시모Azeglio, Massimo d': 『에토레 피에라모스카Ettore Fieramosca』, I · 307, 329

『다하임Daheim』(잡지), II · 61

닥터 드레Dr Dre(안드레 영Andre Young), V · 317

〈닥터 지바고Dr Zhivago〉(영화), IV · 244, V · 138

〈닥터 킬데어Dr Kildare〉(텔레비전 프로그램),
    V · 176
단눈치오 가브리엘레D'Annunzio, Gabriele,
    III · 73, 84, 108-11, 401, IV · 94, 100,
    111;『바위산의 처녀들Le Vergini delle
    rocce』, III · 103;『피사넬라La Pisanella』,
    III · 253;
단돌로, 밀리Dandolo, Milly, IV · 114
단첸코, 블라디미르Danchenko, Vladimir → 네
    미로비치단첸코, 블라디미르
단테 알리기에리Dante Alighieri, I · 72, II · 187,
    V · 177;『속어론De Vulgari eloquentia』,
    I · 76;『신곡Divine Comedy』, I · 252
단하우저, 요제프Danhauser, Josef: 〈피아노 치
    는 리스트Franz Liszt, am Flügel phantasier-
    end〉(회화), II · 425
달, 로알드Dahl, Roald, I · 200
달라, 루치오Dalla, Lucio, V · 341
달라라, 토니Dallara, Tony, V · 324
〈달콤한 인생Dolce vita, La〉(영화), IV · 253-4,
    335
닭싸움cock-fighting, III · 275
담로슈, 발터Damrosch, Walter, III · 310
〈당신에게 오늘밤을Irma la Douce〉: (뮤지컬),
    V · 164; (영화), III · 128
대공황Great Depression, IV · 14, 103, 118, 434
대그우드 범스테드Dagwood Bumstead(연재만화
    주인공), IV · 356, 364
〈대도적 페넬로페Penelope la magnifica ladra〉
    (텔레비전 영화), V · 52
대량생산mass production: 대량생산과 대량소
    비, IV · 22
〈대부Godfather, The〉(영화), V · 149
대영박물관British Museum: 건립, V · 351; 방
    문객 수, II · 47, V · 353; 투탕카멘 전시
    (1972), V · 349

대중시장mass markets, II · 46
대중masses: 두려움fear of, IV · 22
대처, 마거릿Thatcher, Margaret, Baroness,
    V · 115
대학universities: 발전, I · 51
댈글리시, 애덤Dalghesh, Adam(소설 주인공),
    III · 153
〈댈러스Dallas〉(텔레비전 연속극), V · 50, 85-7,
    91-4
〈댐 버스터Dam Busters, The〉(영화), IV · 246
더글러스, 마이클Douglas, Michael, V · 151
더글러스, 커크Douglas, Kirk, IV · 251
『더블린 저널Dublin Journal』, I · 235
더빈, 조지프Duveen, Joseph, Baron, IV · 135
더크스, 루돌프Dirks, Rudolph: 〈카첸야머 아이
    들The Katzenjammer Kids〉(만화), III · 236
던, 넬Dunn, Nell: 〈환승역으로Up the Junction〉,
    V · 71
데넘 영화사, 미들섹스Denham Studios, Middle-
    sex, III · 410
데느리, 아돌프Ennery, Adolphe d':『두 고아Les
    Deux orphelines』, V · 230
데니스 퍼블리싱Dennis Publishing(회사),
    V · 289
데니스, 펠릭스Dennis, Felix, V · 289
『데달로Dédalo』(잡지), IV · 285
〈데드 엔드Dead End〉(영화), IV · 121
데드우드 딕Deadwood Dick(본명 냇 러브),
    II · 334-7, IV · 338
데리다, 자크Derrida, Jacques, V · 246
〈데릭Derrick〉(독일 텔레비전 프로그램),
    V · 83-4
『데바Débats, Les』(잡지), I · 298, IV · 338
데스노스, 로베르Desnos, Robert, IV · 422
데이, 도리스Day, Doris, IV · 186, V · 295
데이, 벤자민Day, Benjamin, II · 50

데이비스, 노버트Davis, Norbert: 『두려움과의 랑데부Rendezvous with Fear』, IV · 314

데이비스, 마일즈Davis, Miles, IV · 425

데이비스, 존Davis, John, IV · 236

데이비스, 칼Davis, Carl, II · 489

데이커, 샬럿Dacre, Charlotte: 『조플루아Zofloya; or, The Moor』, I · 277

『데일리 메일Daily Mail』, II · 72, III · 207, 219-21, 334-5, IV · 330-1, 340-2, 440, 448

『데일리 미러Daily Mirror』, IV · 331, 334, 340, 344, 351, 356, 373

『데일리 익스프레스Daily Express』, IV · 167, 330, 334, 342, 350, 357

『데일리 쿠란트Daily Courant』, I · 375

『데일리 클로니클Daily Chronicle』, III · 207

『데일리 텔레그래프Daily Telegraph』: 가격, II · 50; 독자 수, II · 74; 로이터 이용, II · 62; 발행부수, III · 219; 선정적 보도, II · 250; 정치적 입장, IV · 344; 파시즘에 대한 태도, IV · 342; 프란츠 뮬러 살인사건 보도, II · 72

『데일리 헤럴드Daily Herald』, IV · 330, 343

데일리, 오거스틴Daly, Augustin: 『가스등 밑에서Under the Gaslight』, III · 354

〈데카메론Decameron〉(영화), V · 149

데카Decca(음반사), IV · 414, 433

『데페슈Dépêche, La』(툴루즈 신문), III · 216-8, IV · 340-1

데프레, 루이Desprez, Louis: 『종탑 주변Autour d'un clocher』, III · 328

덱스터, 콜린Dexter, Colin, III · 153

덴마크Denmark: 라디오, IV · 456, 462; 민족주의와 민담, I · 186; 번역된 책, V · 241; 영화, III · 404-5; 텔레비전, V · 29, 844

델 두카 형제Del Duca brothers, IV · 381

델람비키, 피에르 클로루로Lambicchi, Pier Cloruro De'(연재만화 주인공), IV · 359

델레다, 그라치아Deledda, Grazia, III · 61, 105

델루아 에 베튄Delloye et Bethune(출판사), II · 351

델리Delly(프티장 드 라 로지에르Petitjean de la Rosière), V · 258

〈델마와 루이스Thelma and Louise〉(영화), I · 267

델바르, 마리아Delvard, Marya, III · 282-3

델페슈, 미셸Delpech, Michel, V · 320

델프, 토머스Delf, Thomas('샤를 마르텔Charles Martel'): 『전직 형사의 일기The Diary of an Ex-Detective』, II · 246

도나트, 로버트Donat, Robert, IV · 172

도나트Donath(출판사), III · 56, 190

도넌, 스탠리Donen, Stanley, IV · 264

도널드 덕Donald Duck(연재만화 주인공), IV · 374

도넬라이티스, 크리스티요나스Donelaitis, Kristijonas, I · 187: 리버풀의 에밀리아Emilia di Liverpool, II · 453

도넬리 로이드Donnelly, Lloyd & Co.(출판사), III · 170

도누아, 마리 카트린 르 쥐멜, Aulnoy, Marie Catherine le Jumel, baronne d', I · 196

도니체티, 가에타노Donizetti, Gaetano, I · 472, 485, II · 431, 445-7, 452-3, 455-6, 461-2, III · 303, IV · 408: 〈람메르무어의 루치아Lucia di Lammermoor〉, I · 300; 〈루크레치아 보르자Lucrezia Borgia〉, III · 315; 〈마리노 팔리에로Marino Faliero〉, I · 535; 〈사랑의 묘약L'Elisir d'amore〉, II · 502; 〈안나 볼레나Anna Bolena〉, II · 439, 453-6

도덕연맹Unione per la Moralitá(이탈리아), III · 437

도덕morals: 문화와 문학의 영향, III · 413-22;

제1차 세계대전의 영향, III · 450
도데, 알퐁스Daudet, Alphonse, III · 39
도레, 귀스타브Doré, Gustave, II · 85, 88-90
도렐, 데이브Dorrell, Dave, V · 313
도뤼 그라, 쥘리Dorus-Gras, Julie, I · 467, 497
도르줄레스, 롤랑Dorgelès, Roland: 『나무 십자가 Les Croix de bois』, IV · 281
도르프만, 아리엘과 아르망 마텔라르Dorfman, Ariel and Armand Mattelart: 『도널드 덕, 어떻게 읽을 것인가How to Read Donald Duck』, IV · 366
『도메니카 델 코리에레Domenica del corriere』 (신문), III · 105, IV · 337
도미니크, 한스Dominik, Hans, IV · 303
도미에, 오노레Daumier, Honoré, I · 393, II · 84, 169, III · 63; 〈파란 스타킹Les Bas-bleus〉, II · 286
도밍고, 플라시도Domingo, Placido, V · 344
도박gambling, III · 275
도브레Daubrée(출판사), II · 351
도브로프스키, 요제프Dobrovsky, Josef, I · 78
도비니, 장 마리 테오도르 보두앵과 루이 샤를 캐니예Aubigny, Jean-Marie-Théodore Baudoin d' and Louis-Charles Caigniez: 〈도둑까치La Pie voleuse〉, I · 518
도서관libraries: 공공도서관, II · 35-40, III · 45, 275, V · 235; 공장도서관, III · 35; 대출, V · 235-6; 도서대여점, I · 153-60, II · 18-9, IV · 277, V · 368; 책 선택, II · 39-40
『도서관 세계Library World』(잡지), II · 39
도스 패소스, 존Dos Passos, John: 『USA』, IV · 39
도스토옙스키, 표도르Dostoevsky, Fedor: 나보코프의 비난, I · 226; 러시아 정신 구현, I · 218; 명성, II · 195; 『백치The Idiot』,

III · 99, 398, V · 74; 번역, V · 244; 벌이, II · 146; 세르반테스의 영향, I · 253; 에드거 앨런 포 칭찬, II · 253; 연재물, II · 147-8; 유배, III · 183; 『작가 일기 Diary of a Writer』, II · 148; 조르주 상드 칭송, II · 287; 『죄와 벌Crime and Punishment』, I · 334, III · 84, IV · 302, V · 163; 『카라마조프 가의 형제들The Brothers Karamazov』, III · 84, 99
도시, 토미Dorsey, Tommy, IV · 427
도어스Doors, the(팝 그룹), V · 317
도요타Toyota(회사), V · 367
도이체 그라모폰Deutsche Grammophon(회사), III · 326, 334, V · 344
『도이체 라디오 일루스트리어테Deutsche Radio Illustrierte』(잡지), IV · 336
『도이체 하이마트Deutsche Heimat』(잡지), III · 43
도이치, 안드레Deutsch, André(출판업자), III · 58
도일, 아서 코넌Doyle, Sir Arthur Conan: 『바스커빌 가문의 개The Hound of the Baskervilles』, III · 158; 번역, III · 93; 셜록 홈스를 '죽였다'가 되살림, II · 136, 157; 역사소설, III · 158; 인기, II · 219, III · 51, 341, IV · 316; 탐정소설, III · 148-9, 160; 투탕카멘의 저주를 믿음, V · 350
도일리 카트 오페라단D'Oyly Carte Opera Company, V · 348
〈도쿄 이야기Tokyo Story〉(영화), IV · 259
『도해 라루스 소사전Petit Larousse illustré』, V · 231
〈도크 그린의 딕슨Dixon of Dock Green〉(텔레비전 연속극), V · 93
독립텔레비전공사Independent Television

Authority(ITA)(훗날 독립방송공사IBA),
V · 109, 115
독서reading: 19세기의 발전, II · 14-5; 가치,
V · 221; 낭독, I · 160-3; 대중적 독서,
I · 131-46, 149-53, 395, II · 25-6, 74-5,
160-6, III · 80-1; 도서대여점, I · 154-60;
비독서, V · 222-4; 여가활동, III · 34,
V · 357; 추정되는 타락 효과, III · 418-9
독일Germany: 검열, II · 184-5, III · 428-9,
443; 고딕소설, I · 275-6, 282; 공장
도서관, III · 45; 교육, III · 443; 군
비, IV · 12-3; 극장, III · 255, 273-4,
IV · 393-4, V · 157; 극장 수, II · 443;
나치의 문화 통제, IV · 44, 184; 나치의
책 소각, IV · 38; 논픽션 저자와 학문,
II · 318-9; 대중가요, II · 518; 대중문학,
V · 264-6; 도서대여점, I · 155-6; 도시
화, I · 47; 독서, III · 42-3, V · 236-7; 독
재정권, IV · 12; 동화, I · 206-7; 디킨스
의 인기, II · 216; 라디오 방송, IV · 456,
467; 문자해득률, I · 70; 문화중앙위원
회, III · 37; 미국 영화, III · 384, IV · 165,
198, 202, 215, V · 135; 미국에 대한 경
제적 의존, IV · 199; 미국에서 상영된 독
일 영화, IV · 243; 민담, I · 178, 182; 민
족주의, I · 206; 바이마르 공화국 시기
의 검열, IV · 184; 방송사들의 재고 영
화 구입, V · 127; 배움, I · 105; 백과사
전, II · 360; 사실주의, III · 144; 서유럽
소설, III · 185-8; 셰익스피어, I · 514-5,
II · 317, III · 248; 소설과 소설가, I · 315-
21, II · 311-2, 317-9, III · 84-5; 스콧
의 영향, I · 307; 신문, IV · 311, 348-50,
V · 278-9; 신문 통제, I · 376; 악기 제작
자, II · 413-4; 어린이문학, II · 256; 언
론, III · 208-10; 연재만화, IV · 368; 영화,
III · 405-6, IV · 168-9, 172-3, 193-203,
222, 231, 255-6; 영화 검열, IV · 180; 영
화 관객 수, IV · 229-30, V · 130, 146;
오케스트라 지휘자, III · 310; 오페라,
I · 478, 490-5, II · 467, 471-2; 외국 소
설가들, II · 317, IV · 123-4; 유대인,
III · 54-60; 음반회사, III · 326, 334; 음악
문화, I · 413-6, II · 391, 394-7, 405; 음악
회 관객, I · 453; 인구, I · 42; 임금과 수
입, III · 32; 작가와 공연자, III · 45; 저널
과 잡지, I · 382, II · 61; 전화망, III · 17;
제2차 세계대전 영화, IV · 247-8; 찬송가,
II · 402-3; 책생산, I · 124-8, II · 315-7,
III · 78-9, 114, IV · 268, 272, 284-5; 책생
산을 둘러싼 프랑스인들의 관심, III · 114;
철학, I · 194; 출판 붐, II · 15, III · 174;
카바레, III · 282-3; 케이블 텔레비전,
V · 118; 탐정영화, III · 376-7; 텔레비전,
V · 12, 24, 29, 83-5, 87, 112-3, 123; 텔레
비전 규제 철폐, V · 116-7; 통일과 국민,
II · 12, 315-6, III · 20, 174, 443; 풍자잡
지, III · 428-9; 프랑스의 대독일 관점 변
화, I · 181; 피노키오, III · 194; 합창단,
III · 314-5 → 나치즘; 동독; 서독
독일사회민주당Sozialdemokratische Partei(SPD),
III · 35
독일통신사Deutsche Presse Agentur(DPA),
IV · 331
독일노동자합창연맹Deutscher Arbeiter-
Sängerbund(DASB), III · 314-5
독일민주공화국German Democratic
Republic(DDR) → 동독
독일어German language: 표준화, I · 72, 84,
178; 효용, I · 94; 제한된 호소력, I · 105
『독일의 딸들을 위한 포노마Ponoma für
Teutschlands Töchter』(잡지), I · 382

〈독일의 비극German Tragedy, A〉(영화),
 IV · 180
독재dictatorship, IV · 82
돈 주앙Don Juan(소설 주인공), II · 150
〈돈 카밀로와 페포네Don Camillo e l'onorvole
 Peppone〉(영화), IV · 249
〈돈바스의 탄광노동자들Coalminers of the Donbass, The〉(영화), IV · 63
동독East Germany(DDR): 공산주의 문화,
 IV · 68-74; 공산주의 이후, V · 202-14;
 대중문학, V · 213; 라디오와 텔레비전,
 V · 214-8; 록 음악, V · 207-13; 영화,
 V · 220; 책생산, V · 193-4 → 독일
동물원zoo, I · 449
동물animals: 공공전시, I · 449
동방Orient: 서구의 지식, I · 205; 여행서와 서술, I · 360-1
동유럽Eastern Europe: 검열, V · 169-71; 문화,
 V · 171-5; 생활, V · 168-9;
동화fairy tales, I · 18, 128, 195-215,
 II · 245, 258, 264, 269, III · 199
되블린, 알프레트Döblin, Alfred, I · 317;『햄릿
 또는 기나긴 밤은 끝났다Hamlet oder die
 lange Nacht hat ein Ende』, IV · 70
되테를, 프란츠Dötterl, Franz, V · 217
〈두 번째 삶Zweimal Gelebt〉(영화), III · 391
두디, 마거릿Doody, Margaret, I · 213
두로바, 나데즈다Durova, Nadezhda:『기병대 아가씨: 러시아 장교의 나폴레옹 전쟁 회고록The Cavalry Maiden: Journal of a Russian
 Officer in the Napoleonic Wars』, II · 292
두세, 사무엘 아우구스트Duse, Samuel August:
 『반유대주의자Antisemiten』, III · 148
두세, 엘레오노라Duse, Eleonora, III · 253, 268
두세크, 얀 라디슬라브Dussek, Jan Ladislav,
 I · 452

〈둔즈베리Doonesbury〉(연재만화), IV · 384
둡체크, 알렉산드르Dubček, Alexander, V · 210
뒤라스, 클레르Duras, Claire, Duchesse de,
 I · 348
〈뒤라통 가Famille Duraton, La〉(라디오 쇼),
 IV · 444
뒤렌마트, 프리드리히Dürrenmatt, Friedrich,
 IV · 322
뒤마, 알렉상드르(아들 뒤마)Dumas, Alexandre:
 『춘희La Dame aux camélias』, II · 191,
 434, III · 127, 178
뒤마, 알렉상드르Dumas, Alexandre: 검열,
 II · 170-3; 다작, II · 230, 272, 495; 단하
 우저의 그림, II · 425; 대화, II · 134; 동방에 대한 관심, I · 360;『몬테크리스토
 백작Le Comte de Monte-Cristo』, I · 160,
 II · 229-34, 246, III · 375, IV · 308; 문인
 협회 지지, II · 128; 문학 방법론, II · 228-30; 번역, II · 147-8, 340, 348, V · 245;
 『삼총사The Three Musketeers』, II · 166,
 171, 237, III · 375; 스콧의『아이반호』번
 역, I · 303;『앙토니Antony』, II · 171; 영
 향, II · 237, 308; 영화 각색, III · 375-8;
 위고의『에르나니』지지, II · 200; 이
 력, I · 288; 이탈리아, I · 324; 인기와 명
 성, II · 151, 219, 228-37, 306, IV · 83,
 302; 재정적 성공, II · 234-5; 정치적 발
 언, II · 235-6; 출생, I · 286;『코르시카 형
 제들Les Frères Corses』, III · 375; 판매,
 V · 230; 팡테옹에 안장, II · 231; 프랑스
 한림원 탈락, II · 230-1, 236
뒤모리에, 다프네du Maurier, Daphne:『레베카
 Rebecca』, IV · 113, 174
뒤모리에, 조르주du Maurier, George:『트릴비
 Trilby』, III · 176-80
〈뒤바리 부인Madame Dubarry〉(영화), IV · 196

뒤바리, 아르망Dubarry, Armand : 『동성애자들
Les Invertis』, III · 431
뒤샹, 마르셀Duchamp, Marcel, IV · 49
뒤아멜, 조르주Duhamel, Georges : 『미래의 생활
정경Scènes de la vie future』(『위험한 미국
America the Menace』), IV · 144
뒤캉주, 빅토르Ducange, Victor, I · 524, 535
뒤코 뒤 오롱, 루이Ducos du Hauron, Louis,
III · 346
뒤크레 뒤미닐, 프랑수아 기욤Ducray-Duminil,
François-Guillaume, II · 151 ; 『쾰리나 또
는 신비로운 아이Coelina, ou l'enfant du
mystere』, I · 534
뒤타크, 아르망Dutacq, Armand, II · 141
뒤프레, 질베르Duprez, Gilbert, I · 467, 485
뒤플랑, 에르네스트Duplan, Ernest, II · 99
뒤플랑, 쥘Duplan, Jules, II · 179
뒤피, 라울Dufy, Raoul, III · 227
뒤피, 장Dupuis, Jean, IV · 380
듀런트, 윌리엄 크레이포Durant, William Crapo,
IV · 187
듀이, 토머스Dewey, Thomas, IV · 374
드골, 샤를 드Gaulle, Charles de, IV · 345, 462,
V · 33, 55, 102
드라마작가작곡가협회Société des Auteurs et
Compositeurs Dramatiques(SACD), II · 129,
II · 383
드라마작가협회Dramatic Authors' Society,
II · 384
드라마저작권법Dramatic Copyright Act(영국,
1833 ; '불워 리턴 법'), II · 384
드라마drama → 극장 ; 희곡
드라이저, 시어도어Dreiser, Theodore, III · 139 :
『미국의 비극An American Tragedy』,
IV · 65
드라제스쿠, 이오안 C. Drăgescu, Ioan C.,

III · 93
〈드라큘라Dracula〉(영화), III · 410
드레셔, 피트Drescher, Piet, V · 219
드레스덴Dresden, III · 174
드레슬러, 마리Dressler, Marie, III · 400
드레퓌스, 알프레드Dreyfus, Alfred : 드레퓌스 사
건, III · 135-7, 145, 448 ; 졸라 장례식 참
석, III · 146 ; 신문 보도, III · 215-9
드로즈, 귀스타브Droz, Gustave : 『신사, 숙녀
그리고 아기 여러분Monsieur, madame et
bébé』, II · 362
드로트닝홀름Drottningholm, 스웨덴, I · 514
드뤼몽, 에두아르Drumont, Édouard : 『유대인의
프랑스La France juive』, III · 137
드리에주, 펠릭스Derìege, Félix : 『로마의 비밀
Les Mystères de Rome』, II · 167
드리외 라 로셸, 피에르Drieu la Rochelle, Pierre,
IV · 24
드보르자크, 안토닌Dvořák, Antonín, I · 495,
III · 295
드뷔로, 장 가스파르Deburau, Jean-Gaspard,
I · 525, II · 430
드뷔시, 클로드Debussy, Claude, II · 435,
III · 292, 295-7, IV · 431
드코브라, 모리스Dekobra, Maurice(에른스트 모
리스 테시에르) : 『침대차의 성모La Madone
des Sleepings』, IV · 96-7
드퀸시, 토머스de Quincey, Thomas : 알렉시스
의 '스콧' 소설 번역, I · 308 ; 『어느 영국인
아편쟁이의 고백Confessions of an English
Opium-Eater』, I · 369, II · 354
들라그라브Delagrave(출판사), II · 377
들라비뉴, 카시미르Delavigne, Casimir, I · 535,
II · 485 ; 『시드의 딸La Fille du Cid』,
I · 341
들라크루아, 외젠Delacroix, Eugène, II · 430

들라투슈Delatouche(출판업자), II · 128, 298
들레클뤼즈, 에티엔 장Delécluze, Etienne-Jean, I · 281, 468, 523-4
들뢰즈, 질Deleuze, Gilles, V · 246
디노라, 티아DeNora, Tia, I · 451
디드, 앙드레Deed, André, III · 398-9
디드로, 드니Diderot, Denis, II · 198; 『리처드슨 예찬Éloge de Richardson』, I · 264; 『백과전서Encyclopédie』(장 르 롱 달랑베르와 함께), II · 360; 『운명론자 자크Jacques le fataliste』, I · 242
디브딘, 찰스Dibdin, Charles, I · 488
디스크자키disc jockeys(DJs), V · 295, 313
디스틴 가족Distin family, II · 418
디아길레프, 세르게이Diaghilev, Sergei, III · 251-3
『디아리오스 데 아비소스Diarios de Avisos』(잡지), II · 148
디아벨리, 안톤Diabelli, Anton, I · 410
〈디아볼릭Diaboliques, Les〉(영화), IV · 241, 321
『디아블 부아퇴Diable boiteux, Le』(잡지), I · 389
『디어본 인디펜던트Dearborn universal televisionythIndependent』(신문), IV · 189
디온, 셀린Dion, Celine, V · 336
디즈니, 월트Disney, Walt: 동물 그림, I · 394; 〈미키 마우스〉 만화, IV · 355; 애니메이션, IV · 211-2; 영화 〈밤비〉, III · 198, IV · 175, 211; 영화 〈백설공주〉, IV · 211-2; 영화 제작, III · 190-1, 203, IV · 268; 영화 〈피노키오〉, III · 194-5, IV · 175, 211; 영화 〈피터 팬〉, III · 200
디즈니 사Disney company, V · 128, 244
디즈레일리, 벤저민Disraeli, Benjamin: 『시빌 또는 두 나라Sybil or the Two Nations』, IV · 35; 왕정, II · 170; 프랑스에서 읽힌 소설, II · 304

디킨스, 찰스Dickens, Charles: 개스켈 부인의 『북과 남』 연재, II · 135; 『골동품 가게 The Old Curiosity Shop』, II · 299; 국제적 인기, II · 306; 『데이비드 코퍼필드 David Copperfield』, II · 215, III · 56; 도덕적 이유로 텍스트 개정, II · 181; 독일, II · 317; 『돔비와 아들Dombey and Son』, II · 53, 151, 215-8, 299; 『두 도시 이야기 A Tale of Two Cities』, II · 216; 러시아어로 번역, II · 147; 런던, II · 149, 154; 『마틴 처즐위트Martin Chuzzlewit』(연재물), V · 47; 미국의 해적 행위에 반발, II · 127; 『미슈마르Mismar』(청소년 비극), I · 361; 번역, II · 216, V · 244; 사실주의와 감상성, III · 144; 사회적 발언, II · 149-50, 196, 210-8, III · 151-2; 사회주의적 사실주의의 모델, IV · 56; 서적상연합회에 반대, II · 119; 선정주의, II · 251; 순회 낭독, II · 217; 신문 구독, I · 373; 『어려운 시절Hard Times』, II · 216; 여담 사용, II · 209; 여성 등장인물, II · 298-9; 여행서, I · 357; 연속물, II · 132, 138; 영향, II · 237; 『올리버 트위스트Oliver Twist』, II · 174, 181, 216-8, 255, V · 225; 『우리 서로의 친구Our Mutual Friend』, II · 44, 67; 『위대한 유산Great Expectations』, II · 137, 216; 인기와 명성, II · 196-7, 210-8, 270, III · 169; 재정적 성공, II · 215, 271; 저널리스트, II · 78; 정기간행물 출간, II · 56-7; 조지 엘리엇의 『목사 생활의 정경』의 작가에 관해, II · 296; 책 판매, I · 164, II · 20, 96, 214-6; 출판사와의 관계, II · 111; 콜린스의 『흰 옷을 입은 여인』에 찬사, I · 253; 『크리스마스 캐럴A Christmas Carol』, II · 214; 포스터의 전기, II · 353; 프랑스에서의 인

기, I·321, II·304-5;『피크위크 페이퍼스The Pickwick Papers』, II·138, 216;학교, II·258;『황폐한 집Bleak House』, II·212-6, 246, 299; 희곡으로 각색된 소설들, II·484
디킨슨, 에밀리Dickinson, Emily, II·329
디트리히, 마를레네Dietrich, Marlene, III·284, IV·94, 203, 207, 221, 225, 413
디포, 다니엘Defoe, Daniel: 로빈슨 크루소 Robinson Crusoe, I·101-3, 132, 154, 234, 238-41, 247, 256, 394, II·113, 255;『몰 플랜더스Moll Flanders』, I·334; 인정받지 못한 초기, I·246; 저널리즘, I·353; 저작, I·239; 화자의 목소리, I·266
디포리스트, 리De Forest, Lee, III·19
〈딕 트레이시Dick Tracy〉(연재만화), IV·356-8
딕스, 오토Dix, Otto, IV·130, 195
딕슨, 윌리엄 케네디 루리Dickson, William Kennedy Laurie, III·346
딘터, 아르투어Dinter, Artur:『핏줄을 거스르는 죄Die Sünde wider das Blut』, IV·123
딜런, 밥Dylan, Bob, V·326-8, 341
딤블비, 리처드Dimbleby, Richard, V·96
딤블비, 조너선Dimbleby, Jonathan:『최후의 총독The Last Governor』, V·227
〈딸들을 가두어라Lock up Your Daughters〉(뮤지컬), V·165
『떼베오TBO』(스페인 잡지Spanish magazine), III·243

【ㄹ】

라겔뢰프, 셀마Lagerlöf, Selma:『닐스의 신기한 모험The Wonderful Adventures of Nils Holgersson』, II·256, III·197, 447
라그네, 프랑수아Raguenet, François:『음악과 오페라 분야에서의 이탈리아인과 프랑스인 비교연구Parallèles des Italiens et des Français en ce qui regarde la musique et les opéras』, I·483
라그니, 제롬Ragni, Gerome, V·165
라너, 요제프Lanner, Joseph, II·410
라니에리, 안토니오Ranieri, Antonio:『눈치아타의 고아 지네브라Ginevra o l'orfana della Nunziata』, II·174-5
라도, 제임스Rado, James, V·165
라디게, 레이몽Radiguet, Raymond:『육체의 악마Le Diable au corps』, IV·279
라디오 에어런Radio Eireann, IV·450
『라디오 타임스Radio Times』(잡지), IV·336
라디오radio: 광고, IV·447-9; 국가의 감독, IV·28, 30; 국민국가nation state, IV·470-1; 권위주의 국가, IV·22; 규제, IV·440-1, IV·447-51; 기술 발전, V·120; 대중매체, IV·159, 267; 대중음악, IV·411-2, 420, V·295-6; 라디오 잡지, IV·336; 발전과 전파, III·15, 22, 24-5, IV·441-6, 458-60; 순음악, IV·428-9; 연극 장려, IV·389; 음악, IV·446, 452, 466-71; 자금, IV·446-9, 455; 전시의 라디오, IV·465; 정책, IV·461-6
라라, 루이스 마리아노 데Larra, Luis Mariano de, II·499
라라, 마리아노 호세 데Larra, Mariano Jose de, I·331, II·499
라 로슈, 조피 폰La Roche, Sophie von, I·382:『폰 슈테른하임 양 이야기Geschichte des Frauleins von Sternheim』, I·266, 319
라루스, 피에르Larousse, Pierre:『19세기 세계대백과사전Grand Dictionnaire universel du XIXe siècle』, II·131, 375

라루스Larousse(출판사), II · 375
『라르티스트Artiste, L'』(잡지), II · 86
라리브와 플뢰리Larive and Fleury(공동 필명):
　『초급 문법Première année de grammaire』,
　II · 375
라마, 헤디Lamarr, Hedy, IV · 207
라마르틴, 알퐁스 드Lamartine, Alphonse de,
　I · 148, 193, 223, 302
라마초티, 에로스Ramazotti, Eros, V · 332
라모트 우당쿠르, 에티엔 레옹Lamothe-Houdan-
　court, Étienne Léon, I · 278
라므네, 펠리시테 로베르 드Lamennais, Félicité
　Robert de, I · 193:『어느 신자의 발언
　Paroles d'un croyant』, I · 352, II · 350-1
라벨, 모리스Ravel, Maurice, II · 435,
　III · 314, IV · 431, 452:〈다프니스와
　클로에Daphnis and Chloë〉, III · 252;
　〈스페인 광시곡Rhapsodie Espagnole〉,
　III · 97
라블레, 프랑수아Rabelais, François, I · 220-3,
　III · 281
라비슈, 외젠Labiche, Eugène, II · 280, 340,
　III · 345
『라사리요 데 토르메스의 생애Vida de Lazarillo
　de Tormes, La』(스페인 소설), I · 341,
　II · 141
라샤트르, 모리스LaChâtre, Maurice(출판업자),
　II · 374
라세르, 앙리Lasserre, Henri:『루르드의 노트르
　담Notre-Dame de Lourdes』, II · 357-8
라 세르, 퓌제 드La Serre, Puget de:『최신 비서
　Secrétaire à la Mode』, I · 364
라소, 오를란도 디Lasso, Orlando di, I · 403
〈라쇼몽Rashomon〉(영화), IV · 259
라스네르, 피에르 프랑수아Lacenaire, Pierre-
　François, II · 251

라스베르크, 크리스텔 폰Lassberg, Christel von,
　I · 319
라스비츠, 쿠르트Lasswitz, Kurd, III · 165-6,
　IV · 303
라신, 장Racine, Jean, I · 220, 515, III · 247
라실드Rachilde(마르게리트 에메리Marguerite
　Eymery), III · 64-5
라우드, 팻과 빌Loud, Pat and Bill, IV · 57
라우베, 하인리히Laube, Heinrich, II · 410
라우텐슐래거, 카를Lautenschläger, Karl,
　III · 274
〈라운드 브리튼 퀴즈Round Britain Quiz〉(라디오
　프로그램), IV · 455
라운드, 헨리Round, Henry, III · 315
라이너, 프리츠Reiner, Fritz, IV · 147
라이노타이프linotype, III · 11
라이들, 보비Rydell, Bobby, V · 329
라이브 8 콘서트Live8 concerts, V · 312
라이브 에이드Live Aid, V · 312
라이스, 아네카Rice, Anneka:『즉석요리 100가
　지100 Recipes in No Time At All』, V · 232
라이스, 에리히Reiss, Erich(출판업자), III · 57
〈라이언 일병 구하기Saving Private Ryan〉(영
　화), IV · 75
라이언스, 마틴Lyons, Martin, I · 107, 350,
　II · 358
라이트, 오빌과 윌버Wright, Orville and Wilbur,
　III · 19
라이프, 한스Leip, Hans, IV · 412
『라이프치거 일루스트리어테Leipziger Illustri-
　erte』, II · 61
라이프치히Leipzig, I · 94, 126, II · 315,
　III · 114-6, 174
『라이프Life』(잡지), IV · 333-5
라이히 라니츠키, 마르켈Reich-Ranicki, Marcel,
　IV · 298

라인하르트, 막스Reinhardt, Max, III · 268, 275, 283, IV · 393
라인하트, 메리 로버츠Rinehart, Mary Roberts, IV · 313
라자레프, 피에르Lazareff, Pierre, V · 96
라콩브Lacombe(출판사), II · 293
라크루아 베르뵈크호벤Lacroix-Verboeckhoven(벨기에 출판업자들), II · 125, 206, 307, III · 119
라크루아, 폴Lacroix, Paul: 『파리에서 월터 스콧이 보낸 밤Les Soirées de Walter Scott à Paris』, I · 298-9
라클로, 피에르 앙부르아즈 프랑수아 쇼데를로 드Laclos, Pierre Arnbroise François Choderlos de, I · 264-6: 『위험한 관계Les Liaisons dangereuses』, I · 265
〈라탈랑트Atalante, L'〉(영화), IV · 226
라투르, 앙투안 드Latour, Antoine de, I · 330
라트비아Latvia: 민족주의, I · 185-6; 형성, IV · 14
라틴아메리카Latin America: 미국 영화, V · 136; 스페인 책, II · 376-7, III · 97; 음악과 노래, IV · 415; 이탈리아와 프랑스 영화, IV · 259; 졸라의 영향, III · 142; 텔레노벨라, V · 91-2
라틴어Latin language, I · 72
라파예트, 마담 드Lafayette, Madame de: 『클레브 공작부인La Princesse de Clèves』, I · 234, 236, 244, 309, 328, 345
라파포르트Rappaport(상트페테르부르크 음반사), III · 323
라포르스, 샤를로트 로즈 드La Force, Charlotte Rose de, I · 196
라포르트, 마르셀Laporte, Marcel, IV · 445
라퐁, 로베르Laffont, Robert, III · 154
라퐁텐, 장 드La Fontaine, Jean de, I · 196, 251, 393, II · 258
라피트, 모리스Lafitte, Maurice(출판업자), III · 51
라피트, 쥘Laffitte, Jules, III · 130
라피트, 폴Lafitte, Paul, III · 379
란고네, 톰마소Rangone, Tommaso: 『120년 넘게 사는 법How a Man Can Live More than 120 Years』, I · 366
란도프스카, 완다Landowska, Wanda, III · 342, IV · 434
란차, 조반니Lanza, Giovanni, II · 187
란체티, 빈첸초Lancetti, Vincenzo: 『카브리노 폰둘로Cabrino Fondulo』, I · 307
랄로, 에두아르Lalo, Édouard, II · 435
랑, 프랑시스Lang, Francis: 「배우의 연기 규칙에 관한 논고Traité sur les règles du jeu d'acteur」, I · 519
랑, 프리츠Lang, Frits, IV · 200, 207
랑글루아, 앙리Langlois, Henri, IV · 197
랑뒤, 앙브루아즈Rendu, Ambroise, II · 112: 『곤충들의 신기한 습관Les Moeurs pittoresques des insectes』, III · 421
랑방Lanvin(패션업체), III · 395, V · 356
〈랑주 씨의 범죄Crime de Monsieur Lange, Le〉(영화), IV · 226
랑케, 레오폴트 폰Ranke, Leopold von, I · 316, 353, II · 370
래드클리프, 앤Radcliffe, Ann, I · 273-6, 278-80, 328, 348, II · 150-3: 『우돌포의 비밀The Mysteries of Udolpho』, I · 154, 271-7, 280, 534, II · 150; 『이탈리아인The Italian』, I · 273, 280, 339
래믈, 칼Laemmnle, Carl, III · 383, IV · 189
래스키, 제시Lasky, Jesse, III · 281, 383, IV · 187
래스키, 해럴드Laski, Harold, IV · 44
래저러스, 엠마Lazarus, Emma, I · 45
래티건, 테렌스Rattigan, (Sir) Terence, IV · 390

래플스Raffles(소설 주인공), III · 149
랜덤하우스Random House(출판사), III · 58
랜스턴, 톨버트Lanston, Tolbert, III · 11
램, 찰스Lamb, Charles, I · 253, II · 84;『율리시즈의 모험The Adventures of Ulysses』, I · 208;『셰익스피어 이야기Tales from Shakespeare』(메리 램 공저), II · 255
램즈던, 아치볼드Ramsden, Archibald(리즈 피아노 제작자), II · 412
램즈던, 존Ramsden, John, IV · 247
램지, 앤드루Ramsay, Andrew, I · 155
랩 음악rap music, V · 310, 338
랭, 새뮤얼Laing, Samuel, I · 189
랭던, 해리Langdon, Harry, III · 400
랭데, 막스Linder, Max, III · 381, 399
랭커스터, 버트Lancaster, Burt, V · 140
랭크, 조지프. 아서(그리고 랭크 사)Rank, Joseph Arthur(and Rank Organisation), IV · 234, 243
랴자노프, 엘다르Ryazanov, Eldar, V · 186
러그헤드, 윌리엄Roughead, William, III · 159
러너, 앨런 제이와 프레더릭 로Lerner, Alan Jay and Frederick Lowe, IV · 418
〈러브 스토리Love Story〉(영화), V · 139
러브, 냇Love, Nat → 데드우드 딕
러셀, 데이비드Russell, David, II · 509
러셀, 버트런드Russell, Bertrand, II · 198, IV · 453, V · 103
러셀, 윌리엄Russell, William;『어느 수사관의 회상Recollections of a Detective Police-Officer』, II · 246
러스킨, 존Ruskin, John;『황금강의 왕The King of the Golden River』, II · 265
러시아(와 소련)Russia(and Soviet Union): 검열 완화, II · 184, V · 189-91; 공산주의 몰락 이후의 생활, V · 197-8; 공산주의 체

제, IV · 12; 교육 발전, II · 321-2; 국가정체성, III · 20; 군비 지출, IV · 12-3; 극장, III · 249, IV · 27, 396-8; 녹음, III · 323, IV · 433-4; 농노해방(1861), II · 320-1; 대기근, IV · 12; 대중문화 전통, II · 325-8; 동화, I · 199, 203; 라디오, IV · 441, 462; 문예 정기간행물, I · 373, II · 146; 문자해득, I · 64, 68, 322, II · 320-2, III · 182, IV · 76; 문학, I · 116, II · 319-20, 323-7; 문화생산, I · 31, 58; 미국 영화의 영향, IV · 140; 민담과 민족주의, I · 182-5; 민족들의 언어와 문화, IV · 77-8; 민중극, III · 271-2; 발레, III · 251-2; 번역서의 저자 위조, I · 308; 볼셰비키 혁명(1917), IV · 11; 비러시아어, II · 329; 사회정치적 변화, II · 12;『서부전선 이상 없다』 출간, IV · 39; 서유럽과의 경쟁, III · 396-7; 서유럽에 알려진 문학, III · 84, 99-102; 석판인쇄, I · 394; 소비에트의 '고급문화' 보호, IV · 30; 소비에트의 글말 장려, IV · 21-2; 소비에트의 검서, IV · 21; 소비에트의 문화 통제, IV · 33-5, 46-57, 76-8, 132; 소비에트의 정치소설, IV · 35-6; 소설, I · 227, 332-335; 스탈린의 숙청, IV · 75; 시인과 시, II · 381; 신경제정책(NEP), IV · 50, 58; 신문, III · 181, 173, 195-6; 아마추어 연극, IV · 80; 아방가르드, IV · 49-50; 여성의 대학 입학, III · 61; 여성 작가, II · 292, III · 61-2; 역사소설, I · 305-6; 연재소설, II · 147-8; 영국 문화 환영, I · 103; 영국 잡지, I · 381-2; 영화, III · 370, 374, 397-8, 404, IV · 22, 51, 57-68, 163-4, 222, V · 172-3, 186, 192; 영화 검열, III · 439-40, V · 173; 영화 관람, IV · 230; 오페라, I · 490, 495-6, 503, II · 451-2; 오페레타, II · 497-8; 외국 드라

마, III · 264; 외국 책, V · 195, 241, 244;
외국에서 출간된 책, IV · 289, V · 244; 유
럽 대중음악과의 단절, IV · 436; 음반회
사, III · 326-7, 334; 음악, II · 325, 328,
V · 177; 인구, I · 42, III · 182; 인기 소
설, III · 171, 180-4, V · 188-91, 197-8;
인텔리겐치아와 국민적 열망, II · 326-9;
인텔리겐치아의 인민주의, III · 182-3;
재즈, IV · 436-7; 전화체계, III · 17; 전
후 동유럽 지배, IV · 68; 제2차 세계대
전 영화, IV · 246; 종이 재활용(마쿨라
투라), V · 181-2; 책 검열, V · 185, 189-
90; 책 유통, III · 182, V · 177-8; 책생
산, I · 123-4, IV · 286, V · 173, 177-81,
184-93, 197; 책력, I · 135; 챕북(루보크),
I · 133, 394, II · 145, 184, II · 320; 카
바레, III · 284; 텔레비전 뉴스, V · 175;
텔레비전 프로그램, V · 175-6, 182-4,
201-2; 프랑스 문화, I · 95; 프롤레타리
아 문화, IV · 47-57; 프롤레트쿨트 운동,
IV · 49; 현대 서유럽 음악에 대한 반감,
IV · 439; 후진성, II · 323-5
러시아서적보급연맹All-Russia Union for the Diffusion of Books, V · 178
러시아프롤레타리아음악가협회Russian Association of Proletarian Musicians(RAPM), IV · 51, 438
러시아프롤레타리아작가동맹Russian All-Union Association of Proletarian Writers(RAPP, 소련), V · 191
〈러시안 익스트림Russian Extreme〉(텔레비전 프로그램), V · 202
〈럭키 루크Lucky Luke〉(벨기에 연재만화), IV · 362, 370
런던London: 국립극장, II · 486, V · 163; 국립미술관National Gallery, V · 351-3; 국립초상화미술관National Portrait Gallery, V · 353; 극장과 드라마, II · 476, 485-6, III · 259-60, 264, IV · 390, V · 163-5; 동물원, I · 449; 드루어리레인 극장, I · 528, II · 190, III · 274; 런던 인디펜던트 극장, III · 264; 런던탑, V · 353; 로열앨버트홀Royal Albert hall, II · 393; 망명자, II · 305; 문화중심지, I · 126, II · 80; 뮤직홀, II · 509; 복스홀 가든스Vauxhall Gardens, II · 407; 빅토리아 앤드 앨버트 박물관Victoria and Albert Museum, V · 351; 사보이 극장Savoy Theatre, II · 477, 497, III · 275; 새들러즈 웰스Sadler's wells, V · 348; 서적상, I · 326; 세인트제임스홀St James's Hall, II · 512; 소설 속의 런던, II · 149, 154; 아츠 극장Arts Theatre, V · 164; 알함브라Alhambra, II · 514; 연주회와 음악, II · 389-90, 392-4; 오페라, I · 463, 502, II · 440, 465; 왕립미술원 하계전시회, II · 81, 87; 왕립오페라하우스, 코번트가든, V · 345, 348; 음악생활, I · 416-7, 455-8; 책 출판, II · 304, III · 174; 초기의 극장, I · 510; 춤추는 장소, II · 406-7; 코번트가든 극장Covent Garden theatre, I · 465, 528, II · 198, 439; 코스모라마Cosmorama, III · 352; 콜리시엄Coliseum(극장), V · 353; 크라이티어리언 극장Criterion Theatre, V · 164; 테이트 모던Tate Modern(미술관), V · 353; 피아노 제작, II · 416; 히즈/허매저스티스 극장His/Her Majesty's Theatre(전 킹스/퀸스 극장), I · 488, 528, II · 440
『런던 리뷰London Review』, II · 56
『런던 매거진London Magazine』, I · 342, 384
『런던 머큐리London Mercury』(잡지), IV · 284
『런던 저널London Journal』, II · 160

런던 필하모닉 소사이어티London Philharmonic Society, I · 458, II · 389
런던, 잭London, Jack, III · 139, V · 245
런던탑Tower of London: 관광지, II · 47
레게, 월터Legge, Walter, IV · 434
레날, 루이 쇼드뤼 드Raynal, Louis Chaudru de, I · 373
레너프, 야코프 판Lennep, Jacob van, I · 305
레녹스, 샬럿Lennox, Charlotte, 180; 『여성 키호테The Female Quixote』, I · 253
레닌, 블라디미르 일리치Lenin, Vladimir Ilich: 번역된 저서, V · 244; 신경제정책, IV · 50; 아방가르드에 대한 입장 변화, IV · 49; 영화에 관해, III · 381, IV · 57; 『유물론과 경험비판론』, IV · 49; 자본주의 전쟁에 관해, IV · 39
〈레드 리버Red River〉(영화), IV · 228
레드 실 레코즈Red Seal Records, III · 323, 337
레드 제플린Led Zeppelin(록 그룹), V · 330
레드 핫 칠리 페퍼스Red Hot Chilli Peppers(록그룹), V · 339
레르몬토프, 미하일Lermontov, Mikhail, I · 104, 305, 334, 516, II · 319, 381, III · 183; 『우리 시대의 영웅A Hero of our Time』, III · 84
레르히스 푸스카이티스, 안시스Lerchis-Puskaitis, Anais, I · 185
레리티에 드 비양동, 마리-잔Lhéritier de Villandon, Marie-Jeanne, I · 196
레마르크, 에리히 마리아Remarque, Erich Maria: 『서부전선 이상 없다Im Westen nichts Neues』, IV · 36-8, 125, 287
레만, 릴리Lehmann, Lilli, III · 330
레몬디니 가Remondini family(인쇄-서적상), I · 136
레뮈자, 샤를 드Rémusat, Charles de, I · 372

레뮈자, 아벨Rémusat, Abel, I · 286
레미, 조르주Rémi, Georges('에르제Hergé'), I · 86, III · 230, IV · 376, 379, V · 242
〈레미제라블Misérables, Les〉(뮤지컬), V · 166-7
레발트, 파니Lewald, Fanny, II · 303, 311
〈레베카Rebecca〉(영화), IV · 174, 268
레보, 루이Reybaud, Louis: 『출세주의자 제롬 파튀로Jérôme Paturot à la recherche d'une situation sociale』, II · 143-4
『레볼베르 레부에Revolver Revue』(잡지), V · 184
『레볼트Révolte, La』(무정부주의 저널), III · 428
레비Levi(슈투트가르트 출판사), III · 57
레비 스트로스, 클로드Lévi-Strauss, Claude, I · 198, V · 246
레비, 미셸Lévy, Michel(출판업자), II · 40, 99, 124, 150, 179
레비, 미셸, 알렉상드르 나탕과 칼만Lévy, Michel, Alexandre-Nathan and Calmann, III · 55-6
레비, 베르나르 앙리Lévy, Bernard-Henri, V · 103
레비나스, 에마뉘엘Levinas, Emanuel, V · 246
레소나, 미켈레Lessona, Michele: 『원하면 이루어진다Volere è potere』, II · 363
레스터Leicester: 공공도서관, III · 45
『레스토 델 카를리노Resto del Curlino』(이탈리아 신문); II · 64
레싱, 고트홀트Lessing, Gotthold, III · 247; 『에밀리아 갈로티Emilia Galotti』, I · 320
레싱, 도리스Lessing, Doris, IV · 304
레아주, 폴린Réage, Pauline(도미니크 오리Dominique Aury): 『O의 이야기L'Histoire d'O』, I · 236, III · 20, V · 255
레오 13세, 교황Leo XIII, Pope, III · 437
레오나르도 다빈치Leonardo da Vinci: 〈최후의

만찬Last Supper〉, V · 124; 〈모나리자Mona
Lisa〉, V · 351
〈레오파드Leopard, The〉(영화), V · 140, 147
레오파르디, 자코모Leopardi, Giacomo, II · 382
레온카발로, 루제로Leoncavallo, Ruggero: 〈팔리
아치I Pagliacci〉, III · 302
레이, 사트야지트Ray, Satyajit, IV · 259
레이, 조니Ray, Johnnie, V · 295
레이, 찰스Ray, Charles, III · 384
레이건, 로널드Reagan, Ronald, IV · 208
『레이널즈 위클리Reynolds' Weekly』, II · 35,
64, 71
레이널즈, 조지 윌리엄 맥아더Reynolds, George
William MacArthur, II · 28-9, 232;『런던의
비밀Mysteries of London』, II · 162
『레이디Lady, The』(잡지), III · 205, IV · 352,
V · 281
『레이디스 다이어리Ladies' Diary』(잡지), I · 53
『레이디스 리뷰Lady's Review』, II · 65
『레이디스 매거진Lady's Magazine』, I · 53,
II · 86
『레이디스 머큐리Ladies' Mercury』(잡지), I · 53
『레이디스 북 앤드 매거진Lady's Book and
Magazine』, II · 86
『레이디스 월드Ladies' World』, III · 263, 394
『레이디스 컴패니언Lady's Companion』(잡지),
III · 205
『레이디스 홈 저널Ladies' Home Journal』,
III · 204
레이먼드, 알렉스Raymond, Alex, IV · 356
레이크사이드 문고Lakeside Library(출판사 시리
즈물), III · 170
레이턴 공공도서관Leyton Public Library, III · 45
레인, 앨런Lane, Sir Allen, IV · 18, 273
레인, 윌리엄Lane, William, I · 146, 155
레인, 프랭키Lane, Frankie, IV · 423, V · 295

『레인보Rainbow』(어린이 잡지), III · 234
레인스, 클로드Rains, Claude, IV · 209
레일웨이 문고Railway Library(출판사 시리즈),
II · 115
레제, 페르낭Léger, Fernand, III · 227
레조, 에르콜레Reggio, Ercole, IV · 83
레츠, 존Letts, John, I · 369
레크리뱅Lécrivain(출판사), II · 150
레클람, 안톤 필리프Reclam, Anton Philipp,
II · 316, III · 79
『레트르 프랑세즈Lettres Françaises, Les』(잡지),
IV · 158
레티프 드 라 브르톤 니콜라 에드메Rétif de la
Bretonne-Nicolas Edmé, I · 284, V · 230
레퍼뉴, 셰리든le Fanu, Sheridan:『카밀라
Carmilla』, II · 341
『레푸블리카Repubblica, La』(신문), IV · 346,
350, II · 272, 275
『레퓌블리크 데 레트르République des lettres,
La』(잡지), III · 132
레프트 북 클럽Left Book Club, IV · 44
레하르, 조피Lehar, Sophie, IV · 127
레하르, 프란츠Lehár, Franz, IV · 127; 〈유쾌한
과부The Merry Widow〉, III · 261, IV · 127
〈레하인Lekhain〉(영화), III · 398
렌, 퍼시벌 크리스토퍼Wren, Percival Christo-
pher:『보 게스티Beau Geste』, II · 291
렌들, 루스Rendell, Ruth(바버라 바인이라는 필명
으로도 집필), IV · 313, V · 236
렐러게르트, 헬무트Rellergerd, Helmut('제이슨
다크Jason Dark'), V · 265
렘, 스타니스와프Lem, Stanisław, IV · 304
렘퍼, 우테Lemper, Ute, V · 157
로 사Loew's Inc.(뉴욕의 은행), IV · 187
로, 마커스Loew, Marcus, III · 359
로, 주드Law, Jude, V · 140

로네, 샤를 드Launay, Vicomte Charles de →
　게, 델핀
로다리, 지아니Rodari, Gianni, V · 243
로댕, 오귀스트Rodin, Auguste, II · 101
로더, 해리Lauder, Sir Harry, III · 337-40
로더미어, 해럴드 시드니 함스워스Rothermere,
　Harold Sidney Harmsworth, 1st Viscount,
　IV · 331, 341
'로던, 페리Rhodan, Perry'(필명), V · 265-7
로드리게스, 마테오Rodriguez, Matéo, V · 320
로드첸코, 알렉산드르Rodchenko, Alexander,
　IV · 50
『로디드Loaded』(잡지), V · 287-9
로디오노브나, 아리나Rodionovna, Arina, I · 203
로랑, 자크Laurent, Jacques, IV · 292-5; 『고요
　한 육체들Les Corps tranquilles』, IV · 293;
　『바보짓Les Bêtises』, IV · 294; 『카롤린 셰
　리Caroline Chérie』, IV · 293
로럴, 스탠과 올리버 하디Laurel, Stan and Oliver
　Hardy, III · 400, IV · 237-8
로렌, 소피아Loren, Sophia, IV · 242, 248, 382
로렌스, 데이비드 허버트Lawrence, David
　Herbert, II · 109, 182, IV · 18, 85;
　『채털리 부인의 연인Lady Chatterley's
　Lover』, II · 143, 177, 302, IV · 18,
　V · 233
로렌스, 플로렌스Lawrence, Florence, III · 391
로렌츠, 페어Lorentz, Pare, IV · 178
로렌치니, 카를로Lorenzini, Carlo; 『피렌체의 비
　밀I Misteri di Firenze』, II · 162; → 콜로
　디, 카를로
로르칭, 알베르트Lortzing, Albert, I · 493-5
로리, 피터Lorre, Peter, IV · 207-8
로마Rome; 문화적 후진성, II · 451; 산타체
　칠리아 음악원Academia di Santa Cecilia,
　II · 446; 인구, I · 47, III · 96

로마(고대)Rome(ancient); 극장, I · 507, 510
로마 가톨릭교회Roman Catholic Church; 금서,
　II · 185-6; 도덕적 검열, IV · 81-2; 문자해
　득과 대중교육에 관한 태도, I · 63-4, 92,
　150; 쇠퇴, II · 13; 스페인, V · 185; 어린
　이문학, III · 202; 여성, II · 294; 연재만
　화, IV · 368-70; 영화 검열, IV · 183; 영
　화 환영, III · 437; 교육, III · 442-3; 인기
　국민문화, IV · 81; 잡지, V · 285; 종교서
　적, II · 357, III · 442; 프랑스에서의 종교
　적 검열, II · 169; 프랑스의 반교권주의,
　III · 201-2
로마니, 펠리체Romani, Felice, I · 324
〈로마의 미국인Americano a Roma, Un〉(영화),
　IV · 239
『로만치에레 잉글레세Romanziere inglese, Il』(잡
　지), I · 164
로메르, 에릭Rohmner, Eric; 『히치콕Hitchcock』,
　IV · 260
로모노소프, 미하일 V.Lomonosov, Mikhail V.,
　I · 75, 233
로미에, 뤼시앵Romier, Lucien; 『유럽과 미국,
　누가 주인이 될 것인가?Qui sera le maître,
　Europe ou Amérique?』, IV · 144
로바니, 주세페Rovani, Giuseppe; 『백년Cento
　anni』, I · 306
〈로버에게 구출되다Rescued by Rover〉(영화),
　III · 408
로버츠, 앨리스Roberts, Alice, IV · 197
로버트슨, 리치와 주디스 베니스턴Robertson,
　Ritchie and Judith Beniston(편집자); 『가
　톨릭과 오스트리아 문화Catholicism and
　Austrian Culture』, V · 372
〈로베레의 장군Generale della Rovere, Il〉(영
　화), V · 147
로비다, 알베르Robida, Albert; 『20세기Le

Vingtième siècle』, III · 164
로비체크, 쿠르트Robitschek, Kurt, IV · 128
로빈, 가브리엘Robine, Gabrielle, III · 395
로빈슨, 브루스Robinson, Bruce, V · 152
로빈슨, 앤Robinson, Anne, V · 66
로사, 살바토레Rosa, Salvatore, I · 386
로사, 체사레Rosa, Cesare: 『마을 선생이 서민들에게 들려주는 이야기I Discorsi di un maestro di villaggio col popolo』, II · 364
로서, 프랭크Loesser, Frank, V · 165
로세티, 단테 게이브리엘Rossetti, Dante Gabriel, II · 372
로세티, 크리스티나Rossetti, Christina, II · 402
로셀리니, 로베르토Rossellini, Roberto, IV · 193, 232, 254, V · 147
로셔스, 아드리안Loosjes, Adriaan, I · 305
로쉴드, 모리스 드Rothschild, Maurice de, IV · 340
로쉴드, 샤를로트 드Rothschild, Charlotte de, II · 392
로쉴드, 제임스와 베티 드Rothschild, James and Betty de, II · 392
로쉴드(로트실트) 가Rothschdd family, II · 433, IV · 135
로스, 아돌프Loos, Adolf, II · 412
로스탕, 에드몽Rostand, Edmond, III · 349; 『시라노 드 베르주라크Cyrano de Bergerac』, III · 87, 246
로스톱친, 소피Rostopchin, Sophie → 세귀르
로시, 바스코Rossi, Vasco, V · 339
로시, 티노Rossi, Tino, IV · 420
로시, 프란체스코Rosi, Francesco, V · 147-8
로시니, 조아키노 안토니오Rossini, Gioacchino Antonio: 〈기욤 텔Guillaume Tell〉, I · 447, 462, II · 435, 440, 464; 〈도둑까치La Gazza ladra〉, I · 446, 518; 〈랭스 여행Il Viaggio a Reims〉, I · 496; 〈세미라미데Semiramide〉, II · 438-40; 〈세비야의 이발사The Barber of Seville〉, I · 341, 444, 461, 468, 502, II · 436-40, 451, V · 71; 〈알제리의 이탈리아 여인L'Italiana in Algeri〉, I · 360; 〈오리 백작Le Comte d'Ory〉, II · 502; 〈이집트의 모세Mosé in Egitto〉, II · 191; 〈이탈리아의 터키인Il Turco in Italia〉, I · 360; 단하우저의 그림, II · 425; 리코르디의 출판, II · 384; 말리브란 칭송, I · 468; 바르바이아의 장려, I · 485; 배경과 오페라의 원전, II · 454; 벌이, I · 461-2; 베를리오즈의 비평, II · 388; 스콧에 관한 오페라의 기초, I · 300; 오페라, I · 496-8, II · 431, 445-8, 461; 이류 아리아, I · 444; 이사벨라 콜브란을 위한 작품과 결혼, I · 473; 인기와 명성, I · 497-504, III · 303; 죽음, I · 501; 파리, I · 499, II · 451-3; 파리 공연, II · 438-9; 파시즘 이탈리아, IV · 408
로열 발레단Royal Ballet(영국), IV · 432
로우, 프레더릭Loewe, Frederick, V · 165
로이, 머나Loy, Myrna, IV · 219
로이드 웨버, 앤드루Lloyd Webber, Andrew(뒷날 로이드 웨버 남작), IV · 263, 427, V · 165; 〈캣츠Cats〉(뮤지컬), III · 261, V · 166
로이드, 마리Lloyd, Marie, III · 316
로이드, 에드워드Lloyd, Edward, II · 26, 75
로이드, 해럴드Lloyd, Harold, IV · 362
『로이즈 위클리Lloyd's Weekly』, II · 35, 71
『로이즈 일러스트레이티드 런던 뉴스페이퍼Lloyd's Illustrated London Newspaper』, II · 50
로이터Reuters(통신사), IV · 331
로이터, 파울 율리우스Reuter, Baron Paul Julius, II · 62

로이터 전신회사Reuter Telegram Company, II · 62
로자, 알베르토 아소르Rosa, Alberto Asor, I · 89
로자, 카를Rosa, Carl, III · 310
로저, 조지Rodger, George, III · 332
로저스, 리처드Rodgers, Richard, IV · 417
로저스, 진저Rogers, Ginger, IV · 167
로즈, 재클린Rose, Jacqueline, II · 255
로지, 올리버Lodge, Sir Oliver, III · 12
로지, 조지프Losey, Joseph, IV · 371
로지, 헨리 캐벗Lodge, Henry Cabot: 『알렉산더 해밀턴Alexander Hamilton』, II · 353
〈로지타Rosita〉(영화), IV · 196
로징, 보리스Rosing, Boris, V · 26
로치, 켄Loach, Ken, V · 73
〈로코와 그의 형제들Rocco and his Brothers〉(영화), IV · 254
『로타 콘티누아Lotta Continua』(신문), IV · 350
로턴, 찰스Laughton, Charles, IV · 203
『로테 파네Rote Fahne』(공산주의 신문), IV · 396
『로테르담스 니우스블라트Rotterdamsch Nieuwsblad』(네덜란드 신문), III · 243
로티, 피에르Loti, Pierre: 『아이슬란드의 어부 Pêcheur d'Islande』, III · 91
〈로프트 스토리Loft Story〉(프랑스 텔레비전 프로그램), V · 62
록 음악rock music: 구 공산권, V · 198-9, 207, 210-2; 기원과 인기, V · 294-5, 304, 340; 반대, V · 306-7; 청중, V · 307-8
록우드, 마거릿Lockwood, Margaret, IV · 244
록하트, 존 깁슨Lockhart, John Gibson, I · 253; 『월터 스콧의 생애Life of Sir Walter Scott』, II · 353
〈론 레인저Lone Ranger, The〉(텔레비전 연속극), II · 435
『론다Ronda, La』(잡지), IV · 85

롤랑, 로맹Rolland, Romain: 『7월 14일Le 14 Juillet』, III · 269; 『당통Danton』, IV · 393; 『민중극Le Théâtre du peuple』, III · 270, IV · 396
『롤랑의 노래Chanson de Roland』, I · 190-2, 211
롤랜드슨, 토머스Rowlandson, Thomas, I · 389
롤런드, 리처드Rowland, Richard, IV · 188
롤리, 수Lawley, Sue, IV · 455
롤링 스톤스Rolling Stones, the(록 그룹), V · 209, 304, 310, 315, 320-1, 327, 330
롤링, 조앤 K.Rowling, Joan K.: 해리 포터 소설 Harry Potter novels, III · 32, 197-9, 202, IV · 296, 315, V · 227, 233, 237-8, 371
롤프, 에른스트Rolf, Ernst, IV · 439
롱, 휴이Long, Huey, IV · 374
롱가네시, 레오Longanesi, Leo: 『이탈리아노 L'Italiano』, IV · 140
롱가네시Longanesi(출판사), IV · 105, V · 268
롱구스Longus: 다프니스와 클로에Daphnis and Chloe』, I · 222
롱맨Longman(출판사), II · 210
롱펠로, 헨리 워즈워스Longfellow, Henry Wadsworth, I · 252: 『히아와타의 노래The Song of Hiawatha』, I · 189
뢰너, 프리츠Löhner, Fritz, IV · 127
뢰니히, 카를Lönig, Karl → 뢰벤탈, 카를
뢰벤, 아돌프 드Leuven, Adolphe de, II · 229
뢰벤탈, 카를Loewenthal, Karl(후의 뢰니히Lönig), III · 57
뢰브, 랍비 예후다Löwe, Rabbi Jehuda, III · 406
뢴로트, 엘리아스Lönnrot, Elias, I · 188
뢴스, 헤르만Löns, Hermann: 『무기를 든 늑대 Der Wehrwolf』; III · 43
루고시, 벨라Lugosi, Béla(벨러 블러슈코), III · 410, IV · 207

루나차르스키, 아나톨리 바실리예비치Lunacharsky, Anatolii Vasilevich, IV · 48-9, 52
루네베리, 요한 루드비그Runeberg, Johan Ludvig, I · 188, 220
루덴도르프, 마르가레테Ludendorff, Margarete: 『루덴도르프와의 결혼생활My Married Life with Ludendorff』, IV · 286
루르드Lourdes, II · 294, 357-8, III · 227
루마니아어Romanian language, III · 92-3
루마니아작가협회Society of Romanian Writers, III · 16
루마니아Romania: 독립 인정, II · 307-8; 디킨스, II · 216, 308; 라디오, IV · 456; 문화와 연극, II · 309; 문화 통제, IV · 24; 번역, III · 93; 소수민족, III · 427, IV · 16-7; 역사, V · 174-5; 오락, V · 169-70; 외국 작가, II · 308-9; 제1차 세계대전 이후의 지위, IV · 16-7; 쥘 베른의 인기, II · 221; 지식인, V · 200
루벤, 데이비드Reuben, David: 『늘 알고 싶었지만 물어보기 두려웠던 섹스에 관한 모든 것Everything You Always Wanted to Know About Sex, But Were Afraid to Ask』, V · 233
루비니, 조반니 바티스타Rubini, Giovanni Battista, II · 452
루비에르, 조제프 마리 오댕Rouvière, Joseph Marie Audin: 『의사 없이 하는 치료법, 또는 건강 지침서La Médecine sans médecin』, II · 366
루비치, 에른스트Lubitsch, Ernst, III · 406, IV · 196, 202, 207
루빈시테인, 이다 르보브나Rubinstein, Ida Lvovna, III · 252
루소, 루이지Russo, Luigi, III · 112
루소, 장 자크Rousseau, Jean-Jacques: 글루크의 오페라를 보며 눈물 흘림, I · 443; 라퐁텐의『콩트와 누벨』에 관해, I · 251;『로빈슨 크루소』추천, I · 101; 스위스 혈통, II · 314;『신 엘로이즈La Nouvelle Héloïse』, I · 182, 228, 232-4, 265, 334, 419, III · 93; 자서전, II · 354;『팡세Pensées』, I · 139; 프랑스 오페라 비난, I · 483
루소, 장Rousseau, Jean, II · 135
루스벨트, 프랭클린 D.Roosevelt, Franklin D., IV · 184, 463;『미래를 내다보며Looking Forward』, IV · 140
『루스코예 슬로보Russkoe slovo』(잡지), III · 181
『루스키 베스트니크Russkii vestnik』(잡지), II · 147
루스타벨리, 쇼타Rustaveli, Shota, I · 219
루앙드르, 샤를Louandre, Charles, I · 229, 303, 321, II · 60, 230
루이 14세, 프랑스 왕Louis XIV, King of France, I · 487
루이 나폴레옹Louis Napoleon → 나폴레옹 3세, 프랑스 황제
루이 필리프, 프랑스 왕Louis Philippe, King of France, I · 393, II · 12, 169-71
루이스, 매슈 그리고리Lewis, Matthew Gregory ('몽크'), I · 147;『수도사The Monk』, I · 271, 274, II · 150
루이스, 싱클레어Lewis, Sinclair, IV · 123;『배빗Babbitt』, IV · 142
루이스, 제리 리Lewis, Jerry Lee, V · 323
루이스, 제리Lewis, Jerry, V · 237
루이스, 조지 헨리Lewes, George Henry, I · 161, 318, 2.17, 208, 274, 318;『괴테의 생애Life of Goethe』, II · 352;『삶과 정신의 문제들Problems of Life and Mind』, II · 181;『철학 인물사Biographical History of Philosophy』, II · 352

루이스, 클리브 스테이플스Lewis, Clive Staples, IV · 308
루이스, 테드 '키드'Lewis, Ted 'Kid'(거숀 멘들로프Gershon Mendeloff), IV · 441
루이스, 피에르Louÿs, Pierre: 『아프로디테Aphrodite』, III · 87; 『여인과 꼭두각시La Femme et le pantin』, II · 299, IV · 94
루이지 아메데오, 아브루치 공작Luigi Amedeo, Abruzzi, Duke of, III · 192
루카, 프란체스코Lucca, Francesco, II · 385
루카치, 게오르크Lukács, Georg, I · 291-2
루커, 니콜라스Luker, Nicholas, V · 190
루커스, 조지Lucas, George, IV · 310, V · 146
루코프, 레오니드Lukov, Leonid, IV · 61-3
루터, 마르틴Luther, Martin, I · 374
루트비히 2세, 바이에른 왕Ludwig II, King of Bavaria, II · 473
루트비히, 에밀Ludwig, Emil, 1028: 『무솔리니와의 대화Conversations with Mussolini』, IV · 90
루틀리지, 조지Routledge, George, II · 115-6
〈루퍼트 베어Rupert Bear〉(연재만화), IV · 357
루프 출판사Éditions Rouff(출판사), III · 172
룩셈부르크Luxembourg: 라디오와 텔레비전 방송, V · 29, 110
『룩Look』(잡지), IV · 333
뤼거, 카를Lueger, Karl, III · 60
뤼미에르, 오귀스트와 루이Lumière, Auguste and Louis, III · 19, 242, 346-50, 356, 372
뤼팽, 아르센Lupin, Arsène(소설 주인공), III · 51, 149
륄리, 장 바티스트Lully, Jean-Baptiste, I · 428, 462, 478, 483
류비모프, 유리Lyubimov, Yuri, V · 160
르 귄, 어슐러Le Guin, Ursula, IV · 304, 308
르 루아, 외젠Le Roy, Eugène: 『반역자 자쿠Jacquou le croquant』, III · 42
르나르, 쥘Renard, Jules: 『홍당무Poil de carotte』, III · 198, 419, V · 255
르낭, 에르네스트Renan, Ernest: 『예수의 삶Vie de Jésus』, II · 95, 318
르노도상Prix Renaudot, III · 75
르누아르, 장Renoir, Jean, IV · 121, 210, 225-8
르루, 가스통Leroux, Gaston, III · 102, 148, 160, IV · 283: 『노란 방의 비밀La Mystère de la chambre jaune』, III · 148; 『오페라의 유령The Phantom of the Opera』, V · 166
르루아, 도미니크Leroy, Dominique, I · 528
르메트르, 쥘Lemaitre, Jules, III · 100
르메트르, 프레데리크Lemaitre, Frédéric, I · 524, 531, II · 197, 200
르모니에, 카미유Lemonnier, Camille, III · 143
『르몽드일뤼스트레Monde illustré, Le』(잡지), II · 90
『르몽드Monde, Le』(신문), II · 69, III · 230, IV · 345, 350, V · 96
르바쇠르, 오귀스트Levasseur, Auguste, II · 438
르보, 마들렌LeBeau, Madeleine, IV · 209
르보, 자크Revaux, Jacques, V · 330
르보프, 니콜라이와 이반 프라크Lvov, Nikolai and Ivan Prach, I · 428
르보프, P. I.Lvov, P. I., II · 258
르봉, 귀스타브Le Bon, Gustave: 『군중심리La Psychologie des foules』, IV · 154
『르뷔 데 되 몽드Revue des deux mondes』, I · 97, 103, II · 40, 58-60, 140, 281, III · 99
『르뷔 데 케스티옹 이스토리크Revue des questions historiques』, II · 319
『르뷔 뒤 몽드 카톨리크Revue du monde Catholiques』, II · 357

『르뷔 드 파리Revue de Paris, La』, II · 58, 140, 177, III · 69
『르뷔 뮈지칼Revue musicale』, II · 422
『르뷔 브리타니크Revue Britannique』, I · 103
『르뷔 블랑슈Revue blanche, La』, III · 56, 113
『르뷔 앙시클로페디크Revue encyclopédique』, I · 298, 322, II · 58-60
『르뷔 에 가제트 뮈지칼 드 파리Revue et gazette musicale de Paris』, II · 392, 395, 468
『르뷔 이스토리크Revue historique』, II · 319
『르뷔 프랑세즈Revue française, La』, II · 58
르블랑, 모리스Leblanc, Maurice, III · 149, IV · 103;『체포된 뤼팽L'Arrestation d'Arsène Lupin』, III · 51
르사주, 알랭 르네Le Sage, Alain-René:『질 블라스의 생애Histoire de Gil Blas』, I · 333, II · 86
르쉬르, 로베르 마르탱Lesuire, Robert-Martin, I · 102;『프랑스의 파멜라La Paméla française』, I · 257
르쉬외르, 장 프랑수아Lesueur, Jean-François: 〈오시안Ossian〉, I · 176
르카레, 존Le Carré, John, IV · 41;『추운 나라에서 돌아온 스파이The Spy who Came in from the Cold』, IV · 311
르쿠, 빅토르Lecou, Victor, II · 118, 124
르페브르 위틸Lefèvre-Utile(비스킷 제조사), III · 225
르페브르, 앙리Lefebvre, Henri:『마르크스주의Le Marxisme』, IV · 276
르프랭스 드 보몽, 잔 마리Leprince de Beaumont, Jeanne-Marie, I · 196
리, 마이크Leigh, Mike, V · 129
리, 비비안Leigh, Vivien, IV · 193
리, 하퍼Lee, Harper:『앵무새 죽이기To Kill a Mockingbird』, IV · 296

리가부에Ligabue(팝 가수), V · 339
리게티 조르지, 젤트루데Righetti-Giorgi, Geltrude, I · 461
리게티, 도나타Righetti, Donata, IV · 88
리구오로, 리디아 도시오 데Liguoro, Lydia Dosio De, IV · 79
리구오리, 알폰소 마리아 데Liguori, Alfonso Maria de', I · 317
『리더스 다이제스트Reader's Digest』, I · 165, IV · 368
리드, 메인Reid, Captain Mayne, III · 185
리드, 찰스Reade, Charles, III · 124
리드, 캐럴Reed, Carol, IV · 235
리바롤, 앙투안 드Rivarol, Antoine de, I · 94-5
리바이 스트라우스 사Levi Strauss & Co., III · 396
리버풀Liverpool: 음악협회, II · 405; 팝 음악, V · 323-6; 필하모닉홀, II · 394
『리베라시옹Libération』(신문), IV · 350
리브, 클라라Reeve, Clara:『늙은 잉글랜드인 남작The Old English Baron』, I · 234, 270, 277
리브레리아 프란체스카, 바르셀로나Libreria Francesa, Barcelona, IV · 286
리비우, 레브레아누Liviu, Rebreanu, IV · 16
리빙스턴, 데이비드Livingstone, David, II · 224
『리세Lycée, Le』(잡지), II · 112
리스 강연Reith Lectures(라디오 방송), IV · 455
리스, 존Reith, John, Baron, IV · 389, 448, 450
리스터, 토머스HLister, Thomas H., I · 368
리스트, 프란츠Liszt, Franz: 기량과 연주 경력, I · 473, II · 424-7; 대니얼 슈테른의 『넬리다Nélida』에 묘사, II · 297; 바그너의 〈로엔그린〉 지휘, II · 473; 살롱 연주, II · 398; 시로 가사 입히기, II · 381; 영국 순회, II · 414; 왈츠waltzes, I · 434; 작곡

가, II · 426-7
리시츠키, 엘Lissitzky, El, IV · 50
리신스키 바트로슬라브Lisinski, Vatroslav: 〈사랑
　과 증오Love and Malice〉(오페라), II · 468
리안李安, V · 136
리알라Liala(아말리아 리아나 캄비아시 네그레티),
　IV · 96, 114, V · 258
리어, 에드워드Lear, Edward: 『난센스 시집A
　Book of Nonsense』, II · 266
〈리오 브라보Rio Bravo〉(영화), IV · 228
리오즈노바, 타티야나Lioznova, Tatiana, V · 183
『리옹 레퓌블리켕Lyon républicain』(신문),
　IV · 343
리워드 북스Reward Books(영국), III · 202
리처드, 클리프Richard, Cliff, V · 324-5
리처드슨, 랠프Richardson, Sir Ralph, V · 139
리처드슨, 새뮤얼Richardson, Samuel, I · 107,
　257-60, 319-20; 『클라리사Clarissa; or
　the History of a Young Lady』I · 118,
　166, 182, 213, 228, 232-4, 250, 259-66,
　419, II · 136; 『파멜라Pamela; or Virtue
　Rewarded』, I · 238, 257-9, II · 248
리촐리Rizzoli(출판사), IV · 101, 275, 381
리치, 루이지Ricci, Luigi, II · 446
리치, 페데리코Ricci, Federico, II · 446
리치, 프랑코 마리아Ricci, Franco Maria, II · 90
리카르, 오귀스트Ricard, Auguste: 『메이외 씨
　Monsieur Mayeux』, II · 107
리코르디 출판사Ricordi publishing house(이탈리
　아), II · 384, III · 289, 334, IV · 414
리코르디, 조반니Ricordi, Giovanni, I · 416,
　II · 384
리코르디, 줄리오Ricordi, Giulio, II · 385, 450
리코르디, 티토Ricordi, Tito, II · 385
리코보니, 마리 잔Riccoboni, Marie-Jeanne,
　I · 345-6

리쾨르, 폴Ricoeur, Paul, V · 246
『리터러리 가제트Literary Gazette』, I · 167
리턴, 에드워드 불워 리턴Lytton, Edward
　Bulwer-Lytton, 1st Baron; 드라마 판권,
　II · 384; 루틀리지에서 출간, II · 115-6;
　『리옹의 여인The Lady of Lyons』, II · 495;
　문학잡지 편집, II · 139; 예절에 관한 책
　books of manners, I · 368; 『오닐, 또
　는 반역자O'Neill, or the Rebel』, II · 59;
　저널리스트 경력, II · 63; 『폴 클리포드
　Paul Cliflord』, II · 137; 『폼페이 최후의
　날The Last Days of Pompeii』, II · 308;
　프랑스에서 읽힘, II · 304; 희곡 수입,
　II · 484
『리테라리셰스 보헨블라트Literarisches Wochen-
　blatt』(주간문학), II · 61
리투아니아Lithuania: 국민 시, I · 187; 형성,
　IV · 14
리트레, 폴 에밀Littré, Paul-Émile: 『프랑스어
　사전Dictionnaire de la langue française』,
　I · 75, II · 114
리트바크, 아나톨Litvak, Anatole, IV · 207
리트Lieder(독일 노래), I · 494
리틀 리처드Little Richard, V · 295
리파르, 세르주Lifar, Serge, III · 252
리펜슈탈, 레니Riefenstahl, Leni, IV · 178, 212
리프크네히트, 빌헬름Liebknecht, Wilhelm,
　III · 35
리핀컷Lippincott(미국 출판사), II · 290
리히터, 한스Richter, Hans, III · 298, 310
리히터, F. P.Richter, F. P., I · 307
리히텐슈타인, 로이Lichtenstein, Roy, IV · 371
린, 데이비드Lean, David, IV · 194, 235, 244,
　V · 138
〈린덴슈트라세Lindenstrasse〉(텔레비전 프로그
　램), V · 87-8

린드, 예니Lind, Jenny, I · 504, II · 427-9, III · 332
린드그렌, 아스트리드Lindgren, Astrid, III · 197, IV · 288; 〈삐삐 롱스타킹〉 방영, V · 85
린리, 토머스Linley, Thomas, I · 488
린지, 레이첼Lindsay, Rachel: 『내 마음의 노래 Song in My Heart』, V · 261
린Lynn, (담Dame) 베라Vera, IV · 454, V · 295
〈릴 애브너Li'l Abner〉(연재만화), 366
릴, 루제 드Lisle, Rouget de, I · 429
릴, H. W.Riehl, H. W., I · 182
릴라이언스 매저스틱Reliance-Majestic(영화사), III · 403
릴로, 조지Lillo, George: 『런던 상인 또는 조지 반웰의 일생The London Merchant or the History of George Barnwell』, I · 517
〈릴리 마를레네Lili Marlene〉(노래), IV · 412
림스키 코르사코프, 니콜라이 안드레예비치 Rimsky-Korsakov, Nikolai Andreevich, I · 495, III · 295
릿, 윌리엄과 클래런스 게이Ritt, William and Clarence Gay, IV · 359
링글리, 제니퍼 케이Ringley, Jennifer Kaye, V · 58
『링롱玲瓏』(잡지), IV · 353
링컨, 에이브러험Lincoln, Abraham, III · 12

【ㅁ】

마나라, 밀로Manara, Milo, IV · 385
마냐니, 안나Magnani, Anna, III · 40
마누티우스, 알두스Manutius, Aldus, I · 112
〈마니투의 신발Schuh des Manitou, Der〉(영화), III · 188
『마니페스토Manifesto, Il』(신문), IV · 350
『마더스 컴패니언Mother's Companion』(잡지), III · 205
『마더Mother』(잡지), IV · 351
마돈나Madonna(팝 가수), V · 309, 320, 328
마드리드Madrid: 극장, II · 498-9; 인구, III · 96; 프라도 미술관, V · 351
마라톤Marathon(텔레비전 프로덕션), V · 90
〈마레스치알로 로카Maresciallo Rocca, Il〉(텔레비전 연속물), V · 92
마르슈너, 하인리히Marschner, Heinrich, I · 493
마르스, 마드무아젤Mars, Mademoiselle(안 부테 Anne Boutet), I · 524
『마르카Marca』(신문), V · 273
〈마르코 폴로의 모험Adventures of Marco Polo〉(영화), IV · 121
〈마르코 폴로Marco Polo〉(이탈리아 텔레비전 연속물), V · 124
마르코니, 굴리엘모Marconi, Guglielmo, III · 12, 23-4
마르쿠제, 헤르베르트Marcuse, Herbert, IV · 155
마르크스, 카를Marx, Karl: 『공산당 선언Communist Manifesto』(엥겔스와 공저), II · 176; 노동자들에게 읽히지 않은 저서들, III · 38; 노동자들의 해방, III · 35; 농촌생활 폄하, I · 47; 문명에 관해, I · 15; 번역, V · 244; 새로운 국가에 관해, I · 80; 세계문학, I · 314; 예술의 산업적 조직화, II · 42; 『자본론Das Kapital』, II · 105, 176, 374
마르키, 에밀리오 데Marchi, Emilio de, III · 148; 『데메트리오 피아넬리Demetrio Pianelli』, V · 74
마르티니, 카를로 마리아Martini, Cardinal Carlo Maria, V · 242-3
마르핑겐, 독일Marpingen, Germany, III · 227
마를리트, E.Marlitt, E. → 욘, 오이게니
『마리 클레르Marie-Claire』(잡지), IV · 333, 352, V · 280, 285

『마리 프랑스Marie-France』(잡지), V · 285
마리네티, 필리포 톰마소Marinetti, Filippo Tommaso, IV · 49, 404
마리니나, 알렉산드라Marinina, Aleksandra, V · 197-8
마리보, 피에르 카를레 드 샹블렝 드Marivaux, Pierre Carlet de Chamblain de : 『마리안의 일생La Vie de Marianne』, I · 238, 266, 346
마리아 게레로 극장Teatro Maria Geurrero, V · 157
마리아, 성모Mary, Virgin, II · 294, III · 226
마리아니, 안젤로Mariani, Angelo, II · 387-9, III · 309
마리오, 마르크Mario, Marc → 조강, 모리스
마마 그라파Mamma Grappa(순회극단), V · 157
마블 코믹스Marvel Comics, IV · 307, 366, 384
마사, 마리오Massa, Mario : 『스카테나Scatena』, IV · 89
마사리크 연구소, 체코슬로바키아Masaryk Institute, Czechoslovakia, IV · 23
마세렐, 프란스Masereel, Frans : 『열정의 여행 Passionate Journey』, IV · 384
마스네, 쥘Massenet, Jules, II · 396 ; 〈마농Manon〉, I · 263
마스카니, 피에트로Mascagni, Pietro : 〈친구 프리츠L'Amico Fritz〉(오페라), III · 83 ; 〈카발레리아 루스티카나Cavalleria Rusticana〉(오페라), III · 302
마스크Masque, Le(총서), IV · 104
마스트로야니, 마르첼로Mastroianni, Marcello, IV · 242
마스트리아니, 프란체스코Mastriani, Francesco, II · 346, III · 105 ; 『소렌토의 눈먼 소녀a Cieca di Sorrento』, III · 40 ; 『나폴리의 비밀I Misteri di Napoli』, II · 162, 346
마시, 나이오Marsh, Ngaio, IV · 313, 319

마신, 레오니드Massine, Léonide, III · 252
마야콥스키, 블라디미르Mayakovsky, Vladimir, III · 183, IV · 51, 57 ; 『미스테리야 부프 Mystery Buff』, IV · 396
마오쩌둥Mao Zedong, V · 55
마우로비치, 안드리야Maurovič, Andrija , IV · 364
〈마음의 저편One from the Heart〉(영화), V · 155
『마이 레이디스 노블릿My Lady's Novelette』(주간지), III · 205
〈마이 페어 레이디My Fair Lady〉(영화), V · 139-40
마이, 슈발리에 드Mailly, Chevalier de, II · 245
마이, 카를May, Karl, I · 316, II · 316, III · 93, 185-9, IV · 124, V · 190, 220, 264
마이닝거극단Meininger Theatre Company, III · 263-4
마이링크, 구스타프Meyrink, Gustav, III · 406
마이모니데스, 모세스Maimonides, Moses : 『혼란에 빠진 자들을 위한 길잡이Guide to the Perplexed』, IV · 299
마이어, 요제프Mayer, Joseph, II · 61
마이어베어, 자코모Meyerbeer, Giacomo, I · 495, II · 449, 460, 467-74, 501, III · 310, IV · 126, 409 ; 〈북극성L'Étoile du Nord〉, II · 498 ; 〈악마 로베르Robert le Diable〉, I · 488, II · 470 ; 〈위그노교도Les Huguenots〉, II · 460, 464, 470, 502
마이어스, G.Meirs, G.(필명), III · 148
마이크로소프트Microsoft(회사), V · 360
마인처, 요제프Mainzer, Joseph, I · 116
마일스톤, 루이스Milestone, Lewis, IV · 37
마자랭, 쥘Mazarin, Cardinal Jules, I · 477
마제르, 에드몽Mazeres, Edmond, I · 499
〈마지막 황제Last Emperor, The〉(영화), V · 137
마지올로, 루이Maggiolo, Louis, I · 63

마찬티, 엔리코Mazzanti, Enrico, III · 193
마추케티, 라비니아Mazzucchetti, Lavinia, IV · 108-10, 85
마케, 오귀스트Maquet, Auguste, II · 228
마케도니아Macedonia : 문학, I · 82
마크, 막스Mack, Max : 〈타인Der Andere〉, III · 406
마크스, 오언Marks, Owen, IV · 209
마키아벨리, 니콜로Machiavelli, Niccolò : 『군주론The Prince』, I · 363, II · 39; 『만드라골라Mandragola』, IV · 407
『마탱Matin, Le』(신문), II · 70, III · 213
마테오티, 자코모Matteotti, Giacomo, III · 211, IV · 101
마테존, 요한Mattheson, Johann, I · 455
마텐, 마리아Marten, Maria, I · 142
『마티노Mattino, Il』(신문), III · 105
마티스, 앙리Matisse, Henri, III · 252
마틴, 딘Martin, Dean, V · 328-9
마틴, 시어도어Martin, Theodore : 『본 골티어 발라드Bon Gaultier Ballads』, II · 372
마틴, 조지Martin, George, V · 313-5
마플, 미스Marple, Miss(소설 주인공), III · 153
마하티, 구스타프Machatý, Gustav, IV · 207
〈막달레나 시스터즈Magdalene Sisters, The〉(영화), V · 144
만, 토마스Mann, Thomas, I · 226, 316, III · 85, IV · 85, V · 204-6 : 『마의 산The Magic Mountain』, III · 343 ; 『부덴브로크 가의 사람들Buddenbrooks』, I · 232, 419, III · 85, 142, IV · 124
만, 하인리히Mann, Heinrich : 『어머니 마리Mother Marie』, IV · 287 ; 『운라트 교수Professor Unrat』, III · 284, IV · 94 ; 『충복Der Untertan』, III · 85
만국박람회, 런던Great Exhibition, London(1851), II · 46, 405, 413, 418, V · 352
만국우편연합Universal(earlier General) Postal Union, III · 18
만국우편조약Universal Postal Convention, III · 18
만델스탐, 나제주다Mandelstam, Nadezhda, V · 189
만델스탐, 오시프Mandelstam, Osip, III · 183, V · 189
만스, 아우구스트Manns, August, II · 405
만초니, 알레산드로Manzoni, Alessandro, I · 88, 237, 311, 462-3 : 『약혼자I Promessi sposi』, I · 92, 149, 236, 269, 273, 300, 306, 325, 329, 353, II · 340-3, III · 446 ; 연극으로 각색, I · 530 ; 텔레비전 각색물, V · 74
만켈, 헤닝Mankell, Henning, IV · 329
만평과 풍자화cartoons and caricatures, I · 389-90, II · 83-4 ; 영화, IV · 211
만프로니, 프란체스코Manfroni, Francesco : 『모범적인 여성 노동자L'Operaia esemplare』, II · 364
만하임Mannheim : 기술산업박물관, V · 355
만화규약국Comics Code Authority(CCA ; 미국), IV · 368
만화comics(어린이용) : 텔레비전의 영향, III · 383
말다게, 조세핀Maldague, Joséphine(조르주 말다게George Maldague), III · 50
말라시킨, 세르게이Malashkin, Sergey : 『오른쪽의 달Luna s pravoi strorony』, IV · 35
말라테스타 다 리미니, 파올로Malatesta da Rimini, Paolo, I · 231
말러, 구스타프Mahler, Gustav, II · 386, III · 309-10, IV · 125-6, 430

말레, 레오Malet, Léo, V · 268:『조니 메탈 Johnny Metal』, IV · 290

말로, 앙드레Malraux, André:『희망L'Espoir』, IV · 39

말로, 엑토르Malot, Hector, III · 419:『집 없는 아이Sans Famille』, II · 258, V · 25

말리, 밥Marley, Bob, V · 317

말리브란, 마리아Malibran, Maria, I · 466-8, 485, 497, 502, II · 431, 438, 443

말트 브룅, 콩라드Malte-Brun, Conrad, I · 322

맘, 알프레드Mame, Alfred(출판업자), I · 59, II · 15, III · 187, 202

망가노, 실바나Mangano, Silvana, IV · 248, 253

망가manga(일본 만화책), IV · 386

망데스 프랑스, 피에르Mendès-France, Pierre, IV · 345

매그넘 사진통신사Magnum photo agency, IV · 322-3

매리엇, 프레더릭Marryat, Captain Frederick, II · 317

매매춘prostitution: 소설과 영화, III · 127-9, 139-42, 178, 432-3

매스터슨, 배트Masterson, Bat, II · 337

매카트니, 폴McCartney,(Sir) Paul, V · 321: 〈리버풀 오라토리오Liverpool Oratorio〉(칼 데이비스와 함께), II · 489

매케이, 도로시 에플렌MacKay, Dorothy Epplen, I · 215

매케이, 찰스Mackay, Charles, III · 174

매켄지, 헨리Mackenzie, Henry, I · 233

매콜리, 토머스 배빙턴Macaulay, Thomas Babington, Baron, I · 353:『잉글랜드사 History of England』, II · 370

매퀸, 스티브McQueen, Steve, V · 75

매큐언, 이언McEwan, Ian:『속죄Atonement』, II · 232, V · 228

매클렐런, 조지 브린튼McClellan, George Brinton, III · 438

『매클루어스McClure's』(잡지), III · 203

매킨토시, 찰스McIntosh, Charles:『정원론Book of the Garden』, II · 372

매킨토시, 캐머런Mackintosh, Cameron, V · 167

매킨토시, 크리스MacIntosh, Chris, V · 313

매튜린, 찰스Maturin, Charles:『방랑자 멜모스 Melmoth the Wanderer』, I · 276, 280

맥더멋, 골트MacDermot, Galt, V · 165

맥도널드, 램지MacDonald, Ramsay, IV · 465

맥도널드, 지넷MacDonald, Jeanette, IV · 225

맥루언, 마셜McLuhan, Marshall, V · 46

맥매너스, 조지McManus, George, III · 243

『맥밀런스 매거진Macmillan's Magazine』, II · 57, 132

맥베인, 에드McBain, Ed, II · 137

맥스웰, 로버트Maxwell, Robert(본명 얀 루드비크 호흐Jan Ludvick Hoch), III · 58

『맥스Max』(잡지), V · 290

『맥심Maxim』(잡지), V · 287-9

맥퍼슨, 제임스MacPherson, James(오시안Ossian), I · 174-9

맨 부커 상Man Booker Prize, V · 250

〈맨 인 그레이Man in Grey, The〉(영화), IV · 235

맨드빌, 버나드Mandeville, Bernard, I · 65

〈맨드레이크Mandrake〉(연재만화), IV · 355-7

맨리, 메리 들래리비어Manley, Mary Delarivier, I · 244, 348

맨체스터Manchester, II · 394, 405, 508

머건탈러, 오트마르Mergenthaler, Ottmar, I · 119, III · 11

머독, 루퍼트Murdoch, Rupert, IV · 343, V · 67, 102, 111, 127, 253-4

머로치, 야노시Maróthy, János, IV · 73

머리, 존Murray, John(출판업자), I · 60, 168,

II · 361, 370
머서, 데이비드Mercer, David: 〈그 발들이 걸어 다녔는가?And Did Those Feet?〉, V · 71
머이브리지, 이드위어드Muybridge, Eadweard, III · 346
먹을거리foodstuffs: 세계적 상표, III · 19-20; 즉석식품, IV · 142
『먼슬리 리뷰Monthly Review』, I · 383
『먼지스Munsey's』(잡지), III · 203
매그레Maigret(소설 주인공), IV · 324-6
메나브레아, 페데리코Menabrea, Federico, II · 363
메넌드, 루이스Menand, Louis, V · 146
메니우스, 프레데리쿠스Menius, Fredericus: 『리보니아의 기원De Origine Livonorum』, I · 185
메두사 시리즈Medusa series(몬다도리), IV · 109-10
메디시스 상Prix Médicis, III · 75
메디아세트Mediaset(전 피닌베스트: 이탈리아 텔레비전 네트워크), V · 111, 128
메라르 드 생쥐스트, 마담Mérard de Saint-Juste, Madame, I · 278
메루벨, 샤를Mérouvel, Charles, III · 432; 『1억짜리 과부La Veuve aux cent millions』, III · 41
메르시에, 루이 세바스티앵Mercier, Louis-Sébastien, 『2440년L'An 2440』, I · 233, III · 163
메르카단테, 사베리오Mercadante, Saverio, II · 446
『메르퀴르 드 프랑스Mercure de France』(잡지), I · 277, 280, III · 113
〈메리 포핀스Mary Poppins〉(영화), V · 139-40
〈메리 픽퍼드의 키스Mary Pickford's Kiss〉(영화), IV · 61
『메리디아노Meridiano, Il』(잡지), IV · 113

메리메, 프로스페르Mérimée, Prosper: 『마라나의 돈 주앙 또는 천사의 추락Don Juan de Marana ou la chute d'un ange』, II · 150; 『샤를 9세 시대 연대기Chronique du temps de Charles IX』, I · 300; 『연옥의 영혼들 Ames du Purgatoire』, II · 150; 『카르멘Carmen』, I · 341, 496, II · 299, III · 97
〈메리에게 무슨 일이 생겼나What Happened to Mary〉(영화 연속물), III · 394
메링, 프란츠Mehring, Franz, III · 270
『메사제 데 마리아주Messager des mariages』(잡지), II · 61
『메사제 뒤 세쿠르 카톨리크Messager du secour Catholique』(잡지), V · 285
『메사제로Messaggero, Il』(신문), IV · 338, 348
메수엔Methuen(출판사), III · 175, IV · 379
메스킨, 아하론Meskin, Aharon, V · 162
메스터, 오스카Messter, Oskar, III · 105
메시앙, 올리비에Messiaen, Olivier, I · 420
메시크, 달리아Messick, Dalia, IV · 356
메윌, 에티엔 니콜라Méhul, Etienne-Nicolas: 〈위탈Uthal〉, I · 177
메이 피그네르, 메데아Mei-Figner, Medea, III · 330
메이슨, 제임스Mason, James, IV · 244
메이야크, 앙리 와 뤼도비크 알레비Meilhac, Henri and Ludovic Halévy: 『송년파티Réveilion』, II · 494
메이어, 루이스 버트Mayer, Louis Burt, IV · 189
메이에르, 아르튀르Meyer, Arthur, III · 56
메이에르홀트, 프세볼로트Meyerhold, Vsevolod, III · 252-3, IV · 53, 396
메이저, 존Major, John, II · 211
〈메이페어의 5월Maytime in Mayfair〉(영화), IV · 244
메인, 알렉산더Main, Alexander, I · 168

메즈랍폼Mezhrabpom(소련 영화사), IV · 51
메타스타시오, 피에트로Metastasio, Pietro,
　　I · 329, 475, 481
메테, H.Mettais, H.: 『5865년L'An 5865』,
　　III · 164
메테를링크, 모리스Maeterlinck, Maurice,
　　I · 87, III · 246, IV · 394
메트로 골드윈 메이어 영화사Metro-Goldwyn-
　　Mayer film corporation(MGM), IV · 170,
　　202, 214, V · 128
〈메트로폴리스Metropolis〉(영화), IV · 200-2
〈멕시코 만세!Que viva Mexico!〉(영화), IV · 65
멘델스존, 파니Mendelssohn, Fanny, II · 400
멘델스존, 펠릭스Mendelssohn, Felix: 누이들의
　　작품 공연, II · 400-1; 에라르 피아노 소유,
　　I · 417; 유대 혈통, II · 472, IV · 125-6;
　　재정, II · 385; 지휘, II · 386; 〈천사 찬
　　송하기를Hark, the Herald Angels Sing〉,
　　III · 316; 파리 공연, II · 394; 〈파울루스
　　Paulus〉(오라토리오), II · 404
멘쇼프, 블라디미르Menshov, Vladimir, V · 192
멜로드라마melodrama, I · 530-7, II · 499-501
『멜로디 메이커Melody Maker』(잡지), V · 296
『멜로마니Mélomanie, La』(잡지), II · 61
멜리에스, 조르주Méliès, Georges, II · 237,
　　III · 166, 357, 365-6, 372, 375, 390
멜바, 넬리Melba, Dame Nellie, I · 504, III · 330,
　　IV · 440, 448, 468
멜빌, 허먼Melville, Herman, II · 329, IV · 143;
　　『모비딕Moby-Dick』, II · 196
멜스빌, 조제프 안 오노레 뒤베리와 피에르 프
　　랑수아 아돌프 카르무슈Mélesville, Joseph
　　Anne Honore Duveyrie and Pierre François
　　Adolphe Carmouche, II · 493
모, 니콜러스Maw, Nicholas: 〈소피의 선택
　　Sophie's Choice〉(오페라), V · 345

모건, 존 피어폰트Morgan, John Pierpont,
　　IV · 135
모냉, 앙리Monin, Henri, I · 190
모노, 마르게리트Monnot, Marguerite, V · 165
모노타이프monotype, III · 11
모뉴먼트 밸리Monument Valley(유타-애리조나),
　　IV · 171, 221
모니우슈코, 스타니슬라프Moniuszko, Stanis-
　　law: 〈할카Halka〉(오페라), II · 467
모니첼리, 마리오Monicelli, Mario, V · 148
『모니퇴르 드 라 모드Moniteur de la mode, Le』
　　(잡지), II · 65, 86
『모닝 크로니클Morning Chronicle』, II · 191,
　　250
『모닝 헤럴드Morning Herald』(뉴욕), II · 50
모더니즘modernism: 나치의 반대, IV · 129
『모던 우먼Modern Woman』(잡지), V · 281
〈모던 타임스Modern Times〉(영화), III · 293,
　　IV · 224
모두뇨, 도메니코Modugno, Domenico, V · 329
『모드Mode, La』(잡지), I · 394, II · 140
〈모디스티 블레즈Modesty Blaise〉(연재만화와 영
　　화), IV · 371, 384
모딜리아니, 아메데오Modighani, Amedeo,
　　III · 432
모란디, 루이지Morandi, Luigi, I · 90
모레노, 마르그리트Moreno, Marguerite, IV · 219
모레티, 프랑코Moretti, Franco, I · 228,
　　253, 270, II · 242; 『1800~1900년의
　　유럽 소설 지도Atlas of the European Novel
　　1800-1900』, I · 315
모루아, 앙드레Maurois, André, IV · 109, 145
모르강, 미셸Morgan, Michèle, IV · 248
모르그너, 이름트라우트Morgner, Irmtraud,
　　V · 206
〈모르타델라Mortadella〉(연재만화), IV · 359

모를레, 앙드레Morellet, André, I · 329
모리스, 에밀과 루이 프랑수아 레르티에Morice, Émile and Louis-François l'Héritier, II · 246
모리스, 윌리엄Morris, William: 『존 볼의 꿈A Dream of John Ball』, III · 162; 『에코토피아 뉴스News from Nowhere』, III · 39, 162
모리아크, 프랑수아Mauriac, François, IV · 109, 131
모세, 루돌프Mosse, Rudolf(출판업자), III · 57
〈모세의 생애Life of Moses〉(영화), III · 440
모셸레스, 이그나츠Moscheles, Ignaz, I · 417
〈모스 경감Inspector Morse〉(텔레비전 연재물), V · 93
모스, 새뮤얼Morse, Samuel, III · 12
모스, 에드워드Moss, Edward, II · 512
모스, 경감Morse, Inspector(소설 주인공), III · 153
『모스콥스키 리스토크Moskovskii listok』(잡지), III · 181
모스크바Moscow: 모스크바 예술극장, III · 249, 264, 272, 397, 439, IV · 52; 볼쇼이 극장, I · 490, III · 249, IV · 52; 작가와 저널리스트, III · 174; 카메르니 극장, IV · 396; 카바레, III · 284
〈모스크바 근처 집시 캠프의 드라마Drama in a Gypsy Camp near Moscow〉(영화), III · 397
〈모스크바는 눈물을 믿지 않는다Moscow Does Not Believe in Tears〉(영화), V · 192
모스토프스카, 안나Mostowska, Anna, I · 281
모어, 요제프Mohr, Josef: 〈고요한 밤Stille Nacht〉, III · 314
모어, 해나More, Hannah, II · 31
모이초, 로몰로Moizo, Romolo: 『이 사내들Questi ragazzi』, IV · 89
『모자이크Mosaik』(연재만화 잡지), V · 213

모주힌, 이반Mosjoukin, Ivan, III · 370
모즐리, 오스월드Mosley, Sir Oswald, IV · 341, 465
모차르트, 볼프강 아마데우스Mozart, Wolfgang Amadeus: 교습과 공연, I · 408; 노래, I · 428; 〈돈 조반니Don Giovanni〉, I · 473, 482, II · 438; 〈마술피리The Magic Flute〉, I · 406, 492-3, II · 136, 440; 〈여자는 다 그런 것Così fan tutti〉, I · 482; 연주회, I · 457; 오페라, I · 399, 492-3, 498; 재정, II · 385; 청중의 행동, I · 447; 〈티토 왕의 자비La Clemenza di Tito〉, I · 493; 파리 공연, II · 394; 〈피가로의 결혼The Marriage of Figaro〉, I · 341, 481, II · 496; 〈후궁으로부터의 도주Die Entführung aus dem serail〉, I · 360, 457, 492
모턴, 젤리 롤Morton, Jelly Roll(피아니스트), III · 291-2
모턴, 찰스Morton, Charles, II · 509
모파상, 기 드Maupassant, Guy de, II · 118, 178, 280, III · 139; 『메종 텔리에La Maison Tellier』, III · 419; 『벨 아미Bel Ami』, III · 419; 『비곗덩어리Boule de suif』, IV · 170; 『여자의 일생Une Vie』, I · 302; 『오를라Horla』, II · 151; 「피피 양Mademoiselle Fifi」, III · 435
〈목구멍 깊숙이Deep Throat〉(영화), V · 155
목판화wood engraving, II · 80
몬다도리-할리퀸Mondadori-Harlequin(출판사), V · 257
몬다도리, 아르날도Mondadori, Arnaldo (출판업자), IV · 84, 89-91, 98-115, 271, 275, 284-5, 306, 323, 336-7, 375, 381, V · 253, 268
『몬도Mondo, Il』(잡지), IV · 337, V · 289
〈몬순 웨딩Monsoon Wedding〉(영화), V · 135

몬타넬리, 인드로Montanelli, Indro, V · 272
몬타노, 로렌초Montano, Lorenzo, IV · 323
몬탈도, 로렌초Montaldo, Lorenzo(다닐로 레브레
    히트Danilo Lebrecht), IV · 105
몬탈반, 마누엘 바스케스Montalbán, Manuel
    Vázquez, IV · 329, V · 242-3
몬테마요르, 호르헤 데Montemayor, Jorge de:
    『디아나Diana』, I · 223
몬테베르디, 클라우디오Monteverdi, Claudio,
    I · 403; 〈포페아의 대관식L'Incoronazione
    di Poppea〉, I · 480; 〈오르페오Orfeo〉,
    I · 477
몬테소리, 마리아Montessori, Maria, IV · 151
몬테시노스, 호세Montesinos, José, II · 347
〈몬티 파이튼의 플라잉 서커스Monty Python's
    Flying Circus〉(텔레비전 프로그램), V · 110
몰, 욘 데Mol, John de, V · 60
몰나르, 페렌츠Molnár, Ferenc: (밤비Bambi),
    IV · 198
몰리, 존Morley, John, II · 353
몰리나, 티르소 데Molina, Tirso de: 『세비야의
    난봉꾼과 석상의 초대El Burlador de Sevilla
    y convidado de pietra』, I · 215, 256
몰리에르, 장 바티스트 포클랭Molière, Jean Baptiste Poquelin, I · 220, 515, 538, II · 44,
    490, III · 247, V · 158: 『스가나렐 또는
    상상 속에서 오쟁이 진 남편Sganarelle ou
    Le Cocu imaginaire』, II · 189; 『타르튀프
    Tartuffe』, I · 538; 『평민귀족Le Bourgeois
    gentilhomme』, II · 44
몰리에르, 장 이브Mollier, Jean-Yves, I · 121
몸, W. 서머싯Maugham, W. Somerset:
    『인간의 굴레Of Human Bondage』,
    IV · 94, 113
몸젠, 테오도어Mommsen, Theodor, I · 316,
    II · 19

〈못 말리는 알리Ali G in da House〉(영화),
    V · 144
몽탕, 이브Montand, Yves, III · 293, IV · 425,
    V · 339-41
몽테뉴, 미셸 드Montaigne, Michel de: 『논변의
    기술에 대하여De l'Art de conférer』, I · 364
몽테스키외, 샤를 루이 드 스콩다Montesquieu,
    Charles Louis de Secondat, Baron: 『페르시
    아인의 편지Lettres Persanes』, I · 257, 360
몽테팽, 자비에 드Montépin, Xavier de, 691,
    835; 『빵 배달하는 여자La Porteuse de
    pain』, V · 230
뫼니에Meunier(초콜릿 제조사), III · 19
뫼리스, 폴Meurice, Paul, III · 72
묄하우젠, 발두인Möllhausen, Balduin, III · 186
〈무기여 잘 있거라Farewell to Arms, A〉(영화),
    IV · 121
〈무대 공포증Stage Fright〉(영화), IV · 260
무도회balls(사적인), III · 287-8
무라사키 시키부Murasaki Shikibu: 『겐지 이야기
    Genji Monogatari』, I · 203, 243
〈무방비 도시Roma città aperta〉(영화), IV · 232,
    243
『무빙 픽처 월드Moving Picture World』(잡지),
    III · 439
무세, 폴Mousset, Paul: 『시간이 우리 편이었을
    때Quand le temps travaillait pour nous』,
    IV · 131
『무세오 우니베르살Museo universal, El』(잡지),
    II · 83
무소륵스키, 모데스트 페트로비치Mussorgsky,
    Modest Petrovich, I · 495, III · 295
무솔리니, 로마노Mussolini, Romano, IV · 140
무솔리니, 베니토Mussolini, Benito: 가리발디와
    의 비교, IV · 117; 독재적 통치, IV · 82;
    로마 행진, IV · 101, 132; 루스벨트의

책 『미래를 내다보며Looking Forward』,
　IV · 140; 몬다도리의 지지, IV · 101,
　111-2; 반유대주의, IV · 110; 사회주의,
　IV · 98; 숭배, IV · 45; 영화, III · 387;
　치네치타 설립, IV · 119; 파시즘 책,
　IV · 70-1; '프롤레타리아' 민족, IV · 17
무솔리니, 비토리오Mussolini, Vittorio, IV · 120,
　140
무스, 루돌프Muus, Rudolph, III · 185
무스쿠리, 나나Mouskouri, Nana, IV · 423
무아송, 카지미르Moisson, Casimir, I · 500
무알랭, 토니Moilin, Tony: 『2000년 파리Paris
　dans l'an 2000』, III · 163
무어 앤드 무어Moore & Moore(피아노 제조사),
　II · 412
무어, 마이클Moore, Michael, 962: 『이봐, 내 나
　라를 돌려줘!Dude, Where's My Country?
　』, V · 233
무어, 조지Moore, George, III · 141
무어, 토머스Moore, Thomas, I · 60, 163, 224,
　286: 『랄라 루크Lalla Rookh』, I · 224
『무엇이든 물어보세요Enquire Within Upon
　Everything』(책), II · 350
〈무인도에 가져갈 음반Desert Island Discs〉(라디
　오 프로그램), IV · 455 .
무질, 로베르트Musil, Robert, I · 316
무하, 알폰스Mucha, Alphonse, III · 225
무함마드 알리, 오스만 제국 이집트 총독
　Muhammad Ali, Ottoman Viceroy of Egypt,
　I · 448
〈문명Civilisation〉(텔레비전 다큐멘터리), V · 106
〈문명Civilization〉(영화), III · 385
문법grammars, I · 78, II · 375
문인협회Société des Gens de Lettres(프랑스),
　II · 41, 128
문자alphabets, I · 74

문자해득literacy: 공산주의, V · 80; 국가별 수
　준, I · 44-5, 50-1, II · 376; 독서, I · 61-3,
　129-35; 발달, I · 26, 50-1, 61-9; 혁명적
　활동, I · 66 → 책
문학 에이전트literary agents, III · 72
문학상literary prizes, III · 75, V · 250
문학literature: 국가적 문학, I · 22; 스토리텔링,
　I · 21-2; 상업적 측면, I · 56; 현실도피,
　III · 422; 효과, III · 418-22 → 독서; 책
문화culture: 계급 취향, II · 43-6; 고급문화와
　대중문화, II · 331, IV · 22; 공공(국가) 부
　분, IV · 27-33, 39-40; 기술 혁신, III · 11;
　낭만주의 운동, I · 170-3; 대중문화,
　I · 30-3, III · 413, 426, IV · 154-60; 대중
　화의 결과, III · 413-22; 사업, I · 18-20,
　28, 54-6; 민속, IV · 80-1; 시장, IV · 22-3,
　26-7; 예술의 자유, IV · 25-6; 정의, I · 15-
　20, 25-8; 정치적 · 이데올로기적 통제,
　III · 442-3, IV · 22-6
〈물 맞는 정원사Arroseur arrosée, L'〉(희극영화;
　옛 〈정원사Le Jardinier〉), III · 242
뮈라, 조아생, 나폴리 왕Murat, Joachim, King of
　Naples, I · 486
뮈레, 테오도르Muret, Théodore, II · 142
뮈르제, 앙리Murger, Henri: 『보헤미안의 생활
　정경Scènes de la vie de bohème』, II · 103,
　III · 127, 177, V · 164
뮈세, 알프레드 드Musset, Alfred de, II · 382:
　〈마리안의 변덕Les Caprices de Marianne〉,
　II · 479; 〈사랑은 장난으로 하지 마오On
　ne badine pas avec l'amour〉, II · 479
뮌헨Munich: 작가와 저널리스트, III · 174;
　극장, III · 273-4; 엘프 샤르프리히터Elf
　Scharfrichter(카바레), III · 282
뮐러, 프리드리히 막스Müller, Friedrich Max,
　II · 318

뮤디, 찰스 에드워드Mudie, Charles Edward, II · 17
뮤디스 도서대여점Mudie's lending library, I · 160, II · 17-8, 35, 278
뮤잭 사Muzak Corporation, IV · 428
뮤지컬 쇼musical shows, III · 261, IV · 417-9, V · 164-5
『뮤지컬 타임스Musical Times』, III · 289
뮤직홀music hall, II · 508-12, 516-8, III · 288, 339
뮬러, 프란츠Müller, Franz, II · 72
미국United States of America : 19세기의 발전, II · 13 ; 검열, II · 194, V · 171 ; 경제력, III · 27-8 ; 경제적·산업적 힘, IV · 15 ; 경제적 우위, IV · 147-8 ; 고전음악 녹음, IV · 434 ; 공산주의 지식인들의 미국에 대한 태도, IV · 72 ; 과학소설, IV · 306-7 ; 국내 저자, V · 240 ; 극장입장세 반대, III · 257 ; 기독교 부흥운동, V · 153 ; 남북전쟁 노래들, III · 316 ; 뉴딜 정책, IV · 145 ; 다임소설, II · 332-40 ; 대중음악, IV · 160, 414-17, 427, V · 323-4, 337 ; 독서, III · 30 ; 독일어 사용자, III · 114, 185 ; 디킨스 작품의 판매, II · 215-6 ; 라디오 방송, 3-25-7, IV · 440-1, 447-9, 457, 468 ; 문학, II · 329-32 ; 문학에서의 이미지, I · 342-4 ; 문화생산물, I · 30-1 ; 문화적 발전, II · 329-30 ; 문화적 패권, I · 417-8, III · 27-8, 30, 395-6, IV · 133, 206-8, V · 375 ; 미국에 관한 유럽의 책과 지식, IV · 143-5 ; 미국에서 상영된 유럽 영화, IV · 242-4 ; 미국의 영어, I · 44-5, 100-1, II · 306 ; 번역서, V · 241-2 ; 사회조사와 여론조사, IV · 151-2 ; 서부로의 팽창, III · 20 ; 서부소설, II · 334-40 ; 서적거래, II · 330 ; '성공하는 법' 책,

IV · 148-51 ; 성인 문자해득률, I · 67-8 ; 섹스산업, V · 153 ; 소련에서 상영된 미국 영화, IV · 58-60, 67-8 ; 소비자주의, IV · 146-8 ; 소설에 묘사된 아메리카 원주민, III · 187 ; 신문과 정기간행물, I · 376, II · 47, III · 30, 223 ; 아시아와 라틴아메리카로 수출된 미국 영화, V · 136 ; 외국 영화, V · 135-7 ; 양차 대전 사이의 고립, IV · 13 ; 언어 분화, III · 290 ; 엘리자베스 2세 대관식 방송, V · 31-2 ; 연극, III · 259 ; 연재만화, III · 215, IV · 354-61, 366-8, 373, 380-1 ; 영어책의 해적출판, II · 124-8, 377, III · 30 ; 영화, III · 382-96, 399, 404, 411, IV · 120, 136-7, 162-5, 186-93, 200-2, 206-8, 260-1, 411, V · 134, 140-2, 149-50 ; 영화관 수, IV · 243 ; 영화 관객, V · 130-1 ; 영화의 검열과 통제, II · 194, IV · 107, IV · 174, 180-6 ; 예니 린드, II · 427 ; 오페라, III · 300-6 ; 외국 판권, III · 289 ; 유대인 출판업자, III · 58 ; 유럽에서의 이미지, III · 389 ; 유럽에서 문화 수입, IV · 135-6, 147 ; 유럽으로 영화 수출, 537-9, 567, IV · 161-2, 166-72, 198, 203, 215-6, 225, 239-40, 257-8, V · 134 ; 유럽으로의 문화 수출과 영향, IV · 133-41, 146-7, 164-8, V · 85-6 ; 음악, II · 330, III · 289-93, 306 ; 음악 지휘자, III · 310 ; 이민, I · 43-6 ; 이민자 인구, III · 392, IV · 15, 134 ; 자동차, IV · 141-2 ; 자연주의 소설, III · 139 ; 저작권법Copyright Act(1909), III · 340 ; 전기 보급, III · 23, IV · 145 ; 전화, III · 14-8 ; 제2차 세계대전 영화, IV · 75, 247 ; 종교, IV · 153 ; 종교신문, III · 417 ; 종교음악, V · 341 ; 지적재산권 보호협정 참여, III · 29-30 ; 책생산, III · 78, IV · 283 ; 초

등교육, I·61; 최고 수익 영화, V·139; 출판; II·332-4, 388-9; 케이블 텔레비전, V·118, 128-9; 텔레비전, V·12, 24, 28, 45, 117; 텔레비전 프로그램 수출, V·74-8; 패니 트롤럽, I·357
미국 서스펜스 작가들Narratori Americani del Brivido, II(출판사 시리즈), V·268
'미국 정치인American Statesmen' 시리즈series, II·353
미국영화제작자배급업자협회Motion Picture Producers and Distributors of America(MPPDA), IV·166, 181
미국전화전신회사(AT&T)American Telephone & Telegraph Company(AT&T), III·17, 26
미넬리, 빈센트Minnelli, Vincente, IV·170, 264
미델호프, 토마스Middelhoff, Thomas, V·301-2
〈미드소머 머더스Midsomer Murders〉(텔레비전 시리즈), V·93
미라맥스Miramax(영화사), V·140
미라보, 마리 드Mirabeau, Marie de, Countess, III·66
『미러Mirror』(화보잡지), II·49
미로, 리카르도Miró, Ricardo, I·220
『미루아르Miroir』(신문), III·228
미르쿠르, 외젠 드Mirecourt, Eugène de, II·230
『미셀러니Miscellany』(벤틀리의 월간지), II·138
미술fine arts: 연구에서 제외, I·34; 삽화, II·85-90; 부르주아 고객, II·92
미술관art galleries, V·351-3
미슐레, 쥘Michelet, Jules, I·191-3, II·280, 366-9; 『프랑스사Histoire de France』, II·201, 367
〈미스 사이공Miss Saigon〉(뮤지컬), V·167
미스탱게트Mistinguett(잔 마리 부르주아), III·293, 395
〈미스터 빈Mister Bean〉: 텔레비전 프로그램,

V·84; 영화, V·137
미슬리베체크, 요제프Myslivecek, Josef, V·306
미요, 다리우스Milhaud, Darius, IV·41, 423
미요, 모이즈Millaud, Moïse, II·68, 77, 145, 166
미요, 알베르Millaud, Albert, III·131
〈미지와의 조우Close Encounters of the Third Kind〉(영화), IV·310
미첼, 루이Mitchell, Louis, IV·437
미첼, 마거릿Mitchell, Margaret: 『바람과 함께 사라지다Gone with the Wind』, IV·113, 123, 182, 191, 283, 292-6, V·231
미첼의 『신문 언론 연감Mitchell's Newspaper Press Directory』, II·47
미츠키에미치, 브와디스와프Mickiewicz, Władyslaw, II·305
미츠키에비치, 아담Mickiewicz, Adam, I·127, 219, 336, II·392
『미키 마우스 위클리Mickey Mouse Weekly』, IV·268, 355
〈미키 마우스Mickey Maus〉(연재만화), IV·358
미키 마우스Mickey Mouse(연재만화 주인공), IV·211, 355, 374
미터법metric system, I·49
미테랑, 프랑수아Mitterrand, François, V·112
미트리시, 일로나Mitrecey, Ilona, V·339
미하엘리스, 요한 다피트Michaelis, Johann David, II·262-3
민요와 민담folk songs and stories, I·177-9, 181-2, 193, 425-8
민족주의nationalism: 공산주의 국가, IV·72-3; 낭만주의 운동, I·169-75, 192-3, 286; 대중문화, I·179-86, II·306-7; 소설 속 고정관념, II·226-8; 애국적 배척, IV·79-80; 유산, IV·30-1; 정치적 탄압, II·306; 중간계급 지식인, III·95; 중간계

급의 세계시민주의, III · 99
민주주의democracies: 문화 통제, IV · 81-2
민중교육최고심의회Conseil Supérieur de
　l'Éducation Populaire(벨기에), IV · 32
밀, 제임스Mill, James, I · 104
밀, 존 스튜어트Mill, John Stuart, II · 58, 119,
　318; 『자서전Autobiography』, I · 369,
　II · 355
밀라노Milan: 극장 통제, II · 187; 극장, II · 443,
　IV · 403, 406; 라스칼라 극장, I · 444-6,
　485, 489, II · 384, 444-5, 448-50, 477,
　III · 19, 304-5, 335; 언어, I · 90; 올림
　피아 극장, IV · 403; 인구, I · 47; 출판,
　I · 121, III · 174; 쿠르살 디아나Kursaal
　Diana, IV · 403; 피콜로 극장, IV · 402,
　V · 219
밀러, 마거릿Millar, Margaret, IV · 315
밀러, 아서Miller, Arthur, IV · 390, 1245
밀러, 조지Miller, George, I · 388
밀레, 카트린Millet, Catherine: 『카트린 M의
　성생활La Vie sexuelle de Catherine M』,
　I · 236, V · 255
밀로, 산드라Milo, Sandra, IV · 382
밀뢰커, 카를Millöcker, Karl, II · 494
밀스 앤드 분Mills & Boon(출판사), IV · 314,
　V · 256-7, 261, 263
밀스, 존Mills, John, IV · 247
밀턴, 존Milton, John, I · 218
〈밀회Brief Encounter〉(영화), IV · 235, 242
밀히마이어, 요한 페터Milchmayer, Johann Peter,
　I · 418
밍겔라, 앤서니Minghella, Anthony, V · 140
밍고티 이탈리아 오페라 순회공연단Mingotti
　Travelling Italian Opera Company, I · 476

【ㅂ】
바게를, 카를 하인리히Waggerl, Karl Heinrich:
　『진한 피Schweres Blut』, 123
바그너, 리하르트Wagner, Richard: 〈뉘른베르
　크의 명가수Die Meistersinger von Nürn-
　berg〉, III · 15, 298; 〈니벨룽겐의 반지
　The Ring〉(오페라 악곡), II · 473, III · 298;
　「독일 오페라Die Deutsche Oper」(에
　세이), II · 471; 〈로엔그린Lohengrin〉,
　II · 471, III · 298; 마리아니의 홍보Mariani
　promotes, II · 389, III · 311-2; 명성,
　II · 471; 무삭제 공연, III · 309; 반유대주
　의, II · 312, 404, 471-2, IV · 126; 〈방황
　하는 네덜란드인Der Fliegende Holländer〉,
　II · 471; 베토벤 옹호, II · 395-6; 사회정
　치적 관심, II · 471; 시를 이용한 가곡,
　II · 381; 오페라, II · 461, 471-3; 『오페라
　와 드라마Oper und Drama』(책), II · 473;
　오페라의 배경, II · 433; 『음악에서의 유
　대주의Das Judentum in der Musik』(책),
　II · 312, 404, 471; 이탈리아에서의 작
　품 공연, II · 471; 인기와 성공, II · 474,
　III · 298; 지휘, II · 386; 초기의 몰이해,
　II · 471; 〈탄호이저Tannhäuser〉, II · 441,
　474, 490; 파시즘 이탈리아, IV · 408
〈바그다드의 도적Thief of Baghdad, The〉(영
　화), II · 427
바너드, A. M.Barnard, A. M. → 올컷
바넘, 피니어스 테일러Barnurn, Phineas Taylor,
　I · 356
바디아 이 레블리치, 도밍고Badía y Leblich,
　Domingo: 『아시아와 아프리카로 간 알리
　베이Ali Bey en Asie et en Afique』, I · 356
바딤, 로제Vadim, Roger, IV · 241, 371
바라기니, 마르첼로Baraghini, Marcello(출판업
　자), IV · 277

바랄도, 알레산드로Varaldo, Alessandro, IV · 105
〈바람과 함께 사라지다Gone with the Wind〉 (영화), IV · 113, 123, 152, 191-3, 209, 5 · 129
바럼, 리처드 해리스Barham, Revd Richard Harris: 『잉걸즈비 전설The Ingoldsby Legends』, II · 379-80
바레, 아델Barré, Adèle, II · 52
바레세, 카를로Varese, Carlo: 『시빌라 오달레타Sibilla Odaleta』, I · 307
바레스, 모리스Barrès, Maurice, III · 213
바레티, 주세페 마르칸토니오Baretti, Giuseppe Marc'Antonio, I · 327-8, 381
바론스, 크리스야니스Barons, Krishjânis, I · 185
바르가스, 제툴리우Vargas, Getúlio, I · 144
바르도, 브리지트Bardot, Brigitte, IV · 74, 242
바르바, 장 니콜라Barba, Jean-Nicolas, II · 485
바르바이아, 도메니코Barbaia, Domenico, I · 484-7
바르베라, 가스페로Barbèra, Gaspero, II · 363
바르비에, 프레데리크와 카트린 베르토 라브니르Barbier, Frédéric and Catherine Bertho Lavenir, I · 121
『바르비에레 디 시빌리아Barbiere di Siviglia, Il』(잡지), II · 448
바르비에리, 프란시스코Barbieri, Francisco: 〈왕관의 다이아몬드Los Diamantes de la couronne〉, II · 498; 〈빵과 황소Pan y toros〉, II · 498
바르코프, 이반Barkov, Ivan, II · 184
바르트, 롤랑Barthes, Roland, III · 226, V · 223
바리 박사Barri, Dr(파리), I · 514
바리아벨, 르네Barjavel, René, IV · 249
바릴리, 안톤 줄리오Barrili, Anton Giulio, III · 103
〈바바렐라Barbarella〉(연재만화와 영화), IV · 371

바바옙스키, 세묜Babaevsky, Semion, V · 189
바버, 조지프Barber, Joseph, I · 154
바벨, 이사크Babel, Isaac, II · 329
『바비 돌 매거진Barbie Doll Magazine』, V · 189
바사리, 조르조Vasari, Giorgio: 『미술가 열전Lives of the Artists』, II · 352-4
바산, 에밀리아 파르도Bazán, Emilia Pardo, III · 61, 142
바서만, 야코프Wassermann, Jacob, IV · 284
바스크 문화Basque culture, I · 187
바스Bath: 도서대여점, I · 154
바실레, 잠바티스타Basile, Gianbattista: 『이야기 속의 이야기Lo Cunto de li cunti』, I · 202
바실리예프, 세르게이와 게오르기Vasilev, Serghei and Georg, IV · 34
바우들러, 토머스Bowdler, Thomas, 73, 76
바우슈, 피나Bausch, Pina, IV · 432
바우에르, 예브게니Bauer, Evgenii, I · 381
바움, 라이먼 프랭크Baum, Lyman Frank, II · 198
바움, 비키Baum, Vicki, I · 317, IV · 107, 110, 207, 284, 287: 『그랜드 호텔Grand Hotel』, III · 110, 381-2; 『소년의 여행Bubenreise』, IV · 107-8
바이, 장 실뱅Bailly, Jean Sylvain, II · 188
바이다, 안제이Wajda, Andrej, IV · 259
바이런, 조지 고든Byron, George Gordon, 6th Baron: 『돈 주안Don Juan』, I · 60; 로시니 오페라 관람, I · 499; 명성, II · 23; 우상적 인물, I · 97, 103; 죽음, II · 381; 『차일드 해럴드의 여행Childe Harold's Pilgrimage』, I · 297, 357; 『해적The Corsair』, I · 223
바이양, 로제Vailland, Roger: 『포스터 대령, 죄인을 옹호하다Le Colonel Foster plaidera coupable』(희곡), IV · 19

『바이양Vaillant』(프랑스 만화잡지), IV · 370
바이에르, 앙리Baillère, Henri: 『책의 위기La Crise du livre』, III · 77, 82
바이올린violins, II · 454
바이트브레히트Weitbrecht(서적상), V · 126
바인, 바버라Vine, Barbara: 『어둠에 적응한 눈A Dark-Adapted Eye』, IV · 311
바일, 에드워드Viles, Edward: 『블랙 베스, 또는 거리의 기사Black Bess, or the Knight of the Road』, II · 28
바일, 카를 율레스Weyl, Carl Jules, IV · 209
바일, 쿠르트Weill, Kurt, IV · 424, V · 157
바쟁, 르네Bazin, René: 『죽어가는 대지La Terre qui meurt』, III · 42
바쟁, 앙드레Bazin, André, V · 43
바조프, 이반Vazov, Ivan: 『멍에Under the Yoke』, III · 92
바초니, 조반 바티스타Bazzoni, Giovan Battista: 『트레초의 성Il Castello di Trezzo』, I · 306
바츠야야나Vatsyayana: 『카마수트라Kamasutra』, III · 431
바커르스, 아메리퀴스Backers, Americus, I · 422
바콜, 로렌Bacall, Lauren, IV · 219-20
바타유, 조르주Bataille, Georges: 『눈 이야기L'Histoire de l'oeil』, IV · 20
바탈리아, 자친토Battaglia, Giacinto, I · 312, II · 448
바트, 라이어넬Bart, Lionel, V · 165
바흐, 안나 마그달레나Bach, Anna Magdalena(결혼 전 성은 빌켄Wilcken), I · 404
바흐, 요한 제바스티안Bach, Johann Sebastian: I · 26, 404, 501; 〈골드베르크 변주곡Goldberg Variations〉, IV · 434, V · 347; 〈마태수난곡St Matthew Passion〉, II · 404
바흐, 요한 크리스토프Bach, Johann Christoph, I · 404

바흐, 요한 크리스티안Bach, Johann Christian, I · 454
바흐만, 잉게보르크Bachmann, Ingeborg, V · 206
박물관museums, III · 275-6, V · 352-6, 365; → 미술관
반 다인, S. S.Van Dine, S. S., IV · 104, 316
반델로, 마테오Bandello, Matteo: 『노벨레Novelle』, I · 222
반미활동조사위원회House Committee on Un-American Activities(USA), IV · 262
반외설문학 국제사무국Bureau International Contre la Littérature Immorale, III · 417
반유대주의anti-Semitism: 소설, II · 312-3; 성장, III · 60; 지프의 저작에서, III · 68-9; 드레퓌스 사건, III · 137, 217-8, 448; 러시아, V · 187; 출판, III · 137; 나치 독일, IV · 12, 92, 123; 양차 대전 사이의 유럽, IV · 12; 무솔리니의 거부, IV · 92; 무솔리니의 채택, IV · 110; 영화, IV · 180; 신문의 영향, IV · 341; 『베니스의 상인』, V · 160
〈반지의 제왕Lord of the Rings, The〉(영화), IV · 245, V · 142, 144-5, 147, 360
반체제 출판dissident publications → 사미즈다트와 반체제 출판
반트케, G. S.Bandke, G. S., I · 78
발디니 에 카스톨디Baldini e Castoldi(출판사), IV · 110
발라동, 에마Valadon, Emma → 테레사
발라드ballads, I · 139-40, 177
발란신, 조지Balanchine, George, III · 252, IV · 432
발레 뤼스Ballets Russes, III · 251-2
발레라, 파올로Valera, Paolo, III · 139
발레리, 폴Valéry, Paul, IV · 452, V · 365

발레ballet: 오페라, I·462-3; 파리와 러시아, III·251-3; 레파토리, IV·432

발렌슈타인, 백작Wallenstein, Count, I·532

〈발렌티나Valentina〉(연재만화), IV·385

발렌티노, 루돌프Valentino, Rudolf(본명은 로돌포 굴리엘미Rodolfo Guglielmi), IV·432

발로리스, 막심Valoris, Maxime → 조강, 모리스

발루아, 니네트 드Valois, Dame Ninette de(본명은 에드리스 스태너스Edris Stannus), IV·432

발리, 알리다Valli, Alida, IV·235

발리예프, 니키타Baliev, Nikita, III·284

발스트룀, 마르고트Wallström, Margot, V·373

발자크, 오노레 드Balzac, Honoré de: 가톨릭 교회 금서, II·186; 고딕소설, I·280, II·151; 경력, I·285; 『고리오 영감Le Père Goriot』, I·238, II·280; 『나귀 가죽La Peau de chagrin』, I·483, II·152; 『노처녀La Vieille fille』, I·164, II·141, 145; 『농민들Les Paysans』, II·249, III·42; 대중적 이미지, II·101-2; 러시아어 번역, II·147; 로시니 칭찬, I·501; 명성, I·105, II·195; 문인협회 회장, II·41, 128; 번역, II·310, V·243-4; 『불가해한 사건Une Ténébreuse affaire』, II·249; 산업문학, II·40; 서평, II·101; 스콧 찬양, I·301-2; 시의 우월성에 관해, I·226; 신문 읽기, I·373; 『엘 베르뒤고El Verdugo』, II·151; 역사소설, II·287-8, 293; 연관된 등장인물들, II·97-8; 『올빼미당Les Chouans』, I·107, 164, 301; 『유녀들의 영화와 비참Splendeurs misères des courtisanes』, II·193; 『인간희극La Comédie humaine』(작품집), II·97; 인기 작품, I·165, 329; 『잃어버린 환상Illusions perdues』, II·193; 작가의 권리, II·128; 정부情婦의 지원금, 443; 재정과

벌이, I·147-8, II·76, 85, 280, III·119; 조르주 상드 칭찬, II·280; 지라르댕의 출판, II·141; 『파리 생활의 정경Scènes de la vie parisienne』, II·152; 프랑스 한림원 탈락, II·230-1; 『회개한 멜모스Melmoth réconcilié』, II·151; 희곡, II·340

발처, 에두아르트Baltzer, Revd Eduard: 『자연스러운 생활방식Die natürliche Lebensweise』, II·359

발칸 반도Balkans: 언어와 문학, I·80

발칸 파나티크Balkan Fanatik(팝 그룹), V·339

발케스, 오토Waalkes, Otto, V·146

발터, 브루노Walter, Bruno, IV·147

발트슈타인, 백작Waldstein, Count, I·154, 452

밤바카리스, 마르코스Vamvakaris, Markos, III·339

〈밤Notte, La〉(영화), V·147

〈밤비Bambi〉(영화), IV·74, 221

〈밤의 문Portes de la nuit, Les〉(영화), IV·424

방델Wendel(프랑스 기업가 가문French industrialist family), IV·338

『배니티 페어Vanity Fair』(잡지), V·291

배로스, 수재너Barrows, Susanna, IV·143

배리, 제임스 매슈Barrie, Sir James Matthew: 『피터 팬Peter Pan』, III·199-200, IV·211

배리모어, 존Barrymore, John, III·384

배시, 셜리Bassey, Shirley, V·330

배우actors, I·519-25, II·482-3; → 연극; 영화

배젓, 월터Bagehot, Walter, I·372, II·56

배트맨Batman(연재만화 주인공), IV·365

백과사전encyclopaedias, II·359

〈백만장자Million, Le〉(영화), IV·226

〈백만장자 되고 싶은 사람?Kto Khochet Stat' Millionerom?〉(텔레비전 프로그램), V·66

〈백설공주와 일곱 난쟁이Snow White and the Seven-Dwarfs〉(영화), IV·191, 211-2, 225

밴더빌트, 코넬리어스Vanderbilt, Cornelius, IV · 135
〈밴드 웨건Band Waggon〉(라디오 쇼), IV · 444
밴빌, 존Banville, John, IV · 355
밸러드, 제임스 그레이엄Ballard, James Graham, IV · 304
밸러반과 카츠Balaban & Katz(시카고 극장 소유주), III · 363
밸런타인, 제임스Ballantyne, James & Co.(인쇄회사), I · 297
밸런티, 잭Valenti, Jack, V · 135
밸컨, 마이클Balcon, Michael, IV · 171, 236
뱅클러, 폴Winkler, Paul, IV · 333, 355
『뱅티엠 시에클Vingtième siècle』(브뤼셀 신문), IV · 376-8
버그먼, 잉그리드Bergman, Ingrid, IV · 208
버너스 리, 팀Berners-Lee, Tim, V · 361
버니, 찰스Burney, Charles, I · 455
버니, 패니Burney, Fanny(마담 다르블레Mme d'Arblay), I · 232, 264, 455; 『이블리나 Evelina: or the History of a Young Lady's Entrance into the World』, I · 233, 265, 441, II · 296
버니언, 존Bunyan, John: 『천로역정Pilgrim's Progress』, I · 351-2
버드, 윌리엄Byrd, William, I · 403
버든, 에릭Burdon, Eric, V · 327
『버라이어티Variety』(잡지), IV · 413
버로스, 에드거 라이스Burroughs, Edgar Rice, IV · 213, 309; 『유인원 타잔Tarzan of the Apes』, IV · 363
버르토크, 벨라Bartók, Béla, III · 297, IV · 431
버밍엄Birmingham: 데이스 뮤직홀Day's Music Hall, II · 510
버비지, 제임스Burbage, James, I · 510
버서리, 가보르Vaszary, Gábor: 『파리에서의 만 남Un Incontro a Parigi』, IV · 111
버이더, 라슬로Vajda, László(라디슬라우스Ladislaus), III · 409
버즈Byrds, the(미국 팝 그룹), V · 326
버지스, 앤서니Burgess, Anthony, V · 70
버진 퍼블리싱Virgin Publishing(회사), V · 261
버컨, 존Buchan, John: 『39계단The Thirty-Nine Steps』, III · 150, 170
버크, 에드먼드Burke, Edmond, II · 355
버클리, 버즈비Berkeley, Busby, IV · 34
버턴, 리처드Burton, Richard(배우), V · 162
버턴, 리처드Burton, Sir Richard, II · 224
버턴, 존 힐Burton, John Hill, II · 356
버틀러, 새뮤얼Butler, Samuel: 『에레혼Erewhon』, III · 162
버틀러, 알렉산더Butler, Alexander, IV · 179
〈벅 로저스Buck Rogers〉(연재만화), IV · 307, 358
벅, 펄 S.Buck, Pearl S., V · 245
번스, 로버트Burns, Robert, I · 83, 219
번스타인, 레너드Bernstein, Leonard, IV · 264, 418: 〈웨스트사이드 스토리West Side Story〉(스티븐 손드하임과), III · 261
번틀린, 네드Buntline, Ned(에드워드 제인 캐럴 저드슨Edward Zane Carroll Judson), II · 335, 338
벌라주, 벨러Balázs, Béla, III · 409
벌린, 어빙Berlin, Irving, IV · 416;, 419, V · 328
벌린, 이사야Berlin, Sir Isaiah, II · 227, IV · 76, 454
범죄소설crime stories → 소설; 탐정소설
『범죄자 명부 또는 뉴게이트 캘린더Malefactor's Register or Newgate Calendar』, I · 141-2
〈범행현장Tatort〉(텔레비전 프로그램), V · 84
베가, 로페 데Vega, Lope de, III · 254; 『사랑 없는 숲La Selva sin amor』, I · 477

베게너, 파울Wegener, Paul: 〈골렘Der Golem〉, III · 406; 〈파라오의 아내Das Weib des Pharao〉, III · 406; 〈프라하의 대학생Der Student von Prag〉, III · 406

베나르, 알베르Besnard, Albert: 〈에르나니 초연 La Première d'Hernani〉, II · 201

베나벤테 이 마르티네스, 하신토Benavente y Martínez, Jacinto, III · 254

베냐크, 이본 데Begnac, Yvon De, IV · 84

베네데티, 알도 데Benedetti, Aldo de: 『붉은 장미꽃 두 다발Due Dozzine di rose scarlatte』, IV · 399

베네딕트손, 빅토리아Benediktsson, Victoria('에른스트 알그렌Ernst Ahlgrén'), II · 311

베네치아Venice: 라페니체 극장, I · 487-9, 434, II · 444; 언어, I · 72, 90; 오페라, I · 474-5, 478; 인구, I · 47; 책생산, I · 93, 112

베네치아 영화제Venice Film Festival, IV · 121, 212, 260

베넬리, 셈Benelli, Sem: 『어릿광대의 만찬La Cena delle beffe』, III · 253

베넷, 고든Bennett, Gordon, II · 50

베넷, 아널드Bennett, Arnold, III · 92, 175, 203

베닌카사Benincasa(출판사), I · 164

베데커, 카를Baedeker, Karl, II · 361; 『파리와 그 주변Paris et ses environs』, III · 451

베데킨트, 프랑크Wedekind, Frank, III · 85, 256, 282, 429, IV · 196; 『룰루Lulu』, 911; 『판도라의 상자Die Büchse der Pandora』 (Pandora's Box), III · 112, 258

베라네크, 이반Beránek, Ivan, V · 196

베랑제, 앙리Bérenger, Henri: 『아메리카 이야기 Paroles d'Amérique』, IV · 144

베랑제, 피에르Béranger, Pierre, I · 425-6, 125-6, II · 366

베렌스 토테놀, 요제파Berens-Totenohl, Josefa: 『펨호프Der Femhof』, IV · 124

베렌스, 페터Behrens, Peter, III · 79

베로나Verona: 몬다도리의 인쇄소, IV · 99

베로나, 구이도 다Verona, Guido da, III · 111, IV · 93

베롱, 루이Véron, Louis, II · 420, 432

베르가, 조반니Verga, Giovanni, II · 343, III · 102, 139-41, 250; 『마스트로 돈 제수알도Mastro don Gesualdo』, V · 74

베르겔란, 헨리크 아르놀Wergeland, Henrik Arnold, I · 219

베르길리우스Virgil: 번역, V · 245

베르나데트, 성Bernadette, St → 수비루, 베르나데트

베르나르, 사라Bernhardt, Sarah, III · 268, 379

베르나르, 트리스탕Bernard, Tristan, III · 55

베르너, 한스Werner, Hans(i.e. 프랑수아 카스틸 블라주François Castil-Blaze), II · 281

베르디, 주세페Verdi, Giuseppe: 〈가면무도회Un Ballo in maschera〉, II · 462, 502; 검열, II · 171; 국제적 명성, II · 464, III · 304, 306; 〈나부코Nabucco〉, II · 191; 〈돈 카를로스Don Carlos〉, II · 461-2, III · 307, 483; 〈라트라비아타La Traviata〉, II · 191-2, 434, 462, III · 332, V · 345; 런던에서의 오페라, II · 465; 〈레냐노 전투La Battaglia di Legnano〉, II · 463-6; 〈롬바르디아인 I Lombardi alla prima crociata〉, II · 461-3; 〈루이자 밀러Luisa Miller〉, II · 462; 〈리골레토Rigoletto〉, II · 172, 433, 452, 461, 468; 리코르디의 악보 출판published by Ricordi, II · 385; 마리아니와 다툼, II · 389; 마리아니의 지휘, II · 387, III · 309; 〈마스나디에리I Masnadieri〉, II · 461; 〈맥베스Macbeth〉, II · 451, 465;

명성, II·464-5;〈산보니파초의 백작 오베르토Oberto conte di San Bonifacio〉, II·442;〈시몬 보카네그라Simon Boccanegra〉, II·462, 466;〈시칠리아 섬의 저녁기도Sicilian Vespers〉, I·535, II·461-2, 470, 502;〈아이다Aida〉, II·418, 434, 449, 452-3; 애국주의, II·447; 에라르 피아노 소유, I·417;〈에르나니Ernani〉, I·341, II·201;〈예루살렘Jérusalem〉, II·462;〈오텔로Otello〉, II·438, 447; 오페라, I·482, II·441, 449; 오페라의 배경과 원전, II·460-2;〈운명의 힘La Forza del destino〉, II·461-2; 이탈리아의 통일에 관해, II·422; 인기, V·345;〈일 트로바토레Il Trovatore〉, II·462; 지휘자들, III·342;『타임스』의 부고, III·306;〈팔스타프Falstaff〉, II·462, 465;〈포스카리 가의 두 사람I Due Foscari〉, II·408; 해외 공연, II·465
베르뱅, 앤Vervins, Aisne(프랑스), III·216
베르비츠카야, 아나스타샤Verbitskaia, Anastasia:『행복으로 가는 열쇠The Keys to Happiness』, II·61, III·374
베르사유 조약Versailles Treaty(1919), IV·28
베르셀리우스, 옌스 야코브Berzelius, Jöns Jakob, V·26
베르주라크, 시라노 드Bergerac, Cyrano de:『재미있는 달 제국 이야기L'Histoire comuque des états et empires de la lune』, III·162,『재미있는 태양 제국 이야기L'Histoire comuque des états et empires du soleil』, III·162
베르크, 알반Berg, Alban, III·297, IV·431;〈보체크Wozzek〉, III·297, IV·431
베르크하우스, 루트Berghaus, Ruth, V·160
베르탱, 루이즈Bertin, Louise, II·281-2;〈파우스토Fausto〉, II·439
베르토, 쥘Bertaut, Jules, III·63
베르톨로치, 카를로Bertolazzi, Carlo:『밀라노 향수병El Nost Milan』, II·243
베르톨로티Bertoletti(출판사), I·164
베르톨루치, 베르나르도Bertolucci, Bernardo, IV·193, V·137, 148-9
베르트루아, 장Bertheroy, Jean:『클레오파트라Cléopâtre』, III·87
베른 조약Berne Convention(1886), III·29, 125, 289
베른, 쥘Verne, Jules:『80일간의 세계일주La Tour du monde en quatre-vingt jours』, II·220-1, 501, III·274, 375-6; 과학소설, II·223, III·165-6;『그랜트 선장의 아이들Les Enfants du Capitaine Grant』, II·498; 등장인물의 국적, II·226; 번역, III·93, V·244; 살가리의 차용, III·191; 소설 판매, II·219; 에첼의 수정, II·173; 영향력, II·237; 영화 각색, III·375; 영화화, III·375-6; 이탈리아에서, III·340; 인기와 명성, II·210, 501-2, V·302; 정전 바깥, V·190
베른스텐, 앙리Bernstein, Henri, III·52
베를렌, 폴Verlaine, Paul, 343, 389;『친구들Les Amies』, II·178
베를루스코니, 실비오Berlusconi, Silvio, V·102, 111, 116, 127, 253, 277
『베를리너 로칼 안차이거Berliner Lokal Anzeiger』, III·208
『베를리너 모르겐포스트Berliner Morgenpost』, III·208
베를리너 앙상블Berliner Ensemble, V·204
『베를리너 일루스트리어테 차이퉁Berlin Illustrierte Zeitung』, III·81, IV·110
『베를리너 타게블라트Berliner Tageblatt』,

III · 57, IV · 349

베를리너, 에밀Berliner, Emile, III · 320, 325

베를리오즈, 엑토르Berlioz, Hector: 관객들의 행동, I · 445; 괴테와 셰익스피어 각색, I · 496; 〈로브 로이Rob Roy〉(서곡), I · 300; 로시니, I · 501; 루이즈 베르탱, II · 282; 모차르트 오페라의 저질 개작에 분노, I · 406; 바넘, II · 428; 베토벤 이상화, II · 395; 〈벤베누토 첼리니Benvenuto Cellini〉, II · 468; 업적, II · 396; 『외포니아Euphonia』, II · 388; 지휘, II · 386; 〈트로이 사람들Les Troyens〉, II · 467; 〈파우스트의 저주La Damnation de Faust〉, II · 331; 해석자로서의 지휘자, II · 388; 『회고록Mémoires』, II · 388

베를린Berlin: 구舊 국립미술관, V · 351; 도이체 극장, III · 275; 베를린 필하모닉 오케스트라Berlin Philharmonic Orchestra(전 빌제 악단), III · 311; 영화 관객, IV · 159; 오페라, I · 487, II · 466-7; 유대 저널리스트들, III · 59; 인구, I · 47, II · 315; 지적 수도, III · 174; 언론, III · 208-9; 카바레, III · 282, IV · 128, 424; 프라이에 폴크스뷔네Freie Volksbühne(극장), III · 270-1; 프롤레타리셰스 극장, IV · 394

베를린 장벽Berlin Wall, V · 100, 168, 203-4, 209

베리, 마리 카롤린, 공작부인Berry, Marie Caroline, Duchesse de, II · 503

베리, 척Berry, Chuck, V · 295, 317

베리만, 잉마르Bergman, Ingmar, IV · 259, V · 160

베리오, 루치아노Berio, Luciano, V · 315

베버, 고트프리트Weber, Gottfried, I · 454

베버, 카를 마리아 폰Weber, Carl Maria von, I · 406, 455, 470, 485, 494, 495, II · 386, 440, 470: 〈마탄의 사수Der Freischütz〉, I · 406, II · 44, III · 37

베베르, 모리스 드Bevère, Maurice de('모리스 Morris'), IV · 357

베베른, 안톤Webern, Anton, IV · 424, 431

베벨, 아우구스트Bebel, August, IV · 424, 431: 『여성과 사회주의Die Frau und der Sozialismus』, III · 37

베셰, 시드니Bechet, Sidney, IV · 421

베스터, 엘프리드Bester, Alfred: 『내 목적지는 별들The Stars my Destination』(영국 초판 제목은 『타이거, 타이거Tiger! Tiger!』), IV · 308

베스톨, 알프리드Bestall, Alfred, IV · 357

『베스트니크 에브로피Vestnik Evropy』(잡지), II · 146-7, III · 119, 139

『베스트Best』(잡지), V · 283

베어드, 존 로지Baird, John Logie, V · 26

베예로트, 닐스Bejerot, Nils: 『어린이 만화 사회 Barn serier samhälle』, IV · 368

〈베이비 돌Baby Doll〉(영화), IV · 256

베이시, 카운트Basie, Count, III · 294

베이커, 조세핀Baker, Josephine, IV · 134, 406, 422

베일, 시어도어 뉴턴Vail, Theodore Newton, III · 17

베일, 폴린Beyle, Pauline, I · 280

베일 형제Vail brothers, III · 12

베조스, 제프Bezos, Jeff, V · 366

『베체트 암 미타크BZ am Mittag』(신문), III · 57

베초르카, 타티야나Vechorka, Tatiana, III · 345

베카리아, 체사레Beccaria, Cesare, I · 329

베커, 루돌프 차하리아스Becker, Rudolf Zacharias, I · 134

베커, 아널드Becker, Arnold, V · 40

베컴, 데이비드Beckham, David, IV · 285

베케트, 사뮈엘Beckett, Samuel: I · 35, 506:

『고도를 기다리며Waiting for Godot』,
    V · 163-4 ; 『막판Endgame』, V · 164
베코, 질베르Bécaud, Gilbert, V · 341 ; 〈아랑의
    오페라L'Opéra d'Aran〉, II · 489
베크만, 막스Beckmann, Max, IV · 130
『베터 홈스 앤드 가든스 쿡북Better Homes and
    Gardens Cook Book』, IV · 273
베텔스만Bertelsmann(출판사), II · 402, V · 117,
    252-3, 278, 279, 301
베토벤, 루트비히 판Beethoven, Ludwig van : 나
    치의 의심, IV · 126 ; 녹음, III · 331, 342 ;
    〈디아벨리 변주곡Diabelli Variations〉,
    I · 413, 434 ; 명성과 인기, II · 396-7, 411 ;
    미뉴에트, II · 427 ; 민요 편곡, I · 428 ; 복
    잡한 교향악, II · 389 ; 브로드우드 피아
    노, I · 421, 424, II · 414 ; 시로 노래 만듦,
    II · 381 ; 음반, IV · 431, 434 ; 음악출판,
    I · 413-5 ; 이탈리아에서 별로 연주되지 않
    음, II · 446 ; 재정, II · 385 ; 지휘, II · 385 ;
    파리 공연, II · 394-6 ; 〈피델리오Fidelio〉
    (오페라), I · 494-5, II · 440 ; 피아노 연주,
    I · 450-2 ; 후원자들, I · 451-2
〈베티 붑Betty Boop〉(연재만화), IV · 358
『베티 크로커의 요리책Betty Crocker's Cook-
    book』, IV · 273
베허, 요한네스 로베르트Becher, Johannes
    Robert, IV · 70
베흐슈타인, 루트비히Bechstein, Ludwig : 『독일
    동화집Deutsches Märchenbuch』, I · 205
베흐슈타인Bechstein(피아노 제작가들), II · 413
벡퍼드, 윌리엄Beckford, William, I · 147 ; 『칼
    리프 바테크 이야기The History of Caliph
    Vathek』, I · 332
벤, 아프라Behn, Aphra, I · 234, 238, 244, 373 ;
    『오루노코Oroonoko』, I · 238, 332
벤담, 제레미Bentham, Jeremy, I · 104

벤더스, 빔Wenders, Wim, IV · 194, V · 133
벤야민, 발터Benjamin, Walter, IV · 155, V · 365
벤틀리, 리처드Bentley, Richard(출판업자),
    II · 108-9, 11, 138, 289
벤틀리, 조지Bentley, George(출판업자),
    III · 174-5
〈벤허Ben Hur〉(영화), V · 139
벨, 알렉산더 그레이엄Bell, Alexander Graham,
    III · 18, 320
벨, 조세핀Bell, Josephine, IV · 313
『벨그라비아Belgravia』(잡지), II · 57
벨기에Belgium : 라디오, IV · 441, 443, 457 ;
    만화, IV · 324, 357-8, 360-2, 372, 376-
    80 ; 문화 통제, III · 435, IV · 32 ; 번역,
    V · 240-1 ; 사회주의, III · 39, 136 ; 소설과
    소설가, II · 314 ; 언어, I · 86-7, II · 306,
    313-4 ; 영화관, III · 441, IV · 229 ; 텔레비
    전, V · 29, 82-3, 118 ; 프랑스 책의 해적
    판 I · 122, II · 124-6, 128, 152, 183, 203,
    313, III · 435
벨기에노동당Parti Ouvrier Belge, III · 38, 136
벨라니, 페렌츠Belányi, Ferenc, III · 185
벨라미, 에드워드Bellamy, Edward : 『과거를 돌
    아보며, 2000~1887Looking Backward,
    2000~1887』, III · 39, 162
벨라스코, 데이비드Belasco, David, III · 301
벨레, 조아캥 뒤Bellay, Joachim du : 『프랑스어의
    옹호와 선양La Deffence et illustration de la
    language française』, I · 76
벨로스, 데이비드Bellos, David, I · 108, 157, 350
벨루티, 조반니 바티스타Velluti, Giovanni Bat-
    tista, I · 463
벨리, 주세페 조아키노Belli, Giuseppe Gio-
    achino, I · 89
벨리니, 빈첸초Bellini, Vincenzo, I · 472, 485,
    431, 440, II · 454, 510 : 〈노르마Norma〉,

Ⅱ·428, 511; 〈몽유병 여인La Sonnambula〉, Ⅱ·439, 502
벨린스키, 비사리온 그리고리예비치Belinsky, Vissarion Grigorevich, Ⅰ·233, 302, Ⅲ·184
〈벨빌의 세 쌍둥이Triplettes de Belleville, Les〉(〈벨빌 랑데부Belleville Rendezvous〉; 애니메이션), Ⅴ·371
『벨스 페니 디스패치Bell's Penny Dispatch』(잡지), Ⅱ·54
벨케, 만프레트Welke, Manfred: 『만화의 언어 Die Sprache der Comics』, Ⅳ·368
『벨트Welt, Die』(신문), Ⅴ·278
벰포라드, 엔리코Bemporad, Enrico(출판업자), Ⅲ·56, Ⅳ·110
〈보 제스트Beau-Geste〉(영화), Ⅳ·140
보가트, 험프리Bogart, Humphrey, Ⅳ·208, 219-20
보귀에, 외젠 멜키오르 드Vogüé, Eugène-Melchior de, Vicomte, Ⅲ·39, 99-111
『보그Vogue』(잡지), Ⅳ·352, Ⅴ·282
보그스, 프랜시스Boggs, Francis, Ⅲ·375
보그다노프, 알렉산드르 A.Bogdanov, Alexander A., Ⅳ·49
보그트, 앨프리드 엘튼 반Vogt, Alfred Elton van, Ⅳ·306
〈보난자Bonanza〉(텔레비전 프로그램), Ⅴ·51, 75, 83-4, 176
보너, 로버트Bonner, Robert, Ⅱ·339
보넬리, 조반니 루이지Bonelli, Giovanni Luigi, Ⅳ·360
보뇌르, 로자Bonheur, Rosa, Ⅱ·92
보니에르, 알베르트Bonnier, Albert(출판사), Ⅲ·57
보단즈키, 아르투어Bodanzky, Artur, Ⅲ·310
보데, 요한 요아힘 크리스토프Bode, Johann-Joachim Christoph, Ⅰ·102
보덴슈테트, 프리드리히Bodenstedt, Friedrich: 『미르자 샤피의 노래Lieder des Mirza Schaffy』, Ⅱ·380
보도Baudot(출판사업자), Ⅰ·132
보드빌vaudeville, Ⅲ·477, 479
보들레르, 샤를Baudelaire, Charles: 기소, Ⅱ·178, 180, Ⅲ·423; 사진 비판, Ⅲ·225, Ⅴ·365; 아방가르드, Ⅲ·256; 『악의 꽃Les Fleurs du mal』, Ⅱ·178, 180; 에드거 앨런 포, Ⅱ·151, Ⅳ·143; 에드거 앨런 포 칭찬, Ⅱ·253; 유산 상속, Ⅱ·271
보렐리, 리다Borelli, Lyda, Ⅲ·379
보로, 조지Borrow, George: 『초기 기록부터 1825년까지 유명한 형사재판과 주목할 만한 판례 모음집Celebrated Trials, and Remarkable Cases of Criminal Jurisprudence from the Earliest Records to the Year 1825』, Ⅰ·141
보로메오, 카를로Borromeo, Carlo, Ⅱ·20
보르사, 마리오Borsa, Mario, Ⅳ·347
보르헤스, 호르헤 루이스Borges, Jorge Luis, Ⅳ·322
보마르셰, 피에르 오귀스탱 카롱 드Beaumarchais, Pierre Augustin Caron de, Ⅱ·214, 341, 381-4: 〈피가로의 결혼The Marriage of Figaro〉, Ⅴ·537
보부아르, 시몬 드Beauvoir, Simone de, Ⅱ·264
보상주, 마르탱Bossange, Martin, Ⅱ·105
보스붐 타우사인 헤이르트라위다Bosboom-Toussain, Geertruida, Ⅰ·305
보스턴 심포니 오케스트라Boston Symphony Orchestra, Ⅳ·434
보스턴, 매사추세츠Boston, Mass.: 미술관 Museum of Fine Arts, Ⅴ·351
보엘디외, 프랑수아 아드리앵Boieldieu,

François-Adrien: 〈라 담 블랑슈La Dame blanche〉, I · 300
보위, 데이비드Bowie, David, V · 330
보이델, 존Boydell, John, I · 390
『보이스 오운 페이퍼Boy's Own Paper』(잡지), III · 449
보이아르, 엘리즈Voïart, Élise: 『한 여자 또는 여섯 번의 사랑La Femme ou les six amours』, II · 59
보이토, 아리고Boito, Arrigo: 〈메피스토펠레스 Mefistofele〉, III · 302
보이토, 카밀로Boito, Carmillo: 『육체Un Corpo』, II · 341
보일, 니콜라스Boyle, Nicholas, I · 532
보즈벨리, 네오피르Bozveli, Neofir: 『어머니 불가리아Mati Bulgaria』, I · 336
〈보카치오 70Boccaccio 70〉(영화), V · 147
보카치오, 조반니Boccaccio, Giovanni, I · 72, 202; 『데카메론The Decameron』, I · 173, 203, 222
『보크노Vokno』(잡지), V · 185
보타이, 주세페Bottai, Giuseppe, IV · 88, 404; 『크리티카 파시스타Critica fascista』, IV · 141
〈보통사람들Ordinary People〉(영화), IV · 63
보트랭Vautrin(소설 주인공), III · 153
보헤미아Bohemia: 오페라, I · 503-4, II · 468; 언론, II · 61-2; 언어, II · 306-7
보헤미안bohemians, III · 177
본, 헨리 리처드 폭스Bourne, Henry Richard Fox, I · 380
본기, 루제로Bonghi, Ruggero: 『이탈리아 문학은 왜 이탈리아에서 인기가 없는가Perché la letteratura italiana non sia populare in Italia』, II · 244, IV · 83
본드, 제임스Bond, James(소설 주인공), II · 156

볼니, 콩트 드Volney, Count de: 『이집트와 시리아 여행Voyage en Égypte et en Syrie』, I · 360
『볼레로 필름Bolero Film』(잡지), IV · 381
볼로냐Bologna: 코무날레 극장Teatro Comunale(시립극장), II · 449
볼로니니, 마우로Bolognini, Mauro, V · 148
볼로스, 라몬 M. 데Bolós, Fr Ramon M. de: 『영화관에 가는 것이 죄악인가?Es Pecat anar al cine?』, III · 438
『볼뢰르Voleur, Le』(잡지), II · 140
〈볼링 포 콜럼바인Bowling for Columbine〉(영화), IV · 478
폴크마르Volckmar(라이프치히 도서배급사), IV · 178
볼테르, 프랑수아 마리 아루에Voltaire, François Marie Arouet, I · 239, II · 198, 353, V · 231; 『캉디드Candide』, I · 239; 『나닌 또는 편견의 극복Nanine ou le préjugé vaincu』, I · 258; 『자디그Zadig』, II · 245
『볼테르Voltaire, Le』(신문), II · 381
볼트, 로버트Bolt, Robert, V · 139
볼트, 에이드리언Boult, Sir Adrian, IV · 429, 468
볼프, 베른하르트Wolff, Bernhard, II · 62
볼프, 조지프Volpe, Joseph, V · 342
볼프, 크리스타Wolf, Christa, V · 205; 『카산드라 Cassandra』, V · 205; 『크리스타 T.에 대한 회상Nachdenken über Christa T.』, V · 205
볼프, 후고Wolf, Hugo, II · 381
〈봄의 열일곱 순간Semnadtsat' mgnovenii vesny〉(소련 텔레비전 시리즈), V · 183
봄피아니, 발렌티노Bompiani, Valentine(출판업자), IV · 86
뵈뢰슈머르치, 미하이Vörösmarty, Mihály, I · 79
뵈브 메리, 위베르Beuve-Méry, Hubert, IV · 345
뵈젠도르퍼, 이그나츠Bösendorfer, Ignaz, I · 422

뵈티, 라슬로Beöthy, László, III · 258
뵐, 하인리히Böll, Heinrich, V · 265
부뉴엘, 루이스Buñuel, Luis, IV · 172, V · 147
부다페스트Budapest: 유대인, III · 55; 탈리아협
　회 극장, III · 257; 지위, IV · 862
부르디외, 피에르Bourdieu, Pierre, I · 24,
　V · 246
부르봉 왕가Bourbon monarchy(프랑스), II · 12,
　235
부르제, 에르네스트Bourget, Ernest, II · 383
부르주아지bourgeoisie: 극장 가기, IV · 390-1;
　나름의 기준 만듦, II · 43-6; 도덕성,
　II · 181; 독서, III · 43-5; 등장, II · 11;
　멜로드라마 후원, II · 500; 문화시장,
　IV · 25-7; 반모더니즘, IV · 129-30; 벌이,
　III · 31-3; 보헤미안들의 조롱, III · 279;
　연주회 관객, II · 390, 393-4; 인텔리겐치
　아, III · 45-7; 자기계발, III · 61, 359-64;
　잡지, III · 204-7; 프라이타크의『차변과
　대변』, II · 312-3
〈부르주아이자······ 창녀!Bourgeoise et... pute!〉
　(영화), V · 155
부르크하르트, 야코프Burckhardt, Jakob, I · 316
부빌, 알랭Boubil, Alain, V · 166
부셰, 프랑수아Boucher, François, I · 389
부쉬, 빌헬름Busch, Wilhelm, III · 233:〈막스와
　모리츠〉만화, III · 233-4, 236
부쉬, 프리츠Busch, Fritz, IV · 147
부스, 월터Booth, Walter, IV · 359
부시Boosey(음악 출판사), I · 413, II · 96, 512
부시, 조지 W.Bush, George W., V · 104
부시코, 디온Boucicault, Dion, II · 506-8:『아일
　랜드 처녀 본The Colleen Bawn』, II · 508;
　〈옥토룬The Octoroon〉, II · 194
부아리, 캉티랑 드Boirie, Cantiran de, I · 279
부아예, 샤를Boyer, Charles, IV · 203-4, 225

부알로, 피에르와 토마 나르스자크Boileau,
　Pierre and Thomas Narcejac, IV · 321:『악
　마 같은 여자Les Diaboliques』, IV · 312
부츠 북러버스 도서관Boots Booklovers' Library,
　IV · 277
부히스, 제이슨Voorhees, Jason, V · 151
〈북극의 나누크Nanook of the North〉(영화),
　IV · 176
〈북북서로 진로를 돌려라North by Northwest〉
　(영화), IV · 261
『북셀러Bookseller』(잡지), V · 226
〈북위 49도선49th Parallel〉(영화), IV · 235
북클럽book clubs, V · 226
북프랑스철도회사Compagnie du Nord, II · 115
〈북호텔Hôtel du Nord〉(영화), IV · 226
분, 대니얼Boone, Daniel, II · 337
〈분노의 포도Grapes of Wrath, The〉(영화),
　IV · 268
〈분홍신Red Shoes, The〉(영화), IV · 235
불, 피에르Boulle, Pierre, IV · 244
불가리아어Bulgarian language, I · 335
불가리아Bulgaria: 영화관, III · 410; 책과 신문,
　V · 196; 지식인, V · 200
불가린, 파데이Bulgarin, Faddei:『이반 비지긴
　Ivan Vyzhigin』, II · 147
불가코프, 미하일Bulgakov, Mikhail, II · 329
불칸, 이오시프Vulcan, Iosif, III · 93
뷔데, 외젠 드Budé, Eugène de, III · 417-22, 428
뷔로, 폴Bureau, Paul:『새 시대의 도덕적 위
　기La Crise morale des temps nouveaux』,
　III · 269
뷔르거, 고트프리트Bürger, Gottfried, I · 291
뷔베르Vuibert(출판사), II · 329
뷔상Bussang(보주Vosges): 민중극장, III · 270
뷔상 민중극장People's Theatre of Bussang(보주
　Vosges), III · 269

뷔스, 요한 루돌프Wyss, Johann Rudolf: 『스위스 로빈슨 가족Der Schweizerische Robinson』, I · 240, II · 129
뷔스나크, 윌리암Busnach, William, III · 124-5
뷔토르, 미셸Butor, Michel, IV · 322
뷔히너, 게오르크Büchner, Georg, I · 316
뷔히너, 루트비히Büchner, Ludwig, II · 61
뷜너, 프란츠Wüllner, Franz, III · 311
뷜로, 한스 폰Bülow, Hans von, III · 311
『빌르탱 뒤 리브르Bulletin du livre』, V · 231, 365
뷰익, 토머스Bewick, Thomas, II · 79, 95
브라상, 조르주Brassens, Georges, IV · 425, V · 321
브라스밴드brass bands, II · 79, 95
브라우닝, 엘리자베스 배럿Browning, Elizabeth Barrett, I · 180, 226; 『오로라 리Aurora Leigh』, II · 303
브라운, 댄Brown, Dan: 『다빈치 코드The Da Vinci Code』, V · 227, 233, 303, 366
브라이슨, 빌Bryson, Bill: 『거의 모든 것의 역사Short History of Nearly Everything』, V · 233
브라이턴 수족관Brighton Aquarium, V · 352
브라이트코프 운트 헤르텔Breitkopf & Härtel(음악출판사), I · 416
브라자, 피에르Brazza, Pierre, II · 416
브라지야크, 로베르Brasillach, Robert, 867
브라질Brazil: 브로드시트, I · 144; 텔레비전, V · 50, 86, 91-2
브라찬스키, 소프로니Vrachanski, Bishop Sofronii, I · 336
브라촐리니, 조반니 포조Bracciolini, Giovanni Poggio, I · 355
브라크, 조르주Braque, Georges, III · 227, 252
브란카티, 비탈리아노Brancati, Vitaliano, IV · 84

브란트, 빌리Brandt, Willy, V · 210
브람스, 요하네스Brahms, Johannes, II · 381, 385, 400, 436, IV · 125
브랑리, 에두아르Branly, Édouard, III · 12
브래너, 마틴 M.Branner, Martin M., IV · 355, 358
브래던, 메리 엘리자베스Braddon, Mary Elizabeth, II · 139; 『오들리 부인의 비밀Lady Audley's Secret』, III · 64
브래드버리 앤드 에번스Bradbury & Evans(출판사), II · 214, 275
브래드버리, 레이Bradbury, Ray, IV · 306, V · 182
브랜던하우스Brandon House(출판사), III · 432
브랜도, 말론Brando, Marlon, III · 221, V · 140
브랜드, 도로시아Brande, Dorothea, IV · 149
브러멜, 조지 브라이언Brummell, George Bryan('보Beau'), I · 368
브레넌, 허버트Brenon, Herbert, IV · 183
브레메르, 프레드리카Bremer, Fredrika, II · 288, 311
브레송, 로베르Bresson, Robert, IV · 232, 254
브레시아니, 안토니오Bresciani, Father Antonio, I · 311, II · 346
브레이, 존 랜돌프Bray, John Randolph, III · 244
브레이시, 존Bracey, Joan, I · 141
〈브레인스 트러스트Brains Trust, The〉(라디오 프로그램), IV · 454
브레즈네프, 레오니트Brezhnev, Leonid, V · 181, 190, 192, 244
브레테셰르, 클레르Bretécher, Claire, IV · 384
브레히트, 베르톨트Brecht, Bertolt: 동독에서의 지위, V · 204; 동독으로 돌아감, IV · 70-1; 바일이 곡을 붙인 노래, V · 157; 『서푼짜리 오페라The Threepenny Opera』, IV · 394; 사회주의적 사실주의,

IV · 56-7; 시에 곡 붙임, IV · 424; 『억척
　어멈과 그 자식들Mutter Courage und ihre
　Kinder』, I · 316, IV · 175; 『에드워드 2세
　Edward II』(말로의 희곡), IV · 394; 연극 원
　리, IV · 53, 395; 이탈리아, IV · 402, 410;
　인기, V · 158-9
브렌타노, 클레멘스 마리아Brentano, Clemens
　Maria, I · 177
브렐, 자크Brel, Jacques, IV · 425, V · 341
브로델, 페르낭Braudel, Fernand, I · 15,
　IV · 294
브로드스키, 조지프Brodsky, Joseph, V · 189
브로드시트Broadsheets, I · 140-4
브로드우드Broadwood(피아노 제조사), I · 422-4,
　II · 414, III · 313
브로드우드, 존Broadwood, John, I · 421-2
브로드우드, 토머스Broadwood, Thomas, I · 425
『브로드캐스터Broadcaster, The』(잡지), IV · 441
브로크하우스, 프리드리히 아르놀트Brockhaus,
　Friedrich Arnold, II · 359
브론테 자매Brontë sisters, II · 297
브론테, 샬럿Brontë Charlotte: 사우디의 글쓰
　기 만류, II · 285; 『제인 에어Jane Eyre』,
　I · 100, II · 95, 298; 프랑스에서 읽힘,
　II · 304; 학교, II · 258
브롤리오, 에밀리오Broglio, Emilio, I · 88
브루어, 존Brewer, John, I · 351
브루엄, 헨리 피터Brougham, Henry Peter, 1st
　Baron, II · 31, 35
브루크, 프랜시스 무어Brooke, Frances Moore:
　『에밀리 몬터규 이야기The History of Em-
　ily Montague』, I · 265
브루크너, 안톤Bruckner, Anton, IV · 125
브룩, 피터Brook, Peter, V · 387
브룩스, 루이즈Brooks, Louise, IV · 197
브룩스, 필립스Brooks, Phillips, II · 402

브뤼셀Brussels: 정기간행물, I · 374
브뤼셀 회의Brussels Congress(국제노동기구,
　1935), IV · 29
브뤼앙, 아리스티드Bruant, Aristide, III · 154,
　278-9, 282-3
브르통, 앙드레Breton, André, IV · 42-3, 422
브르통, 오귀스트 르Breton, Auguste le: 『리피피
　Du Rififi chez les hommes』, V · 312
브르타뉴어Breton language, I · 71, 84-5, 192
브르흘리츠키, 야로슬라프(에밀 프리다)Vrchlický,
　Jaroslav(Emil Frida), III · 70
〈브리가둔Brigadoon〉(영화), IV · 170, 264
브리야 사바랭, 장Brillat-Savarin, Jean: 『미각의
　생리학Physiologie du goût』, II · 22
『브리태니커 백과사전Encyclopaedia Britan-
　nica』, II · 360
브리튼, 벤저민Britten, Benjamin, Baron, I · 502,
　III · 297, IV · 427, 432; 〈피터 그라임스
　Peter Grimes〉, V · 342
브리티시 마르코니 사British Marconi Company,
　III · 24-6
『브리티시 아미 앤드 네이비 리뷰British Army
　and Navy Review』, II · 289
브리티시 텔레콤British Telecom, III · 17
브릿 올크로프트 사Britt Allcroft Company,
　V · 251
브조조프스키, 스타니수아프Brzozowski,
　Stanisław, III · 88
블라세티, 알레산드로Blasetti, Alessandro,
　IV · 117, 400
블라이튼, 에니드Blyton, Enid, 315, V · 241, 243
『블랙 마스크Black Mask』(잡지), III · 150
블랙 사바스Black Sabbath(록 그룹), V · 309
블랙 호크Black Hawk(마카타에미시키아키아크
　Ma-ka-tae-mish-kia-kiak), II · 338
블랙, 실라Black, Cilla, V · 323

블랙레이스Black Lace(출판사 시리즈), V · 261
블랙우드, 윌리엄Blackwood, William(출판업
    자), I · 168
블랙우드, 존Blackwood, John(출판업자),
    II · 181, 277, 370
『블랙우즈 매거진Blackwood's Magazine』,
    I · 384, II · 33, 58, 278, 296, 371
블랙웰, 배질Blackwell, Basil, III · 73
블랙풀 플레저 비치Blackpool Pleasure Beach,
    V · 353
블런트, 마사Blount, Martha, I · 246
블레너해싯, 샬럿Blennerhassett, Lady Charlotte:
    『스탈 부인의 생애The Life of Madame de
    Staël』, II · 353
블레드, 에두아르와 오데트Bled, Édouard
    and Odette:『철자법 강의Cours
    d'orthographie』, V · 289
블레이크, 윌리엄Blake, William, II · 48
블로, 존Blow, John, I · 478
블로거bloggers, V · 373
블록, 윌리엄 A.Bullock, William A., II · 48
블론디Blondie(연재만화 주인공), IV · 356, 364
〈블론디〉영화 시리즈Blondie film series,
    IV · 364
블롱도, 오귀스트 루이Blondeau, Auguste Louis,
    II · 452, 482
블루문Bluemoon(출판 임프린트), V · 256
블루트너Bluthner(피아노 제조사), II · 413
블룸, 레옹Blum, Léon, IV · 464
블룸, 해럴드Bloom, Harold, I · 243
블룸-번스 협정Blum-Byrnes agreement(영화,
    1946), IV · 239
블뤼발, 마르셀Bluwal, Marcel, V · 72
『블리크Blick』(스위스 신문), V · 273
〈블림프 대령의 삶과 죽음Life and Death of
    Colonel Blimp, The〉(영화), IV · 235

『비 파리지엔Vie Parisienne, La』(주간지),
    III · 66-8
비거스, 얼 데어Biggers, Earl Derr, IV · 319
비고, 장Vigo, Jean, IV · 226
「비길란티 쿠라Vigilanti Cura」(교황 회칙, 1935),
    IV · 183
비냥, 안Bignan, Anne:『알프스의 은자L'Ermite
    des Alpes』, II · 288
비너스프레스Venus Press, III · 432
비네, 로베르트Wiene, Robert, IV · 195
비네, 루이Binet, Louis, I · 284
비노그라도프, A. K.Vinogradov, A. K.: 파가니
    니의 생애life of Paganini, V · 182
비니, 알프레드 드Vigny, Alfred de, I · 234,
    II · 23, 382:『생마르Cinq-Mars』, I · 234
비더, 킹Vidor, King, IV · 201
비도크, 외젠Vidocq, Eugène, II · 161, 246, 430,
    III · 147:『회고록Mémoires』, II · 247
비들 출판사, 어윈 P. & Co.Beadle, Irwin P.
    & Co.(미국 출판사: 훗날 비들 앤드 애덤스
    Beadle & Adams), III · 154, 185, 197, 332,
    IV · 362
비디오게임video games → 컴퓨터게임
비디오 녹화기video recorders, V · 40
〈비디오 선장Captain Video〉(텔레비전 시리즈),
    IV · 307
〈비루스, 죽은 숲의 마법사Virus, il mago della
    foresta Morta〉(연재만화), IV · 359
비르템베르스카, 마리아Wirtemberska, Maria:
    『말비나Malvina』, II · 283
비발디, 안토니오Vivaldi, Antonio, IV · 428
비방디 유니버설Vivendi Universal(통신회사),
    V · 330
비버브룩, 윌리엄 맥스웰 에이킨Beaverbrook,
    William Maxwell Aitken, 1st Baron, V · 253
『비블리오테카 들랴 추테니야Biblioteka dlia

chteniia』(잡지), II · 147
비블리오테카 몬다도리Biblioteca Mondadori, IV · 101
『비블리오테카 이탈리아나Biblioteca italiana, La』(잡지), I · 407
비셔스, 시드Vicious, Sid, V · 330
비숍, 헨리 롤리Bishop, Sir Henry Rowley, I · 407 ; 〈즐거운 나의 집Home Sweet Home〉(노래), I · 407
비스마르크, 오토 폰Bismarck, Prince Otto von, II · 19
비스콘티, 루키노Visconti, Luchino, IV · 86, 193, 254, V · 147-9
비스콥스키, 뱌체슬라브Wiskowski, Wiaczeslaw, IV · 439
비시, 카를로Bisi, Carlo, IV · 439
비아레조 상Viareggio Prize(이탈리아), V · 250
비안키, 조반니 바티스타Bianchi, Giovanni Battista : 『5월 1일Primo Maggio』, III · 39
비앙, 보리스Vian, Boris, V · 268 ; 『너희들 무덤에 침을 뱉으마'Irai cracher sur vos tombes』(필명 '버넌 설리번Vernon Sullivan'), IV · 18, 290
비야, 판초Villa, Pancho, III · 371
비어만, 볼프Biermann, Wolf, V · 205
비어바움, 오토 율리우스Bierbaum, Otto Julius, III · 194
비에르츠, 앙투안Wiertz, Antoine, II · 313
『비엥 퓌블리크Bien public, Le』(신문), III · 132
비올라, 체사레 줄리오Viola, Cesare Giulio : 『연옥L'Inferno』, IV · 399
비외른손, 비외른스티에르네 마르티니우스Bjørnson, Bjørnstjerne Martinius, III · 102, 250
비외소, 잔 피에트로Vieusseux, Gian Pietro, I · 322, 361

비요크Björk(아이슬란드 팝 가수), V · 334
비용, 프랑수아Villon, François, IV · 425
비잔티움Byzantium, I · 51
비제, 조르주Bizet, Georges : 〈진주조개잡이The Pearl Fishers〉, II · 467 ; 〈카르멘Carmen〉, I · 341, II · 435-6, III · 97, 299, 331 ; 〈퍼스의 미녀La Jolie fille de Perth〉, I · 300
비지아노, 이탈리아Viggiano, Italy, II · 408
비지텔리, 헨리Vizetelly, Henry, III · 137
비첨, 토머스Beecham, Sir Thomas, III · 310, 342
비첸차Vicenza : 올림피코 극장Teatro Olimpico, I · 511
비치, 실비아Beach, Sylvia, IV · 24
비크, 프리드리히Wieck, Friedrich, II · 400
비턴, 새뮤얼Beeton, Samuel, II · 65, 364-5
비턴, 이사벨라Beeton, Isabella : 『가정경영서Book of Household Management』, II · 65, 364
비테, 뤼도비크Vitet, Ludovic, I · 191
비테즈, 미하이 초코너이Vitéz, Mihály Csokonai, I · 79
비토리니, 엘리오Vittorini, Elio, IV · 86, 143
비토리오 에마누엘레 2세, 이탈리아 왕Victor Emmanuel II, King of Italy, I · 76
비트 음악beat music, V · 208
비트겐슈타인, 루트비히Wittgenstein, Ludwig, IV · 314
비틀스Beatles, the(팝 그룹), IV · 470, V · 208, 295, 304, 308, 311, 315-7, 319-27, 331
비티, 모니카Vitti, Monica, IV · 371
비티, 워렌Beatty, Warren, V · 151
『비하이브Bee-Hive』(주간지), II · 64
비행기aeroplanes : 시작, III · 220
비행flying : 시작, III · 220
〈빅 브라더Big Brother〉(텔레비전 프로그램),

V · 41, 60-2, 67
〈빅 슬립Big Sleep, The〉(영화), IV · 228
빅시오, 세자레Bixio, Cesare, IV · 421
빅터 토킹머신 사Victor Talking Machine Company → RCA 빅터
빅터, 메타 빅토리아 풀러Victor, Metta Victoria Fuller, III · 197
빅토리아, 여왕Victoria, Queen, I · 228, 388, II · 410
빈Vienna: 무도장, II · 407; 문화수도, II · 495; 부르크 극장Burgtheater, II · 489; 빈 궁정극장(지금의 국립오페라극장), III · 305; 살롱, II · 425, 491; 신문, III · 209; 연주회, II · 386, 389-90; 오페라, I · 502, II · 467, III · 304; 오페레타, II · 488-96; 유대 언론, III · 59; 유대인들, III · 55, 59-60; 음악출판, I · 412; 인구, I · 46; 지위, IV · 16; 출판, I · 127; 춤, I · 432-3, II · 409, III · 286; 카를 극장Carltheater, II · 492; 테아터 안 데어 빈Theater an der Wien(알트비너 민중극장Altwiener Volkstheater), II · 489, 496; 합창단, II · 406
빈 분리파Viennese Secession(미술가 집단), III · 52
빈 필하모닉 오케스트라Vienna Philharmonic Orchestra, II · 495, III · 62
빌데, 에두아르드Vilde, Éduard, III · 70
빌라르, 장Vilar, Jean, IV · 402
빌란트, 크리스토프 마르틴Wieland, Christoph Martin, I · 124, 514
빌리지드라마협회Village Drama Society(영국), IV · 80
빌링턴, 엘리자베스Billington, Elizabeth, I · 465
빌마르케, 에르사르 드Villemarqué, Hersart de, I · 192
빌만, 카롤리네Willmann, Caroline, I · 470

빌바오Bilbao: 구겐하임 미술관, V · 353
『빌보드Billboard』(잡지), IV · 413, V · 330-2, 340, 371
빌제, 벤야민Bilse, Benjamin, III · 310
『빌트 차이퉁Bild-Zeitung』(신문), V · 271, 273, 278
빌트, 도르트헨Wild, Dortchen, I · 206
빌헬름 2세Wilhelm II, Kaiser: 풍자, III · 429
빙, 루돌프Bing, Rudolf, V · 342
빙겐의 힐데가르트Hildegarde of Bingen, I · 403
빙켈만, 요한Winckelmann, Johann, I · 170
〈빵과 사랑과 꿈Pane amore e fantasia〉(영화), IV · 251
〈뽀빠이Popeye〉(연재만화), IV · 366-7

【 ㅅ 】

사가sagas, I · 185-94
사강, 프랑수아즈Sagan, Françoise, IV · 295
사냥hunting: 영국, III · 275
사다트, 안와르Sadat, Anwar, V · 54
사드, 도나티엥 알퐁스, 후작Sade, Donatien Alphonse, Marquis de, I · 236-87, IV · 18, V · 230; 『규방철학La Philosophie dans le boudoir』, I · 236
〈사랑에 빠진 여인들Mulheres apaixonadas〉(브라질 텔레비전 프로그램), V · 50
〈사랑은 비를 타고Singin' in the Rain〉(영화), IV · 264
〈사랑의 속삭임Gueule d'amour〉(영화), IV · 225
사르데냐Sardinia: 종교서, II · 356-7
사르두, 빅토리앵Sardou, Victorien, II · 280, 494, III · 246, 300, IV · 402
사르트르, 장 폴Sartre, Jean-Paul: 공쿠르상 놓침, I · 75; 『구토La Nausée』, V · 248; 닉 카터 이야기를 읽음, III · 160-1; 드코브

라에 관해, IV · 97; 정치적 발언, II · 198; 『존재와 무Being and Nothingness』, IV · 371, 424; 『탕 모데른Les Temps modernes』, IV · 369; 『파리떼Les Mouches』, IV · 390; 판매, IV · 297, V · 230-1; 프랑스 텔레비전의 출연 배제, V · 103; 학생들에게 영화 관람을 권유함, IV · 158; 헤밍웨이 만남, IV · 296
사르파티, 마르게리타Sarfatti, Margherita: 무솔리니, III · 387, IV · 92
〈사막의 여왕 프리실라의 모험Adventures of Priscilla, Queen of the Desert, The〉(영화), I · 267
사미즈다트와 지하출판물samizdat and dissident publications, V · 184
사바토 테아트랄레Sabato Teatrale, IV · 399
사보프스키, 부아디수아프Sabowski, Władysław: 『다른 것들Niepodobni』, III · 86
사비넬리, 안나Savinelli, Anna, I · 444
사사리, 사르데냐Sassari, Sardinia, IV · 265
사시, 실베스트르 드Sacy, Sylvestre de, II · 306
사실주의realism: 소설, II · 78, 311, IV · 34, 56
〈사악한 여자Wicked Lady, The〉(영화), IV · 244
사우디, 로버트Southey, Robert, II · 285
사우스웨일스 합창연맹South Wales Choral Union, III · 314
〈사운드 오브 뮤직Sound of Music, The〉(영화), IV · 418, V · 140
사이드, 에드워드Said, Edward: 『오리엔탈리즘 Orientalism』, I · 341-2
사이먼 앤드 슈스터Simon & Schuster(미국 출판사), III · 58, IV · 274
사이먼, 닐Simon, Neil, IV · 418
사이먼, 리처드 L. Simon, Richard L., III · 58
『사이언스 앤드 인벤션Science and Invention』(잡지), IV · 304
『사이언스 원더 스토리스Science Wonder Stories』(잡지), IV · 304
사전dictionaries, I · 78
사진협회Society of Photography: 브뤼셀 회의(1895), IV · 29
사진photography: 사진소설, IV · 381-5, V · 256; 시초와 발전, II · 91-3, III · 11-2, 30, 224-5; 신문과 잡지, III · 228, IV · 322-34; 인기, III · 327; 효과, III · 225-6
사칼, S. Z.Sakall, S. Z., IV · 209
사크라티, 프란체스코Sacrati, Francesco: 〈미친 척하는 여인La Finta pazza〉(오페라), I · 477
사키니, 안토니오Sacchini, Antonio, I · 443
사티, 에릭Satie, Erik, III · 314, IV · 422
〈사티리콘Satyricon〉(영화), V · 149
사회주의socialism: 과학소설, III · 162; 노동자의 해방과 교육, III · 35-9; 도서대여점, III · 37-8; 민중극, III · 269; 사실주의 소설, III · 135; 시작, II · 13; 정기간행물 발행, II · 34-5; 신문, I · 64-5; 여가, III · 34
사회주의적 사실주의socialist realism, III · 137, IV · 55-7
삭스, 아돌프Sax, Adolphe, II · 416-8
〈산딸기Smultronstället〉(영화), IV · 259
산티스, 주세페 데Santis, Giuseppe de, IV · 252
살가리, 에밀리오Salgari, Emilio, III · 189-93, IV · 92, V · 190
살람 팍스Salam Pax(블로거), V · 373
살리에리, 안토니오Salieri, Antonio, I · 443; 〈에우로파 리코노시우타L'Europa riconosciura〉, I · 489
살마와 사비나Salma and Sabina(팝 가수), V · 335

찾아보기 593

〈살바토레 줄리아노Salvatore Giuliano〉(영화),
  V · 147
살바토렐리, 루이지Salvatorelli, Luigi, III · 211
살비니 도나텔리, 파니Salvini-Donatelli, Fanny,
  II · 434-5
〈삶과 죽음의 문제Matter of Life and Death, A〉
  (영화), IV · 235
삽화illustrations, II · 78-93
상도, 쥘Sandeau, Jules, II · 298
상드, 조르주Sand, George: 남성 필명 채택,
  II · 296;『내 삶의 이야기Histoire de ma
  vie』, I · 369, II · 298, 355; 농촌소설,
  III · 42; 단하우저의 그림, II · 425; 독일
  에 끼친 영향, II · 311-2; 러시아에서 번역,
  II · 147;『로즈와 블량슈Rose et Blanche』,
  II · 298; 명성, I · 128, II · 101; 벌이,
  II · 280; 부고기사, III · 419;『사생아 프
  랑수아François le champi』, II · 150; 시골
  의 소박함에 관해, II · 150; 아셰트의 출
  판, II · 117, 118;『악마의 늪La Mare au
  diable』, II · 122, 124, 128, III · 42; 앤 래
  드클리프 읽음, I · 278;『어린 파데트La
  Petite Fadette』, II · 151; 어머니가 장리스
  를 읽어줌, I · 346; 에르크만-샤트리앙,
  II · 141; 여성 등장인물, II · 257; 영국에
  서 검열, II · 171; 영어로 읽힘, II · 101;
  인기, II · 101; 재정적 순진함, II · 128;
  지라르댕의 출판, II · 141;『진짜 그리뷔
  유 이야기Histoire du véritable Gribuille』,
  II · 257; 출생, I · 287; 출판사와의 관계,
  II · 122;『콩쉬엘로Consuelo』, II · 166;
  페니모어 쿠퍼와 스콧 비교, I · 342
상드라르, 블레즈Cendrars, Blaise, III · 156
상드라즈, 쿠르틸 드Sandraz, Courtils de:『다르
  타냥 씨의 회상록Mémoires de Monsieur
  d'Artagnan』, II · 228

상크티스, 프란체스코 데Sanctis, Francesco de,
  I · 292, 312, 327, II · 175-6, 346, III · 140
상트페테르부르크St Petersburg: 극장, III · 249,
  273; 넵스키협회Nevsky Society, III · 272;
  리곱스키 민중의 집, III · 273; 신 에르미
  타주 제국박물관, V · 351; 이탈리아 오페
  라, II · 451; 작가와 저널리스트, III · 174
새뮤얼슨, 폴Samuelson, Paul:『경제학: 분석 입
  문Economics: An Introductory Analysis』,
  V · 227
〈새벽Jour se lève, Le〉(영화), IV · 226
새커리, 윌리엄 메이크피스Thackeray, William Makepeace:『갈리냐니스 메신저
  Galignani's Messenger』, II · 329; 명성,
  II · 401;『연극해방론과 극작가의 권리
  Theatrical Emancipation, and the Rights of
  Dramatic Authors』, II · 571; 잡지 편집,
  II · 367;『장미와 반지The Rose and the
  Ring』, II · 439; 출판업자들에 대한 분노,
  II · 355; 콜린스의『흰 옷을 입은 여인』찬
  양, II · 432; 판매, II · 411; 프랑스에서
  읽힘, II · 462;『허영의 시장Vanity Fair』,
  I · 136, 188, II · 312
『새터데이 리뷰Saturday Review』, II · 143
『새터데이 이브닝 포스트Saturday Evening
  Post』, IV · 140
『새터리스트Satirist』(잡지), I · 387
색소폰saxophone, III · 290
〈샌프란시스코San Francisco〉(영화), IV · 191
샐버그, 어빙Thalberg, Irving, IV · 187
생로랑, 이브Saint-Laurent, Yves, V · 356
생빅토르, 피에르 드Saint-Victor, Pierre de,
  I · 191
생상스, 카미유Saint-Saëns, Camille, III · 356,
  379
〈생크 콜론 아 라 윈Cinq colonnes à la une〉(텔

레비전 프로그램), V·96
생텍쥐페리, 앙투안 드Saint-Exupéry, Antoine de, IV·109: 『야간비행Vol de nuit』, V·231
생토강, 알랭Saint-Ogan, Alain: 〈지그와 퓌스Zig et Puce〉(연재만화), III·242, IV·361
생투앙, 로르 드Saint-Ouen, Laure de: 『프랑스사 Histoire de France』, II·201, 378
생트뵈브, 샤를 오귀스탱Sainte-Beuve, Charles Augustin, I·193, 303, II·30, 158, 197, III·119, IV·155
생티, 로르Cinti, Laure, I·467, 497
생피에르, 베르나르댕 드Saint-Pierre, Bernrdin de, I·346
『샤 누아르Chat noir, Le』(잡지), III·234
샤넬Chanel(패션업체), III·395
샤르티에, 로제Chartier, Roger, I·121, 152, 350
샤르팡티에Charpentier(출판사), III·127
샤르팡티에, 제르베Charpentier, Gervais, II·22-3, 118, III·79, 127
샤를 10세, 프랑스 왕Charles X, King of France, I·496
샤를마뉴 대제Charlemagne, Emperor, I·190
『샤리바리Charivari, Le』(잡지), I·389, 393, II·60, 84
샤리프, 오마Sharif, Omar, V·139
샤므로Chamerot(출판사), II·367
샤브롤, 클로드Chabrol, Claude, IV·261
샤브리에, 에마뉘엘Chabrier, Emmanuel, III·314
샤샤, 레오나르도Sciascia, Leonardo, IV·322
샤일록Shylock(희곡 주인공), V·160-1
샤키라Shakira(팝 가수), V·334
샤토브리앙, 프랑수아 르네Chateaubriand, François René, Vicomte de, I·281, 331, 360: 『아탈라Atala』, I·342, 395

샤퓌 드 몽라빌Chapuys de Montlaville, Baron, II·159
샤흐나자로프, 카렌Shakhnazarov, Karen, V·173
샬리아핀, 표도르Chaliapin, Feodor, I·467
샬링, 마르틴Schalling, Martin, II·403
샹봉, 수도원장Chambon, Abbé, I·85
섀도스Shadows, the(팝 그룹), V·325
섀클턴, 어니스트Shackleton, Sir Ernest, III·207
섕클린, 웨인Shanklin, Wayne, IV·423
〈서구의 일상Everyday in the West〉(독일 텔레비전 프로그램), V·218
서덜랜드, 조앤Sutherland, Joan, I·504, II·474, IV·433
서덜랜드, 존Sutherland, John, I·228
서독West Germany(연방공화국): 동독에 미친 영향, V·203-4; 서독 문화, IV·44
〈서독 사람들은 동독을 어떻게 생각할까?What Do the West Germans Think About the DDR?〉(텔레비전 영화), V·217
〈서바이버Survivor〉(텔레비전 프로그램), V·59
서배너 호Savannah, III·20
서버, 제임스Thurber, James, I·200: 「맥베스 살인의 수수께끼The Macbeth Murder Mystery」, II·245
『서번츠 매거진Servant's Magazine』, II·75
서부물westerns: 동독에서의 인기, V·220; 영화, IV·173-4; 유럽 만화 캐릭터, IV·372; → 소설
서사시epics, I·185
서순, 시그프리드Sassoon, Siegfried, III·76-7
서적상booksellers: 배급, I·107-8, 115, 126; 서평, I·383; 시장, V·178; 재고, V·249; 조직, II·119; 출판, I·94; 혁신적 방법, III·81-2
서적상연합회Booksellers' Association, II·119

서적상위원회Booksellers' Committee, II · 119
서적협회Börsenverein(독일), III · 114
서처스Searchers, the(팝 그룹), V · 330
〈서커스Tsirk〉(영화), IV · 34
석판인쇄lithography, I · 390-2, II · 15, 84,
  III · 289; 음악 출판, III · 289
『선데이 타임스Sunday Times』, II · 330,
  V · 1303
『선Sun』(뉴욕 신문), II · 315
설리번, 아서Sullivan, Sir Arthur: 〈아이반호Ivanhoe〉(오페라), I · 296, 301, II · 489; 〈잃어버린 화음The Lost Chord〉, III · 315; → 길버트, 윌리엄 슈웬크와 아서 설리번
성 골St Gall(수도원): 스위스, I · 51
성서Bible, Holy: 세계적으로 번역, V · 244; 이야기 테마, I · 207; 영어 번역, I · 99; 영향, I · 189
성인전saints' lives, I · 133-4, 152
성sex: 교본, II · 431, V · 233; 문학, III · 430-6, IV · 20-1; 여성 연애소설, V · 256; 영화, V · 152-6; 텔레비전, V · 113 → 검열
세, 장 바티스트Say, Jean-Baptiste, II · 58
세가Sega(일본 회사), V · 358
『세계만화사전Dictionnaire mondial de la bande dessinée』, IV · 380
세계화globalisation, III · 422
세귀르, 소피 로스톱친Ségur, Sophie Rostopchin, Comtesse de, II · 117, 175, 260-6; 『가스파르의 행운La Fortune de Gaspard』, II · 261-2; 『소피의 불행Les Malheurs de Sophie』, III · 31
세귀르, 외젠Ségur, Count Eugène, II · 259
세나르, 마리 앙투안 쥘Sénard, Marie-Antoine-Jules, II · 178
세네카Seneca, I · 507
세넷, 맥Sennett, Mack, III · 399, IV · 204

세라오, 마틸데Serao, Matilde, III · 61, 104-6
세라피온 형제Serapion brothers(소련), IV · 51
세르네르, 군나르Serner, Gunnar('프랭크 헬러 Frank Heller'), IV · 328
세르반테스 사베드라, 미겔 데Cervantes Saavedra, Miguel de: 『돈키호테Don Quixote』, 73, 109, 117, 120, 122, 126-8, 486, 580, 1077, 1296
세르보크로아트어Serbo-Croat language, I · 79
세르비아Serbia: 민중시popular poetry in, I · 186
세리만, 차카리아Serimàn, Zaccaria: 『엔리코 바르톤의 여행Viaggi di Enrrico Warton』, I · 329
『세베르나야 프첼라Severnaia pchela』(일간지), II · 147
〈세서미 스트리트Sesame Street〉(텔레비전 프로그램), V · 169
세스, 비크람Seth, Vikram: 『신랑감A Suitable Boy』, V · 232
세아르, 앙리Céard, Henry, III · 132
세이어스, 도로시 리Sayers, Dorothy Leigh, III · 152, IV · 124, 273, 313;
  『좌천사, 주천사Thrones, Dominations』, II · 335
세이크리드 하모닉 소사이어티, 런던Sacred Harmonic Society, London, II · 405
세인트루이스 만국박람회St Louis Universal Exhibition(1904), III · 293
〈세인트루이스: 시민가면극St Louis Pageant〉(1914), IV · 396
〈세인트루이스에서 만나요Meet Me in St Louis〉(영화), IV · 264
세주르, 빅토르Séjour, Victor: 〈장미의 마돈나La Madonne des roses〉, II · 479
세지윅, 캐서린 마리아Sedgwick, Catharine

Maria, I · 344
세치니, 백작Szechnyi, Count, I · 382
세커 앤드 워버그Secker & Warburg(출판사),
  III · 57
『세콜로Secolo, Il』(이탈리아 신문), II · 63,
  III · 210, 229, IV · 101
『세콜로 19Secolo XIX』(신문), IV · 338
『세티모 조르노Settimo giorno』(잡지), IV · 337
〈섹스 앤드 더 시티Sex and the City〉(텔레비전 프로그램), IV · 221
섹스 피스톨스Sex Pistols(펑크 그룹), V · 309, 330
셀러, W. C.와 R. J. 예이트먼Sellar, W. C. and R. J. Yeatman: 『1066년, 그리고 그 모든 일들1066 and All That』, I · 190
셀린Céline(루이 페르디낭 데튜슈), III · 75
셀즈닉, 데이비드 O.Selznick, David O., IV · 174-5, 182, 191
셀커크, 알렉산더Selkirk, Alexander, I · 238, 241
셰, 나폴레옹Chaix, Napoléon(출판사), II · 15, 118
셰니에, 마리 조제프Chénier, Marie-Joseph: 〈샤를 9세Charles IX〉, II · 188
셰르바넨코, 조르조Scerbanenco, Giorgio: 『학살의 아이들I Ragazzi del massacro』, IV · 329
셰를, 아우구스트Scherl, August, III · 208-9, 227
셰리든, 리처드 브린즐리Sheridan, Richard Brinsley: 『연적The Rivals』, I · 529
셰리든, 프랜시스Sheridan, Frances, I · 180: 『누르야하드의 일대기The History of Nourjahad』, I · 332
셰스트룀, 빅토르Sjöström, Victor, IV · 259
셰어Cher(팝 가수), V · 311
셰우첸코, 타라스Shevchenko, Taras, II · 329
셰익스피어, 윌리엄Shakespeare, William: 국민시인, I · 217; 독일어 번역, II · 317,
  III · 248; 동독에서, V · 219; 리처드 3세Richard III, I · 523; 『말괄량이 길들이기The Taming of the Shrew』, V · 160; 명성과 영향, I · 514, 523; 번역, V · 241, 243-4; 『베니스의 상인The Merchant of Venice』, I · 211, V · 160; 『오셀로Othello』, II · 300; 위험하다는 비난, III · 421; 인기, V · 158; 축약, I · 162; 텔레비전 각색, V · 124; 『템페스트The Tempest』, IV · 308; 특성, III · 308; 파시즘 이탈리아에서 상연, IV · 399; 판매, 314; 『햄릿Hamlet』, I · 156, III · 37, V · 219-20; 〈헨리 5세Henry V〉(영화), I · 218
셰익스피어 앤드 컴퍼니Shakespeare & Co.(파리 서점), IV · 25
셰페르, 피에르Schaeffer, Pierre, V · 314
셰필드Sheffield: 서리 뮤직홀Surrey Music Hall, II · 508-10
셸리, 메리Shelley, Mary: 『프랑켄슈타인Frankenstein』, I · 212, 280, III · 162, 169, 406, IV · 309, V · 232
셸리, 퍼시 비시Shelley, Percy Bysshe, I · 286, II · 381: 『해방된 프로메테우스Prometheus Unbound』, I · 215
셸링, 프리드리히Schelling, Friedrich, I · 179
셸턴, 앤Shelton, Anne, IV · 413
소극farce, III · 245-6, IV · 184
『소년의 마술피리Knaben Wunderhorn, Des』(아르님과 브렌타노 편집), I · 177
『소뇨Sogno』(잡지), IV · 381
소니Sony(회사), IV · 433, V · 127, 297, 337, 338, 358
소련Soviet Union → 러시아
소련USSR → 러시아(와 소련)
소로, 헨리 데이비드Thoreau, Henry David, II · 336

〈소르 팜푸리오Sor Pampurio〉(연재만화),
　IV · 359
소르디, 알베르토Sordi, Alberto, IV · 238
『소리시 에 칸초니 TVSorrisi e canzoni TV』(잡
　지), V · 284
소브키노Sovkino(소비에트 영화기구), IV · 51
소비에트작가동맹Union of Soviet Writers,
　IV · 52
소설novels: 간통, II · 301-3; 고딕소설,
　I · 96, 155, 165, 249, 264, 267, 270-1,
　275-6, 340; 괴물, I · 268-9; 국가별 전
　형, II · 196-7; 국민성, I · 340-4; 길
　이, IV · 427; 농촌소설, III · 42; 도덕률,
　II · 180-2; 독일 헤프트로만Heftromane,
　V · 264; 동방, I · 333, 342; '민주적' 내
　러티브, II · 344; 번역, III · 84-8; 부르
　주아, I · 246-51; 빨치산, IV · 69; 사실
　성, II · 117, 239; 사실주의와 자연주
　의, I · 242, 506, III · 117, 120, 138; 삼
　부작, II · 17; 삽화, II · 79; 서간체 형
　식, I · 257, 263-4, 285, 319; 서부소설,
　III · 185-93; 성격과 장르로서의 매력,
　II · 238-44; 성별에 따른 관점, I · 347-8;
　소련, V · 191-3; 스릴러, IV · 290; 시작,
　I · 210-2; 시작과 끝, II · 137; 싸구려 소
　설, II · 330-2, III · 79; 여성들의 '대담함',
　III · 64; 역사소설, I · 288-90, 293, 300,
　305-7, 353, II · 365, III · 87; 연애소설,
　IV · 114, 29, 314-5, V · 256-9; 연재소설,
　I · 162, II · 139-42, 144-8, 165-7; 영화
　각색, IV · 170; 유럽에 수입된 미국 소설,
　IV · 142; 성애소설, I · 283-4, IV · 291,
　V · 234; 이탈리아에서 폄하됨, I · 328; 인
　기, I · 223, 242, 249-50, II · 238, 251; 인
　기와 문자해득률, II · 321-2; 작가의 등장
　인물 동일시, I · 254; 장르, IV · 301-5; 전

복적 성격, II · 165-6; 정의, I · 222; 정
　치적 소설, IV · 35-41; 중간급 인기 소
　설, III · 169-71; 테마, II · 70-1; 팜파탈,
　II · 300-1; 펄프소설, V · 181, 264; 플롯
　과 구조, I · 255-7, 262; 휴대전화와 웹사
　이트에서의 독서, V · 321-2; 희극으로 각
　색, III · 479, 484 → 탐정소설(과 범죄소
　설); 과학소설
소쉬르, 네케르 드Saussure, Madame Necker de,
　I · 179
소울 음악soul music, V · 327
〈소유와 무소유To Have and Have Not〉(영화),
　IV · 219, 228
소유즈키노Soyuzkino(소비에트 영화 카르텔),
　IV · 55, 59, 66
소크라테스Socrates, V · 365
소턴, 윌리 메이Thornton, Willie Mae: '빅 마마
　Big Mama', V · 324
소페나Sopena(스페인 출판사), III · 96
소포클레스Sophocles, III · 254
〈소프라노스Sopranos, The〉(텔레비전 연속물),
　V · 75
손니노, 시드니Sonnino, Sidney, III · 210
손드하임, 스티븐Sondheim, Stephen, III · 261
손초뇨Sonzogno(이탈리아 출판사), II · 216,
　III · 148, IV · 98, 103
손초뇨, 에도아르도Sonzogno, Edoardo,
　III · 102, 210
손초뇨, 잠바티스타Sonzogno, Giambattista,
　I · 362
솔라르, MCSolaar, MC, V · 338
『솔레-24 오레Sole-24 Ore』(신문), IV · 347
솔로모스, 디오니시오스Solomos, Dionysos,
　I · 220
솔제니친, 알렉산드르Solzhenitsyn, Alexander,
　IV · 21; 『이반 데니소비치의 하루One Day

in the Life of Ivan Denisovich』, V · 173-4
솔티, 게오르그Solti, Sir Georg, V · 347
『솔Sol, El』(신문), V · 285
『쇤다그 니세Söndag-Nisse』(스웨덴 신문),
　IV · 361
쇤베르크, 아르놀트Schoenberg, Arnold,
　III · 297, IV · 125, 424, 431
쇤베르크, 클로드 미셸Schonberg, Claude-Mi-
　chel, V · 166; 〈레미제라블Les Mishables〉
　(뮤지컬), II · 207
쇼, 샌디Shaw, Sandie, V · 337
쇼, 아티Shaw, Artie, IV · 427
쇼, 조지 버나드Shaw, George Bernard: 세계
　레퍼토리, III · 259; 연극 공연 통제 시
　도, III · 259; 이탈리아에서 출판, IV · 85,
　109; 입센 옹호, III · 101; 파시즘 이탈
　리아에서 공연, IV · 406; 포의「리지아」
　칭송, II · 253;『피그말리온Pygmalion』,
　III · 260, V · 140-1
『쇼맨스 트레이드 리뷰Showman's Trade Re-
　view』, IV · 242
쇼세, 피에르 클로드 니벨 드 라Chaussé, Pierre
　Claude Mivelle de la:『파멜라Paméla』,
　I · 517
쇼스타코비치, 드미트리Shostakovich, Drnitri,
　III · 295, 297, IV · 64, 432, 438: 〈므
　첸스크의 맥베스 부인Lady Macbeth of
　Mtsensk〉, IV · 64;『증언Testimony』(회고
　록), IV · 64
쇼월터, 일레인Showalter, Elaine, II · 271
쇼이만, 게르하르트Scheumann, Gerhard,
　V · 217
쇼팽, 프레데리크Chopin, Frédéric: 나치의 수용,
　IV · 126; 살롱 공연, II · 398; 민족적 작곡
　가, II · 392; 비르투오소, I · 473; 영국 순
　회공연을 위해 세 대의 브로드우드 피아노

를 받음, II · 415; 왈츠, I · 434
〈쇼팽의 젊은 시절Youth of Chopin, The〉(영
　화), II · 392
쇼펜하우어, 아르투어Schopenhauer, Arthur,
　V · 247
쇼펜하우어, 요한나Schopenhauer, Johanna,
　II · 272
숄로호프, 미하일Sholokhov, Mikhail:『개척되는
　처녀지Virgin Soil Upturned』, IV · 54;『고
　요한 돈 강Quiet Flows the Don』, IV · 34,
　V · 189
숄스, 퍼시Scholes, Percy, III · 343, IV · 451
수numbers: 서사 속의 수, I · 211
수난극passion plays, IV · 397
수베스트르, 에밀Souvestre, Émile:『미래의 세계
　Le Monde tel qu'il sera』, III · 163
수베스트르, 피에르와 마르셀 알랭Souvestre,
　Pierre and Marcel Allain, III · 81, 154, 157
수보린, 알렉세이 세르게예비치Suvorin, Aleksei
　Sergeevich, III · 182
수비니, 에밀리오Suvini, Emilio, IV · 403
수비루, 베르나데트Soubirous, Bernadette(성녀
　베르나데트), II · 294, 357-8
〈수사견 렉스Kommissar Rex〉(독일 텔레비전 프로
　그램), V · 83
〈수사는 전문가들이 한다Investigation is Con-
　ducted by Experts, The〉(소련 텔레비전 프로
　그램), V · 182
수에즈 운하Suez Canal, I · 48, II · 452
수예틴, 니콜라이Suetin, Nikolai, IV · 50
『수오멘 쿠발레티Suomen Kuvalehti』(신문),
　III · 244
〈수요 연극Wednesday Play〉(텔레비전 시리즈),
　V · 71
수입과 벌이incomes and earnings, III · 31-3
수전, 재클린Susann, Jacqueline:『인형의 계곡

『The Valley of the Dolls』, IV · 296, V · 231, 261
〈수정 깃털의 새Uccello dalle piume di cristallo, L'〉(영화), V · 148
수정궁, 런던Crystal Palace, London, II · 46, 393, 405, III · 314
수하미, 다이애나Souhami, Diana:『셀커크의 섬 Selkirk's Island』, I · 241
술리에, 프레데리크Soulie, Frédéric, I · 524, II · 151-2
〈술주정뱅이의 개심Drunkard's Reformation, A〉(영화), III · 441
쉬, 외젠Sue, Eugène: 경력과 성공, I · 286, II · 145-67; 뒤마에게 영향, II · 235;『방랑하는 유대인Le Juif errant』, I · 142, 270, II · 39, 43, 145, 150, 156, 160, 162, 261; 벌이, II · 144; 세귀르 백작부인에게 영향, II · 260; 연극으로 각색된 소설 II · 484; 연재소설 II · 144, 149-50; 이데올로기, II · 164; 이탈리아와 스페인에서 인기, I · 324, II · 311, 340; 인기 유지, II · 163; 주제, II · 156-8;『클레망스 에르베Clémence Hervé』, II · 293;『파리의 비밀Les Mystères de Paris』, I · 321, 393, II · 28, 153, 155-8, 160, 163-4, 312, 331, III · 38, 40, 151, 395; 판매, V · 230;『플리크와 플로크Plick et Plock』, II · 140
〈쉰들러 리스트Schindler's List〉(영화), V · 232
슈나벨, 고트프리트Schnabel, Gottfried: Insel Felsenburg, I · 240
슈나벨, 아르투어Schnabel, Arthur, IV · 126
슈나이더, 로미Schneider, Romy, IV · 256
슈네데르, 오르탕스Schneider, Hortense, II · 495
슈니츨러, 아르투어Schnitzler, Arthur, III · 85, IV · 125

슈디, 부르카트Shudi, Burkat, I · 421
슈라이버, 엘레오노라Schraiber, Eleonora, IV · 328
슈뢰더 드프린트, 빌헬미네Schroeder-Devrient, Wilhelmine, I · 470
슈뢰터, 레베카Schroeter, Rebecca, I · 456
슈만, 로베르트Schumann, Robert: 가곡, II · 381; 재정, II · 385; 클라라와 결혼, II · 400
슈만, 클라라Schumann, Clara (결혼 전 비크 Wieck), II · 400
슈먀츠키, 보리스Shumyatsky, Boris, IV · 66
슈미트, 루이Schmitt, Louie, IV · 374
슈미트, 율리안Schmidt, Julian, I · 295
슈미트, 크리스토프Schmidt, Christoph, I · 317, II · 256
슈바르트, C.F.D.Schubart, C.F.D., I · 318
슈발리에, 모리스Chevalier, Maurice, IV · 138, 203, 204, 225, 421
슈발리에, 앨버트Chevalier, Albert, III · 339
슈베르트, 프란츠Schubert, Franz: 가곡, II · 281, 427; 미공연 오페라, II · 390; 생전에 알려지지 않음, II · 390; 스콧 작품을 토대로 노래 만듦, I · 299; 시를 노래로 만듦, II · 427; 음악출판, I · 412; '헝가리' 음악, II · 437
슈스터, 맥스Schuster, Max, III · 58
슈스터, 조Schuster, Joe, IV · 364
슈아죌 뫼즈, 백작부인Choiseul-Meuse, Comtesse de, I · 284
슈워제네거, 아널드Schwarzenegger, Arnold, III · 368
슈클로프스키, 빅토르Shklovsky, Viktor, I · 271
슈타이너, 루돌프Steiner, Rudolf, V · 242
슈타이너, 막스Steiner, Max, IV · 209
슈타인, 나네테Stein, Nanette, I · 422

슈타인, 요한 안드레아스Stein, Johann Andreas, I · 422

슈타인, 페터Stein, Peter, V · 160

슈타지Stasi(동독 비밀경찰), V · 203

슈테른, 다니엘Stern, Daniel(마리 다구 백작부인 Comtess Marie d'Agoult), I · 297, 425

슈테른, 미카엘Stern, Michael, III · 80

슈테른베르크, 요제프 폰Sternberg, Josef von, III · 285, IV · 65, 94, 202, 221

슈토름, 테오도어Storm, Theodor, I · 316

슈톡하우젠, 카를하인츠Stockhausen, Karlheinz, V · 315

슈트라우스, 요한(아들)Strauss, Johann, Jr, II · 496 : 〈박쥐Die Fledermaus〉, II · 494

슈트라우스, 요한(아버지)Strauss, Johann, the elder, II · 410, III · 313

슈트라우스, 리하르트Strauss, Richard, III · 130, 301, 312, 423, IV · 408-9, 431-2 : 〈엘렉트라Elektra〉, III · 130 ; 〈살로메Salome〉, III · 423

슈트라이힐러Streichler(피아노 제조사), II · 414

슈트로하임, 에리히 폰Stroheim, Erich von, IV · 201

슈트룹베르크, 프리드리히 아르만트Strubberg, Friedrich Armand, III · 185

슈트리트마터, 에르빈Strittmatter, Erwin : 『가게Der Laden』, V · 207

〈슈퍼맨Superman〉(연재만화), IV · 91, 355-7, 359-60, 364-7

슈펭글러, 오스발트Spengler, Oswald : 『서구의 몰락The Decline of the West』, IV · 154

슈포어, 루이스Spohr, Louis, I · 455, II · 385, 396

슈프링거, 악셀Springer, Axel, V · 111

슈피겔만, 아트Spiegelman, Art : 『쥐 : 한 생존자의 이야기Maus: A Survivor's Tale』,

IV · 384

『슈피겔Spiegel, Der』(잡지), IV · 337, 344, V · 217, 280

슈피나, 카를 안톤Spina, Carl Anton, II · 415

슈피리, 요한나Spyri, Johanna : 『하이디Heidi』, II · 257, III · 197, V · 264

슈피스, 크리스티안 하인리히Spiess, Christian Heinrich, I · 155

슈필만, 요제프Spillmann, Joseph, III · 43

슈필하겐, 프리드리히Spielhagen, Friedrich, III · 85

『슈후노토모主婦之友』(잡지), IV · 353

슐러, 테오필Schuler, Théophile, II · 367

슐레겔, 아우구스트Schlegel, August, I · 491, II · 179

슐레겔, 프리드리히Schlegel, Friedrich, I · 77, 113, 171-2, 179 : 고대와 현대 문학사 Geschichte der Alten und Neuen Literatur, I · 171

슐레징거, 모리스Schlesinger, Maurice, II · 392, 472

슐뢰서, 안젤름Schlösser, Anselm : 『1895~1934년 독일에서의 영국 문학Die englischer Literatur in Deutschland von 1895~1934』, II · 317

슐뢴도르프, 폴커Schlöndorff, Volker, IV · 194, V · 133

슐체, 노르베르트Schultze, Norbert, IV · 412

슐츠 노이담, 하인츠Schulz-Neudamm, Heinz, IV · 200

슐츠, 찰스Schulz, Charles : 〈피너츠Peanuts〉(연재만화), II · 137, IV · 373 : 프랑스에서의 명예, IV · 372

『스니크Sneak』(잡지), V · 289

스리지 콜로키움Colloques at Cerisy, III · 157

스마일스, 새뮤얼Smiles, Samuel : 『자조론Self-

Help』, II · 362, III · 56, 421, IV · 150
스머프Smurfs(연재만화 주인공들), IV · 373
스메타나, 베드르지흐Smetana, Bedřich, II · 460,
  III · 295; 〈팔려간 신부The Bartered
  Bride〉, II · 460; 〈리부셰Libuše〉, II · 467
『스멘 데 장팡Semaine des enfants』(어린이잡지),
  II · 118, 175
『스멘 드 쉬제트Semaine de Suzette, La』(소녀잡
  지), III · 239
스몰렌스크 공문서Smolensk archives, V · 190
스몰릿, 토비어스Smollett, Tobias, I · 233, 243,
  253; 『로더릭 랜덤Roderick Random』,
  I · 256
스미스, 레그Smythe, Reg, IV · 351, 373
스미스, 알렉산더Smith, Captain Alexander:
  『100년 전부터 현재까지, 런던과 웨스트민
  스터뿐만 아니라 영국 전역에서 활약했던,
  남녀를 총망라해 가장 악명 높은 마적, 노
  상강도, 가게털이, 사기꾼들의 인생과 도둑
  질 이야기. 그들의 가장 음흉하고 야만적
  인 살인, 유례 없는 강도질, 악명 높은 도둑
  질, 들도보도 못한 사기행각이 인류의 공
  동선을 위하여 진실의 빛 아래 대중에게 드
  러나다A Compleat History of the Lives and
  Robberies of the Most Notorious Highway-
  men, Foot-Pads, Shop-Lifts, and Cheats of
  both Sexes, in and about London and West-
  minster, and all Parts of Great Britain, for
  above an Hundred Years past, continued to
  the present time. Wherein their most Secret
  and Barbarous Murders, Unparallel'd Rob-
  beries, Notorious Thefts, and Unheard-of
  Cheats, are set in a true Light, and expos'd
  to publick View, for the common Benefit of
  Mankind』, I · 141

스미스, 애덤Smith, Adam, I · 145, 292; 『국부
  론Wealth of Nations』, I · 96; 『도덕감정론
  The Theory of Modern Sentiments』, I · 96
스미스, 앤서니Smith, Anthony, V · 114
스미스, 앨리스 메리Smith, Alice Mary, II · 398
스미스, 오먼드Smith, Ormond(출판업자),
  II · 335
스미스, 윌리엄 헨리Smith, William Henry,
  II · 114
스미스, 윌리엄 헨리 IISmith, William Henry II,
  II · 114, 116
스미스, 자디Smith, Zadie: 『하얀 이White
  Teeth』, V · 228
스미스, 조지 앨버트Smith, George Albert,
  II · 237, III · 375, 408
스미스, 조지Smith, George(출판업자), II · 275
스미스, W. H.Smith, W.H.(회사) II · 115, 117,
  V · 290
스미스슨 해리엇Smithson, Harriet, I · 523-4
스베보, 이탈로Svevo, Itdo, III · 75
스베틀라, 카롤리나Světlá, Karolina, III · 70
스보보다, 헨리Swoboda, Henry, IV · 428
스웨덴Sweden: 19세기의 인구와 조건, II · 310;
  과거 존중, IV · 30; 민족주의와 민담,
  I · 186; 라디오, IV · 441, 443, 456; 문자
  해득, I · 66, II · 310; 미국 음악, IV · 439;
  번역서, V · 241; 범죄소설, IV · 329; 연
  극, I · 518; 작가, I · 337; 텔레비전,
  V · 29, 85; 팝 음악, V · 299, 324, 335-6
스웨덴 한림원Swedish Academy: 노벨상,
  III · 89-90
〈스위니Sweeney, The〉(텔레비전 연속물), V · 93
스위스Switzerland: 국가정체성과 언어,
  II · 314; 라디오, IV · 462; 문자해득,
  I · 51; 신문, V · 273
스위스 반외설문학연합Association Suisse Contre

la Littérature Immorale, III · 419
스위프트, 조너선Swift, Jonathan: 『걸리버 여행기Gulliver's Travels』, I · 38, 120, 207, II · 434, 685; 『대화를 시도하는 요령 Hints Towards an Essay on Conversation』, I · 190
스카르파, 로마노Scarpa, Romano, IV · 374
스카르폴리오, 에도아르도Scarfoglio, Edoardo, III · 104
스카를라티, 알레산드로Scarlatti, Alessandro, I · 487
스카이 뉴스Sky News, V · 102
〈스카페이스Scarface〉(영화), IV · 107, 121, 228
스칸디나비아Scandinavia: 문학, III · 90: → 노르웨이; 덴마크; 스웨덴
『스코츠맨Scotsman』(신문), V · 275
스코토, 레나타Scotto, Renata, III · 299
스코틀랜드Scotland: 낭만주의적 민족주의, I · 174-7, 192; 문자해득과 교육, I · 50-1, 61; 민요, I · 177; 스콧의 작품에 등장, I · 288, 290-2; 언어, I · 83
스코틀랜드 오페라Scottish Opera, V · 348
『스코틀랜드 찬송가집Scottish Hymnals』(블랙우드), II · 402
스콜라, 에토레Scola, Ettore, V · 148
스콜스, 로버트Scholes, Robert, I · 25
스콧, 로버트 팰컨Scott, Captain Robert Falcon, III · 313
스콧, 리들리Scott, Ridley, I · 267
스콧, 월터Scott, Sir Walter: 『나폴레옹의 생애 Life of Napoleon』, I · 297; 『래머무어의 신부The Bride of Lammermoor』, I · 300; 『로브 로이Rob Roy』, I · 290; 명성과 영향, I · 287-313, 317, 535, II · 201, 225; 벌이, I · 296-7; 소설 가격, I · 18; 스코틀랜드에서 생활, I · 47; 스콧의 작품을 토대로 한 오페라, I · 287; 『아이반호Ivanhoe』, I · 295-6, 298; 역사소설, I · 103, 287, II · 201, V · 173; 연극 각색, I · 530, 534; 『웨이벌리Waverley』, I · 275, 289-90, 303-4, 309-11; 인기, I · 128; 저자임을 숨김, I · 237; 전기, II · 253; 조지 엘리엇이 아버지에게 읽어줌, I · 300; 터너의 삽화, II · 84; 『호수의 여인The Lady of the Lake'』, I · 223, 293
스콧, 찰스 프레스트위치Scott, Charles Prestwich, I · 378
스콧, 캐럴라인 루시Scott, Caroline Lucy, Lady: 『낡은 회색 교회The Old Grey Church』, II · 287
스콰이어, 존 C.Squire, Sir John C., IV · 284
스쿠파, 요세프Skupa, Josef, IV · 241
스퀴데리, 마들렌 드Scudéry, Madeleine de, I · 223
스크리브, 외젠Scribe, Eugène: 극작가, I · 537, II · 280; 극작법, II · 502; 인기, II · 503; 극작품, II · 500-2, III · 245; 래드클리프의 『우돌포의 비밀』을 오페라 리브레토로 각색, II · 250; 벌이, II · 502-3; 로시니 축하연 풍자, I · 499; 문인협회 창립, II · 41; 베르디의 〈시칠리아 섬의 저녁기도〉 리브레토, II · 470; 비난받음, II · 486; 오페레타 리브레토 제공, II · 494; 스콧 작품을 토대로 한 오페라 리브레토, I · 300; 이탈리아에서, II · 340; 풍성한 창작, II · 502-3; 『협잡Le Charlatanisme』, II · 505; 프랑스 한림원 입회 수락 연설, II · 505
스크립스-맥레이 신문동맹Scripps-McRae League of Newspapers, III · 224
스클라다노브스키, 막스와 에밀Skladanowsky, Max and Emil, III · 346

〈스키피오 아프리카누스Scipione l'Aficano〉(영화), IV · 121-2
스타, 링고Starr, Ringo, V · 201
스타 영화사Star-Film Company, III · 366
스타기리오스Stagirios, I · 510
스타니슬랍스키, 콘스탄틴Stanislavsky, Konstantin, III · 249, 264-5, 272, IV · 52-4, 402
스타드뉴크, 이반Stadniuk, Ivan, V · 189
스타라체, 아킬레Starace, Achille: 『곤다르 행진La Marcia su Gondar』, IV · 89
스타르코슈, 모리스Starkosch, Maurice, I · 497
스타우트, 렉스Stout, Rex, IV · 319
〈스타워즈Star Wars〉(영화), IV · 310, V · 142, 145-6
스타이거, 로드Steiger, Rod, V · 139
스타인벡, 존Steinbeck, John, IV · 86
스타인웨이(전 슈타인베크), 하인리히 Steinway(earlier Steinweg), Heinrich, II · 413-6
스타인웨이 앤드 선즈Steinway & Sons(피아노 제조사), II · 413, 415
스타크, 마리애나Starke, Mariana: 『대륙 여행자를 위한 정보와 지침Information and Directions for Travellers on the Continent』, I · 355
〈스타트렉Star Trek〉(텔레비전 프로그램), V · 76-7, 83
스탈, 안 루이즈 제르멘, Staël, Anne Louise Germaine, Baronne de: 괴테의 『젊은 베르테르의 슬픔』, I · 128; 남녀가 함께 하는 문학살롱, I · 53; 『델핀Delphine』, I · 232, 265, 348, 357; 독일 고딕소설, I · 282; 독일 음악, I · 413;『독일론De l'Allemagne』, I · 59, 181; 돈과 자유, I · 57; 리코보니 부인을 칭송, I · 346; 문학적 수입, I · 348; 『소설론Essai sur les fictions』,
I · 346; 스위스에서 기원, II · 314; 이탈리아 작가들, I · 322; 전기, II · 353; 『코린 또는 이탈리아Corinne ou l'Italie』, I · 180, 496; 타소, I · 315; 티롤 오페라를 비웃음, I · 399; 프랑스어와 문화의 지배, I · 94-6; 헤르더를 찬미, I · 179
스탈, 피에르 쥘Stahl, Pierre- Jules → 에첼, 피에르 쥘
스탈린, 이오시프 비사리오노비치Stalin, Josef Vissarionovich, IV · 823, 891, 1139, V · 1258, 1261
『스탐파Stampa, La』(이탈리아 신문), II · 323, III · 714, 765, IV · 1061, 1065-7
스탕넬리우스, 요한 에리크Stagnelius, Johan Erik, I · 337
스탕달(마리 앙리 베일)Stendhal(Marie-Henri Beyle), I · 280, 302, 309, 357, 369, 373, 444, 522, II · 41, III · 273; 『로시니의 생애Vie de Rossini』, I · 501; 『앙리 브륄라르의 삶Vie de Henry Brulard』, I · 369, II · 355; 『파르마의 수도원La Chartreuse de Parme』, II · 42, III · 353
스탠리, 헨리 모턴Stanley, Sir Henry Morton, II · 224
스터전, 시어도어Sturgeon, Theodore, IV · 306
스턴, 로렌스Sterne, Laurence, I · 102, 233-4, 243: 『트리스트럼 샌디Tristram Shandy』, I · 234
스털링, 에드워드Sterling, Edward, I · 380
스테드, 윌리엄 토머스Stead, William Thomas, III · 435
스테이플던, 윌리엄 올라프Stapledon, William Olaf, IV · 308
스텔라, 안토니오 포르투나토Stella, Antonio Fortunato, I · 322
스토, 해리엇 비처Stowe, Harriet Beecher,

Ⅰ·344, Ⅱ·257, Ⅲ·28:『톰 아저씨의 오두막Uncle Tom's Cabin』, Ⅱ·219, 256, 304, 308, 329, Ⅲ·39, Ⅳ·35, 38
스토다트, 로버트Stodart, Robert, Ⅰ·422
스토더드, 로스롭Stoddard, Lothrop:『유색의 밀물The Rising Tide of Color』, Ⅳ·153
스토커, 브램Stoker, Bram:『드라큘라Dracula』, Ⅰ·270, 276, 282, Ⅱ·341, Ⅲ·168, 171, 341; 영화화, Ⅲ·410
스토코프스키, 레오폴드Stokowski, Leopold, Ⅳ·434
스토파드, 톰Stoppard, (Sir) Tom:〈난장판On the Razzle〉, Ⅱ·493
스톤, 존 오거스터스Stone, John Augustus, Ⅲ·187
스톨, 오즈월드Stoll, Oswald, Ⅱ·512
스튜어트, 맬컴Stewart, Malcolm, Ⅳ·217, 444, 452, Ⅴ·31
스튜어트, 이사벨라Stewart, Isabella, Ⅳ·135
스튜어트, 제임스Stewart, James, Ⅳ·190
스트라빈스키, 이고르Stravinsky, Igor, Ⅲ·252, 292, 297, 315, Ⅳ·409, 427, 432:『자서전Autobiography』, Ⅳ·64
스트라우스, 로저 W.Straus, Roger W., Ⅲ·58
스트라코슈, 모리스Strakosch, Maurice, Ⅰ·469, Ⅱ·450
스트라파롤라, 조반니 프란체스코Straparola, Giovan Francesco:『유쾌한 밤Le Piacevoli notti』, Ⅰ·202
스트라포렐로, 구스타보Strafforello, Gustavo:『신은 스스로 돕는 자를 돕는다Chi si aiuta Dio l'aiuta』, Ⅱ·363
스트레이치, 존Strachey, John, Ⅳ·44
스트레포니, 주세피나Strepponi, Giuseppina(베르디의 아내), Ⅱ·452
스트렐러, 조르조Strehler, Giorgio, Ⅳ·402,
Ⅴ·160, 219
스트로, 찰스Stroh, Charles, Ⅲ·336
스트리트 앤드 스미스Street & Smith(미국 출판사), Ⅱ·338
스트린드베리, 아우구스트Strindberg, August: 독일에서의 연극, Ⅳ·395; 명성, Ⅲ·248-50, Ⅴ·158; 신성모독과 외설 혐의, Ⅲ·425; 자연주의, Ⅲ·139;『줄리 아씨Miss Julie』, Ⅲ·248, 375
스트립, 메릴Streep, Meryl, Ⅴ·151
스트립쇼striptease, Ⅲ·277
스티븐, 레슬리Stephen, Sir Leslie, Ⅱ·213, 354
스티븐스, 앤 소피아Stephens, Ann Sophia:『말래스카Malaeska』, Ⅱ·333
스티븐스, 헨리Stephens, Henry:『농장론The Book of the Farm』, Ⅱ·372
스티븐슨, 로버트 루이스Stevenson, Robert Louis, Ⅱ·98, 257, Ⅴ·245:『보물섬Treasure Island』, Ⅲ·171;『지킬 박사와 하이드 씨Dr Jekyll and Mr Hyde』, Ⅰ·282, Ⅱ·309, Ⅲ·168, 171
스틴, 존 배리Steane, John Barry, Ⅲ·323
스틸, 대니얼Steel, Danielle, Ⅴ·196, 236, 258, 315
스틸, 리처드Steele, Sir Richard, Ⅰ·53, 381;『거짓말쟁이 연인The Lying Lover or, the Ladies' Friendship』, Ⅰ·519
스틸러, 모리츠Stiller, Mauritz, Ⅳ·207
스파이더맨Spiderman(연재만화 주인공), Ⅳ·366, 384
스파이스 걸스Spice Girls(팝 그룹), Ⅴ·316, 328, 331
스파이 이야기spy stories, Ⅳ·311
스파크, 뮤리엘Spark, Muriel:『로빈슨Robinson』, Ⅰ·241
『스페어 리브Spare Rib』(잡지), Ⅴ·282

스페인Spain: 가톨릭의 영향, V · 185; 검
    열, IV · 81; 검열 완화, V · 282; 교육,
    II · 376-7; 국가 유산, IV · 31; 뉴스릴,
    IV · 31; 대중적 독서, III · 96; 도서대
    여점, I · 155; 도시화, III · 96; 뒤마 칭
    송, II · 237; 문학적 이미지, I · 341; 문
    화적 후진성, I · 330-1; 문화 통제와 긴
    장, IV · 81; 번역, V · 240-2; 사르수엘라
    zarzuelas(오페레타), II · 498-9; 서적행
    상, I · 136; 성애문학, III · 435; 성인의
    문자해득, II · 376, III · 97; 소설, I · 304,
    II · 347; 소설의 배경, III · 97; 신문 인
    쇄, III · 211-2, IV · 331, V · 270; 언론
    의 자유, III · 427; 언어, II · 307; 여성,
    III · 61; 연극, III · 254, V · 157; 연극 검
    열, II · 190; 영화 비난, III · 437-8; 오
    페라, I · 477, 487; 외국 책, II · 348-9,
    III · 96-7; 인구, I · 46; 작가들, III · 47;
    전국적 대중문화의 실패, IV · 81; 졸라의
    영향, III · 437; 책 생산과 판매, I · 124,
    IV · 285-6, V · 240; 책의 연재, II · 141-2;
    텔레비전, V · 12, 29, 91, 105, 112, 157;
    팝 음악, V · 337; 프랑코 치하, IV · 31
『스페타토레Spettatore, La』(잡지), I · 322
『스펙타퇴르 뒤 노르Spectateur du nord』(잡
    지), I · 281
스펙터, 필Spector, Phil, V · 313, 317
『스펙테이터Spectator』(잡지), II · 249, IV · 284
스펜서, 에드먼드Spencer, Edmund: 『체르케스,
    크림, 타타르 여행Travels in Circassia, Krim,
    Tartary』, I · 356
스펜서, 허버트Spencer, Herbert, II · 119, 319
〈스펠바운드Spellbound〉(영화), IV · 260
스포츠sport, III · 276; 텔레비전, V · 30-1, 51,
    272
스폭, 벤저민Spock, Benjamin: 『육아 상식The

Common Sense Book of Baby and Child
    Care』, IV · 151, V · 233; 『육아 포켓북
    Pocket Book of Baby and Child Care』,
    IV · 273
스폰티니, 가스파레Spontini, Gaspare, I · 455,
    III · 310: 〈베스타 여신의 무녀Vestale〉,
    I · 527
스피나쿠타Spinacuta(줄타기 곡예사), I · 514
〈스피루Spirou〉(연재만화), IV · 380
스피크, 존 해닝Speke, John Hanning, I · 455,
    III · 310: 『나일 강 수원 발견기Journal of
    the Discovery of the Source of the Nile』,
    I · 527
스필레인, 미키Spillane, Mickey, IV · 273
스필버그, 스티븐Spielberg, Steven, IV · 310,
    372, V · 142, 232
〈슬라보예 즈베노Slovoye Zveno〉(텔레비전 프로
    그램), V · 201
슬라비치, 이오안Slavici, Ioan, III · 93
슬로보, 질리언Slovo, Gillian, IV · 313
〈슬픔과 연민Chagrin et la pitié, Le〉(다큐멘터
    리), V · 105
시poetry: 국민시인, I · 217-25; 벌이, II · 280;
    성장, III · 108-9; 출판, II · 378-81; 호소
    력, I · 221-2
시가, E. C.Segar, E. C., IV · 366
시간대time zones, I · 49
시거, 피트Seeger, Pete, V · 341
시걸, 제리Siegel, Jerry, IV · 364
시골 저택country houses: 방문객, V · 356
시나트라, 프랭크Sinatra, Frank, IV · 470,
    V · 294, 305, 307, 321, 330, 520
시냐스키, 안드레이Sinyavsky, Andrey('아브람 테
    르츠Abram Tertz'), V · 184
〈시네마 천국Cinema Paradiso〉(영화), IV · 265
시네마테크Cinémathèque(파리), IV · 197

『시네마토그라피 프랑세즈Cinématographie Française, La』(잡지), IV · 224
시누에스 데 마르코, 마리아 데 필라르Sinués de Marco, María de Pilar, III · 61
시던스, 헨리Siddons, Henry: 『수사적 몸짓과 연기 실용 도해Practical Illustrations of Rhetorical Gesture and Action』, I · 522
시라크, 자크Chirac, Jacques, II · 231, V · 112
시먼스, 프랭키Simons, Frankie: 『자유로운 자들의 땅, 용감한 자들의 고향Land of the Free, Home of the Brave』, V · 256
시모넬리, 조반니 우고Simonelli, Giovanni Ugo ('래리 매디슨Larry Madison'): 『샌디에이고에서의 모험Avventura a San Diego』, V · 268
시모노프, 콘스탄틴Simonov, Konstantin, IV · 76
시모어 우어, 콜린Seymour-Ure, Colin, III · 220
시모어, 데이비드Seymour, David(본명은 다비트 시민David Szymin), IV · 332
시모어, 로버트Seymour, Robert, II · 83, 138
시몬, 니나Simone, Nina, V · 317, 330
시몽, 마르셀Simon, Marcel, III · 349
〈시민 케인Citizen Kane〉(영화), IV · 201, 227, 261-2
시베르센, 블라디미르Siversen, Vladimir, III · 397
시벨리우스, 장Sibelius, Jean, III · 295
시스몽디, 장 샤를 레오나르 드Sismondi, Jean-Charles-Léonard de: 『유럽 남부의 문학De la littérature du Midi de l'Europe』, I · 20
시어러, 노마Shearer, Norma, IV · 109, 190, 219
시에라리온Sierra Leone, V · 226
『시에클Siècle, Le』(잡지), II · 42, 134, 141, 144, 229
시엔키에비치, 헨리크Sienkiewicz, Henryk: I · 32, III · 86-8; 『불과 칼로써Ogniem i mieczem』, III · 86; 영화, III · 401; 『쿠오 바디스Quo Vadis?』, I · 337, III · 38, 86-8, IV · 288
시오드맥, 로버트Siodmak, Robert, IV · 208
시장markets(문화), IV · 14, 21-3
〈시저와 클레오파트라Caesar and Cleopatra〉(영화), IV · 242
시카, 비토리오 데Sica, Vittorio de, IV · 192, 255, 258, V · 147
『시카고 트리뷴Chicago Tribune』, III · 299
시카고Chicago: 재즈, III · 293; 영화관, IV · 363; 미술관, V · 351
시카네더, 에마누엘Schikaneder, Emanuel, I · 493, II · 489
시팅 불Sitting Bull, II · 338-9
식당restaurants: 외식, V · 126
식민주의colonialism: 영웅적 인물, II · 224
『신 피타발Der neue Pitaval』, II · 312
신고전주의neo-classicism, I · 170
〈신들의 딸Daughter of the Gods, A〉(영화), IV · 183
신문newspapers: 광고, I · 377-80; 기술적 발전, V · 271; 내용, II · 53-5; 대량발행, II · 69-73, IV · 330-1; 러시아, III · 181-2; 미국, III · 30; 발행부수와 독자수, I · 395, II · 144-5, IV · 348, V · 269-75; 범죄 보도, II · 70-2; 삽화, I · 395, III · 225, 229-30; 선정적 보도, II · 250-1; 소유주와 영향, IV · 330-1, 337-47, V · 253-4; 슈펭글러의 인기 신문 공격, IV · 154-5; 언론의 자유, III · 426-8; 온라인 신문, V · 374; 인기 신문, III · 203-12, 416, V · 271-3; 인지세, II · 49-50; 저널리즘, I · 373-4; 접근의 용이성, II · 130; 제작의 기계화, II · 47-8; 제작, I · 118-21; 중요성과 영향력, I · 371-2, III · 207, V · 276-8; 지방

신문, II · 74; 타블로이드 신문, IV · 334,
  V · 272; 헝가리, III · 94; 확산과 배급,
  I · 374-80, II · 47, 54, 114, III · 208-9
신문기업연합Newspaper Enterprise
  Association(NEA), III · 224
〈신사는 금발을 좋아해Gentlemen prefer
  Blondes〉(영화), IV · 228
『신시얼리Sincerely』(잡지), V · 281
'신여성New Woman', III · 62-3
실드, 윌리엄Shield, William, I · 488
실러, 프리드리히 폰Schiller, Friedrich von:
  공중을 위한 글쓰기, I · 303; 『군도』,
  IV · 393; 독일 작가, I · 105, 218; 『빌헬
  름 텔Wilhelm Tell』, I · 534; 『실러 전집
  Sämtlicher Werke』, II · 352; 여성 작가
  에 관해, I · 344; 오페라의 원전, II · 458;
  코타의 출판, II · 105; 프랑스에서 읽
  힘, I · 286; 「피아노에 앉은 라우라Laura
  am Clavier」, I · 420; 희곡 상연, I · 534,
  II · 490, III · 263, V · 158
실루엣 밤셸Silhouette Bombshell(출판사),
  V · 263
실베스트리, 조반니Silvestri, Giovanni, I · 156,
  325
실업unemployment, IV · 14
실용서와 설명서how-to books and manuals,
  I · 363-70, II · 358-9
실즈필드, 찰스Sealsfield, Charles(카를 포스틀Karl
  Postl), III · 185
심농, 조르주Simenon, Georges, I · 87, II · 219,
  IV · 88, 302, 323-9, V · 182; 『도나디외
  의 유서Le Testament Donadieu』, IV · 326;
  『생피아크르 사건L'Aflaire Saint-Fiacre』,
  IV · 324
〈심슨 가족Simpsons, The〉(텔레비전 프로그램),
  V · 75

〈심연Afgrunden〉(영화), III · 405
〈십계Ten Commandments, The〉(영화), V · 140
싱, 존 밀링턴Synge, John Millington: 『서쪽 나
  라에서 온 플레이보이The Playboy of the
  Western World』, III · 257
싱글턴, 페니Singleton, Penny, IV · 364
싱어, 벤Singer, Ben, III · 35
싱어, 비네타Singer, Winetta → 폴리냐크, 비
  네타
싱클레어, 업턴Sinclair, Upton: 『정글The
  Jungle』, III · 41-2, IV · 35
싱클레어, 존Sinclair, John(소설 주인공),
  V · 265-6
〈쓰디쓴 쌀Riso amaro〉(영화), IV · 252

【 ㅇ 】

〈아가씨와 건달들Guys and Dolls〉(뮤지컬 쇼),
  V · 105
〈아기돼지 삼형제Three Little Pigs, The〉(영화),
  IV · 268
아길레라, 크리스티나Aguilera, Christina, V · 310
아널드, 매슈Arnold, Matthew, I · 31, II · 45,
  117, III · 413, IV · 154; 『문화와 무질서
  Culture and Anarchy』, I · 16
아널드, S. J.Arnold, S.J.: 『하녀와 도둑까치The
  Maid and the Magpie』, I · 518
아누이, 장Anouilh, Jean, IV · 390
〈아담손Adamson〉(연재만화), IV · 361
아데, 서니Adé, Sunny, V · 340
아데나우어, 콘라트Adenauer, Konrad, IV · 70,
  V · 29
아도르노, 테오도어Adorno, Theodor, I · 316,
  IV · 155, 174, 437
아라공, 루이Aragon, Louis, IV · 42, 43, 57, 158,
  425, V · 188

〈아라비아의 로렌스Lawrence of Arabia〉(영화),
　　IV · 244
아라시Arashi(팝 가수), V · 339
아랍Arabs: 문화적 발전, I · 51
아로, 아구스틴 세라노 데Hano, Agustín serrano
　　de, IV · 82
아롬, 세실리아 프란시스카 호세파 데Arrom,
　　Cecilia Francisca Josefa de → 카바예로,
　　페르난
아롱, 레이몽Aron, Raymond, IV · 142
『아르구멘티 이 팍티Argumenty i Fakty』(러시아
　　주간지), V · 196
아르누, 에드몽Arnould, Edmond, I · 97
아르님, 루트비히 아힘Arnim, Ludwig Achim,
　　I · 177
아르데리우스, 프란시스코Arderius, Francisco,
　　II · 498
아르데코art deco, III · 395
아르메노, 크리스토페로Armeno, Cristofero:
　　『사랑디프 세 왕자의 여행과 모험Le Voyage et les aventures des trois princes de
　　Sarendip』, II · 245
아르보레, 렌초Arbore, Renzo, V · 48
아르젠토, 다리오Argento, Dario, V · 148
아르텔, 호르헤Artel, Jorge, I · 220
아르토, 앙토냉Artaud, Antonin, III · 156
아른슈타인, 파니 폰Arnstein, Fanny von,
　　II · 491
아른하임, 루돌프Arnheim, Rudolph, V · 18
아를레티Arletty, IV · 218
아리바우, 부에나벤투라Aribau, Benaventura,
　　I · 193
아리스토텔레스Aristotle, I · 225, 403;『시학
　　Poetics』, I · 515
아리오스토, 루도비코Ariosto, Ludovico:『광
　　란의 오를란도Orlando Furioso』, I · 191,
　　II · 300
아마존Amazon(온라인 판매사), V · 252, 366-7
아메리카Americas, the: 이민, I · 43-4
『아메리칸 매거진American Magazine』, IV · 316
〈아메리칸 패밀리American Family, An〉(텔레비전
　　프로그램), V · 57
아미치스, 에드몬도 데Amicis, Edmondo de:『쿠
　　오레Cuore』, III · 108, 239, IV · 446-7, 92
아미쿠치, 에르만노Amicucci, Ermanno, IV · 86
아바ABBA(스웨덴 팝 그룹), V · 334-5
아바도, 클라우디오Abbado, Claudio, II · 386
아바르Havard(출판사), II · 150
아바스 통신사Havas Agency(언론), IV · 331
아바스, 샤를Havasa, Charles, II · 62
『아반티Avanti』(사회주의 신문), III · 331
아방가르드avant-garde, III · 51-2, 156-7, 256,
　　IV · 47-50, 308-9
아버클, 로스코Arbuckle, Roscoe('패티Fatty'),
　　III · 384, 400, IV · 181
『아베유Abeille, L'』(잡지), I · 298
아벨, 카를 프리드리히Abel, Carl Friedrich,
　　I · 455
아부, 에드몽About, Edmond, II · 118, 419
아브네크, 프랑수아 앙투안Habeneck, François-
　　Antoine, I · 447, II · 388, 395
아브라모프, 표도르Abramov, Fyodor, V · 189
아브라함, 막스Abraham, Max, I · 415
아살티 프론탈리Assalti Frontali(랩 그룹), V · 339
아셰트Hachette(출판사): 고티에 출간, II · 118;
　　교과서 출간, II · 375-7; 런던 서점 개점,
　　III · 113; 설립, IV · 275; 세귀르 백작부
　　인 출간, II · 175, 259-60, 265-6; 어린
　　이책, II · 257; 영국 시장 진출, V · 279;
　　영국 작가 출간, II · 304, III · 113; 잡
　　지 발간, V · 282-3; 조르주 상드 출간,
　　II · 117, 118;『주르날 푸르 투스』창간,

Ⅱ·118; 크기, Ⅱ·15; 포셰 문고Livre de Poche, Ⅳ·275; 프랑스에서 디킨스 출간, Ⅱ·216; 할리퀸 출판사과 협력, Ⅴ·207
아셰트, 루이Hachette,-Louis, Ⅰ·148, Ⅱ·111-8, Ⅲ·113-4
아셰트, 루이Hachette, Louis(손자), Ⅲ·114
아셰트 서점Hachette, Librairie, Ⅳ·117
〈아스테릭스Astérix〉(연재만화), Ⅳ·354, 370, 372-3, 377
아시, 숄롬Asch, Sholom:〈복수의 신The God of Vengeance〉, Ⅲ·423
『아시노Asino, L'』(잡지), Ⅲ·429
아시모프, 아이작Asimov, Isaac, Ⅳ·307
〈아시아의 폭풍Storm over Asia〉(영화), Ⅳ·59
『아시에트 오 뵈르Assiette au beurre, L'』(잡지), Ⅲ·230
〈아엘리타Aelita〉(영화), Ⅳ·59
아우구스티누스, 성Augustine, St, Ⅱ·354
『아우크스부르거 알게마이네 차이퉁Augsburger allgemeine Zeitung』, Ⅱ·104
아우프바우 출판사Aufbau-Verlag(동독 출판사), Ⅴ·206
아웃콜트, 리처드 펠턴Outcault, Richard Felton:〈옐로 키드The Yellow Kid〉(연재만화), Ⅲ·234
아이스킬로스Aeschylus:'오레스테이아 삼부작 Oresteia', Ⅰ·508
아이슬란드Iceland: 사가, Ⅰ·189
아이슬러, 한스Eisler, Hanns, Ⅳ·70, 208, 424:『요한 파우스투스Johann Faustus』, Ⅴ·204
아이튠스iTunes, Ⅴ·302
아이트마토프, 친기스Aitmatov, Chingiz:『백 년 보다 긴 하루dol'she veka dlitsia den'』, Ⅴ·187
아인하르트Einhard(Eginhard):『샤를마뉴의 생애Life of Charlemagne』, Ⅰ·62

아일랜드Ireland: 국민문학, Ⅰ·174; 라디오, Ⅴ·449-50; 언어, Ⅰ·76-7, 83
아일랜드자경협회Irish Vigilance Association, Ⅳ·81
아일랜드자유국Irish Free State: 형성, Ⅳ·14
아제베두, 알루이지우Azevedo, Aluísio, Ⅲ·142
〈아주 뜨겁고 아주 발가벗은 위대한 엉덩이, 우발다Quel gran pezzo dell'Ubalda tutta nuda e tutta calda〉(영화), Ⅴ·150, 155
아즈나부르, 샤를Aznavour, Charles, Ⅳ·423, Ⅴ·341
〈아처 가 사람들Archers, The〉(라디오 프로그램), Ⅲ·43, Ⅳ·455
『아체Atze』(만화잡지), Ⅴ·213
아카데미아 다르테 드라마티카Accademia d'Arte Drammatica(이탈리아), Ⅳ·401
아코디언accordion, Ⅲ·288
아타리 사Atari Company(일본), Ⅴ·358
아타튀르크, 무스타파 케말Ataturk, Mustafa Kemal, Ⅰ·81
『아터전Artisan』(잡지), Ⅲ·222
아테르봄, 페르Atterbom, Per, Ⅰ·337
『아토미노Atomino』(만화잡지), Ⅴ·213
아펠리우스, 마리오Appelius, Mario, Ⅳ·84
아편전쟁Opium Wars(중국, 1856-60), Ⅱ·15
아폴리네르, 기욤Apollinaire, Guillaume, Ⅲ·156-7
아풀레이우스Apuleius:『황금 당나귀The Golden Ass』, Ⅰ·222
아프셀리우스, 아르비드 아우구스트Afzelius, Arvid August, Ⅰ·186
아흐마토바, 안나Akhmatova, Anna:「진혼곡 Requiem」, Ⅴ·189
〈악마는 여자다Devil is a Woman, The〉(영화), Ⅳ·94
〈악마의 장난 400가지Quatre cents farces du

diable, Les〉(영화), III · 357
악셀 슈프링거 AGAxel Springer AG(독일 언론그룹), V · 111, 278-9
안, 레날도Hahn, Reynaldo, III · 314
〈안개 낀 부두Quai des Brumes〉(영화), IV · 226
안내서guidebooks, II · 359
안넨코프, 유리와 알렉산드르 쿠겔Annenkov, Yuri and Alexander Kugel, IV · 396
〈안달루시아의 개Chien Andalou, Un〉(영화), IV · 173
안데르센, 한스 크리스티안Andersen, Hans Christian: 덴마크에서 후계자를 배출하지 못함, III · 197; 동화, II · 268-70; 명성, I · 32, II · 219, 256, 268, III · 101; 번역, V · 245; 스콧의 영향, I · 306; 외국에서의 인기, IV · 288
안데르손, 오스카르Andersson, Oscar, IV · 361
안데르젠, 랄레Anderson, Lale, IV · 412
안드레, 파브리치오 데André, Fabrizio De, V · 341
안드레오티, 줄리오Andreotti, Giulio, IV · 348
『안드레이Andrei』(러시아 잡지), V · 197
〈안락의자 극장Armchair Theatre〉(텔레비전 시리즈), V · 71
안토니오니, 미켈란젤로Antonioni, Michelangelo, IV · 193, V · 147
『안톨로자Antologia』(잡지), I · 311
『알게마이네 도이체 비블리오테크Allgemeine Deutsche Bibliothek』, I · 124
『알게마이네 무지칼리셰 차이퉁Allgemeine musikalische Zeitung』, II · 396, 442
『알게마이네 차이퉁 데스 유덴툼스Allgemeine Zeitung des Judenthums』, III · 94
알그렌, 에른스트Ahlgrén, Ernst → 베네딕트손, 빅토리아
알라르콘, 루이스 데Alarcón, Ruiz de: 『의심스러운 진실Le Verdad sospechosa』, I · 516
알라트리, 파올로Alatri, Paolo, IV · 86
알랭, 마르셀Allain, Marcel → 수베스트르와 마르셀
알레그리아, 시로Alegria, Ciro: 『세상은 넓지만 남의 것El Mundo es ancho y ajeno』, III · 142
알레비, 뤼도빅Halévy, Ludovic, II · 492
알레비, 프로망탈Halévy, Fromental: 〈안도라 계곡Le Val d'Andorre〉, II · 498; 오페라, II · 438, 460, 470; 〈유대 여인La Juive〉, I · 300, II · 460, 470; 〈클라리Clari〉, II · 438; 〈폭풍La Tempesta〉(오페라), II · 507
알레이헴, 숄롬Aleichem, Sholom, IV · 418
알렉산더, 세실 프랜시스Alexander, Cecil Frances: 찬송가, II · 402
알렉산더, 텍사스Alexander, Texas, V · 327
알렉산드로프, 그리고리Alexandrov, Grigory, IV · 34
알렉산드르 3세Alexander III: 러시아 차르Tsar of Russia, III · 20
알렉산드리, 바실레Alecsandri, Vasile: 『비가Doine』, I · 186, II · 309
알렉산드리아Alexandria(이집트), I · 49
알렉상드르, 샤를Alexandre, Charles: 『그리스어-프랑스어 사전Dictionnaire grec-français』, II · 111
알렉세예프, 미하일Alekseev, Mikhail, V · 189
알렉시스, 빌리발트Alexis, Willibald(빌헬름 해링Wilhelm Häring): 『발라트모어Walladmor』, I · 307; → 히치히, 율리우스 에두아르트
알렌, 해럴드Arlen, Harold, IV · 417
알뤼앵Halluin(출판업자), IV · 290
알름크비스트, 칼 요나스 로베Almqvist, Karl Jonas Love: 『왕비의 보석Drottningens

juvelsmycke』, I · 281
알리, 모니카Ali, Monica:『브릭 레인Brick Lane』, V · 228
알리스, 레슬리Arliss, Leslie, IV · 244
알맥, 윌리엄Almack, William, II · 406
알바니, 마르첼로Albani, Marcello, IV · 400
알바니아Albania: 문화생활, V · 172; 번역된 책, IV · 30, V · 241; 언어, I · 79
알베니스, 이사크Albeniz, Isaac, III · 314
알베르티니, 루이지Albertini, Luigi, III · 211, IV · 346
알베르티니, 필로테오Albertini, Filoteo, III · 362
알보네티, 피에트로Albonetti, Pietro, IV · 114
〈알자스Alsace〉(영화), III · 395
알자스-로렌Alsace-Lorraine, III · 444
알제리Algeria, III · 446
〈알코올중독의 희생자들Victimes de l'alcolisme, Les〉(영화), III · 441
알텐로, 에밀리에Altenloh, Emilie, IV · 165:『영화의 사회학을 향하여Zur Sociologie des Kino』, III · 360
〈알트라 도메니카Altra domenica, L'〉(텔레비전 프로그램), V · 48
알트만, 나탄Altman, Nathan, IV · 50
알피에리, 비토리오Alfieri, Vittorio, I · 176, 328
암베르크, 구스타프Amberg, Gustav, II · 496
암스테르담Amsterdam: 국립미술관(전 왕립미술관), V · 351
암스트롱, 루이Armstrong, Louis, III · 342, IV · 421-2, 426, 436
압력집단pressure groups, III · 416
앙, 이엔Ang, Ien, V · 86
앙리에트, 프랑스 공주Henriette, Princess of France, I · 419
앙리옹, 폴Henrion, Paul, II · 383
앙슬로, 프랑수아와 사비에르 보니파스 상탱

Ancelot, François and Xavier-Boniface Santine:〈의회파와 왕당파Têtes Rondes et Cavaliers〉, I · 299
앙주노, 마르크Angenot, Marc, I · 125, II · 76, 272
앙투안, 앙드레Antoine, André, III · 250, 263, 270
『앙헬 델 오가르Angel del hogar, El』(잡지), III · 61
앙헬론, 마누엘Angelón, Manuel, II · 348
『애너벨Annabel』(잡지), V · 281
애넌, 노엘, 경Annan, Noel, Baron, V · 114
애니멀스Animals, the(팝 그룹), V · 327, 330
애덤스, 모드Adams, Maud, III · 200
애덤스, 존Adams, John:〈중국의 닉슨Nixon in China〉(오페라), III · 200
애디슨, 조지프Addison, Joseph, I · 178, 381
『애서니엄Athenaeum』(잡지), I · 167, 184, II · 108
애션허스트, 앤Ashenhurst, Anne, IV · 447
애슈턴, 프레더릭Ashton, Sir Frederick, IV · 432
애스퀴스, 허버트 헨리Asquith, Herbert Henry, III · 138
애스키, 아서Askey, Arthur, IV · 444
애스테어, 프레드Astaire, Fred, IV · 167
애크로이드, 피터Ackroyd, Peter, II · 252
애튼버러, 데이비드Attenborough, Sir David, V · 106
『애틀랜틱 먼슬리Atlantic Monthly』, II · 132, III · 203
애플 컴퓨터Apple computers, V · 302
앤 공주Anne, Princess Royal, V · 53
〈앤과 해럴드Ann and Harold〉(텔레비전 연속물), V · 71
앤더슨, 크리스Anderson, Chris:「롱테일The Long Tail」, V · 368, 371

앤드루스, 알렉산더Andrews, Alexander: 『영국 저널리즘의 역사History of British Journalism』, II · 318
앤드루스, 줄리Andrews, Julie, V · 1230
〈앤디 캡Andy Capp〉(연재만화), IV · 1068, 1082
앤터니, 리처드Antony, Richard, V · 1347
앨라배마 공공도서관사업부Alabama Public Library Service Division, II · 194
앨런, 우디Allen, Woody, IV · 228, V · 137
『앨리 슬로퍼스 코믹 캘린더Ally Sloper's Comic Kalender』, III · 234
〈앨리 슬로퍼Ally Sloper〉(연재만화), IV · 361
앨버트 공Albert, Prince Consort, I · 299, 388, II · 169
『앳킨스 다이어트Atkins Diet, The』, V · 235
앳킨스, 에일린Atkins, Eileen, V · 141
앵그르, 장 오귀스트 도미니크Ingres, Jean Auguste Dominique: 〈오시안의 꿈Le Rêve d'Ossian〉(회화), I · 176
앵카, 폴Anka, Paul, V · 325, 330
앵테랄리에 상Prix Interallié, III · 75
야게만, 카롤리네Jagemann, Karoline, I · 473
야나체크, 레오시Janáček, Leoš: III · 297-8, IV · 432
야니체크, 마리아Janitschek, Maria: 「어느 현대 여성Ein modernes Weib」, II · 303
야닝스, 에밀Jannings, Emil, IV · 207
야레, 가브리엘Yared, Gabriel, V · 141
야마하, 도라쿠스山葉寅楠, Yamaha, Torakusu: 피아노 제조, II · 416, III · 330
야외활동out-of-home activities, V · 126-7
야콥스, 에뒤아르트Jacobs, Eduard, III · 282
얀나치, 엔초Jannacci, Enzo, V · 341
얀초, 미클로시Jancsó, Miklós, III · 282
얀카, 발터Janka, Walter, V · 341
얀코프스키, 폴Jankowski, Paul, IV · 338

〈양말Chaussette, La〉(영화), III · 351
어린이children: 고용, II · 81-2: 어린이책, II · 257, III · 198-9: 어린이만화, III · 231, 234; 19세기의 활동, III · 412; 영화 관객 수, IV · 161-2; 어린이영화, IV · 165
〈어머니Mother, The〉(영화), IV · 58
〈어머니 대지Terra Madre〉(영화), IV · 117
『어메이징 스토리스Amazing Stories』(잡지), IV · 303-5
〈어벤저스Avengers, The〉(텔레비전 프로그램), V · 75, 83
어빙, 워싱턴Irving, Washington, I · 203, 343, II · 329: 『알함브라의 전설Legends of the Alhambra』, II · 200
어빙, 헨리Irving, Sir Henry, III · 259, 264
언더테이커스Undertakers, the(팝 그룹), V · 327
언론press → 신문
언어language: 국어, I · 71-83, III · 443; 방언의 쇠퇴, I · 70, 71, 100
언윈, 스탠리Unwin, Sir Stanley, III · 115
'엄지장군' 톰Thumb, 'General' Tom, I · 268-9, II · 427
에거, 조지프Eger, Joseph, V · 308
『에뒤카퇴르Éducateur, L'』(잡지), IV · 369
에드워드, 왕자Edward, Prince, V · 53
에든버러Edinburgh: 아델피 극장Adelphi theatre, II · 478
『에든버러 리뷰Edinburgh Review』, I · 48, 96, 103-4, 277, 322, 382-5, II · 57
에디슨 스피킹 포노그래프 사Edison Speaking Phonograph Company, III · 19
에디슨, 토머스Edison, Thomas, III · 19, 320-2, 335, 346
에라르, 세바스티앵Érard, Sébastien, I · 417
에라르, 피에르Érard, Pierre(피아노 제작자), II · 413

에렌스베르드, 칼 아우구스트Ehresnvärd, Carl
August, I · 518
에르난데스, 가스파르 옥타비오Hernández,
Gaspar Octavio, I · 220
에르난도, 라파엘Hernando, Rafael: 〈엘 두엔데
El Duende〉, II · 498
에르난도, 빅토리아노Hernando, Victoriano(출판
업자), II · 377
에르상, 로베르Hersant, Robert, V · 111, 127
에르쉬, 요한 자무엘과 요한 고트프리트 그
루버Ersch, Johann Samuel and Johann
Gottfried: 『알파벳 순서로 된 학술과 예술
백과사전Allgemeine Encyclopädie der Wissenschaften und Künste inn alphabetischer
Folge』, II · 360
에르제Hergé → 레미, 조르주
에르켈, 페렌츠Erkel, Ferenc: 〈후냐디 라슬로
Hunyadi László〉(오페라), II · 467
에르쿨라누, 알레상드르Herculano, Alexandre,
I · 304
에르크만과 샤트리앙Erckmann-Chatrian(에밀 에
르크만과 루이 알렉상드르 샤트리앙), II · 38,
369, III · 39, 82-4, 167, 421
에른스트, 파울Ernst, Paul: 『라우텐탈의 행운Das
Glück von Lautenthal』, IV · 108
〈에마뉘엘Emmanuelle〉(영화), V · 113
에마르, 귀스타브Aimard, Gustave(본명은 올리비
에 글루Olivier Gloux), III · 185
에머슨, 랠프 왈도Emerson, Ralph Waldo,
II · 336
에메, 아누크Aimée, Anouk, IV · 253
에메리, 마르게리트Eymery, Marguerite → 라
실드
에미네스쿠, 미하이Eminescu, Mihai, III · 70
에미넴Eminem(랩 가수), V · 310
에민, 표도르Emin, Fedor, I · 334, 361: 『사랑의
정원The Garden of Love』, I · 309
에번스, 크리스토퍼Evans, Christopher: 『막강한
마이크로The Mighty Micro』, V · 365
에사 드 케이로스, 조세 마리아 드Eça de
Queirós, José Maria de, III · 99, 143
에셴부르크, J. J.Eschenburg, J. J., I · 514;
『문예이론초고Entwurf einer Theorie der
schönen Wissenschaften』, I · 233
에스카핏, 로베르Escarpit, Robert, III · 150
에스케나지, 로자Eskenazi, Rosa, III · 339
『에스콰이어Esquire』(잡지), V · 285-8
에스테르하지 가Esterházy family, I · 408
에스테르하지, 미클로시Esterházy, Prince
Miklós(니콜라우스), I · 409, 455
에스토니아Estonia, IV · 14
에스파뇰 극장Teatro Espanol, V · 157
『에스프레소Espresso, L'』(잡지), IV · 336-7,
V · 280, 284
〈에어포트Airport〉(영화), V · 139
에이나우디, 루이지Einaudi, Luigi, V · 347
에이나우디, 줄리오Einaudi, Giulio(출판업자),
IV · 86
에이에르, 니콜라Hayer, Nicolas, IV · 249
에이젠슈테인, 세르게이Eisenstein, Sergei,
III · 58-9, 62, 65, 204-5, 212, 355, 397
에인즈위스, W. 해리슨Ainsworth, W. Harrison,
II · 28
에지워스, 마리아Edgeworth, Maria, I · 47, 163,
287, 290, II · 181, 216, 265, III · 199
에첼, 피에르 쥘Hetzel, Pierre- Jules(필명은 피에
르 쥘 스탈Pierre-Jules Stahl), II · 129, 173,
203, 225, 256, 367
『에코 드 파리Écho de Paris, L'』(신문), III · 214
에코, 움베르토Eco, Umberto: 「슈퍼맨의 신화」,
IV · 371: 『장미의 이름The Name of the
Rose』, IV · 322, V · 255

에크베리, 아니타Ekberg, Anita, IV · 253
『에파탕Épatant, L'』(잡지), III · 240
『에포카Epoca』(잡지), IV · 336
에피날 판화Images d'Epinal, I · 144, III · 226-7
『엑셀시오르Excelsior』(잡지), III · 228
〈엑스터시Extase〉(영화), IV · 207
엑스테르, 알렉산드라Exter, Alexandra, IV · 50
『엑스프레스Express, L'』(잡지), IV · 334, 337, V · 280
『엔카타Encarta』(전자 백과사전), V · 372
엘가, 에드워드Elgar, Sir Edward, III · 313
엘라, 존Ella, John, II · 393
『엘레트 에시 이로덜롬Élet és Irodalom』(헝가리 주간지), V · 194
『엘르Elle』(잡지), V · 195, 199, 257, 280-2
엘리스, 에드워드 실베스터Ellis, Edward Sylvester: 『세스 존스Seth Jones』, II · 334
엘리엇, 사이먼Eliot, Simon, I · 351
엘리엇, 제인Eliot, Jane: 『어린 죄수The Little Prisoner』, V · 255
엘리엇, 조지Eliot, George: 괴테 찬양, I · 318; 『급진주의자 펠릭스 홀트Felix Holt, the Radical』, I · 165, II · 276, IV · 35; 남성의 이점, II · 228; 낭독, I · 159-60, 163; 『대니얼 데론다Daniel Deronda』, II · 182, 216, 276, 426; 독일 작가 장려, II · 317; 『로몰라Romola』, II · 96, 275; 리스트 방문, II · 425-6; 명성, I · 348, II · 287, III · 100; 『목사 생활의 정경Scenes of Clerical Life』, II · 296; 『미들마치Middlemarch』, II · 182, 208, 276; 바이마르에서 베토벤의 브로드우드 피아노를 목격, II · 415; 번역, II · 216; 벌이, II · 274-6, 278; 소설 결말에 관해, II · 137; 스콧의 영향, I · 300; 『애덤 비드Adam Bede』, II · 274; 여성 등장인물,

II · 182; 여성 소설가 경멸, II · 287; 요약판과 선집, II · 216; 『웨스트민스터 리뷰』 편집, II · 57-8; 전기에 반대, II · 353; 질, II · 208; 크로스와 결혼, II · 276; 판매, II · 208; 『플로스 강의 물방앗간The Mill on the Floss』, II · 96, 271; 필명, II · 296-7; 해나 모어에 관해, II · 31
엘리엇, 톰스 앤드 탤벗Elliott, Thomes & Talbot(US 출판업자), II · 336
엘리엇, T. S.Eliot, T. S.: 『가족의 재회Family Reunion』, IV · 390; 『대성당의 살인Murder in the Cathedral』, IV · 397; 대중가요, V · 426; 라디오 방송, IV · 451; 시를 각색한 〈캣츠〉(뮤지컬), V · 166; 윌키 콜린스, 포 찬양, II · 253
엘리자베스 2세Elizabeth II, Queen of Great Britain: 대관식 텔레비전 중계, V · 31-3, 53
엘링턴, 듀크Ellington, Duke, IV · 416, 421
〈엘머 갠트리Elmer Gantry〉(영화), IV · 256
엥겔, 요한 야코프Engel, Johann Jakob: 『표정 연기에 관한 고찰Ideen zu einer Mimik』, I · 520
엥겔스, 프리드리히Engels, Friedrich, II · 35, 105-6, 295, III · 35-8, V · 244, 247
여가leisure: 증가, III · 34, 412; 정치적 쟁점, IV · 28
〈여경찰Poliziotta, La〉(영화), V · 173
〈여교사Insegnante, L'〉(영화), V · 173
여론조사Mass-Observation, IV · 268
여론조사polls(사회적 조사), IV · 152
『여성 은자를 위한 지침Ancrene Riwle』, I · 363
여성참정권 운동suffragette movement, II · 13
여성women: 고전음악 감상, V · 225; 권리와 해방, II · 219; 남성 필명 채택, II · 295-8; 논픽션 쓰기, I · 369; 독서, I · 229, II · 294, IV · 279, 291, V · 224; 독서의 악

영향, III · 418-9; 동화 전달자, I · 203;
무솔리니의 경멸, IV · 91; 문자해득,
I · 52-3; 범죄소설가, IV · 313; 소설 속 여
주인공과 등장인물, I · 231, 249, II · 106,
144, 287, 302-3, III · 64-5, 105, IV · 94;
소설가와 작가, I · 229-30, 276, 280,
284, 344-6, II · 271-3, 276, 280, III · 39,
64; 여성 숭배, II · 287; 여성 연애소설,
IV · 96, 114, 295, 314-5, V · 256-64; 여
성과 사회주의, III · 37; 여성사회정치연맹
Women's Social and Political Union(WSPU),
III · 416; 여성이 쓴 글의 희소성, I · 74;
여성전문지와 여성잡지, I · 53-4, II · 59,
61, 64, III · 203-6, 234, IV · 351-3,
V · 278-83; 여성 해방, IV · 159; 연극
관람, III · 261-2; 위협으로 비친 여성,
III · 63; 음악가와 작곡가, II · 281, 398-9,
439, III · 61; 자서전, III · 61-2; 직업가수,
I · 461, 465, II · 281; 직업 기회, II · 291;
직업에서 배제, III · 62; 참정권, II · 13; 캐
리커처, I · 394; 팜파탈, IV · 93
『여탐정의 폭로Revelations of a Lady Detective,
The』(익명), III · 153
〈여학생Liceale, La〉(영화), V · 153
여행서travel books, I · 362, 363, II · 117
〈역마차Stagecoach〉(영화), IV · 170, 222, 227-8
역사history: 독일 학문, II · 381; 역사서,
I · 350-1, 368, II · 365-73, 378
『연극사전Dictionnaire théâtral』, I · 537
연방통신위원회Federal Communications
Commission(FCC, USA), IV · 458
연재만화comic strips: 가치와 효과, IV · 366-
72; 성인만화, IV · 383-4; 세계적 전파,
IV · 384; 영화, IV · 361-4; 유럽, IV · 372-
81; 인기, IV · 355-9; 일본 만화, IV · 386;
장르 확립, III · 230-1

연재소설romans feuilletons, II · 131-2, 134,
136-9, 140-2, 215, 313, III · 171
연합통신Associated Press(AP), II · 62, IV · 331
〈열차 안의 낯선 자들Strangers on a Train〉(영
화), IV · 260
〈염소자리Under Capricorn〉(영화), IV · 260
『영 잉글랜드Young England』(잡지), IV · 449
영, 칙Young, Chic, IV · 356
〈영광의 길Paths of Glory〉(영화), IV · 19
영국Britain(United Kingdom): 19세기의 정치
적 변화, II · 12-4; 검열, II · 52-3, 169-71,
174, III · 428, IV · 17-8; 공공도서관 건
립, II · 35-7; 오케스트라, V · 348; 교육
의 애국주의/제국주의, III · 449-50; 국가
적 자신감, III · 113; 군비지출, IV · 13; 극
장 관객 수, IV · 229-30, 233-5, V · 130-1;
극장 규제, II · 189-92; 노래하는 학교
운동, I · 459; 농촌소설, III · 43; 도서
대여점, IV · 277; 도시사회, I · 47; 독
서, V · 235-7; 독서공중과 브로드시트,
I · 140-2; 드라마저작권법, II · 384; 라디
오 방송, IV · 440-3, 450-1, 453-5; 문화
적 지배, I · 193-4, II · 304-5; 미국에서 상
영된 영국 영화, IV · 242-3; 미국에서 제
작된 영화, 958-9; 미국 영화, IV · 169-71,
V · 134-5; 미국의 문화적 지배, IV · 167;
바그너 오페라의 초연 시기, II · 474; 베
스트셀러, V · 232-3; 사회주의, III · 38;
시인과 시, II · 378-82; 식민지의 책시장,
II · 377; 신문, I · 375-80, II · 47-50, 52-5,
71-3, III · 219-23, IV · 330-1, 337, 350,
V · 270-4; 어린이책, III · 199-202; 여성
의 대학 입학, III · 61; 여성 작가, II · 271;
역사책, II · 369-71; 연극, I · 520-2, 525,
528-30, 534, 538, V · 162-7; 영화(관),
III · 406-9, IV · 138, 163, 236-8; 영화

산업, IV · 167-72; 오페라, I · 478-80,
488, 502, V · 348; 원거리통신, III · 12,
16-7; 유급휴가법, IV · 28; 유대인의 출
판업, III · 57-8; 음악생활, I · 417-8,
458, II · 392-4; 음악회 가기, I · 455-6;
음주 규제, III · 275; 인구 I · 42; 임금,
III · 31-2; 작가, III · 45-8; 전쟁영화,
IV · 246-7; 정기간행물과 잡지, I · 381-5,
V · 278, 288-91; 좋은 문학의 장려,
II · 30-2; 주일준수협회, IV · 23; 중간급
대중소설(1880-1920), III · 169-80; 책 번
역, IV · 286, V · 240-1; 책 출판, III · 78,
IV · 283, 286, V · 240, 357; 춤, I · 432-3;
텔레비전, V · 12-3, 26-8, 71-2, 80-1,
108-10, 114-5; 텔레비전 프로그램의 해외
판매, V · 43-5; 팝 음악, V · 312-4; 합창,
II · 403-5 → 런던

'영국 문인' 시리즈'English Men of Letters' series,
II · 353

영국 왕실royal family: 텔레비전, V · 53

『영국 인물사전Dictionary of National Biography』, II · 213

영국공산당Communist Party of Great Britain,
IV · 43

영국문화원British Council, V · 253

영국미술가협회Society of British Artists,
II · 87-8

영국방송협회(BBC)British Broadcasting
Corporation: 구성, IV · 452; 독점 상
실, V · 108-9; 명성, IV · 450; 보수
주의, IV · 453; 설립, IV · 450; 시장,
IV · 450-2; '애독서' 경쟁, V · 230-7; 온
라인 신문, V · 374; 음악방송, IV · 451-2;
일요 방송, IV · 445; 자치권, V · 46; 전
쟁, IV · 454-5; 텔레비전 다큐멘터리,
V · 107; 텔레비전 프로그램 해외 판매,

V · 45; 프로그램 다양화, V · 121; 프롬나
드 콘서츠, IV · 429

영국아카데미전British(Institution) Academy,
II · 87

영국영화협회British Film Institute, IV · 260

영국예술위원회Arts Council of Great Britain,
V · 347

영국영화검열관위원회British Board of Film Censors, IV · 107, 179

영국영화등급위원회British Board of Film Classification, III · 439

『영국의 정치적 현황Political State of Great
Britain, The』(잡지), I · 381

영국작가협회Society of British Authors, II · 384

영어English language: 등장, I · 98-9, II · 306;
지역 악센트와 방언, I · 100; 표준,
I · 71-2, 74-7

영화film: SF 영화, IV · 310; 고딕과 공포 영화,
III · 377, IV · 143, 244; 기법, III · 365-
71, 379, 391-2, IV · 221-2; 나라별 제
작편수, V · 134; 나치, IV · 130-2; 내러
티브 구조, I · 266-7, III · 350-4, 366-9,
372; 다큐멘터리, III · 372-3, IV · 175-8;
대본작가, V · 152; 대중영화, V · 138-9,
144-5, 154-5; 초기의 희극적 단편영화,
III · 351; 문학작품 각색, III · 374-8, 395,
401; 미국 영화 수입 제한을 위한 쿼터제,
IV · 168-9, 224, 239; 미국 영화의 유럽 수
출, IV · 136-8, 164-9, 238-40, V · 133-5;
배급, III · 362-4, 387-8; 배우, III · 367-9,
379-80, 386-90, 394-5, V · 151-2; 벌
이와 이윤, V · 144-5; 범죄와 탐정 영
화, III · 367-9; 삽화적 성격, III · 350-2,
356; 소설의 각색, IV · 173-5, 267-8; 초
기 필름의 소실, III · 355; 애니메이션,
IV · 211-2, 241; 어린이책, III · 194-8,

200; 연속물, III · 393-4, IV · 221; 영
사, III · 370; 영화제, IV · 260; 예술(질),
IV · 201-2; 음악 반주, III · 355-6, 403;
장편영화, III · 398-404; 재연, III · 373;
미국 영화산업의 수익, V · 135; 전기영
화, III · 387; 종교영화, III · 438-42; 코미
디영화, III · 398-400; 텔레비전에 판매,
V · 369; 통제, IV · 178-86; 포르노그래피
와 성, V · 149-50, 152-6; 픽션과 논픽션,
III · 370-3 → 영화관
영화관cinema : 검열과 규제, III · 436-42; 관
객 수, IV · 161-5, 229-30, 233-4, 238-9,
411, V · 130-5, 144-8, 357-8; 관객의 참
여와 관심, III · 345, 354, IV · 264-6; 국
가의 통제, IV · 30-1; 국가적 장르로서
의 영화, III · 396-411; 극장에 끼친 영향,
II · 476; 대본, IV · 217-8; 대중적 호소력,
III · 22, 354-5, 357-61, IV · 22, 161, 267;
독일, III · 405-6, IV · 169, 193-203, 231;
만화영화, IV · 361-4; 미국, III · 382-96,
399-400, 403-4, 410, IV · 120-1, 136-8,
161-5, 186-93, 206-7, 411; 미술가들
의 영향, IV · 49-50; 민주적 예술형식,
III · 411; 은막의 밀도, V · 131-3; 세계적
확산, III · 354, 363; 소련, IV · 51, 57-68,
V · 186, 192; 스타, III · 386-90; 시작,
III · 19-21, 344-50, 354-6; 전간기의 전
성기, IV · 161-2; 언어 장벽, IV · 213-6;
영국, IV · 166-9; 영화산업, IV · 162,
186-9; 유성영화, IV · 213-9, 224; 전문직
과 직업, III · 362; 제2차 세계대전 이후,
IV · 229-66; 텔레비전 상영, V · 127-30;
텔레비전과 관객 수, V · 128-31; 흥행수
입, IV · 403 → 영화
영화법Cinematograph Acts(영국, 1909, 1927),
IV · 167, 179

영화법Films Act(영국, 1938), IV · 167
영화특허권회사Motion Picture Patents Com-
 pany(미국의 MPPC), III · 383
영화협회Motion Picture Association(미국),
 V · 135
예란손 용만, 셰르스틴Göransson-Ljungman,
 Kjerstin, IV · 329
예세닌, 세르게이Yesenin, Sergei, III · 183,
 IV · 51
예수Jesus : 영화 재현 금지, III · 439-40
예술 : 정의의 어려움, I · 36; 시각예술, IV · 24
예술극협회Società di Arte Filodrammatica(이탈
 리아), IV · 80
예이에르, 에리크 구스타프Geijer, Erik Gustaf,
 I · 186, 337
예이츠, 윌리엄 버틀러Yeats, William Butler,
 I · 193, 292
예절서book of manners, I · 368
예즈라엘리, 요세프Yezraeli, Yosef, V · 162
예카테리나 2세Catherine II(the Great), I · 64,
 95, 123, 515
옐친, 보리스Yeltsin, Boris, V · 196
옙투셴코, 예브게니Yevtushenko, Yevgeny,
 V · 186-7
〈옛것과 새것Staroe i novoe〉(영화), IV · 65
오네게르, 아르튀르Honegger, Arthur, IV · 40,
 422
〈오늘의 연극Play for Today〉(텔레비전 시리즈),
 V · 71
오닐, 유진O'Neill, Eugene, IV · 390, 398, 410,
 V · 158
오드리, 윌버트 H.Awdry, Revd Wilbert H.,
 V · 251
오든, W. H.Auden, W. H., IV · 426-7, 451; 「사
 랑의 진실을 말해주오Tell Me the Truth
 About Love」, V · 232

오라이언Orion(출판그룹), V · 279
오르세올로, 피에트로, 베네치아 도제Orseolo,
　Pietro, Doge of Venice, I · 204
오르치, 에무스카Orczy, Baroness Emmulska:
　『별봄맞이꽃The Scarlet Pimpernel』,
　III · 170
오르페옹Orpheon(음악협회), I · 405, 459
〈오를라크의 손Orlacs Hände〉(영화), III · 406,
　IV · 195
오리, 도미니크Aury, Dominique → 레아주,
　폴린
오리지널 딕시랜드 재즈 밴드Original Dixieland
　Jazz Band, IV · 132, 422
오먼디, 유진Ormandy, Eugene, IV · 147
〈오명Notorious〉(영화), IV · 206
오몽, 샤를Aumont, Charles, III · 284
오버아머가우Oberammergau, IV · 397
오베르, 다니엘 프랑수아 에스프리Auber,
　Daniel-François-Esprit, I · 300, II · 498:
　〈포르티치의 벙어리 아가씨La Muette de
　Portici〉, II · 440, 460, 464, III · 303; 〈프
　라 디아볼로Fra Diavolo〉, II · 460
오베이, 에버니저Obey, Ebenezer, V · 340
오빈, 퍼넬러피Aubin, Penelope: 『비네빌 백작
　의 이상한 모험The Strange Adventures of
　the Count of Vinevil』, I · 118, 361
『오세르바토레 베네토Osservatore Veneto』(잡
　지), I · 381
오송빌, 백작Haussonville, Comte d', III · 414-5
오스본, 오지Osbourne, Ozzy, V · 309
오스본, 존Osborne, John, IV · 390, V · 158,
　163; 『성난 얼굴로 돌아보라Look Back in
　Anger』, V · 163
오스왈드, 마리안Oswald, Marianne(마리안 쿨
　랭), IV · 424
오스카상Oscars(아카데미상), IV · 260

오스트레일리아Australia: 미국 영화,
　III · 385-6; 이주, I · 44, IV · 15
오스트롭스키, 니콜라이Ostrovsky, Nikolai: 『강
　철은 어떻게 단련되었는가How the Steel
　was Tempered』, IV · 30, 54, 56
오스트롭스키, 알렉산드르 니콜라예비치Os-
　trovsky, Alexander Nikolaevich, I · 218
오스트리아Austria: 형성, IV · 14
오스트리아 제국Austrian Empire: 극장,
　IV · 393; 붕괴, III · 92; 언론의 자유,
　II · 184, III · 426-7; 인구, I · 42; 작가들,
　III · 46; 절대주의, II · 12; 헝가리와의 연
　합, III · 20, 426-7
오스틴, 길버트Austin, Gilbert: 『손 연기 또는
　수사적 전달에 관한 논고Chironomia or A
　Treatise on Rhetorical Delivery』, I · 522
오스틴, 제인Austen, Jane: 극장에 대한 언급이
　없음, I · 531; 『노생거 수도원Northanger
　Abbey』, I · 146, 271-2; 『레이디 수잔
　Lady Susan』, I · 266; 『맨스필드 파크
　Mansfield Park』, I · 532; 명성, I · 348,
　II · 197; 문학적 수입, I · 57, 274; 스콧에
　관해, I · 290; 『에마Emma』, I · 274, 421,
　432-3; 영국에서의 인기, IV · 56; 영국적
　인 소설, I · 338-9; 작품의 질, I · 17-8,
　24, 26; 잘리스 백작부인의 작품을 읽음,
　I · 346; 햄프셔에서 삶, I · 47-8
오시안Ossian → 맥퍼슨, 제임스
오아시스Oasis(팝 그룹), V · 318
오언, 로버트Owen, Robert, II · 34
오언, 앨런Owen, Alun: 〈레나, 나의 레나Lena, O
　My Lena〉, V · 71
오언, 윌프레드Owen, Wilfred, III · 76
오예티, 우고Ojetti, Ugo(ed.): 『문인들의 발견
　Alla Scoperta dei letterati』, III · 102-3
오웰, 조지Orwell, George: 『1984년Nineteen

Eighty-Four』, IV · 304-6, V · 169, 233;
『동물농장Animal Farm』, IV · 40;『위건
　부두로 가는 길The Road to Wigan Pier』,
　IV · 157-8
『오일렌슈피겔Eulenspiegel』(풍자잡지), V · 213
오제슈코바, 엘리자Orzeszkowa, Eliza:『메이르
　에조포비치Meir Ezofowicz』, III · 86
오즈 야스지로小津安二郞, IV · 259
〈오즈의 마법사Wizard of Oz, The〉(영화),
　IV · 191-2, 417
오지에, 에밀Augier, Émile, II · 280, III · 246,
　IV · 402
『오지Oggi』(잡지), IV · 337, V · 285
오케스트라orchestras: 미국, IV · 434-6; 지휘
　자, II · 385-90; 지원금, IV · 429
오코너, 토머스 파워O'Connor, Thomas Power,
　IV · 179-80
오클리, 애니Oakley, Annie, II · 338
『오키오Occhio, L'』(신문), V · 272
오탕 라라, 클로드Autant-Lara, Claude, IV · 231
오토, 얀Otto, Jan, II · 61, 360
오토네, 피에로Ottone, Piero, V · 272
오툴, 피터O'Toole, Peter, I · 254, V · 162
오트 쿠튀르haute couture, III · 395, V · 356
오팡스타트 형제Offenstad brothers, III · 240
오퍼, 프레더릭 버Opper, Frederick Burr,
　III · 238
오페라opera: 가수, II · 419-21; 경가극,
　II · 488-99; 공연자들의 벌이, I · 463-
　71; 국제 순회공연, II · 450-9; 레퍼토
　리, II · 475, III · 294-7, 306-7, IV · 432,
　V · 342-3; 미국, V · 342-3; 민족주
　의, II · 460-2, III · 303-4; 박수부대,
　II · 436-8; 발달, I · 487-8, 502; 발레,
　I · 462-3; 배경과 원전, II · 451-9; 비非이
　탈리아권, II · 466-71, III · 306-7; 사회

적 특권, II · 433, 436; 성공, III · 299-
　305; 음반, III · 330-4, 336-8; 음향,
　I · 444; 이탈리아 기원과 지배, I · 474-7,
　480-1, 482-7, II · 342, 408, 431-3, 460-5,
　III · 299-303; 잡지, II · 448; 재정,
　I · 503-4; 제작과 무대장치, II · 432-4; 지
　원금, IV · 403; 지휘자, II · 387, III · 308-
　11; 청중, I · 435-44; 축음기의 발명과 녹
　음, III · 307-8; 친숙하지 않은 현대 오페
　라, III · 297-8, 306-7; 파시즘 이탈리아,
　IV · 408
오페라 80Opera 80(뒷날의 잉글리시 투어링 오페
　라), V · 348
오페라 노스Opera North(영국), V · 348
오페라 문디Opera Mundi(통신사), IV · 355
오페라 팩토리Opera Factory(영국), V · 348
오페레타operetta, I · 492, II · 432, 488-99,
　III · 261, 315, IV · 403
오펜바흐, 자크Offenbach, Jacques(본명 야코
　프 에베르스트Jakob Eberst), II · 429-30,
　474, 489, 492-8, IV · 409: 〈아름다운 헬
　레네La Belle Hélène〉, II · 495, III · 129;
　〈제롤스탱 대공비La Grande-Duchesse de
　Gérolstein〉, II · 495; 〈지옥의 오르페우
　스Orphée aux enfers〉, II · 492, III · 279;
　〈호프만 이야기Les Contes d'Hoffmann〉,
　I · 282, II · 489
오퓔스, 마르셀Ophuls, Marcel, V · 105
오퓔스, 막스Ophüls, Max, IV · 208
『오피니오네 나치오날레Opinione nazionale, L'』
　(신문), III · 106
오홀롭코프, 니콜라이Olkhlopkov, Nikolai,
　IV · 397
『옥스퍼드 영어사전(새 영어사전)Oxford English
　Dictionary(New English Dictionary)』, I · 78
『올 더 이어 라운드All the Year Round』(정기간행

물), II · 57, 139, 215
〈올 인 더 패밀리All in the Family〉(텔레비전 프로그램), V · 80
〈올가미Rope〉(영화), IV · 260
올덤 프레스Oldham Press, IV · 355
올드리치, 로버트Aldrich, Robert, IV · 425
올드리치, 토머스Aldrich, Thomas: 『어느 악동의 이야기Story of a Bad Boy』, III · 197-8
올디스, 브라이언Aldiss, Brian, IV · 304
올랑도르프, 폴Ollendorf, Paul, III · 56
올랭피아 출판사, 파리Olympia Press, Paris, IV · 18
올리버, 다비트Oliver, David, III · 405
〈올리버Oliver!〉(뮤지컬), V · 165
올리비에, 로렌스Olivier, Laurence, Baron, I · 217, IV · 242, V · 161-2
올리펀트, 마거릿Oliphant, Margaret, II · 276-8, 296: 『로렌스 올리펀트의 생애Life of Laurence Oliphant』, II · 371
〈올림피아Olympia〉(영화, 1938), IV · 178, 212
올링엄, 마저리Allingham, Margery, IV · 313, 319
올센, 올레Olsen, Ole, III · 404
올슈키, 레오 S.Olschki, Leo S., III · 56
올컷, 루이자 메이Alcott, Louisa May, I · 348, II · 256, 264, 336-7, III · 28, 198: 『작은 아씨들Little Women』, II · 329, 337
올트먼, 로버트Altman, Robert, V · 75
올트먼, 벤저민Altman, Benjamin, IV · 135
올틱, 리처드Altick, Richard, II · 271
『옵사흐Obsah』(잡지), V · 184
『옵저버Observer』(신문), IV · 331
와이드너, 피터 애럴 브라운Widener, Peter Arrell Brown, IV · 135
와이즈뮬러, 조니Weissmuller, Johnny, IV · 213, 363

와일더, 빌리Wilder, Billy, III · 128, IV · 208
와일더, 손턴Wilder, Thornton: 〈중매인The Matchmaker〉, II · 493
와일드, 마티Wilde, Marty, V · 325
와일드, 오스카Wilde, Oscar, II · 39, 299, III · 73, 258, IV · 94, 394: 『진지함의 중요성The Importance of Being Earnest』, I · 214
와일러, 윌리엄Wyler, William, V · 140
〈와호장룡臥虎藏龍, Crouching Tiger, Hidden Dragon〉(영화), V · 136
〈완다라는 이름의 물고기Fish Called Wanda, A〉(영화), V · 137
〈왈가닥 루시I Love Lucy〉(텔레비전 연속극), IV · 221
왈레즈, 노르베르Wallez, Norbert, IV · 377
왈론Walloons: 언어, I · 86, II · 313-4
왈츠waltz, I · 432-4, II · 407-10, 513
왓킨스, 에드워드Watkins, Sir Edward, III · 166
『왕자 보바Bova Karolevic』(러시아 소설), I · 334-5
『외국을 여행하는 신사의 호주머니 친구Gentleman's Pocket Companion for Travelling into Foreign Parts, The』, I · 355
외식eating out, V · 126
욀렌슐레게르, 아담Oehlenschlager, Adam, I · 186
요리책cookery books, I · 365-7, IV · 151
요시커, 미클로시Josika, Miklos, I · 305
요아힘, 요제프 조Joachim, Joseph, III · 311
요제프 2세, 오스트리아 황제Joseph 11, Emperor of Austria, I · 399, II · 489
요커이, 모르Jókai, Mór, 464: 『새 지주Az új földesúr』, III · 114
요크 공작과 공작부인('퍼기')York, Prince An-

drew, Duke, and Sarah('Fergie'), Duchess of, V · 53
요투니, 마리아Iotuni, Maria, III · 61
요한 23세, 교황John XXIII, Pope, V · 85
요한 바오로 2세, 교황John Paul II, Pope, V · 54-6
욘, 오이게니John, Eugenie('E. 마를리트E. Marlitt'), II · 106, 297, III · 95, V · 265
욤멜리, 니콜로Jommelli, Niccolò, I · 475
우니베르살 문고Colección Universel(출판 시리즈), IV · 285-6
우니베르잘 문고Universal Bibliothek(UB), III · 79
〈우니타Unità, L'〉(신문), IV · 343, 348, V · 276
우데르조, 알베르Uderzo, Albert, IV · 360, V · 242
우도 가문Oudot family(서적상), I · 140
우도, 니콜라Oudot, Nicolas, I · 366
우드, 나탈리Wood, Natalie, V · 52
우드, 헨리Wood, Sir Henry, III · 310-1, 342
우드스탁Woodstock(미국), V · 212
우드하우스, P. G.Wodehouse, P. G., V · 245
우르고이티, 니콜라스 마리아 데Urgoiti, Nicolás María de, IV · 285
〈우리에게 자유를À Nous la liberté〉(영화), IV · 226
유리키오, 월터Uricchio, Walter, III · 385
『우먼 앳 홈Woman at Home』(잡지), III · 205
『우먼스 오운Woman's Own』(잡지), IV · 351-2, V · 280-1, 283-4
『우먼스 월드Woman's World』(잡지), V · 281
『우먼스 일러스트레이티드Woman's Illustrated』(잡지), IV · 352
『우먼Woman』(잡지), IV · 352, V · 283-4
우생학eugenics, IV · 153
우치엘리, 산소니Uzielli, Sansoni, I · 311

우크라이나어Ukrainian language, II · 329, IV · 77
우편보호법Post Office Protection Act(영국, 1884), III · 428
우편업무postal services: 국제화, III · 18
우편주문 잡지mail-order journals, III · 203
〈운명의 아이러니Ironiia sudby〉(영화), V · 186
〈운하Kanal〉(영화), IV · 259
울브리히트, 발터Ulbricht, Walter, V · 208-10, 220
울슈타인, 레오폴트Ullstein, Leopold, III · 80-1
울슈타인, 헤르만Ullstein, Hermann, III · 208-9, 228
울슈타인Ullstein(출판사), III · 57, 208, IV · 36, 108-10
울스턴크래프트, 메리Wollstonecraft, Mary: 『여권의 옹호The Vindication of the Rights of Women』, I · 230
울프, 네로Wolfe, Nero(소설 주인공), III · 153
울프, 레너드Woolf, Leonard, III · 57
울프, 버지니아Woolf, Virginia, III · 57
워, 이블린Waugh, Evelyn: 『다시 찾은 브라이즈헤드Brideshead Revisited』, I · 162
워너 브라더스 영화사Warner Brothers Pictures Inc., IV · 188, 202-3, 241, V · 128
워너, 수전 보거트Warner, Susan Bogert: 『넓고 넓은 세상The Wide, Wide World』, II · 302
워너Warner(음반사), V · 337
워넘, 로버트Wornum, Robert, I · 422
워덤, 프레드릭Wertham, Fredric: 『순진함의 유혹: 오늘날 청소년에게 미치는 만화책의 영향The Seduction of the Innocent: The Influence of Comic Books on Today's Youth』, IV · 368-9
워드, 락 앤드 타일러Ward, Lock & Tyler(출판사), II · 365, III · 84

워런, 새뮤얼Warren, Samuel: 『1년에 만 파운드 Ten Thousand a Year』, II · 371-2
워스, 찰스 프레데릭Worth, Charles-Frédéric, III · 375
워즈워스, 윌리엄Wordsworth, William, I · 104, II · 381
워첼, 앤드루Wachtel, Andrew, I · 186
『워크 앤드 레저Work and Leisure』(전 『우먼스 가제트earlier Woman's Gazette』), II · 66
워크맨Walkman(휴대용 음악 재생기), V · 297
워턴, 이디스Wharton, Edith, IV · 143
워홀, 앤디Warhol, Andy, III · 225, V · 49
월드 와이드 웹world wide web(인터넷), III · 15, V · 128, 361-4, 372-5
『월드 필름 뉴스World Film News』, IV · 167
월러, 패츠Waller, Fats, IV · 421
월리스, 루Wallace, Lew: 『벤허Ben Hur』, III · 94
월리스, 에드거Wallace, Edgar, IV · 104-7, V · 245
월마트Wal-Mart(미국 기업), V · 171
월스트리트 붕괴Wall Street Crash, IV · 103, 199
『월스트리트 저널Wall Street Journal』, V · 271, 280
월시, 질 페이턴Walsh, Jill Paton, II · 335
『월즈 프레스 뉴스World's Press News』, V · 281
『월즈 픽토리얼 뉴스World's Pictorial News』, III · 261
월터스, 찰스Walters, Charles, IV · 264
월폴, 호레이스Walpole, Horace, I · 107, 275: 『오트란토 성The Castle of Otranto』, I · 147, 270, 276
웨브, 로버트 K.Webb, Robert K., I · 351
웨스트, 메이West, Mae, IV · 184-6
웨스트모어, 퍼스Westmore, Perc, IV · 209
『웨스트민스터 리뷰Westminster Review』, II · 56, 124
웨스팅하우스, 조지Westinghouse, George, III · 24-6
웨슬리, 존Wesley, John, II · 405
웨이골, 아서Weigall, Arthur: 『투탕카멘과 그 밖의 에세이들Tutankhamen and Other Essays』, V · 350
웨이든펠드 앤드 니콜슨Weidenfeld & Nicolson(출판사), III · 57, V · 279
웨이든펠드, 조지Weidenfeld, George, Baron, III · 57
웨인, 존Wayne, John, IV · 170, 221, 243
웨일, 제임스Whale, James, IV · 184, 195, 221
『웰던스 레이디스 저널Weldon's Ladies' Journal』(잡지), V · 281
웰스, 오손Welles, Orson, IV · 201, 227, 235, 260
웰스, 허버트 조지Wells, Herbert George: 과학소설, III · 166-7, 171, IV · 303-5
웰시 내셔널 오페라Welsh National Opera, V · 348
웰시, 메리Welsh, Mary, IV · 296
『웹스터 뉴월드 미국어 사전Webster's New World Dictionary of the American Language』, IV · 273
웹스터, 벤저민Webster, Benjamin, II · 507
위고, 빅토르Hugo, Victor: 검열, II · 171, 199; 국민문학, I · 193; 『나폴레옹 르 프티Napoléon-le-Petit』, II · 203; 낭만주의극 옹호, I · 534; 단하우저의 그림, II · 425; 돈키호테 예찬, I · 254; 『레미제라블Les Misérables』, I · 353, II · 125, 161, 186, 199, 206-9, III · 127, V · 166-7; 루이즈 베르탱과 작업, II · 281; 『뤼 블라스Ruy Blas』, I · 524, II · 200; 『뤼크레스 보르지아Lucrèce Borgia』, II · 199-200; 『마리옹 들로름Marion Delorme』, II · 199,

III · 127; 벌이, I · 148, II · 205-6, 280, III · 19;『사생활의 정경Scènes de la vie privée』, II · 141;『송시Odes et poésies diverses』, I · 223;『송시와 발라드Odes et ballades』, II · 280; 스페인을 소설 배경으로 삼음, III · 97; 시, II · 379;『어느 사형수의 마지막 날Le Dernier jour d'un condamné』, II · 198;『에르나니Hernani』, I · 341, II · 102, 200-1, 438;『여러 세기의 전설La Légende des siècles』, II · 214; 연금 증가, II · 200; 영향, II · 237;『왕은 즐긴다Le Roi s'amuse』, II · 171-2, 199; 이력, I · 286; 인기와 명성, I · 97, II · 195-200, 203-8, 270, 368; 작품의 질, I · 220;『정관시집Les Contemplations』, II · 204; 정치사회적 발언, II · 197, 235, III · 151-2; 졸라, III · 145; 죽음, II · 382; 채널 제도에서 망명생활, II · 197, 203; 책 연재, II · 141; 출판, II · 118, 128; 캉탱의 출판, III · 72;『파리의 노트르담Notre-Dame de Paris』, I · 300, II · 39, 201-2; 판매, V · 230; 프랑스 한림원에서 피선, II · 203;『프레스』기고, II · 141; 희곡, II · 280, 479, 486
〈위기의 주부들Desperate Housewives〉(텔레비전 프로그램), V · 83
〈위니 윙클Winnie Winkle〉(연재만화), IV · 358
위닐, 피에르Unil, Pierre, IV · 42
위다Ouida(마리 루이즈 드 라 라메Marie Louise de la Ramée), II · 297, III · 64;『두 깃발 아래서Under Two Flags』, II · 109, 289-91
〈위대한 삶Bol'shaia zhizn〉(영화), IV · 61
〈위대한 앰버슨 가Magnificent Ambersons, The〉(영화), IV · 260
〈위대한 엄마 곰의 아들들Söhne der Grossen Bärin, Die〉(영화), V · 220

〈위대한 전쟁Grande guerra, La〉(영화), V · 148
〈위드네일과 나Withnail and I〉(영화), V · 152
『위마니테Humanité, L'』(신문), III · 158, 213-4, IV · 343, 370
『위민스 월드Women's World』(잡지), III · 205
『위버 란트 운트 메어Über Land und Meer』(잡지), II · 61
위성satellites: 텔레비전 방송, V · 118-20
위어, 피터Weir, Peter, V · 62
위크, 아르튀르Huc, Arthur, III · 217, IV · 340
『위클리 타임스Weekly Times』, II · 71
『위클리 폴리스 가제트Weekly Police Gazette』, III · 219
위트릴로, 모리스Utrillo, Maurice, III · 252
위핏Wippit, V · 302
윈스피어, 바이올렛Winspear, Violet:『요부의 시간Time of the Temptress』, I · 94
『윈저 앤드 이튼 익스프레스Windsor and Eton Express』, I · 380
윈저, 캐슬린Winsor, Kathleen:『앰버는 영원히 Forever Amber』, IV · 292
윈터, 에릭 드Winter, Éric de, V · 154
윈프리, 오프라Winfrey, Oprah, V · 58, 64, 202
윌렌보리, 칼Gyllenborg, Count Carl:『스웨덴의 멋쟁이Den svenska sprätthöken』, I · 518-9
윌렘, 기욤Wilhelm, Guillaume, I · 459
윌리엄스, 레이먼드Williams, Raymond, I · 529, III · 47
윌리엄스, 로비Williams, Robbie(팝 가수), V · 320
윌리엄스, 찰스Williams, Charles, II · 83
윌리엄스, 테네시Williams, Tennessee, IV · 390:『뜨거운 양철지붕 위의 고양이Cat on a Hot Tin Roof』, V · 52, 163;『유리 동물원The Glass Menagerie』, V · 163
윌바크, 루이Ulbach, Louis, III · 130

윌슨, 둘리Wilson, Dooley, IV · 209
윌슨, 우드로Wilson, Woodrow, III · 26
윌슨, 재클린Wilson, Jacqueline, V · 236
윌슨, 토머스Wilson, Thomas, I · 433
윌슨, 해리엇Wilson, Harriette: 『그녀의 회상 Memoirs Written by Herself』, I · 370
윌킨스 가Wilkins family(잉글랜드 레딩), V · 57
윌킨슨, 새라Wilkinson, Sarah, I · 277
윔지, 피터Wimsey, Lord Peter(소설 주인공), III · 152-3
윙크워스, 캐서린Winkworth, Catherine, II · 403
『유 키아오 리, 두 사촌Iu kiao li, ou les deux cousins』(익명), I · 286
유고슬라비아Yugoslavia: 건국, IV · 14; 공산주의 문화, IV · 68-9; 록음악, V · 199; 만화, IV · 364
유나이티드 아티스츠 영화사United Artists film corporation, IV · 187, 205, 242, V · 128, 150
유니버설 픽처스Universal Pictures, IV · 362
유대인Jews: 나치 독일, IV · 124, 128; 몬다도리가 출간한 작가들, IV · 110; 문화시장, III · 53-7; 미국 영화산업, IV · 189; 〈베니스의 상인〉 상연, V · 160-1; 사회 진출, III · 58-60; 영화사업, 3-358-9; 전문직, III · 60; 헝가리, III · 94-5, IV · 16 → 반유대주의
유럽방송연맹European Broadcasting Union, V · 337
유럽연합European Union: 인구, I · 41
유럽입자물리연구소CERN laboratory, 스위스, V · 361
『유럽Europe, L'』(신문), III · 143
유로비전 노래경연대회Eurovision Song Contest, V · 336-7
유르스나르, 마르그리트Yourcenar, Marguerite, I · 87, III · 75
유리안스, 헹크Jurriaans, Henk, I · 36
유머humour: 검열, III · 428-9
유먼스, 빈센트Youmans, Vincent, IV · 438
유명인사celebrities, II · 430
『유스 컴패니언Youth Companion』(잡지), III · 203
유용한 지식 문고Library of Useful Knowledge, II · 32
유용한지식확산협회Society for the Diffusion of Useful Knowledge(SDUK), II · 31, 35-7
〈율리시스Ulisse〉(영화), IV · 251
융거, 에른스트Jünger, Ernst: 『노동자Der Arbeiter』, IV · 123
음란출판물법Obscene Publications Act(영국, 1857), I · 388, II · 171, III · 427-8; (1959), IV · 18
음악music: 가정음악, III · 312-8; 고전 정전과 레퍼토리, III · 294-5, 311, 340-1, V · 340-1; 고전음악의 판매와 인기, V · 311-2, 344-6; 국민음악, II · 391-2, III · 295; 기보법, I · 400-2, 408, 410-2; 나치 치하, IV · 125-7; 녹음기술과 방식, V · 302-3, 313-7; 대중음악, IV · 159-60, 411-27; 동질감, V · 362-7; 라디오, IV · 450, 452, 466-71, V · 120-1; 러시아, II · 325-6, 328; 레퍼토리, I · 401, IV · 430-2; 무료 음악, II · 401-2, V · 293; 박수부대, II · 436-8; 비르투오소, II · 419-30; 상업화 I · 398-400, II · 384; 살롱 공연, II · 398; 소련, V · 177; 순음악, IV · 418-39; 아마추어, II · 403-5, III · 314-8; 악기, I · 416-24, II · 412-8; 악보, I · 424-6; 연주자의 벌이, II · 419-24, 428; 오케스트라 지휘자, I · 454-5; 음반, I · 505, III · 319-43, V · 293-300; 음

악 내려받기, V · 370; 음악책, II · 359; 보
수, II · 383-4; 인간을 고양시키는 음악,
II · 411; 인기, I · 29, 397-8, 인기 차트,
IV · 413; 전문 작곡가와 연주자, I · 402-9,
461-73; 죽은 작곡가들의 지배, II · 397;
지역 음악과 대중음악, II · 406-9; 지원
금, V · 347; 청중, I · 436-42; 초기 역
사, I · 400-4; 출판, I · 412-6, II · 384-5;
춤곡, I · 430-2, III · 286-9; 텍스트 기
반 음악, I · 397-9, 427-8 '해적질',
V · 299-302; 혁신, III · 341-2; 현대 작곡
가, III · 295-7, V · 344-6; 후원, I · 451-2
→ 녹음된 소리; 연주회; 오케스트라
〈의지의 승리Triumph of the Will〉(영화),
IV · 178
이게파르벤IG Farben(법인체), IV · 349-50
『이고Ego』(잡지), V · 289
이글레시아스, 훌리오Iglesias, Julio, V · 336
이글턴, 테리Eagleton, Terry: 『문학이론Literary
Theory』, V · 229
이맵Emap(잡지출판사), V · 288-90
이민immigration, IV · 14
이바노프, 아나톨리Ivanov, Anatolii: 『영원한 외
침Vechnyi zov』, V · 189
〈이반 뇌제Ivan the Terrible〉(제1부와 제2부)(영
화), IV · 62, 65
이벤스, 요리스Ivens, Joris, IV · 178
『이브닝 뉴스Evening News』, II · 72, IV · 331
이븐 바투타Ibn Battutah, I · 355
이빈, 이반 세메노비치Ivin, Ivan Semenovich('카
시로프Kassirov'), II · 322
이셔우드, 크리스토퍼Isherwood, Christopher,
IV · 418
이스마일 파샤, 이집트 총독Ismail Pasha, khe-
dive of Egypt, II · 452
『이스케이프Escape』(잡지), V · 289

이스코, 아이괄스 데Izco, Ayguals de, II · 348
〈이스터 퍼레이드Easter Parade〉(영화), IV · 264
이스트먼, 조지Eastmnan, George, III · 19
〈이스트엔더스EastEnders〉(텔레비전 프로그램),
V · 62, 81, 86-8
이슬람Islam: 그리스도교 지식, I · 205
『이에노히카리家の光』(잡지), IV · 353
이오네스코, 외젠Ionesco, Eugène: 『의자들The
Chairs』, V · 159
〈이유 없는 반항Rebel Without a Cause〉(영화),
IV · 256
『이즈베스티야Izvestia』(소련 신문), V · 173,
196
〈이지 라이더Easy Rider〉(영화), I · 267
이집트Egypt: 수에즈 운하 개통, II · 452; 영화
제작, V · 139
〈이창Rear Window〉(영화), IV · 261
〈이츠 어 녹아웃It's a Knockout〉(텔레비전 프로
그램), V · 53
이치히, 다니엘Itzig, Daniel, II · 491
이카사, 호르헤Icaza, Jorge: 『우아시풍고Hua-
sipungo』, III · 142
『이코노미스트Economist』(잡지), V · 280
이크발, 무함마드Iqbal, Muhammad, I · 220
이탈리아Italy: 검열, II · 174, 192; 고딕소
설, III · 168; 교육, III · 443; 국가로서
의 지위, II · 12, 342-4; 국가의 문화 장
려, IV · 30, 45; '국민소설', III · 446,
IV · 106; 국제 오페라 순회공연, II · 451;
군비지출, IV · 13; 극장과 연극, I · 489-
90, II · 443-4, 479-81, III · 253-4, 262,
IV · 399-410; 기악에 대한 무관심,
II · 445-6; 대중가요, II · 518, IV · 426-7,
V · 341; 대중문화, II · 325; 대중적 저
술, III · 102-8, 188-93, V · 268; 도서대여
점, I · 156; 도시생활, 6-7; 독서, III · 44,

102-4; 독일 책, IV · 284-5; 동화, I · 202; 라디오, IV · 443, 456, 462, 466-8; 리소르지멘토Risorgimento, II · 463; 매체 광고, V · 122; 문예 부흥, III · 108-11; 문학의 쇠퇴, I · 321-30, II · 463, III · 103, IV · 84; 문자해득, I · 64, 69, III · 44; 문화적 민족주의, IV · 86; 미국 문화의 영향, IV · 86; 미국 영화, IV · 166, 203, 239-40, 250-1, 257-8, V · 135; 미국에서 상영된 네오리얼리즘 영화, IV · 241; 범죄자의 전형, IV · 107; 베스트셀러, IV · 113-4; 비독자, V · 222-4; 사진소설 fotoromanzi, IV · 381, V · 256; 사회계급들의 태도, II · 343-5; 서점과 책 판매, I · 137, 323-5; 소설, I · 227, II · 340-7, 463; 소설의 이국적 배경, III · 188-92; 쇠퇴, I · 92; 스콧 소설의 영향, I · 306-7, 310-1; 신문, II · 63, IV · 331, 336-8, 346-50, V · 273-5; 싸구려 책 출판, IV · 227; 언론, III · 210-1; 엘리트문화, II · 327-8; 연극의 역사, I · 510-1; 연재만화, III · 238-9, IV · 358-60, 374, 384-5; 연재물, II · 148; 영국 숭배, I · 96; 영국의 승인, I · 358; 영화 관객, IV · 229-30 254-5, V · 132; 영화와 영화관, III · 398-403, IV · 22, 115-22, 222, 238, 250-9, 409, V · 147-50; 영화배우, III · 390; 예술과 학문에서 패권, I · 92; 오페라, I · 442-4, 474-7, 483-9, 502-4, II · 342, 408, 431-3, 441-50, 460-6, III · 299-304, IV · 408; 오페라 청중의 행동, III · 309; 외국 문물 사랑, II · 342, IV · 143; 외국 소설과 작가들, III · 103-4, IV · 82-8, 102-4; 음반회사, III · 335-7; 음악문화, II · 391; 이민, I · 44; 인구, I · 42; 자기계발서, II · 363-4; 자살에 반감, IV · 112; 작가,

II · 159, III · 46; 잡지, I · 381; 전문직 계급, III · 44; 전후 영화, IV · 232-3; 제1차 세계대전, IV · 98; 종교서, II · 356; '찬란한 이탈리아'라는 명성, II · 519; 책생산, III · 78, IV · 268-9, 272, V · 240-1; 출판, IV · 98-115; 텔레비전 광고, V · 14-5, 29; 텔레비전 규제 철폐, V · 110; 텔레비전 뉴스, V · 102; 텔레비전 방송망, V · 116; 텔레비전 시청, V · 12-3, 16, 19-23, 38, 42, 51-2; 텔레비전 프로그램, V · 48, 51-2, 70-1, 74, 82-5, 92-4, 113, 123-4; 톨스토이 읽기, III · 39; 통일, II · 449, III · 20, 443; 파시즘, IV · 12, 132; 파시즘 책, IV · 88-90; 파시즘 치하의 검열, IV · 406-7; 팝 음악, V · 335-9; 풍자잡지, III · 429; 프랑스와 영화 합작, IV · 248-9; 프롤레타리아 국가, IV · 17

이탈리아라디오방송회사EIAR(Italiano Audizioni Radiofoniche), IV · 456, 468

이탈리아신문연합통신ANSA(Agenzia Nazionale Stampa Associata), IV · 331

이탈리아어Italian language : 표준어와 방언, I · 71-3, 77, 88-98, II · 342-3, III · 106; 오페라, II · 440-1, 447

〈이티E.T.-The Extra Terrestrial〉(영화), IV · 310

〈이혼녀Divorcee, The〉(영화), IV · 109

〈인간 등정의 발자취Ascent of Man, The〉(텔레비전 다큐멘터리), V · 107

〈인공두뇌 할머니Kybernetická babička〉(애니메이션), IV · 241

인권선언Declaration of the Rights of Man, I · 376

〈인도로 가는 길Passage to India, A〉(영화), IV · 244

인도India : 영국과 전보 연결, III · 12; 영화, IV · 138, 171, 259, V · 135; 영화 제작,

V·135; 텔레비전 시청, V·23; 해외 이민, I·43
『인디카토레 롬바르도Indicatore Lombardo, L'』(잡지), I·322
인디펜던트 텔레비전Independent Television(ITV), V·108-9, 114-5
『인디펜던트Independent』(신문), IV·350
『인명사전Biographical Dictionary』, II·32
인민전선Popular Front, IV·80, 225, 342, 461
인베르니치오, 카롤리나Invernizio, Carolina, III·103-6, 110; 『죽음의 키스Bacio di una morta』, III·106-8
인쇄와 판화prints and engravings, I·389-90, II·79-80, 87
인쇄printing: 기술적 발전, III·11; 책생산, I·107-17; → 책
인스, 토머스Ince, Thomas, III·385
인종차별racism, IV·153
인치볼드, 엘리자베스Inchbald, Elizabeth, I·147, 533
인크레더블 헐크Incredible Hulk(연재만화 주인공), IV·384
인터네셔널 영화사International Film Studio, III·244
인터넷internet → 월드와이드웹
인텔리겐치아intelligentsia: 공산주의 치하, V·200; 대중과의 분리, IV·22; 러시아와 동유럽, I·327, V·200-2; 문화 통제, IV·41-2; 성장, III·45-6; 프랑스, IV·426
〈인톨러런스Intolerance〉(영화), III·403
인형극puppet shows, V·389-90
『일러스트레이티드 런던 뉴스Illustrated London News』, II·50, 80-2, III·312
『일러스트레이티드 시드니 뉴스Illustrated Sydney News』, II·83

『일러스트레이티드 칩스Illustrated Chips』, III·234
『일루스트라상Illustração, A』(포르투갈 저널), II·82
『일루스트라시온 에스파뇰라Illustracion espanola』(잡지), II·83
『일루스트라치오네 이탈리아나Illustrazione Italiana, L'』(잡지), II·83, IV·334
『일루스트리어테 도르프바르비어Illustrierte Dorfbarbier, Der』(잡지), II·104
『일루스트리어테 벨트Illustrierte Welt』(잡지), II·83
『일루스트리어테 차이퉁Illustrierte Zeitung』, II·67, 82
『일뤼스트라시옹Illustration, L'』(잡지), II·82, III·228
일링 영화사Ealing comedies(영화), IV·237
일반교양과 국민교육 발전을 위한 후스 학교 Huss School for the Development of General Culture and National Education(체코슬로바키아), IV·23
일본Japan: 강대국 부상, III·20; 망가manga(만화책), IV·386; 브로드시트, I·144; 서양 음악, III·329-30, IV·433; 소설가, IV·289; 여성잡지, IV·352-3; 영화, IV·138, 162, 259; 음반, IV·433; 이민, I·43; 텔레비전, V·87; 피아노 제작, II·416
〈일요일은 참으세요Never on Sunday〉(영화), III·128
입센, 헨리크Ibsen, Henrik: 명성, II·196, III·70, 84, 100, 248-50, 257; 번역, IV·288; 불경과 외설로 간주됨, III·425; 『유령Ghosts』, III·250, III·260; 『인형의 집A Doll's House』, III·425, V·124; 자연주의, III·139; 프랑스에서 금지, II·39;

『헤다 가블러Hedda Gabler』, III · 262
입체파cubism, III · 395
잉그러햄, 프렌티스Ingraham, Prentiss, II · 355
『잉글리시우먼스 도메스틱 매거진Englishwoman's Domestic Magazine』, II · 65, 364
『잉글리시우먼스 리뷰Englishwoman's Review』, II · 67

【ㅈ】
자가리스, 마이클P.Zagaris, Michael P.: 『PMZ 방법The PMZ Way』, V · 256
자고스킨, 미하일Zagoskin, Mikhail: 『유리 밀로슬랍스키Yuri Miloslavski』, I · 305-6
자기계발서self-improvement books, II · 350, 356, 363-5, III · 56, 421, IV · 148-51, V · 255-6
자동차motor cars : 보급, IV · 14 ; 시초, III · 19 ; 유럽의 제조사, IV · 141-2 ; 야외활동, V · 126
자르, 모리스Jarre, Maurice, V · 139
자먀틴, 예브게니Zamyatin, Yevgeny, IV · 306
자세, 빅토랭Jasset, Victorin, III · 376
자연주의naturalism : 졸라, III · 117-20, 139 ; 전파, III · 139-43, 263
자이들, 안톤Seidl, Anton, III · 310
자이프스, 잭Zipes, Jack, V · 238
〈자전거 도둑Bicycle Thieves〉(영화), IV · 243
자코브, 막스Jacob, Max, III · 156, IV · 422, 425
자코사, 주세페Giacosa, Giuseppe, IV · 402
작가authors : 공산주의 국가, V · 200 ; 권리, II · 494 ; 권리를 위한 조직 미흡, II · 119, 127-9 ; 대중적 이미지, III · 73-4 ; 벌이, I · 146-9, 223-4, 348, II · 159, 272-80, III · 47-9, 119-20, 171-3, IV · 292, 296, V · 238 ; 보수, III · 71-2 ; 사회적 배경, II · 271-2 ; 성공, II · 96-9 ; 여성 작가, I · 244-6, 276-80, 284, 292, 344-8, II · 271-8, 280-98, 302-3, III · 50, 63-4, IV · 94, V · 238 ; 영국과 프랑스의 작가 수, II · 76 ; 이미지, II · 101-3, III · 108-9 ; 인기와 명성, II · 195-7, IV · 302 ; 작가 수와 직업, III · 45-53 ; 지위, II · 120, 278-9 ; 출판업자와의 관계, II · 110-1, 120-4 ; 흥행가로서 제약, II · 280-1 → 책 ; 출판
잔 부라스카Gian Burrasca(이야기와 연재만화), III · 197
잔, 르네Jeanne, Rene, IV · 139
잔트, 카를Sand, Karl, I · 455
잘로몬, 요한 페터Salomon, Johann Peter, I · 455
잘츠만, 지그문트Salzmann, Siegmund : 『밤비Bambi』('펠릭스 잘텐' 저), III · 433 ; 『밤비의 아이들Bambis Kinder』, IV · 110 ; 『빈의 어느 매춘부 이야기Die Lebensgeschichte einer wienerischen Dirne』, III · 432
잘텐, 펠릭스Salten, Felix → 잘츠만, 지그문트
잡지magazines → 정기간행물과 저널
장 셰브로의 장인Master of Jean Chevrot, I · 112
장리스, 스테파니 드 생토뱅, 백작부인Genlis, Stephanie de St Aubin, Comtesse de, I · 346 ; 『비판적이고 체계적인 궁중예절 사전Dictionnaire critique et raisonne des etiquettes de la cour』, I · 434 ; 『아델과 테오도르Adele et Theodore』, I · 278 ; 『알퐁신Alphonsine』, I · 278, 346
장빌, 시빌 가브리엘 드 마르텔 드Janville, Sibylle-Gabrielle de Martel de → 지프
장스촨張石川, III · 411
장융張戎, Jung Chang : 『대륙의 딸Wild Swans』, V · 232
장이머우張藝謨, V · 136
재거, 믹Jagger,(Sir) Mick, V · 209

재넉, 대릴Zanuck, Darryl, IV · 210
재봉틀sewing machines, III · 28
〈재와 다이아몬드Popiol i Diamenti〉(영화),
　　IV · 259
〈재즈 싱어Jazz Singer, The〉(영화), IV · 188,
　　214, 224
〈재즈의 파리Paris qui jazz〉(쇼), IV · 422
재즈jazz, II · 290-4, IV · 73, 133-4, 140, 421-3,
　　V · 340; 소련, IV · 436-7
재캥, 쥐스트Jaeckin, Just, V · 155
〈잭 베니 프로그램Jack Benny Show〉(텔레비전
　　프로그램), V · 68
잭슨, 마이클Jackson, Michael(팝 가수), V · 318,
　　320
『잭Jack』(잡지), V · 289
저널리즘과 저널리스트journalism and journal-
　　ists, II · 62-4, 76-8, III · 60, 208; → 신문
저널journals → 정기간행물과 저널
저작권copyright: 국제협정, III · 29-30; 영국,
　　I · 406, II · 122, 384; 음악, III · 289
〈저주받은 자들Caduta degli dei, La〉(영화),
　　V · 149
'적기공급just-in-time' 생산production, V · 367
전기와 자서전biography and autobiography: 장
　　르, I · 368-70, II · 352-5
전기electricity: 극장, II · 477, III · 275,
　　IV · 460; 소비, IV · 460; 응용, III · 19, 22
전시회exhibitions: 인기, V · 350-4
전신법Telegraph Acts(영국, 1868, 1869), III · 16
전신telegraphy, III · 12-6, 18
〈전쟁 중인 세계World at War, The〉(텔레비전 다
　　큐멘터리), V · 106
전체주의totalitarianism, IV · 81, 132
〈전함 포템킨Battleship Potemkin〉(영화),
　　III · 370, IV · 66, 397
전화telephone: 발전, III · 12-5

〈절망한 사내들Szegénylegények〉(영화, 〈검거
　　Round-Up, The〉), IV · 75
정기간행물과 저널periodicals and journals: 가
　　격결정과 지불, I · 384-5, III · 80-1; 광고,
　　III · 204-5, V · 290; 남성잡지, V · 285-
　　92; 내용, II · 55; 대중적 간행물, II · 131,
　　III · 203-4, 222-3; 독자, I · 387-8, 395;
　　문학잡지, I · 322, II · 382; 발행부수,
　　II · 56, 145; 삽화, II · 78-92, III · 227-30,
　　IV · 332-3; 서평, II · 55-6; 어린이잡지,
　　II · 188, III · 234, 238; 여성잡지, I · 53,
　　II · 65-7, 86, III · 203-5, 229, IV · 351-3,
　　V · 280-4; 연재된 책, II · 130-3; 온라
　　인, V · 372; 이익과 손실, II · 58; 제작
　　기술과 유통, III · 204-5; 출판과 유통,
　　I · 381-6, II · 31-3, 49, 50, V · 278-9; 팝
　　음악, V · 296
〈정사Avventura, L'〉(영화), V · 147
〈정원사Jardinier, Le〉(영화) → 〈물 맞는 정원사〉
제1차 세계대전First World War: 몬다도리의
　　등장, IV · 98-9; 사상자, IV · 11-2; 시,
　　III · 76; 애국주의, III · 449-50; 영향,
　　IV · 11-6
제2차 세계대전Second World War(1939-45): 영
　　화, IV · 229-31, 245-8
〈제3의 사나이Third Man, The〉(영화), IV · 235
〈제7의 봉인Sjunde Inseglet, Det〉(영화), IV · 259
제거스, 안나Seghers, Anna(네티 라일링),
　　IV · 70-1, 287, 298, V · 204
제너럴 일렉트릭 사General Electric company,
　　III · 26, IV · 414
제너시스Genesis(팝 그룹), V · 330
제네랄리, 피에트로Generali, Pietro, I · 259
제네펠더, 알로이스Senefelder, Aloysius, I · 391
제노바Genoa: 카를로 펠리체 극장Carlo Felice
　　theatre, II · 389

제라르, 프랑수아Gerard, François: 〈하프 소리로 유령들을 깨우는 오시안Ossian evoque les fantomes au son de la harpe〉, I · 176
『제라르키아Gerarchia』(잡지), IV · 141
제롬, 제롬 K. Jerome, Jerome K., III · 30
〈제리 스프링거 쇼Jerry Springer Show, The〉(텔레비전 프로그램), V · 58
제미에, 피르맹Gémier, Firmin, III · 270
제스로 툴Jethro Tull(록 그룹), V · 331
〈제인의 일기Jane's Journal〉(연재만화), IV · 356
제임스, 에드워드James, Edward, IV · 306
제임스, 필리스 도로시James, Phyllis Dorothy, Baroness, II · 132, 253, III · 71
제임스, 해리James, Harry, IV · 427
제임스, 헨리James, Henry, II · 132, 253, III · 71
제임슨, 프레드릭Jameson, Fredric, IV · 143
제카, 페르디낭Zecca, Ferdinand, III · 441
제퍼슨, 토머스Jefferson, Thomas, I · 176
젠킨스, 존 에드워드Jenkins, John Edward, III · 421
『젠테Gente』(잡지), V · 284-5
『젠틀우먼Gentlewoman』(잡지), III · 204
젠틸레, 조반니Gentile, Giovanni, IV · 85
젤위거, 르네Zellweger, Renée, V · 141
조, 페르낭Xau, Fernand, III · 213
조강, 모리스Jogand, Maurice('막심 발로리스'; '마르크 마리오'), III · 172-3
조넨샤인, 윌리엄 스완Sonnenschein, William Swan, III · 57
조던, 페니Jordan, Penny: 『존재의 이유A Reason for Being』, V · 257
조드, C. E. M Joad, C. E. M., IV · 454
조레스, 장Jaurès, Jean, III · 213
『조르날레 누오보Giornale nuovo, Il』, IV · 350
『조르날레 데이 발릴라Giornale dei balilla』, III · 239
『조르날레 데이 밤비니Giornale dei bambini』, III · 193
『조르날레 델 레뇨 델레 두에 시칠리에Giornale delle Regno delle due Sicilie』, I · 299
『조르날레 디탈리아, 일Giornale d'Italia, Il』, III · 210, IV · 338
『조르날리노 델라 도메니카Giornalino della Domenica』, III · 197
『조르노, 일Giomo, Il』(신문), IV · 350
조르다노, 움베르토Giordano, Umberto: 〈안드레아 셰니에Andrea Chenier〉, III · 302
조르자Giorgia(팝 가수), V · 339
조선shipping: 혁신, III · 20
〈조스Jaws〉(영화), V · 142
조아노, 앙투안Johannot, Antoine(일명 토니Tony), II · 85
조웰, 테사Jowell, Tessa, V · 41
조이스, 제임스Joyce, James: 노벨상 놓침, III · 75; 『율리시스Ulysses』, IV · 18, 24, 109; 이탈리아, IV · 85; 『젊은 예술가의 초상Portrait of the Artist as a Young Man』, II · 233; 「죽은 사람들The Dead」(단편), III · 317; 『피네건의 경야Finnegans Wake』, I · 35, IV · 173
조제프 보나파르트, 나폴리 왕Joseph Bonaparte, King of Naples, I · 485
조지 1세George I, 영국 왕, I · 479
조지 4세George IV, 영국 왕, I · 299, II · 83
조지 6세George VI, 영국 왕: 라디오 방송, IV · 463; 장례식, V · 53
조플린, 스콧Joplin, Scott, III · 292
『존 불John Bull』(잡지), I · 387
존, 엘튼John,(Sir) Elton, V · 330, 344, 346
존스, 이니고Jones, Inigo, I · 511
존스, 톰Jones, Tom(팝 가수), V · 323, 330-1
존스, 해나 마리아Jones, Hannah Maria, II · 26

존스, C. 스탠스필드Jones, C. Stansfield: 『하녀와 까치The Maid and the Magpie』, I · 518
존슨, 새뮤얼Johnson, Samuel, I · 56, 175, II · 95
존슨, 조지프Johnson, Joseph, I · 107
존슨, 찰스Johnson, Captain Charles, I · 141
존슨, 폴Johnson, Paul, V · 306
존타크, 헨리에테Sontag, Henriette, II · 431
졸라, 에밀Zola, Emile: 근대성, III · 117; 기소와 석방, II · 178; 기자들에 관해, II · 78; 『나나Nana』, I · 249, II · 495, III · 121-31, 134, 138, 142-3, 419, IV · 94; 「나는 고발한다 J'Accuse」, III · 135-7; 논쟁을 일으킴, III · 130-3, 137-8; 『대지La Terre』, III · 42, 138; 드레퓌스 사건, III · 135-7, 145, 217-8; 등장인물들 연결하기, II · 97; 루르드를 소설 배경으로 삼음, II · 358; 『마르세유의 비밀Les Mystères de Marseille』, II · 161; 명성, III · 116, 121, 125; 『목로주점L'Assommoir』, III · 121-4, 126-7, 132, 134,140; 문학적 성격, III · 117-20, 139; 문학 수입, II · 271, 280, III · 119-20, 126, 131; 민중에 관해, II · 343; 번역과 외국에서의 영향, III · 138-44; 죽음과 장례식, III · 145-6; 벨기에에서 연재, III · 39; 『사랑의 한 페이지Une Page d'amour』, III · 126; 사회주의적 사실주의 모델, IV · 56; 신문 읽기, I · 373; 실증주의, III · 38-9; 『야수인간La Bête humaine』, III · 122; 『여인들의 행복 백화점 Au Bonheur des dames』, III · 126, 133; 연극 수입, II · 484, III · 124; 연극에서 앙투안 지지, III · 263; 연극으로 각색된 소설들, III · 124-5; 오펜바흐 풍자, II · 495; 작가들에게 언론으로 글쓰기 훈련을 할 것을 권고, II · 77; 전문성, III · 119; 정치 관여, II · 198, III · 132-7; 『제르미날Germinal』, III · 41, 122, 125, 131, 133, 135-7, 353, IV · 35; 『주르날』에 기고, III · 213; 『테레즈 라캥Thérèse Raquin』, II · 302, III · 118, 122, 125; 『파리의 집안 풍경Pot-Bouille』, III · 126, 138; 판매, II · 207, III · 121-7, V · 230; 『패주La Débâcle』, III · 121, 125, 132; 프랑스에서 금지, II · 39; 『피가로』에 기고, III · 132-3

졸리, 앙테노르Joly, Antenor, II · 100
졸리티, 조반니Giolitti, Giovanni, III · 210-1, 429
〈졸업Graduate, The〉(영화), V · 139
종, 에리카Jong, Erica: 『날기가 두렵다Fear of Flying』, V · 232
종교religion: 책, I · 350-2, II · 358-8; 도상, I · 395, III · 226-7; 문화통제, III · 442-3; 연극, I · 510
종교책자협회Religious Tract Society, III · 202
종이paper: 발명과 발전, I · 115-6; 가격, II · 15
〈좋은 날, 궂은 날Goede Tijden, Slechte Tijden〉(텔레비전 프로그램), V · 232
〈좋은 날, 궂은 날Gute Zeiten, Schlechte Zeiten〉(텔레비전 프로그램), V · 88
죈 프랑스Jeune France(젊은 프랑스 작가들 문학집단), II · 438
『주르날Journal, Le』(프랑스 신문), III · 70, III · 213-4, 435
『주르날 데 데바Journal des débats』, I · 313, 379, 389, II · 144, 158, 160
『주르날 데 드무아젤Journal des Demoiselles』, I · 234, II · 86
『주르날 데 테아트르Journal des théâtres』, II · 448
『주르날 데 프레디카퇴르Journal des prédicateurs』, II · 61

『주르날 드 미키』Journal de Mickey』, IV · 355
『주르날 일뤼스트레』Journal illustré』, III · 228
『주르날 푸르 투스』Journal pour tous』, II · 118, 131
주베, 루이Jouvet, Louis, IV · 218, 225
주빌리 싱어즈Jubilee Singers(미국 해방노예 그룹), III · 316
주사니, 안젤라와 루치아나Giussani, Angela and Luciana, IV · 23
주와프스키, 예르지Żuławski, Jerzy, III · 166
주일준수협회Lord's Day Observance Society, IV · 23
주즈버리, 제럴딘Jewsbury, Geraldine, II · 108-9, 249, 289
주커, 아돌프Zukor, Adolph, III · 359, 383, IV · 187
주페, 프란츠 폰Suppe, Franz von, II · 494-5
『주Zoo』(잡지), V · 289
〈죽음이 우리를 갈라놓을 때까지Till Death Us Do Part〉(텔레비전 프로그램), V · 67, 69, 80
중간계급middle classes → 부르주아지
중국China: 문화수준, I · 51; 아편전쟁(1856-60), II · 14; 여성잡지, IV · 353; 영화, III · 411, IV · 162, V · 136; 영화제작, V · 136; 유럽에 알려진 문학, I · 286; 이민, I · 43; 종이, I · 115
〈쥐라기 공원Jurassic Park〉(영화), IV · 142
〈쥘리 레스코Julie Lescaut〉(텔레비전 프로그램), V · 84
쥘리아르, 르네Julliard, Rene(출판업자), IV · 295
즈다노프, 안드레이Zhdanov, Andrei, IV · 62
즈보리킨, 블라디미르 코즈마Zworykin, Vladimir Kosma, V · 26
〈즐거운 영혼Blithe Spirit〉(영화), IV · 235
〈증기선 윌리Steamboat Willy〉(만화영화), IV · 211

〈지구상의 생명Life on Earth〉(텔레비전 다큐멘터리), V · 106
지구촌global village, V · 374-5
지그문트 3세, 폴란드 왕Sigismund III, King of Poland, I · 477
〈지그와 퓌스Zig et Puce〉(연재만화), III · 242, IV · 361
지그프리드, 앙드레Siegfried, André: 『현대 미국Les États-Unis d'aujourd'hui』, IV · 144
지드, 앙드레Gide, André, I · 220, IV · 282; 『교황청의 지하도Les Caves du Vatican』, IV · 302-3, 322
지라르댕, 델핀 드Girardin, Delphine de → 게, 델핀
지라르댕, 에밀Girardin, Émile, II · 51, 62, 140-1, 145, 228
지로데, 안 루이Girodet, Anne-Louis: 〈천상낙원에서 오시안의 영접을 받는 프랑스 영웅들의 영혼Les Ombres des heros françois recues par Ossian dans l'Elysée aérien〉, I · 176
지로두, 장Giraudoux, Jean: 『트로이 전쟁은 일어나지 않는다La Guerre de Troie n'aura pas lieu』, IV · 390
지루와 비알라Giroux and Vialat(출판업자), II · 122-4
지멘스Siemens(회사), IV · 433
지알리 몬다도리, 1세Gialli Mondadori, I, IV · 103-6
〈지지Gigi〉:(영화), IV · 264;(뮤지컬), V · 165
지파르, 앙리Giffard, Henry, I · 259
지프Gyp(시빌 가브리엘 드 마르텔 드 장빌Sibylle-Gabriel de Martel de Janville), III · 64-9
지휘자conductors(오케스트라와 오페라의), I · 454-5, II · 387-8, III · 308-11, 342, IV · 434-6

찾아보기 633

진jeans(데님denim), III · 396
질 드레Gilles de Rais, I · 208
『질 블라스Gil Blas』(평론지), III · 56, 130
질, 노엘Gille, Noël('피스톨Pistole'), I · 139
질러히, 러요시Zilahy, Lajos, IV · 284
질렛, 찰리Gillett, Charlie, V · 311
〈질문 있나요?Any Questions?〉(라디오 프로그램), IV · 455
『짐플리치시무스Simplicissimus』(잡지), III · 428-9
집단수용소concentration camps, IV · 12
〈집안의 의사Doctor in the House〉(영화 시리즈), IV · 237-8
〈집착Ossessione〉(영화), IV · 86
징슈필Singspiel, I · 481, 492-3

【ㅊ】

차라, 트리스탕Tzara, Tristan, IV · 422
차바티니, 체사레Zavattini, Cesare, IV · 358
차우셰스쿠, 니콜라에Ceauşescu, Nicolae, 1249
차이콥스키, 표트르 일리치Tchaikovsky, Peter Ilich, I · 495, II · 396, III · 251, 335; 〈이탈리아 기상곡Capriccio Italien〉, II · 436
차코니, 에르메테Zacconi, Ermete, III · 253, IV · 334
차티스트 운동Chartism, II · 49, 166
〈차파에프Chapaev〉(영화), IV · 34
차페크, 카렐Čapek, Karel, IV · 304, 306
찬, 크리스티안 야코프Zahn, Christian Jakob, II · 104
찬송가와 찬송가집hymns and hymn books, II · 402-3
찰스 에드워드 스튜어트, 왕자Charles Edward Stuart, Prince('미남왕자 찰리Bonnie Prince Charlie'), I · 174
찰스, 웨일스 공Charles, Prince of Wales, V · 53-6, 346
창과 엥Chang and Eng(샴쌍둥이), II · 427
〈창문닦이의 고백Confessions of a Window Cleaner〉(영화), V · 153
채널4Channel Four(영국), V · 115
채식주의vegetarianism, II · 359
채터턴, 헨리에타 조지나 마시아Chatterton, Henrietta Georgina Marcia, Lady: 『보상금 Compensation』, II · 287
채토 앤드 윈더스Chatto & Windus(출판사), II · 290
채펄Chappell(음악출판사), II · 96. 512
채폰, 헤스터Chapone, Hester: 『젊은 숙녀들에게 보내는 정신의 향상에 관한 편지들 Letters on the Improvement of the Mind Addressed to a Young Lady』, I · 365
채프먼, 존Chapman, John, II · 58
채프먼, 프레더릭Chapman, Frederick, II · 290
채프먼 앤드 홀Chapman & Hall(출판사), II · 115, 138, 214
채플린, 제럴딘Chaplin, Geraldine, V · 139
채플린, 찰리Chaplin, Charlie: 만화, IV · 362; 명성과 인기, III · 388, 400, IV · 204-6, 224-5, 237-8, 258; 〈모던 타임스〉에 다니데르프의 음악 사용, III · 293; 미국행, 204, 238; 유나이티드 아티스츠 사 공동설립, IV · 187-8; 유성영화 반발, IV · 214; 자작 대본, I · 520; 프랑스에서 상영, III · 384
책력almanacs, I · 134-5
책books: 가격, III · 31-2, 80-2, IV · 278, V · 251-2; 고전, IV · 302; 교육서, II · 267, III · 442-6; 교재, V · 277-30; 대여, I · 154, II · 17-20, 35, 130; 대중적 독서, I · 129-46, 149-53, II · 25-9,

III · 81; 도서관, V · 235-6; 독서와 비독서, V · 221-4; 마케팅, V · 248-54; 미래, V · 369; 번역, IV · 286-9, V · 240-7; 베스트셀러, IV · 271, 295-7, 315, V · 226-39; 비용, I · 116-8, 136-8, II · 20-5; 삽화, I · 390-5, II · 78-80; 성애물과 외설물, III · 430-6, IV · 18-21; 소유, II · 351-2, III · 44; 시장, IV · 25-7; 양서, II · 30-1; 어린이책, II · 255-67; 역사와 생산, I · 110-6, 121-8; 연재물 쇠퇴, III · 82; 영화와의 경쟁관계, IV · 267-8; 유통, III · 114-5; 자기계발서, II · 350, 356, 362-4, IV · 148-51, V · 255-6; 잡지와 신문 서평, II · 55-6, 77-8, 101, 108; 장르와 범주, I · 349-70, IV · 290-1, 301-2; 정의, IV · 268-9; 지배적 문화매체, II · 14-5; 추정되는 부패 효과, III · 417-9; 출간부수와 판매부수, IV · 267-73, V · 224-6, 357; 출간 형태, I · 163-8; 페이퍼백과 염가판, IV · 273-8, V · 254; 확산, III · 77-8 → 작가; 문학; 소설; 출판

챈들러, 레이먼드Chandler, Raymond, IV · 105, 311-2, 317, 327, V · 198

챕맨chapmen(그리고 챕북chapbook), I · 130-3, 136-43

처들리, 엘리자베스Chudleigh, Elizabeth, I · 431

처칠, 윈스턴Churchill, Sir Winston, V · 55

처형executions(공개), III · 275

〈천국의 문Heaven's Gate〉(영화), V · 150

〈천국의 아이들Enfants du paradis, Les〉(영화), I · 525, II · 430, IV · 231

『천일야화Thousand and One Nights, The』(『아라비안 나이트』), I · 196, 203, 205, 242, 361

철도railways: 발달, I · 49-50, III · 20; 신문 배송, I · 119, II · 69, 114-5; 영국, II · 53; 출판, II · 115-7

〈철로의 백장미Roue, La〉(영화), IV · 223

철학자philosophers: 저서 판매, V · 247

『첨스Chums』(잡지), II · 449

체르보니, 루이지Zerboni, Luigi, IV · 403

체르비, 지노Cervi, Gino, IV · 249

체르카소프, 알렉세이Cherkasov, Alexei, V · 189

체를로네, 프란체스코Cerlone, Francesco, I · 258

체스터턴, 길버트 키스Chesterton, Gilbert Keith: 브라운 신부 이야기, III · 150; 이탈리아에서 게재, IV · 85; 인기, III · 160

체신부Post Office: 영국, III · 13, 16, 24

체이니, 피터Cheyney, Peter, IV · 312

체이스, 제임스 해들리Chase, James Hadley, IV · 105; 『미스 블랜디시No Orchids for Miss Blandish』, IV · 290-1, 311

『체임버스 에든버러 저널Chambers's Edinburgh Journal』, II · 33-4

체임버스, 이프레임Chambers, Ephraimn: 『사이클로피디아Cyclopaedia of English Literature』, II · 360

체임벌린 경Lord Chamberlain(잉글랜드), I · 529, II · 190

체커, 처비Checker, Chubby, V · 325

체코 국민극장Czech National Theatre, II · 307, 467, III · 95

체코 공화국Czech Republic: 텔레비전, V · 117

체코슬로바키아Czechoslovakia: 공산주의 이후, V · 203, 210; 라디오 정치선전 금지, IV · 462; 문화 통제, IV · 23; '예술' 애니메이션 영화, IV · 241; 형성, IV · 14

체코어Czech language: 문학과 연극, III · 95; 보헤미아 민족주의, II · 307; 정기간행물, II · 61; 책 번역, IV · 289; 책생산, IV · 269-71

체키, 에밀리오Cecchi, Emilio, IV · 143-4

체피렐리, 프랑코Zeffirelli, Franco: 〈나사렛 예수 Gesu di Nazaret〉(텔레비전 각색물), V·70
체홉, 안톤Chekhov, Anton: 『갈매기The Seagull』, III·265-6; 번역, V·244; 벌이, II·146; 『벚꽃동산The Cherry Orchard』, III·266; 재쇄, V·179; 희곡, III·249-50, 258
첸카이거陳凱歌, V·136
첼렌타노, 아드리아노Celentano, Adriano, V·324, 339
첼로, I·419
〈초록은 황무지Grün ist die Heide〉(영화), IV·248
초몬, 세군도 데Chomón, Segundo de, III·401
초서, 제프리Chaucer, Geoffrey: 「옥스퍼드 대학생의 이야기The Clerk's Tale」, I·173; 『캔터베리 이야기The Canterbury Tales』, I·203
초시치, 도브리차Ćosić, Dobrica: 『저 먼 곳에 태양이Far Away is the Sun』, IV·69
〈초원의 집Little House on the Prairie〉(텔레비전 연속극), V·87
초케, 하인리히Zschokke, Heinrich, I·276, III·93
초현실주의surrealism, III·395, IV·42-3
촘스키, 노엄Chomsky, Noam, II·198, V·103
〈총노선General Line, The〉(영화), IV·65
총파업General Strike(영국, 1926), IV·465
최베를라인, 한스Zöberlein, Hans: 『독일에 대한 믿음Glaube an Deutschland』, IV·123
〈추친초Chu Chin Chow〉(뮤지컬), III·261
추콜리, 루치아노Zuccoli, Luciano(본명은 루치아노 폰 잉겐하임Luciano von Ingenheim): 『거룩한 처녀La Divina fanciulla』, III·112
추콥스키, 코르네이Chukovsky, Kornei, III·184
축구football: 텔레비전 중계, V·119

축음기gramophones: 가격, III·334; 발달, III·19, 22, 290, 307, 320, IV·420
→ 녹음
『축음기 녹음 입문First Book of the Gramophone Record, The』, III·343
출코프, 미하일Chulkov, Mikhail, I·334
출판publishing: 19세기의 발전, II·15-7; 공산주의 국가, V·177-9; 교육서, III·442-3; 러시아, V·194-6; 벌이, II·371-2; 법인체, III·71; 사업과 직업, I·106-9, 146-7, II·40-2, 94-118; 유대인, III·55-8; 인기 시리즈, II·115-8; 인쇄부수, V·367; 작가, IV·298-300; 저자와의 관계, III·72-3; 저자의 권리, II·120-4; 책 마케팅, V·248-54; 파리와 런던, III·174; 해적판, II·124-9
〈춤추는 뉴욕On the Town〉(영화), IV·264
춤페, 요한 크리스토프Zumpe, Johann Christoph, I·417
춤dancing: 대중적 활동, II·407-10, III·287-8, IV·413-4; 소련, IV·437; 음반, IV·414; 장소, I·430-2; 직업 무용수, I·462; 팝 음악, V·308
츠바이크, 슈테판Zweig, Stefan, III·55, V·245
츠베타예바, 마리나Tsvetaeva, Marina, III·183
치글러, 프리드리히 빌헬름Zigler, Friedrich Wilhelm: 〈연인이자 적수인 사람Liebhaber und Buhler in einer Person〉, I·532
치네치타Cine-citta(로마), IV·119, 121
치리코프, 예브게니Chirikov, Evgenii, III·284
치마로사, 도메니코Cimarosa, Domenico, I·486, 496; 〈비밀결혼Il Matrimonio segreto〉, I·399, 480, 496, II·438
치미노, 마이클Cimino, Michael, V·150
치미레프, I. A.Chmyrev, I. A.: 『모스크바의 도둑과 폭력배들의 인생 이야기Novel from

the Lives of the Moscow Thieves and Thugs』, III · 182

『치빌타 카톨리카Civilta Cattolica, La』(잡지), II · 346

『치코스Chicos』(스페인 잡지), IV · 358

치폴라, 아르날도Cipolla, Arnaldo, IV · 84

칠더스, 어스킨Childers, Erskine: 『사막의 수수께끼The Riddle of the Sands』, III · 170

『칩 매거진Cheap Magazine』, I · 388

【ㅋ】

『카Car』(잡지), V · 290

카나르canards, I · 139-40

카나번, 조지 에드워드 허버트Carnarvon, George Edward Herbert, 5th Earl of, V · 350

카날레, 안토니오와 체사레 솔리니Canale, Antonio and Cesare Solini, IV · 360

카날레토Canaletto(조반니 안토니오 카날Giovanni Antonio Canal), I · 386

카네기, 데일Carnegie, Dale: 『친구를 사귀고 사람을 움직이는 법How to Win Friends and Influence People』, IV · 148

카네기, 앤드루Carnegie, Andrew, IV · 148

카다레, 이스마일Kadare, Ismail, V · 172

카라얀, 헤르베르트 폰Karajan, Herbert von, II · 386-8, IV · 436, V · 344

카라지치, 부크 스테파노비치Karadiiq, Vuk Stefanovit, I · 79, 186

카람진, 니콜라이 미하일로비치Kararnzin, Nikolai Mikhailovich, I · 124, 227, 237, 294, 305, 332, 373: 『불쌍한 리자Poor Lisa』, I · 182, 332: 『시장부인 마르타Martha the Posadnik』, I · 294

카레라스, 호세Carreras, Jose, V · 344

카렘, 마리 앙투안Carême, Marie Antoine, II · 430

카로 디 테스피Carri di Tespi, I(곡예단), IV · 399

카로, 쥘마Carraud, Zulma, II · 257

카로시오, 니콜로Carosio, Nicolò, IV · 462

카로치, 레나토Carocci, Renato, V · 268

카롤 1세Carol I(루마니아 왕) II · 307

카롤, 마르틴Carol, Martine, IV · 248

카루소, 엔리코Caruso, Enrico, I · 467, III · 330, 334-8

카르네, 마르셀Carné, Marcel, I · 525, 2-430, IV · 225-6, 231, 425

카르댕, 피에르Cardin, Pierre, V · 356

카르발랴이스, 스투아르트Carvalhais, Stuart, III · 243

카르티에 브레송, 앙리Cartier-Bresson, Henri, IV · 332

카르팡티에, 조르주Carpentier, Georges, IV · 441

『카를 마이 연보Karl May Jahrbuch』, III · 188

『카리카튀르Caricature, La』(잡지), II · 60, 84, 169, III · 242

카머 운트 라인하르트Kammer & Reinhardt(장난감 제조사), III · 320

카메리니, 마리오Camerini, Mario, IV · 251

카몽이스, 루이스 바스 드Camões, Luís Vaz de, I · 72, III · 98

카뮈, 알베르Camus, Albert, III · 75

〈카미유Camille〉(영화), IV · 225

카밀레리, 안드레아Camilleri, Andrea: 『밤의 냄새L'Odore della notte』, IV · 329

카바레cabarets, II · 409, III · 276-85, IV · 128-9, V · 213

카바예, 몽세라Caballé, Montserrat, II · 474

카바예로, 페르난Caballero, Fernán(세실리아 프란시스카 호세파 데 아롬Cecilia Francisca Josefa de Arrom), II · 288, 298, 349, III · 61

카발리, 프란체스코Cavalli, Francesco, I · 487
카베, 에티엔Cabet, Étienne:『이카리아 여행기 Voyage en Icarie』, III · 162
카벨리, 마담Cavalli, Madame(스트립쇼 예술가), III · 277
〈카비리아의 밤Notte di Cabiria, Le〉(영화), III · 128, IV · 258, 418
〈카비리아Cabiria〉(영화), III · 379, 401-3, V · 141-2
카사, 조반니 델라Casa, Giovanni della:『갈라테오Galateo』, I · 363
카사노바, 자코모Casanova, Giacomo, I · 95, 154
〈카사블랑카Casablanca〉(영화), III · 409-10, IV · 173, 208
카살스, 파블로Casals, Pablo, IV · 126, 434
카셀라, 알프레도Casella, Alfredo, III · 309
『카셀스Cassell's』(잡지), III · 222
카스타이네, 프로스페르Castanier, Prosper, III · 87
카스테르망Casterman(벨기에 출판사), IV · 387
카스텔누오보 공, 카를로 코토네 디Castelnuovo, Prince Carlo Cottone di, II · 363
카스트라토 가수castrati singers, I · 463-4
카스틸 블라즈, 프랑수아Castil-Blaze, François, I · 406
카스틸리오네, 발다사레Castighone, Baldassare:『궁정인Il Cotrigiano』, I · 363, 419, V · 255
카슨, 조니Carson, Johnny, V · 63
카슨, 키트Carson, Kit, II · 337, 430
카시로프Kassirov → 이빈, 이반 세묘노비치
카에사르, 쿠르트Caesar, Kurt:〈로마 군단Romano il legionario〉(연재만화), IV · 359
카우스, 지나Kaus, Gina, IV · 287
카우지테, 레이니스와 마티스Kaudzite, Reinis and Matiss, III · 70
카워드, 노엘Coward,(Sir) Noël, IV · 235, 390
카이로Cairo: 오페라, II · 452
카이야베, 가스통Caillavet, Gaston, III · 55
『카이에 뒤 시네마Cahiers du cinéma, Les』(잡지), IV · 237
카이예, 르네 오귀스트Caillié, René-Auguste, II · 224
카이저, 라인하르트Keiser, Reinhard, I · 478
카일, 에른스트Keil, Ernest, II · 104-5
카제노브, C. F.Cazenove, C. F.(저작권대리회사), III · 72
〈카첸야머 아이들Katzenjammer Kids, The〉(연재만화), IV · 358
카츠, 엘리후Katz, Elihu, V · 125
『카타사리트사가라Kathasaritsagara』(소마데바 작), I · 205
카탈라니, 안젤리카Catalani, Angelica, I · 465, 472, 499, II · 439
카탈라니, 알프레도Catalani, Alfredo:〈라왈리La Wally〉, III · 302
카탈파로, 시칠리아Catalfaro, Sicily, V · 354
카터, 닉Carter, Nick(소설 주인공), III · 102, 149, 160-1, 184, 375-6
카터, 앤절라Carter, Angela, I · 198
카터, 지미Carter, Jimmy, V · 103
카터, 하워드Carter, Howard, V · 350
카터, 헌틀리Carter, Huntley, III · 450-1, IV · 441
카트, 리처드 도일리Carte, Richard D'Oyly, II · 497, III · 275
카틀랜드, 바버라Cartland, Barbara, I · 17-8, 35, IV · 314, V · 241, 245-6, 258
카틴스, 자비네Katins, Sabine, V · 217
카파, 로버트Capa, Robert(엔드레 에르뇌 프리드만 Endre Ernö Friedmann), IV · 332

카파렐리Caffarelli(카스트라토), Ⅰ·463
카판찬, 나이지리아Kafanchan, Nigeria, Ⅴ·340
카페콩세르cafés-concerts, Ⅱ·512-8, Ⅲ·276-8
카펠, 피에르Capelle, Pierre:
　『지하 카바레의 열쇠Le Clé du Caveau』,
　Ⅰ·425
카포네, 알Capone, Al, Ⅳ·107
카푸로, 조반니Capurro, Giovanni: 〈오 나의 태
　양〉(노래; 곡은 디 카푸아), Ⅱ·518-9
카푸아, 에두아르도 디Capua, Eduardo di,
　Ⅱ·518
카푸아나, 루이지Capuana, Luigi, Ⅰ·91,
　Ⅲ·102
카프리, 아녜스Capri, Agnès(본명은 조피 로제 프
　리드만Sophie Rose Friedmann), Ⅳ·424
카프카, 프란츠Kafka, Franz, Ⅰ·292. Ⅳ·85,
　Ⅴ·185
칸, 사이드 아마드Khan, Sayyid Ahmad, Ⅱ·27
칸딘스키, 바실리Kandinsky, Vasilii, Ⅳ·48, 50
〈칸초니시마Canzonissima〉(이탈리아 텔레비전 프
　로그램), Ⅴ·51, 124
칸투, 체사레Cantú, Cesare: 『마르게리타 푸스테
　를라Margherita Pusterla』, Ⅰ·307, Ⅱ·346;
　『세계사Storia universale』, Ⅱ·360
칸트, 민나Canth, Minna, Ⅲ·61
칸트, 임마누엘Kant, Immanuel, Ⅰ·194,
　Ⅳ·329; 『순수이성비판Critique of pure
　Reason』, Ⅱ·238
칸트, 헤르만Kant, Hermann: 『대강당Die Aula』,
　Ⅴ·207
칸티니, 구이도Cantini, Guido: 『악마와의 산책
　Passeggiata col diavolo』, Ⅳ·399
칼 11세, 스웨덴 왕Charles XI, King of Sweden,
　Ⅰ·66
칼데론 데 라 바르카, 페드로Calderón de la
　Barca, Pedro, Ⅰ·171, Ⅲ·254, Ⅳ·175

칼라스, 마리아Callas, Maria, Ⅰ·504, Ⅱ·474,
　Ⅲ·296, 306, Ⅳ·433
칼라일, 제인 웰시Carlyle, Jane Welsh, Ⅱ·108
칼라일, 토머스Carlyle, Thomas, Ⅰ·114, 295,
　318, 372, Ⅱ·41, 119, 317-8, Ⅳ·155
칼레르트, 카를 프리드리히Kahlert, Karl
　Friedrich: 『주술사The Necromancer』,
　Ⅰ·275
『칼레발라Kalevala』(핀란드 서사시집), Ⅰ·188
〈칼리가리 박사의 밀실Kabinett des Dr Caligari,
　Das〉(영화), Ⅲ·406, Ⅳ·195
칼리폴리티, 알렉산드라Calipoliti, Alexandra(아
　우구스타 다이스Augusta Deyss), Ⅰ·514
칼만 레비Calmann-Lévy(출판사), Ⅲ·56, 68-9,
　72, Ⅳ·131, Ⅴ·248
칼비노, 이탈로Calvino, Italo: 『거미집으로 가
　는 오솔길Il Sentiero dei nidi di ragno』,
　Ⅳ·69
칼차비지, 라니에리Calzabigi, Ranieri, Ⅰ·481
칼프르네드, 고티에 드 코스트 드 라Calprenède,
　Gautier de Costes de la, Ⅰ·223
캄페, 요아힘 하인리히Campe, Joachim Hein-
　rich: 『소년 로빈슨Robinson der Jungere』,
　Ⅰ·240
캄플로이, 주세페Camploy, Giuseppe, Ⅰ·489
〈캅스Cops〉(텔레비전 프로그램), Ⅴ·58
『캉디드Candide』(주간지), Ⅳ·343
캉캉can-can(춤), Ⅲ·278-9, 284
캉탱, 알베르Quantin, Albert(출판업자),
　Ⅲ·71-2
캐나다Canada: 오페라, Ⅲ·300; 이민, Ⅰ·43,
　Ⅳ·15; 텔레비전, Ⅴ·117
캐나다 국립미술관National Gallery of Canada,
　Ⅴ·354
『캐나다 비교문학 리뷰Canadian Review of
　Comparative Literature』, Ⅰ·122

캐더, 윌라Cather, Willa, II · 286
캐드맨, 찰스 웨이크필드Cadman, Charles Wakefield: 〈샤누이스Shanewis〉(오페라), III · 306
캐럴, 루이스Carroll, Lewis(찰스 러트위지 도지슨 Charles Lutwidge Dodgson): 『이상한 나라의 앨리스Alice's Adventures in Wonderland』, II · 266, III · 199; 『거울 나라의 앨리스 Through the Looking Glass』, III · 199
『캐럴라인Caroline』(잡지), V · 283
캐롤라인, 조지 4세의 왕비Caroline, Queen of George IV, II · 83
'캐리 온Carry On'영화들, IV · 237-8
〈캐멀롯Camelot〉(뮤지컬 쇼), V · 165
〈캐시 컴 홈Cathy Come Home〉(텔레비전 연극), V · 72
캐트내치, 제임스Catnach, James, I · 142
캐피톨 레코드Capitol Records(회사), V · 319
〈캔디드 카메라Candid Camera〉(텔레비전 프로그램), V · 57
캠벨, 제인 몽고메리Campbell, Jane Montgomery, II · 403
캠벨, 존 우드Campbell, John Wood, IV · 305
캠벨, 패트릭Campbell, Mrs Patrick, III · 259
캡, 알Capp, Al: 〈릴 애브너Li'l Abner〉, IV · 366
『캡틴Captain』(잡지), III · 449
커, 존Kerr, John, V · 26
커닝엄, 머스Cunningham, Merce, IV · 432
『커먼웰스Commonwealth』(주간지), II · 64
커민스, 마리아Curnmins, Maria: 『가로등지기 The Lamplighter』, II · 289
〈커즌 가의 코트니 가문Courtneys of Curzon Street, The〉(영화), IV · 244
커진치, 페렌츠Kazinczy, Ferenc, I · 79
커트니, 톰Courtenay, Tom, V · 139
커티스 브라운Curtis Brown(문예 에이전시), III · 72
커티스, 마이클Curtiz, Michael → 케르테스, 미할리
커틴, 제리마이어Curtin, Jeremiah, III · 86-7
컨, 제롬Kern, Jerome, IV · 416
『컨템퍼러리 리뷰Contemporary Review』, II · 57
컨트리 음악country music, V · 340
컬럼비아 대학 언론대학원Columbia University School of Journalism, III · 208
컬럼비아 영화사Columbia picture corporation, IV · 188, V · 127
컬럼비아 포노그래프 사Columbia Phonograph Company, III · 322, 326, 342
컴퓨터computers: 일상생활, V · 364
컴퓨터게임computer games, V · 358-60
케겔, 막스Kegel, Max: 『사회민주주의 노래집Sozialdemokratisches Liederbuch』, III · 315
케네디, 존 F.Kennedy, John F.: 암살, V · 52
케닐리, 토머스Keneally, Thomas: 『쉰들러의 방주Schindler's Ark』, V · 232
케라트리, 오귀스트 드Kératry, Auguste de, II · 288
케루비니, 루이지Cherubini, Luigi, II · 421-2; 〈메데Médée〉, I · 527, III · 296-7
케르테스, 미할리Kertész, Mihàli(마이클 커티스 Michael Curtiz), III · 409-10, IV · 208
케메니, 지그몬드Kemény, Zsigmond, III · 70
케셀, 조제프Kessel, Joseph, IV · 109
케이블 테크놀로지와 망cable technology and networks, III · 12-3, 21
케이지, 존Cage, John, I · 35, V · 308
케이프, 조너선Cape, Jonathan(출판업자), IV · 17
케인, 밥과 빌 핑거Kane, Bob and Bill Finger, IV · 365
케인, 제임스 M.Cain, James M., IV · 311: 『우편배달부는 벨을 두 번 울린다The Postman

Always Rings Twice』, IV · 86, 317 ; 『이중
배상Double Indemnity』, IV · 317
케인, 홀Caine, Hall : 『기독교도The Christian』,
III · 178
케인스, 존 메이너드Keynes, John Maynard,
Baron, IV · 278, 296
케임브리지 대학, 여성 입학Cambridge University, women admitted, III · 61
『케임브리지 영문학 서지목록Cambridge Bibliography of English Literature』, II · 272
케케리니, 주세페Checcherini, Giuseppe, I · 530
케테를, 오이겐Ketterl, Eugen : 『황제 프란츠 요제프Der alte Kaiser wie nur Einer ihn sah. Der wahrheitsgetreue Bericht des Leibkammerdieners Kaiser Franz Josephs I』, IV · 286-7
켄트, 콘스탄스Kent, Constance, 2-250
켈러, 고트프리트Keller, Gottfried : 『녹색 옷을 입은 하인리히Der Grüne Heinrich』, III · 85
켈러만, 베른하르트Kellerman, Bernhard : 『셸렌베르크 형제Die Brüder Schellenberg』, IV · 108
켈러만, 애닛Kellerman, Annette, IV · 183
〈켈리 갱 이야기Story of the Kelly Gang, The〉(영화), III · 367
켈리, 진Kelly, Gene, IV · 264
켐블, 찰스Kemble, Charles, I · 523
켐피스, 토마스 아Kempis, Thomas à : 『그리스도를 본받아De Imitatione Christi』, I · 351
『코니서Connoisseur』(잡지), II · 413
코다, 알렉산더Korda, Sir Alexander(샨도르 Sándor), III · 409, IV · 171
코닥 카메라Kodak cameras, III · 28
코더, 윌리엄Corder, William, I · 142
코디, 윌리엄(버팔로 빌)Cody, William(Buffalo Bill), II · 338, 427, 430, III · 373
코라 출판사CORA-Verlag, V · 264
코라이스, 아다만티오스Korais, Adamantios, II · 310
『코레오 데 라 모다Correo de la moda, El』(잡지), III · 61
코렐리, 마리Corelli, Marie, III · 174-6, 5-350
〈코로네이션 스트리트Coronation Street〉(텔레비전 프로그램), V · 81, 87-92
코르네유, 피에르Corneille, Pierre, I · 515, III · 247 : 『거짓말쟁이Le Menteur』, I · 519
코르넬리스, 테레사Cornelys, Teresa, I · 431, 455, II · 406 : 〈조화로운 모임The Harmoniac Meeting〉, I · 394
『코르세르Corsaire, Le』(잡지), II · 60
〈코르토 말테제Corto Maltese〉(연재만화), IV · 375
코른Korn(독일 출판사), II · 377
코리얼, 존 러셀Coryell, John Russell, III · 149
『코리에레 데이 피콜리Corriere dei piccoli』(어린이잡지), III · 238-9, IV · 360
『코리에레 델라 세라Corriere della sera』(신문), II · 64, III · 210-1, 238, 436, IV · 88, 101, 337-8, 346-7, V · 272-5
『코리에레 메르칸틸레Corriere mercantile』(신문), IV · 338
코마로프, 마트베이Komarov, Matvei : 『영국 신사 조지The English Milord Georg』, I · 334-5, 361
코마로프, 세르게이Komarov, Sergei, IV · 61
코메니우스Comenius : 『그림으로 보는 세상The Visible World in Pictures』, II · 256
『코메디 폴리티크Comédie politique, La』(잡지), II · 204
코메디아델라르테Commedia dell'Arte, I · 512
코모, 페리Como, Perry, V · 295, 328

『코믹 컷츠Comic Cuts』(만화잡지), III · 234
코바치, 얼러요시Kovács, Alajos, III · 55
코뱌코바, 알렉산드라Kobiakova, Aleksandra, I · 305-6: 『포슈빈 가The Podoshvin Family』, II · 292
코번트가든 극장Covent Garden theatre: '옛 가격' 폭동, I · 465
코베, 구스타브Kobbé, Gustave: 『오페라 전서 Complete Opera Book』, I · 482
코브, 실베이너스Cobb, Sylvanus, Jr, II · 339: 『검독수리The Golden Eagle』, II · 336
코브던, 리처드Cobden, Richard, II · 119
코빗, 윌리엄Cobbett, William, II · 31: 『직인과 노동자에게 보내는 충고An Address to the Journeymen and Labourers』, II · 350
코스마, 조제프Kosma, Joseph, IV · 424
『코스모폴리탄Cosmopolitan』(잡지): 감성소설에 대한 경멸, V · 257; 러시아, V · 195; 발행 부수, III · 203; 성공, V · 282; 해외 출판, V · 195, 199, 292
〈코스비 쇼Cosby Show〉(텔레비전 프로그램), V · 68
코스타, 마이클Costa, Michael, II · 389, III · 310
코스테르, 샤를 드Coster, Charles de: 『울렌슈피겔의 모험Les Aventures d'Ulenspiegel』, I · 87, II · 314
코엘료, 파울로Coelho, Paulo: 『11분Eleven Minutes』, V · 232; 『연금술사The Alchemist』, V · 228
코인, 이름가르트Keun, Irmgard: 『길기, 우리들 중 하나Gilgi; eine von uns』, IV · 110-2
코진체프, 그리고리Kozintsev, Grigori, I · 254, IV · 62
코체부, 아우구스트 프리드리히 페르디난트 폰 Kotzebue, August Friedrich Ferdinand von, I · 532, II · 484: 『생일파티The Birthday Party』, I · 531
코카콜라Coca-Cola, III · 422, IV · 142
코코슈카, 오스카Kokoschka, Oskar, IV · 130
코크, 폴 드Kock, Paul de, I · 283, 321, II · 160, 207, 294
코타, 요한 프리드리히Cotta, Johann Friedrich, II · 104
코타Cotta(슈투트가르트 출판사), II · 104, 352
코탱, 소피Cottin, Sophie, I · 347, II · 272, 284: 『말비나Malvina』, I · 177, II · 283; 『알바의 클레르Claire d'Albe』, I · 346-8; 『엘리자베트, 또는 시베리아 유배자들Elisabeth, ou les exiles de Sibérie』, I · 328
코트라우, 테오도로Cottrau, Teodoro: 〈나폴리여 안녕L'addio a Napoli〉(노래), II · 518
코튼, 조지프Cotten, Joseph, IV · 235
『코티디엔Quotidienne, La』(신문), II · 142
『코티저Cottager』(잡지), III · 222
코티Coty(향수회사), IV · 338
코펜하겐Copenhagen: 영화, III · 405
코플런드, 에런Copland, Aaron, IV · 432
코플스턴, 프레더릭Copleston, Father Frederick, IV · 453
코피타르, 예르네이Kopitar, Jernej, I · 78
콕스, 윌리엄Coxe, William: 『폴란드 여행Travels into Poland』, I · 356
콕토, 장Cocteau, Jean, III · 156-7, IV · 390
콘, 잭과 해리Cohn, Jack and Harry, IV · 188
콘데 나스트Condé Nast(출판사), V · 289
콘래드, 조지프Conrad, Joseph, II · 109-10
콘리, 로즈메리Conley, Rosemary: 『뱃살빼기 계획Flat Stomach Plan』, V · 232
『콘베뇨Convegno, Il』(잡지), IV · 85
콘서트 전화concert-phones, III · 14
콘스터블, 아치볼드Constable, Archibald, I · 168, 297, II · 20

콘웰, 패트리샤Cornwell, Patricia, IV · 313
콘잘리크, 하인츠 G.Konsalik, Heinz G., V · 243
콘코르디아Concordia(빈 저널리스트협회),
　　III · 59
콘티, 니코로 데이Conti, Niccolò dei, I · 354
『콘힐 매거진Cornhill Magazine』, II · 57, 275
콜, 냇 킹Cole, Nat King, IV · 425, V · 295
〈콜드 마운틴Cold Mountain〉(영화), V · 140
콜드웰, 어스킨Caldwell, Erskine, III · 159,
　　IV · 86
콜랭, 아르망Colin, Armand(출판사), II · 377
콜레트Colette(시도니 가브리엘 클로딘 콜레
　　트Sidonie Gabrielle Claudine Colette),
　　III · 64-6
콜로디, 카를로Collodi, Carlo(카를로 로렌치니
　　Carlo Lorenzini): I · 32, III · 108, V · 242:
　　『피노키오Pinocchio』, II · 219, 256,
　　III · 56, 108, 188, 193-8, 239, IV · 92, 175
콜롱, 조르주Colomb, Georges, III · 237
콜리, 샬럿Cowley, Charlotte: 『숙녀들의 영국사
　　The Ladies' History of England』, I · 368
콜리지, 새뮤얼 테일러Coleridge, Samuel Taylor,
　　I · 104, 107, 131, 211, II · 381
콜린스, 필Collins, Phil, V · 331
콜린스, 윌키Collins, Wilkie, II · 119, 126, 128,
　　210, 238-9, 278, III · 169, IV · 303, 316:
　　『문스톤The Moonstone』, II · 238, 247-
　　50; 「미지의 공중The Unknown Public」,
　　II · 251; 『아마데일 Armadale』, II · 275,
　　278; 『하트의 여왕The Queen of Hearts』,
　　II · 239; 『흰옷을 입은 여인The Woman in
　　White』, II · 248, 253
콜먼, 로널드Colman, Ronald, IV · 219
콜먼, 조지Colman, George, I · 399, 480
콜번, 헨리Colburn, Henry, I · 167-8
콜베르, 클로데트Colbert, Claudette, IV · 221

콜브란, 이사벨라Colbran, Isabella, I · 473, 485,
　　499, II · 431
콜킨, 딕Calkin, Dick, IV · 356
『콤소몰스카야 프라우다Komsomolskaia Pravda』
　　(러시아 신문), V · 196
콤팩트디스크CD(compact discs), V · 298-301
콩도르세, 마리 장 앙투안 니콜라 드 카리타
　　Condorcet, Marie Jean Antoine Nicolas de
　　Caritat, Marquis de, I · 15
『콩세르바퇴르Conservateur, Le』(잡지), I · 389
콩스탕, 벵자맹Constant, Benjamin, II · 314
『콩스티튀시오넬Constitutionnel, Le』(잡지),
　　I · 379, 389, II · 42, 69-70, 140, 144,
　　160, 165
콩시앙스, 헨드리크Conscience, Hendrik, III · 70
콩파니에 제네랄 드 텔레그라피 상 필Compag-
　　nie Générale de Télégraphie sans Fils(CSF)
　　(프랑스), III · 24
〈콰이 강의 다리Bridge on the River Kwai, The〉
　　(영화), IV · 217, 244, 247
〈쾌걸 조로Mark of Zorro, The〉(영화), IV · 58
쾨니히, 프리드리히König, Friedrich, II · 47
『쾨르 바이앙Coeurs Vaillants』(벨기에 잡지),
　　IV · 370
쾨르멘디, 페렌츠Körmendi, Ferenc, IV · 284
쾨슬러, 아서Koestler, Arthur: 『한낮의 어둠Dark-
　　ness at Noon』, IV · 40
쿠겔만, 루트비히Kugelmann, Ludwig, II · 105
쿠란, Koran, Holy: 라틴어 번역, I · 205
『쿠르쉬너스 게레르텐칼렌다Kurschners Geleh-
　　rtenkalendar』, III · 174
쿠르츠 말러, 헤트비히Courths-Mahler, Hedwig,
　　V · 265
쿠르치오Curcio(이탈리아 출판사), V · 256
쿠리에 데 스펙타클Courrier des spectacles,
　　II · 448

『쿠리에 뒤 테아트르Courrier du theatre』(잡지),
   I · 466
『쿠리에 프랑세Courrier francais』, II · 100
쿠리에, 폴 루이Courier, Paul-Louis, II · 250
쿠미치치, 에우겐Kumičić Eugen, III · 70
쿠바Cuba: 베르디 작품 공연, II · 451
쿠세비츠키, 세르게이Koussevitsky, Serge,
   IV · 434
『쿠엔토 세마날Cuento semanal, El』(스페인 잡
   지), III · 96
〈쿠오 바디스Quo Vadis?〉(영화); III · 401-3
『쿠오티디아노 데이 라보라토리Quotidiano dei
   lavoratori, Il』(신문), IV · 350
쿠초니, 프란체스카Cuzzoni, Francesca, I · 480
쿠커, 조지Cukor, George, IV · 170, 192
쿠트, 알렉산더Coote, Alexander, III · 414
쿠티, 펠라Kuti, Fela, V · 340
쿠퍼, 마거릿Cooper, Margaret, III · 357
쿠퍼, 제임스 페니모어Cooper, James Fenimore,
   I · 298, 328, 342-3, II · 72-3, 126, 147,
   234, 250, III · 28; 『가죽 각반 이야기
   Leatherstocking Tales』, II · 334; 『모히
   칸족의 최후The Last of the Mohicans』,
   II · 306, 329
쿠퍼, 질리Cooper, Jilly: 『남편들이 질투한 남자
   The Man Who Made Husbands Jealous』,
   V · 232
쿡, 윌리엄과 휘트스톤, 찰스Cooke, William and
   Wheatstone, Charles, III · 12
쿡, 토머스Cook, Thomas, III · 276, IV · 397
쿡슨, 캐서린Cookson, Catherine, IV · 297,
   V · 236
쿤 뢰브 사Kuhn, Loeb & Co.(금융사), IV · 187
『쿤스트바르트Kunstwart, Der』(잡지), III · 255
쿨레쇼프, 레프Kuleshov, Lev, III · 369, 404,
   IV · 66

쿳시, 존 맥스웰Coetzee, John Maxwell: 『소
   년 시절Boyhood: Scenes from Provincial
   Life』, IV · 355; 『포Foe』, I · 241
〈퀴터매스 실험Quatermass Experiment, The〉(영
   화), IV · 244
『쿼털리 리뷰Quarterly Review』, I · 96, 104,
   276, 297, 382-4, II · 56
『쿼털리 저널 오브 에듀케이션Quarterly Journal
   of Education』, II · 32
퀴넬, 암브로시우스Kühnel, Amrosius, I · 414
퀴스틴, 아스톨프 드Custine, Marquis Astolphe
   de: 『1839년의 러시아La Russie en 1839
   』; I · 183
퀸Queen(팝 그룹), V · 339
『퀸Queen』(잡지), II · 66, V · 281-2
퀸, 마이클 J.Quin, Michael J., I · 382
퀸, 엘러리Queen, Ellery, IV · 319
퀸과 쿠즈닉Kuhn and Kuznick: 수학교과서,
   II · 377
큐브릭, 스탠리Kubrick, Stanley, IV · 19, 304,
   V · 142
크노, 레몽Queneaux, Raymond, IV · 424
크노프, 앨프리드 A.Knopf, Alfred A., III · 58
크라셰프스키, 유제프 이그나치Kraszewski,
   Józef Ignacy, I · 336, III · 86
크라스노호르스카, 엘리슈카krásnohorská,
   Eliška, II · 61
크라이슬러, 프리츠Kreisler, Fritz, IV · 434
크라이튼, 마이클Crichton, Michael, IV · 291
크라카우어, 지그프리트Kracauer, Siegfried,
   IV · 26, 159-60, 199, 285
크라쿠프Krakow: 카바레, III · 283
크라프첸코, 빅토르Kravchenko, Viktor: 『나
   는 자유를 선택했다J'ai choisi la liberté』,
   IV · 41
크락시, 베티노Craxi, Bettino, V · 102

크래스커, 로버트Krasker, Robert, IV · 235
크래크로프트, 리처드Cracroft, Richard, III · 186
크럼, 로버트Crumb, Robert, IV · 384
크레몬가든스, 런던Cremorne Gardens, London, I · 449
크레스피 가家Crespi family, IV · 346
크레이그, 에드워드 고든Craig, Edward Gordon, III · 260, 267-8
크레이븐, 엘리자베스Craven, Elizabeth:『크림 반도에서 콘스탄티노플까지의 여행A Journey Through the Crimea to Constantinople』, I · 356
크레인, 스티븐Crane, Stephen, II · 109;『거리의 여자 매기Maggie, a Girl of the Streets』, III · 139
크레티앵 드 트루아Chrétien de Troyes, I · 132
크레팍스, 구이도Crepax, Guido, IV · 384
크로그, 크리스티안Krohg, Christian, III · 142
크로닌, 아치볼드 조지프Cronin, Archibald Joseph, IV · 123
크로스, 나이절Cross, Nigel, II · 76, 272
크로스, 존Cross, John, II · 276
크로스비, 빙Crosby, Bing, V · 305
크로질레 이폴리트Crosilhes, Hyppolite:『가정의학La Médicine domestique』, I · 366
크로체, 줄리오 체사레Croce, Giulio Cesare:『베르톨도와 베르톨디노Bertoldo e Bertoldino』, I · 223
〈크로커다일 던디Crocodile Dundee〉(영화), V · 137
크로킷, 데이비Crockett, Davy, II · 327, 430
크로퍼드, 조앤Crawford, Joan, IV · 218, 425
크로포트킨, 표트르Kropotkin, Prince Peter:『한 혁명가의 회상Memoirs of a Revolutionist』, I · 369
크롱카이트, 월터Cronkite, Walter, V · 97

크뢰거, 테오도어Kröger, Theodor:『어린 성모 Kleine Madonna』, IV · 108
『크루아Croix, La』(신문), III · 214
크루즈, 톰Cruise, Tom, V · 151
크루벨리, 조피Cruvelli, Sophie, I · 467
크룩섕크, 조지Cruikshank, George, II · 83, III · 232
크뤼벨리에, 모리스Crubellier, Maurice, I · 350
『크리 뒤 푀플Cri du peuple, Le』(신문), III · 214
『크리스첸스 페니 매거진Christian's Penny Magazine』, II · 49
크리스토포리, 바르톨로메오Cristofori, Bartolomeo, I · 417
크리스티, 애거서Christie, Agatha: 번역, V · 244-5; 사후의 인기, II · 219;『애크로이드 살인사건Murder of Roger Ackroyd, The』, II · 245, IV · 315; 에르퀼 푸아로, II · 137, III · 150, 153;『열 꼬마 인디언Ten Little Nigers』(『그리고 아무도 없었다』), IV · 112; 영국 배경, IV · 106; 인기, IV · 302, 314, 319, 326-8, V · 236, 241; 전시 독일에서 읽힘, IV · 124
크리스티, 줄리Christie, Julie, V · 139
크리스피, 프란체스코Crispi, Francesco, III · 210, 429
『크리티츠키 스보르니크Kritický sborník』(잡지), V · 184
『크리티카 파시스타Critica fascista』(잡지), IV · 141
『크리티컬 리뷰Critical Review』, I · 383
크릴로프, 이반 안드레예비치Krylov, Ivan Andreevich, I · 333-4
크세주 문고Que sais-je?(프랑스 출판사의 시리즈), IV · 276
『클라데라다치Kladderadatsch』(잡지), II · 84, III · 429

『클라로Claro, El』(신문), V · 272
클라우렌, 하인리히Clauren, Heinrich: 『미밀리 Mimili』, I · 232, 236
클라이스트, 하인리히 폰Kleist, Heinrich von, I · 316, III · 37
클라인, 조지Kleine, George, III · 402
클라크, 데이브Clark, Dave, V · 323, 327, 330
클라크, 아서 찰스Clarke, Arthur Charles, IV · 304, 308
클라크, 카테리나Clark, Katerina, IV · 56
클라크, 케네스Clark, Kenneth, Baron, V · 106
클라크, 페툴라Clark, Petula, IV · 423, V · 295
클라피송, 루이Clapisson, Louis, II · 150
『클래리언Clarion』(잡지), III · 222
클래시카스Classicars(잡지), V · 290
클래식 FM(라디오 채널), V · 121
클랜시, 톰Clancy, Tom, IV · 291
클레르, 르네Clair, Rene, IV · 226
클레르빌, 루이 프랑수아 니콜라이Clairville, Louis François Nicolaïe: 〈자오선Meridien〉, I · 430
클레망소, 조르주Clemenceau, Georges, III · 217-8, IV · 144
클레멘티, 무치오Clementi, Muzio, I · 458
클레오파트라Cleopatra: 영화 소재, III · 402
클로델, 폴Claudel, Paul, IV · 283
『클로저Closer』(잡지), V · 284, 289
클롭슈토크, 프리드리히 고트리프Klopstock, Friedrich Gottlieb, I · 175, 319
클루게, 알렉산더Kluge, Alexander, V · 133
클루조, 앙리 조르주Clouzot, Henri-Georges, IV · 231, 241, 254, 321
클린턴, 빌Clinton, Bill, V · 104
클릴랜드, 존Cleland, John: 『패니 힐, 어느 환락녀의 회고록Fanny Hill, Memoirs of a Woman of Pleasure』, I · 235, 249, 266,
III · 433
키노고로트, 크림 반도Kinogorod, Crimea, IV · 67
키드먼, 니콜Kidman, Nicole, V · 140, 152
키르케고르, 쇠렌Kierkegaard, Søren, II · 159, V · 197
키르히, 레오Kirch, Leo, V · 119, 127-8
키릴문자Cyrillic alphabet, I · 74
키비, 알렉시스Kivi, Alexis: 『7형제Seitsemän Veljestä』, III · 143
키셀레바, 마리아Kiseleva, Maria, V · 201
〈키스Kiss, The〉(영화), IV · 214
키스테매커스, 앙리Kistemaeckers, Henri(벨기에 출판업자), II · 125, III · 435
키스톤 영화사Keystone Film Company, IV · 204
키스톤 코미디스 튜디오Keystone Comedy Studio, III · 399
키아리, 피에트로Chiari, Pietro, I · 258, 326-8: 『이탈리아의 프랑스인La Francese in Italia』, I · 228
키츠, 존Keats, John, II · 381
키코인, 제라르Kikoïne, Gérard, V · 155
키튼, 다이앤Keaton, Diane, V · 151
키튼, 버스터Keaton, Buster, I · 520, III · 388, 400, IV · 190, 205
키포버, 에스테스Kefauver, Estes, IV · 368
키플링, 러디어드Kipling, Rudyard, II · 379, III · 74: 『정글북The Jungle Book』, III · 199; 『스탤키 사Stalky and Co.』, III · 200
킨, 에드먼드Kean, Edmund, I · 517, 522-4, II · 483
킨, 찰스Kean, Charles, II · 483
킨제이, 앨프리드Kinsey, Alfred: 『남성의 성적 행동Sexual Behavior in the Human Male』, IV · 152, V · 233; 『여성의 성적 행동

Sexual Behavior in the Human Female』,
 Ⅳ · 153, Ⅴ · 233
〈킬링필드Killing Fields, The〉(영화), Ⅴ · 152
킴벌Kimball(시카고 피아노 제조사), Ⅱ · 416
킴브로, 데니스Kimbro, Dennis, Ⅳ · 149
킹 피처스 신디케이트King Features Syndicate,
 Ⅳ · 355
킹레이크, 알렉산더Kinglake, Alexander: 『크
 림 전쟁사History of the Crimean War』,
 Ⅱ · 370-1
킹스로드 출판사King's Road Publishing,
 Ⅲ · 432
킹스베리 약정Kingsbury Commitment(미국),
 Ⅲ · 17
〈킹콩King Kong〉(영화), Ⅳ · 106
킹크스Kinks, the(팝 그룹), Ⅴ · 327, 330

【ㅌ】

타고르, 라빈드라나트Tagore, Rabindranath,
 Ⅰ · 220
타르디외, 앙드레Tardieu, André: 『장애에
 부딪힌 미국과 우리Devant l'obstacle,
 l'Amérique et nous』, Ⅳ · 144
타르케티, 이지니오 우고Tarchetti, Iginio Ugo,
 Ⅱ · 341; 『운명I Fatali』, Ⅲ · 168
타마뇨, 프란체스크Tamagno, Francesco,
 Ⅲ · 330
타벨, 헤르만Tabel, Hermann, Ⅰ · 421
타비아니 형제Taviani brothers(영화 감독),
 Ⅴ · 148
타소, 토르콰토Tasso, Torquato, Ⅰ · 315: 『해방된
 예루살렘Gerusalemme liberata』, Ⅰ · 251
타우버, 리하르트Tauber, Richard, Ⅳ · 427
타우흐니츠, 크리스티안 베른하르트Tauchnitz,
 Christian Bernhard, Baron, Ⅱ · 116, 119-
20, 291
『타운Town』(잡지), Ⅰ · 388
〈타이타닉Titanic〉(영화), Ⅳ · 245, Ⅴ · 142
타일러, 에드워드 버닛Tylor, Edward Burnett:
 『원시문화Primitive Culture』, Ⅰ · 15
『타임Time』(잡지), Ⅳ · 333, 337, Ⅴ · 280
『타임스Times, The』(전 『데일리 유니버설 레지
 스터』): 가격, Ⅰ · 376; 광고, Ⅰ · 377-8,
 380; 기계화, Ⅱ · 47-8; 로시니 부고,
 Ⅰ · 501; 뤼미에르 형제의 런던 쇼 보도,
 Ⅲ · 349; 머독의 매입, Ⅴ · 254; 베르디
 부고, Ⅲ · 307; 베케트의 『고도를 기다리
 며』 비판, Ⅴ · 164; 성범죄와 살인사건 보
 도, Ⅱ · 250-1; 스콧 부고, Ⅰ · 310; 스트
 린드베리의 『줄리 아씨』비난, Ⅲ · 248;
 입센 폄하, Ⅲ · 260; 정치사회적 보도,
 Ⅳ · 340; 제1면 사진 기피, Ⅲ · 230; 파시
 즘에 대한 태도, Ⅳ · 342; 정치적 중립 주
 장, Ⅰ · 378; 철도 독자 비난, Ⅱ · 116; 파
 가니니, Ⅱ · 422; 프란츠 뮬러 살인사건 보
 도, Ⅱ · 72
『타임스 리터러리 서플리먼트Times Literary
 Supplement』, Ⅳ · 36, 284
타임 워너Time Warner(회사), Ⅴ · 338
타잔Tarzan(소설 주인공), Ⅳ · 213, 309
〈타잔Tarzan〉(연재만화), Ⅳ · 358, 363
타키나르디, 파니Tacchinardi, Fanny → 페르시
 아니, 파니
타투TaTu(레나 카티나와 율리아 빌코바Lena Katina
 and Yulia Vilkova), Ⅴ · 201
타틀리나, 프라스코비야Tatlina, Praskov'ia,
 Ⅱ · 293
타티, 자크Tati, Jacques, Ⅳ · 254
탈리오니, 마리Taglioni, Marie, Ⅰ · 463
탈마, 프랑수아 조제프Talma, François-Joseph,
 Ⅰ · 524

탈바르, 엑토르와 조제프 플라스Talvart, Hector and Joseph Place: 『1801~1934년 근현대 작가 서지목록Bibliographie des auteurs modernes(1801-1934)』, II · 230

탈베르크, 지기스몬트Thalberg, Sigismond, I · 417, II · 398, 424, 427

〈탐욕Greed〉(영화), IV · 201

탐정소설detective stories(과 범죄소설): 등장인물과 플롯, III · 152-6, IV · 317-23; 매력과 인기, III · 156, 170, IV · 310-6, 325-9, V · 255; 소련, V · 182; 소련 이후, V · 197-8; 이탈리아, IV · 104-6; 장르 확립, II · 245-55, III · 71, 147-68

『탕Temps, Le』(신문), II · 222

〈태양 아래서Sous le soleil〉(〈생트로페Saint-Tropez〉: 텔레비전 연속물), V · 83, 90-1

『태틀러Tatler』(잡지), I · 54, 381, V · 281

태프트, 윌리엄 하워드Taft, William Howard, V · 34

〈탱탱Tintin〉(연재만화), III · 230, 242, IV · 354, 361, 371, 376-80: 책 형식, IV · 378-80; 판매, V · 231

터너, 조지프 말로드 윌리엄Turner, Joseph Mallord William: 스콧 소설 삽화, II · 84

터너, 찰스 에드워드Turner, Charles Edward, I · 334

〈터미네이터Terminator, The〉(영화), III · 368

터싱엄, 리타Tushingham, Rita, V · 139

〈터칭 더 보이드Touching the Void〉(영화), IV · 178

터키Turkey: 미국 영화, IV · 256; 발칸 반도 지배, I · 80; 터키와 그리스의 대중음악, II · 516

테 카나와, 키리te Kanawa, Dame Kiri, I · 504, V · 346

테넌트, 엘렌Tennant, Ellen, II · 353

테니슨, 앨프리드Tennyson, Alfled, 1st Baron, II · 379, 381

테래스베토니Teräsbetoni(메탈밴드), V · 339

테레사Thérésa(에마 발라동Emma Valadon), II · 514, III · 280

테르츠, 아브람Tertz, Abram → 시냐프스키, 안드레이

테슬라, 니콜라Tesla, Nikola, III · 25

테시, 비토리아Tesi, Vittoria, I · 461

테오도르 오바넬, 에두아르Théodore-Aubanal, Édouard: 『신간 홍보법Comment on lance un nouveau livre』, IV · 280

테일러, 로버트Taylor, Robert, IV · 225

테일러, 엘리자베스Taylor, Elizabeth, V · 52

테일로르, 이시도르 쥐스탱 세브랭Taylor, Isidore Justin Severin Baron, II · 391

테트라치니, 루이사Tetrazzini, Luisa, III · 331-2, IV · 440

텐, 이폴리트Taine, Hippolyte, I · 312, IV · 154

텐카, 카를로Tenca, Carlo: 「이탈리아 현대 문학의 조건Delle Condizioni dell'odierna letteratura in Italia」, II · 159

텔, 빌헬름Tell, William, II · 314

『텔레 세트 주르Télé sept jours』(잡지), V · 285

『텔레 포슈Télé poche』(잡지), V · 285

텔레비전television: 가입, V · 370; 가족 시청, V · 13-4, 17-23; 게임쇼, V · 66-7; 광고, V · 15, 43, 117-9, 121-2; 규제, V · 105, 108-11; 기원과 발명 , V · 26-8; 내용과 장르, V · 46-94; 녹화 기술, V · 30-1; 뉴스 프로그램, V · 94-102, 175; 다큐멘터리, V · 104-7; 대화 위주, IV · 220-1; 덧없는 속성, V · 46; 동독, V · 214-6; 동유럽, V · 176, 200-2; 라틴아메리카의 텔레노벨라, V · 91-2; 발전과 전파 III · 15, V · 11-4; 범죄수사 연속물, V · 92-3;

'리얼리티 TV', V · 41, 57-62; 상업화, V · 114-6; 생방송과 사건들, V · 30-3, 53-6; 성, V · 112-3; 소설과 드라마, V · 67-75, 82-5, 92-4; 소유, I · 42; '소프 오페라', V · 85-90; 수상기 대여와 할부구입, V · 30; 스포츠, V · 30, 51, 119; 시사 프로그램, V · 94-104; 시추에이션 코미디(시트콤), V · 67-9; 어린이만화에 미친 영향, IV · 383; 영국의 인기 프로그램, V · 80-1; 영화 관람에 미친 영향, IV · 161-2, 266, V · 126-31; 영화 방영, V · 127-9; 영화에 자금지원, V · 133; 일상 소비와 시청, V · 15-7; 자금, V · 29; 국민공동체, V · 50-1, 108, 375; 정치인들의 이용, V · 33-5; 채널의 다양화, V · 108, 112-4, 123, 370-1; 청중, V · 23-6, 37-8, 121-5, 357; 축구, V · 119; 케이블 및 위성 전송, V · 116-20, 370-1; 탈규제와 분화, V · 116-21, 124; 토크쇼, V · 63-5; 기준, V · 122-3; 프로그램 수출과 수입, V · 77-85; 해설자, V · 55; 효과와 반응들, V · 35-45

『텔레세테Telesette』(잡지), V · 284

텔레토리노 인터내셔널TeleTorino International (이탈리아 텔레비전 방송국), V · 113

텔레풍켄Telefunken(독일 회사), III · 24

『텔레피우Telepiu』(잡지), V · 284

텔스타Telstar(통신위성), V · 120

템스 텔레비전Thames Television(회사), V · 106

『템포Tempo』(잡지), IV · 101

템플, 셜리Temple, Shirley, IV · 225

텡네르, 에사이아스Tegnér, Esaias, I · 337

텡코, 루이지Tenco, Luigi, V · 341

『토끼의 결혼식Rabbit's Wedding, The』(어린이책), II · 194

토레 노베라나, 이탈리아Torre Noverana, Italy, V · 20-2

토레즈, 모리스Thorez, Maurice, IV · 239, 464

토렐리 비올리에르, 에우제니오Torelli-Viollier, Eugenio, III · 120

토르나토레, 주세페Tornatore, Giuseppe, IV · 265

토리노Turin: 극장, II · 450

〈토린 호의 운명In Which We Serve〉(영화), IV · 242

토마, 에디트Thomas, Édith: 『거부Le Refus』, IV · 39

토머스 기관차Thomas the Tank Engine(어린이책 시리즈), V · 251

토머스, 존 파넬Thomas, John Parnell, IV · 262

토셀리, 조반니Toselli, Giovanni: 『트라베트 씨의 불행Miserie d'monssú Travet』, II · 343

토스카니니, 아르투로Toscanini, Arturo, II · 386, III · 308-10, IV · 126, 147, 435, 468

『토이체 메르쿠어Teutsche Merkur, Der』, I · 124

토토Totò(희극배우), IV · 238

토토 영화Totò films(이탈리아), IV · 254, 258-9

토파노, 세르조Tofano, Sergio, III · 239

토펠리우스, 사카리아스Topelius, Zacharias, I · 188

『토폴리노Topolino』(잡지), IV · 358

톨러, 에른스트Toller, Ernst: 『아이쿠, 우린 살아 있네!Hoppla, wir leben!』, IV · 395

톨런드, 그레그Toland, Gregg, IV · 260

톨리아티, 팔미로Togliatti, Palmiro, IV · 347, 466

톨스토이, 레프Tolstoy, Lev, Count: 국민시인으로서 톨스토이와 푸시킨의 지위, I · 218; 노벨상 놓침, III · 75; 명성, II · 195; 명성의 포기, III · 183; 번역, V · 244; 부, II · 146; 아셰트의 출간, III · 114; 『안나 카레니나Anna Karenina』, II · 39, 302, III · 100, IV · 45; 연재소설, II · 147; 이탈

리아에서 사회주의자로 인식됨, III · 38; 인기, I · 12, 25, 35; 『전쟁과 평화War and Peace』, I · 334, III · 99-100; 『크로이처 소나타The Kreutzer Sonata』, II · 412; 파리에서 희곡 상연, III · 250

톨스토이, 알렉세이 니콜라예비치Tolstoy, Aleksey Nikolayevich, III · 194

톨킨, J. R. R.Tolkien, J. R. R.: 『반지의 제왕The Lord of the Rings』, IV · 309, V · 236

톰마세오, 니콜로Tommaseo, Niccolo, I · 311

톰슨, 로이Thomson, Roy, 1st Baron, V · 253

톰스, 윌리엄 존Thoms, William John, I · 182

톰슨, 에마Thompson, Emma, V · 162

톰슨, 제임스Thomson, James, II · 517

톰슨, 조지Thomson, George, I · 177

톰슨, 찰스Thomson, Charles, II · 80

『톱 상태Top Santé』(잡지), I · 366

통신communications: 발달, III · 11-5

통신사press agencies, II · 62-3, III · 223-4, IV · 331

『통행권: 세계시장에서의 영국 텔레비전Rights of Passage: British Television in the Global Market』(보고서), V · 45

퇴퍼, 로돌페Töpffer, Rodolphe, II · 256, III · 232-3

퇴폐예술Entartete Kunst: 나치 전시회, IV · 129-30

〈투나잇 쇼Tonight Show, The〉(텔레비전 프로그램), V · 63

투르게네프, 이반Turgenev, Ivan, I · 218, II · 141-7, 195, 304, III · 250; 『아버지와 아들Fathers and Sons』, I · 335, III · 84, 439

투르니에, 미셸Tournier, Michel: 『방드르디Vendredi; ou Les Limbes du pacifique』, I · 241

투릿, 팻Tourret, Pat과 제니 버터워스Jenny Butterworth, IV · 384

투봉Toubon(출판사), II · 150

투어텔, 메리Tourtel, Mary, IV · 357

투탕카멘, 파라오Tutankharnen, Pharaoh, V · 349-50

투하쳅스키, 미하일Tukhachevsky, Marshal Mikhail, IV · 64

〈툼 레이더Tomb Raider〉(컴퓨터게임), V · 358

튀소, 마담Tussaud, Madame, III · 276, V · 352

튈르리, 오귀스탱Thuillerie, Augustine('G. 브루노G. Bruno'): 『두 꼬마의 프랑스 일주Le Tour de France: par deux enfants』, III · 444-6, V · 70

『트라도타Tradotta, La』(잡지), IV · 99

〈트라도타Tradotta, La〉(연재만화), III · 239

트라우베르크, 레오니트Trauberg, Leonid, IV · 62

트라프, 마리아 폰Trapp, Maria von, V · 140

트란실바니아Transylvania, III · 92-4, 427, IV · 16

트래버스, 패멀러 린든Travers, Pamela. Lyndon, V · 140

〈트래픽 인 소울즈Traffic in Souls〉(영화), III · 393

트러스, 린Truss, Lynn: 『먹고, 쏘고, 튀다Eats, Shoots & Leaves』, V · 228

트레네, 샤를Trenet, Charles, IV · 421-2, 426, V · 339

트레베스, 에밀리오Treves, Emilio, III · 56

트레베스, 카를로Treves, Carlo, II · 186, III · 102-3, 229, 446

트로츠키, 레온Trotsky, Leon: 자서전, IV · 112

트롤럽, 앤서니Trollope, Anthony: 곁가지 이야기를 피하기, II · 209; 글쓰기 경력, II · 273; 도덕적 결말, II · 181; 독자들

의 반응에 관해, II · 97; 명성, II · 210-1, III · 169; 미국의 해적판, II · 136; 소설 연재가 미치는 영향에 대해, II · 132-3; 소설에 관해, I · 226; 수입, II · 22, 273-8, III · 119; 『자서전An Autobiography』, I · 369; 작가로서의 위신에 관해, II · 121; 작가의 권리, II · 128; 판매, II · 215; 팰리서 소설들Palliser novels, IV · 35; 프라우디 부인을 죽임, II · 136; 『프렘리 목사관 Framley Parsonage』, II · 210

트롤럽, 프랜시스Trollope, Frances(패니Fanny), I · 357-8, II · 272-3, 277

트루도, 개리Trudeau, Garry, IV · 384

〈트루먼 쇼Truman Show, The〉(영화), V · 62

트루아 Troyes(샹파뉴 지역), I · 130

트루아의 들라리베Delarivey of Troyes, I · 136

『트루True』(잡지), V · 281

트릉카, 이르지Trnka, Jiří, IV · 241

트리, 허버트 비어봄Tree, Sir Herbert Beerbohm, III · 178, 259

『트리부나Tribuna, La』(이탈리아 신문), II · 64

트바르돕스키, 알렉산드르Tvardovsky, Aleksandr, V · 191

『트부이 스틸Twój Styl』(폴란드 잡지), V · 199

트웨인, 마크Twain, Mark, III · 198; 『허클베리 핀의 모험The Adventures of Huckleberry Finn』, II · 219

〈특전 유보트Boot, Das〉(텔레비전 영화), V · 134

티보데, 알베르Thibaudet, Albert: 『1789년부터 현재까지의 프랑스 문학사Histoire de la littérature française de 1789 à nos jours』, III · 84

티소Tissot(프랑스 번역가), I · 194

티에르, 아돌프Thiers, Adolphe, II · 77

티크, 루트비히Tieck, Ludwig, I · 316; 『금발의 에크베르트Der Blonde Eckbert』, I · 231

〈티파니 존스Tiffany Jones〉(연재만화), IV · 384

틴 팬 앨리Tin Pan Alley(뉴욕 28번가), III · 289

틴들, 윌리엄Tyndale, William, I · 99

틴슬리, 윌리엄Tinsley, William, II · 58

『틴슬리스 매거진Tinsley's Magazine』, II · 58

틴슬리 형제Tinsley Brothers(출판사), III · 126

틸러트슨, 윌리엄Tillotson, William, II · 139

틸리, 베스타Tilley, Vesta, III · 316

〈틸리의 구멍난 로맨스Tillie's Punctured Romance〉(영화), III · 400

『팃비츠Tit-Bits』(잡지), III · 222

【 ㅍ 】

파, 데이비드Farr, David, V · 163

파가니니, 니콜로Paganini, Nicolò, I · 473, II · 420-4, 427

『파노라마Panorama』(이탈리아 잡지), IV · 337, V · 280, 284

〈파노라마Panorama〉(텔레비전 프로그램), V · 96

파뇰, 마르셀Pagnol, Marcel: IV · 225, 390, V · 231

파니차, 오스카Panizza, Oskar: 『사랑의 공의회 Das Liebeskonzil』, III · 441

파닌 백작부인Panin, Countess, III · 273

파데예프, 알렉산드르Fadeyev, Aleksandr: 『젊은 친위대The Young Guard』, IV · 56

파들루, 쥘Pasdeloup, Jules, II · 405

파라, 스트라우스 앤드 지루Farrar, Straus & Giroux(출판사), III · 58

파라마운트 영화사Paramount film corporation, IV · 185-7, 202, V · 128

파라몬, 호세 마리아Parramon, Jose Maria, V · 242

파라비치니, 루이지 알레산드로Parravicini, Luigi Alessandro: 『자네토Giannetto』, II · 267

〈파라오의 땅Land of the Pharaohs〉(영화), IV · 228
파르마Parma: 극장, II · 481; 오페라, III · 307
파리Paris: 게테 극장, II · 492; 공중무도회, II · 407; 공중연주회, I · 453-4; 국립민중극장, IV · 402; 그레뱅 밀랍박물관, III · 276; 극장 수, II · 443; 노트르담, II · 201-2; 루브르 박물관, V · 351, 353; 뤽상부르 극장, II · 478; 리브르 극장, III · 250, 263, 270; 만국박람회(1867), II · 414; 망명자, II · 305; 문화 중심지, I · 126, II · 305; 물랭루즈, III · 278-9, 282; 미를리통Le Mirliton, III · 278-9, 282; 발레, III · 252-3; 보부르(퐁피두 센터), V · 351; 부프 파리지앵 극장, II · 492, 498; 불로뉴 숲 동물원 인형극, IV · 390; 비외콜롱비에 극장, IV · 393; 산업박람회(1844), V · 351; 살롱, II · 398; 샤누아르Le Chat Noir, III · 278-9; 샤틀레 극장, III · 125; 셰익스피어 공연, I · 523; 시르크 디베르Cirque d'Hiver, II · 406; 시체공시소, III · 276; 알카사르Alcazar, II · 514; 앙투안 극장, III · 250; 연극, I · 446-7, 524-31, II · 476-7, 485-7, III · 250-1; 연극 검열, II · 188-9; 연례 살롱전, III · 28; 연주회, II · 389-90, 394-5; 영화관, III · 363; 오데옹 극장, II · 390, III · 255; 오르세 미술관, V · 353; 오페라, I · 437-41, 445-6, 454, 462, 482-3, 488, 490-1, 526-8, II · 432-3, 439, 466-7, 477, 486, III · 275, V · 437;오페라 가르니에, III · 303; 오페라 공연, II · 432, 436-9, 468, III · 303; 오페라부프 극장, I · 527; 오페라 중심지, I · 502; 오페라코미크 극장, I · 526-7, II · 439, 486; 오페레타, II · 488; 외국 희곡 상연, III · 248; 음악 생활, I · 459-60, II · 394-5; 이탈리앵 극장, I · 496-8, 537, II · 438-9, 486; 인구, I · 47; 자키 클럽Jockey Club, I · 97; 짐나즈 극장, II · 503; 책 출판, II · 304-5, III · 174; 춤, III · 287-9; 카바레, III · 276-82, IV · 423-4; 카페콩세르, II · 512, III · 280; 코메디프랑세즈 극장, I · 448, 526, 538, II · 486, 501, III · 255, 264, IV · 401, V · 158; 코뮌(1871), II · 12; 소설, II · 149, 153-4; 테아트르프랑세 극장, II · 189, 199, 439; 포르트생마르탱 극장, II · 199, 501; 포위(1870), II · 207; 폴리베르제르, II · 514, III · 276-7; 프티라자리 극장, II · 482; 합창, II · 405-6

『파리 디망슈Paris-dimanche』(신문), IV · 343
『파리 마치Paris-Match』(전 『마치』; 잡지), IV · 333, 335, V · 285
『파리 수아르Paris-soir』(신문), IV · 338, 342
파리나, 살바토레Farina, Salvatore, III · 148
파리나치, 로베르토Farinacci, Roberto: 〈구원Redenzione〉, IV · 400
파리넬리, 주세페Farinelli, Giuseppe, I · 259
파리넬리Farinelli(카를로 브로스키Carlo Broschi), I · 463
〈파리에서의 마지막 탱고Last Tango in Paris〉(영화), V · 140, 149-50
〈파리의 미국인American in Paris, An〉(영화), IV · 264
파리조, 빅토르Parizot, Victor, II · 383
『파밀리아 크리스티아나Famiglia Cristiana』(잡지), V · 284
파바로티, 루치아노Pavarotti, Luciano, III · 299, V · 344, 347
파베세, 체사레Pavese, Cesare, IV · 143
파블로바, 안나Pavlova, Anna, III · 251, 357
파솔리니, 피에르 파올로Pasolini, Pier Paolo,

V · 149-50
파쇼다 사건Fashoda incident(1898), II · 227
파스빈더, 라이너 베르너Fassbinder, Rainer Werner, IV · 193, V · 133
파스콜리, 조반니Pascoli, Giovanni, III · 109
파스타, 주디타Pasta, Giuditta, I · 465, 467-8, 472, 485, 499, II · 431
파스테르나크, 보리스Pasternak, Boris: 『닥터 지바고Dr Zhivago』, IV · 41, V · 170, 189, 233
파스투호프, 니콜라이 이바노비치Pastukhov, Nikolai Ivanovich: 『산적 추르킨The Bandit Churkin』, III · 181
파스트로네, 조반니Pastrone, Giovanni, III · 401
파슨스, 엘리자Parsons, Eliza: 『볼펜바흐 성The Castle of Wolfenbach』, I · 146, 272
파시우스, 프레드리크Pacius, Fredrik: 〈카를왕의 사냥King Charles's Hunt〉(오페라), II · 468
파시즘fascism, IV · 44-5, 82-5, 88-90, 106, 117-8, 132; 연극, IV · 399-406, 409; 오페라, IV · 408-9
파야, 마누엘 데Falla, Manuel de, II · 435, III · 295, 314; 〈삼각모자The Three-Cornered Hat〉, III · 252
파야르, 아르템Fayard, Arthème, II · 23, IV · 279
파야르Fayard(출판사), III · 81, 154-6, 237, IV · 325-6
〈파업Strike〉(영화), IV · 397
파올리, 지노Paoli, Gino, V · 341
파월, 마이클Powell, Michael, IV · 235
파월, 윌리엄Powell, William, IV · 219
파이, 데이비드Pae, David, II · 139
『파이낸셜 타임스Financial Times』(신문), IV · 347, V · 271, 280
〈파이사Paisa〉(영화), IV · 243

『파이스País, El』(신문), V · 273
파이시엘로, 조반니Paisiello, Giovanni, I · 461, 486, 496
파이퍼, 줄스Feiffer, Jules, IV · 383
파지 형제Paggi brothers(출판업자), III · 193
파지, 펠리체Paggi, Felice, III · 56
파치노, 알Pacino, Al, V · 151
파치니, 안토니오Pacini, Antonio, I · 300
파치니, 조반니Pacini, Giovanni, II · 446; 〈폼페이 최후의 날L'Ultimo giorno di Pompeii〉(오페라), II · 438
파커, 찰리Parker, Charlie, III · 294
〈파크레인의 봄Spring in Park Lane〉(영화), IV · 244
파테Pathé(회사), III · 364-5, 397, 399, 405, IV · 222-3
파테, 샤를과 에밀Pathé, Charles and Emile, III · 325, 334; 영화, III · 351, 357-8, 376, 381, 387
파테, 샤를Pathé, Charles, III · 384, IV · 222
파테-마르코니Pathé-Marconi(회사), IV · 414
『파투페트Patufet, En』(평론지), III · 243
파투Patou(패션업체), III · 396
파티, 아델리나Patti, Adelina, I · 469, II · 419, 517, III · 330, 332
파파리고풀로스, 콘스탄티노스Paparrigopoulos, Constantin: 『그리스 민족사History of the Greek Nation』, II · 369
파펜, 프란츠 폰Papen, Franz von, IV · 456
〈판도라의 상자Pandora's Box〉(영화), IV · 196
판즈워스, 필로Farnsworth, Philo, V · 27
판차키, 엔리코Panzacchi, Enrico, III · 103
『판차탄트라Panchatantra』(비슈누샤르만Vishnusharman 작으로 추정), I · 196-7
『판타지 앤드 사이언스 픽션Fantasy and Science Fiction』(잡지), IV · 305

〈판타지아Fantasia〉(영화), IV · 212
판화prints and engravings, I · 389-90, II · 79-80, 87
팔라다, 한스Fallada, Hans, IV · 108, 287
팔라디오, 안드레아Palladio, Andrea, I · 511
팔레스트리나, 조반니Palestrina, Giovanni, I · 403
팔콩, 코르넬리에Falcon, Cornelie, I · 497
『팜 도주르뒤Femmes d'aujourd'hui』(잡지), IV · 352
『팜 악튀엘Femme actuelle』(잡지), V · 283
〈팝 아이돌Pop Idol〉(텔레비전 프로그램), V · 67
팝 음악pop music: 공연과 청중, I · 436, V · 311-2; 국내시장과 세계시장, V · 331-3; 동독, V · 207-9; 동질감, V · 328; 보편성, V · 293-4, 347; 산업, V · 317-8; 장르, V · 316-7, 337-8; 젊음의 저항, V · 308-11; 차트와 성공, V · 319-21, 330-2, 338; 청중, V · 308; 확산, V · 304;→ 록 음악; 비트 음악
팝스트, 게오르크 빌헬름Pabst, Georg Wilhelm, I · 254, III · 409, IV · 196
팡토마스 시리즈Fantômas series(파야르 출판사), III · 154-60
〈팡토마스의 귀환Fantômas revient〉(뮤지컬), III · 160
패러데이, 마이클Faraday, Michael, V · 26
패러츠키, 새러Paretsky, Sara, IV · 313
패럿, 어슐러Parrott, Ursula:『전처The Ex-Wife』, IV · 109
패션(유행)fashion: 문화소비, I · 54; 잡지, II · 67, 86; 프랑스, III · 395-6; 오트 쿠튀르haute couture와 대량판매시장, V · 356
『패션Fashion』(잡지), V · 282
〈패왕별희霸王別姬, Farewell, My Concubine〉(영화), V · 136

패튼, 길버트Patten, Gilbert, II · 336
팬터마임pantomime, I · 512
『팰 맬 가제트Pall Mall Gazette』, II · 67-8, III · 177
팽크허스트, 크리스타벨Pankhurst, Christabel, III · 416
퍼거슨, 애덤Ferguson, Adam, I · 292
『퍼겟미낫Forget-Me-Not』(잡지), III · 206
『퍼블리셔스 위클리Publishers Weekly』, V · 231
퍼블릭 에너미Public Enemy(랩 그룹), V · 310
퍼셀, 헨리Purcell, Henry: 〈디도와 아이네아스 Dido and Aeneas〉, I · 479
퍼시, 토머스, 드러모어 주교Percy, Thomas, Bishop of Dromore, I · 177
『퍽Puck』(잡지), II · 84, IV · 359
펀-다-멘털Fun-Da-Mental(랩 그룹), V · 339
펀치Punch(연극 주인공), I · 513
『펀치Punch』(잡지), II · 77, 81, 84, III · 63-4, 428
펑크록punk rock, V · 309
페늘롱, 프랑수아 드 살리냐크 드 라 모트 Fénelon, François de Salignac de la Mothe:『텔레마크의 모험Aventures de Télémaque』, I · 328
『페니 노벨리스트Penny Novelist』(잡지), II · 49
페니 드레드풀penny dreadfuls(책), II · 24-8
『페니 매거진Penny Magazine』, I · 389, II · 31-4, 49, 80, 105
『페니 백과사전Penny Cyclopedia』, II · 32
『페니 코믹 매거진Penny Comic Magazine』, II · 49
『페니히 마가친Pfennig Magazin』, I · 389, II · 105
페닌슐러 앤드 오리엔탈 기선회사Peninsular and Oriental Steam Navigation Company, III · 21

페닝턴, 새라Pennington, Sarah: 『곁에 없는 딸에게 보내는 불운한 엄마의 충고An Unfortunate Mother's Advice to her Absent Daughter』, I · 365
페데르초니, 루이지Federzoni, Luigi, IV · 88
페데르치니, 잔나Pederzini, Gianna, IV · 412
페도, 조르주Feydeau, Georges, III · 245-6, 349
페라리, 파올로Ferrari, Paolo, IV · 402
페라리오, 빈첸초Ferrario, Vincenzo, I · 306
페라이라, 헨리에테 폰Pereira, Henriette von, II · 491
페랭, 장Perrin, Jean, IV · 80
『페레 페이나르Père Peinard, Le』(무정부주의 잡지), III · 428
페레, 레오Ferré, Leo, IV · 425
페레, 옥타브Féré, Octave: 『루앙의 비밀Les Mystères de Rouen』, II · 161
페레리, 마르코Ferreri, Marco, V · 148
페레스 갈도스, 베니토Pérez Galdós, Benito, I · 332, II · 149, III · 97, 142
페로, 샤를Perrault, Charles: 『옛날이야기Histoires ou contes du temps passés』, I · 131, 196, 203, 205-8, II · 258, III · 199
페로네Perrone(이탈리아 기업), IV · 338
페루자, 빈첸초Perruggia, Vincenzo, III · 228
페루치, 안나 마리아Peruzzi, Anna Maria, I · 461
『페르 사크룸Ver Sacrum』(잡지), III · 52
페르가몬 출판사Pergamon Press, III · 58
페르고, 루이Pergaud, Louis: 『단추 전쟁La Guerre des boutons』, III · 198
페르골레시, 조반니 바티스타Pergolesi, Giovanni Battista: 〈마님이 된 하녀La Serva pad­rona〉, I · 480
페르난데스 이 곤살레스, 마누엘Fernández y Gonzáles, Manuel, II · 148
페르난도 7세Fernando VII, 스페인 왕, I · 331

페르낭델Fernandel, IV · 225, 238, 248
페르들, 바이스Ferdl, Weiss, IV · 129
페르시아니, 주세페Persiani, Giuseppe, II · 440
페르시아니, 파니Persiani, Fanny(파니 타키나르디 Fanny Tacchinardi), I · 473
페르펙타 자전거Perfecta cycles, III · 225
페르후버, 아브라함Verhoeven, Abraham, I · 374
페를레스, 모리츠Perles, Moritz(출판업자), III · 57
〈페리 메이슨Perry Mason〉(텔레비전 프로그램), V · 51, 75, 176
페리, 쥘Ferry, Jules, II · 259, 295, 375, III · 442
페리네트, 요아힘Perinet, Joachim, II · 490
페리에리, 엔초Ferrieri, Enzo, IV · 85
페미나 상Prix Femina, III · 75
페미니즘feminism: 등장, III · 63, 69; 러시아, III · 61-2; 『말괄량이 길들이기The Taming of the Shrew〉, V · 124; → 여성
페발, 폴Feval, Paul, II · 100-1, 131, 153
페어뱅크스, 더글러스Fairbanks, Douglas, III · 384, IV · 58, 61, 66, IV · 187
페어빌라 메가스토어, 올랜도, 플로리다 주Fairvilla Megastore, Orlando, Florida, V · 153
페요Peyo, IV · 373
페인, 존 하워드Payne, John Howard, II · 517
페인터, 윌리엄Painter, William: 『쾌락의 궁전 The Palace of Pleasure』, I · 222
페젠펠트Fehsenfeld(프라이부르크 출판사), III · 186
페키오, 주세페Pecchio, Giuseppe, I · 145
페탱, 필리프Petain, Marshal Philippe, IV · 132
페터스, 카를 프리드리히Peters, Carl Friedrich(음악출판사), I · 415
페테르젠, 볼프강Petersen, Wolfgang, V · 133
페토만Pétomane(카바레 예술가), III · 282
페퇴피, 샨도르Petöfi, Sándor, I · 79, 219

페트라르카, 프란체스코Petrarch, Francesco,
    I · 72, 173
페트롤리니, 에토레Petrolini, Ettore, III · 238,
    398
페트리, 엘리오Petri, Elio, V · 148
페티스, 프랑수아 조제프Fetis, François-Joseph,
    II · 391
『페티코트Petticoat』(잡지), IV · 351, V · 281
페티파, 마리우스Petipa, Marius, III · 251,
    IV · 432
펜드럴, 존Pendrel, John, I · 383
펠르랭Pellerin(회사), III · 227
펠리니, 페데리코Fellini, Federico, III · 128,
    IV · 193, 253-4, 258, 418, V · 147-9
펠리코, 실비오Pellico, Silvio, I · 317 : 『나의 옥
    중기Le mie prigioni』, I · 330, II · 354 ; 『프
    란체스카 다 리미니Francesca da Rimini』,
    395 ;
펠리페 5세Philip V(스페인 왕), I · 487
펠처, 데이비드Peltzer, David : 『'그것'으로 불리
    던 아이A Child Called 'It'』, V · 255
펠텐, 볼프강Felfen, Wolfgang, III · 194
『펭귄 위대한 작곡가들의 생애Penguin Lives of
    Great Composers』, IV · 430
펭귄북스Penguin Books, IV · 18, 273-8 : 『채털
    리 부인의 연인』사건, II · 143
편지쓰기letter-writing, III · 15
〈평원을 가는 쟁기Plough that Broke the Plains,
    The〉(영화), IV · 178
포, 다리오Fo, Dario, IV · 409
포, 에드거 앨런Poe, Edgar Man : 「리지아Ligea」,
    II · 253 ; 「마리 로제의 수수께끼The
    Mystery of Marie Roget」, II · 247 ; 명성,
    II · 253 ; 「모르그 가의 살인사건The Mur-
    ders in the rue Morgue」, II · 247, 254 ; 이
    탈리아에서, IV · 143 ; 탐정소설의 선구자,

III · 147-9, IV · 303, 311 ; 테마, II · 342 ;
    프랑스, II · 151 ; 희곡, III · 250
포가차로, 안토니오Fogazzaro, Antonio : 『옛날의
    작은 세계Piccolo mondo antico』, III · 104,
    114, V · 74
포겔베르그, 올라Fogelberg, Ola('포겔리Fogeli'),
    III · 244
포겔베르그 카일라, 토토Fogelberg-Kaila, Toto,
    III · 244
〈포기냐 두 배냐Lascia o raddoppia?〉(이탈리아 텔
    레비전 쇼), V · 19, 66
포노타이프 레코드사Phonotype Record Compa-
    ny(전 나폴리 축음기협회Società Fonografica
    Napoletana), III · 336
포드, 존Ford, John, IV · 221
포드, 포드 매덕스Ford, Ford Madox, II · 109
포드, 해리슨Ford, Harrison, V · 146, 151
포드, 헨리Ford, Henry, IV · 189
포레, 가브리엘Fauré, Gabriel, III · 314
포레스터, 앤드루Forrester, Andrew, Jr : 『여탐정
    The Female Detective』, II · 246
포르노그래피pornography : 검열, IV · 18-21 ;,
    사진, II · 92-3 ; 연재만화, IV · 384-5 ; 영
    화, V · 150, 152-6 ; 차르 치하 러시아, 393
    → 소설 : 선정소설
포르차노, 조바키노Forzano, Giovacchino,
    IV · 120
포르타, 카를로Porta, Carlo, I · 89
포르토 리셰, 조르주 드Porto-Riche, Georges de,
    III · 55
포르투갈Portugal : 문학, III · 98-9 ; 텔레비전,
    V · 91
포르트, 알렉산데르Ford, Aleksander, II · 392
포르티스, 알베르토Fortis, Alberto : 『달마치아 여
    행Viaggio in Dalmazia』, I · 365
포르포라, 니콜라Porpora, Nicola, I · 461

포머, 에리히Pommer, Erich, IV · 195-6, 208
포먼, 밀로스Forman, Milos, V · 146
포베르, 장 자크Pauvert, Jean-Jacques(출판업자), IV · 18-20
포비아Povia(팝 가수), V · 339
〈포사이트 가 이야기Forsyte Saga, The〉(텔레비전 프로그램), V · 80, 175-6
포스콜로, 우고Foscolo, Ugo, II · 345; 『문학의 도덕에 관하여Della morale letteraria』, I · 323; 『야코포 오르티스의 마지막 편지 Le Ultime lettere di Jacopo Ortis』, I · 265
포스터, 존Forster, John: 『디킨스의 생애Life of Dickens』, II · 353
포스터, 해럴드Foster, Harold, IV · 356
포스트먼, 닐Postman, Neil, V · 34
『포시셰 차이퉁Vossische Zeitung』, III · 209, IV · 36
포이히트방거, 리온Feuchtwanger, Lion, IV · 284
포츠담Potsdam : 한스 오토 극장Hans-Otto-Theater, V · 219
포츠머스Portsmouth : 공공도서관, III · 45 ; 리전트 영화관, IV · 164
〈포켓몬Pokemon〉(컴퓨터게임), V · 360
포크너, 윌리엄Faulkner, William, III · 159, IV · 123, 218-9
포크 음악folk music, V · 340
포킨, 미하일Fokine, Mikhail, III · 251, IV · 432
포터, 데니스Potter, Dennis : 〈나이절 바턴에게 투표, 투표, 투표하시오Vote, Vote, Vote for Nigel Barton〉, V · 71
포터, 콜Porter, Cole, IV · 416, 418-9, 426, V · 165
포터, 해리Potter, Harry(소설 주인공) → 롤링, 조앤 K.
『포트나이틀리 리뷰Fortnightly Review』, II · 17, 57

포트먼, 나탈리Portman, Natalie, V · 141
포트셰르, 모리스Pottecher, Maurice, III · 269
포페스쿠, N. D.Popescu, N. D., II · 308
포포프, 알렉산드르 스테파노비치Popov, Aleksandr Stepanovich, III · 12
포프, 알렉산더Pope, Alexander: 「던시어드The Dunciad」, I · 245-6
〈폭력교실Blackboard Jungle, The〉(영화), IV · 256, V · 296
폭스 뉴스Fox News(미국), V · 102
폭스, 윌리엄Fox, William, III · 359, 383, IV · 187
폭스, 해리Fox, Harry, IV · 437
폭스트롯foxtrot(춤), IV · 437-9
폰다, 제인Fonda, Jane, IV · 371, V · 151
폰솔리, 주세페Fonsoli, Giuseppe, II · 363
폰키엘리, 아밀카레Ponchielli, Amilcare: 〈조콘다La Gioconda〉, III · 302
폰타네, 테오도어Fontane, Theodor, I · 266, 309, 316, II · 302; 『슈테힐린Der Stechlin』, III · 43; 『에피 브리스트Effi Briest』, III · 85
폰토피단, 헨리크Pontoppidan, Henrik, III · 142
폰티액Pontiac(오타와 지도자), II · 338
폴, 프랭크 루돌프Paul, Frank Rudolph, IV · 304
폴란드Poland : 건국, IV · 14 ; 공산주의 이후, V · 202 ; 국가의 지위, I · 336 ; 대중문화, II · 325-6 ; 문학, I · 336-7, III · 86-9 ; 민중극협회Association of People's Theatres, IV · 80 ; 역사 연구, V · 174 ; 연극, V · 159-60 ; 연재만화, III · 243-4 ; 영화, IV · 259 ; 오페라, I · 503-4, II · 467 ; 전후 텔레비전 주인공들, IV · 70 ; 정기간행물 문학, V · 199 ; 지식인, V · 200-2 ; 책 출판, I · 127, IV · 288 ; 책 판매, I · 136-7 ; 출판, V · 196 ; 텔레비전, V · 176 ; 파리와

런던의 망명자들, II · 305
폴란드 민중문고Biblioteka Ludowa Polska(Polish People's Library), 파리, II · 305
폴란드어Polish language, I · 81-2
〈폴레 추데스Pole Chudes〉(텔레비전 프로그램), V · 201
폴레르Polaire(프랑스 여배우), III · 65
폴렌츠, 빌헬름 폰Polenz, Wihelm von: 『대농 뷔트너Der Büttnerbauer』, III · 43
폴렌타 디 라벤나, 프란체스카 데이Polenta di Ravenna, Francesca dei, I · 231
폴로, 마르코Polo, Marco, I · 354
폴록, 잭슨Pollock, Jackson, I · 21, 35
폴리그램 그룹PolyGrarn Group, IV · 433
폴리냐크, 비네타Polignac, Winetta, Princesse de(결혼 전 싱어Singer), III · 313
폴리스Police, the(팝 그룹), V · 331
폴릿, 켄Follett, Ken, V · 249: 『대지의 기둥Pillars of the Earth』, V · 235-7; 『바늘구멍The Eye of the Needle』, IV · 311
폴릿, 해리Pollitt, Harry, IV · 465
폴카polka, II · 513
폴크 이 토레스Folch i Torres(카탈루냐 만화가), III · 243
폴크스뷔네 클럽Volksbühne clubs, III · 270
폼바, 주세페Pomba, Giuseppe, II · 360
폼비, 조지Formby, George, IV · 237
퐁생, 피에르Foncin, Pierre: 『프랑스의 지방들 Les pays de France』, II · 375
퐁송 뒤 테라이, 피에르 알렉시Ponson du Terrail, Pierre-Alexis, Vicomte de, II · 135, 279, III · 93; 『로캉볼의 부활La Résurrection de Rocambole』, II · 145; 『파리의 비극들Les Drames de Paris』(시리즈), II · 167
푀셰, 자크Peuchet, Jacques, II · 228
푀이야드, 루이Feuillade, Louis: 〈뱀파이어Les Vampires〉, III · 377
푀이예르, 에드비주Feuillère, Edwige, IV · 218
『푀플Peuple, Le』(벨기에 신문), III · 39, 136
푈만, 안스가르Pöllmann, Ansgar: 『한 모험가와 그의 작품Ein Abenteurer und sein Werk』, III · 187
표트르 1세(대제), 러시아 황제Peter I(the Great), Emperor of Russia, I · 33, 64, 95, 123, IV · 27
표현주의Expressionism, IV · 195, 394
푸돕킨, 프세볼로트Pudovkin, Vsevolod, III · 404, IV · 58-9, 62, IV · 224
푸르마노프, 드미트리Furmanov, Dmitrii: 『차파예프Chapaev』, IV · 54
푸르트벵글러, 빌헬름Furtwängler, Wilhelm, III · 311, IV · 126, 422, 435
〈푸른 천사Blaue Engel, Der〉(영화), III · 284, IV · 94, 202, 207
푸시킨, 알렉산드르Pushkin, Alexander: 공산주의 국가에서 재출간, V · 178; 국민시인, I · 218; 글린카의 〈루슬란과 류드밀라 Russlan and Ludmila〉, I · 495; 러시아 책력, I · 135; 러시아의 동떨어짐, I · 183; 명성, I · 334, II · 319; 민담 사용, I · 203; 번역, V · 244; 『보리스 고두노프Boris Godunov』: 영화, III · 398; 세르반테스에게 영향 받음, I · 253; 스콧 칭송, I · 305; 영국에 잘 알려지지 않음, I · 104; 『예브게니 오네긴Eugene Onegin』, II · 323, III · 84; 죽음, II · 381, III · 183; 『집시 The Gypsies』, II · 299; 프랑스에서 읽힘, II · 304
푸아로, 에르퀼Poirot, Hercule(소설 주인공), III · 150, 153
푸아티에Poitiers: 서점, I · 129
『푸어맨스 가디언Poor Man's Guardian』, II · 49

푸이예, 알프레드Fouillée, Alfred, III · 444
푸조, 마리오Puzo, Mario, IV · 291; 『대부The Godfather』, IV · 273
푸치니, 자코모Puccini, Giacomo: 〈나비부인Madama Butterfly〉, III · 301, 303, V · 167; 〈라보엠La Bohème〉, II · 103, III · 127, 177, 297, 299; 리코르디의 출판, II · 385; 〈마농 레스코Manon Lescaut〉, I · 263, III · 300; 〈서부의 아가씨La Fanciulla del west〉, III · 301-3; 세계시장, II · 459; 오페라, 538; 오페라의 배경과 원전, II · 459; 인기, III · 297-9; 〈토스카Tosca〉, III · 299; 〈투란도트Turandot〉, I · 482, III · 301, V · 124, 344; 파시즘, IV · 85
푸코, 미셸Foucault, Michel: 『말과 사물Les Mots et les choses』, V · 228
푸트, 새뮤얼Foote, Samuel: 『거짓말쟁이The Liar』, I · 519
푸틴, 블라디미르Putin, Vladimir, V · 104
풀랑크, 프랑시스Poulenc, Francis, IV · 422, 425, 432
풀러, 메리Fuller, Mary, III · 394
풀레 말라시, 오귀스트Poulet-Malassis, Auguste(출판업자), II · 180
풀먼, 필립Pullman, Philip: 『황금나침반His Dark Materials』(삼부작), V · 228
풀키에, 폴Foulquié, Paul: 『실존주의L'Existentialisme』, IV · 276
풀피우스, 크리스티안 아우구스트Vulpius, Christian August: 『리날도 리날디니Rinaldo Rinaldini』, I · 127, 155
〈품행 제로Zero de conduite〉(영화), IV · 226
퓨리, 빌리Fury, Billy, V · 325
퓰리처, 조지프Pulitzer, Joseph, III · 58, 208
프라고나르, 장 오노레Fragonard, Jean-Honoré, I · 389
프라사티, 알프레도Frassati, Alfredo, III · 211, IV · 346
프라시넬리, 카를로Frassinelli, Carlo(출판업자), IV · 86
『프라우다Pravda』(소련 신문), IV · 64, V · 173, 195
프라이, 스티븐Fry, Stephen: 『스타의 테니스공The Stars' Tennis Balls』, II · 232
프라이타크, 구스타프Freytag, Gustav, III · 85: 『차변과 대변Soll und Haben』, II · 312-3
프라카롤리, 아르날도Fraccaroli, Arnaldo: 『이런 식으로 나를 사랑하지 말아요Non amarmi così!』, III · 425
프라키아, 움베르토Fracchia, Umberto, IV · 84
프라트, 우고Pratt, Hugo, IV · 375: 『염해의 발라드La Ballata del mare salato』, IV · 386
프라하Prague: 언론, III · 209; 연극, III · 95
프란츠 요제프, 오스트리아-헝가리 황제Franz Joseph, Emperor of Austria-Hungary, III · 60
프란츠, 엘렌Franz, Ellen(작센마이닝겐 공작부인 Duchess of Saxe-Meiningen), III · 263
프란코, 이반Franko, Ivan, II · 329
프랑수아, 클로드François, laude, V · 330
프랑스France: 감성소설, V · 257; 검열, II · 177-8, 182-4, 192-3, III · 427-8, IV · 19; 고딕소설, I · 190-2; 공공도서관, II · 37-9; 교과과정에서 종교를 배제, III · 442, 447-8; 교육, I · 61, II · 258, 375, III · 442-6; 국가정체성, I · 190-2; 국민시인이 없음, I · 220; 군비, IV · 13; 극장 규제, II · 188-9; 나치에 저항, IV · 131; 나폴레옹 몰락 이후의 친영국 풍조, I · 96-7, 102-4; 다채널 텔레비전, V · 111-2; 대중가요, II · 518, IV · 416,

420-690, V · 341; 대중의 독서, I · 150-3;
대중문화의 영향, III · 414-5; 도서대여
점, I · 150-3; 도시화, I · 46-7; 독일 점
령기의 영화, IV · 231; 동화, I · 196; 라
디오, IV · 443-5, 452-3, 456, 459-60,
463-5, V · 113; 무훈시chansons de geste,
I · 190-2; 문자해득, I · 51, 63, 69-70,
II · 53; 문학상, III · 75, IV · 280; 문화적
우파, IV · 24; 문화적 주도권의 상실에 대
한 두려움, III · 113-6; 문화적 힘, I · 20,
93-5, 193-4, 322-4, II · 305, III · 116; 미
국 문화의 지배, IV · 133-4, 138, 145-7;
미국 영화, IV · 138-9, 168-9, 224-5,
231, 239-40, 257, V · 134-5; 반교권주
의, III · 201-2, 215; 번역된 문학작품,
II · 305-6; 번역된 영국 논픽션 작가들,
II · 318-9; 번역된 외국 문학, I · 338-41;
베스트셀러, V · 228-32; 불온한 문학의 통
제, II · 164-5, 184; 사진소설, IV · 383;
서적행상 통제, I · 144; 셰익스피어,
I · 523-4, 538; 소설, I · 321, 350; 스콧
의 인기, I · 277-9; 스타 배우, III · 389-
90; 식품비, IV · 27; 신문, I · 375-6, 379,
II · 51-2, 68-71, III · 212-9, IV · 331, 337,
342-5, 350; 신문광고, II · 53-4; 어린이
문학, II · 258, III · 198-202; 언론의 자
유, I · 376, II · 51-2, 169, III · 427-8,
IV · 18-9; 엘리자베스 2세의 대관식 중
계, V · 30-1; 여성 작가, II · 272; 여
성지, II · 67; 역사서, II · 365-9; 연극,
I · 515-9, 526-8, 533-8, III · 245-51, 255,
V · 158; 연극의 지배, III · 250-1; 연재만
화, III · 237-40, IV · 368-72, 375-6, 380;
영화, III · 364-6, 384, 399, IV · 163, 168-
70, 172, 222-5; 영화 관객, IV · 229-30,
V · 130; 영화 연속물, III · 395; 영화의 텔

레비전 방영, V · 127-8; 오페라, I · 477-8,
482-4, II · 467-9; 외국 연극, III · 250; 유
급휴가, IV · 28; 유대인, III · 55-6; 음반
회사, III · 325-6; 음악, II · 388-97; 이
데올로기와 문화, IV · 39-40; '나쁜' 책,
III · 417; 이탈리아와 스페인에서 읽힌
픽션, I · 328-31; 프랑스-이탈리아의 영
화 공동제작, IV · 248; 인구, I · 42; 인
기 익명작가, V · 268-9; 인쇄, I · 392-3;
작가, III · 45-6; 재즈, IV · 421-4; 저널
과 잡지, I · 389, II · 58-61, V · 285; 제3
공화국 수립, III · 427; 종교서, II · 357;
'좋은' 책의 장려, II · 30, 37; 중간급 인
기 소설(1880-1920), III · 171-4; 지식인,
IV · 426, V · 62; 책생산, I · 121-2, 125,
III · 77-8, IV · 283, V · 240-1; 책 유통체
계, III · 114; 연재소설, II · 140-5; 책의
등록, II · 47; 출판비용, I · 107-8; 출판
사와 저자의 관계, II · 120-4; 출판의 팽
창, II · 15-6; 카페콩세르, II · 511-8; 텔
레비전, V · 12, 29, 42-3, 61-2, 70-3, 82,
90-1, 93, 101-3, 123; 텔레비전의 규제 철
폐, V · 116-7; 통신, III · 14-5, 24; 팝 음
악 밴드와 가수, V · 305, 324-5, 338-9;
프로이센에 패배(1870), II · 368; 혁명,
II · 12 → 파리
프랑스 공산당French Communist Party(PCF),
IV · 42-3
『프랑스 서지목록Bibliographie de la France』,
I · 122
프랑스 한림원(아카데미 프랑세즈)Académie
Française: 로마 대상 III · 75; 발자크와 뒤
마 진입 실패, II · 230-1, 236; 스크리브 입
회, II · 505; 위고 입회, II · 203
프랑스 혁명French Revolution: 관련 저작,
II · 355, 369; 연극, I · 526; 오페라,

Ⅰ·490; 청중, Ⅰ·440
프랑스, 아나톨France, Anatole, Ⅲ·146, 349;
『타이스Thaïs』, Ⅲ·87
프랑스대학출판사Presses Universitaires de
France(PUF), Ⅳ·276
프랑스라디오방송Radiodiffusion Française(RDF),
Ⅳ·462
프랑스방송협회Office de la Radiodiffusion-
Télévision Française(ORTF), Ⅳ·462
프랑스어French language: 발달과 표준화,
Ⅰ·76-8, 84-6; 세계에서 쇠퇴, Ⅱ·305-6;
지배 Ⅰ·93-8
〈프랑스의 어머니들Mères françaises〉(영화),
Ⅲ·395
프랑스통신AFPAgence France-Presse(AFP),
Ⅳ·331
〈프랑켄슈타인Frankenstein〉(영화), Ⅰ·184,
195, 221
〈프랑켄슈타인의 저주Curse of Frankenstein,
The〉(영화), Ⅳ·244
프랑코, 프란시스코Franco, General Francisco,
Ⅳ·81-2, Ⅴ·157, 185
『프랑크푸르터 알게마이네 차이퉁Frankfurter
Allgemeine Zeitung』, Ⅲ·57, Ⅳ·348-9,
358
프랑크푸르트Frankfurt, Ⅲ·114
프랑크푸르트 대학Frankfurt University:
사회연구소Institut fur Sozialforschung,
Ⅳ·155
프랜시스, 딕Francis, Dick, Ⅴ·236
프랜시스, 코니Francis, Connie, Ⅴ·328
프랭클린, 벤저민Franklin, Benjamin, Ⅰ·266
프랭클린협회Societe Franklin(프랑스), Ⅱ·38
프랭키 고즈 투 할리우드Frankie Goes to Hol-
lywood(팝 그룹), Ⅴ·309
프레골리, 레오폴도Fregoli, Leopoldo, Ⅲ·398

프레더릭 가이와 헨리 메이플선Gye, Frederick
and Mapleson, Henry(음악감독), Ⅱ·96
프레디, 루이지Freddi, Luigi, Ⅳ·119
프레망제, 샤를Fremanger, Charles, Ⅳ·292
프레몽, 존 찰스Frémont, Colonel John Charles,
Ⅱ·430
프레베르, 자크Prévert, Jacques, Ⅳ·424
프레보, 마르셀Prevost, Marcel: 『주 세 투Je Sais
tout』(잡지), Ⅲ·51
프레보, 아베 앙투안 프랑수아Prévost, Abbé
Antoine François, Ⅰ·262-6; 『마농 레스코
Manon Lescaut』, Ⅲ·127
프레셰른, 프란체Prešern, France, Ⅲ·70
『프레스Presse, La』(프랑스 신문), Ⅱ·51, 69, 141,
144-5, 163, 228-32
프레스버거, 아널드Pressburger, Arnold, Ⅳ·208
프레스버거, 에머릭Pressburger, Emeric, Ⅳ·235
프레스트, 토머스 페킷Prest, Thomas Peckett,
Ⅱ·25
프레슬리, 엘비스Presley, Elvis, Ⅳ·439,
Ⅴ·208, 211, 295, 307, 317, 321, 323-5,
327, 330, 341
프레이저, 윌리엄Fraser, Sir William, Ⅱ·120
『프레이저스 매거진Fraser's Magazine』, Ⅰ·384,
Ⅱ·57, 87
프렌센, 구스타프Frenssen, Gustav: 『요른 울Jörn
Uhl』, Ⅲ·43
『프로그레Progrès, Le』(신문), Ⅴ·197
프로먼, 찰스Frohman, Charles, Ⅲ·200
프로스쿠린, 표트르Proskurin, Peter, Ⅴ·189,
197
프로이센Prussia: 교육, Ⅱ·316; 책생산,
Ⅰ·124-5; 프랑스에 승리(1870), Ⅱ·368
프로이트, 지그문트Freud, Sigmund, Ⅴ·197
프로코피예프, 세르게이Prokofiev, Sergei,
Ⅲ·297, Ⅳ·432, 439

프로타자노프, 야코프Protazanov, Yakov, III · 374, IV · 59
프로테스탄티즘Protestantism: 문자해득, I · 67
프로퓔렌 출판사Propyläen Verlag, IV · 108
프로프, 블라디미르Propp, Vladimir, I · 21, 199, II · 222
프록터 앤드 갬블Procter & Gamble(회사), IV · 449
프롤레타리아트proletariat → 노동계급
프롬나드 콘서츠Promenade Concerts(영국), IV · 429
프롱발, 조르주Fronval, George, III · 185
프루덴셜 보험사Prudential insurance company, II · 19
프루보스트Prouvost(섬유회사), IV · 338
프루스, 볼레수아프Prus, Boleslaw: 『인형Lalka』, III · 86
『프루스타 레테라리아Frusta letteraria, La』(평론지), I · 328
프루스트, 마르셀Proust, Marcel, III · 15, V · 231; 『꽃피는 아가씨들 그늘에서 A l'Ombre des jeunes filles en fleurs』, IV · 280-1; 『스완네 집 쪽으로Du Coté de chez Swann』, IV · 281-2
프루츠, 로베르트Prutz, Robert, II · 288; 『문학과 정치에 관하여Schrifren zur Literatur und Politik』, I · 320
프리드리히 2세(대제)Frederick II (the Great)(프로이센 왕), I · 94, 376; 「독일문학론De la Litthature Allemande」, I · 516
프리스틀리, 존 B.Priestley, John. B., IV · 455, V · 71
프리티 싱즈Pretty Things, the(팝 그룹), V · 327
프릭, 헨리 클레이Frick, Henry Clay, IV · 135
『프세미르니 슬레도피트Vsemirnyi sledopyt』(소련 잡지), IV · 306

프시카리스, 야니스Psicharis, Yannis: 『나의 여행To Taxidhi Mou』, II · 309
『프티 레퓌블리크 프랑세즈Petite Répuiblique Francaise』(잡지), III · 41
프티, 롤랑Petit, Roland, IV · 432
『프티 리오네즈Petit Lyonnais, Le』(신문), III · 216
『프티 마르세예Petit Marseillais, Le』(신문), III · 216
『프티 모니퇴르Petit moniteur, Le』, III · 213
『프티 뱅티엠Petit vingtième』(주간지), IV · 376
『프티 주르날Petit journal, Le』, I · 132, II · 68-70, 77, 145, 166, 213-4, 228
『프티 파리지앵Petit Parisien, Le』(신문), II · 70, III · 213-6, 228, IV · 342-3, 355, 361
『프티 프랑세 일뤼스트레Petit Français illustrté, Le』, III · 237
플라그스타드, 키르스텐Flagstad, Kirsten, I · 504
플라나, 마르슬랭Planat, Marcelin, III · 67
플라어티, 로버트Flaherty, Robert, IV · 176-8
플라이셔Fleischer(라이프치히 출판사), I · 175
플라톤Plato: 『국가Republic』, II · 239; 『파이드로스Phaedrus』, V · 365
플랑드르 문화와 언어Flemish culture and language, I · 86-7, II · 313-4
〈플래시 고든Flash Gordon〉(연재만화), IV · 307, 356-8, V · 146
플래터스Platters, the(팝 그룹), V · 295, 324
플레밍, 빅터Fleming, Victor, IV · 192
플레밍, 이언Fleming, Ian: 『카지노 로열Casino Royale』, V · 234
플레옐Pleyel(피아노 제조사), II · 414
플레옐, 이그나스 조지프Pleyel, Ignace Joseph, I · 422
『플레이보이Playboy』(잡지), IV · 314, V · 195, 285-6

플레이아드 총서Pleiade, La(출판사 시리즈),
  IV · 18
플렌츠도르프, 울리히Plenzdorf, Ulrich, V · 205
플로베르, 귀스타브Flaubert, Gustave : 가족
  의 보조, II · 271 ; 『감정교육ducation
  ion sentimentale』, I · 302 ; 검열과 박해,
  II · 177-8, 182, 186, III · 423 ; 레종도뇌
  르 수상, II · 167 ; 명성, II · 197 ; 벌이,
  II · 280 ; 『보바리 부인Madame Bovary』,
  I · 164, 231, 266, II · 86, 99, 177-9, 186,
  207, 302 ; 『부바르와 페퀴셰Bouvard et
  Pécuchet』, I · 309 ; 『살람보Salammbô』,
  II · 99-100, 109, 117 ; 에르크만 샤르티앙
  에 관해, III · 84 ; 이집트 여행기, I · 357 ;
  조르주 상드 칭찬, II · 287 ; 출판사와의 관
  계, II · 99-100 ; 평판, II · 197 ; 프랑스에서
  의 인기, IV · 56
플로토, 프리드리히 폰Flotow, Friedrich von :
  〈로브 로이Rob Roy〉(오페라), I · 300
플롬리, 로이Plomley, Roy, IV · 455
플롱Plon(프랑스 출판사), II · 291
플뢰리, 클로드Fleury, Claude : 『역사교리Ca-
  téchisme historique』, I · 251 ; 『작은 역사
  교리책Petit catéchisme historique』, II · 357
플뢰리오, 제나이드Fleuriot, Zénaïde, II · 265
『플리겐데 블라터Fliegende Blätter』(잡지),
  III · 233
『피가로Figaro, Le』(신문), I · 389, II · 60,
  III · 132-4, 213, IV · 338, 345
『피가로 일뤼스트레Figaro illustré』, III · 228
피고 르브룅, 기욤 샤를 앙투안Pigault-Lebrun,
  Guillaurne Charles Antoine, I · 283 ; 『사육
  제의 아기L'Enfant du carnaval』, I · 214
피고로, 알렉상드르Pigoreau, Alexandre,
  I · 265 ; 『소설가 약력과 작품 소목록Petite
  bibliographie biographico-romancière』,
  I · 120, 344
피기에, 루이Figuier, Louis : 『대홍수 이전의 지구
  La Terre avant le déluge』, II · 223
〈피너츠Peanuts〉(연재만화), IV · 357, 366, 372-3
피네트Finette(무희), II · 514
피노체트, 아우구스토Pinochet, Augusto,
  IV · 366
『피노초Pinocho』(스페인 잡지), IV · 358
〈피노키오Pinocchio〉(영화), III · 195, IV · 175,
  211 ; → 콜로디, 카를로
피란델로, 루이지Pirandello, Luigi, III · 262,
  IV · 85, 395, 404
피렌체Florence : 팔리아노 극장, II · 471 ; 학교
  교육, I · 63
피르맹 디도, 앙브루아즈Firmin-Didot, Ambroise,
  II · 80, 107
피리어디컬 출판사Periodical Publishing Com-
  pany, III · 206, 234
피리예프, 이반Pyriev, Ivan : 〈트랙터 드라이버
  The Tractor Drivers〉(뮤지컬), IV · 35
피셔 디스카우, 디트리히Fischer-Dieskau,
  Dietrich, V · 344
피셔, 에디Fisher, Eddie, V · 295
피셔, 존 에이브럼Fisher, John Abraham, I · 488
피셔, 캐리Fisher, Carrie, V · 146
피셔, S. 출판사Fischer, S., Verlag, III · 57
피슈아, 클로드Pichois, Claude, I · 157
피스카토어, 에르빈Piscator, Erwin, IV · 394-6
피아노pianos : 사적인 무도회, III · 288 ; 인기와
  소유, I · 416-22, II · 411, III · 288, 312 ;
  제조, I · 417, 421-3, II · 411-6
피아놀라Pianola(자동피아노), III · 312
피아트Fiat(회사), IV · 100
피아프, 에디트Piaf, Edith, IV · 423, 425-6,
  V · 329, 341
피어슨Pearson(회사), V · 253

피어스, 이언Pears, Iain: 『핑거포스트An Instance of the Fingerpost』, I · 259

『피어슨스 위클리Pearson's Weekly』, III · 222

피에르, 프린스Pierre, Prins(프레드리크 린드 홀름): 『스톡홀름 탐정Stockholmsdetektiven』, III · 148

피에몬테Piedmont: 검열, II · 178, 186

『피에트Fillette』(잡지), III · 240

〈피오브라Piovra, La〉(텔레비전 연속극), V · 92

피우스 9세, 교황Pius IX, Pope, II · 186-7, 357

피우스 12세, 교황Pius XII, Pope, IV · 347, V · 22

피체티, 일데브란도Pizzetti, Ildebrando, III · 401

피츠너, 한스Pfitzner, Hans, IV · 125

피츠제럴드, 엘라Fitzgerald, Ella, IV · 421, 427, V · 305

피츠제럴드, 프랜시스 스콧Fitzgerald, Francis Scott, IV · 193; 『위대한 개츠비The Great Gatsby』, IV · 109, 153

피친니, 니콜로Piccinni, Niccolo, I · 443, 481

〈피카딜리 사건Piccadilly Incident〉(영화), IV · 244

피카소, 파블로Picasso, Pablo, III · 227, IV · 422

『피콜라 이탈리아나Piccola Italiana, La』(소녀잡지), III · 239

피타발, 프랑수아 가요 드Pitaval, François Gayot de, II · 312

피탈루가, 스테파노Pittaluga, Stefano, IV · 116

〈피터 팬Peter Pan〉(영화), IV · 211

피터스, 엘리스Peters, Ellis, V · 255

피터슨 앤드 브라더스Peterson & Brothers(필라델피아 출판사), III · 125

피티그릴리Pitigrilli(디노 세그레Dino Segre), IV · 97; 『장두의 금발 여인Dolicocefala bionda』, IV · 95; 『코카인Cocaina』, IV · 93-4; 『피티그릴리가 피티그릴리에 관해 말하다Pitigrilli parla di Pitigiilli』, IV · 298

피페레르, 파블로Piferrer, Pablo: 『몬솔리우 성El Castillo de Monsoliú』, II · 148

『피플스 리터러리 컴패니언People's Literary Companion』, III · 203

픽세레쿠르, 샤를 길베르 드Pixérécourt, Charles Guilbert de, I · 533-7, II · 485, IV · 164; 『아프냉 성Château des Appenins』, I · 281; 『쾰리나 또는 신비로운 아이Coelina, ou l'enfant du mystère』, I · 534

픽션fiction: 장르, I · 225; → 소설

〈픽처 퍼레이드Picture Parade〉(텔레비전 프로그램), V · 65

『픽처고어Picturegoer』(잡지), IV · 234, 264

픽퍼드, 메리Pickford, Mary, III · 384, IV · 61, 187, 196, 205

핀란드Finland: 문자해득, I · 51; 문화적 민족주의, I · 188; 여성 작가, III · 61; 연재만화, III · 244; 텔레비전, V · 110, 117; 팝 음악, V · 335; 형성, IV · 14

핀란드어Finnish language, I · 82

핀치, 이다Finzi, Ida('아이데Haydée'): 『4학년 학생들: 소녀들의 마음Allieve di Quarta. Il Cuore delle bambine』, III · 447

핀케, 에드문트Finke, Edmund: 『살인자가 승부에서 지다Der Mörder verliert den Robber』, IV · 290

핀터, 해럴드Pinter, Harold, I · 506, IV · 390; 〈밤나들이A Night Out〉, V · 72; 〈생일파티The Birthday Party〉, V · 72

필, 로버트Peel, Sir Robert, II · 36

필딩, 새라Fielding, Sarah, I · 348

필딩, 헨리Fielding, Henry, I · 239, 253, II · 136; 『샤멜라 앤드루스 부인의 생애에 대한 변명An Apology for the Life of Mrs.

Shamela Andrews』, I · 259; 『톰 존스Tom Jones』, I · 250, 353

필딩, 헬렌Fielding, Helen: 『브리짓 존스의 일기Bridget Jones's Diary』, V · 227

필라델피아 오케스트라Philadelphia Orchestra, IV · 434

필로노프, 파벨Filonov, Pavel: 〈푸틸로프 공장의 트랙터 작업장Tractor Workshop at the Putilov Factoy〉, IV · 56

필름 다르 영화사Société du Film d'Art, III · 379

〈필름 팡파르Film Fanfare〉(텔레비전 프로그램), V · 65

필리포, 에두아르도 데Filippo, Eduardo de, IV · 410

필리퐁, 샤를Philipon, Charles, II · 84, 169

필리프존, 루트비히Philippson, Rabbi Ludwig, III · 94

필리피, 실비오 스파벤타Filippi, Silvio Spaventa, III · 238

필립스Philips(네덜란드 회사), IV · 414, 433, V · 297-8

필킹턴, 래티샤Pilkington, Laetitia: 『회상Memoirs』, I · 369

핏킨, 월터 보턴Pitkin, Walter Boughton, IV · 150

핑커턴, 냇Pinkerton, Nat(소설 주인공), III · 102, 160, 376

핑커턴, 앨런Pinkerton, Allan, III · 160

핑크 플로이드Pink Floyd(록 그룹), V · 331

【 ㅎ 】

하거, 쿠르트Hager, Kurt, V · 210

하디, 토머스Hardy, Thomas: 『광란의 무리를 떠나서Far from the Madding Crowd』, III · 43; 『더버빌 가의 테스Tess of the d'Urbervilles』, II · 302, III · 144; 문학의 질, III · 144-54; 신문 구독, I · 373; 『이름 없는 주드Jude the Obscure』, II · 303, III · 144-5, 419; 조르주 상드 칭찬, II · 287; 『캐스터브리지의 시장The Mayor of Casterbridge』, III · 43, 144; 『푸른 눈동자A Pair of Blue Eyes』, II · 133; 프랑스에서 금지, II · 39

〈하멜른의 피리 부는 사나이Rattenfänger von Hameln, Der〉(영화), III · 406

하모니Harmony(출판사 시리즈), V · 257

『하버드 비즈니스 리뷰Harvard Business Review』, IV · 166

하브란Havran(체코 출판사), V · 196

하센플루크, 자네테Hassenpflug, Jeanette, I · 206

『하우스와이프Housewife』(잡지), II · 67, III · 205

『하우스홀드 워즈Household Words』(정기간행물), II · 57, 135, 139, 215, 242

하우저, 아르놀트Hauser, Arnold: 『문학과 예술의 사회사The Social History of Art』, II · 90

하우프트만, 게르하르트 요한 로베르트Hauptmann, Gerhart Johann Robert, III · 85, 100, 139, 144, 248, 250, IV · 109: 『그리고 피파는 춤춘다Und Pippa tanzt!』, III · 130; 『선로지기 틸Bahnwärter Thiel』, III · 144; 『직조공들Die Weber』, III · 37, 41, 144, 414

하워드, 트레버Howard, Trevor, IV · 247

하이네, 하인리히Heine, Heinrich: '리스트마니아Lisztomania'에 관해, II · 425; 명성, I · 316, II · 269; 『셰익스피어의 소녀들과 여인들Shakespeares Mädchen und Frauen』, I · 516; 스콧 찬양, I · 302, 312; 영국의 연기에 관해, I · 522-3; 유대 혈

통, IV · 125; 이탈리아의 영국인에 관해, II · 361-2; 조르주 상드 칭찬, II · 287
하이노프스키, 발터Heynowski, Walter, V · 217
하이든, 요제프Haydn, Joseph, I · 428, 447, 455-7, 460, II · 381, 394
하이스미스, 패트리샤Highsmith, Patricia, IV · 313
하이페츠, 야샤Heifetz, Jascha, IV · 433
하인servants(가정): 독서, II · 74-5
하인, 알프레트Hein, Alfred: 『쿠르츠 말러Kurts Maler』, IV · 124
하인, 크리스토프Hein, Christoph, V · 206
하인라인, 로버트 앤슨Heinlein, Robert Anson, IV · 308
하임, 슈테판Heym, Stefan, V · 205-7
하임스, 체스터Himes, Chester, IV · 105
〈하자품Damaged Goods〉(영화), IV · 179
하트, 프랜시스 노이스Hart, Frances Noyes, IV · 313
하퍼스Harper's(미국 출판사), II · 332
『하퍼스 바자Harper's Bazaar』(잡지), III · 203, IV · 352, V · 282
하퍼콜린스HarperCollins(출판사), IV · 314-5, V · 253-4
학교 이야기school stories, II · 257-8
학술원Academy of Sciences(러시아), IV · 52, V · 178
학스트하우젠, 프란츠 아우구스트 마리아 Haxthausen, Baron Franz August Maria, I · 183
한스카, 에블린Hanska, Eveline, I · 301, II · 280
한슬리크, 에두아르트Hanslick, Eduard, II · 474
한존코프 영화사Khanzhonkov production company, III · 381
한-한, 이다Hahn-Hahn, Ida, II · 311
할레, 카를Hallé, Karl, II · 394

할로, 진Harlow, Jean, IV · 219
〈할로윈 2Halloween II〉(영화), V · 155
할리데이, 조니Hallyday, Johnny, V · 324-5
할리우드Hollywood: 미국 영화 중심지, III · 385, IV · 162, 190; 쇠퇴, IV · 261-2; 영국의 경쟁에 저항, IV · 265-6; 외국인 배우와 제작자들, IV · 203-9; 유럽에서 판매, IV · 137, 186-7; 제작, V · 73; 텔레비전 영화 제작, V · 128 → 영화관; 영화
할리퀸Harlequin(캐나다 출판사), IV · 314, V · 196, 257, 260-4, 267
할펠트, 아돌프Halfeld, Adolf: 『아메리카와 아메리카니즘Amerika und der Amerikanismus』, IV · 154
『함부르기셰 운파르타이셰 코레스폰덴트Hamburgische Unparteiische Correspondent』 (신문), II · 104
함부르크Hamburg, II · 315
함순, 크누트Hamsun, Knut, III · 70, IV · 123: 『굶주림Hunger』, III · 101
함스워스, 앨프리드Harmsworth, Alfred → 노스클리프
합동통신United Press, IV · 331
합창choral singing, II · 402-6, III · 314-5
해거드, 헨리 라이더Haggard, Sir Henry Rider: 『그녀She』, II · 299
해러즈 백화점Harrods store: 도서대여점, II · 17, 19
해리 포터 시리즈(영화)Harry Potter films, V · 142-3, 360
해리스, 오거스터스Harris, Augustus, III · 274
해리스, 윌리엄Harris, William, I · 51
해리스, 헨리 B.Harris, Henry B., III · 281
해머 필름스Hammer Films, IV · 244
해머스타인, 오스카 2세Hammerstein, Oscar II, IV · 418, V · 165

해머턴, 필립 G.Hamerton, Philip G., II · 89
해밀, 마크Hamill, Mark, V · 146
해밋, 대실Hammett, Dashiell, III · 159, IV · 105, 158, 311, 317, 327
해즐릿, 윌리엄Hazlitt, William, I · 166, 253, 296, 447, 465, 522
해킷, 데니스Hackett, Dennis, V · 282
해협 터널Channel Tunnel: 제안, III · 166-7
핼시 스튜어트 사Halsey, Stuart & Co.(금융사), IV · 187
핼퍼드, 헨리Halford, Sir Henry, II · 33
햄리, 에드워드 브루스Hamley, Edward Bruce: 『전쟁의 작전Operations of War』, II · 372
햄린, 폴Hamlyn, Paul, III · 58
〈햄릿Hamlet〉(영화), IV · 243
햄프턴 궁전Hampton Court: 방문객 수, II · 47
행상peddlers → 챕맨과 챕북
행크스, 톰Hanks, Tom, V · 151
허드, 얼Hurd, Earl, III · 244
허머트, 프랭크Hummert, Frank, IV · 447
허먼즈 허미츠Herman's Hermits(팝 그룹), V · 330
허스트, 윌리엄 랜돌프Hearst, William Randolph, III · 224, 236, 244, IV · 135
허친슨Hutchinson(출판사), IV · 275
헉슬리, 올더스Huxley, Aldous: 『멋진 신세계 Brave New World』, IV · 304-6
헉슬리, 줄리언Huxley, Sir Julian, I · 454
헐라, 존Hullah, John, I · 459
험퍼딩크, 잉글버트Humperdinck, Engelbert(아널드 도시Arnold Dorsey; 팝 가수), V · 323
헝가리Hungary: 공산주의 문화, IV · 74-5; 공산주의 이후, V · 203; 극장, III · 527-9; 녹음된 음악, V · 198; 라디오, IV · 456, V · 176-7; 록 밴드, V · 305-6; 문학, III · 94-5; 문화 통제, IV · 24; 민중문화,

II · 327; 언론, III · 209; 언어, III · 94; 영화관과 영화 제작, III · 409-10, IV · 240; 오스트리아-헝가리 제국, II · 12, 307, 426-7; 오페라, I · 503; 외국 책, V · 196; 유대인, III · 55, 60; 인텔리겐치아, V · 203; 작가, III · 46; 책과 문자해득, II · 307, IV · 268; 책생산, V · 194; 합창단, II · 403; 형성, IV · 14-6
헝가리어Hungarian language, I · 79
헤겔, 게오르크 빌헬름 프리드리히Hegel, Georg Wilhelm Friedrich, I · 80, 194, 371, 500, III · 318, 491
헤네커, 데이비드Heneker, David, V · 165
헤더링턴, 헨리Hetherington, Henry, II · 49-50
『헤럴드Herald』(글래스고 신문), V · 275
헤르더, 요한 고트프리트Herder, Johann Gottfried, I · 105, 175, 178-80, 194, 206, 291, 425, 516
『헤르메스Hermes』(잡지), I · 322
헤르베, 프랑시스Hervé, Francis: 『그리스와 터키에서 살기A Residence in Greece and Turkey』, I · 356
헤르첸스크론, 헤르만Herzenskron, Hermann, II · 490
헤르츠, 알프레트Hertz, Alfred, III · 310
헤르츠, 하인리히Hertz, Heinrich, III · 12
헤르츠카, 테오도어Hertzka, Theodor: 『자유국가Freeland』, III · 162
헤밍웨이, 어니스트Hemingway, Ernest, III · 97, IV · 123, 219, 296
헤베시, 산도르Hevesi, Sándor, III · 257
『헤비스타 루지타나Revista Lusitana』(잡지), III · 98
헤세, 헤르만Hesse, Hermann, V · 242
헤세이언, 데이비드 제럴드Hessayon, David Gerald, V · 232

헤스, 레미Hess, Rémi, I · 434
〈헤어Hair〉(뮤지컬 쇼), V · 165
헤어초크, 베르너Herzog, Werner, IV · 193,
　　V · 133
헤이스 사무소Hays Office(그리고 헤이스 규약,
　　미국), II · 194, IV · 107, 175, 181, 185-6,
　　V · 152
헤이스, 윌리엄 해리슨Hays, William Harrison,
　　IV · 134, 165, 181-2
헤이우드, 엘리자Haywood, Eliza, I · 244-6, 348
헤일리, 빌Haley, Bill, IV · 439, V · 295-6, 323
헤일리, 아서Hailey, Arthur: 『에어포트Airport』,
　　V · 192
헤켈, 에른스트Haeckel, Ernst, II · 61
헤프너, 휴Hefner, Hugh, V · 285
헥트, 벤Hecht, Ben, IV · 193
헨델, 게오르크 프리드리히Handel, Georg
　　Friedrich, I · 410, 421, 478-80, V · 346-7;
　　〈메시아The Messiah〉, II · 403-4;〈유다스
　　마카베우스Judas Maccabeus〉, IV · 126
헨드릭스, 지미Hendrix, Jimi, V · 211, 317, 321
헨레이드, 폴Henreid, Paul, IV · 209
〈헨리 5세Henry V〉(영화), IV · 242
〈헨리 8세의 사생활Private Life of Henry VIII,
　　The〉(영화), IV · 171
헨리, 마르크Henry, Marc, III · 283
헨리, 매슈Henry, Matthew: 『성서 주석Bible
　　Commentaries』, II · 20
헬러, 프랭크Heller, Frank → 세르네르, 군나르
〈헬렌의 모험Hazards of Helen, The〉(영화 연속
　　물), III · 394
〈헬로, 돌리!Hello, Dolly!〉(뮤지컬), II · 493
『헬로!Hello!』(잡지), V · 283
헬름홀츠, 헤르만Helmholz, Hermann, II · 61
헵번, 오드리Hepburn, Audrey, V · 140
헵번, 캐서린Hepburn, Katharine, IV · 190

헵워스, 세실Hepworth, Cecil, III · 407
〈현기증Vertigo〉(영화), IV · 261, 321
〈협박Blackmail〉(영화), IV · 214
〈형사 콜롬보Colombo〉(텔레비전 프로그램),
　　V · 52
호가스 출판사Hogarth Press, III · 57
호가스, 윌리엄Hogarth, William, I · 389-90,
　　436, II · 84, III · 232
호닝, 어니스트 윌리엄Hornung, Ernest William,
　　III · 149
호네커, 에리히Honecker, Erich, V · 210, 215,
　　220
호더 앤드 스타우턴Hodder & Stoughton(출판
　　사), II · 335
호르크하이머, 막스Horkheimer, Max,
　　IV · 155-6, 174
호르티, 미클로슈Horthy, Admiral Miklós,
　　III · 427
호메로스Homer, I · 171-4, 189, V · 245: 『오디
　　세이아The Odyssey』, I · 221, III · 419;
　　『일리아스The Iliad』, I · 24, 221
〈호문쿨루스Homunculus〉(영화), III · 406
호손, 너새니얼Hawthorne, Nathaniel: 명성,
　　II · 329; 여성 작가들에 관해, II · 289;
　　이탈리아에서, IV · 143;『주홍 글자The
　　Scarlet Letter』, II · 289, 302;『탱글우드 이
　　야기Tanglewood Tales for Girls and Boys』,
　　II · 265
호손, 줄리언Hawthorne, Julian: 『아메리칸 몬
　　테크리스토An American Monte Cristo』,
　　II · 232
호자, 엔버Hoxha, Enver, V · 172
호크스, 하워드Hawks, Howard, IV · 107, 219,
　　228
호킨스, 잭Hawkins, Jack, IV · 247
호킹, 스티븐Hawking, Stephen:『시간의 역사A

Brief History of Time』, V · 179
호퍼, 데니스Hopper, Dennis, I · 267
호프, 밥Hope, Bob, IV · 237-8
호프마이스터, 프란츠 안톤Hoffmeister, Franz Anton, I · 414-5
호프만, E. T. A.Hoffmann, E. T. A., I · 282, 316, II · 269; 『환상 이야기Fantastic Tales』, I · 394
호프만슈탈, 후고 폰Hofmannsthal, Hugo von: 단눈치오 찬양, III · 108; 『엘렉트라Elektra』, III · 130, IV · 175, 390; 연극, IV · 394; 『예더만Jedermann』, IV · 397; 유대 혈통, IV · 125
'호호 경Haw-Haw, Lord'(윌리엄 조이스William Joyce), IV · 446
혼차르, 올레스Honchar, Oles, II · 329
홀, 래드클리프Hall, Radclyffe: 『고독의 우물The Well of Loneliness』, IV · 17
홀, 피터Hall, Peter, IV · 186
홀더웨이, 짐Holdaway, Jim, IV · 384
홀랜더, 자비에라Hollander, Xaviera: 『해피 후커The Happy Hooker』, V · 233
홀랜드Holland → 네덜란드
홀로코스트Holocaust, the, V · 160-1
〈홀로코스트Holocaust〉(텔레비전 다큐멘터리), V · 107
홀리, 버디Holly, Buddy, V · 295, 323
홀리데이, 빌리Holiday, Billie, IV · 470
『홈 앤드 챗Home and Chat』(잡지), V · 281
홈스, 셜록Holmes, Sherlock(소설 주인공), II · 136, III · 149, 153, 157-8
홉스, 토머스Hobbes, Thomas: 『리바이어던Leviathan』, I · 118
홉킨스, 앤서니Hopkins, Anthony, V · 162
〈홍등大紅燈籠高高掛, Raise the Red Lantern〉(영화), V · 136

〈화씨 9/11Fahrenheit 9/11〉(영화), IV · 178
〈화이트 크리스마스White Christmas〉(노래), IV · 419
환등기magic lanterns, III · 344
『황금 집게발 달린 게Crabe aux pinces d'or, Le』(탱탱 이야기), IV · 361
〈황금시대Age d'or, L'〉(영화), IV · 173
회, 페터Hoeg, Peter: 『스밀라의 눈에 대한 감각Miss Smilla's Feeling for Snow』, V · 232
후겐베르크, 알프레트Hugenberg, Alfred, III · 209, IV · 339
후설, 에드문트Husserl, Edmund, IV · 371
'후즈 후Who's Who'(참고서), II · 354
후펠란트, 크리스토프 빌헬름Hufeland, Christoph Wilhelm: 『장수식Makrobiotik』, II · 359
훅, 시어도어Hook, Theodore, I · 368
훈거로톤Hungaroton(음반회사), V · 198
훌릭, 로베르트 반Gulik, Robert van, V · 255
훔멜, 요한Hummel, Johann, I · 417
훔볼트, 빌헬름 폰Humboldt, Wilhelm von, I · 187
휘슬러 운트 호프마이스터Whistler & Hoffmeister(음악출판사), I · 413
휘슬러, 제임스 맥닐Whistler, James McNeill: 〈회색과 검은색의 편곡 제1번: 화가의 어머니Arrangement in Grey and Black No.1: The Artist's Mother〉(그림), V · 137
휘트먼, 월트Whitman, Walt, II · 287, 329; 『풀잎Leaves of Grass』, II · 339
휠러, 에드워드 L.Wheeler, Edward L., II · 334-5
휴가holidays: 유급휴가, IV · 24
휴먼 토치Human Torch(연재만화 주인공), IV · 356
휴스, 토머스Hughes, Thomas: 『톰 브라운의 학창시절Tom Brown's Schooldays』, II · 257,

Ⅲ · 199-200, 449, Ⅴ · 238
휴턴 미플린Houghton Mifflin(미국 출판사),
　Ⅱ · 353
흄, 데이비드Hume, David, Ⅰ · 292
흐루시초프, 니키타 S.Khrushchev, Nikita S.,
　Ⅴ · 183
흐보슈친스카야, 소피아Khvoshchinskaia, Sofia
　('이반 베세네프Ivan Vesenev'), Ⅱ · 297,
　Ⅲ · 61
흐빌레보이, 미콜라Khvylevoy, Mykola, Ⅱ · 329
〈흑수선Black Narcissus〉(영화), Ⅳ · 235
희곡(연극)plays: 구조와 플롯, Ⅰ · 505-6, 509-
　10, 515-7
히긴스, 잭Higgins, Jack, Ⅴ · 236
히르슈, 모리츠 데Hirsch, Baron Moritz de,
　Ⅱ · 419, Ⅲ · 330
히스, 윌리엄Heath, William, Ⅱ · 83
『히스토리츠케 스투디에Historické studie』(잡
　지), Ⅴ · 184
히즈 매스터스 보이스His Master's Voice(HMV)
　→EMI
히치콕, 앨프리드Hitchcock, Alfred, Ⅲ · 380,
　407, Ⅳ · 170-1, 174, 195, 214, 260-1,
　321
히치히, 율리우스 에두아르트와 빌리발트 알
　렉시스Hitzig, Julius Eduard and Willibald
　Alexis:『신 피타발Der neue Pitaval』,
　Ⅱ · 312
『히트Heat』(잡지), Ⅴ · 284
히틀러, 아돌프Hitler, Adolf: 권력자로 부상,
　Ⅳ · 13; 귀족적 취향, Ⅳ · 123;『나의 투
　쟁Mein Kampf』, Ⅳ · 127, 287, 349; 로
　더미어의 지지, Ⅳ · 341; 카를 마이 독서,
　Ⅲ · 188; 텔레비전 연출, Ⅴ · 56-7
힉슨, 윌리엄 에드워드Hickson, William Edward,
　Ⅱ · 58

힌데미트, 파울Hindemith, Paul, Ⅳ · 439
힐, 나폴리언Hill, Napoleon, Ⅳ · 148
힐, 밀드리드 J.Hill, Mildred J.와 패티 스미스 힐
　Patty Smith Hill:〈생일 축하 노래Happy
　Birthday to You〉, Ⅲ · 316
힐러, 아서Hiller, Arthur:〈퍼넬러피Penelope〉
　(영화), Ⅴ · 52

유럽 문화사 V

2012년 7월 31일 초판 1쇄 펴냄
2020년 6월 19일 초판 5쇄 펴냄

지은이 도널드 서순
옮긴이 오숙은 · 이은진 · 정영목 · 한경희

펴낸이 정종주
편집주간 박윤선
편집 강민우 김재영
마케팅 김창덕

펴낸곳 도서출판 뿌리와이파리
등록번호 제10-2201호(2001년 8월 21일)
주소 서울시 마포구 월드컵로 128-4 (월드빌딩2층)
전화 02)324-2142~3
전송 02)324-2150
전자우편 puripari@hanmail.net

디자인 씨디자인
출력 소다그래픽스
종이 화인페이퍼
인쇄 및 제본 영신사
라미네이팅 금성산업

값 28,000원

ISBN 978-89-6462-023-6 (04920)
ISBN 978-89-6462-018-2 (세트)

이 도서의 국립중앙도서관 출판시도서목록(CIP)는 e-CIP 홈페이지(http://www.nl.go.kr/ecip)에서 이용하실 수 있습니다(CIP 제어번호: CIP2012003136).